HMAT

현대자동차그룹 인적성검사

최신기출유형 + 모의고사 4회 + 무료HMAT특강

SD에듀
(주)시대고시기획

Always **with you**

사람이 길에서 우연하게 만나거나 함께 살아가는 것만이 인연은 아니라고 생각합니다.
책을 펴내는 출판사와 그 책을 읽는 독자의 만남도 소중한 인연입니다.
(주)시대고시기획은 항상 독자의 마음을 헤아리기 위해 노력하고 있습니다.
늘 독자와 함께 하겠습니다.

PREFACE

머리말

현대자동차그룹은 창의적 사고와 끝없는 도전을 통해 새로운 미래를 창조함으로써 인류 사회의 꿈을 실현한다는 경영철학을 바탕으로 한다. 현대자동차그룹은 고객의 삶의 동반자로서 만족과 감동을 주는 브랜드로 더욱 성장하기 위해, 브랜드 슬로건 'New Thinking, New Possibilities'를 바탕으로 현대자동차그룹의 브랜드 방향성인 'Modern Premium'을 고객에게 전달하고자 한다.

현대자동차그룹은 이러한 그룹의 비전에 적합한 인재를 창출해내기 위해 최근 수시채용으로 전환하여 채용을 실시하고 있다. 그러나 아직 일부 계열사 및 자회사에서 HMAT(Hyundai Motor Group Aptitude Test)를 실시하여 채용을 진행하기도 한다. HMAT은 다른 기업의 인적성검사에 비해 난이도가 높은 편으로 알려져 있다. 짧은 시간에 많은 문제의 해결을 요구하므로 미리 문제의 유형을 익혀 대비하지 않으면 자칫 시간이 부족하여 문제를 다 풀지 못하고 나올 수 있다.

이에 (주)시대고시기획에서는 수험생들의 HMAT 준비에 부족함이 없도록 다음과 같은 특징을 가진 본서를 출간하게 되었다.

> ### 📝 도서의 특징
>
> **첫 째** 다년간의 최신기출문제를 수록하여 최근 출제경향을 한눈에 파악할 수 있게 하였다.
>
> **둘 째** 각 영역의 세부 유형을 분석·연구하여 구성한 이론점검과 유형점검으로 수험생이 체계적으로 공부할 수 있도록 하였다.
>
> **셋 째** 중간점검 모의고사와 최종점검 모의고사를 제공하여 실전과 같은 연습이 가능하도록 하였다.
>
> **넷 째** 인적성검사 이후 치를 면접까지 채용 전반의 내용을 꼼꼼하게 다루어 본서 한 권으로 마지막 관문까지 무사히 통과할 수 있도록 구성하였다.

끝으로 이 책으로 HMAT를 준비하는 여러분 모두에게 합격의 기쁨이 있기를 진심으로 기원한다

SD적성검사연구소 씀

현대자동차 이야기

👤 경영이념

현대자동차그룹은 경영철학, 핵심가치, 비전을 바탕으로 글로벌 기업시민으로서 경제적 · 사회적 책임을 다하며 지속 가능한 성장을 이루어간다.

👤 경영철학

창의적 사고와 끝없는 도전을 통해 새로운 미래를 창조함으로써 인류사회의 꿈을 실현한다. 현대자동차그룹은 글로벌 리딩 기업의 책임과 역할을 잘 알고 있다. 다양한 이해관계자의 믿을 수 있는 파트너가 되고, 고객의 가치를 높일 수 있도록 기업 정신의 근간을 마련했다. 현대자동차그룹은 누구도 생각지 못한 원대한 목표에 도전하고 앞선 생각으로 시장을 선도하며, 모든 인류가 행복해질 수 있도록 책임의식을 발휘하여 미래 사회의 동반자가 될 것을 약속한다.

무한책임정신

고객의 안전과 행복에 대한 무한책임정신은 품질경영으로 구현되며, 우리 사회를 위한 무한가치 창조로 이어진다.

가능성의 실현

하나의 목표달성에 안주하지 않고 늘 새로운 목표를 향하여, 실패를 두려워하지 않는 도전정신으로 더 큰 미래를 창조한다.

인류애의 구현

인류를 위한 가치, 더 좋은 제품과 서비스를 더 많은 사람에게, 더 신속하게 제공하여 인류의 생활을 보다 풍요롭게 한다.

👤 비전

'휴머니티를 향한 진보 (Progress for Humanity)'는 지속 가능한 성장을 위한 목표와 현대자동차가 추구하는 미래를 제시한다. 진보가 인류에 대한 깊은 배려와 맞닿아 있을 때 비로소 의미를 가진다고 믿는다.

자동차, 철강, 건설을 중심으로 다양한 부문에서 시너지를 창출하는 현대자동차그룹만의 순환형 기업 구조는 우리 생활 곳곳에 혁신을 일으키며 새로운 가치를 창조하고 있다.

인간 존중과 환경친화적 경영을 기본 원칙으로 삼아 글로벌 선도그룹의 위상에 맞게 발전해 나갈 것이다.

자동차에서 삶의 동반자로

인간중심적이고 환경친화적인 혁신 기술과 포괄적 서비스를 기반으로 최상의 이동성을 구현하여 삶을 더욱 편리하고 즐겁게 영위할 수 있는 새로운 공간을 제공한다.

새로운 철강 시대의 리더

친환경, 자원순환형 기업으로서 대내외 유기적 협력관계를 기반으로 고도화된 제품 및 서비스를 제공하고 최상의 글로벌 경쟁력을 구현하여 새로운 철강시대를 선도한다.

함께 내일을 창조하는 기업

글로벌 종합 엔지니어링 기업으로서 유관산업과의 유기적 협력을 토대로 미래 기술과 산업의 융·복합화를 주도하여 더 좋은 삶의 기반을 창조한다.

현대자동차 이야기

👤 인재상 및 핵심가치

도전
실패를 두려워하지 않으며, 신념과 의지를 가지고 적극적으로 업무를 추진하는 인재

창의
항상 새로운 시각에서 문제를 바라보며 창의적인 사고와 행동을 실무에 적용하는 인재

열정
주인의식과 책임감을 바탕으로 회사와 고객을 위해 몰입하는 인재

협력
개방적 사고를 바탕으로 타 조직과 방향성을 공유하고 타인과 적극적으로 소통하는 인재

글로벌마인드
타 문화의 이해와 다양성의 존중을 바탕으로 글로벌네트워크를 활용하여 전문성을 개발하는 인재

도전적 실행　　Challenge

현실에 안주하지 않고 새로운 가능성에 도전하며 "할 수 있다"는 열정과 창의적 사고로 반드시 목표를 달성한다.

소통과 협력　　Collaboration

타 부문 및 협력사에 대한 상호 소통과 협력을 통해 "우리"라는 공동체 의식을 나눔으로써 시너지 효과를 창출한다.

고객 최우선　　Customer

최고의 품질과 최상의 서비스를 제공함으로써 모든 가치의 중심에 고객을 최우선으로 두는 고객 감동의 기업 문화를 조성한다.

인재존중　　People

우리 조직의 미래가 각 구성원들의 마음가짐과 역량에 달려 있음을 믿고 자기계발에 힘쓰며, 인재존중의 기업문화를 만들어 간다.

글로벌 지향　　Globality

문화와 관행의 다양성을 존중하며 모든 분야에서 글로벌 최고를 지향하고 글로벌 기업시민으로서 존경받는 개인과 조직이 되고자 한다.

합격 후기

합격 선배들이 알려주는
현대자동차그룹 인적성검사 합격기

문제유형에 익숙해지는 데 도움이 되었습니다.

시대고시 도서로 준비하여 실제 시험을 치렀는데 정말 어려웠던 도식이해를 제외하고는 못 푼 문제가 4문제 이하였습니다. 특히 취약했던 논리판단 영역을 유형별로 최대한 많이 풀어본 게 도움이 많이 된 것 같습니다. 해설에 나와 있던 문제풀이 패턴을 그대로 응용하니 답이 척척 쉽게 나왔으니까요.

'고기를 잡는 방법'을 알려준 시대고시 HMAT!

영역별로, 문제유형별로 제시된 문제풀이 팁을 참고했더니, 문제풀이가 한결 수월했습니다. 그리고 해설에서 정답이 왜 정답이고 오답은 왜 오답인지, 풀이 과정을 상세히 알려 줘서 다회독 마킹표에 체크하며 반복해서 보았습니다. 실제 시험은 역시나 어려웠지만, 그 동안 풀었던 문제들의 패턴을 응용했더니 의외로 금방 답이 보이는 문제들이 많았습니다.

반복되는 유형, 최신기출문제로!

HMAT를 여러 번 보다보니 도식이해와 공간지각이 번갈아 가며 나오는 것만 제외하면 유형은 거의 같았습니다. 그래서 시대고시 도서의 최신기출문제를 풀고 또 풀어 반복학습을 하였더니 실제 시험에서 당황하지 않고 빠르게 문제를 풀 수 있었습니다.

※ 본 독자 후기는 실제 (주)시대고시기획의 도서를 통해 공부하여 합격한 독자들께서 보내주신 후기를 재구성한 것입니다.

시험장 TIP

👤 필수 준비물

❶ 신분증

　주민등록증, 외국인등록증, 여권, 운전면허증 중 하나

❷ 필기도구

　컴퓨터용 사인펜, 수정테이프, 연필, 지우개, 볼펜 등

❸ 수험표

👤 유의사항

❶ 찍어서 틀리면 감점이 있으므로 모르는 문제는 찍지 말고 놔두는 것이 좋다.

❷ 영역별로 시험이 진행되므로 한 과목이라도 과락이 생기지 않도록 한다.

👤 시험 진행

구분	영역	문항 수	시간
적성검사	언어이해	20문항	25분
	논리판단	15문항	25분
	자료해석	20문항	30분
쉬는 시간(15분)			
적성검사	정보추론	20문항	25분
	공간지각/도식이해	20문항/15문항	25분/25분
쉬는 시간(15분)			
인성검사	인성검사 I	336문항	50분
	인성검사 II	335문항	45분

※ 계열사 및 시기별로 영역 및 문항 수가 다를 수 있음

👤 알아두면 좋은 Tip

❶ 각 교실의 시험 감독관과 방송에 의해 시험이 진행되므로 안내되는 지시 사항을 잘 준수한다.

❷ 수험장에 도착해서는 화장실에 사람이 몰릴 수 있으므로 미리미리 간다.

❸ 만일을 대비하여 여분의 필기구를 준비한다.

❹ 정답을 시험지에 표시하고 답안지에 옮겨 적을 만큼 충분한 시간을 주는 시험이 아니므로 답안지에 바로바로 마킹한다.

❺ 길게 진행되는 시험이 아니더라도 시험에 집중하는 만큼 빨리 피로해지므로, 초콜릿 등의 간단한 간식을 챙긴다.

시험 전 CHECK LIST

※ 최소 시험 이틀 전에 아래의 리스트를 확인하면 좋습니다.

체크	리스트
☐	수험표를 출력하고 자신의 수험번호를 확인하였는가?
☐	수험표나 공지사항에 안내된 입실 시간 및 주의사항을 확인하였는가?
☐	신분증을 준비하였는가?
☐	컴퓨터용 사인펜과 수정테이프를 준비하였는가?
☐	여분의 필기구를 준비하였는가?
☐	시험시간에 늦지 않도록 알람을 설정해 놓았는가?
☐	시험 전에 섭취할 물이나 간식을 준비하였는가?
☐	수험장 위치를 파악하고 교통편을 확인하였는가?
☐	시험을 보는 날의 날씨를 확인하였는가?
☐	시험장에서 볼 수 있는 자료집을 준비하였는가?
☐	인성검사에 대비하여 지원한 회사의 인재상을 확인하였는가?
☐	자신이 지원한 회사와 계열사를 정확히 인지하고 있는가?
☐	자신이 취약한 영역을 두 번 이상 학습하였는가?
☐	도서의 모의고사를 통해 자신의 실력을 확인하였는가?

시험 후 CHECK LIST

※ 시험 다음 날부터 아래의 리스트를 확인하며 면접 준비를 미리 하면 좋습니다.

체크	리스트
☐	인적성 시험 후기를 작성하였는가?
☐	상하의와 구두를 포함한 면접복장이 준비되었는가?
☐	지원한 직무의 직무분석을 하였는가?
☐	단정한 헤어와 손톱 등 용모관리를 깔끔하게 하였는가?
☐	자신의 자소서를 다시 한 번 읽어보았는가?
☐	1분 자기소개를 준비하였는가?
☐	도서 내의 면접 기출 질문을 확인하였는가?
☐	자신이 지원한 직무의 최신 이슈를 정리하였는가?

주요 대기업 적중 문제

수리논리 - 확률

Hard

02 S회사의 감사팀은 과장 2명, 대리 3명, 사원 3명으로 구성되어 있다. A, B, C, D지역의 지사로 두 명씩 나눠서 출장을 간다고 할 때, 각 출장 지역에 대리급 이상이 한 명 이상 포함되어 있어야 하고 과장 2명이 각각 다른 지역으로 가야한다. 과장과 대리가 한 조로 출장에 갈 확률은?

① $\dfrac{1}{2}$

② $\dfrac{1}{3}$

③ $\dfrac{2}{3}$

④ $\dfrac{3}{4}$

⑤ $\dfrac{3}{8}$

추리 - ① 조건추리

19 S회사 사무실에 도둑이 들었다. 범인은 2명이고, 용의자로 지목된 A, B, C, D, E가 다음과 같이 진술했다. 이 중 2명이 거짓말을 하고 있다고 할 때, 다음 중 동시에 범인이 될 수 있는 사람으로 짝지어진 것은?

> A : B나 C 중에 한 명만 범인이에요.
> B : 저는 확실히 범인이 아닙니다.
> C : 제가 봤는데 E가 범인이에요.
> D : A가 범인이 확실해요.
> E : 사실은 제가 범인이에요.

① A, B

② D, E

③ B, C

④ B, D

추리 - ② 독해추론

※ 다음 글의 내용이 참일 때 항상 거짓인 것을 고르시오. [25~26]

25

> 고대에는 별이 뜨고 지는 것을 통해 방위를 파악했다. 최근까지 서태평양 캐롤라인 제도의 주민은 현대식 항해 장치 없이도 방위를 파악하여 카누 하나만으로 드넓은 열대 바다를 항해하였다. 인류학자들에 따르면, 그들은 별을 나침반처럼 이용하여 여러 섬을 찾아다녔고 이때의 방위는 북쪽의 북극성, 남쪽의 남십자성, 그 밖에 특별히 선정한 별이 뜨고 지는 것에 따라 정해졌다.
> 캐롤라인 제도는 적도의 북쪽에 있어서 그 주민들은 북쪽 수평선의 바로 위쪽에서 북극성을 볼 수 있다. 북극성은 천구의 북극점으로부터 매우 가까운 거리에서 작은 원을 그리며 공전한다. 천구의 북극점은 지구 자전축의 북쪽 연장선상에 있기 때문에 천구의 북극점에 있는 별은 공전을 하지 않고 정지된 것처럼 보인다. 이처럼 천구의 북극점에 있는 별을 제외하고 북극성을 포함한 별이 천구의 북극점을 중심으로 공전하는 것처럼 보이는 것은 지구가 자전

LG

언어추리 - 명제

다음 명제가 참일 때, 항상 옳은 것은?

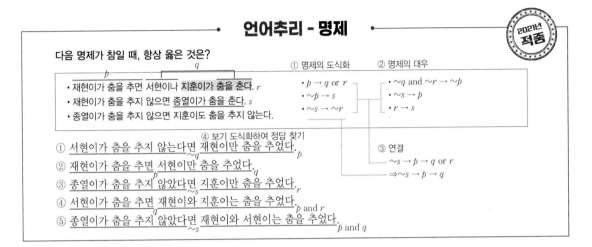

- 재현이가 춤을 추면 서현이나 지훈이가 춤을 춘다.
- 재현이가 춤을 추지 않으면 종열이가 춤을 춘다.
- 종열이가 춤을 추지 않으면 지훈이도 춤을 추지 않는다.

① 서현이가 춤을 추지 않는다면 재현이만 춤을 추었다.
② 재현이가 춤을 추면 서현이만 춤을 추었다.
③ 종열이가 춤을 추지 않았다면 지훈이만 춤을 추었다.
④ 서현이가 춤을 추면 재현이와 지훈이는 춤을 추었다.
⑤ 종열이가 춤을 추지 않았다면 재현이와 서현이는 춤을 추었다.

자료해석

01 다음은 2019년 차종별 1일 평균 주행거리를 정리한 자료이다. 이에 대한 해석으로 옳지 않은 것은?

〈2019년 차종별 1일 평균 주행거리〉

(단위 : km/대)

구분	서울	부산	대구	인천	광주	대전	울산	세종
승용차	31.7	34.7	33.7	39.3	34.5	33.5	32.5	38.1
승합차	54.6	61.2	54.8	53.9	53.2	54.5	62.5	58.4
화물차	55.8	55.8	53.1	51.3	57.0	56.6	48.1	52.1
특수차	60.6	196.6	92.5	125.6	114.2	88.9	138.9	39.9
전체	35.3	40.1	37.1	41.7	38.3	37.3	36.0	40.1

※ 항구도시는 '부산, 인천, 울산'이다.

창의수리 - 수추리

Hard
05

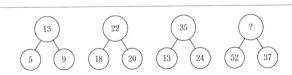

주요 대기업 적중 문제

수리(검사 B) - 응용수리

02 9%의 소금물 xg과 18%의 소금물 yg을 섞어 12%의 소금물을 만들려고 했으나, 잘못하여 9%의 소금물 yg과 18% 소금물 xg을 섞었다. 잘못 만들어진 소금물의 농도는 몇 %인가?

① 13%

② 14%

③ 15%

④ 16%

⑤ 17%

언어(검사 C) - 일치·불일치

02 다음 글의 내용과 일치하는 것은?

> 일반적으로 동식물에서 종(種)이란 '같은 개체끼리 교배하여 자손을 남길 수 있는' 또는 '외양으로 구분이 가능한' 집단을 뜻한다. 그렇다면 세균처럼 한 개체가 둘로 분열하여 번식하며 외양의 특징도 많지 않은 미생물에서는 종을 어떤 기준으로 구분할까?
>
> 미생물의 종 구분에는 외양과 생리적 특성을 이용한 방법이 사용되기도 한다. 하지만 이러한 특성들은 미생물이 어떻게 배양되는지에 따라 변할 수 있으며, 모든 미생물에 적용될 만한 공통적 요소가 되기도 어렵다. 이런 문제를 극복하기 위해 오늘날 미생물 종의 구분에는 주로 유전적 특성을 이용하고 있다. 미생물의 유전체는 DNA로 이루어진 많은 유전자로 구성되는데, 특정 유전자를 비교함으로써 미생물들 간의 유전적 관계를 알 수 있다. 종의 구분에는 서로 간의 차이를 잘 나타내 주는 유전자를 이용한다. 유전자 비교를 통해 미생물들이 유전적으로 얼마나 가깝고 먼지를 확인할 수 있는데, 이를 '유전거리'라 한다. 유전거리가 가까울수록 같은 종으로 묶일 가능성이 커진다.
>
> 하지만 유전자 비교로 확인한 유전거리만으로는 두 미생물이 같은 종에 속하는지를 명확히 판별하기 어렵다. 특정 유전자가 해당 미생물의 전체적인 유전적 특성을 대변하지는 못하기 때문이다.
>
> 이러한 문제를 보완하기 위한 것이 미생물들 간의 유전체 유사도를 측정하는 방법이다. 유전체 유사도를 정확히 측정하기 위해서는 모든 유전자를 대상으로 유전적 관계를 살펴야 하지만, 수많은 유전자를 모두 비교하는 것은 현실적으로 어렵다. 따라서 유전체의 특성을 화학적으로 비교하는 방법이 주로 사용되고 있다. 이렇게 얻어진 유전

직무(검사 D) - 조건추리

※ 다음 제시문을 읽고 각 〈보기〉가 항상 참이면 ①, 거짓이면 ②, 알 수 없으면 ③을 고르시오. [9~10]

Easy
09

> • 철수와 영희는 남매이다.
> • 철수에게는 누나가 한 명 있다.
> • 영희는 맏딸이다.
> • 철수는 막내가 아니다.

보기

영희의 동생은 한 명이다.

① 참

② 거짓

③ 알 수 없음

TEST CHECK

포스코

언어이해 - 주제찾기

Easy

03 다음 글의 주제로 가장 알맞은 것은?

> 옛날에 어진 인재는 보잘 것 없는 집안에서 많이 나왔었다. 그때에도 지금 우리나라와 같은 법을 썼다면, 범중엄이 재상 때에 이룬 공업이 없었을 것이요, 진관과 반양귀는 곧은 신하라는 이름을 얻지 못하였을 것이며, 사마양저, 위청과 같은 장수와 왕부의 문장도 끝내 세상에서 쓰이지 못했을 것이다. 하늘이 냈는데도 사람이 버리는 것은 하늘을 거스르는 것이다. 하늘을 거스르고도 하늘에 나라를 길이 유지하게 해달라고 비는 것은 있을 수 없는 일이다.

① 인재는 많을수록 좋다.
② 인재 선발에 투자하여야 한다.
③ 인재를 적재적소에 배치해야 한다.
④ 인재를 차별 없이 등용해야 한다.

자료해석

04 다음은 주요 항만별 선박 입항 현황에 대한 자료이다. 이에 대한 설명으로 옳지 않은 것은?

〈주요 항만별 선박 입항 현황〉

(단위 : 대)

구분	2016년	2017년	2018년	2019년 3/4분기			2020년 3/4분기		
				소계	외항	내항	소계	외항	내항
전체	139,080	151,109	163,451	119,423	43,928	75,495	126,521	45,395	81,126
부산항	32,803	34,654	37,571	27,681	16,248	11,433	28,730	17,127	11,603
울산항	20,828	22,742	24,241	17,977	7,233	10,744	17,676	7,434	10,242
인천항	19,383	20,337	22,475	16,436	5,044	11,392	17,751	4,854	12,897
광양항	15,759	17,810	19,476	14,165	5,581	8,584	14,372	5,548	8,824

공간지각 - 전개도

Hard ▶ 동영상 해설

05 주어진 전개도로 입체도형을 만들었을 때, 만들어질 수 없는 것은?

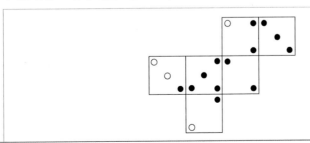

도서 200% 활용하기

1 [HMAT 최신기출문제] + [주요기업 최신기출문제]로 출제 경향 파악

2021년 주요기업 최신기출문제와 4개년 HMAT 최신기출문제를 복원하여 출제 경향을 파악할 수 있도록 하였다.
또한, 이를 바탕으로 학습을 시작하기 전에 자신의 실력을 판단할 수 있도록 하였다.

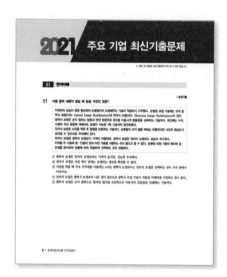
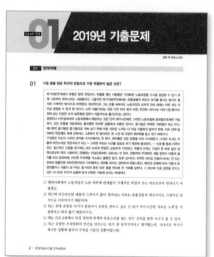

2 [이론점검], [유형점검], [중간점검 모의고사]로 영역별 단계적 학습

출제되는 영역에 대한 이론점검, 유형점검, 중간점검 모의고사를 수록하여 최근 출제되는 유형을 익히고 점검할 수
있도록 하였다. 이를 바탕으로 기본기를 튼튼히 준비할 수 있도록 하였다.

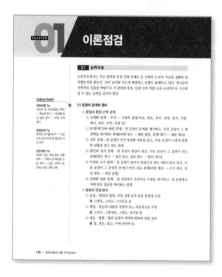
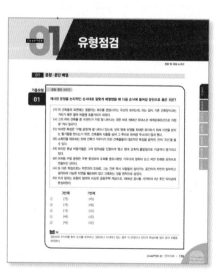

3 [최종점검 모의고사] + [OMR 답안지]로 실전 연습

최종점검 모의고사와 OMR 답안지를 수록하여 실제로 시험을 보는 것처럼 최종 마무리 연습을 할 수 있도록 하였다.

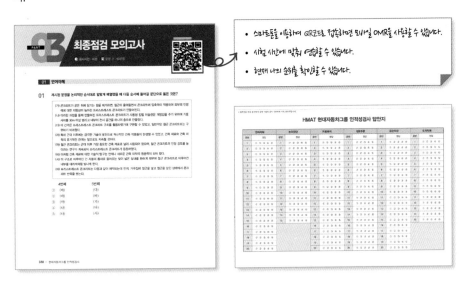

4 [인성검사]부터 [면접]까지 한 권으로 최종 마무리

인성검사 모의연습을 통해 회사의 인재상과 부합하는지 확인할 수 있고, 면접 기출 질문을 통해 실제 면접에서 나오는 질문을 미리 파악하고 연습할 수 있도록 하였다.

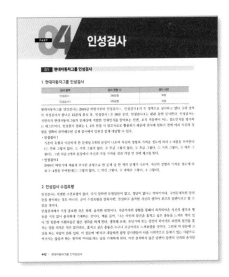

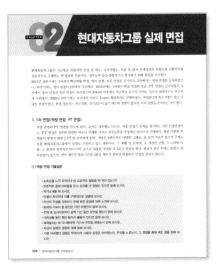

도서 200% 활용하기

5 [Easy]&[Hard]로 난이도별 시간 분배 연습

조금만 연습하면 시간을 절약할 수 있는 난이도가 낮은 문제와 함께, 다른 문제에서 절약한 시간을 투자해야 하는 고난도 문제를 각각 표시하였다. 이를 통해 일반적인 문제들과는 다르게 시간을 적절하게 분배하여 풀이하는 연습이 가능하도록 하였다.

Hard 11

극장의 입장표 판매 직원은 경수, 철민, 준석, 주희, 가영, 수미 6명이다. 극장은 일주일을 매일 오전과 오후 2회로 나누고, 각 근무시간에 2명의 직원을 근무시키고 있다. 직원은 1주에 4회 이상 근무를 해야 하며 7회 이상은 근무하지 못한다. 인사 담당자는 근무 계획을 작성할 때 다음과 같은 조건을 충족시켜야 한다. 다음 중 옳은 것은?

- 경수는 오전에 근무하지 않는다.
- 철민은 수요일에 근무한다.
- 준석은 수요일을 제외하고는 매일 1회 근무한다.
- 주희는 토요일과 일요일을 제외한 날의 오전에만 근무할 수 있다.
- 가영은 월요일부터 금요일까지는 근무하지 않는다.
- 수미가 근무하는 시간에는 준석이도 근무한다.

① 준석이는 평일에만 일한다.
② 수미는 월요일, 화요일, 목요일, 금요일 모두 오후에 일한다.
③ 준석이와 경수와 가영이는 주말에 근무를 한다.
④ 준석이와 수미는 4일 모두 오후 근무이다.
⑤ 주희는 기본 근무조건을 만족하지 못해서 일을 할 수 없다.

Easy 12

다음은 기현이가 체결한 A부터 G까지 7개 계약들의 체결 순서에 관한 정보이다. 기현이가 5번째로 체결한 계약은?

- B와의 계약은 F와의 계약에 선행한다.
- G와의 계약은 D와의 계약보다 먼저 이루어졌는데, E와의 계약, F와의 계약보다는 나중에 이루어졌다.
- B와의 계약은 가장 먼저 맺어진 계약이 아니다.
- D와의 계약은 A와의 계약보다 먼저 이루어졌다.
- C와의 계약은 G와의 계약보다 나중에 이루어졌다.
- A와의 계약과 D와의 계약의 체결시간은 인접하지 않는다.

① A   ② B
③ C   ④ D
⑤ G

6 [정답] 및 [오답분석]으로 풀이까지 완벽 마무리

정답에 대한 자세한 해설은 물론 문제별로 오답분석과 풀이꿀팁을 수록하여 오답이 되는 이유를 올바르게 이해할 수 있도록 하였다.

CHAPTER 02 논리판단 유형점검

01 명제추리

01	02	03	04	05	06		
⑤	④	③	③	④	③		

01 정답 ⑤

- 내구성을 따지지 않는 사람 → 속도에 관심이 없는 사람 → 디자인에 관심 없는 사람
- 연비를 중시하는 사람 → 내구성을 따지는 사람

오답분석
① 연비를 중시하지 않는 사람이 내구성을 따지는지의 여부는 알 수 없다.
② 디자인에 관심 있는 사람이 내구성을 따진다.
③ 연비를 중시하는 사람이 디자인에 관심이 없는지의 여부는 알 수 없다.
④ 속도에 관심이 있는 사람은 내구성을 따지고, 내구성을 따지지 않는 사람이 연비를 중시하지 않는다.

수연, 철수, 영희 순으로 점수가 높아진다. 영희는 90점, 수연이는 85점이므로 철수의 성적은 86점 이상 89점 이하이다.

03 정답 ③

'진달래를 좋아함 → 김성적 → 보라색을 좋아함 → 백합을 좋아하지 않음'이므로 진달래를 좋아하는 사람은 보라색을 좋아한다.

04 정답 ③

정직한 사람은 이웃이 많을 것이고, 이웃이 많은 사람은 외롭지 않을 것이다. 즉, 정직한 사람은 외롭지 않을 것이다.

05 정답 ④

돼지꿈을 꾼 다음날 복권을 사는 사람들은 모두가 미신을 따르는 사람들이고, 미신을 따르는 사람 중 과학자는 없다. 즉, 돼지꿈을 꾼 다음날 복권을 사는 사람이라면 과학자가 아니다.

06 정답 ③

아이스크림을 좋아함 $=p$, 피자를 좋아함 $=q$, 갈비탕을 좋아함 $=r$, 짜장면을 좋아함 $=s$라 하면, 첫 번째, 두 번째, 네 번째 명제는 각각 $p \rightarrow \sim q$, $\sim r \rightarrow q$, $p \rightarrow s$이다. 두 번째 명제의 대우와 첫 번째 명제에 따라 $p \rightarrow \sim q \rightarrow r$이 되어 $p \rightarrow r$이 성립하고, 결론이 $p \rightarrow s$가 되기 위해서는 $r \rightarrow s$가 추가로 필요하다. 따라서 빈칸에 들어갈 명제는 '갈비탕을 좋아하면 짜장면을 좋아한다.'이다.

02 논리추리

01	02	03	04	05	06		
④	④	④	⑤	③	①		

01 정답 ④

첫 번째, 두 번째 조건에 의해 A·B·C·D가 각각 입지 않는 색상도 서로 겹치지 않음을 알 수 있다. A가 빨간색을 입지 않고 C가 초록색을 입지 않으므로 B와 D는 노란색이나 파란색을 입지 않아야 하는데, D가 노란색 티셔츠를 입으므로 D는 파란색을 입지 않고, B는 노란색을 입지 않았다. 그러면 티셔츠 중 초록색, 빨간색, 파란색이 남는데, C는 초록색은 입지 않고 빨간색 바지를 입었으므로 파란색 티셔츠를 입고, A는 빨간색을 입지 않으므로 초록색 티셔츠를 입으며, B는 빨간색 티셔츠를 입는다. 또한, C는 초록색을 입지 않으므로 노란색 모자를 쓴다. 그러면 노란색 중 남은 것은 바지인데, B는 노란색을 입지 않으므로 A가 노란색 바지를 입고, 파란색 모자를 쓴다. 다음으로 모자 중에는 빨간색과 초록색, 바지 중에는 파란색과 초록색이 남는데, B가 이미 빨간색 티셔츠를 입고 있으므로 D가 빨간색 모자를 쓰고 B가 초록색 모자를 쓰며, D는 파란색을 입지 않으므로 초록색 바지를, B는 파란색 바지를 입는다. 이를 표로 정리하면 다음과 같다.

구분	A	B	C	D
모자	파란색	초록색	노란색	빨간색
티셔츠	초록색	빨간색	파란색	노란색
바지	노란색	파란색	빨간색	초록색

학습플랜

1주 완성 학습플랜

본서에 수록된 전 영역을 단기간에 끝낼 수 있도록 구성한 학습 플랜이다. 한 번에 전 영역을 공부하지 않고, 한 영역을 집중적으로 공부할 수 있도록 하였다. 인성검사 및 필기시험에 대한 기초 학습은 되어 있으나, 학습 계획 세우기에 자신이 없는 분들이나 미리 시험에 대비하지 못해 단시간에 많은 분량을 봐야 하는 수험생에게 추천한다.

ONE WEEK STUDY PLAN

Start!	1일 차 ☐	2일 차 ☐	3일 차 ☐
	____월____일	____월____일	____월____일

4일 차 ☐	5일 차 ☐	6일 차 ☐	7일 차 ☐
____월____일	____월____일	____월____일	____월____일

STUDY CHECK BOX

구분	1일차	2일차	3일차	4일차	5일차	6일차	7일차
PART 1							
PART 2							
최종점검 모의고사							
다회독 1회							
다회독 2회							
다회독 3회							
오답분석							

| 스터디 체크박스 활용법 |

1주 완성 **학습플랜**에서 계획한 학습량을 어느 정도 실천하였는지 표시하여 자신의 학습량을 효율적으로 관리할 수 있다.

STUDY CHECK BOX

구분	1일차	2일차	3일차	4일차	5일차	6일차	7일차
최신기출문제	언어이해	x	x	완료			

이 책의 차례

2021년 주요 기업
최신기출문제

※ 정답 및 해설은 최신기출문제 바로 뒤 p.18에 있습니다.

01 언어이해

| 삼성그룹

01 다음 글의 내용이 참일 때 항상 거짓인 것은?

> 카메라의 성능이 점점 향상되어 손떨림까지 보정해주는 기술이 적용되기 시작했다. 손떨림 보정 기술에는 크게 광학식 보정(OIS; Optical Image Stabilization)과 전자식 보정(EIS; Electrical Image Stabilization)이 있다.
>
> 광학식 보정은 손이 떨리는 방향과 반대 방향으로 렌즈를 이동시켜 흔들림을 상쇄하는 기술이다. 최근에는 수직, 수평의 직선 운동에 대해서도 보정이 가능한 4축 기술까지 발전하였다.
>
> 전자식 보정은 사진을 찍은 후 떨림을 보정하는 기술이다. 손떨림이 크지 않을 때에는 유용하지만 사진의 해상도가 낮아질 수 있으므로 주의해야 한다.
>
> 전자식 보정은 광학식 보정보다 가격이 저렴하며, 광학식 보정은 전자식 보정보다 성능이 우수하다.
>
> 이처럼 두 기술에 장·단점이 있어 어떤 기술을 사용하는 것이 옳다고 할 수 없다. 손떨림 보정 기술의 원리와 장·단점을 분석하여 상황에 따라 적절하게 선택하는 것이 현명하다.

① 광학식 보정은 전자식 보정보다는 가격이 높지만, 성능이 우수하다.

② 전자식 보정은 사진 찍기 전에는 보정되는 정도를 확인할 수 없다.

③ 사진을 찍을 때 주로 거치대를 이용하는 A씨는 광학식 보정보다는 전자식 보정을 선택하는 것이 가격 면에서 이득이다.

④ 전자식 보정은 광학식 보정보다 나은 점이 없으므로 광학식 보정 기술이 적용된 카메라를 구입하는 것이 좋다.

⑤ 광학식 보정은 손이 왼쪽으로 떨리면 렌즈를 오른쪽으로 이동시켜 흔들림을 상쇄하는 기술이다.

02 다음 글에서 추론할 수 있는 것만을 〈보기〉에서 모두 고르면?

> 대선후보 경선 여론조사에서 후보에 대한 지지 정도에 따라 피조사자들은 세 종류로 분류된다. 특정 후보를 적극적으로 지지하는 사람들과 소극적으로 지지하는 사람들, 그리고 기타에 해당하는 사람들이다.
>
> 후보가 두 명인 경우로 한정해서 생각해 보자. 여론조사 방식은 설문 문항에 따라 두 가지로 분류된다. 하나는 선호도 방식으로 "차기 대통령 후보로 누구를 더 선호하느냐?"라고 묻는다. 선호도 방식은 적극적으로 지지하는 사람들과 소극적으로 지지하는 사람들을 모두 지지자로 계산하는 방식이다. 이 여론조사 방식에서 적극적 지지자들과 소극적 지지자들은 모두 지지 의사를 답한다.
>
> 다른 한 방식은 지지도 방식으로 "내일(혹은 오늘) 투표를 한다면 누구를 지지하겠느냐?"라고 묻는다. 특정 후보를 적극적으로 지지하는 지지자들은 두 경쟁 후보를 놓고 두 물음에서 동일한 반응을 보일 것이다. 문제는 어느 한 후보를 적극적으로 지지하지 않는 소극적 지지자들이다. 이들은 특정 후보가 더 낫다고 생각하기 때문에 선호도를 질문할 경우에는 특정 후보를 선호한다고 대답하지만, 지지 여부를 질문할 경우에는 지지하는 후보가 없다는 '무응답'을 선택한다. 따라서 지지도 방식은 적극적 지지자만 지지자로 분류하고 나머지는 기타로 분류하는 방식에 해당한다.

보기

ㄱ. A후보가 B후보보다 적극적 지지자의 수가 많고 소극적 지지자의 수는 적을 경우, 지지도 방식을 사용할 때 A후보가 B후보보다 더 많은 지지를 받을 것이다.

ㄴ. A후보가 B후보보다 적극적 지지자의 수는 적고 소극적 지지자의 수가 많을 경우, 선호도 방식을 사용할 때 A후보가 B후보보다 더 많은 지지를 받을 것이다.

ㄷ. A후보가 B후보보다 적극적 지지자와 소극적 지지자의 수가 각각 더 많다면, 선호도 방식에 비해 지지도 방식에서 A후보와 B후보 사이의 지지자 수의 격차가 더 클 것이다.

① ㄱ
② ㄷ
③ ㄱ, ㄴ
④ ㄴ, ㄷ
⑤ ㄱ, ㄷ

03 다음 글을 읽고 알 수 있는 내용으로 가장 적절하지 않은 것은?

스마트시티란 크게는 첨단 정보통신기술을 이용해 도시 생활 속에서 유발되는 교통 문제, 환경 문제, 주거 문제, 시설 비효율 등을 해결하여 시민들이 편리하고 쾌적한 삶을 누릴 수 있도록 한 '똑똑한 도시'를 뜻한다. 하지만, 각국 경제 및 발전 수준, 도시 상황과 여건에 따라 매우 다양하게 정의 및 활용되고, 접근 전략에도 차이가 있다.

스페인의 경우, 2013년 초부터 노후된 바르셀로나 도시 중심지 본 지구를 재개발하면서 곳곳에 사물 인터넷 기술을 기반으로 한 '스마트 시티' 솔루션을 시범 운영했다. 이 경험을 바탕으로 바르셀로나 곳곳이 스마트 환경으로 변화하고 있다. 가장 성공적인 프로젝트 중 하나는 센서가 움직임을 감지하여 에너지를 절약하는 스마트 LED 조명을 광범위하게 설치한 것이다. 이 스마트 가로등은 무선 인터넷의 공유기 역할을 하는 동시에 소음 수준과 공기 오염도를 분석하여 인구 밀집도까지 파악할 수 있다. 아울러 바르셀로나는 원격 관개 제어를 설치해 분수를 원격으로 제어하고, 빌딩을 스마트화해 에너지 모니터링을 시행하고 있다. 또 주차 공간에 차가 있는지 여부를 감지하는 센서를 설치한 '스마트 주차'를 도입하기도 했다.

또 항저우를 비롯한 중국의 여러 도시들은 블록체인 기술을 사물인터넷과 디지털 월렛 등에 적용하여 페이퍼리스 사회를 구현하고 있다. 알리바바의 알리페이를 통해 항저우 택시의 98%, 편의점의 95% 정도에서 모바일 결제가 가능하며, 정부 업무, 차량, 의료 등 60여 종에 달하는 서비스를 이용할 수 있다.

우리나라도 2021년 입주를 목표로 세종과 부산에 스마트 시티 국가 시범도시를 조성하고 있다. 세종에서는 인공지능, 블록체인 기술을 기반으로 한 도시를 조성해 모빌리티, 헬스케어, 교육, 에너지환경, 거버넌스, 문화쇼핑, 일자리 등 7대 서비스를 구현한다. 이곳에서는 자율주행 셔틀버스, 전기공유차 등을 이용할 수 있고 개인 맞춤형 의료 서비스 등을 받을 수 있다. 또 부산에서는 고령화, 일자리 감소 등의 도시문제에 대응하기 위해 로봇, 물관리 관련 신사업을 육성한다. 로봇이 주차를 하거나 물류를 나르는 등 일상생활에서 로봇 서비스를 이용할 수 있고 첨단 스마트 물 관리 기술을 적용해 한국형 물 특화 도시모델을 구축한다.

① 나라마다 스마트시티에서 활용되는 기능은 다를 수 있다.
② 스페인의 스마트시티에서는 직접 인구조사를 하지 않더라도 인구 밀집도를 파악할 수 있다.
③ 스페인의 스마트시티에서는 '스마트 주차' 기능을 통해 대리주차가 가능하다.
④ 중국의 스마트시티에서는 지갑을 가지고 다니지 않더라도 일부 서비스를 이용할 수 있다.
⑤ 맞춤형 의료 서비스가 필요한 환자의 경우 부산보다는 세종 스마트시티가 더 적절하다.

04 다음 지문을 토대로 〈보기〉에 대한 해석으로 옳지 않은 것은?

해시 함수(Hash Function)란 임의의 길이의 데이터를 고정된 길이의 데이터로 대응시키는 함수이다. 해시 함수는 키를 값에 연결시키는 자료구조인 해시 테이블에 사용된다. 여기서 키는 입력 값이며, 해시 함수에 의해 얻어지는 값은 해시 값이라고 한다.

해시 함수는 큰 파일에서 중복되는 값을 찾을 수 있기 때문에 데이터 검색이 매우 빠르다는 장점이 있다. 또한 해시 값이 다르면 그 해시 값에 대한 원래 입력 값도 달라야 하는 점을 이용하여 암호로도 사용될 수 있다. 그런데 해시 함수가 서로 다른 두 개의 입력 값에 대해 동일한 해시 값을 나타내는 상황이 발생하는데 이를 해시 충돌이라고 한다. 해시 충돌이 자주 일어나는 해시 함수는 서로 다른 데이터를 구별하기 어려워지고 검색하는 비용이 증가한다.

보기

입력 값	해시 함수 1	해시 값
A	→	01
B	→	02
C	→	03

입력 값	해시 함수 2	해시 값
A	→	01
B	→	02
C	→	02

입력 값	해시 함수 3	해시 값
A	→	01
B	→	02
B	→	03

① 해시 함수 1로 얻어지는 해시 값은 해시 충돌이 발생하지 않았다.
② 해시 함수 1과 다르게 해시 함수 2로 얻어지는 해시 값은 해시 충돌이 발생했다.
③ 해시 함수 3는 암호로 사용될 수 없다.
④ 주어진 자료만으로 판단했을 때 해시 함수 2보다는 해시 함수 1이 검색 비용이 적게 들 것이다.
⑤ 해시 함수 3은 해시 함수 2와 마찬가지로 해시 충돌이 발생했다.

※ 다음은 매슬로우의 인간 욕구 5단계 이론을 설명한 자료이다. 다음 자료를 읽고 이어지는 질문에 답하시오. [5~7]

(가) 이러한 인간 욕구 5단계는 경영학에서 두 가지 의미로 널리 사용된다. 하나는 인사 분야에서 인간의 심리를 다루는 의미로 쓰인다. 그 예로는 승진이나 보너스, 주택 전세금 대출 등 사원들에게 동기부여를 위한 다양한 보상의 방법을 만드는 데 사용한다. 사원들이 회사 생활을 좀 더 잘할 수 있도록 동기를 부여할 때 주로 사용한다 하여 '매슬로우의 동기부여론'이라고도 부른다.

(나) 인간의 욕구는 치열한 경쟁 속에서 살아남으려는 생존 욕구부터 시작해 자아실현 욕구에 이르기까지 끝이 없다. 그런데 이런 인간의 욕구는 얼마나 다양하고 또 욕구 간에는 어떤 순차적인 단계가 있는 걸까? 이런 본질적인 질문에 대해 에이브러햄 매슬로우(Abraham Maslow)는 1943년 인간 욕구에 관한 학설을 제안했다. 이른바 '매슬로우의 인간 욕구 5단계 이론(Maslow's Hierarchy of Needs)'이다. 이 이론에 의하면 사람은 누구나 다섯 가지 욕구를 가지고 태어나며, 이들 다섯 가지 욕구에는 우선순위가 있어서 단계가 구분된다.

(다) 좀 더 자세히 보자. 첫 번째 단계는 생리적 욕구이다. 숨 쉬고, 먹고, 자고, 입는 등 우리 생활에 있어서 가장 기본적인 요소들이 포함된 단계이다. 사람이 하루 세 끼 밥을 먹는 것, 때마다 화장실에 가는 것, 그리고 종족 번식 본능 등이 이 단계에 해당한다. 두 번째 단계는 (A) 안전 욕구이다. 우리는 흔히 놀이동산에서 롤러코스터를 탈 때 '혹시 이 기구가 고장이 나서 내가 다치지는 않을까?' 하는 염려를 한다. 이처럼 안전 욕구는 신체적, 감정적, 경제적 위험으로부터 보호받고 싶은 욕구이다. 세 번째 단계는 소속과 애정의 욕구이다. 누군가를 사랑하고 싶은 욕구, 어느 한 곳에 소속되고 싶은 욕구, 친구들과 교제하고 싶은 욕구, 가족을 이루고 싶은 욕구 등이 여기에 해당한다. 네 번째 단계는 존경 욕구이다. 우리가 흔히들 말하는 명예욕, 권력욕 등이 이 단계에 해당한다. 즉, 누군가로부터 높임을 받고 싶고, 주목과 인정을 받으려 하는 욕구이다. 마지막으로 다섯 번째 단계는 자아실현 욕구이다. 존경 욕구보다 더 높은 욕구로 역량, 통달, 자신감, 독립심, 자유 등이 있다. 매슬로우는 최고 수준의 욕구로 이 자아실현 욕구를 강조했다. 모든 단계가 기본적으로 충족돼야만 이뤄질 수 있는 마지막 단계로 자기 발전을 이루고 자신의 잠재력을 끌어내어 극대화할 수 있는 단계라 주장한 것이다.

(라) 사람은 가장 기초적인 욕구인 생리적 욕구(Physiological Needs)를 맨 먼저 채우려 하며, 이 욕구가 어느 정도 채워지면 안전해지려는 욕구(Safety Needs)를, 안전 욕구가 어느 정도 채워지면 사랑과 소속 욕구(Love & Belonging)를, 그리고 더 나아가 존경 욕구(Esteem)와 마지막 욕구인 자아실현 욕구(Self-Actualization)를 차례대로 채우려 한다. 즉, 사람은 5가지 욕구를 채우려 하되 우선순위에 있어서 가장 기초적인 욕구부터 차례로 채우려 한다는 것이다.

(마) 다른 하나는 마케팅 분야에서 소비자의 욕구를 채우기 위해 단계별로 다른 마케팅 전략을 적용하는 데 사용한다. 예를 들면, 채소를 구매하려는 소비자가 안전의 욕구를 갖고 있다고 가정하자. 마케팅 전략을 짜는 사람이라면 '건강'에 기초한 마케팅 전략을 구상해야 할 것이다. 마케팅 담당자가 고객의 욕구보다 더 높은 수준의 가치를 제공한다면, 고객 만족을 실현할 수 있는 지름길이자 기회인 것이다.

| 포스코그룹

05 다음 (가) ~ (마) 문단을 순서대로 나열한 것은?

① (나) - (라) - (다) - (가) - (마)
② (라) - (다) - (가) - (마) - (나)
③ (나) - (다) - (가) - (마) - (라)
④ (라) - (다) - (나) - (마) - (가)

06 제시문을 읽고 이해한 내용으로 적절하지 않은 것은?

① 배고플 때 맛있는 음식이 생각나는 것은 인간 욕구 5단계 중 첫 번째 단계에 해당한다.

② 사람은 가장 기초적인 욕구부터 차례로 채우려 한다.

③ 우수한 사원을 위한 성과급은 매슬로우의 동기부여론 사례로 볼 수 있다.

④ 행복한 가정을 이루고 싶어 하는 것은 존경 욕구에 해당한다.

07 제시문의 밑줄 친 (A)에 대한 사례로 적절한 것은?

① 돈을 벌어 부모에게서 독립하고 싶은 A 씨

② 야근에 지쳐 하루 푹 쉬고 싶어 하는 B 씨

③ 노후 대비를 위해 연금보험에 가입한 C 씨

④ 동호회 활동을 통해 다양한 사람들을 만나고 싶은 D 씨

08 다음 글의 핵심 내용으로 옳은 것은?

BMO 금속 및 광업 관련 리서치 보고서에 따르면 최근 가격 강세를 지속해 온 알루미늄, 구리, 니켈 등 산업금속들이 4분기 중 공급부족 심화와 가격 상승세가 전망된다. 산업금속이란, 산업에 필수적으로 사용되는 금속들을 말하는데, 앞서 제시한 알루미늄, 구리, 니켈뿐만 아니라 비교적 단단한 금속에 속하는 은이나 금 등도 모두 산업에 많이 사용될 수 있는 금속이므로 산업금속의 카테고리에 속한다고 할 수 있다. 이러한 산업금속은 물품을 생산하는 기계의 부품으로서 필요하기도 하고, 전자제품 등의 소재로 쓰이기도 하기 때문에 특정 분야의 산업이 활성화되면 특정 금속의 가격이 뛰거나 심각한 공급난을 겪기도 한다.

지난 4일 금융투자업계에 따르면 최근 전세계적인 경제 회복 조짐과 함께 탈 탄소 트렌드, 즉 '그린 열풍'에 따른 수요 증가로 산업금속 가격이 초강세이다. 런던금속거래소에서 발표한 자료에 따르면 올해 들어 지난달까지 알루미늄은 20.7%, 구리가 47.8%, 니켈은 15.9% 각각 가격이 상승했다. 자료에서도 알 수 있듯이 구리 수요를 필두로 알루미늄, 니켈 등 전반적인 산업금속 섹터의 수요량이 증가하였다. 이는 전기자동차 산업의 확충과 관련이 있다. 전기자동차의 핵심적인 부품인 배터리를 만드는 데에 구리와 니켈이 사용되기 때문이다. 이때, 배터리 소재 중 니켈의 비중을 높이면 배터리의 용량을 키울 수 있으나 배터리의 안정성이 저하된다. 기존의 전기자동차 배터리는 니켈의 사용량이 높았기 때문에 더욱 안정성 문제가 제기되어 왔다. 그래서 연구 끝에 적정량의 구리를 배합하는 것이 배터리 성능과 안정성을 모두 향상시키기 위해서 중요하다는 것을 밝혀내었다. 구리가 전기자동차 산업의 핵심 금속인 셈이다.

이처럼 전기자동차와 배터리 등 친환경 산업에 필수적인 금속들의 수요는 증가하는 반면 세계 각국의 환경 규제 강화로 인해 금속의 생산은 오히려 감소하고 있기 때문에 산업금속에 대한 공급난과 가격 인상이 우려되고 있다.

① 전기자동차의 배터리 성능을 향상하는 기술
② 세계적인 '그린 열풍' 현상 발생의 원인
③ 필수적인 산업금속 공급난으로 인한 문제
④ 전기자동차 확충에 따른 구리 수요 증가 상황

※ 제시된 명제가 모두 참일 때, 빈칸에 들어갈 명제로 가장 적절한 것을 고르시오. **[1~3]**

01

전제1. 연극을 좋아하면 발레를 좋아한다.
전제2. 영화를 좋아하지 않으면 발레를 좋아하지 않는다.
결론. _____

① 연극을 좋아하면 영화를 좋아하지 않는다.
② 발레를 좋아하면 영화를 좋아하지 않는다.
③ 발레를 좋아하지 않으면 영화를 좋아한다.
④ 연극을 좋아하면 영화를 좋아한다.
⑤ 연극을 좋아하지 않는 사람은 발레를 좋아하지 않는다.

02

전제1. 부품을 만드는 모든 회사는 공장이 있다.
전제2. _____
결론. 부품을 만드는 모든 회사는 제조를 한다.

① 제조를 하지 않는 어떤 회사는 공장이 있다.
② 부품을 만들지 않는 모든 회사는 공장이 있다.
③ 공장이 없는 모든 회사는 제조를 한다.
④ 제조를 하는 모든 회사는 부품을 만든다.
⑤ 공장이 있는 모든 회사는 제조를 한다.

03

전제1. 와인을 좋아하는 모든 회사원은 치즈를 좋아한다.
전제2. _____
결론. 포도를 좋아하는 어떤 회사원은 치즈를 좋아한다.

① 포도를 좋아하는 어떤 회사원은 와인을 좋아하지 않는다.
② 와인을 좋아하는 어떤 회사원은 포도를 좋아한다.
③ 와인을 좋아하지 않는 모든 회사원은 포도를 좋아한다.
④ 치즈를 좋아하는 모든 회사원은 와인을 좋아하지 않는다.
⑤ 포도를 좋아하지 않는 어떤 회사원은 와인을 좋아한다.

04 K사의 기획팀에서 근무하고 있는 직원 A ~ D는 서로의 프로젝트 참여 여부에 관하여 다음과 같이 진술하였고, 이들 중 단 1명만이 진실을 말하였다. 이들 가운데 반드시 프로젝트에 참여하는 사람은 누구인가?(단, 진실을 말하는 사람은 진실만을 말하며, 거짓을 말하는 사람은 거짓만을 말한다)

> A : 나는 프로젝트에 참여하고, B는 프로젝트에 참여하지 않는다.
> B : A와 C 중 적어도 한 명은 프로젝트에 참여한다.
> C : 나와 B 중 적어도 한 명은 프로젝트에 참여하지 않는다.
> D : B와 C 중 한 명이라도 프로젝트에 참여한다면, 나도 프로젝트에 참여한다.

① A   ② B
③ C   ④ D
⑤ 없음

05 A ~ E 5명은 아이스크림 가게에서 바닐라, 딸기, 초코맛 중에 한 개씩 주문하였다. 〈조건〉과 같을 때 다음 중 옳지 않은 것은?

> **조건**
> • C 혼자 딸기맛을 선택했다.
> • A와 D는 서로 같은 맛을 선택했다.
> • B와 E는 다른 맛을 선택했다.
> • 바닐라, 딸기, 초코맛 아이스크림은 각각 2개씩 있다.
> • 마지막에 주문한 E는 인원 초과로 선택한 아이스크림을 먹지 못했다.

① A가 바닐라맛을 선택했다면, E는 바닐라맛을 선택했다.
② C가 딸기맛이 아닌 초코맛을 선택하고 딸기맛은 아무도 선택하지 않았다면 C는 아이스크림을 먹지 못했을 것이다.
③ D보다 E가 먼저 주문했다면, E는 아이스크림을 먹었을 것이다.
④ A와 E가 같은 맛을 주문했다면, B와 D는 서로 다른 맛을 주문했다.
⑤ E가 딸기맛을 주문했다면, 모두 각자 선택한 맛의 아이스크림을 먹을 수 있었다.

06 다음 글의 내용이 참일 때, 반드시 참인 것만을 〈보기〉에서 모두 고르면?

A부서에서는 새로운 프로젝트인 〈하늘〉을 진행할 예정이다. 이 부서에는 남자 사무관 가훈, 나훈, 다훈, 라훈 4명과 여자 사무관 모연, 보연, 소연 3명이 소속되어 있다. 아래의 조건을 지키면서 이들 가운데 4명을 뽑아 〈하늘〉 전담팀을 꾸리고자 한다.

• 남자 사무관 가운데 적어도 한 사람은 뽑아야 한다.
• 여자 사무관 가운데 적어도 한 사람은 뽑지 말아야 한다.
• 가훈, 나훈 중 적어도 한 사람을 뽑으면, 라훈과 소연도 뽑아야 한다.
• 다훈을 뽑으면, 모연과 보연은 뽑지 말아야 한다.
• 소연을 뽑으면, 모연도 뽑아야 한다.

보기

ㄱ. 남녀 동수로 팀이 구성된다.
ㄴ. 다훈과 보연 둘 다 팀에 포함되지 않는다.
ㄷ. 라훈과 모연 둘 다 팀에 포함된다.

① ㄱ   ② ㄷ
③ ㄱ, ㄴ   ④ ㄴ, ㄷ
⑤ ㄱ, ㄴ, ㄷ

01 다음은 S국의 신입사원에게 필요한 10개 직무역량 중요도의 산업분야별 자료이다. 이에 대한 〈보기〉의 설명 중 옳은 것을 모두 고르면?

〈신입사원의 직무역량 중요도〉

(단위 : 점)

산업분야 직무역량	신소재	게임	미디어	식품
의사소통능력	4.34	4.17	4.42	4.21
수리능력	4.46	4.06	3.94	3.92
문제해결능력	4.58	4.52	4.45	4.50
자기개발능력	4.15	4.26	4.14	3.98
자원관리능력	4.09	3.97	3.93	3.91
대인관계능력	4.35	4.00	4.27	4.20
정보능력	4.33	4.09	4.27	4.07
기술능력	4.07	4.24	3.68	4.00
조직이해능력	3.97	3.78	3.88	3.88
직업윤리	4.44	4.66	4.59	4.39

※ 중요도는 5점 만점임

보기

ㄱ. 신소재 산업분야에서 중요도 상위 2개 직무역량은 '문제해결능력'과 '수리능력'이다.
ㄴ. 산업분야별 직무역량 중요도의 최댓값과 최솟값 차이가 가장 큰 것은 '미디어'이다.
ㄷ. 각 산업분야에서 중요도가 가장 낮은 직무역량은 '조직이해능력'이다.
ㄹ. 4개 산업분야 직무역량 중요도의 평균값이 가장 높은 직무역량은 '문제해결능력'이다.

① ㄱ, ㄴ
② ㄱ, ㄷ
③ ㄷ, ㄹ
④ ㄱ, ㄴ, ㄹ
⑤ ㄴ, ㄷ, ㄹ

02 다음은 연령별 3월 및 4월 코로나 신규 확진자 수 현황을 지역별로 조사한 자료이다. 자료에 대한 설명으로 옳은 것은?(단, 비율은 소수점 둘째 자리에서 반올림한다)

〈연령별 코로나 신규 확진자 수 현황〉

(단위 : 명)

구분		10대 미만	10대	20대	30대	40대	50대	60대	70대 이상	전체
지역	기간									
A	3월	7	29	34	41	33	19	28	35	226
A	4월	5	18	16	23	21	2	22	14	121
B	3월	6	20	22	33	22	35	12	27	177
B	4월	1	5	10	12	18	14	5	13	78
C	3월	2	26	28	25	17	55	46	29	228
C	4월	2	14	22	19	2	15	26	22	122
D	3월	3	11	22	20	9	21	54	19	159
D	4월	1	2	21	11	5	2	41	12	95
E	3월	4	58	30	37	27	41	22	57	276
E	4월	2	14	15	21	13	22	11	44	142
F	3월	9	39	38	59	44	45	54	32	320
F	4월	2	29	33	31	22	31	36	12	196
G	3월	0	8	10	29	48	22	29	39	185
G	4월	0	3	2	22	11	8	2	13	61
H	3월	4	15	11	52	21	31	34	48	216
H	4월	3	9	4	14	9	20	12	22	93
I	3월	2	11	18	35	4	33	21	19	143
I	4월	0	4	4	12	4	21	7	2	54

① 각 지역의 10대 미만 4월 신규 확진자 수는 전월 대비 감소하였다.
② 20대 신규 확진자 수가 10대 신규 확진자 수보다 적은 지역 수는 3월과 4월이 동일하다.
③ 3월 신규 확진자 수가 세 번째로 많은 지역의 4월 신규 확진자 수가 가장 많은 연령대는 20대이다.
④ H지역의 4월 신규 확진자 수가 4월 전체 지역의 신규 확진자 수에서 차지하는 비율은 10% 이상이다.
⑤ 3월 대비 4월 신규 확진자 수의 비율은 F지역이 G지역의 2배 이상이다.

03 다음은 연령대별 삶의 만족도에 대해 조사한 자료이다. 자료에 대한 〈보기〉의 설명 중 옳은 것을 모두 고른 것은?

〈연령대별 삶의 만족도〉

(단위 : %)

구분	매우 만족	만족	보통	불만족	매우 불만족
10대	8	11	34	28	19
20대	3	13	39	28	17
30대	5	10	36	39	10
40대	11	17	48	16	8
50대	14	18	42	23	3

※ 긍정적인 답변 : 매우 만족, 만족, 보통
※ 부정적인 답변 : 불만족, 매우 불만족

보기

㉠ 연령대가 높아질수록 '매우 불만족'이라고 응답한 비율은 낮아진다.
㉡ 모든 연령대에서 '매우 만족'과 '만족'이라고 응답한 비율이 가장 낮은 연령대는 20대이다.
㉢ 모든 연령대에서 긍정적인 답변을 한 비율은 50% 이상이다.
㉣ 50대에서 '불만족' 또는 '매우 불만족'이라고 응답한 비율은 '만족' 또는 '매우 만족'이라고 응답한 비율의 80% 이하이다.

① ㉠, ㉢　　　　　　　　　　　　　　② ㉠, ㉣
③ ㉡, ㉢　　　　　　　　　　　　　　④ ㉡, ㉣

Easy

04 다음은 종이책 및 전자책 성인 독서율에 대한 자료이다. (가)에 들어갈 수치로 적절한 것은?(단, 각 항목의 2020년 수치는 2018년 수치 대비 일정한 규칙으로 변화한다)

〈종이책 및 전자책 성인 독서율〉

(단위 : %)

항목	연도	2018년			2020년		
		사례 수 (건)	1권 이상 읽음	읽지 않음	사례 수 (건)	1권 이상 읽음	읽지 않음
전체	소계	5,000	60	40	6,000	72	28
성별	남자	2,000	60	40	3,000	90	10
	여자	3,000	65	35	3,000	65	35
연령별	20대	1,000	87	13	1,000	87	13
	30대	1,000	80.5	19.5	1,100	88.6	11.4
	40대	1,000	75	25	1,200	90	10
	50대	1,000	60	40	1,200	(가)	
	60대 이상	1,000	37	63	1,400	51.8	48.2
학력별	중졸 이하	900	30	70	1,000	33.3	66.7
	고졸	1,900	63	37	2,100	69.6	30.4
	대졸 이상	2,200	70	30	2,800	89.1	10.9

① 44

② 52

③ 72

④ 77

⑤ 82

안심Touch

다음은 국가별 4차 산업혁명 기반산업 R&D 투자 현황에 관한 자료이다. 자료를 보고 〈보기〉 중 옳지 않은 것을 모두 고르면?

〈국가별 4차 산업혁명 기반산업 R&D 투자 현황〉

(단위 : 억 달러)

국가	서비스				제조					
	IT서비스		통신 서비스		전자		기계장비		바이오 · 의료	
	투자액	상대수준	투자액	상대수준	투자액	상대수준	투자액	상대수준	투자액	상대수준
한국	3.4	1.7	4.9	13.1	301.6	43.1	32.4	25.9	16.4	2.3
미국	200.5	100.0	37.6	100.0	669.8	100.0	121.3	96.6	708.4	100.0
일본	30.0	14.9	37.1	98.8	237.1	33.9	125.2	100.0	166.9	23.6
독일	36.8	18.4	5.0	13.2	82.2	11.7	73.7	58.9	70.7	10.0
프랑스	22.3	11.1	10.4	27.6	43.2	6.2	12.8	10.2	14.2	2.0

※ 투자액은 기반산업별 R&D 투자액의 합계이다.
※ 상대수준은 최대 투자국의 R&D 투자액을 100으로 두었을 때의 상대적 비율이다.

보기

ㄱ. 한국의 IT서비스 부문 투자액은 미국 대비 1.7%이다.

ㄴ. 미국은 모든 산업의 상대수준이다.

ㄷ. 한국의 전자 부문 투자액은 전자 외 부문 투자액을 모두 합한 금액의 6배 이상이다.

ㄹ. 일본과 프랑스의 부문별 투자액 순서는 동일하지 않다.

① ㄱ, ㄴ   ② ㄴ, ㄷ

③ ㄱ, ㄷ   ④ ㄴ, ㄹ

⑤ ㄷ, ㄹ

Hard

06 다음은 마트 유형별 비닐봉투·종량제봉투·종이봉투·에코백·개인장바구니 사용률을 조사한 자료이다. 이에 대한 설명으로 〈보기〉에서 옳은 것을 모두 고른 것은?

〈마트 유형별 비닐봉투·종량제봉투·종이봉투·에코백·개인장바구니 사용률〉

구분	대형마트 (2,000명 대상)	중형마트 (800명 대상)	개인마트 (300명 대상)	편의점 (200명 대상)
비닐봉투	7%	18%	21%	78%
종량제봉투	28%	37%	43%	13%
종이봉투	5%	2%	1%	0%
에코백	16%	7%	6%	0%
개인장바구니	44%	36%	29%	9%

※ 마트 유형별 전체 조사자 수는 상이하다.

보기

ㄱ. 대형마트의 종이봉투 사용자 수는 중형마트의 6배 이상이다.
ㄴ. 대형마트의 종량제봉투 사용자 수는 전체 종량제봉투 사용자 수의 절반 이하이다.
ㄷ. 비닐봉투 사용률이 가장 높은 곳과 비닐봉투 사용자 수가 가장 많은 곳은 동일하다.
ㄹ. 편의점을 제외한 마트의 규모가 커질수록 개인장바구니의 사용률은 증가한다.

① ㄱ, ㄹ
② ㄱ, ㄴ, ㄷ
③ ㄱ, ㄷ, ㄹ
④ ㄴ, ㄷ, ㄹ

01 언어이해

01	02	03	04	05	06	07	08		
④	①	③	⑤	①	④	③	④		

01 [정답] ④

전자식 보정은 광학식 보정보다 성능은 떨어지지만 가격이 저렴한 장점이 있으므로 상황에 따라 적절하게 선택하여 활용하는 것이 좋다.

오답분석

① 광학식 보정은 전자식 보정보다는 가격이 높다는 단점이, 성능이 우수하다는 장점이 있다.
② 전자식 보정은 사진을 찍은 후 떨림을 보정하는 기술이므로 사진을 찍기 전까지는 보정되는 정도를 확인할 수 없다.
③ 거치대를 이용하여 사진을 찍는 경우에는 손떨림이 없으므로 보정 기술이 거의 필요 없다. 따라서 광학식 보정보다는 전자식 보정을 선택하는 것이 가격 면에서 이득이다.
⑤ 광학식 보정은 손이 떨리는 방향과 반대 방향으로 렌즈를 이동시켜 흔들림을 상쇄하는 기술이므로 손이 왼쪽으로 떨리면 렌즈를 오른쪽으로 이동시켜 흔들림을 상쇄한다.

02 [정답] ①

ㄱ. 지지도 방식에서는 적극적 지지자만 지지자로 분류하고 나머지는 기타로 분류하므로 적극적 지지자의 수가 많은 A후보가 더 많은 지지를 받을 것이다. 따라서 옳은 내용이다.

오답분석

ㄴ. 선호도 방식에서는 적극적 지지자와 소극적 지지자를 모두 지지자로 분류하므로 둘의 합계가 많은 후보가 더 많은 지지를 받을 것이다. 그런데 ㄴ의 경우에는 각 후보의 지지자 수의 대소관계를 알 수 없으므로 판단이 불가능하다. 따라서 옳지 않은 내용이다.
ㄷ. 지지도 방식에서는 적극적 지지자의 대소로 판단하지만 선호도 방식에서는 적극적, 소극적 지지자의 합의 대소로 판단하게 된다. 예를 들어 A후보가 B후보보다 적극적 지지자가 10이 많고 소극적 지지자가 20이 많다면, 지지도 방식에서의 차이는 10이지만 선호도 방식에서의 차이는 30이 된다. 따라서 옳지 않은 내용이다.

03 [정답] ③

'주차 공간에 차가 있는지 여부를 감지하는 센서를 설치한 스마트 주차'라고 했으므로 주차를 해준다기보다는 주차공간이 있는지의 여부를 알 수 있는 기능이다.

오답분석

① '각국의 경제 및 발전 수준, 도시 상황과 여건에 따라 매우 다양하게 정의 및 활용되고, 접근 전략에도 차이가 있다.'라고 했으므로 일치하는 내용이다.
② 두 번째 문단 중 '이 스마트 가로등은 … 인구 밀집도까지 파악할 수 있다.'라고 했으므로 일치하는 내용이다.

④ 세 번째 문단에서 항저우를 비롯한 중국의 여러 도시들은 알리바바의 알리페이를 통해 항저우 택시의 98%, 편의점의 95% 정도에서 모바일 결제가 가능하고, 부 업무, 차량, 의료 등 60여 종에 달하는 서비스이용이 가능하다고 하였으므로 지갑을 가지고 다니지 않아도 일부 서비스를 이용할 수 있다.

⑤ 마지막 문단 중 '세종에서는 … 개인 맞춤형 의료 서비스 등을 받을 수 있다.'라는 내용을 통해 알 수 있다.

04 정답 ⑤

해시 함수 3은 해시 값이 02와 03으로 다르지만 입력 값이 같으므로 해시 함수라고 할 수 없다.

오답분석

① 입력 값과 해시 함수1에 의해 대응하는 해시 값이 서로 다르므로 해시 충돌이 발생하지 않았다.

② 해시 함수 2는 입력 값 B와 C에 대응하는 해시 값이 02로 같으므로 해시 충돌이 발생했다.

③ 해시 함수 3은 해시 함수라고 할 수 없으므로 암호로 사용될 수 없다.

④ 주어진 자료만으로 판단했을 때 해시 함수 2는 해시 충돌이 발생했고, 해시 함수 1은 해시 충돌이 발생하지 않았으므로 해시 함수 2보다는 해시 함수 1이 검색 비용이 적게 들 것이다.

05 정답 ①

매슬로우의 인간 욕구 5단계 이론을 소개한 (나), 다섯 가지 욕구와 그 우선순위를 설명하는 (라), 다섯 단계의 욕구를 더 자세히 설명하는 (다), 인간 욕구 5단계 이론이 경영학 중 하나인 인사 분야에서 사용됨을 설명하는 (가), 마지막으로 경영학 중 다른 하나인 마케팅 분야에서 사용됨을 설명하는 (마) 순서로 나열된다.

06 정답 ④

행복한 가정을 이루고 싶어 하는 것은 소속과 애정의 욕구로 볼 수 있다.

오답분석

① 첫 번째 단계인 생리적 욕구에 해당한다.

② (라) 문단을 통해 확인할 수 있다.

③ (가) 문단을 통해 확인할 수 있다.

07 정답 ③

노후 대비를 위해 연금보험에 가입한 것은 경제적 위험으로부터 보호받고 싶어 하는 안전 욕구로 볼 수 있다.

오답분석

① 자아실현 욕구 사례이다.

② 생리적 욕구 사례이다.

④ 소속과 애정의 욕구 사례이다.

08 정답 ④

지문의 2문단에서 전기자동차 산업이 확충되고 있음을 언급하면서 구리가 전기자동차의 배터리를 만드는 데 핵심 재료임을 언급하고 있기 때문에 ④가 정답이다.

오답분석

① 지문에서 언급하고 있는 내용은 아니나 핵심 내용으로 보기는 어렵다.

② 지문에서 '그린 열풍'을 언급하고 있으나 그 이유는 제시되어 있지 않다.

③ 지문에서 산업금속 공급난이 우려된다고 하나, 그로 인한 문제가 제시되어 있지는 않다.

01	02	03	04	05	06				
④	⑤	②	②	②	⑤				

01 　정답 ④

전제1과 전제2의 대우에 의해 연극을 좋아하면 발레를 좋아하고, 발레를 좋아하면 영화를 좋아한다.
따라서 연극을 좋아하면 영화를 좋아하므로 결론은 ④이다.

다른풀이

'연극을 좋아한다.'를 '연', '발레를 좋아한다.'를 '발', '영화를 좋아한다.'를 '영'이라고 하자.

구분	명제	대우
전제1	**연 → 발**	발× → 연×
전제2	영× → 발×	**발 → 영**

전제1과 전제2의 대우에 의해 연 → 발 → 영이다. 따라서 연 → 영이므로 결론은 '연극을 좋아하면 영화를 좋아한다.'인 ④이다.

02 　정답 ⑤

'부품을 만든다.'를 '부', '공장이 있다.'를 '공', '제조를 한다.'를 '제'라고 하자.

구분	명제	대우
전제1	**부 → 공**	공× → 부×
결론	**부 → 제**	제× → 부×

전제1이 결론으로 연결되려면, 전제2는 공 → 제가 되어야 한다. 따라서 전제2는 '공장이 있는 모든 회사는 제조를 한다.'인 ⑤이다.

03 　정답 ②

'와인을 좋아한다.'를 '와', '치즈를 좋아한다.'를 '치', '포도를 좋아한다.'를 '포'라고 하면 다음과 같이 벤다이어그램으로 나타낼 수 있다.

전제1)

결론)

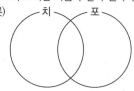

결론이 참이 되기 위해서는 '와'와 공통되는 '치'의 부분과 '포'가 연결되어야 한다. 즉, 다음과 같은 벤다이어그램이 성립할 때 결론이 참이 될 수 있으므로 전제2에 들어갈 명제는 어떤 와 → 포이거나 어떤 포 → 와이다. 따라서 전제2에 들어갈 명제는 '와인을 좋아하는 어떤 회사원은 포도를 좋아한다.'인 ②이다.

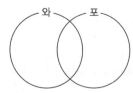

04   정답 ②

먼저 B의 진술이 거짓일 경우 A와 C는 모두 프로젝트에 참여하지 않으며, C의 진술이 거짓일 경우 B와 C는 모두 프로젝트에 참여한다. 따라서 B와 C의 진술은 동시에 거짓이 될 수 없으므로 둘 중 한 명의 진술은 반드시 참이 된다.

• B의 진술이 참인 경우
  A는 프로젝트에 참여하지 않으며, B와 C는 모두 프로젝트에 참여한다. B와 C 모두 프로젝트에 참여하므로 D는 프로젝트에 참여하지 않는다.

• C의 진술이 참인 경우
  A의 진술은 거짓이므로 A는 프로젝트에 참여하지 않으며, B는 프로젝트에 참여한다. C는 프로젝트에 참여하지 않으나, B가 프로젝트에 참여하므로 D는 프로젝트에 참여하지 않는다.

따라서 반드시 프로젝트에 참여하는 사람은 B이다.

05   정답 ②

C 혼자 딸기맛을 선택했고, A와 D는 서로 같은 맛을 선택했으므로 A와 D는 바닐라맛 또는 초코맛을 선택했음을 알 수 있다. 또한 B와 E는 서로 다른 맛을 선택했고 마지막에 주문한 E는 인원 초과로 선택한 아이스크림을 먹지 못했으므로 E는 A, D와 같은 맛을 선택했다.

구분	A	B	C	D	E
경우1	바닐라	초코맛	딸기맛	바닐라	바닐라
경우2	초코맛	바닐라	딸기맛	초코맛	초코맛

따라서 C가 딸기맛이 아닌 초코맛을 선택했어도 B가 초코맛을 선택했다면 아이스크림을 먹을 수 있으므로 ②는 옳지 않다.

06   정답 ⑤

두 번째 조건에 따르면 여자 사무관 중 1명은 반드시 제외되어야 하므로 1명의 남자 사무관과 3명의 여자 사무관은 한 팀으로 구성될 수 없다. 또한 세 번째 조건과 다섯 번째 조건에 따르면 가훈, 나훈 중 적어도 한 사람을 뽑을 경우 라훈, 소연을 뽑아야 하고, 소연을 뽑으면 모연을 반드시 함께 뽑아야 하므로 전담팀은 남자 사무관 4명으로만 구성될 수 없으며, 남자 사무관 3명과 여자 사무관 1명으로도 구성될 수 없다. 따라서 전담팀은 남자 사무관 2명, 여자 사무관 2명으로만 구성될 수 있다.

네 번째 조건과 다섯 번째 조건에 따르면 다훈을 뽑을 경우 모연, 보연, 소연을 모두 뽑을 수 없으므로 다훈을 팀원으로 뽑을 수 없다(∵ 남자 사무관 4명으로만 팀이 구성될 수 없다).

주어진 모든 조건을 고려하여 구성할 수 있는 〈하늘〉 전담팀은 다음과 같다.

1) 가훈, 라훈, 소연, 모연
2) 나훈, 라훈, 소연, 모연

따라서 전담팀은 남녀 각각 동일한 수 2명으로 구성되며(ㄱ), 다훈과 보연은 둘 다 팀에 포함되지 않는(ㄴ) 반면, 라훈과 모연은 둘 다 반드시 팀에 포함된다(ㄷ).

01	02	03	04	05	06				
①	②	①	③	②	③				

01 정답 ①

ㄱ. 신소재 산업분야에서 중요도 상위 2개 직무역량은 '문제해결능력(4.58)', '수리능력(4.46)'이므로 옳은 내용이다.
ㄴ. 각 산업분야별로 직무역량 중요도의 최댓값과 최솟값을 차이를 구하면 신소재(0.61점), 게임(0.88점), 미디어(0.91점), 식품(0.62점)이므로 옳은 내용이다.

오답분석

ㄷ. 신소재, 게임, 식품의 경우 중요도가 가장 낮은 직무역량은 '조직이해능력'이지만 미디어의 경우는 '기술능력'의 중요도가 가장 낮다. 따라서 옳지 않은 내용이다.
ㄹ. 신소재 분야와 식품 분야의 경우는 '문제해결능력'의 중요도가 가장 높지만 게임 분야와 미디어 분야의 경우는 '직업윤리'의 중요도가 가장 높고 '문제해결능력'이 두 번째로 높다. 따라서 '문제해결능력'과 '직업윤리'를 서로 비교하여 정리하면 다음과 같다.

	신소재	게임	미디어	식품
문제해결능력	+0.14	−	−	+0.11
직업윤리	−	+0.14	+0.14	−

'문제해결능력'의 평균값이 가장 높다는 것은 다시 말해 각 분야의 중요도를 모두 합한 값이 가장 크다는 것을 의미하는데, 위 표에서 보듯 '직업윤리'의 합계가 더 크므로 옳지 않은 내용이다.

02 정답 ②

20대 신규 확진자 수가 10대 신규 확진자 수보다 적은 지역은 3월에 E, F, H지역, 4월은 A, G, H지역으로 각각 3곳으로 동일하다.

오답분석

① C, G지역의 3월과 4월의 10대 미만 신규 확진자 수는 각각 동일하다.
③ 3월 신규 확진자 수가 세 번째로 많은 지역은 C지역(228명)으로 C지역의 4월 신규 확진자 수가 가장 많은 연령대는 60대(26명)이다.
④ H지역의 4월 신규 확진자 수는 93명으로 4월 전체 신규 확진자 수인 $121+78+122+95+142+196+61+93+54=962$명에서 차지하는 비율은 $\frac{93}{962}\times100 = 9.7\%$로 10% 미만이다. 또한 4월 전체 신규 확진자 수의 10%는 $962\times0.1=96.2$명으로 H지역의 4월 신규 확진자 수인 93명보다 많다.
⑤ 3월 대비 4월 신규 확진자 수의 비율은 F지역이 $\frac{196}{320}\times100 = 61.3\%$, G지역이 $\frac{61}{185}\times100 = 33\%$이다. 따라서 G지역 비율의 2배는 $33\times2=66\%$로 F지역이 G지역의 2배 이하이다.

03 정답 ①

㉠ 연령대별 '매우 불만족'이라고 응답한 비율은 10대가 19%, 20대가 17%, 30대가 10%, 40대가 8%, 50대가 3%로 연령대가 높아질수록 그 비율은 낮아진다.
㉢ 연령대별 부정적인 답변을 구하면 다음과 같다.
  • 10대 : $28+19=47\%$
  • 20대 : $28+17=45\%$
  • 30대 : $39+10=49\%$
  • 40대 : $16+8=24\%$
  • 50대 : $23+3=26\%$
따라서 모든 연령대에서 부정적인 답변이 50% 미만이므로 긍정적인 답변은 50% 이상이다.

ⓛ '매우 만족'과 '만족'이라고 응답한 비율은 다음과 같다.
- 10대 : 8+11=19%
- 30대 : 5+10=15%
- 50대 : 14+18=32%
- 20대 : 3+13=16%
- 40대 : 11+17=28%

따라서 가장 낮은 연령대는 30대(15%)이다.
ⓔ • 50대에서 '불만족' 또는 '매우 불만족'이라고 응답한 비율 : 23+3=26%
- 50대에서 '만족' 또는 '매우 만족'이라고 응답한 비율 : 14+18=32%

따라서 $\frac{26}{32}\times100$=81.25%로 80% 이상이다.

04 [정답] ③

'1권 이상 읽음'의 성인 독서율은 2018년 대비 2020년 사례수 증가율만큼 증가한다.

빈칸에 해당되는 50대 성인 독서율의 경우, 2018년 대비 2020년 사례수가 $\frac{1{,}200-1{,}000}{1{,}000}\times100$=20% 증가하였다.

따라서 '1권 이상 읽음'의 성인 독서율 '가'에 알맞은 수치는 60×1.2=72가 된다.

05 [정답] ②

ㄴ. 기계장비 부문의 상대수준은 일본이다.
ㄷ. 한국의 전자 부문 투자액은 301.6억 달러, 전자 외 부문 투자액의 총합은 3.4+4.9+32.4+16.4=57.1억 달러로, 57.1×6=342.6>301.6이다. 따라서 옳지 않다.

ㄱ. 제시된 자료를 통해 한국의 IT서비스 부문 투자액은 최대 투자국인 미국 대비 상대수준이 1.7%임을 알 수 있다.
ㄹ. 일본은 '전자 - 바이오·의료 - 기계장비 - 통신 서비스 - IT서비스' 순이고, 프랑스는 '전자 - IT서비스 - 바이오·의료 - 기계장비 - 통신 서비스' 순서이다.

06 [정답] ③

ㄱ. 대형마트의 종이봉투 사용자 수는 2,000×0.05=100명으로, 중형마트의 종이봉투 사용자 수인 800×0.02=16명의 $\frac{100}{16}$=6.25배이다.
ㄷ. 비닐봉투 사용자 수를 정리하면 다음과 같다.
- 대형마트 : 2,000×0.07=140명
- 개인마트 : 300×0.21=63명
- 중형마트 : 800×0.18=144명
- 편의점 : 200×0.78=156명

따라서 비닐봉투 사용률이 가장 높은 곳은 78%로 편의점이며, 비닐봉투 사용자 수가 가장 많은 곳도 156명으로 편의점이다.
ㄹ. 마트규모별 개인장바구니의 사용률을 살펴보면, 대형마트가 44%, 중형마트가 36%, 개인마트가 29%이다. 따라서 마트의 규모가 커질수록 개인장바구니 사용률이 커짐을 알 수 있다.

ㄴ. 전체 종량제봉투 사용자 수를 구하면 다음과 같다.
- 대형마트 : 2,000×0.28=560명
- 개인마트 : 300×0.43=129명
- 중형마트 : 800×0.37=296명
- 편의점 : 200×0.13=26명
- 전체 종량제봉투 사용자 수 : 560+296+129+26=1,011명

따라서 대형마트의 종량제봉투 사용자 수인 560명은, 전체 종량제봉투 사용자 수인 1,011명의 절반을 넘는다.

PART 1 최신기출문제

정답 및 해설 p.002

01 언어이해

01 다음 글을 읽은 독자의 반응으로 가장 적절하지 않은 것은?

> 후기자본주의에서 유흥은 일의 연장이다. 유흥을 찾는 사람들은 기계화된 노동과정을 다시금 감당할 수 있기 위해 그로부터 벗어나려는 사람들이다. 그렇지만 후기자본주의에서는 유흥상품의 제조도 여가를 즐기는 방식도 철저히 기계적인 방식으로 바뀌었다. 결과적으로 그는 유흥 속에서도 노동과정의 심리적 잔상 외에는 어떤 것도 더 이상 경험할 수 없게 된 것이다. 소위 '내용'이라는 것은 다만 이미 빛이 바랜, 전면에 나타나는 이야기일 뿐이며, 뒤에 남는 인상은 오직 표준화된 업무가 자동적으로 흘러간다는 것이다.
>
> 공장이나 사무실에서의 노동과정에서 해방되는 것은 단지 여가시간에도 그러한 노동과정에 동화됨으로써만 가능하다. 모든 유흥을 괴로워하는 불치병은 이러한 상황에서 비롯된 것이다. 즐거움은 딱딱한 지루함이 되고 만다. 왜냐하면 즐거움은 즐거움으로 계속 남기 위해 어떤 괴로운 노력도 더 이상 지불하지 않으려 하며, 이로 인해 닳아빠진 연상궤도 속에 갇혀서는 그로부터 한 발자국도 못 나간 채 다람쥐 쳇바퀴를 돌고 있기 때문이다.
>
> 구경꾼은 자신의 고유한 생각을 가지려해서는 안 된다. 제작물은 모든 반응을 미리 지시해준다. 그러한 지시는 작품의 자연스러운 연관구조가 아닌 – 그러한 구조는 사고를 필요로 하기 때문에 붕괴된다. – '신호'를 통해 이루어진다. 정신적인 긴장을 요구하는 모든 논리적 연관은 교묘하게 기피된다. 작품의 전개는 가능한 한 바로 앞선 장면으로부터 따라 나와야지, 전체라는 이념으로부터 나와서는 안 된다. 관람객의 주의력은 개별 장면이 어떻게 될지를 미리 짐작하며, 이러한 주의력을 거스르는 플롯은 없다. 또한 심지어는 아무런 의미도 만들어내서는 안 되는 곳에서 털끝만한 의미연관이라도 지지해주는 것처럼 보이는 장치마저 위험시된다. 예전의 관례에 따라 극중의 등장인물이나 사물이 요구하는 줄거리의 발전 또한 종종 악의에 찬 거부를 당한다. 그 대신에 다음 장면을 만드는 것은 시나리오 작가가 상황에 맞게 선택한 기발해 보이는 착상이다.

① 현대사회에서 노동자들은 노동 여부에 관계없이 기계적인 과정이 주는 피로로부터 벗어나기 어렵겠군.

② 최근에 비슷비슷한 내용의 드라마가 많이 생겨나는 이유는 유흥상품의 제조까지도 기계적인 방식으로 이루어지기 때문이야.

③ 퇴근 후에 운동을 하기가 힘들어서 운동을 관두고 싶은 건 내가 여가시간에 '괴로운 노력'을 지불하려고 하지 않기 때문이구나.

④ 예능 프로그램에서 특정 장면에 관객의 웃음소리를 넣는 것은 '신호를 통한 지시'로 볼 수 있어.

⑤ 최근 유명한 추리영화의 반전을 맞추고는 내가 참 창의적이라고 생각했는데, 시나리오 작가가 제시한 상황에 맞추어 주의를 기울인 것뿐이었나봐.

02 다음 글의 빈칸에 들어갈 말로 가장 적절한 것은?

사람들의 '필요'는 사람들의 '선호'와 같은 것은 아니다. 어떤 사람이 "포도주를 한번 마셔 보면 지금 죽어도 한이 없겠다고 절규한다고 해서, 빵이나 밥도 아닌, 사치스러운 선호에 속하는 포도주에 대한 열망을 필요라고 규정할 수는 없다. 혹은 "일주일에 한 번은 꼭 외식을 하고 싶다."는 소망을 표출하고 또 "오토바이를 가지고 싶다."는 간절한 소원을 빌었다고 해서 그것이 필요가 되는 것은 아니다. 이와 같은 통찰들은 우리가 '필요'라는 용어를 사용할 때 그것이 가지고 있는 객관적인 특성이나 간주관적인 특성에 주목하는 것이지, 지극히 주관적이며 개인적인 특성에 주목하는 것이 아님이 분명하다. 하지만 이러한 지적은 논의의 시작일 뿐 논의의 종결은 아니다. 객관적·간주관적 특성과 주관적·개인적인 특성과의 차이가 늘 선명한 것은 아니기 때문이다. 객관적으로 인정된 필요라고 할 경우, 사람들은 무엇을 꼽는가. 음식, 의복, 주거를 의미하는 의식주, 또한 그들을 넘어서서 의료, 직업, 여가 등을 꼽을 것이다. 이러한 품목과 재화에는 단순히 인간의 생존만을 보장하는 것이 아니라 품위있는 인간의 삶의 질을 보장해야 한다는 발상이 들어 있다. 그러나 품위있는 삶의 질이란 쟁점이 될 수밖에 없다.

여기서 우리는 '생필품'과 '사치품'의 구분이 어느 정도로 가능한 것인가 하는 질문에 관심을 가질 수밖에 없다. 휴대전화는 사치품인가 생필품인가. 또 컴퓨터는 어떤가. 자동차는 생필품인가. 이와 같은 질문에 쉽게 대답하기 어려운 이유는 [   ] 휴대전화가 없다고 하여 사람이 심각한 결핍상태에 직면하는 것은 아니다. 삶이 약간 불편해지는 것에 불과하다. 그러나 그렇다고 해도 휴대전화를 가지고 있는 친구들 사이에서 휴대전화가 없는 친구가 겪어야 하는 것은 물질적인 불편함 정도가 아니라 정신적 소외, 따돌림의 느낌, 외계인이 된 듯한 느낌이 아니겠는가. 그렇다면 휴대전화를 필요의 영역으로 편입시켜야 할 근거를 확보한 셈이다. 같은 맥락에서 오늘날 우리가 생필품으로 생각하고 있는 것들은 수십 년 전만 하더라도 사치품으로 분류되어 왔던 것들이다. 오늘날 냉장고, 컬러TV 등을 가지고 있다고 하여 부자나 중산층으로 보는 사람은 없다. 이처럼 변화의 가능성을 인정하게 되면 생필품과 사치품 사이의 범주적 구분은 더욱 더 모호해질 수밖에 없다.

① 현대사회에서 인간의 생존을 위해 필요한 것이 더 많아지고 있기 때문이다.
② 물질적 요소뿐 아니라 문화적 요소가 담겨있기 때문이다.
③ 사람마다 생필품과 사치품을 분류하는 기준이 다르기 때문이다.
④ 사물을 판단할 때 객관적·간주관적인 특성이 배제되기 때문이다.
⑤ 시간의 흐름에 따라 사치품은 생필품으로 편입될 확률이 높기 때문이다.

PART 1
2019 기출
2018 하반기
2018 상반기
2017 하반기
2017 상반기
2016 하반기
2016 상반기

안심Touch

03 다음 글의 내용과 일치하지 않는 것은?

배아줄기세포는 현재 인간을 구성하는 모든 조직의 세포로 분화가 가능한 세포이다. 배아줄기세포를 원하는 조직이나 세포로 분화시켜 세포 치료가 가능해진다면, 루게릭병, 알츠하이머병, 파킨슨병 등의 난치병뿐 아니라 척추부상 환자의 치료에도 획기적인 전기를 마련할 것으로 기대되고 있다.

수정란이 세포 분열을 시작하여 4~5일이 지나면 포배(배반포) 단계에 이르게 된다. 시험관에서 수정하여 배양한 배반포를 모체의 자궁에 착상시키면 온전한 한 사람으로 발생이 진행된다. 배아줄기세포는 포배 내부에 존재하는 세포덩어리에서 추출한다. 문제는 이 과정에서 자궁에 착상시키면 한 인간으로 발생할 잠재력이 있는 배아가 파괴된다는 것이다. 배아줄기세포와 관련된 일차적인 논쟁은 인간 배아의 도덕적 지위를 어떻게 보는가에서 출발한다. 어떤 이들은 배아는 수정되는 순간부터 한 사람의 인간으로 간주해야 한다고 생각한다. 이들의 견해에 따르면 배아를 파괴하고 그로부터 줄기세포를 얻는 것은 살인과 다름없다. 따라서 그 목적이 아무리 선한 데 있더라도 무고한 인간의 죽음을 수단으로 삼을 수는 없으므로 배아줄기세포 연구를 허용할 수 없다는 입장이다. 그 반대편에는 초기의 배아는 인간으로서의 특정을 전혀 나타내지 못하는 세포덩어리일 뿐이어서 특별히 취급할 이유가 없다는 입장이 있다.

배아줄기세포를 얻는 방법에는 두 가지가 있다. 첫 번째 방법은 인공수정 과정에서 생성된 잔여배아에서 배아줄기세포를 추출하는 방법이다. 인공수정 과정에서 한두 번의 착상시도에서 성공하여 아기가 태어나면 나머지 배아는 부모의 동의를 받아 폐기할 수 있는데, 이를 잔여배아라 부른다. 우리나라를 포함한 대부분의 나라에서는 잔여배아를 이용하는 경우에 한해서 배아줄기세포의 연구를 허용하고 있다. 만일 배아를 제공하는 부모가 상황을 충분히 이해하고 폐기될 배아를 연구용으로 기증하는 것에 동의하였다면 버려지는 쪽보다 다른 사람들을 위하여 사용되는 것이 더 바람직하다는 것이 그 이유이다.

배아줄기세포의 연구가 궁극적으로 줄기세포를 원하는 종류의 조직으로 분화시켜 환자에게 이식하는 것을 목적으로 하는 한, 이식하였을 때 면역거부반응이 나타나지 않는 조직을 만들 수 있어야 할 것이다. 이러한 경우에는 핵이 제거된 미수정란에 환자에서 얻은 체세포의 핵을 치환한 다음 이를 배아상태로 다시 분화시켜 여기에서 줄기세포를 얻는 방법이 대안이 될 수 있다. 그러나 인간 세포를 이용한 핵치환 기술이 인간 개체복제로 이어질 가능성 및 수단으로서 인간으로 성장할 잠재력을 지니는 배아를 창출할 때 발생하는 윤리적 파장 때문에, 배아줄기세포를 얻기 위한 배아의 창출은 허용하지 않아야 한다는 의견이 아직은 지배적이다. 우리나라에서도 잔여배아를 사용하는 경우보다 더 엄격한 사전심사와 승인을 거친 후에만 가능하도록 규제하고 있다.

① 배아줄기세포에 대한 논란의 쟁점은 수정된 배아를 생명으로 보느냐 아니냐이다.
② 잔여배아에서 배아줄기세포를 추출하는 방법이 가장 효과적으로 알려져 있기 때문에 대부분의 국가에서 이 방법만을 허용하고 있다.
③ 배아줄기세포의 연구는 아직 완성된 단계에 이르지는 않았다.
④ 배아줄기세포는 인간을 구성하는 모든 조직의 세포로 분화될 수 있다.
⑤ 미수정란과 환자의 체세포를 이용하는 방법은 생명을 수단으로 이용하는 문제 외에도 또 다른 윤리적 문제를 야기시킬 수 있다.

04 제시된 문장을 논리적인 순서대로 알맞게 배열했을 때 다음 순서에 들어갈 문단으로 옳은 것은?

> (가) 왜냐하면 일반적으로 외부에서 작용하는 힘이 없다면 운동량은 보존되기 때문이다. 이렇게 하여 결국 달의 공전 궤도는 점점 늘어나고, 달은 지구로부터 점점 멀어지는 것이다.
>
> (나) 실제로 지구의 자전 주기는 매년 100만 분의 17초 정도 느려지고 달은 매년 38mm씩 지구에서 멀어지고 있다. 이처럼 지구의 자전 주기가 점점 느려지기 때문에 지구의 1년의 날수는 점차 줄어들 수밖에 없다.
>
> (다) 한편 지구보다 작고 가벼운 달의 경우에는 지구보다 더 큰 방해를 받아 자전 속도가 더 빨리 줄게 된다.
>
> (라) 그러나 이렇게 느려지더라도 하루가 25시간이 되려면 2억 년은 넘게 시간이 흘러야 한다.
>
> (마) 그리고 이 힘은 지구와 달 사이의 거리에 따라 다르게 작용하여 달과 가까운 쪽에는 크게, 그 반대쪽에는 작게 영향을 미치게 된다.
>
> (바) 이렇게 지구와 달은 서로의 인력 때문에 자전 속도가 줄게 되는데, 이 자전 속도와 관련된 운동량은 '지구 − 달 계' 내에서 달의 공전 궤도가 늘어나는 것으로 보존된다.
>
> (사) 결국 지구 표면은 달의 인력과 지구 − 달의 원운동에 의한 원심력의 영향을 받아 양쪽이 부풀어 오르게 된다. 이때 달과 가까운 쪽 지구의 '부풀어 오른 면'은 지구와 달을 잇는 직선에서 벗어나 지구 자전 방향으로 앞서게 되는데, 그 이유는 지구가 하루 만에 자전을 마치는데 비해 달은 한 달 동안 공전 궤도를 돌기 때문이다. 달의 인력은 이렇게 지구 자전 방향으로 앞서가는 부풀어 오른 면을 반대 방향으로 다시 당기고, 그로 인해 지구의 자전은 방해를 받아 속도가 느려진다.
>
> (아) 지구의 하루는 왜 길어지는 것일까? 그것은 바로 지구의 자전이 느려지기 때문이다. 지구의 자전은 달과 밀접한 관련을 맺고 있다. 지구가 달을 끌어당기는 힘이 있듯이 달 또한 지구를 끌어당기는 힘이 있다. 달은 태양보다 크기는 작지만 지구와의 거리는 태양보다 훨씬 가깝기 때문에 지구의 자전에 미치는 영향은 달이 더 크다. 달의 인력은 지구의 표면을 부풀어 오르게 한다.

	3번째	6번째
①	(가)	(사)
②	(사)	(가)
③	(나)	(다)
④	(아)	(라)
⑤	(다)	(바)

05 다음 글에서 밑줄 친 ㉠~㉤의 수정 방안으로 적절하지 않은 것은?

심폐소생술은 심장과 폐의 활동이 갑자기 멈췄을 때 실시하는 응급조치를 말합니다. 심폐소생술은 크게 '의식 확인 및 119 신고 단계', '가슴 압박 단계', '인공호흡 단계'로 나눌 수 있습니다. 먼저 '의식 확인 및 119 신고 단계'에서는 환자를 바로 ㉠ 누운 후 어깨를 가볍게 치면서 상태를 확인합니다. 만약 의식이나 호흡이 없거나 자발적인 움직임이 없고 헐떡이는 등의 상태가 ㉡ 나타나지 않는다면, 즉시 주변 사람들 중 한 명을 지목해서 119에 신고하도록 하고 주변에 자동제세동기가 있다면 가져올 것을 요청합니다.

다음은 '가슴 압박 단계'입니다. 이 단계에서는 환자의 양쪽 젖꼭지 부위를 잇는 선의 정중앙 부분을 깍지 낀 손의 손바닥으로 힘껏 누릅니다. 이때, 팔꿈치는 ㉢ 펴고 팔은 환자의 가슴과 수직이 되어야 합니다. 가슴 압박 깊이는 적어도 5cm 이상으로 하고, 압박 속도는 분당 100회 이상 실시해야 합니다.

마지막으로 '인공호흡 단계'에서는 한 손으로는 환자의 이마를 뒤로 젖히고 다른 한 손으로는 턱을 들어 올려 ㉣ 열어줍니다. 그리고 이마를 젖힌 손의 엄지와 검지로 코를 막은 뒤 환자의 입에 숨을 2회 불어 넣습니다. 이때 곁눈질로 환자의 가슴이 상승하는지를 잘 살펴보아야 합니다. ㉤ 119 구급대나 자동제세동기가 도착할 때까지 가슴 압박과 인공호흡을 30 : 2의 비율로 반복합니다. 이후 환자가 스스로 숨을 쉬거나 움직임이 명확하게 나타난다면 심폐소생술을 중단할 수 있습니다.

① ㉠ - 목적어와 서술어의 호응 관계를 고려하여 '눕힌'으로 고친다.

② ㉡ - 문맥의 흐름을 고려하여 '나타나면'으로 고친다.

③ ㉢ - 맞춤법에 어긋나므로 '피고'로 고친다.

④ ㉣ - 필요한 문장 성분이 생략되었으므로 목적어 '기도를'을 앞에 추가한다.

⑤ ㉤ - 문장을 자연스럽게 연결하기 위해 문장 앞에 '그리고'를 추가한다.

06 다음은 '친환경 자동차'에 관한 글을 쓰기 위해 작성한 개요이다. 다음 개요를 수정·보완할 내용으로 적절하지 않은 것은?

> Ⅰ. 서론 …… ㉠
> Ⅱ. 본론
>   1. 친환경 자동차 보급의 필요성
>   가. 환경 개선 효과
>   나. 자동차 산업 활성화 효과
>   2. 친환경 자동차 보급 실태와 문제점 …… ㉡
>   가. 친환경 자동차의 비싼 가격
>   나. 기업의 적극적인 투자와 기술 개발
>   3. 친환경 자동차 보급 확대 방안
>   가. 정부의 구매 지원 제도 …… ㉢
>   나. 관련 기반 시설 구축 미흡 …… ㉣
>   다. 소비자의 친환경 자동차에 대한 인식 전환
> Ⅲ. 결론 : 소비자들의 친환경 자동차 구매 활성화를 위한 노력 …… ㉤

① ㉠ - 독자의 이해를 돕기 위해 '친환경 자동차의 개념 소개'를 하위 항목으로 추가한다.

② ㉡ - 'Ⅱ-3-다'의 내용을 고려하여 '소비자의 친환경 자동차에 대한 부정적 인식'을 하위 항목으로 추가한다.

③ ㉢ - 글의 주제를 고려하여 삭제한다.

④ ㉣ - 상위 항목과의 연관성을 고려하여 'Ⅱ-2-나'와 위치를 바꾼다.

⑤ ㉤ - 'Ⅱ-3'의 내용을 고려하여 '친환경 자동차 보급 확대를 위한 정부, 기업, 소비자의 노력 촉구'로 고친다.

물에 녹아 단맛이 나는 물질을 일반적으로 '당(糖)'이라 한다. 각종 당은 신체의 에너지원으로 쓰이는 탄수화물의 기초가 된다. 인류는 주로 과일을 통해 당을 섭취해 왔는데, 사탕수수에서 추출한 설탕이 보급된 후에는 설탕을 통한 당 섭취가 일반화되었다. 그런데 최근 수십 년 사이에 설탕의 과다 섭취로 인한 유해성이 부각되면서 식품업계는 설탕의 대체재로 액상과당에 관심을 갖기 시작했다.

포도당이 주성분인 옥수수 시럽에 효소를 넣으면 포도당 중 일부가 과당으로 전환된다. 이때 만들어진 혼합액을 정제한 것이 액상과당(HFCS)이다. 액상과당 중 가장 널리 쓰이는 것은 과당의 비율이 55%인 'HFCS55'이다. 설탕의 단맛을 1.0이라 할 때 포도당의 단맛은 0.6, 과당의 단맛은 1.70이다. 따라서 액상과당은 적은 양으로도 강한 단맛을 낼 수 있다. 그런데 액상과당은 많이 섭취해도 문제가 없는 것일까? 이에 대한 답을 찾기 위해서는 포도당과 과당의 대사를 살펴볼 필요가 있다.

먼저 포도당의 대사를 살펴보자. 음식의 당분이 포도당으로 분해되면 인슐린과 함께 포만감을 느끼게 하는 호르몬인 렙틴(Leptin)이 분비된다. 렙틴이 분비되면 식욕을 촉진하는 호르몬인 그렐린(Ghrelin)의 분비는 억제된다. 그렐린의 분비량은 식사 전에는 증가했다가 식사를 하고 나면 렙틴이 분비되면서 자연스럽게 감소하게 된다. 한편 과당의 대사는 포도당과는 다르다. 과당은 인슐린과 렙틴의 분비를 촉진하지 않으며, 그 결과 그렐린의 분비량이 줄어들지 않는다. 게다가 과당은 세포에서 포도당보다 더 쉽게 지방으로 축적된다. 이런 이유로 사람들은 과당의 비율이 높은 액상과당을 달갑잖게 생각한다.

① 최근에는 과일을 통한 당 섭취가 일반화되었다.
② 액상과당인 HFCS55는 과당의 비율이 55%이다.
③ 과당은 포도당보다 적은 양으로 단맛을 낼 수 있다.
④ 음식의 당분이 포도당으로 분해되면 그렐린(Ghrelin)의 분비는 억제된다.
⑤ 사람들이 과당의 비율이 높은 액상과당을 달갑잖게 생각하는 이유는 지방 축적이 포도당보다 더 쉽기 때문이다.

01 제시된 명제가 모두 참일 때, 다음 중 반드시 옳은 것은?

> • 곰이 줄넘기를 하면 사자가 춤을 추지 않는다.
> • 곰이 줄넘기를 하지 않으면 토끼가 노래를 하거나 하마가 양치질을 한다.
> • 하마가 양치질을 하지 않으면 고양이가 옆돌기를 한다.

① 고양이가 옆돌기를 하지 않으면 곰이 줄넘기를 한다.
② 토끼가 노래를 하거나 하마가 양치질을 하면 사자가 춤을 춘다.
③ 토끼가 노래를 하거나 하마가 양치질을 하면 곰이 줄넘기를 하지 않는다.
④ 곰이 줄넘기를 하면 고양이가 옆돌기를 한다.
⑤ 토끼가 노래를 하고 하마가 양치질을 하면 사자가 춤을 추지 않는다.

02 마케팅부 사원 A~H 8명은 다음 〈조건〉에 따라 총 3개의 팀을 결성하여 업무를 진행하기로 했다. 다음 중 반드시 같은 팀인 사원끼리 묶인 것을 고르면?

> **조건**
> • 8명의 사원이 모두 팀에 참여하며, 각 팀은 최소 2명 이상으로 구성된다.
> • F와 G는 같은 팀이고, B와 D는 서로 다른 팀이다.
> • A의 팀보다 G의 팀 인원수가 더 많다.
> • B의 팀보다 E의 팀 인원수가 더 많다.
> • C의 팀 인원수는 2명이 아니다.
> • H가 속한 팀보다 인원수가 더 적은 팀은 없다.

① A, B   ② A, C
③ D, G   ④ C, E
⑤ G, H

03 H사 개발팀에서는 야유회를 가면서 각자 한 가지씩 음식을 싸 오기로 했다. 갑, 을, 병, 정, 무 다섯 명의 직원은 김밥, 샌드위치, 치킨, 피자, 과일을 싸 와서 다음과 같이 이야기를 나누었다. 김밥이나 샌드위치를 싸 온 사람은 진실을, 치킨이나 피자, 과일을 싸 온 사람은 거짓을 말한다고 한다. 다음 중 음식과 음식을 싸 온 사람이 옳게 짝지어진 것은?

> 갑 : 나는 치킨도 과일도 안 좋아해서, 둘 다 싸 오지 않았어.
> 을 : 무가 요리 솜씨가 좋아서 김밥을 싸 왔잖아. 나는 피자를 싸왔고.
> 병 : 확실한 건 피자는 정이나 무가 싸 온 건 아니야. 나는 채식주의자라 치킨을 싸 오지 않았어.
> 정 : 나는 우리집만의 비법으로 샌드위치를 싸 왔어.
> 무 : 흠, 내가 알기로 정은 거짓말쟁이인데. 그런데 내가 싸 온 과일 맛있지 않아?

① 갑 — 샌드위치
② 을 — 과일
③ 병 — 김밥
④ 정 — 피자
⑤ 무 — 치킨

04 다음은 회계팀의 A, B, C, D, E가 근무하는 사무실 배치도와 이들의 대화 내용이다. 이들 중 2명은 거짓만 말하고 나머지는 진실만을 말할 때, 거짓을 말하는 사람으로 옳게 짝지어진 것은?

> 〈회계팀 자리배치도〉
>
> | 자리1 | 자리2 | |
> |---|---|---|
> | 자리3 | 자리4 | 자리5 |
>
> ※ 팀장은 자리5에 앉으며 팀원 모두를 바라보며 앉는다.
> ※ 자리1과 자리3에 앉은 사람은 서로 마주 보며 앉고 자리2와 자리4에 앉은 사람도 서로 마주 보며 앉는다.

> A : 나는 모두가 보이는 자리에 앉아 있는데 사실 난 자리3에 앉아 있는 B가 부러워.
> B : 나는 양옆에 팀원이 있어서 불편해.
> C : 난 내 바로 왼쪽에 팀장님이 계셔서 오히려 편한 것 같고, A가 내 오른쪽 옆자리여서 좋아.
> D : 팀장인 내가 할 소리는 아닌 것 같지만 내 자리가 제일 좋은 것 같아.
> E : 내 앞에 B가 보이는데 옆자리 팀원도 1명뿐이잖아? 오히려 내 옆에 앉은 D가 불편해보여.

① A, B
② A, E
③ B, C
④ B, D
⑤ D, E

05 다음 명제가 참일 때 추론할 수 있는 것은?

> - 전날 야근을 하면 다음 날 피곤하다.
> - 피곤한 날에는 아침에 늦잠을 잔다.
> - 늦잠을 자면 아침 조회에 늦는다.
> - 목요일에만 아침 조회를 한다.

① 전날 야근을 하지 않으면 다음 날 피곤하지 않다.
② 아침 조회에 늦지 않으려면 수요일에 야근을 하면 안 된다.
③ 목요일에는 피곤하면 안 된다.
④ 피곤한 날에는 아침 조회를 하지 않는다.
⑤ 아침에 늦잠을 자지 않으면 다음 날 아침 조회를 한다.

06 H사는 다음과 같이 통근버스를 운행하고 있다. H사 직원과 이용하는 통근버스로 바르게 짝지어진 것은?

> - 본사에 근무하는 A과장, B대리와 본사 근처 지사에 근무하는 C주임, D사원은 통근버스를 이용한다.
> - 본사와 본사 근처 지사에서 운행하는 통근버스는 빨간색 버스, 노란색 버스, 파란색 버스 총 3대이다.
> - 빨간색 버스는 본사와 본사 근처 지사의 직원이 모두 이용할 수 있고, 노란색 버스는 본사 직원만, 파란색 버스는 본사 근처 지사의 직원만 이용할 수 있다.
> - 빨간색 버스는 본사의 직원들을 먼저 내려준다.
> - 빨간색 버스와 노란색 버스가 본사에 도착하는 시각과 파란색 버스가 본사 근처 지사에 도착하는 시각은 같다.
> - A과장과 B대리는 서로 다른 통근버스를 이용한다.
> - B대리가 이용하는 통근버스는 D사원의 이용이 불가능한 버스이다.
> - A과장이 C주임보다 회사에 빨리 도착한다.
> - 각 통근버스는 A과장, B대리, C주임, D사원 중 최소 1명씩은 이용한다.

① A과장 ― 빨간색 버스
② A과장 ― 노란색 버스
③ B대리 ― 빨간색 버스
④ C주임 ― 파란색 버스
⑤ D사원 ― 빨간색 버스

01 주어진 도표를 이용해 빈칸을 완성한 후 모든 짝수를 더하면?(단, 소수점 셋째 자리에서 반올림한다)

〈업종별 외국인근로자 고용현황〉

(단위 : 명)

구분	2014년	2015년	2016년	2017년	2018년
제조업	31,114	31,804	48,967	40,874	40,223
건설업	84	2,412	1,606	2,299	2,228
농축산업	419	3,079	5,641	6,047	5,949
서비스업	41	56	70	91	71
어업	0	1,130	2,227	2,245	2,548
합계	31,658	38,481	58,511	51,556	51,019

※ 빈칸의 소수점 이하는 점을 생략하고 기입한다.

〈가로〉

1. 전년 대비 2017년의 건설업과 서비스업의 외국인근로자 수 증감률의 차 □□.□□%는?
2. 농축산업의 경우 2015년 대비 2018년에 몇 명의 외국인근로자가 더 고용되었는가?

〈세로〉

3. 2015년 전체에서 건설업의 외국인근로자 수가 차지하는 비중과 2018년 전체에서 어업의 외국인근로자 수가 차지하는 비중의 합 □□.□□%는?
4. 2015년에 외국인근로자를 4번째로 많이 고용한 업종과 2018년에 2번째로 많이 고용한 업종의 외국인근로자 수의 합은?

① 6
② 8
③ 10
④ 12
⑤ 14

02 주어진 도표를 이용해 빈칸을 완성한 후 빈칸의 모든 수를 더하면?(단, 소수점 둘째 자리에서 반올림한다)

〈시도별 화재발생건수 및 피해자 수 현황〉

(단위 : 건, 명)

행정구역별	2018년			2019년		
	화재건수	사망자	부상자	화재건수	사망자	부상자
전국	43,413	306	1,718	44,178	345	1,852
서울특별시	6,443	40	236	5,978	37	246
부산광역시	2,199	17	128	2,609	19	102
대구광역시	1,739	11	83	1,612	8	61
인천광역시	1,790	10	94	1,608	7	90
광주광역시	956	7	23	923	9	27
대전광역시	974	7	40	1,059	9	46
울산광역시	928	16	53	959	2	39
세종특별자치시	300	2	12	316	2	8
경기도	10,147	70	510	9,799	78	573
강원도	2,315	20	99	2,364	24	123
충청북도	1,379	12	38	1,554	41	107
충청남도	2,825	12	46	2,775	19	30
전라북도	1,983	17	39	1,974	15	69
전라남도	2,454	21	89	2,963	19	99
경상북도	2,651	14	113	2,817	27	127
경상남도	3,756	29	101	4,117	24	86
제주도	574	1	14	751	5	19

※ 빈칸의 소수점 이하는 점을 생략하고 기입한다.

〈가로〉

2. 2018년에 전국에서 경기도가 차지하는 화재건수의 비중과 2019년에 전국에서 경상남도가 차지하는 화재건수 비중의 합 □□.□%는?

4. 전년 대비 2019년의 화재건수의 감소율이 가장 큰 지역의 감소율 □□.□%는?

〈세로〉

1. 2019년의 사망자 수가 두 번째로 많았던 지역의 화재건수와 2018년의 부상자 수가 세 번째로 적었던 지역의 화재건수의 차이는?

3. 전년 대비 2019년 화재로 인한 사망자 수가 증가한 지역의 사망자 수의 합은?

① 40   ② 42   ③ 45
④ 47   ⑤ 51

03 주어진 도표를 이용해 빈칸을 완성한 후 모든 숫자를 더하면?(단, 소수점 셋째 자리에서 반올림한다)

〈기관유형별 정규직 과학기술연구개발인력 신규채용 및 직전경력〉

(단위 : 명)

구분		2018(직전경력)							
		합계	공공부문	민간부문	국내타대학	해외대학	비영리단체	기타	경력없음
합계	여성	3,017	160	835	339	47	18	138	1,480
	남성	10,575	488	3,625	1,157	216	16	502	4,571
이공계대학	여성	336	23	64	129	18	1	48	53
	남성	1,056	119	341	281	93	2	86	134
공공연구기관	여성	430	116	74	60	20	3	23	134
	남성	1,290	308	192	154	114	2	81	439
민간기업연구기관	여성	2,251	21	697	150	9	14	67	1,293
	남성	8,229	61	3,092	722	9	12	335	3,998

※ 빈칸에 소수점 이하는 점을 생략하고 기입한다.

〈가로〉

1. 이공계 대학에서 신규 채용한 인원 중 직전경력이 공공부문, 민간부문, 국내 타대학 그리고 비영리단체인 남성은 여성보다 몇 명 더 많은가?

3. 남녀전체 신규 채용한 인원 중 이공계 대학과 공공연구기관에 채용된 여성 인원이 차지하는 비중(%)과 신규 채용된 전체 남성 인원 대비 경력없음인 전체 남성 인원이 차지하는 비중(%)의 합 □□.□□%는?

〈세로〉

2. 공공연구기관 신규채용 전체 남성 인원 대비 전체 여성 인원 비율과 민간기업 연구기관 신규채용 인원 중 직전경력이 없는 남성 대비 여성 인원 비율(%)의 합 □□.□□%는?

4. 신규 채용된 전체 여성들 중 직전경력에서 인원이 두 번째로 낮은 부문의 공공연구기관과 민간기업 연구기관에 신규 채용된 남성 인원 차와 해외대학 부문에서 민간기업 연구기관에 채용된 여성 인원과의 곱은?

	1.		2.
4.			
3.			

① 64

② 65

③ 66

④ 67

⑤ 68

PART 1
2019 기출
2018 하반기
2018 상반기
2017 하반기
2017 상반기
2016 하반기
2016 상반기

04 주어진 도표를 이용해 빈칸을 완성한 후 짝수의 개수를 구하면?(단, 소수점 이하는 절사한다)

〈주요국의 자동차 수출 · 수입〉

(단위 : 천 대)

국가별		2014년		2015년		2016년	
		수출	수입	수출	수입	수출	수입
아시아	한국	2,920	239	2,822	325	2,507	294
	중국	507	1,411	423	1,091	528	1,062
	일본	3,836	337	3,970	320	4,118	331
북아메리카	미국	1,785	6,715	2,207	7,297	2,115	7,376
유럽	독일	4,303	1,736	4,406	1,833	4,411	2,016

〈가로〉

1. 아시아 세 국가가 수출한 자동차 대수가 가장 많은 연도는 몇 천 대인가?

〈세로〉

2. 제시된 자료에서 자동차 수입 대수가 가장 많은 국가는 몇 천 대인가?

3. 제시된 자료에서 자동차 수출 대수가 가장 적은 국가와 자동차 수입 대수가 가장 적은 국가의 자동차 대수 합은 몇 천 대인가?

① 3개
② 4개
③ 5개
④ 6개
⑤ 7개

05 다음은 특정한 달의 총 원자재량을 매일 표시한 것이다. 공장 P에서 매월 1일부터 원자재 A가 소모되는 양은 일정한 규칙을 따른다고 할 때, 10일에 공장 P에 남은 원자재량은 총 몇 개인가?

〈날짜별 원자재 재고량〉

(단위 : 개)

날짜	1일	2일	3일	4일	5일	6일
수량	5,600	5,515	5,410	5,285	5,140	4,975

① 4,035개
② 4,115개
③ 4,175개
④ 4,250개
⑤ 4,560개

06 다음은 블로그 이용자와 트위터 이용자를 대상으로 설문조사한 자료이다. 〈보기〉에서 이를 정리한 그래프 중 옳은 것을 모두 고르면?

〈블로그 이용자와 트위터 이용자 대상 설문조사 결과〉

(단위 : %)

구분		블로그 이용자	트위터 이용자
성별	남자	53.4	53.2
	여자	46.6	46.8
연령	15~19세	11.6	13.1
	20~29세	23.3	47.9
	30~39세	27.4	29.5
	40~49세	25.0	8.4
	50~59세	12.7	1.1
교육수준	중졸 이하	2.0	1.6
	고졸	23.4	14.7
	대졸	66.1	74.4
	대학원 이상	8.5	9.3
소득수준	상	5.5	3.6
	중	74.2	75.0
	하	20.3	21.4

※ 15세 이상~60세 미만의 1,000명의 블로그 이용자와 2,000명의 트위터 이용자를 대상으로 하여 동일 시점에 각각 독립적으로 조사하였으며 무응답과 응답자의 중복은 없음

ㄱ. 트위터와 블로그의 성별 이용자 수

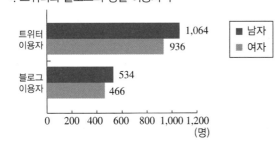

ㄴ. 블로그 이용자와 트위터 이용자의 소득수준별 구성비

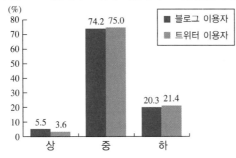

ㄷ. 연령별 블로그 이용자의 구성비

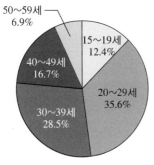

① ㄱ   ② ㄱ, ㄴ
③ ㄴ   ④ ㄱ, ㄷ
⑤ ㄴ, ㄷ

01 다음 자료에 나타난 일본의 H사 A제품 구매율의 증감 추이가 앞으로 10년 동안 지속된다고 할 때 2019년을 기준으로 10년 뒤 일본의 H사 A제품 구매율은?

〈H사 A제품 구매 현황〉

(단위 : %)

구분	2013년	2014년	2015년	2016년	2017년	2018년	2019년
한국	45.70	47.60	50.70	44.70	44.00	45.20	45.80
중국	31.90	30.30	26.90	29.30	28.80	24.60	20.80
일본	15.80	15.80	14.60	14.60	13.40	13.40	12.20
독일	6.40	7.00	7.00	10.20	12.90	16.20	20.20
기타	0.20	0.40	0.80	1.20	0.90	0.60	1.00

① 6.80%   ② 6.60%

③ 6.40%   ④ 6.20%

⑤ 6.00%

02 다음은 A국의 광물자원 수출입 교역액을 연도별로 나타낸 자료이다. 다음 자료를 변형했을 때, 올바르게 나타내지 않은 그래프는?(단, 그래프의 단위는 '천 달러'이다)

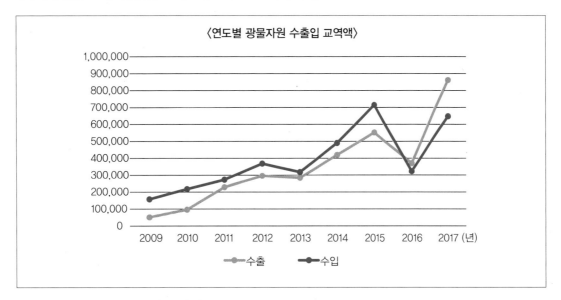

① 연도별 광물자원 수출입 교역액

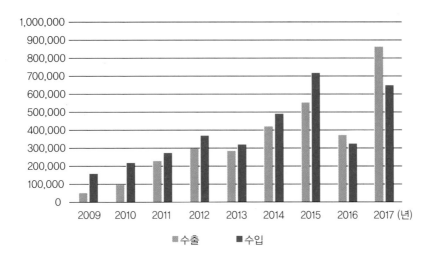

② 연도별 광물자원 수출 교역액

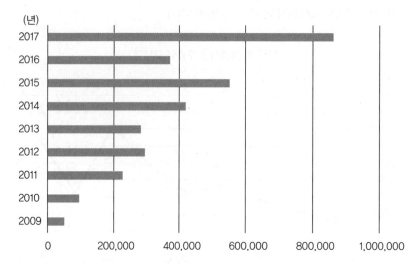

③ 연도별 광물자원 수입 교역액

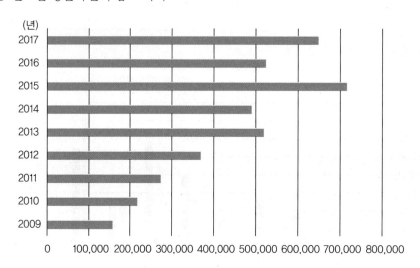

④ 2013 ~ 2017년 수출입 총 교역액

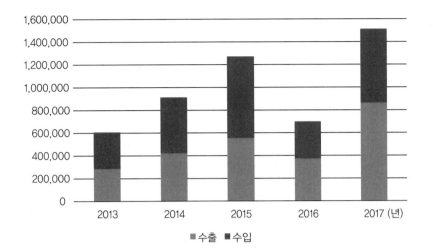

■수출 ■수입

⑤ 2009 ~ 2011년 수출입 교역액

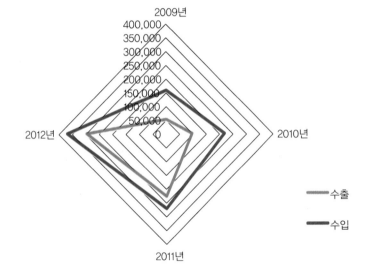

03 다음 지문의 내용을 그래프로 바르게 옮긴 것은?

> 2019년을 기준으로 신규투자 금액은 평균 43.48백만 원으로 나타났으며, 유지보수 금액으로는 평균 32.29백만 원을 사용한 것으로 나타났다. 반면, 2020년 예상 투자액의 경우 신규투자 금액은 10.93백만 원 감소한 ㉠원으로 예상하였으며, 유지보수 금액의 경우 0.11백만 원 증가한 ㉡원으로 예상하고 있다.

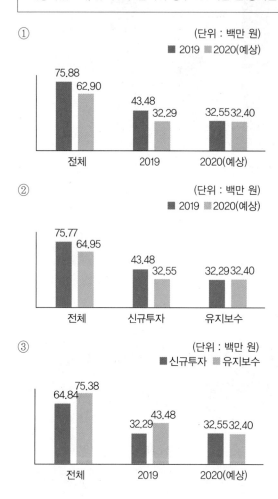

④

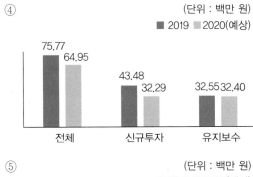

(단위 : 백만 원)
■ 2019 ■ 2020(예상)

75.77
64.95

43.48
32.29

32.55 32.40

전체   신규투자   유지보수

⑤

(단위 : 백만 원)
■ 2019 ■ 2020(예상)

75.77
64.95

43.48
32.40

32.29 32.55

전체   신규투자   유지보수

※ 제시된 도형과 일치하는 입체도형을 고르시오. [1~2]

01

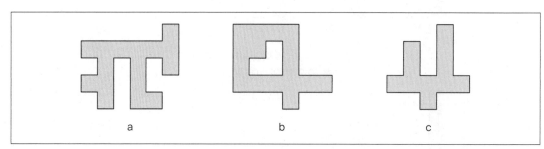

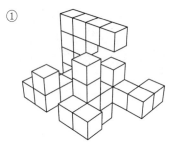

① ②

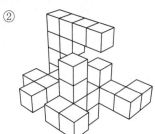

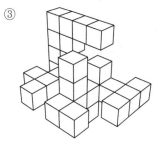

③ ④

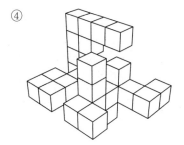

⑤

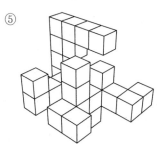

02

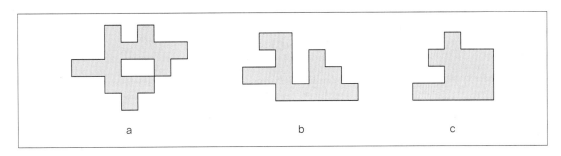

a   b   c

①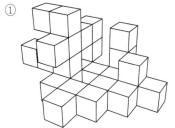

②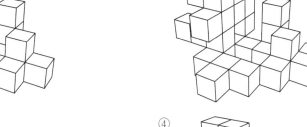

③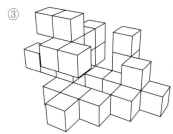

④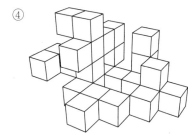

⑤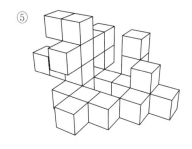

※ 다음 전개도를 접어 3차원 공간에서 이동시켰을 때, 처음과 끝이 다음과 같았다. 이동한 방향으로 옳은 것을 고르시오(단, 정육면체는 회전하면서 이동한다). [3~6]

03

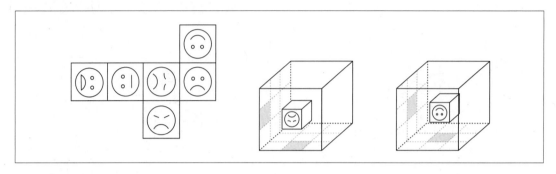

① 후좌후
② 후좌우
③ 우후좌
④ 후우좌
⑤ 좌좌후

04

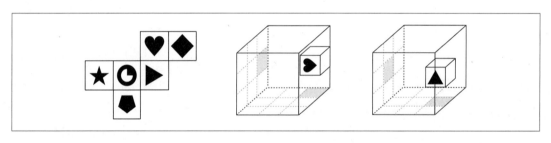

① 좌전우
② 좌우전
③ 전우좌
④ 전좌우
⑤ 전전후

05

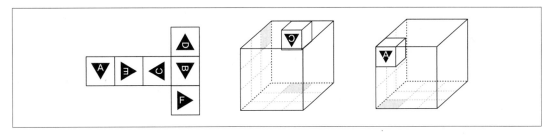

① 전전전
③ 전좌전
⑤ 좌전전

② 좌우전
④ 전전좌

06

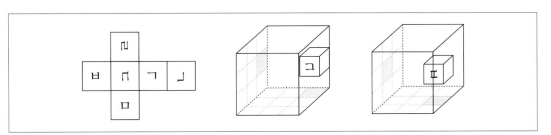

① 좌좌우
③ 전후우
⑤ 전좌좌

② 좌우전
④ 우좌좌

정답 및 해설 p.012

`01` **언어이해**

※ 제시된 문장을 논리적인 순서대로 알맞게 배열했을 때 다음 순서에 들어갈 문단으로 옳은 것을 고르시오. **[1~2]**

01

> (가) 다음으로 온건한 도덕주의는 오직 일부 예술작품만이 도덕적 판단의 대상이 된다고 보는 입장이다. 따라서 일부의 예술작품들에 대해서만 긍정적인 또는 부정적인 도덕적 가치판단이 가능하다고 본다.
>
> (나) 또한 도덕적 가치는 미적 가치를 비롯한 다른 가치들보다 우선한다. 이러한 도덕주의 입장을 대표하는 사람이 바로 톨스토이이다. 그는 인간의 형제애에 관한 정서를 전달함으로써 인류의 심정적 통합을 이루는 것이 예술의 핵심적 가치라고 보았다.
>
> (다) 그 관계에 대한 입장들로는 '극단적 도덕주의', '온건한 도덕주의', '자율성 주의'가 있다. 이 입장들은 예술작품이 도덕적 가치판단의 대상이 될 수 있느냐는 물음에 각기 다른 대답을 한다.
>
> (라) 마지막으로 자율성 주의는 어떠한 예술작품도 도덕적 가치판단의 대상이 될 수 없다고 보는 입장이다. 이 입장에 따르면, 도덕적 가치와 미적 가치는 서로 자율성을 유지한다.
>
> (마) 예술과 도덕의 관계, 더 구체적으로는 예술작품의 미적 가치와 도덕적 가치의 관계는 동서양을 막론하고 사상사의 중요한 주제들 중 하나이다.
>
> (바) 온건한 도덕주의 입장에 따르면, 도덕적 판단의 대상이 되는 예술작품의 도덕적 가치와 미적 가치는 서로 독립적으로 성립하는 것이 아니다. 그것들은 서로 내적으로 연결되어 있기 때문에 어떤 예술작품이 가지는 도덕적 장점이 그 예술작품의 미적 장점이 된다.
>
> (사) 즉, 도덕적 가치와 미적 가치는 각각 독립적인 영역에서 구현되고 서로 다른 기준에 의해 평가된다는 것이다. 결국 자율성 주의는 예술작품에 대한 도덕적 가치판단을 범주착오에 해당하는 것으로 본다.
>
> (아) 극단적 도덕주의 입장은 모든 예술작품을 도덕적 가치판단의 대상으로 본다. 이 입장은 도덕적 가치를 가장 우선적인 가치이자 가장 포괄적인 가치로 본다. 따라서 모든 예술 작품은 도덕적 가치에 의해서 긍정적으로 또는 부정적으로 평가된다.

	5번째	8번째
①	(아)	(다)
②	(가)	(바)
③	(가)	(사)
④	(나)	(다)
⑤	(나)	(사)

02

(가) 이러한 과정에서 문제는 압축 정도가 제한된다는 것이다. 만일 기화된 가솔린에 너무 큰 압력을 가하면 멋대로 점화되어 버리는데 이것이 엔진의 노킹 현상이다.

(나) 이전에 오토가 발명한 가솔린 엔진의 효율은 당시에 무척 떨어졌으며, 널리 사용된 증기 기관의 효율 역시 10%에 불과했고 가동 비용도 많이 드는 단점이 있었다.

(다) 이처럼 디젤 기관은 연료의 품질에 민감하지 않고, 연료의 소비 면에서도 경제성이 뛰어나 오늘날 자동차 엔진용으로 확고한 자리를 잡았다.

(라) 환경론자들이 걱정하는 디젤 엔진의 분진 배출 역시 필터 기술이 발전하면서 점차 극복되고 있다.

(마) 이와 달리 디젤 엔진의 기본 원리는 실린더 안으로 공기만을 흡입하여 피스톤으로 강하게 압축시킨 다음 그 압축 공기에 연료를 분사시켜 저절로 점화되도록 하는 것이다.

(바) 독일의 발명가 루돌프 디젤이 새로운 엔진에 대한 아이디어를 내고 특허를 얻은 것은 1892년의 일이었다.

(사) 또 디젤 엔진은 압축 과정에서 연료가 혼합되지 않기 때문에 가솔린 엔진보다 훨씬 더 높은 25 : 1 정도의 압축 비율을 사용할 수 있다. 압축 비율이 높다는 것은 그만큼 효율이 높다는 것을 의미한다.

(아) 보통의 가솔린 엔진은 기화기에서 공기와 연료를 먼저 혼합하고, 그 혼합 기체를 실린더 속으로 흡입하여 압축한 후, 점화 플러그로 스파크를 일으켜 동력을 얻는다.

	2번째	4번째
①	(아)	(다)
②	(바)	(가)
③	(가)	(다)
④	(나)	(마)
⑤	(나)	(가)

03 다음 중 글의 내용과 일치하는 것은?

인류가 남긴 수많은 미술 작품을 살펴보다 보면 다양한 동물들이 등장하고 있음을 알 수 있다. 미술 작품 속에 등장하는 동물에는 일상에서 흔히 접할 수 있는 개나 고양이, 꾀꼬리 등도 있지만 해태나 봉황 등 인간의 상상에서 나온 동물도 적지 않음을 알 수 있다.

미술 작품에 등장하는 동물은 그 성격에 따라 나누어 보면 종교적·주술적인 동물, 신을 위한 동물, 인간을 위한 동물로 구분할 수 있다. 물론 이 구분은 엄격한 것이 아니므로 서로의 개념을 넘나들기도 하며, 여러 뜻을 동시에 갖기도 한다.

종교적·주술적인 성격의 동물은 가장 오랜 연원을 가진 것으로, 사냥 미술가들의 미술에 등장하거나 신앙을 목적으로 형성된 토템 등에서 확인할 수 있다. 여기에 등장하는 동물들은 대개 초자연적인 강대한 힘을 가지고 인간 세계를 지배하거나 수호하는 신적인 존재이다. 인간의 이지가 발달함에 따라 이들의 신적인 기능은 점차 감소되어, 결국 이들은 인간에게 봉사하는 존재로 전락하고 만다.

동물은 절대적인 힘을 가진 신의 위엄을 뒷받침하고 신을 도와 치세(治世)의 일부를 분담하기 위해 이용되기도 한다. 이 동물들 역시 현실 이상의 힘을 가지며 신성시되는 것이 보통이지만, 이는 어디까지나 신의 권위를 강조하기 위한 것에 지나지 않는다. 이들은 신에게 봉사하기 위해서 많은 동물 중에서 특별히 선택된 것들이다. 그리하여 그 신분에 알맞은 모습으로 조형화되었다.

① 미술 작품 속에는 일상에서 흔히 접할 수 있는 개나 고양이, 꾀꼬리 등이 주로 등장하고, 해태나 봉황 등은 찾아보기 어렵다.

② 미술 작품에 등장하는 동물은 성격에 따라 종교적·주술적인 동물, 신을 위한 동물, 인간을 위한 동물로 엄격하게 구분한다.

③ 종교적·주술적 성격의 동물은 초자연적인 강대한 힘으로 인간 세계를 지배하거나 수호하는 신적인 존재로 나타난다.

④ 인간의 이지가 발달함에 따라 신적인 기능이 감소한 종교적·주술적 동물은 신에게 봉사하는 존재로 전락한다.

⑤ 신의 위엄을 뒷받침하고 신을 도와 치세의 일부를 분담하기 위해 이용되는 동물은 별다른 힘을 지니지 않는다.

다음 '정원'에 대한 설명으로 적절하지 않은 것은?

> 야생의 자연이라는 이상을 고집하는 자연 애호가들은 인류가 자연과 내밀하면서도 창조적인 관계를 맺었던 반(反)야생의 자연, 즉 정원을 간과한다. 정원은 울타리를 통해 농경지보다 야생의 자연과 분명한 경계를 긋는다. 집약적인 토지 이용이라는 전통은 정원에서 시작되었다. 정원은 대규모의 농경지 경작이 행해지지 않은 원시적인 문화에서도 발견된다. 만여 종의 경작용 식물들은 모두 대량 생산에 들어가기 전에 정원에서 자라는 단계를 거쳐 온 것으로 보인다.
>
> 농업경제의 역사에서 정원이 갖는 의미는 시대와 지역에 따라 매우 달랐다. 좁은 공간에서 집약적인 농사를 짓는 지역에서는 농부가 곧 정원사였다. 반면 예전의 독일 농부들은 정원이 곡물 경작에 사용될 퇴비를 앗아가므로 정원을 악으로 여기기도 했다. 하지만 여성들의 입장은 지역적인 편차가 없었다. 아메리카의 푸에블로 인디언부터 근대 독일의 농부 집안까지 정원은 농업 혁신에 주도적인 역할을 해온 여성들에게는 자신들의 제국이자 자존심이었다. 그곳에는 여성들이 경험을 통해 쌓은 지식 전통이 살아 있었다. 환경사에서 여성이 갖는 특별한 역할의 물질적 근간은 대부분 정원에서 발견된다. 지난 세기들의 경우 이는 특히 여성 제후들과 관련되어 있으며 자료가 풍부하다. 작센의 여성 제후인 안나는 식물에 관한 지식을 늘 공유했던 긴밀하고도 광범위한 사회적 네트워크를 가지고 있었는데, 그중에는 식물 경제학에 관심이 깊은 고귀한 신분의 여성들도 많았으며 수도원 소속의 여성들도 있었다.
>
> 여성들이 정원에서 쌓은 경험의 특징은 무엇일까? 정원에서는 땅을 면밀히 살피고 손으로 흙을 부스러뜨리는 습관이 생겨났을 것이다. 정원에서 즐겨 이용되는 삽도 다양한 토질의 층을 자세히 연구하도록 부추겼을 것이 분명하다. 넓은 경작지보다는 정원에서 땅을 다룰 때 더 아끼고 보호했을 것이다. 정원이라는 매우 제한된 공간에는 옛날에도 충분한 퇴비를 줄 수 있었다. 경작지보다도 다양한 종류의 퇴비로 실험할 수 있었고 새로운 작물을 키우며 경험을 수집할 수 있었다. 정원에서는 좁은 공간에서 다양한 식물이 자라기 때문에 모든 종류의 식물들이 서로 잘 지내지는 않는다는 사실에도 주의를 기울였다. 이는 식물 생태학의 근간을 이루는 통찰이었다.
>
> 결론적으로 정원은 여성들이 주도가 되어 토양과 식물을 이해하고, 농경지 경작에 유용한 지식과 경험을 배양할 수 있는 좋은 장소였다.

① 울타리를 통해 야생의 자연과 분명한 경계를 긋는다.
② 집약적 토지 이용의 전통이 시작된 곳으로 원시적인 문화에서도 발견된다.
③ 시대와 지역에 따라 정원에 대한 여성들의 입장이 달랐다.
④ 정원에서는 모든 종류의 식물들이 서로 잘 지내지는 않는다.
⑤ 여성이 갖는 특별한 역할의 물질적 근간이 대부분 발견되는 곳이다.

01 어젯밤에 탕비실 냉장고에 보관되어 있던 행사용 케이크가 없어졌다. 어제 야근을 한 갑, 을, 병, 정, 무를 조사했더니 다음과 같이 진술했다. 케이크를 먹은 범인은 2명이고, 다음 중 단 2명만이 진실을 말한다고 할 때, 다음 중 범인이 될 수 있는 사람으로 짝지어진 것은?(단, 모든 사람은 진실만 말하거나 거짓만 말한다)

> 갑 : 을이나 병 중에서 한 명만 케이크를 먹었어요.
> 을 : 무는 확실히 케이크를 먹었어요.
> 병 : 정이 케이크를 훔쳐먹었어요. 그리고 무가 케이크를 훔쳐먹는 것도 봤어요.
> 정 : 저는 절대 범인이 아니에요.
> 무 : 사실대로 말하자면 제가 범인이에요.

① 갑, 을 　　　　　　　　　　　② 을, 정
③ 을, 무 　　　　　　　　　　　④ 갑, 정
⑤ 병, 무

02 H기업은 인사팀, 영업팀, 홍보팀, 기획팀, 개발팀, 디자인팀의 신입사원 20명을 대상으로 보고서 작성 교육과 사내 예절 교육을 실시하였다. 주어진 〈조건〉이 다음과 같을 때, 교육에 참석한 홍보팀 신입사원은 모두 몇 명인가?

> **조건**
> • 신입사원이 없는 팀은 없으며, 각 팀은 신입사원이 교육에 모두 함께 참석했거나 모두 함께 참석하지 않았다.
> • 보고서 작성 교육에 참석한 신입사원의 수는 총 14명이다.
> • 영업팀 신입사원은 중요한 팀 회의로 인해 모든 교육에 참석하지 못했다.
> • 인사팀 신입사원은 사내 예절 교육에만 참석하였다.
> • 디자인팀 신입사원 수는 인사팀 신입사원 수의 2배로, 모든 교육에 참석하였다.
> • 사내 예절 교육에 최다 인원 참석 팀은 개발팀으로, 인사팀과 홍보팀의 참석인원 수를 더한 수와 동일하다.
> • 기획팀 신입사원 수와 인사팀 신입사원 수는 같다.
> • 사내 예절 교육에 참석한 팀은 총 다섯 팀으로 16명이 참석했다.

① 1명 　　　　　　　　　　　② 2명
③ 3명 　　　　　　　　　　　④ 4명
⑤ 5명

03 8개의 칸이 일렬로 늘어서 있는 화단에 장미, 튤립, 백합을 심기로 했다. 다음과 같은 조건에 따라 꽃을 심으려고 할 때, 다음 중 항상 옳은 것이 아닌 것은?

- 장미는 빨간색, 분홍색, 튤립은 빨간색, 분홍색, 노란색, 흰색, 백합은 주황색과 흰색이고, 각각 한 칸씩 심기로 했다.
- 같은 색상이나 같은 종류의 꽃을 연속해서 심지 않는다.
- 양 가장자리는 빨간색 꽃을 심는다.
- 주황색 꽃은 노란색 꽃 옆에 심을 수 없다.
- 분홍색 꽃은 두 칸을 사이에 두고 심는다.
- 화단을 절반으로 나누었을 때, 화단의 오른쪽편에는 백합을 심지 않는다.

① 왼쪽에서 1번째 칸에는 빨간색 튤립을 심는다.
② 분홍색 튤립의 양옆은 모두 백합이다.
③ 노란색 튤립의 양옆은 모두 장미이다.
④ 노란색 튤립은 분홍색 장미 바로 옆에 심는다.
⑤ 장미는 1칸을 사이에 두고 심는다.

04 체육교사 P는 학생들을 키 순서에 따라 한 줄로 세우려고 한다. A, B, C, D, E, F 여섯 명이 다음과 같은 〈조건〉에 따라 줄을 섰을 때, 다음 중 옳지 않은 것은?(단, 같은 키의 학생은 없으며, 키가 작은 학생이 큰 학생보다 앞에 선다)

조건
- C는 A보다 키가 크고, F보다는 키가 작다.
- D는 E보다 키가 크지만 E 바로 뒤에 서지는 않는다.
- B는 D보다 키가 크다.
- A는 맨 앞에 서지 않는다.
- F는 D보다 키가 크지만 맨 끝에 서지 않는다.
- E와 C는 한 명을 사이에 두고 선다.

① E는 맨 앞에 선다.
② 키가 제일 큰 학생은 B이다.
③ F는 B 바로 앞에 선다.
④ C는 여섯 명 중 세 번째로 키가 크다.
⑤ A와 D는 한 명을 사이에 두고 선다.

05 A, B, C, D, E 다섯 명은 팀을 이루어 총싸움을 하는 온라인 게임에 한 팀으로 참전하였다. 이때, 팀의 개인은 늑대 인간과 드라큘라 중 하나의 캐릭터를 선택할 수 있다. 주어진 〈조건〉이 다음과 같을 때, 항상 옳은 것은?

> **조건**
> • A, B, C는 상대팀을 향해 총을 쏘고 있다.
> • D, E는 상대팀에게 총을 맞은 상태로 관전만 가능하다.
> • 늑대 인간은 2명만이 살아남아 총을 쏘고 있다.
> • A는 늑대 인간 캐릭터를 선택하였다.
> • D와 E의 캐릭터는 서로 같지 않다.

① 3명은 늑대 인간 캐릭터를, 2명은 드라큘라 캐릭터를 선택했다.
② B는 드라큘라 캐릭터를 선택했다.
③ C는 늑대 인간 캐릭터를 선택했다.
④ 드라큘라의 수가 늑대 인간의 수보다 많다.
⑤ D는 드라큘라, E는 늑대 인간 캐릭터를 각각 선택했다.

01 주어진 도표를 이용해 빈칸을 완성한 후 빈칸의 모든 숫자를 더하면?(단, 소수점 첫째 자리에서 반올림한다)

〈아시아 국가별 취업자 수〉

(단위 : 만 명)

구분	2013년		2014년		2015년		2016년		2017년	
	남자	여자	남자	여자	남자	여자	남자	여자	남자	여자
한국	1,498	1,056	1,518	1,115	1,517	1,102	1,524	1,117	1,537	1,136
이스라엘	191	169	193	171	193	172	197	177	202	181
일본	3,599	2,734	3,614	2,736	3,622	2,754	3,639	2,801	3,672	2,859
터키	1,826	793	1,849	802	1,858	804	1,890	832	1,946	873

〈가로〉

1. 터키의 2013년도 남자와 여자의 취업자 수 차이와 2017년도 이스라엘 취업자 수를 합하면 몇 만 명인가?

〈세로〉

2. 2014년도 남자 취업자 수가 두 번째로 적은 인원과 2016년도 여자 취업자 수가 가장 많은 인원을 합하면 몇 만 명인가?
3. 2015년도 한국 남자 취업자 수 대비 터키 여자 취업자 수 비율(%)과 2014년도 일본 남자 취업자 수 대비 이스라엘 남자 취업자 수 비율(%)을 합한 값의 2배는?

① 31
② 32
③ 33
④ 34
⑤ 35

02 주어진 도표를 이용해 빈칸을 완성한 후 빈칸의 모든 숫자를 더하면?(단, 소수점 첫째 자리에서 반올림한다)

〈연도별 공연시설 및 공연단체 수 추이〉

(단위 : 개)

구분		2012년	2013년	2014년	2015년	2016년	2017년	2018년
공연 시설	시설 수	732	772	820	868	944	984	1,034
	공연장 수	927	967	1,021	1,093	1,188	1,227	1,280
공연 단체		2,440	2,351	2,214	2,206	2,108	2,195	2,284

〈가로〉

1. 2016년 공연장 수와 2012년 시설 수 합의 $\frac{1}{2}$배는?

4. 2012~2018년까지 공연 단체 수가 세 번째로 많은 연도의 공연 단체 수 대비 같은 연도 시설 수 비율과 공연장 수 비율의 합은?

〈세로〉

2. 2013~2015년 동안 시설 총수와 공연장 총수의 차이는?

3. 2014년부터 2016년까지 공연장 평균 수의 공연단체 평균 수에 대한 비율(%)은?

① 24
② 25
③ 26
④ 27
⑤ 28

03 주어진 도표를 이용해 빈칸을 완성한 후 빈칸의 모든 숫자를 더하면?

〈연도별 전국 대비 서울지역 석유류 소비량〉

(단위 : 천 kL)

구분		휘발유	등유	경유
2013년	전국	10,473	4,132	21,035
	서울	1,682	167	1,515
2014년	전국	10,959	4,667	21,407
	서울	1,698	181	1,411
2015년	전국	11,061	4,043	32,329
	서울	1,655	153	1,471
2016년	전국	11,409	3,499	21,737
	서울	1,628	128	1,353
2017년	전국	11,672	2,992	22,738
	서울	1,607	106	1,544
2018년	전국	11,755	2,678	23,682
	서울	1,624	99	1,769

〈가로〉

1. 2013년부터 2018년까지 전국 휘발유 사용량이 가장 적은 해의 서울 등유 사용량과 경유 사용량 차의 50%는 몇 천 kL인가?
3. 2013년부터 2018년까지 서울에서 등유 사용량이 가장 많은 연도에 서울지역 등유 사용량과 휘발유 사용량의 합은 몇 천 kL인가?

〈세로〉

1. 2013~2016년까지 서울지역의 휘발유 사용량 총합과 같은 기간 동안 서울지역의 휘발유 사용량이 가장 많은 해의, 서울지역 등유 사용량의 2배 값의 차는 몇 천 kL인가?
2. 2013~2015년까지 서울지역 경유 사용량의 총합은 몇 천 kL인가?

① 54
② 55
③ 56
④ 57
⑤ 58

PART 1 / 2019 기출 / 2018 하반기 / 2018 상반기 / 2017 하반기 / 2017 상반기 / 2016 하반기 / 2016 상반기

04

주어진 도표를 이용해 빈칸을 완성한 후 ㉠−㉡+㉢×㉣을 구하면?(단, 비중은 소수점 첫째 자리에서 반올림하고, 비용은 천만 자리에서 반올림한다)

〈연도별 전국 대비 서울지역 지출비용〉

(단위 : 억 원)

구분		휘발유	등유	경유
2013년	전국	167,637	40,339	293,956
	서울	26,925	1,635	21,169
2014년	전국	187,442	50,215	321,701
	서울	29,035	1,950	21,215
2015년	전국	213,397	53,417	372,339
	서울	31,923	2,033	25,676
2016년	전국	226,564	48,780	392,645
	서울	32,337	1,791	24,431
2017년	전국	224,624	40,884	393,277
	서울	30,919	1,444	26,709
2018년	전국	226,221	34,593	409,604
	서울	31,246	1,349	30,601

〈가로〉

1. 2013년 · 2014년 서울지역 등유 지출비용 차이와 2017년 · 2018년 서울지역 휘발유 지출비용 차이의 합은 몇 억 원인가?
3. 2013~2016년까지 서울지역 등유의 지출비용 총합은 몇 억 원인가?

〈세로〉

1. 서울지역 2017년 경유 지출비용이 2018년 경유 지출비용에서 차지하는 비중 x%와 2013년 서울지역 등유 지출비용이 경유 지출비용에 차지하는 비중 y%를 구했을 때 $x \times y$의 값은?
2. 조사기간 동안 전국 등유 지출비용이 두 번째로 높은 해와 전국 경유 지출비용이 가장 높은 해의 전국 휘발유 지출비용 합의 5%는 몇 억 원인가?
4. 2015~2017년까지 서울지역 등유 지출비용의 평균은 몇 억 원인가?

① 27 ② 28
③ 29 ④ 30
⑤ 31

01 다음은 2013년부터 2017년까지 우리나라의 출생아 수 및 사망자 수에 대한 자료이다. 다음 중 자료에 대한 설명으로 옳지 않은 것은?

〈우리나라 출생아 수 및 사망자 수 현황〉

(단위 : 명)

구분	2013년	2014년	2015년	2016년	2017년
출생아 수	436,455	435,435	438,420	406,243	357,771
사망자 수	266,257	267,692	275,895	280,827	285,534

① 출생아 수가 가장 많았던 해는 2015년이다.
② 사망자 수는 2014년부터 2017년까지 매년 전년 대비 증가하고 있다.
③ 2013년부터 2017년까지 사망자 수가 가장 많은 해와 가장 적은 해의 사망자 수 차이는 15,000명 이상이다.
④ 2015년 출생아 수는 같은 해 사망자 수의 1.7배 이상이다.
⑤ 2014년 출생아 수는 2017년 출생아 수보다 15% 이상 많다.

02 다음은 2017년 우리나라 시 · 도별 연평균 문화예술 및 스포츠 관람횟수에 대해 조사한 자료이다. 다음 중 자료에 대한 설명으로 옳지 않은 것은?

〈2017년 시 · 도별 연평균 문화예술 및 스포츠 관람횟수〉

(단위 : 회)

구분	음악 · 연주회	연극 · 마당극 · 뮤지컬	무용	영화	박물관	미술관	스포츠
전국	2.5	2.4	2.7	6.6	2.6	2.5	3.5
서울특별시	2.9	2.5	2.7	7.2	2.8	2.9	3.9
부산광역시	2.0	2.0	2.0	6.6	2.7	2.0	3.2
대구광역시	2.7	2.2	3.4	6.3	2.5	1.9	2.9
인천광역시	2.2	2.4	2.8	6.3	2.5	2.5	3.6
광주광역시	2.4	2.1	2.7	6.8	2.6	2.3	3.5
대전광역시	2.9	2.1	3.2	6.9	3.1	2.2	3.1
울산광역시	2.2	2.0	2.3	6.2	2.4	2.3	2.9
세종특별자치시	2.7	2.2	3.0	6.8	2.9	2.4	3.2
경기도	2.3	2.5	2.4	6.6	2.4	2.5	3.5
강원도	2.7	2.0	4.9	6.9	2.7	2.5	3.5
충청북도	2.3	2.2	2.3	6.5	2.4	1.9	2.8
충청남도	2.1	2.3	2.2	6.1	2.7	2.0	2.8
전라북도	2.1	2.6	2.6	6.2	2.5	2.1	2.9
전라남도	2.2	2.0	3.5	5.7	2.5	2.5	3.2
경상북도	2.4	2.1	2.9	6.1	2.7	2.1	2.9
경상남도	2.3	2.1	3.4	6.9	2.6	2.4	3.8
제주특별자치도	2.5	2.0	2.1	6.2	2.9	2.7	3.2

① 모든 시 · 도는 연평균 무용 관람횟수보다 연평균 영화 관람횟수가 더 높다.

② 경상남도에서 영화 다음으로 연평균 관람횟수가 많은 항목은 스포츠 관람이다.

③ 연평균 무용 관람횟수가 가장 많은 시 · 도는 연평균 스포츠 관람횟수도 가장 높다.

④ 대구광역시의 연평균 박물관 관람횟수는 제주특별자치도의 연평균 박물관 관람횟수의 80% 이상이다.

⑤ 대전광역시는 연극 · 마당극 · 뮤지컬을 제외한 모든 항목에서 충청북도보다 연평균 관람횟수가 높다.

03 다음은 2018년 지역별 국내 백미 생산량을 나타낸 자료이다. 다음 자료를 그래프로 나타낸 것 중 적절하지 않은 것은?

PART 1

2019 기출

2018 하반기

2018 상반기

2017 하반기

2017 상반기

2016 하반기

2016 상반기

〈2018년 지역별 국내 백미 생산량〉

(단위 : ha, 톤)

구분	논벼		밭벼	
	면적	생산량	면적	생산량
서울 · 인천 · 경기	91,557	468,506	2	4
강원	30,714	166,396	0	0
충북	37,111	201,670	3	5
세종 · 대전 · 충남	142,722	803,806	11	21
전북	121,016	687,367	10	31
광주 · 전남	170,930	871,005	705	1,662
대구 · 경북	105,894	591,981	3	7
부산 · 울산 · 경남	77,918	403,845	11	26
제주	10	41	117	317

① 지역별 논벼 면적의 구성비

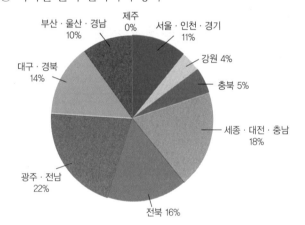

② 제주지역 백미 생산면적 구성비

안심Touch

③ 제주지역을 제외한 지역별 1ha당 백미 생산량

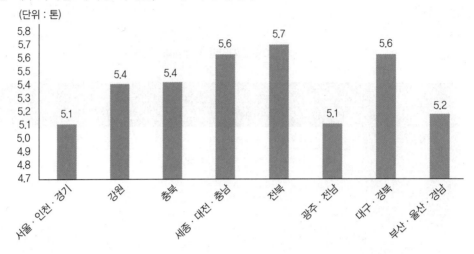

④ 논벼와 밭벼의 생산량 비교

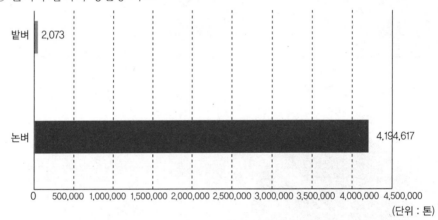

⑤ 지역별 밭벼의 생산비

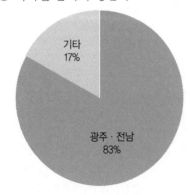

※ 다음 기호들은 일정한 규칙에 따라 도형을 변화시킨다. 주어진 도형을 도식에 따라 변화시켰을 때 결과로 알맞은 것을 고르시오. **[1~4]**

〈규칙〉

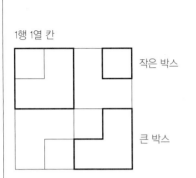

1행 1열 칸

작은 박스

큰 박스

- Ⓐ : 작은 박스 안의 숫자 합의 일의 자릿수만큼 작은 박스 안의 숫자 위치만 반시계 방향으로 전체 회전
- Ⓑ : 각 칸의 작은 박스 안의 숫자와 큰 박스 안의 숫자를 곱한 값의 십의 자릿수는 큰 박스, 일의 자리 수는 작은 박스 안에 수로 교체
- Ⓒ : 각 칸을 시계 방향으로 1칸씩 이동(각 칸의 작은 박스, 큰 박스 위치 및 각 박스 안의 위치 고정하여 각 칸 단위로 이동)
- Ⓓ : 각 칸의 작은 박스와 큰 박스 크기 교체
- Ⓧ : 작은 박스 안의 숫자 합(□)과 큰 박스 안의 숫자 합(☐)을 비교하여 맞으면 YES, 틀리면 NO
- Ⓨ : 각 칸마다 작은 박스가 위에 위치한 수(x)를 비교하여 맞으면 YES, 틀리면 NO
- : 색칠된 위치의 작은 박스 안의 숫자(□)와 큰 박스 안의 숫자(☐)를 비교하여 맞으면 YES, 틀리면 NO

01

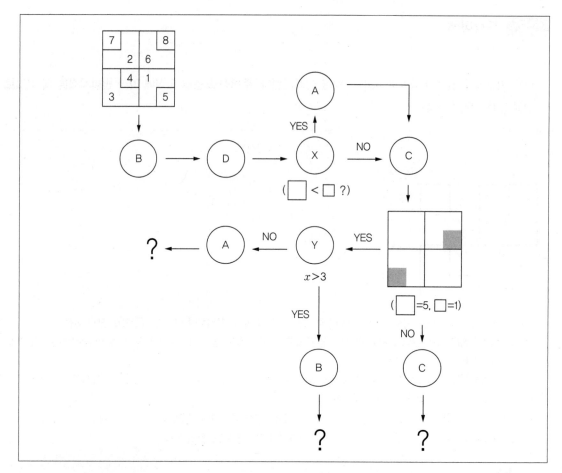

①
1			0
	4	5	
2			8
	1	4	

②
1		5	
	2		0
	4	1	
8			4

③
	7		1
2		5	
6		4	
	8		3

④
3			5
	4	1	
	7	6	
2			8

⑤
	2	4	
4			0
1			8
	5	1	

02

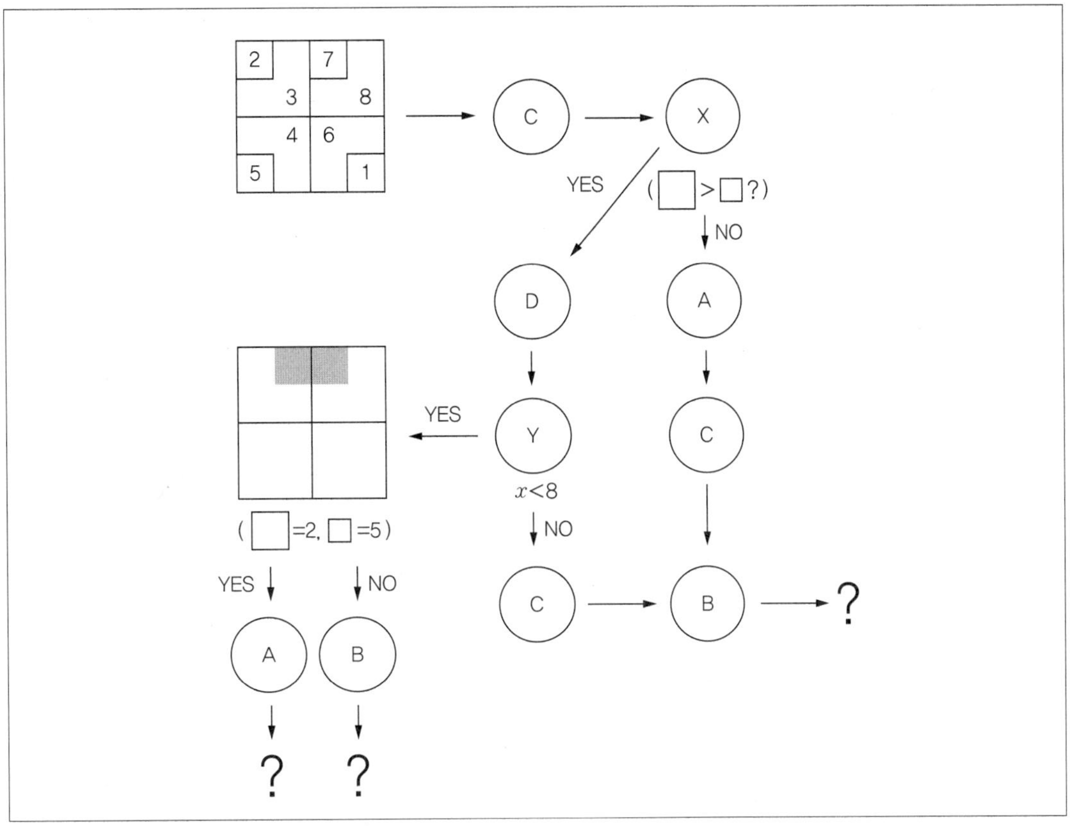

2		7	
	3		8
	4	6	
5			1

→ C → X

YES (☐ > ☐ ?)

↓ NO

D   A

YES (☐ =2, ☐ =5)

Y   C

$x<8$

↓ NO

YES ↓   ↓ NO   C → B → ?

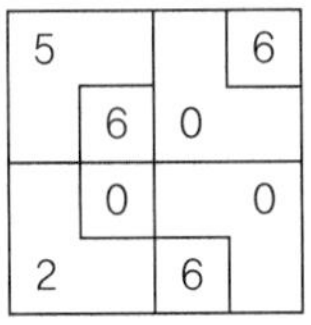

A   B

↓   ↓

?   ?

①
5			6
	6	0	
	0		0
2		6	

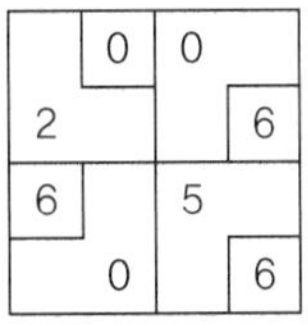

②
	0	0	
2			6
6		5	
	0		6

③
6		6	
	0		0
2			6
	0	5	

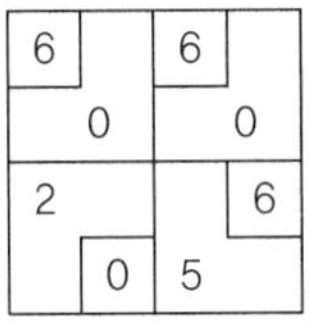

④
	7	2	
8			3
	4		1
5		6	

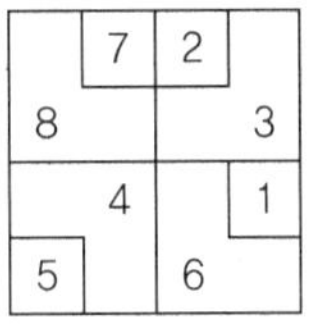

⑤
	1	4	
6			5
7		6	
	8		0

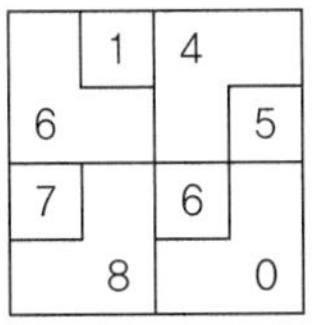

03

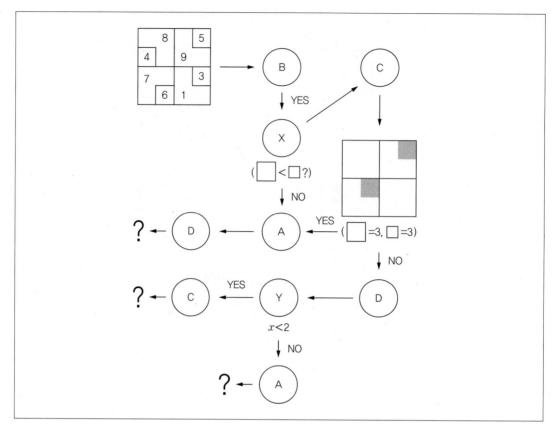

①
	0		2
3		3	
	4		4
2		5	

②
0			4
	3	2	
2		5	
	3		4

③
4			3
	5	3	
	2		2
0		4	

④
	5		4
4		2	
	3		0
2		3	

⑤
4			2
	2	3	
	5	0	
4			3

04

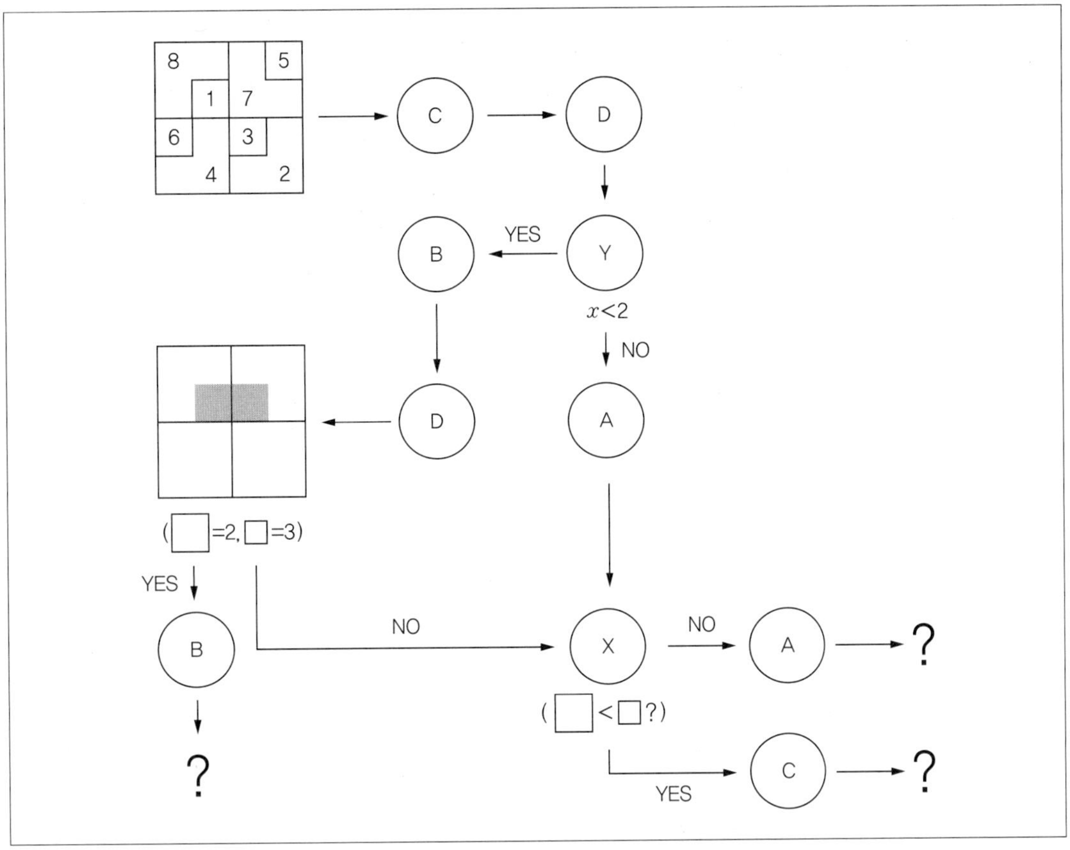

YES

$x<2$

NO

(☐=2, ☐=3)

YES

NO

NO

(☐ < ☐ ?)

YES

?

?

?

①

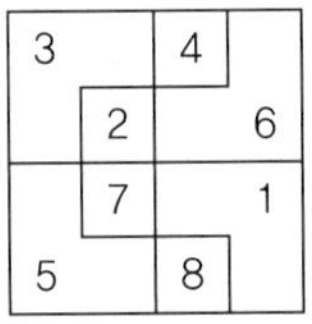

②

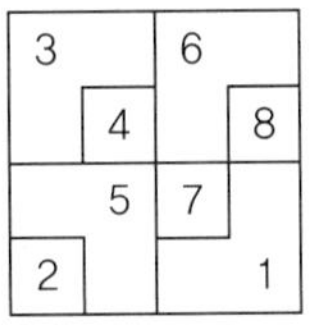

③

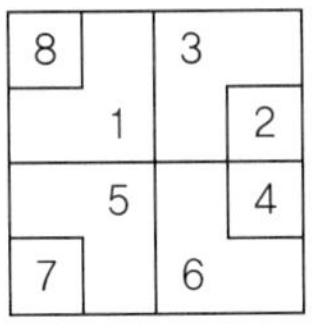

④

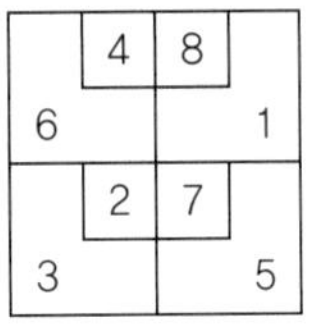

⑤

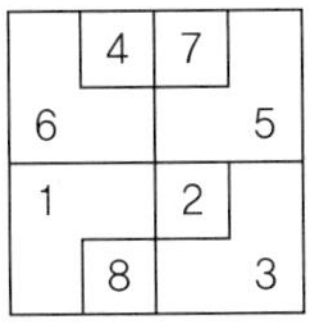

안심Touch

CHAPTER 03

2018년 상반기 기출문제

정답 및 해설 p.020

01 언어이해

01 다음 글의 수정방안으로 옳은 것을 고르면?

> 우울증을 초래하는 성향은 창조성과 결부되어 있기 때문에 생존에 유리한 측면이 있었다. 따라서 우울증과 관련이 있는 유전자는 오랜 역사를 거쳐 오면서도 사멸하지 않고 살아남아 오늘날 현대인에게도 그 유전자가 상당수 존재할 가능성이 있다. 베토벤, 뉴턴, 헤밍웨이 등 위대한 음악가, 과학자, 작가들의 상당수가 우울한 성향을 갖고 있었다. ⊙ 천재와 우울증은 어찌 보면 동전의 양면으로, 인류 문명의 진보를 이끈 하나의 동력이자 그 부산물이라 할 수 있을지도 모른다.
>
> 우울증은 일반적으로 자기 파괴적인 질환으로 인식되어 왔지만 실은 자신을 보호하고 미래를 준비하기 위한 보호 기제일 수도 있다. 달성할 수 없거나 달성하기 매우 어려운 목표에 도달하기 위해 엄청난 에너지를 소모하는 것은 에너지와 자원을 낭비할 뿐만 아니라, 정신과 신체를 소진시킴으로써 사회적 기능을 수행할 수 없게 하고 주위의 도움이 없으면 생명을 유지하기 어려운 상태에 ⓒ 이르게도 할 수 있다. 이를 막기 위한 기제가 스스로의 자존감을 낮추고 그 목표를 포기하게 만드는 것이다. 이를 통해 고갈된 에너지를 보충하고 다시 도전할 수 있는 기회를 모색할 수 있다. ⓒ 또한 지금과 같은 경쟁 사회는 새로운 기술이나 생각에 대한 사회적 요구가 커지기 때문에 정신적 소진 상태를 초래하기 쉬운 환경이 되고 있다.
>
> 오늘날 우울증은 왜 이렇게 급격하게 늘어나는 것일까? 창조성이란 그 사회에 존재하고 있는 기술이나 생각에 대한 도전이자 대안 제시이며, 기존의 기술이나 생각을 엮어서 새로운 조합을 만들어 내는 것이다. 과거에 비해 현대 사회는 경쟁이 심화되고 혁신들이 더 가치를 인정받기 때문에 창조성이 있는 사람은 상당히 큰 선택적 이익을 갖게 된다. ⓔ 그렇지만 현대 사회처럼 기존에 존재하는 기술이나 생각이 엄청나게 많아 우리의 뇌가 그것을 담기에도 벅찬 경우에는 새로운 조합을 만들어 내는 일은 무척이나 많은 에너지를 요한다. 결국 경쟁은 창조성을 ⓜ 발휘하게 하지만 지나친 경쟁은 정신적 소진을 초래하기 때문에 우울증이 많이 발생할 수 있다.

① ⊙ - 문단과 관련 없는 내용이므로 삭제한다.

② ⓒ - 문장의 주어와 호응되지 않으므로 '이른다'로 수정한다.

③ ⓒ - 두 번째 문단의 내용과 어울리지 않으므로 세 번째 문단으로 옮긴다.

④ ⓔ - 뒷 문장이 앞 문장의 결과이므로 '그리하여'로 수정한다.

⑤ ⓜ - 문맥상의 내용과 반대되는 내용이므로 '억제하지만'으로 수정한다.

02 다음 글에 이어질 내용을 논리적인 순서대로 올바르게 배열한 것은?

'포스트휴먼'은 그 기본적인 능력이 근본적으로 현재의 인간을 넘어서기 때문에 현재의 기준으로는 더 이상 인간이라 부를 수 없는 존재를 가리키는 표현이다. 스웨덴 출신의 철학자 보스트롬은 건강과 수명, 인지, 감정이라는, 인간의 세 가지 주요 능력 중 최소한 하나 이상의 능력에서 현재의 인간이 도달할 수 있는 최대한의 한계를 엄청나게 넘어설 경우 이를 '포스트휴먼'으로 부르자고 제안하였다.

(가) 이 존재는 스스로의 심리 상태에 대한 조절도 자유롭게 할 수 있어서 피곤함이나 지루함을 거의 느끼지 않으며, 미움과 같은 감정을 피하고, 즐거움, 사랑, 미적 감수성, 평정 등의 태도를 유지한다. 이러한 존재가 어떤 존재일지 지금은 정확하게 상상하기 어렵지만 현재 인간의 상태로 접근할 수 없는 새로운 신체나 의식 상태로 놓여 있을 것임은 분명하다.

(나) 만약 생물학적 인간이 포스트휴먼이 되고자 한다면 유전공학, 신경약리학, 항노화술, 컴퓨터 ─ 신경 인터페이스, 기억 향상 약물, 웨어러블 컴퓨터, 인지 기술과 같은 다양한 과학 기술을 이용해 우리의 두뇌나 신체에 근본적인 기술적 변형을 가해야만 할 것이다.

(다) 현재 가장 뛰어난 인간이 가질 수 있는 지능보다 훨씬 더 뛰어난 지능을 가지며, 더 이상 질병에 시달리지 않고, 노화가 완전히 제거되어서 젊음과 활력을 계속 유지하는 어떤 존재를 가정해 보자.

(라) 이러한 포스트휴먼은 완전히 인위적으로 만들어진 인공지능일 수도 있고, 신체를 버리고 슈퍼컴퓨터 안의 정보 패턴으로 살기를 선택한 업로드의 형태일 수도 있으며, 또는 생물학적 인간에 대한 개선들이 축적된 결과일 수도 있다.

① (가) ─ (나) ─ (다) ─ (라)
② (나) ─ (가) ─ (다) ─ (라)
③ (나) ─ (다) ─ (라) ─ (가)
④ (다) ─ (가) ─ (라) ─ (나)
⑤ (라) ─ (다) ─ (가) ─ (나)

다음 빈칸에 들어갈 단어로 가장 적절한 것은?

현대사회에는 외모가 곧 경쟁력이라는 인식이 만연해 있다. 어느 조사에 따르면 한국 여성의 53%가 성형을 받기를 원하며, 성형외과 고객 중 3분의 1은 남성이라고 한다. 한국의 거식증 환자 수는 이미 1만 명을 넘었으며, 지금도 그 수는 증가하고 있다. 평범한 외모를 가졌고 정상 체중인 사람도 불안감에 시달리게 하는 외모 강박의 시대가 된 셈이다. 우리는 왜 외모 욕망에서 자유로울 수 없는 것일까?

우리는 스스로 멋지거나 바람직하게 생각하는 모습, 즉 이상자아를 자신에게서 발견할 때 만족감을 느끼는데, 이 것을 자아감을 느낀다고 표현한다. 그런데 이상자아는 주체의 참된 본질이 아니라 자신을 둘러싼 환경 즉, 자신에 대한 주변인들의 평가, 학교 교육, 대중매체, 광고, 문화 이데올로기 등의 담론과 자신을 동일시함으로써 형성된다. 이렇게 탄생한 이상자아는 자아를 이끌어가는 바람직한 자아의 모습으로 주체의 무의식에 깊게 자리잡는다.

그리하여 우리가 이상적인 자아에 못 미치는 모습을 자신에게서 발견할 때, 예를 들어 날씬한 몸매가 이상적인 자아인데 현실의 몸매는 뚱뚱할 때, 우리의 자아는 고통을 받는다. 이러한 고통으로부터 벗어나기 위해서는 이상자아에 맞추어 자신의 모습을 날씬하게 바꾸거나, 자신의 이상자아를 뚱뚱한 몸매로 바꾸어 만족감을 얻어야 한다. 그러나 전자는 체중감량과 유지가 어렵기 때문에, 후자는 자아의 무의식 구성을 급진적으로 바꾸는 것이기 때문에 쉽지 않다.

또한, 외모는 단순히 '보기 좋음'을 넘어 다양한 의미를 표상한다. 외모 문화에는 미의 기준을 제시하는 대중매체의 담론과, 여성의 외모를 중시하는 가부장적인 이데올로기가 뿌리 깊게 작용하고 있다. 더 깊게 들어가서는 관상을 중시하는 시각문화, 외모에서조차 경쟁과 서열화를 만드는 자본주의 문화, 성공을 부추기는 유교적 출세주의, 서구의 미적 기준의 식민화, 개인의 개성을 인정하지 않는 집단획일주의 등 수많은 문화적·사회구조적 이데올로기가 개개인의 외모 욕망을 부추겨 외모 문화를 구축한다.

외모지상주의의 문제점을 단편적으로 제시하며 이를 거부할 것을 주장하는 사람들이 있다. 그러나 외모에 대한 욕망은 한두 가지 관점에서 비판함으로써 제거될 수 있는 것이 아니다. 하나의 단순한 현상처럼 보이지만, 그 기저에는 [   ] 담론 코드가 끊임없이 작용하고 있는 것이다.

① 심층적인   ② 다층적인
③ 획일적인   ④ 주관적인
⑤ 일반적인

논리는 증명하지 않고도 참이라고 인정하는 명제 즉, 공리를 내세우면서 출발한다. 따라서 모든 공리는 그로부터 파생되는 수많은 논리체계의 기초를 이루고, 이들로부터 이끌어낸 정리는 논리체계의 상부구조를 이룬다. 이때, 각각의 공리들은 서로 모순이 없어야만 존재할 수 있다.

공리라는 개념은 고대 그리스의 수학자 유클리드로부터 출발한다. 유클리드는 그의 저서 『원론』에서 다음과 같은 5개의 공리를 세웠다. 첫째, 동일한 것의 같은 것은 서로 같다(A=B, B=C이면 A=C). 둘째, 서로 같은 것에 같은 것을 각각 더하면 그 결과는 같다(A=B이면 A+C=B+C). 셋째, 서로 같은 것에서 같은 것을 각각 빼면 그 결과는 같다(A=B이면 A−C=B−C). 넷째, 서로 일치하는 것은 서로 같다. 다섯째, 전체는 부분보다 더 크다. 수학이란 진실만을 다루는 가장 논리적인 학문이라고 생각했던 유클리드는 공리를 기반으로 명제들이 왜 성립될 수 있는가를 증명하였다.

공리를 정하고 이로부터 이끌어낸 명제가 참이라는 믿음은 이후로도 2천 년이 넘게 이어졌다. 19세기 말 수학자 힐베르트는 유클리드의 이론을 보완하여 기하학의 5개 공리를 재구성하고 현대 유클리드 기하학의 체계를 완성하였다. 나아가, 힐베르트는 모든 수학적 명제는 모순이 없고 독립적인 공리 위에 세워진 논리체계 안에 있으며, 이러한 공리의 무모순성과 독립성을 실제로 증명할 수 있다고 예상했다. 직관을 버리고 오로지 연역 논리에 의한 체계의 완성을 추구했던 것이다.

그러나 그로부터 30여 년 후, 괴델은 '수학은 자신의 무모순성을 스스로 증명할 수 없다.'라는 사실을 수학적으로 증명하기에 이르렀다. 그는 '참이지만 증명할 수 없는 명제가 존재한다.'와 '주어진 공리와 규칙만으로 일관성과 무모순성을 증명할 수 없다.'라는 형식체계를 명시하였다. 괴델의 이러한 주장은 힐베르트의 무모순성과 완전성의 공리주의를 부정하는 것이었기에 수학계를 발칵 뒤집어놓았다. 기계적인 방식으로는 수학의 모든 사실을 만들어낼 수 없다는 괴델의 불완전성의 정리는 가장 객관적인 학문으로 인식되어왔던 수학의 체면을 구기는 오점처럼 보이기도 하는 것이 사실이다. 그러나 한편으로 수학의 응용이 가능해지면서 다른 학문과의 융합이 이루어졌고, 이후 물리학, 논리학을 포함한 각계의 수많은 학자들에게 영감을 주었다.

① 유클리드와 힐베르트는 공리의 증명 가능성을 인정하였다는 점에서 공통점을 가진다.
② 힐베르트는 유클리드와 달리 공리체계의 불완전성을 인정하였으나, 이를 증명하지는 못했다.
③ 유클리드가 정리한 명제들은 괴델에 의해 참이 아닌 것으로 판명되었다.
④ 괴델은 공리의 존재를 인정했지만, 자체 체계만으로는 무모순성을 증명할 수 없다고 주장하였다.
⑤ 괴델 이후로 증명할 수 없는 수학적 공리는 참이 아닌 것으로 간주되었다.

01 주어진 명제가 참일 때 다음 중 반드시 옳은 것은?

> • 샌드위치에 추가 토핑으로 아보카도를 넣지 않는 손님은 추가 토핑으로 페퍼로니도 넣지 않는다.
> • 샌드위치에 추가 토핑으로 더블치즈를 넣지 않는 손님은 추가 토핑으로 베이컨도 넣지 않는다.
> • 샌드위치에 추가 토핑으로 아보카도를 넣는 손님은 추가 토핑으로 베이컨도 넣는다.

① 샌드위치에 추가 토핑으로 더블치즈를 넣지 않는 손님은 추가 토핑으로 페퍼로니를 넣지 않는다.
② 샌드위치에 추가 토핑으로 베이컨을 넣지 않는 손님은 추가 토핑으로 더블치즈를 넣지 않는다.
③ 샌드위치에 추가 토핑으로 페퍼로니를 넣지 않는 손님은 추가 토핑으로 베이컨을 넣지 않는다.
④ 샌드위치에 추가 토핑으로 아보카도를 넣는 손님은 추가 토핑으로 페퍼로니도 넣는다.
⑤ 샌드위치에 추가 토핑으로 더블치즈를 넣는 손님은 추가 토핑으로 베이컨도 넣는다.

02 어느 목장에 얼룩송아지 3마리, 검정송아지 3마리, 누렁송아지 2마리가 있다. 다음 제시된 〈조건〉이 모두 참일 때, 다음 중 옳지 않은 것은?(단, 모든 송아지들의 무게는 각각 다르다)

> **조건**
> • 어떤 얼룩송아지보다 무거운 송아지는 3마리이다.
> • 어떤 누렁송아지는 모든 얼룩송아지보다 무겁다.
> • 어떤 검정송아지는 모든 얼룩송아지와 누렁송아지보다 가볍다.
> • 무거운 순서대로 줄을 세웠더니, 같은 종류의 송아지끼리는 서로 붙어있지 않았다.

① 두 번째로 무거운 송아지는 얼룩송아지이다.
② 세 번째로 무거운 송아지는 검정송아지이다.
③ 모든 얼룩송아지는 어떤 누렁송아지보다 가볍다.
④ 가장 가벼운 송아지는 검정송아지 중에 있다.
⑤ 가장 무거운 송아지는 검정송아지 중에 있다.

03 M과장은 월요일에서 금요일까지 A~J 10개 지점에 출장을 다녀와야 한다. 다음 〈조건〉에 따라 일정을 짠다고 할 때, 다음 중 항상 옳은 것은?

> **조건**
> • 월요일부터 금요일까지 오전과 오후에 각각 한 개의 지점에 한 번씩 방문한다.
> • A, B, C, J지점은 오전에, F, G, H지점은 오후에 방문한다.
> • G지점은 A지점보다는 먼저 방문하지만 D지점보다는 나중인 날에 방문한다.
> • B지점과 H지점은 이틀 간격을 두고 방문한다.
> • 화요일에 J지점, 금요일에 C지점을 방문한다.
> • C지점과 H지점은 같은 날 방문하지 않는다.
> • 모음 알파벳이 이니셜인 지점(A, E, I)끼리는 같은 날 방문하지 않는다.

① 월요일에는 I지점과 H지점에 방문한다.
② 화요일에는 J지점과 D지점에 방문한다.
③ 수요일에는 B지점과 I지점에 방문한다.
④ 목요일에는 A지점과 F지점에 방문한다.
⑤ 금요일에는 C지점과 I지점에 방문한다.

04 영업팀 A, B, C와 기획팀 D, E, 혁신팀 F, G가 원탁에 둘러앉아 회의를 진행하려고 한다. 다음과 같은 〈조건〉에 따라 좌석을 배치한다고 할 때, 다음 중 옳은 것은?

> **조건**
> • 좌석은 총 8개이고 좌석 사이의 간격은 모두 같다.
> • 같은 팀끼리는 붙어서 앉지 않는다.
> • A는 F의 맞은편에, D는 G의 맞은편에 앉는다.
> • E는 B와 붙어서 앉는다.
> • A와 G의 양 옆자리는 비어있지 않는다.

① 기획팀끼리는 서로 마주보고 앉는다.
② 혁신팀끼리는 사람을 사이에 두고 앉는다.
③ G는 B의 옆에 앉는다.
④ D의 한쪽 옆자리는 비어있다.
⑤ 영업팀 사이에 E가 앉는다.

01 다음은 어느 화물/여객 운송 사업회사의 대리점 간 특정시점의 운전사들의 실적을 나타낸 자료이다. 이에 대한 〈보기〉의 설명 중 옳은 것을 모두 고른 것은?

〈화물/여객 운송 실적〉

구분	운전기사	여객운송횟수	화물운송횟수
대리점 1호	A	350	350
	B	400	200
	C	55	55
	D	30	20
	E	110	110
	F	50	30
대리점 2호	G	12	3
	H	3	2
	I	0	31
	J	75	1
	K	7	0

※ (운송 횟수)=(여객운송)+(화물운송)

※ (여객지수)=$\dfrac{(여객운송횟수)}{(운송횟수)}$=1−(화물지수)

※ 횟수당 취급하는 여객과 화물의 무게는 모두 동일하다.

보기

a. 화물지수가 1인 운전사의 수가 여객지수 1인 운전사의 수보다 많다.

b. 여객지수가 B운전사보다 낮은 대리점 2호의 운전사의 수는 3명 이하이다.

c. 대리점 1호에서 여객지수가 가장 높은 운전사의 운송횟수가 회사 전체 운송횟수에서 차지하는 비율은 30%를 넘는다.

d. 대리점 1호 운전사의 화물지수는 대리점 2호 운전사의 화물지수보다 모두 작다.

① a   ② a, b

③ b   ④ b, c

⑤ d

02 다음은 소매 업태별 판매액을 나타낸 자료이다. 2015년 대비 2017년 판매액의 증가율이 두 번째로 높은 업태의 값으로 알맞은 것은?(단, 소수점 이하에서 반올림한다)

<소매 업태별 판매액>

(단위 : 십억 원)

구분	2015년	2016년	2017년
합계	408,317	424,346	440,110
백화점	29,028	29,911	29,324
대형마트	32,777	33,234	33,798
면세점	9,198	12,275	14,465
슈퍼마켓 및 잡화점	43,481	44,361	45,415
편의점	16,455	19,481	22,237
승용차 및 연료 소매점	91,303	90,137	94,508
전문소매점	139,282	140,897	139,120
무점포 소매	46,788	54,046	61,240

① 31% ② 35%
③ 42% ④ 55%
⑤ 57%

03 다음은 우리나라 근로자의 출산 및 육아휴직 현황을 나타낸 자료이다. (㉠×㉡×㉢)－㉣의 값을 구하면?

〈출산 및 육아휴직 현황〉

(단위 : 명, 백만 원)

구분		2012년	2013년	2014년	2015년	2016년	2017년
출산전후 휴가자 수		93,394	90,507	88,756	94,590	89,834	81,093
출산전후 휴가 지원금액		241,900	235,105	236,845	258,139	247,331	242,598
육아휴직자 수	합계	64,069	69,616	76,833	87,339	89,895	90,123
	여성	62,279	67,323	73,412	82,467	82,279	78,080
	남성	1,790	2,293	3,421	4,872	7,616	12,043
육아휴직 지원금액	합계	357,797	420,248	500,663	619,663	625,243	680,430
	여성	348,644	408,557	482,743	592,238	585,186	625,270
	남성	9,153	11,691	17,920	27,425	40,057	55,160

〈가로〉

1. 2012~2017년 출산전후 휴가 지원금액 중 가장 큰 금액과 가장 작은 금액의 차는 ○○,○○○백만 원이다. 빈칸에 들어갈 숫자는?
3. 2012~2017년 여성 육아휴직자 수가 가장 많았던 해와 가장 적었던 해의 차는?

〈세로〉

2. 남성 육아휴직자 수의 증가율이 가장 컸던 해의 남성 휴직자 1인당 평균 육아휴직 지원금액은 ○○○만 원이다. 빈칸에 들어갈 숫자는?(단, 천의 자리에서 반올림한다)
4. 육아휴직자 수가 두 번째로 많은 해의 여성 육아휴직자 수는 남성 육아휴직자 수의 약 ○○.○배이다. 빈칸에 들어갈 숫자는?(단, 소수점 둘째 자리에서 반올림한다)

① 24

② 30

③ 36

④ 48

⑤ 60

01 다음은 A방송사의 매출액 추이를 나타낸 자료이다. 이에 대하여 올바르게 분석한 사람을 모두 고르면?

〈A방송사의 매출액 추이〉

(단위 : 천만 원)

구분		2013년	2014년	2015년	2016년	2017년
방송사업 매출액	방송수신료	5,645	5,717	5,452	5,325	5,487
	광고	21,990	21,437	23,825	22,785	22,186
	협찬	3,154	3,085	3,306	3,142	3,145
	프로그램 판매	1,202	1,195	1,294	1,322	1,299
	기타 방송사업	1,961	2,145	2,097	2,018	2,012
기타 사업		4,204	4,219	4,275	4,224	4,281
합계		76,312	75,596	80,498	77,632	76,820

지환 : 방송수신료 매출액의 증감추이와 반대되는 추이를 보이는 항목이 존재해.
소영 : 5년 동안 모든 항목의 매출액이 10억 원 이상의 변동폭을 보였어.
동현 : 5년간 각 항목의 매출액 순위는 한 번도 변동 없이 동일했구나.
세미 : 2013년과 비교했을 때 2017년에 매출액이 상승하지 않은 항목은 2개뿐이군.

① 지환, 소영
② 소영, 세미
③ 지환, 동현
④ 동현, 세미
⑤ 지환, 동현, 세미

02 다음은 A시 가구주의 연령 및 가구유형별 가구 추계를 나타낸 자료이다. 이를 토대로 2035년의 가구 추계를 예측할 때, 가장 타당한 값을 고르면?(단, 가구 수는 소수점 첫째 자리에서, 증가율은 소수점 둘째 자리에서 반올림한다)

〈A시의 가구 추계〉

(단위 : 가구)

구분	2005년			2015년			2025년		
	합계	1인 가구	2인 가구	합계	1인 가구	2인 가구	합계	1인 가구	2인 가구
19세 이하	794	498	223	649	596	45	588	563	22
20~29세	13,550	6,962	3,935	12,962	8,915	2,410	13,761	10,401	2,200
30~39세	36,925	6,480	5,451	32,975	9,581	6,528	26,921	9,886	6,466
40~49세	44,368	4,814	5,083	45,559	8,505	7,149	38,467	9,327	7,378
50~59세	30,065	3,692	6,841	45,539	8,673	11,752	47,191	11,046	13,409
60~69세	21,024	4,278	8,171	27,943	6,606	11,485	44,445	11,185	18,909
70~79세	11,097	3,931	4,623	18,000	5,879	7,889	24,874	8,564	10,633
80세 이상	2,566	1,201	909	6,501	3,041	2,281	13,889	6,032	5,048
합계	160,389	31,856	35,236	190,128	51,796	49,539	210,136	67,004	64,065

〈2035년 A시의 가구 추계 예측〉

- 2025년 대비 전체 가구 수의 증가율은 2015년 대비 2025년 전체 가구 수 증가율의 $\frac{2}{3}$이다.
- 2025년 대비 1인 가구 수 증가량은 2005년 대비 2015년과 2015년 대비 2025년의 1인 가구 수 증가량의 평균과 같다.
- 3인 이상 가구 수는 2005년 3인 이상 가구 수의 80%로 감소한다.
- 2025년 이후부터는 가구주 연령이 70세 이상인 가구의 전입이나 전출은 없을 것이며, 2025년을 기준으로 가구주 연령이 80세 이상이었던 가구 중 40%, 70~79세였던 가구 중 30%가 2035년 이전에 사망할 것이다.

	1인 가구	2인 가구	가구주가 80세 이상인 가구
①	79,210	64,243	25,745
②	84,578	69,289	23,597
③	84,578	65,630	25,745
④	79,210	65,630	23,597
⑤	84,578	69,289	25,745

03 다음은 우리나라의 산업재해 현황에 대한 자료이다. 이를 바탕으로 작성한 그래프로 옳지 않은 것은?

〈유형별 산업재해자 수 및 산재사망률〉

(단위 : 명)

구분		2012년	2013년	2014년	2015년	2016년
산업재해자	사망자	2,165	2,233	2,134	2,066	2,040
	부상자	83,349	82,803	81,955	80,999	81,548
	업무상 질병 요양자	6,742	6,788	6,820	7,064	7,068
산재사망률(근로자 1만 명당)		1.39	1.45	1.25	1.15	1.11

〈산업별 재해자 수 변화 추이〉

(단위 : 명)

연도	전 산업	광업	제조업	건설업	전기 · 가스 · 수도업	운수 · 창고 · 통신업	기타 산업
2012년	92,256	911	31,666	23,349	96	4,201	32,033
2013년	91,824	921	29,432	23,600	77	4,240	33,554
2014년	90,909	1,235	28,649	23,669	98	4,188	33,070
2015년	90,129	1,469	27,011	25,132	98	4,059	32,360
2016년	90,656	1,534	26,142	26,570	103	4,114	32,193

① 연도별 산업재해자 수

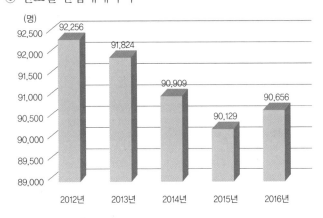

PART 1

2019 기출

2018 하반기

2018 상반기

2017 하반기

2017 상반기

2016 하반기

2016 상반기

② 산업재해자 중 사망자의 비율

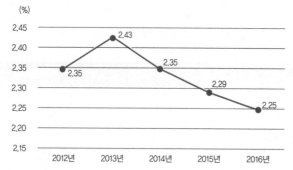

③ 산업재해자 수 상위 3개 업종의 전년 대비 증감률

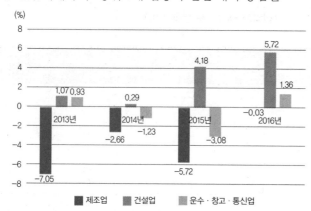

④ 2012~2016년 산업재해자 누적 구성비

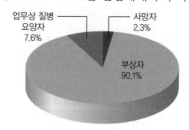

⑤ 2016년 산업별 재해자 업종별 구성비

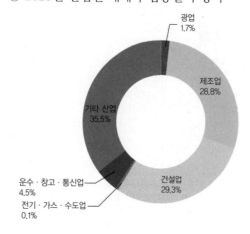

01 다음 Ⓐ, Ⓑ, Ⓒ의 전개도를 ⬆️면이 전면에 오도록 접은 후 주어진 방향으로 회전하여 아래의 결합 모양 과 같이 붙인 그림으로 알맞은 것을 고르면?

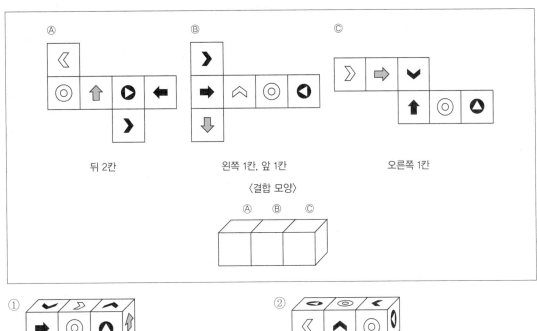

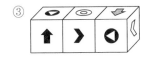

02 다음 Ⓐ, Ⓑ, ©의 전개도를 [♥]면이 전면에 오도록 접은 후 주어진 방향으로 회전하여 아래의 결합 모양
과 같이 붙인 그림으로 알맞은 것을 고르면?

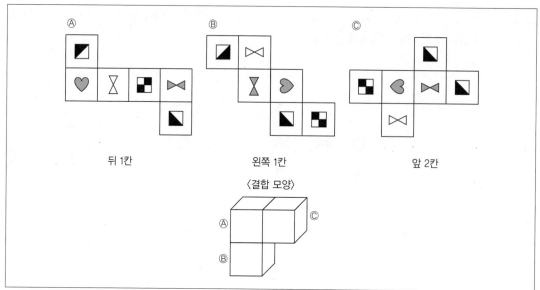

①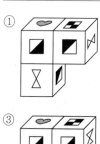

②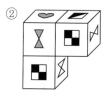

③

④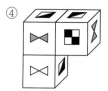

⑤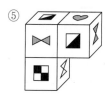

03 다음 Ⓐ, Ⓑ, Ⓒ의 전개도를 ▙면이 전면에 오도록 접은 후 주어진 방향으로 회전하여 아래의 결합 모양과 같이 붙인 그림으로 알맞은 것을 고르면?

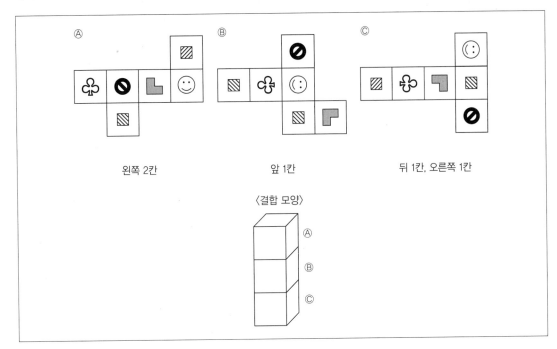

PART 1

2019 기출

2018 하반기

2018 상반기

2017 하반기

2017 상반기

2016 하반기

2016 상반기

①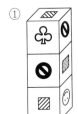

②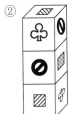

③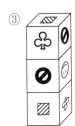

④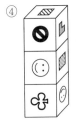

⑤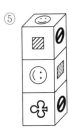

정답 및 해설 p.027

01 언어이해

01   다음 글에 이어질 글을 논리적 순서대로 알맞게 배열한 것은?

> 우리는 살아가면서 얼마나 많은 것들을 알고 배우는가? 우리는 주로 우리가 '아는 것'들에 초점을 맞추지만, 사실상 살아가면서 알고 있고, 알 수 있는 것보다는 알지 못하는 것들이 훨씬 더 많다. 그러나 대부분의 사람들이 평소에 자신이 얼마나 많은 것들을 모르고 있는지에 대해서는 그다지 의식하지 못한 채 살아가고 있다. 일상생활에서는 자신의 주변과 관련하여 아는 바와 이미 습득한 지식에 대해서 의심하는 일은 거의 없을 뿐더러, 그 지식체계에 변화를 주어야 할 계기도 거의 주어지지 않기 때문이다.

> (가) 그러므로 어떤 지식을 안다는 것은 어떤 지식을 알지 못하는 것에서 출발하는 것이며, 때로는 '어떤 부분에 대하여 잘 알지 못한다는 것을 앎' 자체가 하나의 지식이 될 수 있다. 『논어』 위정편에서 공자는 "아는 것을 아는 것이라 하고, 알지 못하는 것을 알지 못하는 것이라고 하는 것이 곧 안다는 것이다(知之爲知之 不知爲不知 是知也)."라고 하였다. 비슷한 시기에 서양의 소크라테스는 무지(無知)를 아는 것이 신으로부터 받은 가장 큰 지혜라고 주장하였다. '무지에 대한 지'의 중요성을 인식한 것은 동서양의 학문이 크게 다르지 않았던 것이다.
>
> (나) 우리는 더 발전된 미래로 나아가는 힘은 '무지에 대한 지'에 있음을 자각해야 한다. 무엇을 잘못 알고 있지는 않은지, 더 알아야 할 것은 무엇인지, 끊임없이 우리 자신의 지식에 대하여 질문하고 도전해야 한다. 아는 것과 모르는 것을 구분하고, '무지에 대한 지'를 통해 얻은 것들을 단순히 지식으로 아는 데 그치지 않고 아는 것들을 실천하는 것, 그것이 성공하는 사람이 되고 성공하는 사회로 나아가는 길일 것이다.
>
> (다) 이러한 학문적 소견과 달리 역사는 때때로 '무지에 대한 지'를 철저히 배제하는 방향으로 흘러가기도 했다. 그리하여 제대로 검증되지도 않은 어떤 신념이나 원칙을 맹목적으로 좇은 결과, 불특정다수의 사람들이나 특정 집단을 희생시키고 발전을 저해한 사례들은 역사 가운데 수도 없이 많다. 가까운 과거에는 독재와 전체주의가 그랬고, 학문과 예술 분야에서 암흑의 시기였던 중세 시대가 그랬다.
>
> (라) 그러나 예상치 못했던 일이 발생하거나 낯선 곳에 가는 등 일상적이지 않은 상황에 놓이게 되면, 이전에는 궁금하지 않았던 것들에 대하여 알고자 하는 욕구가 커진다. 또한 공부를 하거나 독서를 하는 경우, 자신이 몰랐던 많은 것들을 알게 되고 이를 해결하기 위해 치열하게 몰입한다. 이 과정에서 자신이 잘못 알고 있던 것들을 깨닫기도 함은 물론이다.
>
> (마) 오늘날이라고 해서 크게 다르지는 않다. 정보의 홍수라고 할 만큼 사람들은 과거에 비하여 어떤 정보에 대해 접근하기가 쉬워졌지만, 쉽게 얻을 수 있는 만큼 깊게 알려고 하지 않는다. 그러면서도 사람들은 보거나 들은 것을 마치 자신이 알고 있는 것으로 생각하는 경향이 크다.

① (라) — (마) — (가) — (다) — (나)
② (가) — (다) — (마) — (라) — (나)
③ (가) — (다) — (라) — (나) — (마)
④ (가) — (마) — (라) — (나) — (다)
⑤ (라) — (가) — (다) — (마) — (나)

02 (가)를 (나)와 같이 고쳐 썼다고 할 때, 다음 중 반영된 내용으로 옳지 않은 것은?

(가) 자신이 보려던 영화의 결말을 누군가 말해버려서 속상했던 적이 있을 것이다. 이렇게 영화, 방송, 소설 등의 줄거리나 내용을 예비 관객이나 시청자, 독자들에게 미리 밝히는 행위나 그런 행위를 하는 사람들을 스포일러라고 한다. SNS 사용이 급증하고 있는 최근에는 스포일러로 인한 피해가 확산되면서 누리꾼들 사이에 이에 대한 부정적 인식이 심화되고 있다.

사람들은 다음에 벌어질 상황이나 결말을 알지 못할 때 긴장감과 흥미를 느끼므로 만약 그들이 의도치 않게 스포일러를 접하게 되면 흥미는 반감될 수밖에 없다. 또한 최근에는 오디션이나 경연 대회를 다루는 프로그램들이 많은데, 누가 우승자가 될지 이목이 집중되는 이러한 프로그램들이 스포일러를 당하면 시청률은 큰 폭으로 떨어지게 된다.

누리꾼들은 자신의 행위가 스포일러가 될 수도 있다고 인식하지 못한 채 영화 관련 정보를 제공하려는 의도로 글을 올리는 경우가 많지만, 원래 의도와는 달리 이러한 글이 많은 사람들에게 피해를 줄 수도 있다. 한편 영화와 전혀 관련이 없는 내용인 것처럼 제목을 꾸며 놓고 클릭을 유도해서 중요한 내용을 공개해 사람들을 의도적으로 골탕 먹이는 경우도 있다.

이러한 스포일러 문제를 해결하기 위해서는 우선 자신의 행위가 스포일러가 될 수도 있다는 것을 명확히 인식해야 한다. 아울러 자신의 행위가 스포일러는 아닌지 한 번 더 의심하고 자기 점검을 할 필요가 있다. 또한 의도적인 스포일러를 방지하기 위해서는 지속적인 캠페인 활동 등을 통해 누리꾼들의 윤리 의식을 고취시켜야 한다.

스포일러의 피해가 사회적 문제로 대두되는 요즘, 우리들은 문화 콘텐츠의 향유자로서 스포일러의 폐해에 관심을 갖고 스포일러 방지를 위해 노력해야 한다.

(나) 자신이 보려던 영화의 결말을 누군가 말해버려서 속상했던 적이 있을 것이다. 이렇게 영화, 방송, 소설 등의 줄거리나 내용을 예비 관객이나 시청자, 독자들에게 미리 밝히는 행위나 그런 행위를 하는 사람들을 스포일러라고 한다. SNS 사용이 급증하고 있는 최근에는 스포일러로 인한 피해가 확산되면서 이에 대한 누리꾼들의 부정적 인식이 심화되고 있다. 얼마 전 영화 예매 사이트 ○○의 스포일러에 관한 설문조사 결과 '영화 관람에 영향을 미치므로 절대 금지해야 한다.'라는 응답이 73%를 차지했다.

사람들은 다음에 벌어질 상황이나 결말을 알지 못할 때 긴장감과 흥미를 느낀다. 따라서 의도치 않게 스포일러를 접하게 되면 흥미는 반감될 수밖에 없다. 또한 최근에는 오디션이나 경연 대회를 다루는 프로그램들이 많다. 누가 우승자가 될지 이목이 집중되는 이러한 프로그램들이 스포일러를 당하면 시청률은 큰 폭으로 떨어지게 된다. 물론 스포일러가 홍보 역할을 하여 오히려 시청률 증가에 기여한다는 의견도 있다. 그러나 그런 경우는 빙산의 일각에 불과하고 시청자뿐만 아니라 제작자에게도 피해를 입히는 경우가 대부분이다.

누리꾼들은 스포일러라는 인식 없이 단순히 영화 관련 정보를 제공하려는 의도로 글을 올리는 경우가 많다. 하지만 원래 의도와는 달리 이러한 글이 많은 사람들에게 피해를 줄 수도 있다. 혹은 영화와 전혀 관련이 없는 내용인 것처럼 제목을 꾸며 놓고 클릭을 유도해서 중요한 내용을 공개해 사람들을 의도적으로 골탕 먹이는 경우도 있다.

그렇다면 이러한 스포일러 문제는 어떻게 해결할 수 있을까? 우선 자신의 행위가 스포일러가 될 수도 있다는 것을 명확히 인식해야 한다. 아울러 자신의 행위가 스포일러는 아닌지 한 번 더 의심하고 자기 점검을 할 필요가 있다. 그리고 의도적인 스포일러를 방지하기 위해서는 지속적인 캠페인 활동 등을 통해 누리꾼들의 윤리 의식을 고취시켜야 한다.

스포일러의 피해가 사회적 문제로 대두되는 요즘, 우리들은 문화 콘텐츠의 향유자로서 스포일러의 폐해에 관심을 갖고 스포일러 방지를 위해 노력해야 한다.

① 반론 — 재반론의 형식으로 주장의 근거를 보충하였다.
② 질문 — 대답 형식을 통해 독자의 관심을 유도한다.
③ 신뢰성 있는 자료를 보충하여 근거의 타당성을 높였다.
④ 문맥상 잘못된 접속어를 바꾸었다.
⑤ 불필요하게 긴 문장을 나누거나 간결하게 바꾸었다.

03 다음 글의 수정방안으로 옳은 것을 고르면?

최근 사물 인터넷에 대한 사람들의 관심이 부쩍 늘고 있는 추세이다. 사물 인터넷은 '인터넷을 기반으로 모든 사물을 연결하여 사람과 사물, 사물과 사물 간에 정보를 상호 소통하는 지능형 기술 및 서비스'를 말한다.

⊙ 통계에 따르면 사물 인터넷은 전 세계적으로 민간 부문 14조 4,000억 달러, 공공 부문 4조 6,000억 달러에 달하는 경제적 가치를 창출할 것으로 ⓒ 예상되며 그 가치는 더욱 커질 것으로 기대된다. 그래서 사물 인터넷 사업은 국가 경쟁력을 확보할 수 있는 미래 산업으로서 그 중요성이 강조되고 있으며, 이에 선진국들은 에너지, 교통, 의료, 안전 등 다양한 분야에 걸쳐 투자를 하고 있다. 그러나 우리나라는 정부 차원의 경제적 지원이 부족하여 사물 인터넷 산업이 활성화되는 데 어려움이 있다. 또한 국내의 기업들은 사물 인터넷 시장의 불확실성 때문에 적극적으로 투자에 나서지 못하고 있으며, 사물 인터넷 관련 기술을 확보하지 못하고 있는 실정이다. ⓒ 그 결과 우리나라의 사물 인터넷 시장은 선진국에 비해 확대되지 못하고 있다.

그렇다면 국내 사물 인터넷 산업을 활성화하기 위한 방안은 무엇일까? 우선 정부에서는 사물 인터넷 산업의 기반을 구축하는 데 필요한 정책과 제도를 정비하고, 관련 기업에 경제적 지원책을 마련해야 한다. 또한 수익성이 불투명하다고 느끼는 기업으로 하여금 투자를 하도록 유도하여 사물 인터넷 산업이 발전할 수 있도록 해야 한다. 그리고 기업들은 이동 통신 기술 및 차세대 빅 데이터 기술 개발에 집중하여 사물 인터넷으로 인해 발생하는 대용량의 데이터를 원활하게 수집하고 분석할 수 있는 기술력을 ⓔ 확증해야 할 것이다.

ⓜ 사물 인터넷은 세상을 연결하여 소통하게 하는 끈이다. 이런 사물 인터넷은 우리에게 편리한 삶을 약속할 뿐만 아니라 경제적 가치를 창출할 미래 산업으로 자리매김할 것이다.

① ⊙ — 서로 다른 내용을 다루고 있는 부분이 있으므로 문단을 두 개로 나눈다.
② ⓒ — 불필요한 피동 표현에 해당하므로 '예상하며'로 수정한다.
③ ⓒ — 앞 문장의 결과라기보다는 원인이므로 '그 이유는 우리나라의 사물 인터넷 시장은 선진국에 비해 확대되지 못하고 있기 때문이다.'로 수정한다.
④ ⓔ — 문맥상 어울리지 않는 단어이므로 '확인'으로 바꾼다.
⑤ ⓜ — 불필요한 내용이므로 삭제한다.

04 다음 글의 요지로 알맞은 것은?

서점에 들러 책을 꾸준히 사거나 도서관에서 계속해서 빌리는 사람들이 있다. 그들이 지금까지 사들이거나 빌린 책의 양만 본다면 겉보기에는 더할 나위 없이 훌륭한 습관처럼 보인다. 그러나 과연 그 모든 사람들이 처음부터 끝까지 책을 다 읽었고, 그 내용을 온전히 이해하고 있는지를 묻는다면 이야기는 달라진다. 한 권의 책을 사거나 빌리기 위해 우리는 돈을 지불하고, 틈틈이 도서관을 들리는 수고로움을 감수하지만, 우리가 단순히 책을 손에 쥐고 있다는 사실만으로는 그 안에 담긴 지혜를 배우는 필요조건을 만족시키지 못하기 때문이다. 그러므로 책을 진정으로 소유하기 위해서는 책의 '소유방식'이 바뀌어야 하고, 더 정확히 말하자면 책을 대하는 방법이 바뀌어야 한다.

책을 읽는 데 가장 기본이 되는 것은 천천히, 그리고 집중해서 읽는 것이다. 보통의 사람들은 책의 내용이 쉽게 읽히지 않을수록 빠르게 책장을 넘겨버리려고 하는 경향이 있다. 지겨움을 견디기 힘들기 때문이다. 그러나 속도가 빨라지면 이해하지 못하고 넘어가는 부분은 점점 더 많아지고, 급기야는 중도에 포기하는 경우가 생기고 만다. 그러므로 지루하고 이해가 가지 않을수록 천천히 읽어야 한다. 천천히 읽으면 이해되지 않던 것들이 이해되기 시작하고, 비로소 없던 흥미도 생기는 법이다.

또한, 어떤 책을 읽더라도 그것을 자신의 이야기로 읽는 것이다. 책을 남의 이야기처럼 읽어서는 결코 자신의 것으로 만들 수 없다. 다른 사람이 쓴 남의 이야기라고 할지라도, 자신과 글쓴이의 입장을 일치시키며 읽어나가야 한다. 그리하여 책을 다 읽은 후 그 내용을 자신만의 말로 설명할 수 있다면, 그것은 성공한 책 읽기라고 할 수 있을 것이다. 남의 이야기처럼 읽는 글은 어떤 흥미도, 그 글을 통해 얻어가는 지식도 있을 수 없다.

그러나 아무 책이나 이러한 방식으로 읽으라는 것은 아니다. 어떤 책을 선택하느냐 역시 책 읽는 이의 몫이기 때문이다. 좋은 책은 쉽게 읽히고, 누구나 이해할 수 있을 만큼 쉽게 설명되어 있는 책이 좋은 책이다. 그런 책을 분별하기 어렵다면 주변으로부터 책을 추천받거나 온라인 검색을 해보는 것도 좋다. 그렇다고 해서 책이 쉽게 읽히지 않는다고 하더라도 쉽게 좌절하거나 포기해서도 안 됨은 물론이다.

현대사회에서는 더 이상 독서의 양에 따라 지식의 양을 판단할 수 없다. 지금 이 시대에 중요한 것은 얼마나 많은 지식이 나의 눈과 귀를 거쳐 가느냐가 아니라, 우리에게 필요한 것들을 얼마나 잘 찾아내어 효율적으로 습득하며, 이를 통해 나의 지식을 확장할 수 있느냐인 것이다.

① 글쓴이의 입장을 생각하며 책을 읽어야 한다.
② 책은 쉽게 읽혀야 한다.
③ 독서의 목적은 책의 내용을 온전히 소유하는 것이다.
④ 독서 이외의 다양한 정보 습득 경로를 확보해야 한다.
⑤ 같은 책을 반복적으로 읽어 내용을 완전히 이해해야 한다.

01 대한, 민국, 만세에게 분홍색 모자 1개와 노란색 모자 1개, 하늘색 모자 2개를 보여주고 이 중 한 개씩 각자의 머리에 씌운다고 알려준 후, 눈을 감게 한 다음에 세 사람에게 모자를 씌웠다. 세 사람은 대한 – 민국 – 만세 순서로 한 줄로 서서 벽을 바라보고 서 있으며, 앞에 있는 사람의 모자만 볼 수 있다. 세 사람이 다음과 같이 말했을 때, 다음 중 항상 옳은 것은?(단, 세 사람 모두 다른 사람의 말을 들을 수 있으며, 거짓말은 하지 않았다)

> 만세 : 내 모자 색깔이 뭔지 모르겠어.
> 민국 : 음, 나도 내 모자가 무슨 색인지 도무지 모르겠다.
> 대한 : 아, 난 알겠다! 내 모자 색깔이 뭔지.

① 대한이의 모자는 하늘색이다.
② 대한이는 만세의 말만 듣고도 자신의 모자 색깔을 알 수 있다.
③ 민국이의 모자는 하늘색이다.
④ 민국이의 모자는 분홍색이다.
⑤ 만세의 모자는 하늘색이 아니다.

02 시집, 수필, 잡지, 동화, 사전, 소설, 그림책이 다음과 같은 조건에 따라 책상 위에 쌓여있다. 다음 중 옳은 것은?(단, 한 층에는 한 권의 책만 쌓여 있다)

> • 잡지는 시집보다는 위에, 그림책보다는 아래에 있다.
> • 동화는 사전보다 위에 있지만 사전과 맞닿아있지는 않다.
> • 수필은 잡지보다 위에 있다.
> • 시집의 위치는 맨 아래가 아니다.
> • 잡지와 동화는 책 하나를 사이에 두고 있다.
> • 소설은 수필과 맞닿아있지만 맨 위는 아니다.

① 수필은 맨 위에 있다.
② 그림책은 동화와 맞닿아있지 않다.
③ 정중앙에 위치한 책은 잡지이다.
④ 동화는 그림책보다 아래에 있다.
⑤ 시집은 아래에서 세 번째에 있다.

03 마케팅1 · 2 · 3팀과 영업1 · 2 · 3팀, 총무팀, 개발팀 총 8팀의 사무실을 다음 조건에 따라 배치하려고 한다. 다음 중 항상 옳지 않은 것은?

- 1층과 2층에 각각 5개의 사무실이 일렬로 위치해 있으며, 사무실 크기는 모두 같다.
- 1개의 사무실에 1개의 팀이 들어간다.
- 영업2팀은 총무팀의 바로 왼쪽에 있다.
- 개발팀은 1층이며, 한쪽 옆은 빈 사무실이다.
- 마케팅3팀과 영업1팀은 위 · 아래로 인접해 있다.
- 영업3팀의 양 옆에 사무실이 있으며, 모두 비어있지 않다.
- 영업팀은 모두 같은 층에 위치해 있다.
- 마케팅2팀 양 옆 중 한쪽은 벽이고, 다른 한쪽은 비어있다.
- 마케팅1팀의 양 옆 중 어느 쪽도 벽이 아니다.

① 총무팀과 영업3팀은 서로 인접한다.
② 모든 영업팀은 2층이다.
③ 개발팀은 마케팅1팀과 서로 인접한다.
④ 1층과 2층에 사무실이 각각 1개씩 비어있다.
⑤ 마케팅3팀의 양 옆 중 한쪽은 벽이다.

04 H기업의 직원인 A, B, C, D, E 5명이 자신들의 직급에 대하여 이야기하고 있다. 이들은 각각 사원, 대리, 과장, 차장, 부장이다. 다음 중 1명의 말만 진실이고 나머지 사람들의 말은 모두 거짓이라고 할 때, 다음 중 진실을 말한 사람은?(단, 직급은 사원 − 대리 − 과장 − 차장 − 부장 순서이며, 모든 사람은 진실 또는 거짓만 말한다)

A : 나는 사원이고, D는 사원보다 직급이 높아.
B : E가 차장이고, 나는 차장보다 낮은 직급이지.
C : A는 과장이 아니고, 사원이야.
D : E보다 직급이 높은 사람은 없어.
E : C는 부장이고, B는 사원이야.

① A
② B
③ C
④ D
⑤ E

01 다음은 G20 국가들의 자동차 생산량을 나타낸 자료이다. 이에 대한 해석으로 옳지 않은 것을 〈보기〉에서 모두 고르면?(단, 터키는 아시아, 멕시코는 북아메리카로 분류한다)

〈G20 국가의 자동차 생산량 변화〉

(단위 : 대)

구분	2000년	2005년	2010년
한국	3,114,998	3,699,350	4,271,741
중국	2,069,069	5,717,619	18,264,761
인도	801,360	1,642,412	3,557,074
인도네시아	292,710	500,710	702,508
일본	10,090,303	10,799,659	9,628,875
터키	430,947	879,452	1,094,557
캐나다	2,961,636	2,687,892	2,068,189
멕시코	1,922,889	1,686,026	2,347,522
미국	12,770,714	11,946,653	7,743,093
아르헨티나	339,632	319,755	716,540
브라질	1,681,517	2,530,840	3,646,548
프랑스	3,183,681	3,549,008	2,229,381
독일	5,526,385	5,757,710	5,905,985
이탈리아	1,738,315	1,038,352	838,186
러시아	1,209,868	1,354,495	1,405,842
영국	1,813,759	1,803,109	1,393,491
남아프리카공화국	357,364	515,151	462,567
오스트레일리아	344,922	388,985	239,443
합계	50,650,069	56,817,178	66,516,303

보기

ㄱ. 매해 자동차 생산량이 계속해서 증가한 국가는 총 8개 국가이다.
ㄴ. 2000년 대비 2010년 생산량이 가장 높은 증가율을 보인 국가의 2005년 생산량은 2000년 대비 2010년 생산량이 가장 높은 감소율을 보인 국가의 2005년 생산량의 5배 이상이다.
ㄷ. G20 국가들의 자동차 생산량 중 유럽 지역의 생산량이 차지하는 비중은 2000년, 2005년, 2010년에 모두 20% 이상이었다.
ㄹ. 2010년 지역별 평균 생산량 순위는 아시아＞북아메리카＞유럽＞남아메리카 순이다.

① ㄱ, ㄴ　　　　　　　　　　② ㄱ, ㄷ

③ ㄴ, ㄷ　　　　　　　　　　④ ㄴ, ㄹ

⑤ ㄴ, ㄷ, ㄹ

02 주어진 자료를 이용해 빈칸을 완성했을 때, 짝수는 모두 몇 개인가?

〈가축분뇨 발생량 및 처리현황〉

(단위 : 호, 천 두, m²/일)

구분	2010년	2011년	2012년	2013년	2014년	2015년
축산농가 수	212,143	223,988	233,355	212,794	213,607	194,824
가축 사육 두수	208,274	215,499	224,208	235,144	240,176	236,846
가축분뇨 발생량	135,653	128,621	177,105	173,052	175,651	173,304
가축분뇨 처리 가구	72,998	76,731	81,080	77,008	80,053	78,185
자원화 가구	65,688	69,277	73,530	68,731	71,519	69,104
정화처리 가구	1,366	763	808	791	804	831
기타(위탁처리 등) 가구	5,944	6,691	6,742	7,486	7,730	8,257

〈가로〉

1. 2015년 전체 축산농가 중 정화처리 가구와 기타 가구를 합한 수의 비율 □.□□% 는?(단, 소수점 셋째 자리에서 반올림한다)
2. 2010년 축산농가당 가축 사육 두수는?(단, 소수점 이하에서 반올림한다)
3. 자원화 가구의 수가 가장 많았던 해의 전체 축산농가 중 가축분뇨 처리가구의 비율 □□.□□%는?(단, 소수점 셋째 자리에서 반올림한다)

〈세로〉

1. 가축분뇨 발생량이 가장 많았던 해와 가장 적었던 해의 가축분뇨 발생량 차는?

① 4개　　　　　　　　　　② 5개

③ 6개　　　　　　　　　　④ 7개

⑤ 8개

03 다음은 우리나라 중·고등학교 학생들의 자살시도율을 조사한 자료이다. 이에 대한 설명으로 옳은 것은?(단, 소수점 첫째 자리에서 반올림한다)

<중·고등학교 학생의 자살시도율>

(단위 : 명, %)

구분		조사대상자 수	자살시도율
남학생		33,803	2.0
학년별	중1	5,516	1.7
	중2	5,466	1.9
	중3	5,760	2.1
	고1	5,861	2.1
	고2	5,744	2.2
	고3	5,456	2.2
학교급별	중학교	16,742	1.9
	고등학교	17,061	2.2
여학생		31,725	2.7
학년별	중1	4,967	3.6
	중2	5,051	3.5
	중3	5,459	3.1
	고1	5,494	2.3
	고2	5,326	2.2
	고3	5,428	2.0
학교급별	중학교	15,477	3.4
	고등학교	16,248	2.2

① 중학교와 고등학교 모두 자살을 시도한 여학생이 자살을 시도한 남학생보다 많다.
② 전체 고등학교 자살시도자가 전체 중학교 자살시도자보다 많다.
③ 자살시도자가 가장 많은 학년은 남학생에서는 고2, 여학생에서는 중1로 나타났다.
④ 모든 학년의 자살시도율이 여학생과 남학생이 같거나 여학생이 더 높다.
⑤ 남학생과 여학생 모두 고3의 자살시도율이 가장 높다.

04 다음은 전국 및 각 지역의 주택 수와 가구 수를 나타낸 자료이다. 전국 주택보급률이 가장 높았던 연도의 전국 주택보급률과 2015년 주택보급률이 가장 낮았던 지역의 주택보급률의 차를 구하면?(단, 소수점 둘째 자리에서 반올림한다)

〈주택보급률 현황〉

(단위 : 천 호, 천 가구)

구분		2011년	2012년	2013년	2014년	2015년
전국	가구 수	17,928	18,209	18,500	18,800	19,111
	주택 수	18,082	18,414	18,742	19,161	19,559
서울	가구 수	3,673	3,701	3,728	3,756	3,785
	주택 수	3,478	3,510	3,546	3,608	3,633
부산	가구 수	1,269	1,285	1,301	1,318	1,336
	주택 수	1,270	1,295	1,323	1,352	1,370
대구	가구 수	884	895	906	917	929
	주택 수	895	903	917	922	943
인천	가구 수	957	978	999	1,022	1,045
	주택 수	974	1,004	1,017	1,035	1,055
광주	가구 수	531	540	549	558	567
	주택 수	544	550	563	580	587
대전	가구 수	545	554	563	573	583
	주택 수	560	569	575	588	595
울산	가구 수	386	395	404	414	423
	주택 수	407	415	426	440	453
경기	가구 수	4,026	4,111	4,199	4,290	4,385
	주택 수	3,931	4,041	4,119	4,219	4,329
강원	가구 수	569	578	587	597	606
	주택 수	611	617	624	632	647
충북	가구 수	567	575	584	593	602
	주택 수	612	621	635	649	669
충남	가구 수	778	798	820	845	796
	주택 수	817	843	868	912	863
전북	가구 수	677	687	697	707	717
	주택 수	725	735	745	760	771
전남	가구 수	688	696	704	712	721
	주택 수	741	750	763	781	796
경북	가구 수	1,008	1,022	1,035	1,049	1,063
	주택 수	1,105	1,119	1,141	1,166	1,196

안심Touch

경남	가구 수	1,175	1,195	1,216	1,237	1,259
	주택 수	1,227	1,247	1,277	1,308	1,339
제주	가구 수	195	201	207	214	220
	주택 수	186	194	204	211	222

※ {주택보급률(%)} = $\dfrac{(주택\ 수)}{(가구\ 수)} \times 100$

① 5.9%p   ② 6.1%p
③ 6.3%p   ④ 6.5%p
⑤ 6.7%p

01 다음은 D시의 인구 구성을 나타낸 자료이다. 이를 나타낸 그래프로 옳지 않은 것은?

〈D시의 연령별 · 성별 인구〉

(단위 : 명)

구분	2013년		2014년		2015년	
	남	여	남	여	남	여
합계	309,444	308,861	318,208	318,048	326,447	327,007
0~9세	36,532	34,196	36,781	34,480	37,134	35,022
10~19세	41,256	38,838	41,337	38,945	40,622	38,486
20~29세	35,853	33,614	37,286	34,828	38,965	36,131
30~39세	49,970	52,626	49,080	51,928	48,776	51,248
40~49세	60,406	56,360	62,266	58,600	63,086	60,133
50~59세	45,448	43,571	48,187	45,954	50,515	48,231
60~69세	22,911	25,007	24,875	27,128	27,504	29,887
70~79세	13,713	17,316	14,602	18,142	15,437	18,952
80세 이상	3,355	7,333	3,794	8,043	4,408	8,917

① 2014년 19세 이하의 남녀 비율

② D시의 총인구 변화

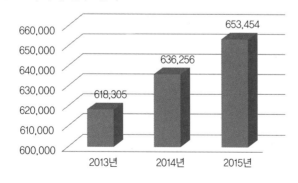

③ 60세 이상 인구의 변화

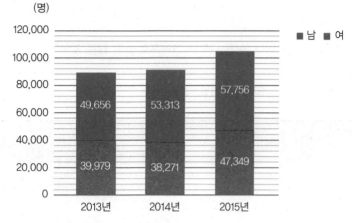

④ 80대 이상이 차지하는 비율 변화

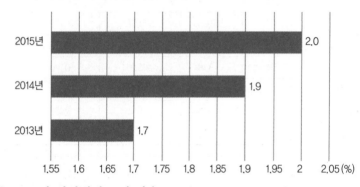

⑤ 2015년 연령대별 구성 비율

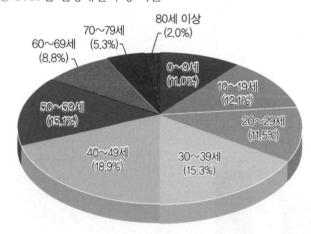

02 다음 보고서의 내용을 그래프로 나타낸 것으로 옳지 않은 것은?

2017년 전국의 15세 이상 인구를 대상으로 한 사회조사 결과, 우리 사회의 전반적인 생활여건이 '좋아졌다'고 답한 비율은 41.1%이었으며, 생활여건이 '좋아졌다'고 응답한 비율은 2011년 이후 계속 증가하고 있다. 그러나 보건의료 서비스와 사회보장제도가 '좋아졌다'고 응답한 비율은 2년 전 대비 소폭 하락하였다. 노후 준비와 관련해서는 노후 준비를 하고 있다고 대답한 비율은 65.4%이었으며, 노후 준비를 하고 있다고 한 응답자들을 대상으로 노후 준비 방법을 조사했을 때 국민연금이라고 응답한 비율이 절반 이상인 52.2%로 가장 높았고, 다음으로 예금·적금, 사적 연금, 기타 순서였다.

소득과 소비생활 만족도 역시 상승하였다. 소득에 대한 만족도는 13.3%, 소비생활에 대한 만족도는 15.4%로 2년 전 대비 각각 10% 이상 상승하였다. 60세 이상의 연령층이 생활비를 마련하는 방법에서는 '스스로 생활비를 마련한다.'고 응답한 비율이 10년 전 대비 8%p 이상 상승하고 '정부·사회단체'의 비율도 2배 이상 상승한 반면, '자녀 및 친척 지원'은 감소하였다.

한편, 우리 사회에서의 계층이동 가능성에 대하여 본인의 주관적 계층의식이 상층일수록 본인세대와 자식세대의 계층이동 가능성을 '높다'고 생각하는 것으로 나타났다. 주관적 계층의식이 하층일수록 본인보다는 자녀의 계층이동 가능성을 더 '높다'고 생각하는 경향이 큰 것도 주목할 만한 점이다.

① 생활여건의 변화('좋아졌다')

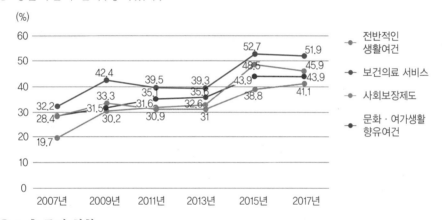

② 노후 준비 현황

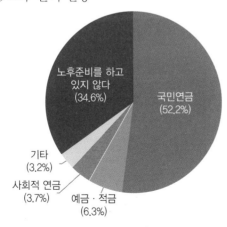

③ 소득과 소비생활 만족

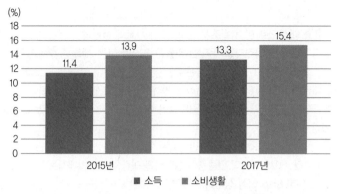

④ 생활비 마련 방법(60세 이상)

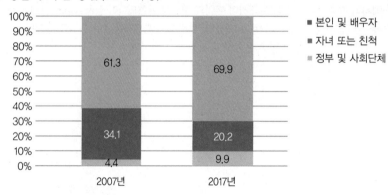

⑤ 계층이동 가능성('높다')

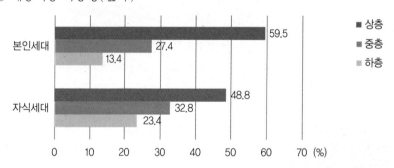

03 다음은 2017년 4월 18일과 3달 후인 8월 18일의 주가 현황 및 투자자들의 정보이다. 투자자들 모두 4월 18일 12 : 00에 주식을 매수하였으며, 계속 보유하고 있다가 8월 18일 12 : 00에 전량 매도하려고 한다. 다음 중 세 번째로 많은 수익을 본 투자자와 실질 수익금을 올바르게 짝지은 것은?

〈4월 18일 12 : 00 현재〉

(단위 : 원)

구분	가 산업	나 건설	다 전자	라 식품
주가	12,500	11,500	14,000	12,000

〈8월 18일 12 : 00 현재〉

(단위 : 원)

구분	가 산업	나 건설	다 전자	라 식품
주가	15,750	16,330	18,830	15,900

〈투자자 및 항목별 보유량〉

(단위 : 주)

구분	A	B	C	D
가 산업	120	0	210	0
나 건설	0	200	180	0
다 전자	0	160	0	220
라 식품	300	0	0	140

〈수수료 및 세금〉

적용 시점 \ 항목	매수 수수료	매도 수수료	세금
매수	0.025%		
매도		0.025%	0.03%

※ 수수료 및 세금은 매수 및 매도 시 거래액을 기준으로 함

- {진입 총액(원)}＝(매수량)×(매수 시점 주가)
- (수익률)＝$\dfrac{(\text{매도 시점 주가})-(\text{매수 시점 주가})}{(\text{매수 시점 주가})}$
- {수익금(원)}＝(진입 총액)×(수익률)
- {실질 수익금(원)}＝(수익금)－{(매수 수수료)＋(매도 수수료)＋(세금)}

① A, 1,555,062원
② C, 1,558,045원
③ C, 1,498,070원
④ A, 1,540,632원
⑤ B, 1,704,202원

04 다음은 2017년 5월 온라인쇼핑몰 거래액 자료와 이를 보고 나눈 대화이다. 다음 중 옳게 분석한 사람을 모두 고르면?

<온라인 쇼핑몰 거래액 동향>

(단위 : 억 원, %)

구분		2015년 5월		2016년 5월		2017년 5월	
		거래액	비중	거래액	비중	거래액	비중
합계		42,355	100.0	52,595	100.0	62,980	100.0
취급상품 범위	종합몰	32,507	76.7	41,334	78.6	49,642	78.8
	전문몰	9,848	23.3	11,260 ·	21.4	13,338	21.2
운영형태	온라인몰	26,915	63.5	32,358	61.5	38,374	60.9
	온 · 오프라인 병행몰	15,440	36.5	20,236	38.5	24,606	39.1

경준 : 지금까지의 추세를 봤을 때, 모든 상품을 종합적으로 취급하는 쇼핑몰이 특정 품목만 전문적으로 취급하는 쇼핑몰보다 앞으로도 더 크게 성장할 것으로 보여.

희수 : 온라인 쇼핑몰 창업을 생각하는 사람들은 온 · 오프라인 병행몰보다는 온라인몰쪽으로 생각하는 게 좋겠어. 최근 2년간의 증감 추이가 이어진다면 2018년 5월경에도 온라인몰의 거래액이 온 · 오프라인 병행몰 거래액의 1.5배 정도는 차지할 것으로 보이거든.

현지 : 전체 온라인 쇼핑몰 거래액이 이런 추세로만 계속 증가한다면 2018년 5월에는 2015년 5월 거래액 규모의 2배를 넘을 것으로 예상돼.

① 경준
② 경준, 희수
③ 희수, 현지
④ 경준, 현지
⑤ 경준, 희수, 현지

※ 다음 도식의 기호들은 일정한 규칙에 따라 도형을 변화시킨다. 물음표에 들어갈 알맞은 형태를 고르시오. **[1~2]**

[변환규칙]

↑ : 알파벳이 한 칸씩 위로 이동한다.

➡ : 한글이 한 칸씩 우측으로 이동한다.

↱ : 자음이 알파벳 위에 있는 칸의 개수를 a라고 할 때, 가운데 칸을 제외한 8개의 칸이 시계 방향으로 a칸 이동한다.

⇕ (m, n) : m행과 n열의 각 칸에서 알파벳과 한글의 상하 위치를 서로 바꾼다.

[조건규칙]

A, A : 알파벳이 한글의 위에 위치한 개수

ㄱ, ㄱ : 한글의 상하 위치가 처음과 동일한 개수

A, ㄱ : 한 칸에 들어있는 알파벳과 한글의 짝이 처음과 동일한 개수

01

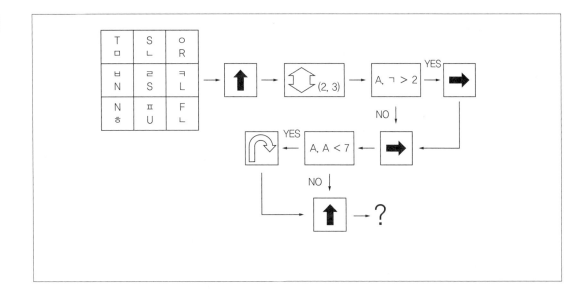

①

ㅇ N	ㅁ U	ㄴ R
T ㅋ	ㅂ S	ㄹ F
N ㄴ	ㅎ S	ㅍ L

②

U ㄴ	ㅋ N	S ㅁ
R ㅎ	ㄴ ㅂ	N ㅇ
ㅍ F	ㄹ S	ㄴ T

③

N ㅋ	ㅎ R	U ㄴ
S ㅇ	ㅍ F	ㄴ ㅂ
N ㅁ	ㄹ S	T ㄴ

④

ㅎ R	U ㄴ	N ㅋ
ㅍ F	ㄴ ㅂ	S ㅇ
ㄹ S	T ㄴ	N ㅁ

⑤

N ㅇ	U ㅁ	F ㄴ
T ㅋ	S ㅂ	ㄹ R
N ㄴ	ㅎ S	ㅍ L

02

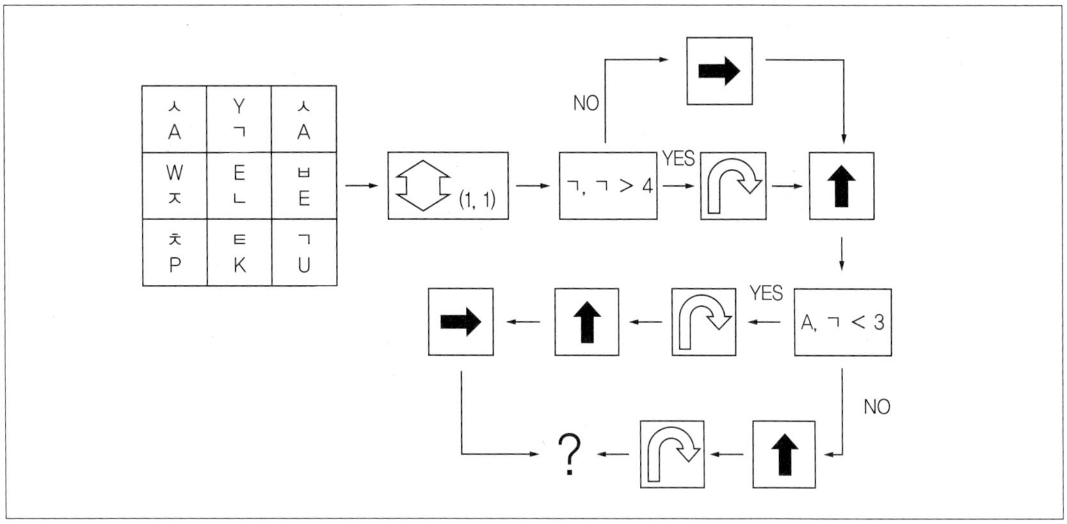

ㅅ A	Y ㄱ	ㅅ A
W ㅈ	E ㄴ	ㅂ E
ㅊ P	ㅌ K	ㄱ U

→ ⇕ (1, 1) → ㄱ, ㄱ > 4 —YES→ ↻ → ↑

NO → ➡

↑ → A, ㄱ < 3 —YES→ ↻ → ↑ → ➡

A, ㄱ < 3 —NO→ ↑ → ↻ → ?

①
ㅊ K	ㄱ P	U ㅌ
ㅈ E	W ㅂ	ㄴ E
Y ㅅ	ㅅ A	ㄱ A

②
ㄱ P	U ㅌ	ㅊ K
W ㅂ	ㄴ E	ㅈ E
ㅅ A	ㄱ A	ㄴ ㅅ

③
ㅊ E	ㄱ W	E ㅌ
ㅈ Y	ㅅ ㅂ	ㄴ A
K ㅅ	ㅅ P	ㄱ U

④
ㄱ W	ㅊ ㅌ	E ㅌ
ㅈ Y	ㅅ ㅂ	ㄱ U
K ㅅ	ㅅ P	ㄴ A

⑤
ㅂ A	ㄱ U	E ㅌ
ㅅ P	Y ㅈ	ㄴ A
K ㅅ	ㅊ E	W ㄱ

CHAPTER 05

2017년 상반기 기출문제

정답 및 해설 p.035

01 언어이해

01 다음 제시된 단락을 읽고, 이어진 문장을 논리적 순서대로 알맞게 배열한 것을 고르면?

> 서양연극의 전통적이고 대표적인 형식인 비극은 인생을 진지하고 엄숙하게 바라보는 견해에서 생겼다. 근본 원리는 아리스토텔레스의 견해에 의존하지만, 개념과 형식은 시대 배경에 따라 다양하다. 특히 16세기 말 영국의 대표적인 극작가 중 한 명인 셰익스피어의 등장은 비극의 역사에 새로운 장을 열었다. 셰익스피어는 1600년 이후, 이전과는 다른 분위기의 비극을 발표하기 시작하는데, 이 중 대표적인 작품 4개를 '셰익스피어의 4대 비극'이라고 한다. 셰익스피어는 4대 비극을 통해 영국의 사회적 · 문화적 가치관과 인간의 보편적 정서를 유감없이 보여주는데, 특히 당시 영국 사회 질서의 개념과 관련되어 있다. 보통 사회 질서가 깨어지고 그 붕괴의 양상이 매우 급하고 강렬할수록 사회의 변혁 또한 크게 일어날 가능성이 큰데, 이와 같은 질서의 파괴로 일어나는 격변을 배경으로 하여 쓴 대표적인 작품이 바로 『맥베스』이다.

> (A) 이로 인해 『맥베스』는 인물 내면의 갈등이 섬세하게 묘사된 작품이라는 평가는 물론, 다른 작품들에 비해 비교적 짧지만, 사건이 속도감 있고 집약적으로 전개된다는 평가도 받는다.
> (B) 특히 셰익스피어는 작품의 전개를 사건 및 정치적 욕망의 경위가 아닌 인간의 양심과 영혼의 붕괴를 집중적으로 다룬다.
> (C) 『맥베스』는 셰익스피어의 고전적 특성과 현대성이 가장 잘 드러나 있는 작품으로, 죄책감에 빠진 주인공 맥베스가 왕위 찬탈 과정에서 공포와 절망 속에 갇혀 파멸해가는 과정을 그린 작품이다.
> (D) 이는 질서의 파괴 속에서 인간 내면에 자리하고 있는 선과 악에 대한 근본적인 자세에 의문을 가지면서 그로 인한 번민, 새로운 깨달음, 그리고 비극적인 파멸의 과정을 깊이 있게 보여주고자 함이다.

① (A) － (B) － (C) － (D)
② (A) － (C) － (D) － (B)
③ (B) － (C) － (D) － (A)
④ (C) － (B) － (A) － (D)
⑤ (C) － (B) － (D) － (A)

02 다음 글의 주제로 가장 적절한 것은?

> 우유니 사막은 세계 최대의 소금사막으로 남아메리카 중앙부 볼리비아의 포토시주(州)에 위치한 소금 호수로, '우
> 유니 소금사막' 혹은 '우유니 염지' 등으로 불린다. 지각변동으로 솟아오른 바다가 빙하기를 거쳐 녹기 시작하면서
> 거대한 호수가 생겨났다. 면적은 1만 2,000km²이며 해발고도 3,680m의 고지대에 위치한다. 물이 배수되지 않은
> 지형적 특성 때문에 물이 고여 얕은 호수가 되었으며, 소금으로 덮인 수면 위에 푸른 하늘과 흰 구름이 거울처럼
> 투명하게 반사되어 관광지로도 이름이 높다.
> 소금층 두께는 30cm부터 깊은 곳은 100m 이상이며 호수의 소금 매장량은 약 100억 톤 이상이다. 우기인 12월에
> 서 3월 사이에는 20~30cm의 물이 고여 얕은 염호를 형성하는 반면, 긴 건기 동안에는 표면뿐만 아니라 사막의
> 아래까지 증발한다. 특이한 점은 지역에 따라 호수의 색이 흰색, 적색, 녹색 등의 다른 빛깔을 띤다는 점이다. 이
> 는 호수마다 쌓인 침전물의 색깔과 조류의 색깔이 다르기 때문이다. 또한 소금 사막 곳곳에서는 커다란 바위부터
> 작은 모래까지 한꺼번에 섞인 빙하성 퇴적물들과 같은 빙하의 흔적들을 볼 수 있다.

① 우유니 사막의 기후와 식생
② 우유니 사막의 주민 생활
③ 우유니 사막의 자연지리적 특징
④ 우유니 사막 이름의 유래
⑤ 우유니 사막의 관광 상품 종류

03 다음 글의 빈칸에 들어갈 말로 적절한 것은?

> 미학은 자연, 인생, 예술에 담긴 아름다움의 현상이나 가치 그리고 체험 따위를 연구하는 학문으로, 미적 현상이
> 지닌 본질이나 법칙성을 명백히 밝히는 학문이다. 본래 미학은 플라톤에서 비롯되었지만, 오늘날처럼 미학이 독
> 립된 학문으로 불린 것은 18세기 중엽 독일의 알렉산더 고틀리프 바움가르텐(Alexander Gottlieb Baumgarten)의
> 저서 『미학』에서 시작된다. 바움가르텐은 '미(美)'란 감성적 인식의 완전한 것으로, 감성적 인식의 학문은 미의 학
> 문이라고 생각했다. 여기서 근대 미학의 방향이 개척되었다.
> 미학에 대한 연구는 심리학 · 사회학 · 철학 등 다양한 각도에서 시도할 수 있다. 또한 미적 사실을 어떻게 보느냐
> 에 따라서 미학의 성향도 달라지며, [   ] 예컨대 고전 미학은 영원히 변하지 않는 초감각적 존
> 재로서의 미의 이념을 추구하고, 근대 미학은 감성적 인식 때문에 포착된 현상으로서 미적인 것을 대상으로 한다.
> 여기서 미적인 것은 우리들의 인식에 비치는 아름다움을 말한다.
> 미학을 연구하는 사람들은 이러한 미적 의식 및 예술의 관계를 해명하는 것을 주된 과제로 삼는다. 그들에게 '아
> 름다움'을 성립시키는 주관적 원리는 가장 중요한 것으로 미학은 우리에게 즐거움과 기쁨을 안겨주며, 인생을 충
> 실하고 행복하게 해준다. 더 나아가 오늘날에는 이러한 미적 현상의 해명에 사회학적 방법을 적용하려는 '사회학
> 적 미학'이나, 분석 철학의 언어 분석 방법을 미학에 적용하려고 하는 '분석미학' 등 다채로운 연구 분야가 개척되
> 고 있다.

① 최근에는 미학의 새로운 분야를 개척하고 있다.
② 근대 미학은 고전 미학의 개념에서 부분적으로 응용한 것이다.
③ 따라서 미학은 이분법적인 원리로 적용할 수 없다.
④ 다른 학문과 달리 미학의 경계는 모호하다.
⑤ 추구하는 이념과 대상도 시대에 따라 다르다.

04 다음 문단을 논리적 순서대로 알맞게 배열한 것은?

(가) 그 중에서도 우리나라의 나전칠기는 중국이나 일본보다 단조한 편이지만, 옻칠의 질이 좋고 자개 솜씨가 뛰어나 우리나라 칠공예만의 두드러진 개성을 가진다. 전래 초기에는 주로 백색의 야광패를 사용하였으나 후대에는 청록 빛깔을 띤 복잡한 색상의 전복껍데기를 많이 사용하였다. 우리나라의 나전칠기는 일반적으로 목제품의 표면에 옻칠을 하고 그것에다 한층 치레 삼아 첨가한다.

(나) 이러한 나전칠기는 특히 통영의 것이 유명하다. 이는 예로부터 통영에는 나전의 원료가 되는 전복이 많이 생산되었으며, 인근 내륙 및 함안지역의 질 좋은 옻이 나전칠기가 발달하는 데 주요 원인이 되었기 때문이다. 이에 통영시는 지역 명물 나전칠기를 널리 알리기 위해 매년 10월 통영 나전칠기축제를 개최하여 400년을 이어온 통영지방의 우수하고 독창적인 공예법을 소개하고 작품도 전시한다.

(다) 제작방식은 우선 전복껍데기를 얇게 하여 무늬를 만들고 백골에 모시 천을 바른 뒤, 칠과 호분을 섞어 표면을 고른다. 그 후 칠죽 바르기, 삼베 붙이기, 탄회 칠하기, 토회 칠하기를 통해 제조과정을 끝마친다. 또한 문양을 내기 위해 나전을 잘라내는 방법에는 주름질(자개를 문양 형태로 오려낸 것), 이음질(문양구도에 따라 주름대로 문양을 이어가는 것), 끊음질(자개를 실같이 가늘게 썰어서 문양 부분에 모자이크 방법으로 붙이는 것)이 있다.

(라) 나전칠기는 기물에다 무늬를 나타내는 대표적인 칠공예의 장식기법의 하나로 얇게 깐 조개껍데기를 여러 가지 형태로 오려내어 기물의 표면에 감입하여 꾸미는 것을 통칭한다. 우리나라는 목기와 더불어 칠기가 발달했는데, 이러한 나전기법은 중국 주대(周代)부터 이미 유행했고 당대(唐代)에 성행하여 한국과 일본에 전해진 것으로 보인다. 나전기법은 여러 나라를 포함한 아시아 일원에 널리 보급되어 있고 지역에 따라 독특한 성격을 가진다.

① (나) - (다) - (가) - (라)　　　　② (나) - (가) - (다) - (라)

③ (다) - (나) - (라) - (가)　　　　④ (라) - (가) - (다) - (나)

⑤ (라) - (다) - (나) - (가)

다음 글에서 ㉠~㉤의 수정방안으로 적절하지 않은 것은?

㉠ 일반적인 사전적 의미의 '취미'는 '전문적으로 하는 것이 아니라 즐기기 위하여 하는 일'이지만 좀 더 철학적 관점에서 본다면 취미(Geschmack)는 주관적인 인간의 감정적 영역으로, 미적 대상을 감상하고 비판하는 능력이다. 발타사르 그라시안(Baltasar Gracian)에 따르면 취미는 충동과 자유, 동물성과 정신의 중간적인 것으로 각종 일에 대해 거리를 취하고 구별하여 선택하는 능력으로 일종의 인식방식이다.

취미에 대한 정의와 관점은 다양하다. 취미를 감각 판단으로 바라볼 것인가에 대해 서로 맞서고 있는 감각주의 전통과 합리주의 전통의 논쟁이 있어 왔으며, 현대사회에서는 취미 연구를 심리학적, 사회적 두 가지 관점에서 본다. 심리학적인 관점에서 취미는 개인의 생애를 통해서 변화하며 동시에 개인, 시대, 민족, 지역 등에 따라 ㉡ 틀리다. 개인의 취미는 넓고 깊은 교양에 의한 것이며, 통속적으로는 여가나 오락을 뜻하는 것으로 쓰이기도 한다. ㉢ 하지만 이와 동시에 일정한 시대, 민족에 있어서는 공통된 취미가 '객관적 정신'으로 전체를 지배하기도 한다. ㉣ 따라서 취미는 그 누구도 '취미란 이런 것이다.'라고 정의내릴 수 없다.

이 과정에서 우리는 '한 사회 내에서 일정 기간 동안 유사한 문화양식과 행동양식이 일정 수의 사람들에게 공유되는 사회적 동조 현상'인 유행과의 차이에 대해 의문을 가지게 된다. 유행은 취미와 아주 밀접하게 결부된 현상이다. ㉤ 그러나 유행은 경험적 일반성에 의존하는 공동체적 감각이고, 취미는 경험보다는 규범적 일반성에 의존하는 감각이다. 다시 말해 유행은 공동체 속에서 활동하고 또 그것에 종속되지만, 취미는 그것에 종속되지 않는다. 취미는 자신의 판단력에 의존한다는 점에서 유행과 구별된다.

① ㉠ : 문장이 너무 길어 호흡이 길어지므로 '…하는 일'이다. 하지만…'으로 수정한다.
② ㉡ : 의미상 '비교가 되는 대상이 서로 같지 아니하다.'라는 뜻의 '다르다'로 바꾼다.
③ ㉢ : 자연스러운 연결을 위해 '또한'으로 바꾼다.
④ ㉣ : 글의 전개상 불필요한 내용이므로 삭제한다.
⑤ ㉤ : 앞뒤 내용의 자연스러운 흐름을 위해 '그래서'로 바꾼다.

01 서울에서 열린 2017 H자동차 모터쇼 2층 특별 전시장에는 다섯 종류의 차량이 전시되어 있다. 차종은 제네시스, 소나타, 에쿠스, 그랜저, 투싼이며 색상은 흰색, 파란색, 검은색 중 하나이다. 주어진 조건이 다음과 같을 때, 다음 중 옳지 않은 것은?

- 양 끝에 있는 차량은 모두 흰색이다.
- 소나타는 가장 오른쪽에 있다.
- 그랜저는 제네시스 바로 오른쪽에 있으며, 에쿠스보다는 왼쪽에 있다.
- 제네시스와 투싼의 색상은 동일하고, 그 사이에는 검은색 차량 한 대가 있다.
- 소나타 바로 왼쪽에 있는 차량은 파란색이다.

① 흰색 차량은 총 3대이다.
② 그랜저는 왼쪽에서 두 번째에 위치한다.
③ 검은색과 파란색 차량은 각각 1대씩 있다.
④ 에쿠스와 그랜저의 색상은 주어진 조건만으로는 알 수 없다.
⑤ 그랜저와 같은 색상의 차량은 없다.

02 1인 가구인 영희는 회사 앞의 H빌라에 살고 있다. 빌라는 A동과 B동으로 각각 5층이며, 층별로 3호까지 있다(예 1층은 101호, 102호, 103호). 또한 빌라에 거주하고 있는 가구는 1인 가구 4가구(남자 2·여자 2), 2인 가구 3가구(노부부·중년부부·신혼부부), 3인 가구 1가구, 4인 가구 1가구이며, 같은 층에 사는 총 인원은 5명을 넘지 않는다. 주어진 조건을 바탕으로 할 때 다음 중 옳지 않은 것을 고르면?(단, A동 503호와 B동 103호는 사정상 창고로 사용하고 있다)

- 여고를 졸업하고 취업 준비를 위해 혼자 상경한 은희는 스튜어디스인 영희의 옆집에 산다.
- A동에 사는 총 인원은 11명으로, B동에 사는 총 인원보다 5명 더 많다.
- 부부와 아들 한 명이 사는 집은 부부와 아들과 딸이 사는 집 바로 아래에 산다.
- 일주일 전에 결혼한 희수는 4층에 살고 있으며, 아직 같은 층 이웃은 없다.
- 1인 가구 남자들은 모두 B동에 산다.
- 노부부는 1층에 살고 있으며, 같은 층에는 총 4명이 산다.
- A동 5층에는 1인 가구 여자가 산다.

① 희수는 A동에 산다.
② 4인 가구와 3인 가구가 정확하게 몇 호에 사는지는 알 수 없다.
③ 노부부와 중년부부는 B동에 산다.
④ A동에는 1인 가구 2가구, 3인 가구, 4인 가구, 중년부부가 산다.
⑤ B동에 사는 인원의 성비를 비교했을 때, 남자가 여자의 2배이다.

03 작곡가 A, B, C, D는 각각 피아노, 바이올린, 트럼펫, 플루트를 연주한다. 또한 피아노를 연주하는 사람은 재즈를, 트럼펫과 바이올린을 연주하는 사람은 클래식을, 플루트를 연주하는 사람은 재즈와 클래식 모두를 연주한다. A, B, C, D 중 한 사람만 진실을 이야기 했을 때, 〈보기〉 중 옳은 것을 모두 고르면?(단, 악기는 종류의 중복 없이 한 사람당 한 악기만 연주할 수 있고, 모든 사람은 진실 또는 거짓만 말한다)

A : 나는 피아노를 연주하지 않고, D는 트럼펫을 연주해.
B : A는 플루트를 연주하지 않고, 나는 바이올린을 연주해.
C : B는 피아노를 연주하고, D는 바이올린을 연주해.
D : A는 플루트를 연주하고, C는 트럼펫을 연주하지 않아.

보기
㉠ A는 재즈를, C는 클래식을 연주한다.
㉡ B는 클래식을 연주한다.
㉢ C는 재즈와 클래식을 모두 연주한다.

① ㉠
③ ㉢
⑤ ㉡, ㉢

② ㉡
④ ㉠, ㉡

04 H자동차는 창립 기념일을 맞이하여 인사팀, 영업팀, 홍보팀, 디자인팀, 기획팀에서 총 20명의 신입사원들이 나와서 장기자랑을 한다. 각 팀에서는 최소 한 명 이상 참가해야 하며, 장기자랑 종목은 춤, 마임, 노래, 마술, 기타 연주가 있다. 다음 조건이 모두 참일 때 장기자랑에 참석한 홍보팀 사원들은 모두 몇 명이고, 어떤 종목으로 참가하는가?(단, 장기자랑 종목은 팀별로 겹칠 수 없다)

- 홍보팀은 영업팀 참가 인원의 2배이다.
- 춤을 추는 팀은 총 6명이며, 인사팀은 노래를 부른다.
- 기획팀 7명은 마임을 하며, 다섯 팀 중 가장 참가 인원이 많다.
- 마술을 하는 팀은 2명이며, 영업팀은 기타 연주를 하거나 춤을 춘다.
- 디자인팀은 춤을 추며, 노래를 부르는 팀은 마술을 하는 팀 인원의 2배이다.

① 1명, 마술
② 1명, 노래
③ 2명, 기타 연주
④ 2명, 노래
⑤ 2명, 마술

01 다음 자료에 대한 설명으로 옳지 않은 것을 〈보기〉에서 모두 고르면?

〈이민자 체류실태 및 고용조사〉

(단위 : 천 명, %)

구분		15세 이상 외국인	경제활동 인구	취업자	실업자	경제활동 참가율	고용률	실업률
2014년	계	1,256	896	852	44	71.4	67.9	4.9
	남	701	592	568	24	84.4	81.0	4.1
	여	554	304	284	20	54.8	51.3	6.5
2015년	계	1,373	986	938	48	71.8	68.3	4.9
	남	767	653	626	26	85.1	81.7	4.0
	여	606	333	312	22	55.0	51.4	6.5
2016년	계	1,425	1,005	962	43	70.5	67.6	4.2
	남	788	659	638	21	83.7	81.0	3.2
	여	637	346	324	22	54.3	50.9	6.3

※ 경제활동인구 : 15세 이상의 생산가능 연령인구 중에서 구직활동이 가능한 취업자 및 실업자

보기

㉠ 2015년 대비 2016년 경제활동인구는 약 1.9% 증가했다.
㉡ 남 · 여 모두 실업자 수는 2014년부터 2016년까지 꾸준하게 감소했다.
㉢ 2015년 전체 비경제활동인구는 2016년보다 적다.
㉣ 2014년 대비 2016년 전체 고용률은 0.3%p 감소했으며, 실업률은 변함 없다.

① ㉠, ㉡
② ㉠, ㉢
③ ㉡, ㉢
④ ㉡, ㉣
⑤ ㉢, ㉣

02 주어진 자료를 이용해 빈칸을 완성한 후 빈칸의 숫자를 모두 더하면?(단, 소수점은 빈칸에 포함하지 않는다)

〈교통수단별 내국인 출국 현황〉

(단위 : 명)

구분		2017.03	2017.02	2017.01	2016.12	2016.11	2016.10
합계		1,940,542	2,231,269	2,343,048	2,007,035	1,825,701	1,865,552
공항	합계	1,861,881	2,143,635	2,262,448	1,931,158	1,743,805	1,786,215
	인천	288,384	327,252	340,393	293,965	257,188	256,212
	김해	1,437,212	1,645,754	1,742,922	1,490,076	1,359,314	1,380,115
	김포	87,011	100,910	103,484	94,679	89,427	94,792
	제주	3,846	6,952	5,846	4,745	5,617	7,133
	기타	45,428	62,767	69,803	47,693	38,259	47,963
항구	합계	78,661	87,634	80,600	75,977	75,896	79,337
	부산	55,985	67,316	58,974	51,246	52,007	53,042
	인천	5,703	5,447	5,069	7,018	6,623	8,555
	기타	16,925	14,635	16,460	17,518	16,999	17,578

〈성별 내국인 출국 현황〉

구분	2017.03	2017.02	2017.01	2016.12	2016.11	2016.10
남성(명)	900,058	1,058,676	1,090,033	944,854	888,058	888,690
여성(명)	906,937	1,045,991	1,112,097	930,315	811,364	848,731
승무원(명)	133,547	126,602	140,918	131,866	126,279	128,131
계(명)	1,940,542	2,231,269	2,343,048	2,007,035	1,825,701	1,865,552
전년동기(명)	1,569,162	1,876,928	2,112,337	1,781,715	1,626,063	1,735,308
성장률(%)	23.7	18.9	10.9	12.6	12.3	7.5
구성비(%)	29.8	34.2	36	9	8.2	8.3

〈가로〉
1. 2016년 12월 대비 2017년 1월에 인천공항을 이용하여 출국한 내국인의 증가율과 같은 시기 제주공항을 이용하여 출국한 내국인의 증가율의 합은?
2. 2017년 3월 성장률과 2017년 2월 구성비의 합은?

〈세로〉
1. 2017년 3월 제주공항을 이용하여 출국한 내국인 수와 2017년 1월 인천항구를 이용하여 출국한 내국인 수의 합은?
2. 2016년 11월 대비 2016년 12월 인천항구를 이용하여 출국한 내국인의 증가율은?

① 63

② 67

③ 69

④ 71

⑤ 76

03 주어진 도표를 이용해 빈칸을 완성한 후 (㉮ ＋ ㉯)×㉰ － ⓐ ＋ ⓑ를 구하면?(단, 소수점은 빈칸에 포함되지 않으며, 모든 계산은 소수 둘째 자리까지만 한다)

〈연도별 학교 식중독 발생건수 및 환자 현황〉

(단위 : 건, 명)

구분	총계		초등학교		중학교		고등학교	
	건수	환자 수	건수	환자 수	건수	환자 수	건수	환자 수
2011년	30	2,061	11	507	7	288	12	1,266
2012년	54	3,185	12	586	8	638	34	1,961
2013년	44	2,247	9	414	11	848	24	985
2014년	51	4,135	12	783	13	842	26	2,510
2015년	38	1,980	8	278	7	222	23	1,480

〈가로〉
1. 2011년과 2012년 초등학교 환자 수의 합과 2014년과 2015년 중학교 환자 수의 합 중 더 큰 숫자는?
2. 2011년 대비 2012년 초등학교 환자 수의 증가율은?

〈세로〉
1. 2013년과 2014년 고등학교 환자 수의 합은?
2. 2011년과 2012년 총 환자 수의 차는?

① 0

② 1

③ 5

④ 9

⑤ 10

01 다음은 유배우 가구 중에서 맞벌이 가구의 비율을 나타낸 자료이다. 해당 자료를 보고 ⓐ + ⓑ와 ⓒ + ⓓ 의 합을 각각 구하면?(단, 소수점 둘째 자리에서 반올림한다)

〈맞벌이 가구 비율〉

(단위 : 천 가구, %)

구분	2013년			2014년			2015년		
	유배우 가구	맞벌이 가구	비율	유배우 가구	맞벌이 가구	비율	유배우 가구	맞벌이 가구	비율
전체	11,780	5,055	42.9	11,825	5,186	43.9	11,858	5,206	43.9
남자	10,549	ⓐ	43.3	10,538	4,611	ⓒ	10,528	4,623	43.9
여자	1,231	ⓑ	39.5	1,287	575	44.7	1,330	583	ⓓ

※ 유배우 가구 : 가구주의 혼인 상태가 '배우자가 있음'인 가구

※ 맞벌이 가구 : 유배우 가구 중 동거 여부와 상관없이 가구주와 배우자가 모두 취업자인 가구

※ (비율) $= \dfrac{(맞벌이 \ 가구)}{(유배우 \ 가구)} \times 100$

① 5,055, 87.6
② 5,186, 87.6
③ 5,055, 87.8
④ 5,055, 87.7
⑤ 5,186, 87.9

02 다음은 출생과 사망 추이에 대한 자료이다. 자료를 이해한 내용으로 옳지 않은 것은?(단, 소수점 둘째 자리에서 반올림한다)

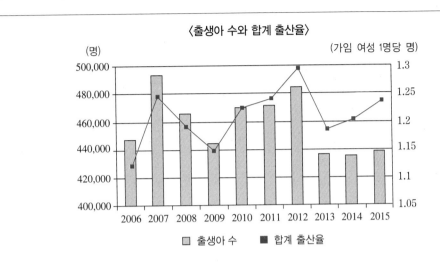

〈출생 · 사망 추이〉

구분		2010년	2011년	2012년	2013년	2014년	2015년
출생	출생아 수(명)	470,171	471,265	484,550	436,455	435,435	438,420
	조출생률 (인구 1천 명당 명)	9.4	9.4	9.6	8.6	8.6	8.6
사망	사망자 수(명)	255,405	257,396	267,221	266,257	267,692	275,895
	조사망률 (인구 1천 명당 명)	5.1	5.1	5.3	5.3	5.3	5.4
기대 수명	전체(년)	80.2	80.6	80.9	81.4	81.8	82.1
	남자(년)	76.8	77.3	77.6	78.1	78.6	79
	여자(년)	83.6	84	84.2	84.6	85	85.2

※ 합계 출산율 : 여성 1명이 평생 낳을 것으로 예상되는 평균 출생아 수
※ 기대수명(Life expectancy at birth) : 0세 출생자가 향후 생존할 것으로 기대되는 평균 생존연수로서, '0세의 기대여명'을 말함

① 2015년의 총 출생아 수는 전년보다 약 0.7%인 2,985명 증가했다.
② 합계 출산율은 2012년에서 2013년 크게 감소했지만, 그 후에는 증가하고 있다.
③ 총 사망자는 2013년 이후 지속적으로 증가하는 추세이며, 2015년에는 전년 대비 약 3.1% 정도 증가했다.
④ 출생아 수는 2007년부터 2011년까지 꾸준히 감소하다가 2012년에 급격히 증가한 후 다시 감소 추세를 보이고 있다.
⑤ 2015년 전체 기대수명은 82.1년으로 전년 대비 약 0.4%가 증가했다.

PART 1

2019 기출
2018 하반기
2018 상반기
2017 하반기
2017 상반기
2016 하반기
2016 상반기

안심Touch

03 다음은 2012년부터 2015년까지의 난민 통계 현황과 관련한 자료이다. 자료에 근거하여 정리한 것 중 옳지 않은 것은?

〈난민 신청자 현황〉

(단위 : 명)

구분		2012년	2013년	2014년	2015년
합계		1,143	1,574	2,896	5,711
성별	남자	1,039	1,366	2,403	4,814
	여자	104	208	493	897
국적	파키스탄	242	275	396	1,143
	나이지리아	102	207	201	264
	이집트	43	97	568	812
	시리아	146	295	204	404
	중국	3	45	360	401
	기타	178	471	784	2,687

〈난민 인정자 현황〉

(단위 : 명)

구분		2012년	2013년	2014년	2015년
합계		60	57	94	105
성별	남자	39	35	62	54
	여자	21	22	32	51
국적	미얀마	18	19	4	32
	방글라데시	16	10	2	12
	콩고DR	4	1	3	1
	에티오피아	4	3	43	11
	기타	18	24	42	49

① 난민 신청자 연도 · 국적별 현황

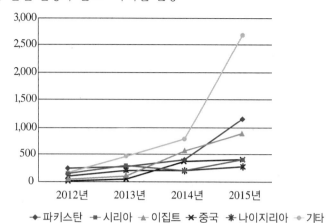

◆파키스탄 ■시리아 ▲이집트 ✳중국 ✱나이지리아 ●기타

② 전년 대비 난민 인정자 증감률(2013~2015년)

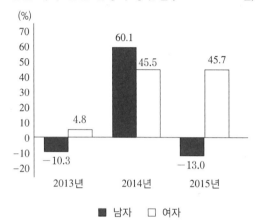

■ 남자　□ 여자

③ 난민 신청자 현황

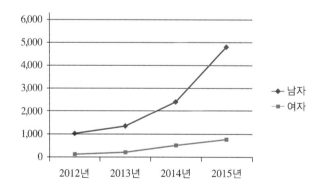

◆남자
■여자

PART 1
2019 기출
2018 하반기
2018 상반기
2017 하반기
2017 상반기
2016 하반기
2016 상반기

안심Touch

④ 난민 인정자 남·여 비율(단위 : %)

■ 남자 □ 여자

	남자	여자
2015년	51.4	48.6
2014년	66.0	34.0
2013년	61.4	38.6
2012년	65.0	35.0

⑤ 2015년 국가별 난민 신청자 비율

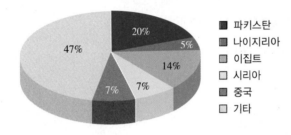

■ 파키스탄
■ 나이지리아
■ 이집트
□ 시리아
■ 중국
□ 기타

※ 입체도형의 회전규칙이 다음과 같이 정의된다고 할 때, 제시된 단면과 일치하는 입체도형을 주어진 방향으로 회전한 것을 고르시오(단, 1회전은 90°이다). **[1~2]**

01

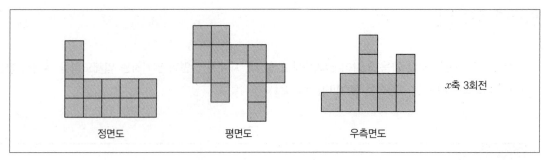

정면도   평면도   우측면도 x축 3회전

①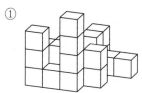

②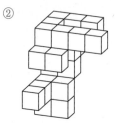

③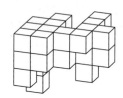

④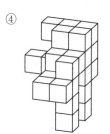

⑤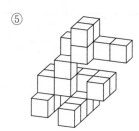

02

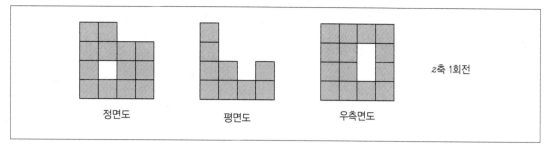

정면도   평면도   우측면도   z축 1회전

①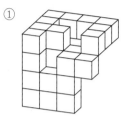

②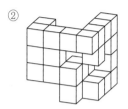

③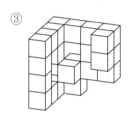

④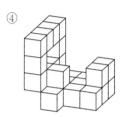

⑤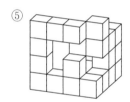

정답 및 해설 p.041

01 언어이해

01 다음 글을 읽고 알 수 있는 사실이 아닌 것은?

> 인류의 역사를 석기시대, 청동기시대 그리고 철기시대로 구분한다면 현대는 '플라스틱 시대'라고 할 수 있을 만큼 플라스틱은 현대사회에서 가장 혁명적인 물질 중 하나이다. "플라스틱은 현대 생활의 뼈, 조직, 피부가 되었다."는 미국의 과학 저널리스트 수전 프라인켈(Susan Freinkel)의 말처럼 플라스틱은 인간의 생활에 많은 부분을 차지하고 있다. 저렴한 가격과 필요에 따라 내구성, 강도, 유연성 등을 조절할 수 있는 장점 덕분에 일회용 컵부터 옷, 신발, 가구 등 플라스틱이 아닌 것이 거의 없을 정도이다. 그러나 플라스틱에는 치명적인 단점이 있다. 플라스틱이 지닌 특성 중 하나인 영속성(永續性)이다. 즉, 인간이 그동안 생산한 플라스틱은 바로 분해되지 않고 어딘가에 계속 존재하고 있어 플라스틱은 환경오염의 원인이 된 지 오래이다.
>
> 치약, 화장품, 피부 각질제거제 등 생활용품, 화장품에 들어 있는 작은 알갱이의 성분은 '마이크로비드(Microbead)'라는 플라스틱이다. 크기가 1mm보다 작은 플라스틱을 '마이크로비드'라고 하는데 이 알갱이는 정수처리과정에서 걸러지지 않고 생활 하수구에서 강으로, 바다로 흘러간다. 조그만 알갱이들은 바다를 떠돌면서 생태계의 먹이사슬을 통해 동식물 체내에 축적되어 면역체계 교란, 중추신경계 손상 등의 원인이 되는 잔류성유기오염물질(Persistent Organic Pollutants)을 흡착한다. 그리고 물고기, 새 등 여러 생물들은 마이크로비드를 먹이로 착각해 섭취한다. 마이크로비드를 섭취한 해양생물은 다시 인간의 식탁에 올라온다. 즉, 우리가 버린 플라스틱을 우리가 다시 먹게 되는 셈이다.
>
> 플라스틱 포크로 음식을 먹고, 플라스틱 컵으로 물을 마시는 등 플라스틱을 음식을 먹기 위한 수단으로만 생각했지 직접 먹게 되리라고는 상상도 못했을 것이다. 우리가 먹은 플라스틱이 우리 몸에 남아 분해되지 않고 큰 질병을 키우게 될 것을 말이다.

① 플라스틱은 필요에 따라 유연성, 강도 등을 조절할 수 있고, 값이 싼 장점이 있다.
② 플라스틱은 영속성을 지니기 때문에 바로 분해되지 않는다.
③ 마이크로비드는 크기가 작아서 정수처리과정에서 걸러지지 않고 바다로 유입된다.
④ 마이크로비드는 잔류성유기오염물질을 분해하는 역할을 한다.
⑤ 물고기 등 해양생물들은 마이크로비드를 먹이로 착각해 먹는다.

02 다음 문장을 논리적 순서에 맞게 연결한 것은?

> ㉠ 먼저 맨체스터 유나이티드는 최고의 잠재력을 지닌 전 세계 유소년 선수들을 모아 청소년 아카데미를 운영했다. 1986년 맨체스터 유나이티드의 감독 퍼거슨은 베컴을 비롯한 많은 스타선수들을 유소년기부터 훈련시켰다.
> ㉡ 이를 바탕으로 맨체스터 유나이티드는 지역의 작은 축구팀이 아니라 전 세계인이 알고 있는 글로벌 브랜드가 되었고, 단기간의 팀 경기력 하락 등에 의해 쉽게 영향을 받지 않는 튼튼한 소비층을 구축하게 되었다.
> ㉢ 맨체스터 유나이티드는 한때 지역의 축구팀에 불과했지만 브랜딩 과정을 통해 글로벌 스포츠 브랜드로 성장했다. 이런 변화는 어떻게 시작되었을까?
> ㉣ 이후 맨체스터 유나이티드는 자사 제품의 품질을 강화시킨 후 경영 전략에 변화를 주었다. 이들은 클럽을 '브랜드'로, 선수를 '자산'으로, 팬을 '소비자'로, 세계를 '시장'으로 불렀다.
> ㉤ 이렇게 만들어진 맨체스터 유나이티드의 브랜드를 팀 테마 레스토랑, 스포츠 용품점, TV 등 다양한 경로를 통해 유통하기 시작했다.

① ㉠ - ㉣ - ㉢ - ㉡ - ㉤   ② ㉢ - ㉣ - ㉠ - ㉤ - ㉡
③ ㉢ - ㉠ - ㉣ - ㉤ - ㉡   ④ ㉠ - ㉢ - ㉣ - ㉤ - ㉡
⑤ ㉢ - ㉠ - ㉣ - ㉡ - ㉤

03 다음 문장의 수정 방안으로 옳은 것은?

> • 빨리 도착하려면 저 산을 ㉠ 넘어야 한다.
> • 장터는 저 산 ㉡ 넘어에 있소.
> • 나는 대장간 일을 ㉢ 어깨너머로 배웠다.
> • 자동차는 수많은 작은 부품들로 ㉣ 나뉜다.
> • 나는 일이 바빠 쉴 ㉤ 새가 없었다.

① ㉠ - 목적지에 대해 설명하고 있으므로 '너머'로 수정한다.
② ㉡ - 산으로 가로막힌 반대쪽 장소를 의미하기 때문에 '너머'로 수정한다.
③ ㉢ - 남몰래 보고 배운 것을 뜻하므로 '어깨넘어'로 수정한다.
④ ㉣ - 피동 표현을 사용해야 하므로 '나뉘어진다'로 수정한다.
⑤ ㉤ - '세'로 수정한다.

04 어법상 ㉠~㉤ 중 옳지 않은 것은?

훈민정음은 크게 '예의'와 '해례'로 ㉠ 나뉘어져 있다. 예의는 세종이 직접 지었는데 한글을 만든 이유와 한글의 사용법을 간략하게 설명한 글이다. 해례는 집현전 학사들이 한글의 자음과 모음을 만든 원리와 용법을 상세하게 설명한 글이다.

서문을 포함한 예의 부분은 무척 간략해 『세종실록』과 『월인석보』 등에도 실리며 전해져 왔지만, 한글 창제 원리가 ㉡ 밝혀져 있는 해례는 전혀 알려져 있지 않았다. 그런데 예의와 해례가 모두 실려 있는 훈민정음 정본이 1940년에야 ㉢ 발견됐다. 그것이 『훈민정음 해례본』이다. 그러나 이 『훈민정음 해례본』이 대중에게, 그리고 한글학회 간부들에게 공개된 것은 해방 후에 이르러서였다.

하나의 나라, 하나의 민족정신을 담는 그릇은 바로 그들의 언어이다. 언어가 사라진다는 것은 세계를 바라보는 방법, 즉 세계관이 사라진다는 것과 ㉣ 진배없다. 일제강점기 일제의 민족말살정책 중 가장 악랄했던 것 중 하나가 바로 우리말과 글에 대한 탄압이었다. 일제는 진정으로 우리 말과 글이 사라지길 ㉤ 바랐다. 18세기 조선의 실학 연구자들은 중국의 중화사관에서 탈피하여 우리 고유의 문물과 사상에 대한 연구를 본격화했다. 이때 실학자들의 학문적 성과가 바로 훈민정음 해례를 한글로 풀어쓴 언해본의 발견이었다. 일제는 그것을 18세기에 만들어진 위작이라는 등 허구로 몰아갔고, 해례본을 찾느라 혈안이 되어 있었다. 해례본을 없앤다면 세종의 한글 창제를 완벽히 허구화할 수 있기 때문이었다.

① ㉠
② ㉡
③ ㉢
④ ㉣
⑤ ㉤

05 다음 글에서 문맥을 고려할 때 이어질 글을 논리적 순서대로 알맞게 배열한 것은?

마그네틱 카드는 자기 면에 있는 데이터를 입력장치에 통과시키는 것만으로 데이터를 전산기기에 입력할 수 있다. 마그네틱 카드는 미국 IBM에서 자기 테이프의 원리를 카드에 응용한 것으로 자기 테이프 표면에 있는 자성 물질의 특성을 변화시켜 데이터를 기록하는 방식으로 개발되었다. 개발 이후 신용카드, 신분증 등 여러 방면으로 응용되었고, 현재도 사용되고 있다.

하지만 마그네틱 카드는 자기 테이프를 이용하였기 때문에 자석과 접촉하면 기능이 상실되는 단점을 가지고 있는데, 최근 마그네틱 카드의 단점을 보완한 IC카드가 만들어져 사용되고 있다.

(A) IC카드는 데이터를 여러 번 쓰거나 지울 수 있는 EEPROM이나 플래시메모리를 내장하고 있다. 개발 초기의 IC카드는 8KB 정도의 저장공간을 가지고 있었으나, 2000년대 이후에는 1MB 이상의 데이터 저장이 가능하다.

(B) IC카드는 내부에 집적회로를 내장하였기 때문에 자석과 접촉해도 데이터가 손상되지 않으며, 마그네틱 카드에 비해 다양한 기능을 추가할 수 있고 보안성 및 내구성도 우수하다.

(C) 메모리 외에도 프로세서를 함께 내장한 것도 있다. 이러한 것들은 스마트카드로 불리며 현재 16비트 및 32비트급의 성능을 가진 카드도 등장했다. 프로세서를 탑재한 카드는 데이터의 저장뿐 아니라 데이터의 암호화나 특정 컴퓨터만이 호환되도록 하는 등의 프로그래밍이 가능해서 보안성이 향상되었다.

① (A) − (B) − (C)　　　　　　　② (A) − (C) − (B)
③ (B) − (C) − (A)　　　　　　　④ (B) − (A) − (C)
⑤ (C) − (A) − (B)

06 다음과 같이 '의료 서비스 수출의 실태와 대처 방안'에 대한 개요를 작성하였다. 개요의 수정·보완 방안으로 적절하지 않은 것을 고르면?

Ⅰ. 서두
　1. 한국을 찾는 외국인 환자 증가 … ㉠
　2. 외국인 환자들이 한국을 찾는 이유 … ㉡
Ⅱ. 본문
　1. 실태 분석 및 진단
　　(1) 지속적인 유치의 어려움
　　(2) 의료 수출국으로의 전환 기회
　2. 외국인 환자 유치 장애의 요인
　　(1) 관련 정보의 제공 부족
　　(2) 환자 유치를 위한 광고에 가해지는 제도적 규제 … ㉢
　　(3) 정부 차원의 지원 부족
　3. 의료 서비스 수출 전략 방안
　　(1) 비자 발급 간소화 … ㉣
　　(2) 해외 환자 유치를 위한 광고 규제 완화
　　(3) 　　　　　㉤　　　　　
Ⅲ. 결말 : 의료 수출에 대비하기 위한 적극적인 노력 촉구

---

① ㉠ − 국내 병원에 입원한 외국인 환자의 연도별 현황 자료를 제시한다.
② ㉡ − 진료비에 비해 국내의 높은 의료 서비스 수준을 선진국과 대비하여 제시한다.
③ ㉢ − 언어 장벽이나 까다로운 국내 병원 이용 절차로 외국인 환자를 유치하지 못한 사례를 활용한다.
④ ㉣ − 'Ⅱ−2−(1)'을 고려하여 '국내 의료기관 종합 사이트 구축 및 운영'으로 수정한다.
⑤ ㉤ − 'Ⅱ−2−(3)'을 고려하여 '경쟁력 있는 의료기관 선정과 인증제 도입'이라는 내용을 추가한다.

안심Touch

01 다음 명제가 참일 때 다음 중 반드시 참인 것은?

> • 어떤 사람은 신의 존재와 운명론을 믿는다.
> • 모든 무신론자가 운명론을 거부하는 것은 아니다.

① 어떤 무신론자는 신의 존재와 운명론을 믿는다.
② 운명론을 받아들이는 무신론자가 있을 수 없다.
③ 모든 사람은 신의 존재와 운명론을 믿는다.
④ 무신론자들 중에는 운명론을 믿는 사람이 있다.
⑤ 모든 무신론자가 신의 존재를 거부하는 것은 아니다.

02 다음 중 유미가 주문한 음식과 유미의 왼쪽에 앉은 사람을 나열한 것으로 옳은 것은?

> 유미는 대학 졸업을 기념해 가족(할아버지, 할머니, 아버지, 어머니, 동생)과 중국집에서 외식을 하기로 했다. 중국집에는 원형 테이블이 있고 1인당 한 가지 메뉴를 꼭 주문해야 하는 곳이었다.
> 할머니는 유미의 반대편에 앉고, 유미와 동생 사이에는 한 사람이 앉아 있었다. 아버지는 할머니의 왼쪽에 앉아있는 상태였다. 배가 고파진 유미네 가족은 볶음밥, 울면, 우동, 잡채밥, 짜장면, 짬뽕을 각 한 그릇씩 주문했는데, 할아버지와 아버지만 밥류를 주문했다. 만약 아버지가 잡채밥을 시킨다면, 유미는 짜장면을 먹을 것이라고 했다.
> 식사가 나온 후 둘러보았더니 볶음밥의 반대편에는 잡채밥이 있었고, 할머니 앞에는 국물이 없는 음식이 있었다. 그리고 동생의 짬뽕 반대편에는 우동이 있었다. 식사를 하던 중 울면도 먹고 싶어진 동생은 음식을 나눠 달라고 했고, 이를 할아버지가 전해주었다.
> 그 후, 식사를 맛있게 한 유미네 가족은 부른 배를 두들기며 집으로 돌아갔다.

① 울면 − 동생
② 짜장면 − 어머니
③ 울면 − 어머니
④ 짜장면 − 할아버지
⑤ 울면 − 할아버지

03 콩쥐, 팥쥐, 향단, 춘향 네 사람은 함께 마을 잔치에 참석하기로 했다. 족두리, 치마, 고무신을 빨간색, 파란색, 노란색, 검은색 색깔별로 총 12개의 물품을 공동으로 구입하여, 각자 다른 색의 족두리, 치마, 고무신을 하나씩 빠짐없이 착용하기로 했다. 예를 들어, 어떤 사람이 빨간색 족두리, 파란색 치마를 착용한다면, 고무신은 노란색 또는 검은색으로 착용해야 한다. 다음에 따른다면, 반드시 참이 되는 것은?

- 선호하는 것을 배정받고, 싫어하는 것은 배정받지 않는다.
- 콩쥐는 빨간색 치마를 선호하고, 파란색 고무신을 싫어한다.
- 팥쥐는 노란색 치마를 싫어하고, 검은색 고무신을 선호한다.
- 향단은 검은색 치마를 싫어한다.
- 춘향은 빨간색을 싫어한다.

① 콩쥐는 검은 족두리를 착용한다.
② 팥쥐는 노란 족두리를 착용한다.
③ 향단이는 파란 고무신을 착용한다.
④ 춘향이는 검은 치마를 착용한다.
⑤ 빨간 고무신을 착용하는 사람은 파란 족두리를 착용한다.

어떤 회사의 건물에는 각 층당 4팀씩 근무하고 있으며 각 층의 사무실 배치는 모두 동일하다. 5층과 6층에 있는 부서가 다음과 같은 조건으로 배치되어 있을 때, 감사팀이 있는 층과 위치를 순서대로 나열한 것은?

〈층별 사무실 배치도〉

| L | A | B | C | D | R |

출입구

※ L과 R은 각각 왼쪽·오른쪽을 의미한다.

- 재무팀은 5층의 C에 배치되어 있다.
- 경영전략팀은 5층에 배치되어 있다.
- 기획관리팀은 B에 배치되어 있다.
- 기획관리팀과 노무복지팀은 서로 다른 층에 배치되어 있다.
- 경영전략팀과 정보보안팀은 서로 다른 층의 같은 위치에 배치되어 있다.
- 감사팀은 총무팀 바로 왼쪽에 배치되어 있다.
- 인사팀은 노무복지팀보다 왼쪽에 배치되어 있으며 두 팀 사이에 한 팀이 배치되어 있다.

① 5층, A　　　　　　　② 5층, B
③ 6층, B　　　　　　　④ 6층, C
⑤ 6층, D

01 주어진 도표를 이용해 빈칸을 완성한 후 ㉠＋㉡－ⓐ×ⓑ를 구하면?(단, 소수점도 빈칸에 포함된다)

〈A영업점의 하반기 중형차 판매율〉

(단위 : 대, %)

구분	7월	8월	9월	10월	11월	12월
전체 판매 대수	150	165	130	144	160	125
중형차 판매율	52.6	48.2	42.3	39.8	47.4	51.3

〈가로〉
1. 9월 전체 판매 대수와 10월 비중형차 판매율의 차는?
2. 8월에 판매한 비중형차의 대수는?

〈세로〉
3. 11월과 12월의 중형차 판매율의 합은?
4. 전체 판매 대수가 두 번째로 많은 달의 중형차 판매율과 두 번째로 적은 달의 중형차 판매율의 차에, 중형차 판매율이 세 번째로 높은 달의 전체 판매 대수를 더한 값은?

① －24
② －19
③ 0
④ 19
⑤ 24

다음은 OECD 회원국의 고용률을 조사한 자료이다. 이 자료를 보고 판단한 내용 중 옳지 않은 것은?

〈OECD의 고용률 추이〉

(단위 : %)

구분	2012년	2013년	2014년	2015년				2016년	
				1분기	2분기	3분기	4분기	1분기	2분기
OECD 전체	64.9	65.1	66.2	66.0	66.1	66.3	66.5	66.8	66.9
미국	67.1	67.4	68.7	68.5	68.7	68.7	68.9	69.3	69.2
일본	70.6	71.7	73.3	73.1	73.2	73.4	73.7	74.1	74.2
영국	70.0	70.5	72.7	72.5	72.5	72.7	73.2	73.3	73.6
독일	73.0	73.5	74.0	74.0	73.8	74.0	74.2	74.4	74.5
프랑스	64.0	64.1	63.8	63.8	63.8	63.8	64.0	64.2	64.2
한국	64.2	64.4	65.7	65.7	65.6	65.8	65.9	65.9	65.9

① 2012년부터 2016년 2분기까지 프랑스와 한국의 고용률은 OECD 전체 고용률을 넘은 적이 한 번도 없었다.

② 2012년부터 영국의 고용률은 계속 증가하고 있다.

③ 2016년 1분기에서 6개 국가의 고용률 중 가장 높은 국가와 가장 낮은 국가의 고용률 차이는 10.2%이다.

④ 2016년 1분기와 2분기 사이에 2개의 국가가 고용률이 유지되었다.

⑤ 2016년 2분기 OECD 전체 고용률의 이전 분기 대비 상승폭은 2015년 3분기의 이전 분기 대비 상승폭에 비해 작아졌으나 2015년부터 지속되어 온 상승세가 유지되고 있다.

01 다음은 중국인 방한객에 관한 자료이다. 이 자료를 보고 판단한 내용으로 적절하지 않은 것은?

〈2015년 6월 보고서〉

중국은 단오절과 여행하기 좋은 기후로 6월 방한 예약이 많은 편이었으나, 메르스 발생 이후 방한여행의 취소가 잇따르고, 신규예약이 거의 없는 등 감염에 대한 우려로 중국인 방한객은 전년 동월 대비 45.1% 감소했다. 한편 중국인 방일객은 462,300명으로 전년 동월 대비 167.2%의 이례적인 증가를 보였다. 메르스로 인해 한국행 항공편이 상당부분 결항되어 공항으로 입국하는 중국인이 전년 동월 대비 55.9% 감소했다. 크루즈, 선박들도 마찬가지로 운항 취소 및 결항으로 항만으로 입국한 중국인이 전년 동월 대비 25.0% 감소했다. 중국인 남성(−38.6%) 방한객보다 여성(−49.3%) 방한객이 더 많이 감소했다.

〈2016년 6월 보고서〉

중국은 경쟁 목적지인 동남아 시장의 비수기 진입, 일본 항공권 가격 상승 등으로 FIT관광객(개별 관광객)이 증가하면서 전년 동월 대비 140.7% 증가했다. 공항 및 항구로 입국한 중국인은 전년 동월 대비 각각 221.3%, 53.2% 증가하였으며, 특히 제주공항 및 부산항으로 입국한 중국인은 각각 223.7%, 178.6%로 크게 증가했다. 중국인 여성(+206.1%) 방한객이 남성(+132.8%) 방한객보다 더 많이 증가했다.

〈2014~2016년 중국인 방한객 수〉

(단위 : 명)

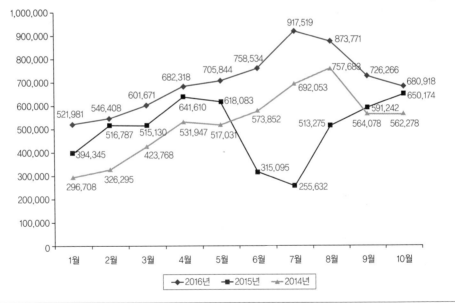

① 2014년 1월에서 10월 사이 중국인 방한객 수가 가장 많은 달은 8월이다.

② 메르스 발생의 여파로 2015년 6월 중국인 방한객 수는 전월보다 302,988명 감소했다.

③ 전년 동월 대비 2016년 2월 중국인 방한객의 증가율은 전년 동월 대비 2016년 4월 중국인 방한객의 증가율보다 크다.

④ 전년 동월 대비 2016년 6월 중국인 방한객 수가 전년 동월 대비 2015년 6월 중국인 방한객 수보다 큰 폭으로 증가했는데 이는 메르스 영향에 대한 기저효과 때문이라고 추측할 수 있다.

⑤ 2016년 중국인 방한객 수가 가장 많은 달의 방한객 수는 가장 적은 달의 방한객 수의 약 1.8배이다.

02 다음은 방송산업 매출실적에 관한 자료이다. ⓐ + ⓑ + ⓒ + ⓓ의 값으로 옳은 것은?(단, 소수점 둘째 자리 미만은 버린다)

〈방송산업별 매출실적〉

(단위 : 개, 명, 백만 원)

구분	사업체 수	종사자 수	매출액	업체당 평균매출액	1인당 평균매출액
지상파방송		13,691	3,914,473	73,858	286
종합유선방송	94		2,116,851	22,520	437
일반위성방송	1	295	374,385		1,269
홈쇼핑PP방송	6	3,950	2,575,400	429,233	
IPTV방송	3	520	616,196	205,399	1,185
전체	157	23,302	9,597,305	61,129	412

ⓐ 전체 사업체 수 대비 지상파방송 사업체 수의 비율은?

ⓑ 홈쇼핑PP방송 사업체 수와 종합유선방송 종사자 수의 합은?

ⓒ (일반위성방송 평균 매출액) − (지상파방송 평균 매출액)×2는?

ⓓ (홈쇼핑PP방송 1인당 평균 매출액)×1,000 − (IPTV방송 매출액)은?

① 261,826.75

② 267,358.75

③ 271,826.75

④ 276,826.75

⑤ 281,826.75

03 다음은 2016년도 신재생에너지 산업통계 자료이다. 주어진 자료에 근거하여 정리한 것 중 옳지 않은 것은?

〈신재생에너지원별 산업 현황〉

구분	기업체 수 (개)	고용인원 (명)	매출액 (억 원)	내수 (억 원)	수출액 (억 원)	해외공장매출 (억 원)	투자액 (억 원)
태양광	127	8,698	75,637	22,975	33,892	18,770	5,324
태양열	21	228	290	290	0	0	1
풍력	37	2,369	14,571	5,123	5,639	3,809	583
연료전지	15	802	2,837	2,143	693	0	47
지열	26	541	1,430	1,430	0	0	251
수열	3	46	29	29	0	0	0
수력	4	83	129	116	13	0	0
바이오	128	1,511	12,390	11,884	506	0	221
폐기물	132	1,899	5,763	5,763	0	0	1,539
합계	493	16,177	113,076	49,753	40,743	22,579	7,966

① 신재생에너지원별 기업체 수(단위 : 개)

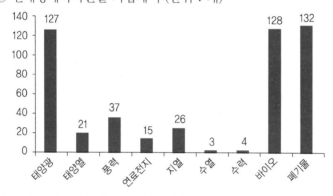

② 신재생에너지원별 고용인원(단위 : 명)

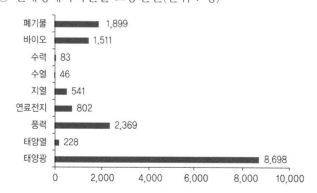

③ 신재생에너지원별 고용인원 비율

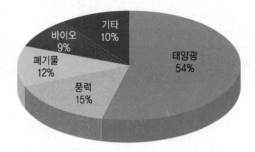

④ 신재생에너지원별 내수현황(단위 : 억 원)

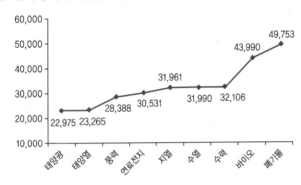

⑤ 신재생에너지원별 해외공장매출 비율

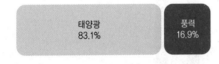

※ 다음 도식의 기호들은 일정한 규칙에 따라 도형을 변화시킨다. 물음표에 들어갈 알맞은 도형을 고르시오. [1~2]

1	2	: 선, 도형 모두 1열과 3열 교환
3	4	

1	2	: 시계 방향으로 선만 90° 회전
3	4	

1	2	: 선 반전
3	4	

1	2	: 도형 색 반전
3	4	

◉ : 이 위치의 도형이 색칠되어 있는가?
■ : 이 위치의 도형이 색칠되어 있지 않은가?

01

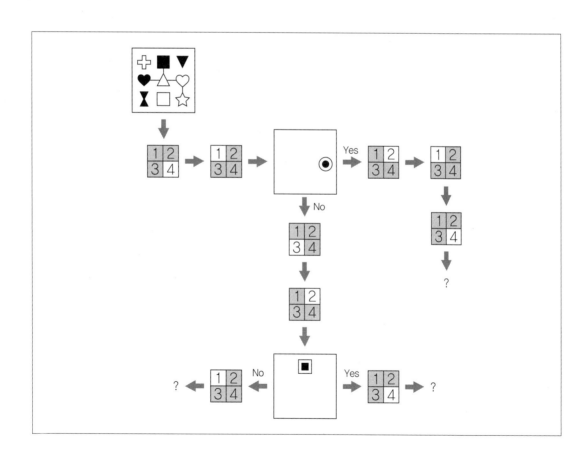

①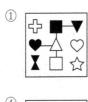

②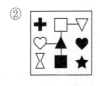

③

④

⑤

02

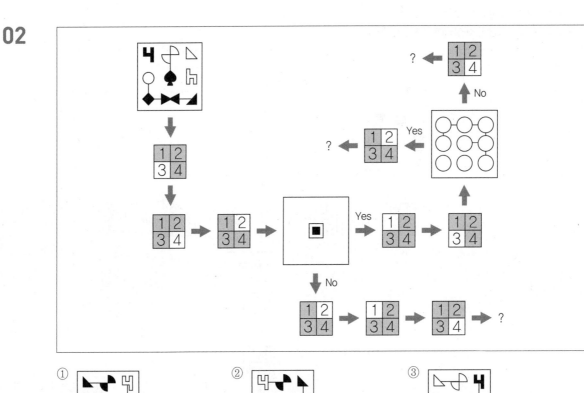

①

②

③

④

⑤

정답 및 해설 p.046

01 언어이해

01 다음 글에서 알 수 있는 내용으로 옳지 않은 것은?

> 1982년 프루시너는 병에 걸린 동물을 연구하다가, 우연히 정상 단백질이 어떤 원인에 의해 비정상적인 구조로 변하면 바이러스처럼 전염되며 신경 세포를 파괴한다는 사실을 밝혀냈다. 프루시너는 이 단백질을 '단백질(Protein)'과 '바이러스 입자(Viroid)'의 합성어인 '프리온(Prion)'이라 명명하고 이를 학계에 보고했다.
>
> 프루시너가 프리온의 존재를 발표하던 당시, 분자 생물학계의 중심 이론은 1957년 크릭에 의해 주창된 '유전 정보 중심설'이었다. 이 이론의 핵심은 유전되는 모든 정보는 DNA 속에 담겨 있다는 것과, 유전 정보는 핵산(DNA, RNA)에서 단백질로만 이동이 가능하다는 것이다. 크릭에 따르면 모든 동식물의 세포에서 DNA의 유전 정보는 DNA로부터 세포핵 안의 또 다른 핵산인 RNA가 전사되는 과정에서 전달되고, 이 RNA가 세포질로 나와 단백질을 합성하는 번역의 과정을 통해 단백질로의 전달이 이루어진다. 따라서 단백질은 핵산이 없으므로 스스로 정보를 저장할 수 없고 자기 복제를 할 수 없다는 것이다.
>
> 그런데, 프루시너는 프리온이라는 단백질은 핵산이 아예 존재하지 않음에도 자기 복제를 한다고 주장하였다. 이 주장은 크릭의 유전 정보 중심설에 기반한 분자 생물학계의 중심 이론을 흔들게 된다. 아직 논란이 끝난 것은 아니지만 '자기 복제하는 단백질'이라는 개념이 분자 생물학자들에게 받아들여지기까지는 매우 험난한 과정이 필요했다.
>
> 과학자들은 충분하지 못한 증거를 가진 주장에 대해서는 매우 보수적일 뿐만 아니라, 기존의 이론으로 설명할 수 없는 현상을 대했을 때는 어떻게든 기존의 이론으로 설명해내려 노력하기 때문이다. 프루시너가 프리온을 발견한 공로로 노벨 생리학·의학상을 받은 것은 1997년에 이르러서였다.

① 프리온은 신경 세포를 파괴하는 단백질로서, 병에 걸린 동물에게서 나타난다.
② 프루시너에 따르면 프리온은 다른 단백질과 달리 핵산을 가지고 있다.
③ 프리온을 제외한 단백질은 스스로 정보를 저장할 수 없고, 자기 복제도 할 수 없다.
④ 프루시너의 프리온에 대한 주장은 크릭의 유전 정보 중심설과 대립되는 내용이다.
⑤ 프루시너는 프리온을 발견한 후 약 15년이 지나서야 공로를 인정받았다.

02 다음 문장을 논리적 순서에 맞게 연결한 것은?

㉠ 점차 우리의 생활에서 집단이 차지하는 비중이 커지고, 사회가 조직화되어 가는 현대 사회에서는 개인의 윤리 못지 않게 집단의 윤리, 즉 사회 윤리의 중요성도 커지고 있다.

㉡ 따라서 우리는 현대 사회의 특성에 맞는 사회 윤리의 정립을 통해 올바른 사회를 지향하는 노력을 계속해야 할 것이다.

㉢ 그러나 이러한 사회 윤리가 단순히 개개인의 도덕성이나 윤리 의식의 강화에 의해서만 이루어지는 것은 아니다.

㉣ 물론 그것은 인격을 지니고 있는 개인과는 달리 전체의 이익을 합리적으로 추구하는 사회의 본질적 특성에서 연유하는 것이기도 하다.

㉤ 그것은 개개인이 도덕적이라는 것과 그들로 이루어진 사회가 도덕적이라는 것은 별개의 문제이기 때문이다.

---

① ㉠ － ㉢ － ㉤ － ㉣ － ㉡   ② ㉠ － ㉢ － ㉡ － ㉣ － ㉤

③ ㉠ － ㉡ － ㉤ － ㉣ － ㉢   ④ ㉠ － ㉡ － ㉢ － ㉣ － ㉤

⑤ ㉠ － ㉡ － ㉣ － ㉢ － ㉤

---

03 다음의 개요에 대한 수정 방안으로 적절하지 않은 것은?

주제문 : ㉠ 학교 급식 문제의 해법은?

Ⅰ. 서론 : 학교 급식에 대한 문제 제기
　　급식 재료에 수입 농산물의 비중이 크다.

Ⅱ. 본론
　　1. 수입 농산물 사용의 문제점
　　　　가. ㉡ 유전자 조작 농산물의 안전성에 대한 우려
　　　　나. 미래 우리 국민의 입맛과 농업 구조에 미칠 영향
　　2. 문제 발생의 원인
　　　　가. ㉢ 비용에 대한 부담으로 저렴한 수입 농산물 구매
　　　　나. 급식 재료의 중요성에 대한 사회적 인식 부족
　　3. 문제 해결의 방안
　　　　가. 급식 재료에 우리 농산물 사용 확대
　　　　나. ㉣ 학생들에 대한 올바른 식습관 교육
　　　　다. 급식 운영에 대한 국가적 지원 확대

Ⅲ. 결론 : 수입 농산물 사용 자제 촉구

---

① ㉠ － 주제가 분명히 드러나도록 '학교 급식 재료에 우리 농산물 사용을 늘리자.'로 진술한다.

② ㉡ － 범주가 다르므로 '수입 농산물'로 교체한다.

③ ㉢ － 논지 전개상 어색하므로 '본론 1'의 하위 항목으로 옮긴다.

④ ㉣ － 논지와 무관한 내용의 항목이므로 삭제한다.

⑤ 글의 완결성을 고려하여 '본론 3'에 '급식 재료의 중요성에 대한 사회적 인식 제고'라는 하위 항목을 추가한다.

04 다음 글에서 글쓴이가 가장 중요하게 생각하는 것은?

> 사람은 타고난 용모가 추한 것을 바꾸어 곱게 할 수도 없고, 또 타고난 힘이 약한 것을 바꾸어 강하게도 할 수 없으며, 키가 작은 것을 바꾸어 크게 할 수도 없다. 이것은 왜 그런 것일까? 그것은 사람은 저마다 이미 정해진 분수가 있어서 그것을 고치지 못하기 때문이다.
>
> 그러나 오직 한 가지 변할 수 있는 것이 있으니, 그것은 마음과 뜻이다. 이 마음과 뜻은 어리석은 것을 바꾸어 지혜롭게 할 수가 있고, 모진 것을 바꾸어 어질게 만들 수도 있다. 그것은 무슨 까닭인가? 그것은 사람의 마음이란 그 비어 있고 차 있고 한 것이 본래 타고난 것에 구애되지 않기 때문이다. 그렇다. 사람에게 지혜로운 것보다 더 아름다운 것은 없다. 어진 것보다 더 귀한 것이 없다. 그런데 어째서 나는 어질고 지혜 있는 사람이 되지 못하고 하늘에서 타고난 본성을 깎아낸단 말인가? 사람마다 이런 뜻을 마음속에 두고 이것을 견고하게 가져서 조금도 물러서지 않는다면 누구나 거의 올바른 사람의 지경에 들어갈 수가 있다.
>
> 그러나 사람들은 혼자서 자칭 내가 뜻을 세웠노라고 하면서도, 이것을 가지고 애써 앞으로 나아가려 하지 않고, 그대로 우두커니 서서 어떤 효력이 나타나기만을 기다린다. 이것은 명목으로는 뜻을 세웠노라고 말하지만, 그 실상은 학문을 하려는 정성이 없기 때문이다. 그렇지 않고 만일 내 뜻의 정성이 정말로 학문에 있다고 하면 어진 사람이 될 것은 정한 이치이고, 또 내가 하고자 하는 올바른 일을 행하면 그 효력이 나타날 것인데, 왜 이것을 남에게서 구하고 뒤에 하자고 기다린단 말인가?

① 자연의 순리대로 살아가는 일
② 천하의 영재를 얻어 교육하는 일
③ 뜻을 세우고 그것을 실천하는 일
④ 세상과 적절히 타협하며 살아가는 삶
⑤ 다른 사람들에게 선행을 널리 베푸는 일

05 다음 글을 순서대로 알맞게 배열했을 때, 네 번째 문단으로 알맞은 것은?

(A) 미적 판단은 대상에 대한 경험에서 생겨나며 감상자의 주관적 반응에 밀접하게 관련되기 때문에, 동일한 대상에 대한 미적 판단은 감상자에 따라 다양하게 나타날 수 있다. 이러한 미적 판단의 차이로 인해 실재론자와 반실재론자 간에 열띤 논쟁이 벌어지기도 한다.

(B) 예컨대 '베토벤의 운명 교향곡이 웅장하다.'는 판단이 객관적 참이라면 '웅장함'이라는 미적 속성이 실재한다는 식이다. 이 경우 '웅장하다.'는 미적 판단은 '웅장함'이라는 객관적으로 실재하는 미적 속성에 관한 기술이다. 동일한 미적 대상에 대한 감상자들의 판단이 일치하지 않는 것은 그 미적 판단 간에 옳고 그름이 존재한다는 것이며, 그 옳고 그름의 여부는 실재하는 미적 속성에 관한 확인을 통해 밝힐 수 있다.

(C) 그러나 반실재론자들은 미적 판단이 단순한 객관적 실재의 기술이라기보다는 이미 주관적 평가가 개입된 경우가 많다는 점을 근거로 실재론에 반론을 제기한다. 이들의 주장에 따르면 미적 판단은 감상자의 주관적 반응에 의존하는 것으로, 앞에서 언급된 '웅장함'이라는 미적 속성은 '웅장하다'는 미적 판단을 내리는 감상자에 의해 발견되는 것이다.

(D) 실재론자들은 '미적 속성이 존재한다는 전제하에 이것이 대상에 실재한다.'는 주장을 내세우면서, 미적 판단의 객관성을 지지한다. 이들에 의하면 미적 속성 P에 관한 진술인 미적 판단 J가 객관적으로 참일 때, 미적 속성 P가 실재한다.

(E) 이 주장은 미적 판단의 주관성과 경험성에 주목한다는 점에서 미적 판단의 다양성을 설명하는 데 용이하다. 이에 따르면 미적 판단의 불일치란 굳이 해소해야 하는 문제적 현상이라기보다는 개인의 다양한 경험, 취미와 감수성의 차이에 따라 발생하는 자연스러운 현상이다.

① (A)
② (B)
③ (C)
④ (D)
⑤ (E)

06 어법상 ㉠∼㉤ 중 옳지 않은 것은?

현대인은 대인 관계에 있어서 가면을 쓰고 살아간다. 물론 그것이 현대 사회를 살아가기 위한 인간의 기본적인 조건인지도 모른다. 사회학자들은 사람이 다른 사람과 교제를 ㉠ 할 때, 상대방에 대한 자신의 인상을 관리하려는 속성이 있다는 점에 동의한다. 즉, 사람들은 대체로 남 앞에 나설 때에는 가면을 쓰고 연기를 하는 배우와 같이 행동한다는 것이다.

왜 그런 상황이 발생하는 것일까? 그것은 주로 대중문화의 속성에 기인한다. 사실 20세기의 대중문화는 과거와는 다른 새로운 인간형을 탄생시키는 배경이 되었다고 말할 수 있다. 특히, 광고는 내가 다른 사람의 눈에 어떻게 보일 것인가 하는 점을 ㉡ 끊임없이 반복하고 ㉢ 강조하므로써 그 광고를 보는 사람들에게 조바심이나 공포감을 불러일으키기까지 한다.

그중에서도 외모와 관련된 제품의 광고는 개인의 삶의 의미가 '자신이 남에게 어떤 존재로 보이느냐'라는 것을 ㉣ 쉴 새 없이 주입시킨다. 역사학자들도 '연기하는 자아'의 개념이 대중문화의 부상과 함께 더욱 의미 있는 것이 되었다고 말한다. 그들은 적어도 20세기 초부터 '성공'은 무엇을 잘하고 열심히 하는 것이 아니라 '인상 관리'를 어떻게 하느냐에 달려 있다고 한다. 이렇게 자신의 일관성을 잃고 상황에 따라 적응하게 되는 현대인들은 대중매체가 ㉤ 퍼뜨리는 유행에 민감하게 반응하는 과정에서 자신의 취향을 형성해 가고 있다.

① ㉠

② ㉡

③ ㉢

④ ㉣

⑤ ㉤

01 마지막 명제가 참일 때, 다음 빈칸에 들어갈 명제로 가장 적절한 것은?

노트북을 구매하면 흰색 마우스도 구매한 것이다.

_____

그러므로 노트북을 구매하면 키보드도 구매한 것이다.

---

① 노트북을 구매하면 흰색 마우스를 구매하지 않은 것이다.
② 키보드를 구매하지 않으면 흰색 마우스도 구매하지 않은 것이다.
③ 키보드를 구매하지 않아도 흰색 마우스는 구매한다.
④ 키보드를 구매하면 흰색 마우스도 구매한 것이다.
⑤ 노트북을 구매하면 마우스도 구매한 것이다.

02 다음 중 신입사원 A, B, C, D, E가 낸 것으로 옳은 것은?

- S회사의 신입사원 A, B, C, D, E는 점심 메뉴를 고르기 위해 토너먼트로 네 번 가위바위보 게임을 했다.
- 첫 번째 A와 B의 게임에서 A는 주먹을 낸 B에게 패했다.
- 두 번째로 C와 D의 게임에서는 C가 B와 같은 것을 내서 D에게 승리했다.
- 다음으로 B와 C의 게임에서 가위를 제외한 두 가지가 나왔고, B가 승리했다.
- 마지막으로 B와 E의 게임에서는 B가 가위로 패했다.

---

① A - 보   ② B - 주먹, 주먹, 가위
③ C - 가위, 주먹   ④ D - 보
⑤ E - 주먹

03 세미는 1박 2일로 경주 여행을 떠나, 불국사, 석굴암, 안압지, 첨성대 유적지를 방문했다. 다음 중 세미의 유적지 방문 순서가 될 수 없는 것은?

> • 첫 번째로 방문한 곳은 석굴암, 안압지 중 한 곳이었다.
> • 여행 계획대로라면 첫 번째로 석굴암을 방문했을 때, 두 번째로는 첨성대에 방문하기로 되어 있었다.
> • 두 번째로 방문한 곳은 안압지가 아니라면 불국사도 아니었다.
> • 세 번째로 방문한 곳은 석굴암이 아니었다.
> • 세 번째로 방문한 곳이 첨성대라면, 첫 번째로 방문한 곳은 불국사였다.
> • 마지막으로 방문한 곳이 불국사라면, 세 번째로 방문한 곳은 안압지였다.

① 안압지 − 첨성대 − 불국사 − 석굴암
② 안압지 − 석굴암 − 첨성대 − 불국사
③ 안압지 − 석굴암 − 불국사 − 첨성대
④ 석굴암 − 첨성대 − 안압지 − 불국사
⑤ 석굴암 − 첨성대 − 불국사 − 안압지

04 A, B, C, D, E가 한 줄로 서 있다. 다음 글을 읽고 유추할 수 있는 내용으로 옳은 것은?(단, 키가 같은 사람은 없다)

> • B가 A보다 크지 않다면 E는 B보다 작다.
> • B가 세 번째로 크다.
> • C는 A보다 크고 E보다 작다.
> • D가 가장 키가 크다.

① A는 E보다 작지 않다.
② C가 네 번째로 크다.
③ B는 C보다 크지 않다.
④ E는 B보다 작다.
⑤ A는 C보다 크다.

01 다음은 산모의 연령별 비율에 관한 자료이다. ⓐ + ⓑ + ⓒ + ⓓ의 값으로 옳은 것은?(단, 소수점 셋째 자리 이하는 버린다)

(단위 : %)

구분	2013년	2014년	2014년		2015년		
			3/4분기	4/4분기	1/4분기	2/4분기	3/4분기
합계	100.0	100.0	100.0	100.0	100.0	100.0	100.0
24세 미만		5.5	5.4	5.7	5.2	5.1	5.3
25~29세	23.6	23.1		22.4	23.6	23.1	21.6
30~34세	50.5	50.7	51.1	50.8	49.4	50.2	50.5
35~39세	17.7	18.4	17.8	18.3		19.0	20.2
40세 이상	2.5	2.3	2.2	2.8	2.7	2.6	

ⓐ (2013년 40세 이상 산모 비율)＋(2014년 3/4분기 25~29세 산모 비율)은?

ⓑ 35~39세 산모 비율의 2015년 1/4분기 대비 3/4분기의 상승률은?

ⓒ (2015년 3/4분기 24세 미만 산모 비율＋1)×(2013년 24세 미만 산모 비율)은?

ⓓ 2015년 3/4분기 30~34세 이상 산모 비율 대비 40세 이상 산모 비율은?

① 72
② 72.41
③ 73
④ 73.14
⑤ 73.41

02 주어진 도표를 이용해 빈칸을 완성한 후 ㉠+㉡－ⓐ×ⓑ를 구하면?(단, 소수점 첫째 자리에서 반올림한다)

〈학과별 취업률〉

(단위 : 명, %)

구분	경제	경영	행정	무용	패션디자인	컴퓨터	기계
졸업자	7,200	28,000	8,695	1,025	1,501	8,478	8,158
취업률	57.0	58.8	46.9	30	47	61.7	71.7

〈가로〉

1. 취업률이 세 번째로 높은 학과의 졸업자 수와 졸업자가 두 번째로 적은 학과의 미취업률의 합은?

〈세로〉

2. 경제과의 미취업자 수는?

3. 기계과의 취업자 수와 무용과의 미취업자 수의 차는?

4. 행정과의 졸업자 수와 컴퓨터과의 취업자 수의 합에서 행정과의 미취업률을 뺀 값은?

① 30

② 10

③ 0

④ －10

⑤ －30

※ 다음은 A~E국의 건설시장에 관한 자료이다. 물음에 답하시오. [3~4]

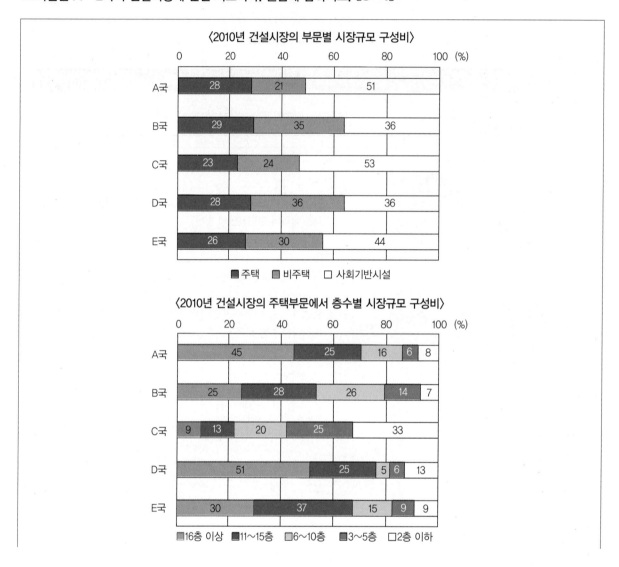

〈2010년 건설시장의 부문별 시장규모 구성비〉

국가	주택	비주택	사회기반시설
A국	28	21	51
B국	29	35	36
C국	23	24	53
D국	28	36	36
E국	26	30	44

■ 주택 ■ 비주택 □ 사회기반시설

〈2010년 건설시장의 주택부문에서 층수별 시장규모 구성비〉

국가	16층 이상	11~15층	6~10층	3~5층	2층 이하
A국	45	25	16	6	8
B국	25	28	26	14	7
C국	9	13	20	25	33
D국	51	25	5	6	13
E국	30	37	15	9	9

■16층 이상 ■11~15층 ■6~10층 ■3~5층 □2층 이하

〈건설시장의 주택부문에서 16층 이상 시장규모 비율〉

(단위 : %)

구분	A국	B국	C국	D국	E국
2006년	20	20	8	15	37
2007년	27	22	10	23	35
2008년	33	27	11	33	32
2009년	37	28	10	45	31
2010년	45	25	9	51	30

〈2010년 건설시장의 시장규모〉

(단위 : 조 원)

국가	A	B	C	D	E
시장규모	50	150	100	200	250

03 다음 중 2010년 A~E국의 건설시장의 주택부문 시장규모를 순서대로 나열할 때 가장 큰 국가와, A~E국의 건설시장 주택부문 중 16층 이상 시장규모를 순서대로 나열할 때 두 번째로 작은 국가를 올바르게 나열한 것은?

① B, C
② D, A
③ D, C
④ E, A
⑤ E, C

04 자료에 대한 설명 중 옳은 것을 모두 고르면?

ㄱ. 2010년 A국은 건설시장에서 주택부문 시장규모 비율이 가장 낮다.
ㄴ. 2010년 C국의 건설시장 시장규모에서 주택부문이 차지하는 비율은 23%이고, D국의 건설시장의 주택부문 층수별 시장규모에서 16층 이상이 차지하는 비율은 51%이다.
ㄷ. 건설시장의 주택부문에서 16층 이상 시장규모 비율이 매년 증가한 국가 수는 2개이다.
ㄹ. 2010년 건설시장의 주택부문에서 3~10층 시장규모를 순서대로 나열할 때 시장규모가 가장 큰 국가는 B국이다.

① ㄱ, ㄴ
② ㄴ, ㄷ
③ ㄷ, ㄹ
④ ㄱ, ㄴ, ㄷ
⑤ ㄴ, ㄷ, ㄹ

※ 다음은 2010~2014년 전국사업체조사 잠정결과 보도자료 중 일부이다. 다음 물음에 답하시오. [1~2]

〈연도별 사업체 수 및 종사자 수〉

(단위 : 개, 명, %)

구분		2010년	2011년	2012년	2013년	2014년
사업체	사업체 수	3,355,470	3,470,034	3,602,476	3,676,876	3,817,266
	1993년 대비 증감률	45.6	50.6	56.3	59.6	65.7
종사자	종사자 수	17,647,028	18,093,190	18,569,355	19,173,474	19,970,299
	1993년 대비 증감률	44.1	47.8	51.6	56.6	63.1

〈산업별 사업체 수 및 종사자 수〉

(단위 : 개, 명, %)

구분	사업체 수			종사자 수		
	2013년	2014년	증감률	2013년	2014년	증감률
광업	1,883	2,004	6.4	15,872	16,427	3.5
제조업	370,616	397,315	7.2	3,802,218	3,986,390	4.8
건설업	117,153	127,894	9.2	1,040,207	1,093,761	5.1
도매 및 소매업	960,388	998,904	4.0	2,879,955	3,019,472	4.8
운수업	371,639	379,189	2.0	1,014,030	1,048,370	3.4

〈종사자수 규모별 사업체 수 및 종사자 수〉

(단위 : 개, 명, %)

구분	사업체 수			종사자 수		
	2013년	2014년	증감률	2013년	2014년	증감률
합계	3,676,876	3,817,266	3.8	19,173,474	19,970,299	4.2
1~4인	3,005,251	3,102,285	3.2	5,377,963	5,588,584	3.9
5~99인	654,782	697,852	6.6	9,024,476	9,501,542	5.3
100~299인	13,395	13,650	1.9	2,091,143	2,125,805	1.7
300인 이상	3,448	3,479	0.9	2,679,892	2,754,368	2.8

01 자료를 바탕으로 나타낸 그래프로 옳은 것은?

① 1993년 대비 2010~2014년 사업체 수 및 종사자 수 증감률

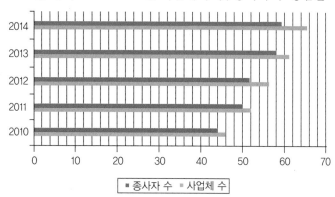

② 2014년 산업별 사업체 수 및 종사자 수 증감률

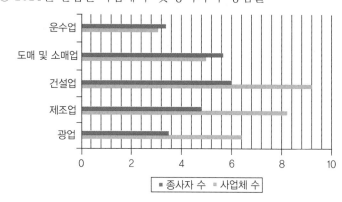

③ 2014년 규모별 사업체 수 및 종사자 수 증감률

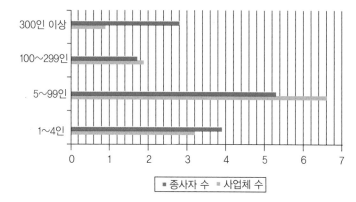

④ 2013~2014년 산업별 사업체 수

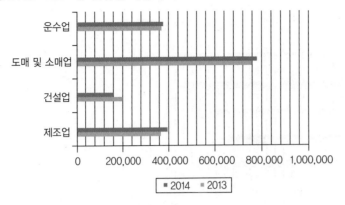

⑤ 2013~2014년 규모별 종사자 수

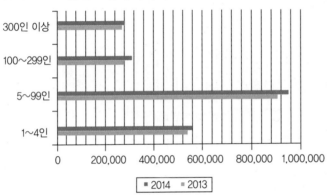

02 다음 〈보기〉의 설명 중 옳은 것을 모두 고르면?

> **보기**
>
> ㄱ. 운수업은 사업체 수와 종사자 수의 증감률 차이가 가장 작다.
> ㄴ. 2014년 1~4인 사업체 수는 전체 사업체 수의 약 70% 정도를 차지하고 있다.
> ㄷ. 2010~2014년 연도별 사업체 수 및 종사자 수는 꾸준히 증가하였다.
> ㄹ. 2013~2014년 사이에 사업체 수가 가장 높은 증가율을 보인 것은 건설업이다.

① ㄱ, ㄴ   ② ㄱ, ㄷ

③ ㄴ, ㄷ   ④ ㄴ, ㄹ

⑤ ㄷ, ㄹ

03 다음은 소매 판매 동향을 조사한 자료이다. 이 자료를 보고 판단한 내용 중 옳지 않은 것은?

〈소매업체별 판매액〉

(단위 : 십억 원, %, %p)

구분	2014년		2015년			
	연간	11월(비중)	10월	11월(비중)		
					전월 대비	전년 동월 대비
합계	359,746	30,955 (100.0)	32,280	32,268 (100.0)	–	+4.2
백화점	29,323	2,750(8.9)	2,798	2,846(8.8)	+1.7	+3.5
대형마트	47,497	3,946(2.7)	4,143	4,067(12.6)	−1.8	+3.1
슈퍼마켓	35,351	2,767(8.9)	2,960	2,866(8.9)	−3.2	+3.6
편의점	12,744	1,061(3.4)	1,578	1,419(4.4)	−10.1	+33.8
승용차 및 연료 소매점	91,980	7,710 (24.9)	7,721	7,782 (24.1)	+0.8	+0.9
전문 소매점	101,719	9,003 (29.1)	9,015	9,120 (28.3)	+1.2	+1.3
무점포 소매	41,133	3,718 (12.0)	4,168	4,168 (12.9)	+2.5	+12.1

① 2015년 11월 백화점의 판매액 비중은 전년 대비 소폭 감소하였다.

② 2015년 10월 대형마트와 2014년 11월 편의점 판매액은 약 3조 원 차이가 난다.

③ 2014년 전체 매출액에서 2014년 11월의 판매액은 약 $\frac{1}{10}$을 차지한다.

④ 2015년 11월에 전년 동월 대비 판매액이 가장 큰 폭으로 증가한 것은 무점포 소매이다.

⑤ 전년 동월 대비 증감률이 가장 낮은 것은 승용차 및 연료소매점이다.

※ 아래의 전개도를 접어 3차원 공간에서 이동시켰을 때, 처음과 끝이 다음과 같았다. 이동한 방향으로 옳은 것을 고르시오(단, 정육면체는 회전하면서 이동한다). [1~2]

01

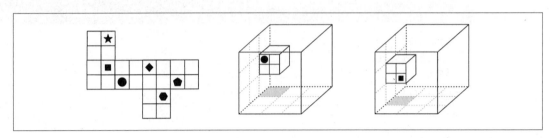

① 전우좌   ② 우좌전
③ 전후전   ④ 전전후
⑤ 후전전

02

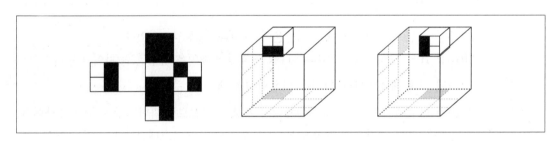

① 전우우   ② 전우후
③ 전전우   ④ 우좌우
⑤ 우우전

PART 2 적성검사

CHAPTER 01
언어이해

| 영역 소개 |

언어이해 영역은 25분의 시간 안에 20문제를 풀어야 하며, 크게는 '문장·문단배열', '개요 및 글의 수정', '빈칸 추론', '독해'로 나눌 수 있다. '문장·문단배열'과 '개요 및 글의 수정'에서는 전체적인 글의 구조에 대한 분석력과 논리력을 평가하고, '빈칸추론'과 '독해'에서는 전반적인 글의 흐름에 대한 이해력과 이를 토대로 한 추론 능력을 평가한다.

| 유형 소개 |

01　문장·문단배열

문장과 문장, 또는 문단과 문단 사이의 관계를 통해 글의 논리적 구조를 파악할 수 있는지를 평가하는 유형으로, 문장을 논리적 순서대로 배열하는 유형과 비교적 길이가 긴 문단을 배열하는 유형이 있다.

02　개요 및 글의 수정

글의 개요나 한 편의 글에서 적절하지 못한 부분을 찾아 올바르게 수정할 수 있는지를 평가하기 위한 유형으로, 각 개요의 서론·본론·결론 및 각각의 하위 항목을 수정하거나 항목을 추가·제거하는 유형과 글의 어휘·문장호응을 수정하거나 특정 문장을 추가·제거하는 유형이 출제되고 있다.

03　빈칸추론

빈칸추론은 지문 안의 빈칸에 들어갈 알맞은 문장을 찾는 유형으로, 없는 내용을 유추해야 하기 때문에 이 유형에 어려움을 느끼는 수험생들도 있으나, 글의 전체적인 흐름과 핵심내용을 파악하는 능력을 평가한다는 점에서 독해 유형과 맥을 같이한다.

04　독해

독해 유형은 내용일치, 주제/제목찾기, 추론하기 등 다양한 유형의 문제가 출제되며, 타 기업의 적성검사와 달리 다소 어려운 주제나 개념이 지문으로 등장하는 경우가 많아 쉽게 답을 고르기가 어려운 것이 특징이다.

이론점검

CHAPTER **01**

01　**논리구조**

논리구조에서는 주로 단락과 문장 간의 관계나 글 전체의 논리적 구조를 정확히 파악했는지를 묻는다. 글의 순서를 바르게 배열하는 유형이 출제되고 있다. 제시문의 전체적인 흐름을 바탕으로 각 문단의 특징, 단락 간의 역할 등을 논리적으로 구조화할 수 있는 능력을 길러야 한다.

CHECK POINT

문장배열 Tip
접속어 및 지시대명사 확인
→ 핵심어 찾기 → 문단별 중
심 문장 찾기 → 전체 주제
찾기

문장삽입 Tip
주어진 보기를 분석 → 각 문
단의 요지 파악 후 들어갈 자
리 파악

빈칸추론 Tip
빈칸이 있는 앞뒤 문단 내용
파악 → 선택지 중 확실한 오
답 제거 → 남은 선택지 중
자연스러운 내용 선택

(1) 문장의 관계와 원리

　① 문장과 문장 간의 관계

　　㉠ 상세화 관계 : 주지 → 구체적 설명(비교, 대조, 유추, 분류, 분석, 인용, 예시, 비유, 부연, 상술 등)

　　㉡ 문제(제기)와 해결 관계 : 한 문장이 문제를 제기하고, 다른 문장이 그 해결책을 제시하는 관계(과제 제시 → 해결 방안, 문제 제기 → 해답 제시)

　　㉢ 선후 관계 : 한 문장이 먼저 발생한 내용을 담고, 다음 문장이 나중에 발생한 내용을 담고 있는 관계

　　㉣ 원인과 결과 관계 : 한 문장이 원인이 되고, 다른 문장이 그 결과가 되는 관계(원인 제시 → 결과 제시, 결과 제시 → 원인 제시)

　　㉤ 주장과 근거 관계 : 한 문장이 필자가 말하고자 하는 바(주지)가 되고, 다른 문장이 그 문장의 증거(근거)가 되는 관계(주장 제시 → 근거 제시, 의견 제안 → 의견 설명)

　　㉥ 전제와 결론 관계 : 앞 문장에서 조건이나 가정을 제시하고, 뒤 문장에서 이에 따른 결론을 제시하는 관계

　② 문장의 연결 방식

　　㉠ 순접 : 원인과 결과, 부연 설명 등의 문장 연결에 쓰임

　　　예 그래서, 그리고, 그러므로 등

　　㉡ 역접 : 앞글의 내용을 전면적 또는 부분적으로 부정

　　　예 그러나, 그렇지만, 그래도, 하지만 등

　　㉢ 대등 · 병렬 : 앞뒤 문장의 대비와 반복에 의한 접속

　　　예 및, 혹은, 또는, 이에 반하여 등

ⓔ 보충 · 첨가 : 앞글의 내용을 보다 강조하거나 부족한 부분을 보충하기 위해 다른 말을 덧붙이는 문맥

　　　　예 단, 곧, 즉, 더욱이, 게다가, 왜냐하면 등

ⓜ 화제 전환 : 앞글과는 다른 새로운 내용을 이야기하기 위한 문맥

　　　　예 그런데, 그러면, 다음에는, 이제, 각설하고 등

ⓗ 비유 · 예시 : 앞글에 대해 비유적으로 다시 말하거나 구체적인 예를 보임

　　　　예 예를 들면, 예컨대, 마치 등

③ 원리 접근법

앞뒤 문장의 중심 의미 파악	앞뒤 문장의 중심 내용이 어떤 관계인지 파악	문장 간의 접속어, 지시어의 의미와 기능	문장의 의미와 관계성 파악
각 문장의 의미를 어떤 관계로 연결해서 글을 전개하는지 파악해야 한다.	지문 안의 모든 문장은 서로 논리적 관계성이 있다.	접속어와 지시어를 음미하는 것은 독해의 길잡이 역할을 한다.	문단의 중심 내용을 알기 위한 기본 분석 과정이다.

02 　논리적 이해

(1) 전제의 추론

전제의 추론은 원칙적으로 주어진 내용의 이면에 내포되어 있는 이미 옳다고 인정된 사실을 유추하는 유형이다.

① 먼저 주장이 무엇인지 명확하게 파악해야 한다.

② 주장이 성립하기 위해서 논리적으로 필요한 요건이 무엇인지 생각해 본다.

③ 선택지 중 주장과 논리적으로 인과 관계를 형성할 수 있는 조건을 찾아낸다.

(2) 결론의 추론

주어진 내용을 명확히 이해한 다음, 이를 근거로 이끌어 낼 수 있는 올바른 결론이나 관련 사항을 논리적인 관점에서 찾는 문제 유형이다. 이와 같은 문제는 평상시 비판적이고 논리적인 관점으로 글을 읽는 연습을 충분히 해 두어야 유리하다고 볼 수 있다.

CHECK POINT

➕ 문단의 종류

(1) 주지 문단 : 필자가 말하고자 하는 중심 내용이 담긴 문단

(2) 보조 문단(뒷받침 문단) : 중심 문단의 내용을 뒷받침해 주는 문단

① 도입 단락

② 전제 문단

③ 예증 · 예시 문단

④ 부연 · 상술 문단

⑤ 첨가 · 보충 문단

⑥ 강조 문단

⑦ 연결 문단

PART 2

언어이해　논리판단　자료해석　상황추론　공간지각　도식이해

이와 같은 유형의 문제를 풀 때는 먼저 제시문을 읽고, 그 글을 통해 타당성 여부를 검증해 가는 방법을 취하는 것이 좋다. 물론 통독(通讀)을 통해 각 문단에서 다루고 있는 내용이 무엇인지 미리 확인해 두어야만 선택지와 관련된 내용을 이끌어 낼 근거가 언급된 부분을 쉽게 찾을 수 있다.

CHECK POINT

독해
글을 구성하는 각 단위의 내용 관계 파악 → 글의 중심 내용 파악 → 글의 전개 방식과 구조적 특징 파악

(3) 주제의 추론

주제와 관련된 추론 문제는 적성검사에서 자주 출제되는 유형으로서, 글의 표제, 부제, 주제, 주장, 의도를 파악하는 형태의 문제와 같은 유형이다. 이러한 유형의 문제는 주제를 글의 첫 문단이나 마지막 문단을 통해서 찾을 수 있으며, 그렇지 않으면 문단의 병렬·대등 관계를 파악하면 쉽게 찾을 수 있다.

여러 문단에서 공통된 주제를 추론할 때는, 각각의 제시문을 먼저 요약한 뒤, 핵심 키워드를 찾은 다음, 이를 토대로 주제문을 가려내어 하나의 주제를 유추하면 된다. 평소에 제시문을 읽고, 핵심 키워드를 찾아 문장을 구성하는 연습을 많이 해두어야 한다. 또한 겉으로 드러난 주제나 정보를 찾는 데 그치지 않고 글 속에 숨겨진 의도나 정보를 찾기 위해 꼼꼼히 관찰하는 태도가 필요하다.

유형점검

정답 및 해설 p.052

PART 2

언어이해
논리판단
자료해석
정보추론
공간지각
도식이해

01 문장·문단 배열

기출유형 01 문장·문단 고르기

제시된 문장을 논리적인 순서대로 알맞게 배열했을 때 다음 순서에 들어갈 문단으로 옳은 것은?

(가) 이 건축물의 표면에는 일렁이는 파도를 연상시키는 곡선이 보이는데, 이는 당시 기존 건축양식과는 거리가 매우 멀어 처음엔 조롱거리가 되었다.

(나) 그의 여러 건축물 중 곡선미가 가장 잘 나타나는 것은 바로 1984년 유네스코 세계문화유산으로 지정된 '카사 밀라'다.

(다) 이러한 특징은 '구엘 공원'에 잘 나타나 있는데, 산의 원래 모양을 최대한 유지하기 위해 지면을 받치는 돌기둥을 만드는가 하면, 건축물에 식물을 심어 그 뿌리로 하여금 무너지지 않게 했다.

(라) 스페인을 대표하는 천재 건축가 가우디가 만든 건축물들의 대표적인 특징을 꼽자면, 먼저 '곡선'을 들 수 있다.

(마) 하지만 훗날 비평가들은 그의 창의성을 인정하게 됐고 현대 건축의 출발점으로 지금까지 평가되고 있다.

(바) 이처럼 구엘 공원은 주변 환경과의 조화를 중요시했던 가우디의 철학이 담긴 자연 친화형 공원으로 만들어진 것이다.

(사) 또 다른 특징으로는 자연과의 조화로, 그는 건축 역시 사람들이 살아가는 공간이자 자연의 일부라고 생각하여 가능한 자연을 훼손하지 않고 건축하는 것을 원칙으로 삼았다.

(아) 카사 밀라는 요즘의 빌라와 비슷한 공동주택 개념으로, 1906년 공사를 시작하여 4년 후인 1910년에 완성되었다.

	3번째	7번째
①	(가)	(아)
②	(가)	(바)
③	(가)	(사)
④	(마)	(다)
⑤	(아)	(다)

한끝 TIP

접속어와 지시어를 찾아 순서를 유추하고, 접속어나 지시어가 없는 경우 각 문장이나 문단의 핵심어를 찾아 글의 흐름을 파악한다.

※ 다음 제시된 단락을 읽고, 이어진 문장을 논리적 순서대로 알맞게 배열한 것을 고르시오. [2~3]

02

우리는 '방사능'이라는 단어를 뉴스든 신문이든 쉽게 접할 수 있다. 현대 사회에서는 방사성 물질을 통해서 전력을 생산하거나 무기를 만드는 등, 그 활용도가 다양하기 때문이다. 그러나 방사능의 위험성에 대해서는 크게 모르는 경우가 많다.

(가) 방사능 물질과의 접촉으로 인한 피폭은 남의 이야기가 아니라, 체르노빌 원자력 발전소 사태처럼 언제나 우리에게 일어날 수 있는 것이며, 그 피해는 매우 크다. 따라서 방사능 물질을 통한 산업 등에서는 크나큰 주의를 기울여야 할 것이다.

(나) 그 이름의 정의가 어떻든 간에, 인간이 방사능 물질과 접촉하는 것은 심대한 육체적 문제를 불러온다. 방사능 물질과 접촉하여 방사선을 쐬게 되는 것을 '피폭'이라 하는데, 과다한 피폭은 곧바로 죽음으로 직결될 수도 있을 정도로 위험하다.

(다) 방사능이라는 말은 원소의 원자핵이 붕괴하면서 고에너지 전자기파 혹은 입자를 방출하는 능력을 말한다. 방사능이라는 말은 물질을 대상으로 하는 것이 아니므로, '방사능 유출'이라는 말은 적합하지 않고 방사능 물질 혹은 방사성 물질로 불러야 할 것이다.

(라) 실례를 들자면, 체르노빌 원자력 발전소 사고에서 사고 처리를 맡던 당시 소련 사람들이 사고 처리 작업 후 갖게 된 여러 가지 병마, 체르노빌 원자력 발전소가 있던 우크라이나의 프리피야트가 아직도 접근에 제한을 받고 있는 점이 있을 것이다.

① (나) - (다) - (가) - (라) ② (나) - (다) - (라) - (가)
③ (라) - (나) - (가) - (다) ④ (다) - (나) - (가) - (라)
⑤ (다) - (나) - (라) - (가)

AIDS(Acquired Immune Deficiency Syndrome)는 HIV(Human Immunodeficiency Virus)의 감염으로 인해 일어나는 증후군으로서, HIV에 의해 면역세포가 파괴되어 정상적인 면역력을 갖지 못하게 되는 상태를 말한다. HIV 감염 몇 년 후에 면역세포가 일정량 이상 파괴된 상태를 AIDS라 부르며, 따라서 대부분의 감염자는 AIDS라기보다는 HIV 감염으로 부르는 것이 정확하다.

(가) HIV에 감염되면 몇 주 내에 감염 초기증상이 발생할 수 있으나, 이는 HIV 감염에서만 일어나는 특이한 증상이 아니므로 증상을 가지고 HIV 감염을 논하기는 어렵다. 많은 의사들의 의견 또한 이러하며, 검사만이 HIV 감염 여부에 대해 알 수 있는 통로라고 한다.

(나) 그럼에도 불구하고 HIV는 현재 완치될 수 없는 병이며 감염자에게 심대한 정신적 고통을 주게 되므로, HIV를 예방하기 위해서 불건전한 성행위를 하지 않는 것이 가장 중요하다 할 것이다.

(다) HIV의 감염은 일반적으로 체액과 체액의 교환으로 이루어지는데, 일반적으로 생각하는 성행위에 의한 감염은 이러한 경로로 일어난다. 대부분의 체액에는 HIV가 충분히 있지 않아, 실제로는 성행위 중 상처가 나는 경우의 감염확률이 높다고 한다.

(라) 이와 같은 경로를 거쳐 HIV에 감염되었음이 확인돼도 모든 사람이 AIDS로 진행하는 것은 아니다. 현재 HIV는 완치는 불가능하나 당뇨병과 같이 악화를 최대한 늦출 수 있는 질병으로서, 의학기술의 발전으로 약을 잘 복용한다면 일반인과 같이 생활할 수 있다고 한다.

① (다) － (가) － (라) － (나)
② (다) － (가) － (나) － (라)
③ (나) － (가) － (라) － (다)
④ (다) － (라) － (나) － (가)
⑤ (나) － (가) － (다) － (라)

04

(가) 하지만 영화를 볼 때 소리를 없앤다면 어떤 느낌이 들까? 아마 내용이나 분위기, 인물의 심리 등을 파악하기 힘들 것이다. 이런 점을 고려할 때 영화 속 소리는 영상과 분리해서 생각할 수 없는 필수 요소라고 할 수 있다. 소리는 영상 못지않게 다양한 기능이 있기 때문에 현대 영화감독들은 영화 속 소리를 적극적으로 활용하고 있다.

(나) 이와 같이 영화 속 소리는 다양한 기능을 수행하기 때문에 영화의 예술적 상상력을 빼앗는 것이 아니라 오히려 더 풍부하게 해 준다. 그래서 현대 영화에서 소리를 빼고 작품을 완성한다는 것은 생각하기 어려운 일이 되었다.

(다) 영화의 소리에는 대사, 음향 효과, 음악 등이 있으며, 이러한 소리들은 영화에서 다양한 기능을 수행한다. 우선, 영화 속 소리는 다른 예술 장르의 표현 수단보다 더 구체적이고 분명하게 내용을 전달하는 데 도움을 줄 수 있다. 그리고 줄거리 전개에 도움을 주거나 작품의 상징적 의미를 전달할 뿐만 아니라 주제 의식을 강조하는 역할을 하기도 한다. 또 영상에 현실감을 줄 수 있으며, 영상의 시공간적 배경을 확인시켜 주는 역할도 한다. 또한 영화 속 소리는 영화의 분위기를 조성하고 인물의 내면 심리도 표현할 수 있다.

(라) 유성영화가 등장했던 1920년대 후반에 유럽의 표현주의나 형식주의 감독들은 영화 속의 소리에 대한 부정적인 견해가 컸다. 그들은 가장 영화다운 장면은 소리 없이 움직이는 그림으로만 이루어진 장면이라고 믿었다. 그래서 그들은 영화 속 소리가 시각 매체인 영화의 예술적 효과와 영화적 상상력을 빼앗을 것이라고 내다보았다.

① (라) - (가) - (다) - (나)

② (가) - (다) - (라) - (나)

③ (라) - (다) - (가) - (나)

④ (나) - (라) - (가) - (다)

⑤ (나) - (라) - (다) - (가)

(가) 킬러 T세포는 혈액이나 림프액을 타고 몸속 곳곳을 순찰하는 일을 담당하는 림프 세포의 일종이다. 킬러 T세포는 감염된 세포를 직접 공격한다. 킬러 T세포는 세포 하나하나를 점검하여 바이러스에 감염된 세포를 찾아낸다. 이 과정에서 바이러스에 감염된 세포가 킬러 T세포에게 발각이 되면 죽게 된다. 그렇다면 킬러 T세포는 어떤 방법으로 바이러스에 감염된 세포를 파괴할까?

(나) 지금도 우리 몸의 이곳저곳에서는 비정상적인 세포분열이나 바이러스 감염이 계속되고 있다. 하지만 우리 몸에 있는 킬러 T세포가 병든 세포를 찾아내 파괴하는 메커니즘이 정상적으로 작동하고 있는 한 건강한 상태를 유지할 수 있다. 이렇듯 면역 시스템은 우리 몸을 지켜주는 수호신이다. 또한 우리 몸이 유기적으로 잘 짜인 구조임을 보여주는 좋은 예라고 할 수 있다.

(다) 이번에는 킬러 T세포가 활동한다. 킬러 T세포는 자기 표면에 있는 'TCR(T세포 수용체)'을 통해 세포의 밖으로 나온 MHC와 펩티드 조각이 결합해 이루어진 구조를 인식함으로써 바이러스 감염 여부를 판단한다. 만약 MHC와 결합된 펩티드가 바이러스 단백질의 것이라면 T세포는 활성화되면서 세포를 공격하는 단백질을 감염된 세포 속으로 보낸다. 이렇게 T세포의 공격을 받은 세포는 곧 죽게 되며, 그 안의 바이러스 역시 죽음을 맞이하게 된다.

(라) 우리 몸은 '자연적 치유'의 기능을 가지고 있다. '자연적 치유'라는 것은 우리 몸에 바이러스(항원)가 침투하더라도 외부의 도움 없이 이겨낼 수 있는 면역 시스템을 가지고 있다는 것을 의미한다. 그런데 이러한 면역 시스템에 관여하는 세포 중에서 매우 중요한 역할을 하는 세포가 있다. 그것은 바로 바이러스에 감염된 세포를 직접 찾아내 제거하는 '킬러 T세포(Killer T Cells)'이다.

(마) 면역 시스템에서 먼저 활동을 시작하는 것은 세포 표면에 있는 'MHC(주요 조직 적합성 유전자 복합체)'이다. MHC는 꽃게 집게발 모양의 단백질 분자로 세포 안에 있는 단백질 조각을 세포표면으로 끌고 나오는 역할을 한다. 본래 세포 속에는 자기 단백질이 대부분이지만, 바이러스에 감염되면 원래 없던 바이러스 단백질이 세포 안에 만들어진다. 이렇게 만들어진 자기 단백질과 바이러스 단백질은 단백질 분해 효소에 의해 펩티드 조각으로 분해되어 세포 속을 떠돌아다니다가 MHC와 결합해 세포 표면으로 배달되는 것이다.

① (라) - (가) - (마) - (다) - (나)
② (가) - (나) - (마) - (라) - (다)
③ (다) - (가) - (마) - (나) - (라)
④ (라) - (나) - (가) - (다) - (마)
⑤ (나) - (다) - (가) - (라) - (마)

개요 수정

다음은 '과소비의 문제점과 대책'이라는 제목으로 글을 쓰기 위해 작성한 개요이다. 빈칸에 들어갈 내용으로 적절하지 않은 것은?

Ⅰ. 서론 : 현재의 과소비 실태 소개
  − 유명 상표 선호 현상
  − 고가 외제 물건 구매 현상
Ⅱ. 본론 : 과소비의 문제점과 억제 방안 제시
  가. 과소비의 문제점
    ┌─────────────────┐
    └─────────────────┘
  나. 과소비의 억제 방안
    − 근검절약의 사회 기풍 진작
    − 과소비에 대한 무거운 세금 부과
    − 건전한 소비 생활 운동 전개
Ⅲ. 결론 : 건전한 소비 문화의 정착 강조

① 소비재 산업의 기형적 발전
② 개방화에 따른 외국 상품의 범람
③ 충동구매로 인한 가계 부담의 가중
④ 외화 낭비 및 계층 간의 위화감 증가
⑤ 저축률 하락으로 인한 투자 재원의 부족

한끝 TIP

각 항목이 전체 주제 및 소주제의 하위 항목으로 적절한지, 또는 소주제가 전체 주제의 하위 항목과 하위 항목을 포괄하는 내용으로 적절한지 확인해야 한다. 주어진 보기 중 통일성에 위배되지 않는 내용은 수정할 필요가 없다는 점에 유의한다.

02 다음과 같이 '독서 심리 치료'와 관련한 개요를 작성하였다. 이에 대한 설명으로 적절하지 않은 것은?

주제문 : ☐☐☐☐☐☐☐☐☐☐ ㉠ ☐☐☐☐☐☐☐☐☐
Ⅰ. 처음 : 독서 심리 치료에 대한 관심의 증대
Ⅱ. 중간
    1. 독서 심리 치료의 방법
      (1) 독서 심리 치료의 유래
      (2) 독서 심리 치료의 개념
    2. 독서 심리 치료의 이론적 기초
      (1) 정신분석 이론
      (2) 사회학습 이론
    3. 독서 심리 치료의 과정
      (1) ☐☐☐☐☐☐☐ ㉡ ☐☐☐☐☐☐☐
      (2) 참여자에게 필요한 정보를 제공
      (3) 참여자의 자발적인 해결을 유도
    4. 독서 심리 치료의 효과
      (1) 단기적 효과
      (2) 장기적 효과
Ⅲ. 끝 : 독서 심리 치료의 활성화

① ㉠은 '독서 심리 치료를 바르게 이해하고 활성화하자.'로 한다.
② Ⅰ에서 관련 신문 기사를 인용하여 흥미를 불러일으킨다.
③ 'Ⅱ-1'은 '독서 심리 치료의 정의'로 바꾼다.
④ 'Ⅱ-2'의 하위 항목으로 '독서 심리 치료의 성공 사례'를 추가한다.
⑤ ㉡은 '참여자의 심리 상태를 진단'으로 한다.

글의 수정

다음 글의 ㉠~㉤에 대한 고쳐 쓰기 방안으로 적절하지 않은 것은?

시간을 잘 관리하는 사람은 서두르지 않으면서 늦는 법이 없다. 시간의 주인으로 살기 때문이다. 반면, 시간을 잘 관리하지 못하는 사람은 잡다한 일로 늘 바쁘지만 놓치는 것이 많다. 시간에 묶이기 때문이다. 당신은 어떤 사람인가.

㉠ 하지만 이 말이 일분일초의 여유도 없이 빡빡하게 살라는 말은 아니다. 주어진 순간순간을 밀도 있게 사는 것은 중요하다. 우리는 목표를 정하고 부수적인 것들을 정리하면서 삶의 곳곳에 비는 시간을 ㉡ 만들어져야 한다. 자동차와 빌딩으로 가득한 도시에 공원이 필요하듯 우리의 시간에도 여백이 필요한 것이다. 조금은 비워 두고 무엇이든 자유롭게 할 수 있는 여백은 우리 삶에서 꼭 필요하다. ㉢ 인생의 기쁨은 자존감에 바탕을 둔 배려심에서 나온다. 목표를 향해 가면서 우리는 예상치 못한 일에 맞닥뜨릴 수 있다. 그러한 뜻밖의 상황에서 시간의 여백이 없다면 우리는 문제를 해결하지 못해 목표와 방향을 잃어버릴지도 모른다. ㉣ 그러므로 시간의 여백의 만드는 것은 현명한 삶을 위한 최고의 시간 관리라 할 수 있다. ㉤ 따라서 우리는 시간을 체계적이고 확실한 방법으로 1분 1초의 여유도 남기지 않고 빡빡하게 일정을 계획해야 한다.

① ㉠ : 문맥을 고려하여 뒷문장과 순서를 바꾸는 것이 좋겠어.

② ㉡ : 문장 성분 간의 호응을 고려하여 '만들어야'로 고치는 것이 좋겠어.

③ ㉢ : 글의 통일성을 고려하여 삭제하는 것이 좋겠어.

④ ㉣ : 문장의 연결 관계를 고려하여 '또한'으로 바꾸는 것이 좋겠어.

⑤ ㉤ : 문장이 전체 글의 흐름과 상반되는 내용이므로 삭제하는 것이 좋겠어.

04 다음 글에서 밑줄 친 ㉠~㉤의 수정 방안으로 적절하지 않은 것은?

수험생이 실제로 하고 있는 건강관리는 전문가들이 추천한 건강관리 활동과 차이가 있다. 수험생들은 건강이 나빠지면 가장 먼저 보양 음식을 챙겨 먹는 것으로 ㉠ 건강을 되찾으려고 한다. ㉡ 수면 시간을 늘리는 것으로 건강관리를 시도한다. 이러한 시도는 대부분의 사람들이 신체에 적신호가 일어났을 때 컨디션 관리를 통해 그것을 해결하려고 하는 자연스러운 활동으로 볼 수 있다. ㉢ 그래서 수험생은 다른 사람들보다 학업에 대한 부담감과 미래에 대한 불안감, 시험에서 오는 스트레스가 높다는 점을 생각해 본다면 신체적 건강과 정신적 건강의 연결 고리에 대해 생각해 봐야 한다. 실제로 ㉣ 전문가들이 수험생 건강관리를 위한 조언을 보면 정신적 스트레스를 다스리는 것이 중요하다는 점을 알 수 있다. 수험생의 건강에 가장 악영향을 끼치는 것은 자신감과 긍정적인 생각의 부족이다. 시험에 떨어지거나 낮은 성적을 받는 것에 대한 심리적 압박감이 건강을 크게 위협한다는 것이다. ㉤ 성적에 대한 부담감은 누구에게나 있지만 성적을 통해서 인생이 좌우되는 것은 아니다. 전문가들은 수험생에게 명상을 하면서 마음을 진정하는 것과, 취미 활동을 통해 긴장을 완화하는 것이 스트레스의 해소에 도움이 된다고 조언한다.

① ㉠ : 의미를 분명히 하기 위해 '건강을 찾으려고 한다'로 수정한다.
② ㉡ : 자연스러운 연결을 위해 '그 다음으로'를 앞에 넣는다.
③ ㉢ : 앞뒤 내용이 전환되므로 '하지만'으로 바꾼다.
④ ㉣ : 호응 관계를 고려하여 '전문가들의 수험생 건강관리를 위한 조언'으로 수정한다.
⑤ ㉤ : 글의 전개상 불필요한 내용이므로 삭제한다.

※ 다음 빈칸에 들어갈 말로 가장 적절한 것을 고르시오. [1~3]

01

상품을 만들어 파는 사람이 그 수고의 대가를 받고 이익을 누리는 것은 당연하다. 하지만 그 이익이 다른 사람의 고통을 무시하고 얻어진 경우에는 정당하지 않을 수 있다. 제3세계에 사는 많은 환자가, 신약 가격을 선진국의 수준으로 유지하는 거대 제약회사의 정책 때문에 고통 속에서 죽어가고 있다. 그 약값을 감당할 수 있는 우리 영국인이 보기에도 이는 이익이란 명분 아래 발생하는 끔찍한 사례다. 비난의 목소리가 높아지자 제약회사의 대규모 투자자 중 일부는 자신들의 행동이 윤리적인지 고민하기 시작했다. 사람들이 약값 때문에 약을 구할 수 없다는 것은 분명히 잘못된 일이다. 하지만 그렇다고 해서 국가가 제약회사들에 손해를 감수하라는 요구를 할 수는 없다는 데 사태의 복잡성이 있다. 신약을 개발하는 일에는 막대한 비용과 시간이 들며, 그 안전성 검사가 법으로 정해져 있어서 추가 비용이 발생한다. 이를 상쇄하기 위해 제약회사들은 시장에서 최대한 이익을 뽑아내려 한다. 얼마나 많은 환자가 신약을 통해 고통에서 벗어나는가에 대한 관심을 이들에게 기대하긴 어렵다. 그러나 만약 제약회사들이 존재하지 않는다면 신약 개발도 없을 것이다. 상업적 고려와 인간의 건강 사이에 존재하는 긴장을 어떻게 해소해야 할까? 제3세계의 환자를 치료하는 일은 응급사항이며, 제약회사들의 자선을 기대하는 것은 비현실적이다. 그렇다면 그 대안은 명백하다. [   ]
물론 여기에도 문제는 있다. 이 대안이 왜 실현되기 어려운 걸까? 그 이유가 무엇인지는 우리가 자신의 주머니에 손을 넣어 거기에 필요한 돈을 꺼내는 순간 분명해질 것이다.

① 제3세계에 제공되는 신약 가격을 선진국과 같도록 해야 한다.
② 제3세계 국민에게 필요한 신약을 선진국 국민이 구매하여 전달해야 한다.
③ 선진국들은 자국의 제약회사가 제3세계에 신약을 저렴하게 공급하도록 강제해야 한다.
④ 각국 정부는 거대 제약회사의 신약 가격 결정에 자율권을 주어 개발 비용을 보상받을 수 있게 해야 한다.
⑤ 거대 제약회사들이 제3세계 국민들을 위한 신약 개발에 주력하도록 선진국 국민이 압력을 행사해야 한다.

국내 여가활동을 개인 활동, 사회성 여가활동, 동호회 활동으로 분류하여 유형별 참여율을 비교하였더니 전체 응답자 중 개인 활동 참여에 응답한 사람이 52.1%로 가장 높았고 사회성 여가활동인 자원봉사활동은 11.9%, 동호회 활동은 10.1%로 저조했다. 국내 여가자원을 여가시간과 비용 면에서 살펴보았을 때 2012년 15세 이상 국민들의 하루 평균 여가시간은 평일 3.3시간, 휴일 5.1시간으로 2010년 평일 4시간, 휴일 7시간보다 평일 여가시간이 0.7시간, 휴일 여가시간이 1.9시간 감소하였음을 확인할 수 있었고, 여가비용은 2012년 한 달 평균 12만 5천 원 정도로 2010년의 16만 8천 원보다 4만 3천 원 정도 감소한 것으로 나타났다. 이 자료는 여가자원이 충분하지 않고, 국내 여가생활 만족도를 파악하는 자료로 활용할 수 있다. 현재 국내에서 행해지고 있는 여가자원 정책을 살펴보면 주 40시간 근무제의 경우 여가만족도는 긍정적이지만 2010년부터 다소 낮아져 2012년에는 36.4%가 실시하고 있다고 응답하였다. 주5일 수업제는 실시 후 평균 46.5%가 만족하고 있다고 응답했다. 종합하면 활발한 여가활동을 저해하는 원인으로 여가자원과 여가활동 지원 정책의 부족을 들 수 있다. 여가생활의 질을 높이기 위해 여가를 개인적인 문제로 볼 것이 아니라 ⬚⬚⬚⬚⬚⬚⬚⬚⬚⬚ 체계적인 정책과 계획 수립을 이룩해야 할 것이다.

① 다양한 지원 방안을 고려하여
② 삶의 질 향상을 위한 수단으로
③ 공적인 정책 과제라는 태도로
④ 국민의 권익 보장 수단으로
⑤ 여가활동의 활성화 방안으

스트레스는 만병의 근원이란 말이 나돌고 있다. 정말로 스트레스는 의학적인 만병의 근원으로, 우리에게 신체적 해가 되는 일 자체보다도 이를 극복해 나가는 고통스런 과정이 더 문제인 것 같다. 허나 살아가면서 아무리 큰 스트레스를 겪더라도 시간이 경과함에 따라 점차로 망각의 세계로 흘려보내게 되는 것은 천만다행스러운 일이 아닐 수 없다. 개인적 차이야 있겠지만 고독한 개별 존재로 살아가면서 겪는 삶의 갈등에서 '세월이 약이다.'라는 우리 속담의 역할은 우리에게 참으로 큰 위안을 준다. 과거 기억의 집착에서 빨리 벗어나는 것은 진정으로 필요한 일이며, 이러한 자각의 과정이야말로 결국 혼자인 자신을 성찰할 좋은 기회가 된다. 그러니 이런 의미의 건망증이야 하느님이 우리에게 주신 좋은 선물 가운데 하나가 아니겠는가.

이와 같은 공리적인 건망증과는 달리, 우리 속담에 [   ]는 말과 같이 순간적인 건망증은 우리 생활에 웃음을 주는 활력소가 된다. 주부가 손에 고무장갑을 끼고 장갑을 찾는다든가, 안경을 쓴 채 안경을 찾으러 이리저리 다니는 일 따위의 일이야 주변에서 흔히 목격할 수 있는 일이다. 영국의 명재상이면서 끽연가인 처칠이 파이프를 물고 파이프를 찾았다든가, 혹은 18세기 영국의 문명 비평가였던 사무엘 존슨이 자신의 결혼식 날을 잊고 그 시간에 서재에서 집필하고 있었다는 일화도 정말로 우리를 웃음,짓게 하는 유쾌한 건망증이다.

의학적으로 대충 50대를 전후하여 기억 세포의 사멸로 기억력이 점차로 쇠퇴하여지기 시작한다고 한다. 이제 이순(耳順)의 나이를 넘어서다 보니, 주변 친구들을 만나면 늙는다는 타령과 함께 건망증을 소재로 한담(閑談)의 공간을 채우는 경우가 많아지게 되었다. 한 번은 건망증을 화제로 한자리에서, 지우(知友)가 이젠 하도 잊어버리는 일이 많더니 급기야 잊지 않으려 적어 놓은 메모까지도 잊어 못 찾게 되었노라고 한숨을 짓는 것을 보고 나는 빙그레 웃어 주었다. 그리고 이 말을 해주었다. 그 자체가 바로 자연이고 순리인 것이라고. 잊지 않으려고 억지로 노력하는 일도 하나의 집착인 것이라고.

① 우물에 가 숭늉 찾는다
② 장님 코끼리 말하듯 한다
③ 업은 아이 삼 년을 찾는다
④ 소문 난 잔치에 먹을 것 없다
⑤ 소경이 개천 나무란다

다음 글의 빈칸에 들어갈 문장을 〈보기〉에서 골라 순서대로 올바르게 나열한 것은?

PART 2

언어이해

논리판단

자료해석

정보추론

공간지각

도식이해

사람들은 커뮤니케이션에 대한 관점이 다르기 때문에 메시지 내용의 구성에 있어서도 매우 차이가 나는 것을 볼수 있다. 메시지 구성논리(Message Design Logic)는 사람들이 자신의 생각과 메시지의 구성을 연결하는 커뮤니케이션에 대하여 가지는 믿음 체계라고 볼 수 있다. 다시 말해 커뮤니케이션의 기능이나 특성에 대한 사람들의 차별적인 관점이 메시지 구성에서 차별화를 보여 준다는 것이다. 이러한 차별적 메시지 구성은 사람들이 갈등적 관계에 있을 때 특히 명확하게 드러난다. 오키프는 다음과 같은 세 가지 종류의 메시지 구성논리를 주장하고 있다.

첫 번째, 표현적 메시지 구성논리(Expressive Message Design Logic)는 송신자 중심의 패턴이라고 볼 수 있다. 이러한 패턴을 사용하는 사람들은 기본적으로 자신의 표현(Self-expression)을 가장 중요하게 생각한다. _____ 표현적 메시지 구성논리를 사용하는 사람들은 자신의 생각의 표현을 억제하는 것이 힘들며, 생각하는 것을 곧바로 입으로 표현하고자 한다. 이러한 사람들은 커뮤니케이션에서 솔직함이나 개방성, 명쾌함 등을 중요한 가치로 생각하며, 의도적이고 전략적으로 말을 하는 사람들을 신뢰하지 않는다. 마음에 있는 것들을 곧바로 말하고 싶은 충동을 갖고 있는 것이다. 메시지 내용의 대부분은 송신자가 무엇을 느끼고 있는가에 초점이 맞춰져 있는 것이다.

두 번째는 인습적 메시지 구성논리(Conventional Message Design Logic)이다. 두 번째 메시지 구성논리를 사용하는 사람들은 커뮤니케이션을 협동적으로 이뤄지는 게임으로 간주한다. 따라서 이러한 사람들은 커뮤니케이션에서 적절함에 관심을 가지며, 대화의 맥락, 역할, 관계 등을 중요하게 생각한다. _____ 그들은 공손하려고 애쓰며, 사회적 규칙 등을 암시적으로 언급하는 사람들이다. 다른 사람이 사회적으로 잘못했을 경우 그 사람의 행동이 부적절했음을 지적할 뿐만 아니라 상대방의 사회적 위치가 무엇인지를 지적하는 사람인 것이다.

마지막으로 세 번째 구성논리는 수사적 메시지 구성논리(Rhetorical Message Design Logic)이다. _____ 이러한 사고방식은 커뮤니케이션의 기술적 능력과 세심함과 함께 유연성을 특히 강조하고 있다. 수사적 메시지 구성논리를 중심으로 하는 사람들은 상대방의 관점을 이해하기 위하여 상대방과의 커뮤니케이션의 내용에 주목한다. 서로 간에 이익이 되는 상황으로 기존의 상황을 재정의함으로써 문제를 예방하려고 한다.

보기

㉠ 이러한 구성논리를 사용하는 사람들은 커뮤니케이션을 상황을 만들고 복수(자신과 상대방)의 목표를 타협하는 도구로 간주한다.
㉡ 커뮤니케이션이란 송신자의 생각이나 감정을 전달하는 수단으로 간주되는 것이다.
㉢ 주어진 상황에서 올바른 것을 말하고 행하는 것에 관심을 갖는 것이다.

① ㉠, ㉡, ㉢
② ㉠, ㉢, ㉡
③ ㉡, ㉠, ㉢
④ ㉢, ㉡, ㉠
⑤ ㉡, ㉢, ㉠

01 다음 글의 내용과 일치하는 것은?

> 제2차 세계대전 중, 태평양의 한 전투에서 일본군은 미군 흑인 병사들에게 자신들은 유색인과 전쟁할 의도가 없으니 투항하라고 선전하였다. 이 선전물을 본 백인 장교들은 그것이 흑인 병사들에게 미칠 영향을 우려하여 급하게 부대를 철수시켰다. 사회학자인 데이비슨은 이 사례에서 아이디어를 얻어서 대중매체가 수용자에게 미치는 영향과 관련한 '제3자 효과(Third—person Effect)' 이론을 발표하였다.
>
> 이 이론의 핵심은 대중매체의 영향력을 차별적으로 인식한다는 데에 있다. 곧 사람들은 수용자의 의견과 행동에 미치는 대중 매체의 영향력이 자신보다 다른 사람들에게서 더 크게 나타나리라고 믿는 경향이 있다는 것이다. 예를 들어 선거 때 어떤 후보에게서 탈세 의혹이 있다는 신문보도를 보았다고 하자. 그때 사람들은 후보를 선택하는 데 자신보다 다른 독자들이 더 크게 영향을 받을 것이라고 여긴다.
>
> 제3자 효과는 대중매체가 전달하는 내용에 따라 다르게 나타난다. 예컨대 대중매체가 건강 캠페인과 같이 사회적으로 바람직한 내용을 전달할 때보다 폭력물이나 음란물처럼 유해한 내용을 전달할 때, 사람들은 자신보다 다른 사람들에게 미치는 영향력을 더욱 크게 인식한다는 것이다. 이러한 인식은 수용자의 구체적인 행동에도 영향을 미쳐, 제3자 효과가 크게 나타나는 사람일수록 내용물의 심의, 검열, 규제와 같은 법적·제도적 조치에 찬성하는 성향을 보인다.
>
> 제3자 효과 이론은 사람들이 다수의 의견처럼 보이는 것에 영향 받을 수 있다는 이론과 연결되면서, 여론의 형성 과정을 설명하는 데도 이용되었다. 이 설명에 따르면, 사람들은 자신은 대중매체의 전달 내용에 쉽게 영향 받지 않는다고 생각하면서도 다른 사람들이 영향 받을 것을 고려하여 자신의 태도와 행위를 결정한다. 즉, 다른 사람들에게서 소외되어 고립되는 것을 염려한 나머지, 자신의 의견을 포기하고 다수의 의견이라고 생각하는 것을 따라가게 된다는 것이다.

① 태평양 전쟁 당시 흑인 병사들에게 나타난 제3자 효과는 미군 철수의 원인이 되었다.

② 대중매체의 영향을 크게 받는 사람일수록 대중매체에 대한 법적·제도적 조치에 반대하는 경향이 있다.

③ 사람들이 제3자 효과에 휩싸이는 이유는 대중매체가 다수의 의견을 반영하기 때문이다.

④ 사람들은 자신이 타인에 비해 대중매체의 영향을 덜 받는다 생각하면서도 결과적으로 타인과 의견을 같이하는 경향이 있다.

⑤ 제3자 효과가 나타나는 사람은 일단 한번 대중매체를 타면 어떤 내용이든지 동등한 수준으로 다른 이들에게 영향을 끼친다고 믿는다.

기출유형

02 내용 일치

일그러진 달항아리와 휘어진 대들보. 물론 달항아리와 대들보가 언제나 그랬던 것은 아니다. 사실인즉 일그러지지 않은 달항아리와 휘어지지 않은 대들보가 더 많았을 것이다. 하지만 주목해야 할 것은 한국인들은 달항아리가 일그러졌다고 해서 깨뜨려 버리거나, 대들보감이 구부러졌다고 해서 고쳐서 쓰거나 하지는 않았다는 것이다. 나아가 그들은 살짝 일그러진 달항아리나 그럴싸하게 휘어진 대들보, 입술이 약간 휘어져 삐뚜름 능청거리는 사발이 오히려 멋있다는 생각을 했던 것 같다. 일그러진 달항아리와 휘어진 대들보에서 '형(形)의 어눌함'과 함께 '상(象)의 세련됨'을 볼 수 있다. 즉, '상의 세련됨'을 머금은 '형의 어눌함'을 발견하게 된다. 대체로 평균치를 넘어서는 우아함을 갖춘 상은 어느 정도 형의 어눌함을 수반한다. 이런 형상을 가리켜 아졸하거나 고졸하다고 하는데, 한국 문화는 이렇게 상의 세련됨과 형의 어눌함이 어우러진 아졸함이나 고졸함의 형상으로 넘쳐난다. 분청이나 철화, 달항아리 같은 도자기 역시 예상과는 달리 균제적이거나 대칭적이지 않은 경우가 많다. 이 같은 비균제성이나 비대칭성은 무의식(無意識)의 산물이 아니라 '형의 어눌함을 수반하는 상의 세련됨'을 추구하는 미의식(美意識)의 산물이다. 이러한 미의식은 하늘과 땅과 인간을 하나의 커다란 유기체로 파악하는 우리 민족이 자신의 삶을 통해 천지인의 조화를 이룩하기 위해 의식적으로 노력한 결과이다.

① 달항아리는 일그러진 모습, 대들보는 휘어진 모습을 한 것들이 많다.
② 한국인들은 곧은 대들보와 완벽한 모양의 달항아리를 좋아하지 않았다.
③ '상(象)의 세련됨'은 '형(形)의 어눌함' 안에서도 발견할 수 있다.
④ 분청, 철화, 달항아리 같은 도자기에서는 비대칭적인 요소가 종종 발견된다.
⑤ 비대칭적 미의식은 천지인을 유기체로 파악하는 우리 민족의 의식적인 노력의 결과이다.

한끝 TIP

보기를 먼저 읽고 지문에서 확인해야 할 내용을 체크한 후, 지문을 읽으며 오답을 지워나가면 문제를 푸는 시간을 단축할 수 있다.

03

저작권은 저자의 권익을 보호함으로써 활발한 저작 활동을 촉진하여 인류의 문화 발전에 기여하기 위한 것이다. 그러나 이렇게 공적 이익을 추구하기 위한 저작권이 현실에서는 일반적으로 지나치게 사적 재산권을 행사하는 도구로 인식되고 있다. 저작물 이용자들의 권리를 보호하기 위해 마련한, 공익적 성격의 법조항도 법적 분쟁에서는 항상 사적 재산권의 논리에 밀려 왔다. 저작권 소유자 중심의 저작권 논리는 실제로 저작권이 담당해야 할 사회적 공유를 통한 문화 발전을 방해한다.

몇 해 전의 '애국가 저작권'에 대한 논란은 이러한 문제를 단적으로 보여준다. 저자 사후 50년 동안 적용되는 국내 저작권법에 따라, 애국가가 포함된 〈한국 환상곡〉의 저작권이 작곡가 안익태의 유족들에게 2015년까지 주어졌다는 사실이 언론을 통해 알려진 것이다. 누구나 자유롭게 이용할 수 있는 국가(國歌)마저 공공재가 아닌 개인 소유라는 사실에 많은 사람들이 놀랐다. 창작은 백지 상태에서 완전히 새로운 것을 만드는 것이 아니라 저작자와 인류가 쌓은 지식 간의 상호 작용을 통해 이루어진다. '내가 남들보다 조금 더 멀리보고 있다면, 이는 내가 거인의 어깨 위에 올라서 있는 난쟁이이기 때문'이라는 뉴턴의 겸손은 바로 이를 말한다.

이렇듯 창작자의 저작물은 인류의 지적 자원에서 영감을 얻은 결과이다. 그러한 저작물을 다시 인류에게 되돌려주는 데 저작권의 의의가 있다. 이러한 생각은 이미 1960년대 프랑스 철학자들에 의해 형성되었다. 예컨대 기호학자인 바르트는 '저자의 죽음'을 거론하면서 저자가 만들어 내는 텍스트는 단지 인용의 조합일 뿐 어디에도 '오리지널'은 존재하지 않는다고 단언한다. 전자 복제 기술의 발전과 디지털 혁명은 정보나 자료의 공유가 지니는 의의를 잘 보여주고 있다. 인터넷과 같은 매체 환경의 변화는 원본을 무한히 복제하고 자유롭게 이용함으로써 누구나 창작의 주체로서 새로운 문화 창조에 기여할 수 있도록 돕는다. 인터넷 환경에서 이용자는 저작물을 자유롭게 교환할 뿐 아니라 수많은 사람들과 생각을 나눔으로써 새로운 창작물을 생산하고 있다. 이러한 상황은 저작권을 사적 재산권의 측면에서보다는 공익적 측면에서 바라볼 필요가 있음을 보여준다.

① 저작권 보호기간인 사후 50년이 지난 저작물에 대한 저자의 권익은 보호받지 못한다.
② 공적 이익 추구를 위한 저작권이 사적 재산권보호를 위한 도구로 전락하였다.
③ 창작은 이미 존재하는 지적 자원의 영향을 받아 이루어진다.
④ 매체 환경의 변화로 누구나 새로운 문화를 창조할 수 있게 되었다.
⑤ 저작권의 의의는 전혀 새로운 문화를 창작한다는 데 있다.

다음 글의 주제로 가장 적절한 것은?

동양 사상이라 해서 언어와 개념을 무조건 무시하는 것은 결코 아니다. 만약 그렇다면 동양 사상은 경전이나 저술을 통해 언어화되지 않고 순전히 침묵 속에서 전수되어 왔을 것이다. 물론 이것은 사실이 아니다. 동양 사상도 끊임없이 언어적으로 다듬어져 왔으며 논리적으로 전개되어 왔다. 흔히 동양 사상은 신비주의적이라고 말하지만, 이것은 동양 사상의 한 면만을 특정 지우는 것이지 결코 동양의 철인(哲人)들이 사상을 전개함에 있어 논리를 무시했다거나 항시 어떤 신비적인 체험에 호소해서 자신의 주장들을 폈다는 것을 뜻하지는 않는다. 그러나 역시 동양 사상은 신비주의적임에 틀림없다. 거기서는 지고(至高)의 진리란 언제나 언어화될 수 없는 어떤 신비한 체험의 경지임이 늘 강조되어 왔기 때문이다. 최고의 진리는 언어 이전, 혹은 언어 이후의 무언(無言)의 진리이다. 엉뚱하게 들리겠지만, 동양 사상의 정수(精髓)는 말로써 말이 필요 없는 경지를 가리키려는 데에 있다고 해도 과언이 아니다. 말이 스스로를 부정하고 초월하는 경지를 나타내도록 사용된 것이다. 언어로써 언어를 초월하는 경지를 나타내고자 하는 것이야말로 동양 철학이 지닌 가장 특징적인 정신이다. 동양에서는 인식의 주체를 심(心)이라는 매우 애매하면서도 포괄적인 말로 이해해 왔다. 심(心)은 물(物)과 항시 자연스러운 교류를 하고 있으며, 이성은 단지 심(心)의 일면일 뿐인 것이다. 동양은 이성의 오만이라는 것을 모른다. 지고의 진리, 인간을 살리고 자유롭게 하는 생동적 진리는 언어적 지성을 넘어선다는 의식이 있었기 때문일 것이다. 언어는 언제나 마음을 못 따르며 둘 사이에는 항시 괴리가 있다는 생각이 동양인들의 의식의 저변에 깔려 있는 것이다.

① 동양 사상은 신비주의적인 요소가 많다.
② 언어와 개념을 무시하면 동양 사상을 이해할 수 없다.
③ 동양 사상은 언어적 지식을 초월하는 진리를 추구한다.
④ 인식의 주체를 심(心)으로 표현하는 동양 사상은 이성적이라 할 수 없다.
⑤ 동양 사상에서는 언어는 마음을 따르므로 진리는 마음속에 있다고 주장한다.

TIP

부분적인 내용만 포함하는 보기가 함께 제시되는 경우가 있어 헷갈리기 쉽다. 지문을 전체적으로 읽고 전체 내용을 아우르는 보기를 골라야 한다.

사전적 정의에 의하면 재즈는 20세기 초반 미국 뉴올리언스의 흑인 문화 속에서 발아한 후 미국을 대표하는 음악 스타일이자 문화가 된 음악 장르이다. 서아프리카의 흑인 민속음악이 18세기 후반과 19세기 초반의 대중적이고 가벼운 유럽의 클래식 음악과 만나서 탄생한 것이 재즈다. 그러나 이 정도의 정의로 재즈의 전모를 밝히기에는 역부족이다. 이미 재즈가 미국을 넘어 전 세계에서 즐겨 연주되고 있으며 그 기법 역시 트레이드 마크였던 스윙 (Swing)에서 많이 벗어났기 때문이다.

한편 재즈 역사가들은 재즈를 음악을 넘어선 하나의 이상이라고 이야기한다. 그 이상이란 삶 속에서 우러나온 경험과 감정을 담고자 하는 인간의 열정적인 마음이다. 여기에서 영감을 얻은 재즈 작곡가나 연주자는 즉자적으로 곡을 작곡하고 연주해 왔으며, 그러한 그들의 의지가 바로 다사다난한 인생을 관통하여 재즈에 담겨 있다. 초기의 재즈가 미국 흑인들의 한과 고통을 담아낸 흔적이자 역사 그 자체인 점이 이를 증명한다.

억압된 자유를 되찾으려는 그들의 저항 의식은 아름답게 정제된 기존의 클래식 음악의 틀 안에서는 온전하게 표출될 수 없었다. 불규칙적으로 전개되는 과감한 불협화음, 줄곧 어긋나는 듯한 리듬, 정제되지 않은 멜로디, 이들의 총합으로 유발되는 긴장감과 카타르시스……. 당시 재즈 사운드는 충격 그 자체였다. 그렇지만 현 시점에서 이러한 기법과 형식을 담은 장르는 넘쳐날 정도로 많아졌고, 클래식 역시 아방가르드(Avantgarde)라는 새로운 영역을 개척한 지 오래이다. 그러므로 앞에서 언급한 스타일과 이를 가능하게 했던 이상은 더 이상 재즈만의 전유물이라 할 수 없다.

켄 번스(Ken Burns)의 영화 '재즈(Jazz)'에서 윈턴 마살리스(Wynton Marsalis)는 "재즈의 진정한 힘은 사람들이 모여서 즉흥적인 예술을 만들고 자신들의 예술적 주장을 타협해 나가는 것에서 나온다. 이러한 과정 자체가 곧 재즈라는 예술 행위이다."라고 말한다. 그렇다면 우리의 일상은 곧 재즈 연주와 견줄 수 있다. 출생과 동시에 우리는 다른 사람들과 관계를 맺으며 살아간다. 물론 자신과 타인은 호불호나 삶의 가치관이 제각각일 수밖에 없다. 따라서 자신과 타인의 차이가 옳고 그름의 차원이 아닌 '다름'이라는 것을 알아가는 것, 그리고 그러한 차이를 인정하고 그 속에서 서로 이해하고 배려하려는 노력이 필요하다. 이렇듯 자신과 다른 사람과 함께 '공통의 행복'이라는 것을 만들어 간다면 우리 역시 바로 '재즈'라는 위대한 예술을 구현하고 있는 것이다.

① 재즈의 기원과 본질
② 재즈와 클래식의 차이
③ 재즈의 장르적 우월성
④ 재즈와 인생의 유사성과 차이점
⑤ 재즈를 감상하는 이유

다음 글을 읽고 추론한 내용으로 적절한 것은?

휴대전화를 새 것으로 바꾸기 위해 대리점에 간 소비자가 있다. 대리점에 가면서 휴대전화 가격으로 30만 원을 예상했다. 그런데 마음에 드는 것을 선택하니 가격이 25만 원이라고 하였다. 소비자는 흔쾌히 구입을 결정했다. 그러면서 뜻밖의 이익이 생겼음에 좋아할지도 모른다. 처음 예상했던 휴대전화의 가격과 실제 지불한 금액의 차이, 즉 5만 원의 이익을 얻었다고 보는 것이다.

경제학에서는 이것을 '소비자 잉여'라고 부른다. 어떤 상품에 대해 소비자가 최대한 지불해도 좋다고 생각하는 가격에서 실제로 지불한 가격을 뺀 차액이 소비자 잉여인 셈이다. 결국 같은 가격으로 상품을 구입하면 할수록 소비자 잉여는 커질 수밖에 없다. 휴대전화를 구입하고 나니, 대리점 직원은 휴대전화의 요금제를 바꾸라고 권유했다. 현재 이용하고 있는 휴대전화 서비스보다 기본요금이 조금 더 비싼 대신 분당 이용료가 싼 요금제로 바꾸는 것이 더 이익이라는 설명도 덧붙였다. 소비자는 지금까지 휴대전화의 요금이 기본요금과 분당 이용료로 나누어져 있는 것을 당연하게 생각해 왔다. 그런데 곰곰이 생각해보니, 이건 정말 특이한 가격체계였다. 다른 제품이나 서비스는 보통 한 번만 값을 지불하면 되는데, 왜 휴대전화 요금은 기본요금과 분당 이용료의 이원 체제로 이루어져 있는 것일까? 휴대전화 회사는 기본요금과 분당 이용료의 이원 체제 전략, 즉 '이부가격제(二部價格制)'를 채택하고 있다. 이부가격제는 소비자가 어떤 상품을 사려고 할 때, 우선적으로 그 권리에 상응하는 가치를 값으로 지불하고, 실제 상품을 구입할 때 그 사용량에 비례하여 또 값을 지불해야 하는 체제를 말한다. 이부가격제를 적용하면 휴대전화 회사는 소비자의 통화량과 관계없이 기본 이윤을 확보할 수 있다.

이부가격제를 적용하는 또 다른 예로 놀이 공원을 들 수 있다. 이전에는 놀이 공원에 갈 때 저렴한 입장료를 지불했고, 놀이 기구를 이용할 때마다 표를 구입했다. 그렇기 때문에 놀이 기구를 골라서 이용하여 사용료를 절약할 수 있었고, 구경만 하고 사용료를 지불하지 않는 것도 가능했다. 그러나 요즘의 놀이 공원은 입장료를 이전보다 엄청나게 비싸게 하고 놀이기구의 사용료를 상대적으로 낮게 했다. 게다가 '빅3'니, '빅5'니 하는 묶음표를 만들어 놀이 기구이용자로 하여금 가격의 부담이 적은 것처럼 느끼게 만들었다. 결국 놀이 공원의 가격 전략은 사용료를 낮추고 입장료를 높게 받는 이부가격제로 굳어지고 있는 것이다. 여기서 놀이 공원의 입장료는 상품을 살 수 있는 권리를 얻기 위해 지불해야 하는 금액에 해당한다. 그리고 입장료를 내고 들어간 사람들이 놀이 기구를 이용할 때마다 내는 요금은 상품의 가격에 해당하는 부분이다. 우리가 모르는 가운데 기업의 이윤 극대화를 위한 모색은 계속되고 있다.

① 놀이 공원의 '빅3'나 '빅5' 등의 묶음표는 이용자를 위한 가격제이다.

② 이부가격제는 이윤 극대화를 위해 기업이 채택할 수 있는 가격 제도이다.

③ 소비자 잉여의 크기는 구입한 상품에 대한 소비자의 만족감과 반비례한다.

④ 휴대전화 요금제는 기본요금과 분당 이용료가 비쌀수록 소비자에게 유리하다.

⑤ 가정으로 배달되는 우유를 한 달 동안 먹고 지불하는 값에는 이부가격제가 적용됐다.

한끝 TIP

HMAT에서 비중이 계속 증가하고 있는 유형인 동시에 많은 수험생들이 까다롭게 느끼는 유형이다. 모든 단서는 글 안에 있다는 것을 생각하며 글의 핵심이 되는 내용을 체크하고, 이를 통해 추론할 수 있는지를 판단해야 한다.

오페라는 이른바 수준 있는 사람들이 즐기는 고상한 예술이라고 생각하는 사람들이 많다. 그런데 오페라 앞에 '거지'라든가 '서 푼짜리' 같은 단어를 붙인 '거지 오페라', '서 푼짜리 오페라'라는 것이 있다. 이렇게 어울리지 않는 단어들로 제목을 억지로 조합해 놓은 의도는 무엇일까?

영국 작가 존 게이는 당시 런던 오페라 무대를 점령했던 이탈리아 오페라에 반기를 들고, 1782년 이와는 완전히 대조적인 성격의 거지 오페라를 만들었다. 그는 이탈리아 오페라가 일반인의 삶과 거리가 먼 신화나 왕, 귀족들의 이야기를 소재로 한데다가 영국 관객들이 이해하지 못하는 이탈리아어로 불린다는 점에 불만을 품었다. 그는 등장인물의 신분을 과감히 낮추고 음악 형식도 당시의 민요와 유행가를 곁들여 사회의 부패상을 통렬하게 풍자하였다. 이렇게 만들어진 거지 오페라는 이탈리아 오페라에 대항하는 서민 오페라로 런던에서 선풍적인 인기를 끌었다.

1928년에 독일의 극작가 브레히트는 작곡가 쿠르트 바일과 손잡고 거지 오페라를 번안한 서 푼짜리 오페라를 만들었다. 그는 형식과 내용 면에서 훨씬 적극적이고 노골적으로 당시 사회를 비판한다. 이 극은 밑바닥 사람들의 삶을 통해 위정자들의 부패와 위선을 그려 계급적 갈등과 사회적 모순을 드러내고 있다. 브레히트는 감정이입과 동일시에 근거를 둔 종래의 연극에 반기를 들고 낯선 기법의 서사극을 만들었다. 등장인물이 극에서 빠져나와 갑자기 해설자의 역할을 하게 함으로써 관객들이 극에 몰입하지 않고 지금 연극을 보고 있다는 사실을 자각하도록 한 것이다.

이처럼 존 게이와 브레히트는 종전의 극과는 다른 형식과 내용의 극을 지향했다. 제목을 서로 어울리지 않는 단어들로 조합하고 새로운 형식을 도입한 이유는 기존의 관점을 뒤집어 보게 하려는 의도였다. 그 이면에는 사회의 부조리를 풍자하고자 하는 의도가 깔려 있었다.

> **보기**
>
> 아리스토텔레스는 예술을 통한 관객과 극중 인물과의 감정 교류와 공감을 강조했다. 그는 관객들이 연극을 통해 타인의 경험과 감정, 상황을 받아들이고 나아가 극에 이입하고 몰두함으로써 쌓여있던 감정을 분출하며 느끼는, 이른바 카타르시스를 경험하게 된다고 주장하였다.

① 극과 거리를 두고 보아야 오히려 카타르시스를 경험할 수 있지 않나요?

② 관객이 몰입하게 되면 사건을 객관적으로 바라보기 어려운 것 아닌가요?

③ 해설자 역할을 하는 인물이 있어야 관객의 몰입을 유도할 수 있지 않나요?

④ 낯선 기법을 쓰면 관객들이 극중 인물과 더 쉽게 공감할 수 있지 않을까요?

⑤ 동일시를 통해야만 풍자하고 있는 사회의 모습을 더 잘 알 수 있지 않을까요?

정답 및 해설 p.055

Hard

01 제시된 문장을 논리적인 순서대로 알맞게 배열했을 때 다음 순서에 들어갈 문단으로 옳은 것은?

> (가) 이어 경제위기로 인한 경색이 나타나기도 했으나, 1991년에는 거의 모든 산업 분야를 아울러 단일시장을 지향하는 유럽연합(EU) 조약이 체결되었다.
>
> (나) 그 후 이 세 공동체가 통합하여 공동시장을 목표로 하는 유럽공동체(EC)로 발전하였다.
>
> (다) 유럽석탄철강공동체(ECSC)는 당시 가장 중요한 자원의 하나였던 석탄과 철강이 국제 분쟁의 주요 요인이 되면서 자유로운 교류의 필요성이 대두됨에 따라 관련 국가들이 체결한 관세동맹이었다.
>
> (라) 지향하는 바에 따라 국가를 대체하게 될 새로운 단일 정치체제를 수립하려던 시도는 일부 회원국 내에서의 비준 반대로 실패로 돌아갔다.
>
> (마) 유럽연합(EU)의 기원은 1951년 독일, 프랑스, 이탈리아 및 베네룩스 3국이 창설한 유럽석탄철강공동체(ECSC)이다.
>
> (바) 이러한 과정과 효과가 비경제적 부문으로 확산되어 암스테르담 조약과 니스 조약체결을 통해 유럽은 정치적 공동체를 지향하게 되었다.
>
> (사) 그러나 상당수의 전문가들은 장기적으로는 유럽지역이 하나의 연방체제를 구성하는 정치 공동체가 될 것이라고 예측하고 있다.
>
> (아) 이 관세동맹을 통해 다른 산업분야에서도 상호의존이 심화되었으며, 그에 따라 원자력 교류 동맹체인 유럽원자력공동체(EURATOM)와 여러 산업 부문들을 포괄하는 유럽경제공동체(EEC)가 설립되었다.

	1번째	5번째
①	(사)	(아)
②	(가)	(바)
③	(마)	(가)
④	(마)	(다)
⑤	(아)	(다)

02 다음 제시된 단락을 읽고, 이어진 문장 · 문단을 논리적 순서대로 알맞게 배열한 것을 고르면?

> 과거에 우리 사회의 미래가 어떻게 될 것인가를 고민하던 소설가가 두 명 있었다. 한 명은 '조지 오웰(George Orwell)'이고, 한 명은 '올더스 헉슬리(Aldous Huxley)'이다. 둘 다 미래 세계에 대해 비관적이었지만 그들이 그린 미래 세계는 각각 달랐다.

> (가) 모든 성적인 활동은 자유롭고, 아이들은 인공수정으로 태어나며, 모든 아이의 양육은 국가가 책임진다. 그러나 사랑의 방식은 성애로 한정되고, 시나 음악과 같은 방법을 통한 낭만적인 사랑, 혹은 결혼이나 부모라는 개념은 비문명적인 것으로 인식된다. 그리고 태어나기 전의 지능에 따라서 사회적 계급은 이미 결정되어 있는 상태이다.
>
> (나) '조지 오웰'은 그의 소설 『1984』에서 국가권력에 감시당하는 개인과 사회를 설정했다. 이제는 신문에서도 자주 볼 수 있는, 감시적 국가권력의 상징인 '빅브라더'가 바로 『1984』에서 가공의 나라 오세아니아의 최고 권력자를 일컫는 명칭이다.
>
> (다) 『1984』와 『멋진 신세계』 중 어느 쪽이 미래의 암울한 면을 잘 그려냈는지 우열을 가려내기는 어렵다. 현재 산업 발전의 이면에 있는 사회의 어두운 면은 『1984』와 『멋진 신세계』에 나타난 모든 부분을 조금씩 포함하고 있다. 즉, 우리가 두려워해야 할 것은, 두 작품이 예상한 단점 중 한쪽만 나타나지 않고 중첩되어 나타나고 있다는 점이다.
>
> (라) 반면에 '올더스 헉슬리'는 그의 소설 『멋진 신세계』에서 다른 미래를 생각해냈다. 『1984』가 '빅 브라더'에게 지배받고 감시당함으로써 시민들의 개인적 자유와 권리가 보장받지 못하는, 우리가 생각하는 전형적인 디스토피아였다면, 『멋진 신세계』가 그려내는 미래는 그와는 정반대에 있다.

① (나) − (라) − (가) − (다)

② (나) − (가) − (라) − (다)

③ (나) − (라) − (다) − (가)

④ (라) − (가) − (나) − (다)

⑤ (라) − (다) − (나) − (가)

03 다음 문장을 논리적 순서대로 알맞게 배열한 것은?

> (가) 그러나 캐넌과 바드는 신체 반응 이후 정서가 나타난다는 제임스와 랑에의 이론에 대해 다른 의견을 제시한다. 첫째, 그들은 정서와 신체 반응은 거의 동시에 나타난다고 주장한다. 즉, 정서를 일으키는 외부 자극이 대뇌에 입력되는 것과 동시에 우리 몸의 신경계가 자극받으므로 정서와 신체 반응은 거의 동시에 발생한다는 것이다.
>
> (나) 둘째, 특정한 신체 반응에 하나의 정서가 일대일로 대응되어 연결되는 것이 아니라고 주장한다. 즉, 특정한 신체 반응이 여러 가지 정서들에 대응되기도 한다는 것이다. 따라서 특정한 신체 반응 이후에 특정한 정서가 유발된다고 한 제임스와 랑에의 이론은 한계가 있다고 본 것이다.
>
> (다) 이 이론에 따르면 외부 자극은 인간의 신체 내부에서 자율신경계의 반응을 일으키고, 정서는 이러한 신체 반응의 결과로 나타난다는 것이다. 이는 만약 우리가 인위적으로 신체 반응을 유발할 수 있다면 정서를 바꿀 수도 있다는 것을 시사해 주기도 한다.
>
> (라) 인간의 신체 반응은 정서에 의해 유발되는 것일까? 이에 대해 제임스와 랑에는 정서에 의해 신체 반응이 유발되는 것이 아니라 신체 반응이 오히려 정서보다 앞서 나타난다고 주장한다. 즉, 웃으니까 기쁜 감정이 생기고, 우니까 슬픈 감정이 생긴다는 것이다.

① (라) - (다) - (가) - (나)

② (나) - (가) - (다) - (라)

③ (라) - (다) - (나) - (가)

④ (다) - (가) - (라) - (나)

⑤ (다) - (라) - (가) - (나)

PART 2

언어이해

논리판단

자료해석

정보추론

공간지각

도식이해

안심Touch

04 〈보기〉의 (가)와 같은 개요를 작성했다가 (나)의 자료를 추가로 접하였다. (가)와 (나)를 종합하여 작성한 〈개요〉의 내용으로 적절하지 않은 것은?

보기

(가) 제목 : 나노 기술의 유용성
　Ⅰ. 나노 기술과 나노 물질 소개
　Ⅱ. 나노 기술의 다양한 이용 사례
　　1. 주방용품
　　2. 건축 재료
　　3. 화장품
　Ⅲ. 나노 기술의 무한한 발전 가능성
(나) 나노 물질의 위험성 : 우리 몸의 여과 장치 그대로 통과
　　인간을 비롯한 지구상 동물들의 코 점막이나 폐의 여과 장치 등은 나노 입자보다 천 배나 더 큰 마이크로 입자를 걸러내기에 적당하게 발달해 왔기 때문에, 나노 크기의 물질은 우리 몸의 여과 장치를 그대로 통과하여 건강에 악영향을 끼칠 가능성이 높다는 경고가 나왔다. 쥐를 대상으로 한 실험을 통해 쥐의 폐에 주입된 탄소 나노튜브가 폐 조직을 손상시킨다는 사실을 확인했을 뿐만 아니라, 다양한 크기의 입자를 쥐에게 흡입시켰을 때 오직 나노 수준의 미세한 입자만이 치명적인 피해를 입힌다는 사실도 확인했다는 것이다.

〈개요〉

제목 : 나노 기술의 양면성 …… ①
Ⅰ. 나노 기술과 나노 물질 소개 …… ②
Ⅱ. 나노 기술의 양면성
　1. 나노 기술의 유용성 …… ③
　　인간생활의 다양한 분야에서 활용
　2. 나노 기술의 위험성 …… ④
　　인간과 동물의 건강에 악영향
Ⅲ. 요구되는 태도
　나노 기술의 응용 분야 확대 …… ⑤

다음 밑줄 친 ㉠~㉤을 고친 것으로 적절하지 않은 것은?

> 문화 융성 시대가 도래함에 따라 공공도서관의 ㉠ 역할이 증대되고 있다. 지식 정보 인프라 구축의 중요성, ㉡ <u>지역 주민 문화 복지 관심 증가</u> 및 정부의 공공도서관 건립 지원 확대로 최근 4~5년간 공공 도서관 건립이 꾸준하게 증가하고 있다. ㉢ <u>그래서</u> 국가도서관통계시스템에 따르면 우리나라 공공도서관의 1관당 인구는 64,547명(2011년)으로 주요 국가들의 공공도서관 1관당 인구보다 적은 인구를 서비스 대상으로 하고 있다. 이는 우리나라 도서관 인프라가 여전히 열악한 상황이라는 것을 알려준다. ㉣ <u>이런 상황을 개선되기 위해</u> 정부는 '도서관 발전 종합 계획(2009~2013년)'을 마련하여 진행 중에 있다. 종합계획에 따르면 도서관 접근성 향상과 서비스 환경 개선을 위해 1인당 장서 보유량을 2013년까지 1.6권으로 높여 국제 기준에 맞도록 장서를 확충할 계획이다. 또한 도서관을 통한 창의적인 인재 양성을 위해 ㉤ <u>정보 활용 교육과 도서관 활용 수업과 학교 도서관 전담인력을 학생 1,500명당 1명으로 증원할 계획이다.</u> 이와 함께 지식 정도 격차 해소를 위해 병영 도서관, 교도소 도서관 환경을 전면적으로 개선하고 장애인, 고령자, 다문화 가정을 위한 도서관 프로그램도 확대할 계획이다. 한편 국가 지식 정보 활용을 위해 세계의 최신 정보를 집약한 과학 기술·농학·의학·국립도서관 설립을 추진하고 국가 대표 도서관인 국립중앙도서관은 2013년까지 장서를 1,100만 권으로 확충할 예정이다. 이를 통해 국립중앙박물관이 세계 8위 수준의 장서 소장 국가 도서관이 될 것을 기대하고 있다고 도서관 정보 정책 위원회는 밝혔다.

① ㉠ : '자기가 마땅히 하여야 할 맡은 바 직책이w나 임무'를 의미하는 '역활'로 수정한다.
② ㉡ : 지나친 명사의 나열이 어색하므로 '지역주민의 문화 복지에 대한 관심 증가'로 수정한다.
③ ㉢ : 앞뒤 문장 간의 관계로 볼 때 뒤 문장이 앞 문장의 결과가 아니므로 '그럼에도 불구하고'로 수정한다.
④ ㉣ : 피동 표현이 잘못 사용되었으므로 '이런 상황을 개선하기 위해'로 수정한다.
⑤ ㉤ : 서술어가 잘못 생략되었으므로 '정보 활용 교육과 도서관 활용 수업을 제도화하고 학교 도서관 전담 인력을 학생 1,500명당 1명으로 증원할 계획이다.'로 수정한다.

06 다음 밑줄 친 ㉠~㉤의 수정 방안으로 적절하지 않은 것은?

학부모들을 상대로 설문조사를 한 결과, 사교육비 절감에 가장 큰 도움을 준 제도는 바로 교과교실제(영어, 수학교실 등 과목전용교실 운영)였다. 사교육비 중에서도 가장 ㉠ 많은 비용이 차지하는 과목이 영어와 수학이라는 점을 고려해보면 공교육에서 영어, 수학을 집중적으로 가르쳐주는 것이 사교육비 절감에 큰 도움이 되었다는 점을 이해할 수 있다. 한때 사교육비 절감을 기대하며 도입했던 '방과 후 학교'는 사교육비를 절감하지 못했는데, 이는 학생들을 학교에 묶어놓는 것만으로는 사교육을 막을 수 없다는 점을 시사한다. 학생과 학부모가 적지 않은 비용을 지불하면서도 사교육을 찾게 되는 이유는 ㉡ 입시에 도움이 된다. 공교육에서는 정해진 교과 과정에 맞추어 수업을 해야 하고 실력 차이가 나는 학생들을 ㉢ 개별적으로 가르쳐야 하기 때문에 입시에 초점을 맞추기가 쉽지 않다. 따라서 공교육만으로는 입시에 뒤처진다고 생각하는 사람들이 많은 것이다. ㉣ 그래서 교과교실제에 이어 사교육비 절감에 도움이 되었다고 생각하는 요인이 '다양하고 좋은 학교의 확산'이라는 점을 보면 공교육에도 희망이 있다고 할 수 있다. 인문계, 예체능계, 실업계, 특목고 정도로만 학교가 나눠졌던 과거에 비해 지금은 학생의 특기와 적성에 맞는 다양하고 좋은 학교가 많이 생겨났다. 좋은 대학에 입학하려는 이유가 대학의 서열화와 그에 따른 취업경쟁 때문이라는 것을 생각해 보면 고등학교 때부터 ㉤ 미래를 위해 공부할 수 있는 학교는 사교육비 절감과 더불어 공교육의 강화, 과도한 입시 경쟁 완화에 도움이 될 것이다.

① ㉠ : 조사가 잘못 쓰였으므로 '많은 비용을 차지하는'으로 수정한다.
② ㉡ : 호응 관계를 고려하여 '입시에 도움이 되기 때문이다'로 수정한다.
③ ㉢ : 문맥을 고려하여 '집중적으로'로 수정한다.
④ ㉣ : 앞 내용과 상반된 내용이 이어지므로 '하지만'으로 수정한다.
⑤ ㉤ : 앞 내용을 고려하여 '미래를 위해 공부할 수 있는 학교의 확산은'으로 수정한다.

※ 다음 빈칸에 들어갈 내용으로 가장 적절한 것을 고르시오. [7~8]

07

아파트에서는 부엌이나 안방이나 화장실이나 거실이 다 같은 높이의 평면 위에 있다. 그것보다 밑에 또는 위에 있는 것은 다른 사람의 아파트이다. 좀 심한 표현을 쓴다면 아파트에서는 모든 것이 평면적이다. 깊이가 없는 것이다. 사물은 아파트에서 그 부피를 잃고 평면 위에 선으로 존재하는 그림과 같이 되어 버린다. 모든 것은 한 평면 위에 나열되어 있다. 그래서 한눈에 들어오게 되어 있다. 아파트에는 사람이나 물건이나 다 같이 자신을 숨길 데가 없다. 땅집에서는 사정이 전혀 딴판이다. 땅집에서는 모든 것이 자기 나름의 두께와 깊이를 가지고 있다. 같은 물건이라도 그것이 다락방에 있을 때와 안방에 있을 때와 부엌에 있을 때는 거의 다르다. 아니, 집 자체가 인간과 마찬가지의 두께와 깊이를 가지고 있다. 집이 아름다운 이유는 [   ] 다락방은 의식이며 지하실은 무의식이다.

① 세상을 조망할 수 있기 때문이다.　　② 인간을 닮았기 때문이다.
③ 안정을 뜻하기 때문이다.　　④ 어딘가로 떠날 수 있기 때문이다.
⑤ 휴식과 안락을 제공하기 때문이다.

Hard
08

민주주의의 목적은 다수가 폭군이나 소수의 자의적인 권력행사를 통제하는 데 있다. 민주주의의 이상은 모든 자의적인 권력을 억제하는 것으로 이해되었는데 이것이 오늘날에는 자의적 권력을 정당화하기 위한 장치로 변화되었다. 이렇게 변화된 민주주의는 민주주의 그 자체를 목적으로 만들려는 이념이다. 이것은 법의 원천과 국가권력의 원천이 주권자 다수의 의지에 있기 때문에 국민의 참여와 표결 절차를 통하여 다수가 결정한 법과 정부의 활동이라면 그 자체로 정당성을 갖는다는 것이다. 즉, 유권자 다수가 원하는 것이면 무엇이든 실현할 수 있다는 말이다.

이런 민주주의는 '무제한적 민주주의'이다. 어떤 제약도 없는 민주주의라는 의미이다. 이런 민주주의는 자유주의와 부합할 수가 없다. 그것은 다수의 독재이고 이런 점에서 전체주의와 유사하다. 폭군의 권력이든, 다수의 권력이든, 군주의 권력이든, 위험한 것은 권력 행사의 무제한성이다. 중요한 것은 이러한 권력을 제한하는 일이다.

민주주의 그 자체를 수단이 아니라 목적으로 여기고 다수의 의지를 중시한다면, 그것은 다수의 독재를 초래하고, 그것은 전체주의만큼이나 위험하다. 민주주의 존재 그 자체가 언제나 개인의 자유에 대한 전망을 밝게 해 준다는 보장은 없다. 개인의 자유와 권리를 보장하지 못하는 민주주의는 본래의 민주주의가 아니다. 본래의 민주주의는 [   ]

① 다수의 의견을 수렴하여 이를 그대로 정책에 반영해야 한다.
② 서로 다른 목적의 충돌로 인한 사회적 불안을 해소할 수 있어야 한다.
③ 다수 의견보다는 소수 의견을 채택하면서 진정한 자유주의의 실현에 기여해야 한다.
④ 무제한적 민주주의를 과도기적으로 거치며 개인의 자유와 권리 보장에 기여해야 한다.
⑤ 민주적 절차 준수에 그치지 않고 과도한 권력을 실질적으로 견제할 수 있어야 한다.

※ 다음 글의 내용과 일치하지 않는 것을 고르시오. [9~10]

09

흔히 우리 춤을 손으로 추는 선(線)의 예술이라 한다. 서양 춤은 몸의 선이 잘 드러나는 옷을 입고 추는 데 반해 우리 춤은 옷으로 몸을 가린 채 손만 드러내놓고 추는 경우가 많기 때문이다. 한마디로 말해서 손이 춤을 구성하는 중심축이 되고, 손 이외의 얼굴과 목과 발 등은 손을 보조하며 춤을 완성하는 역할을 한다.

손이 중심이 되어 만들어 내는 우리 춤의 선은 내내 곡선을 유지한다. 예컨대 승무에서 장삼을 휘저으며 그에 맞추어 발을 내딛는 역동적인 움직임도 곡선이요, 살풀이춤에서 수건의 간드러진 선이 만들어 내는 것도 곡선이다. 해서 지방의 탈춤과 처용무에서도 S자형의 곡선이 연속적으로 이어지면서 춤을 완성해 낸다.

호흡의 조절을 통해 다양하게 구현되는 곡선들 사이에는 우리 춤의 빼놓을 수 없는 구성요소인 '정지'가 숨어있다. 정지는 곡선의 흐름과 어울리며 우리 춤을 더욱 아름답고 의미 있게 만들어 주는 역할을 한다. 그러나 이때의 정지는 말 그대로의 정지라기보다 '움직임의 없음'이며, 그런 점에서 동작의 연장선상에서 이해해야 한다.

우리 춤에서 정지를 동작의 연장으로 보는 것, 이것은 바로 우리 춤에 담겨 있는 '마음의 몰입'이 발현된 결과이다. 춤추는 이가 호흡을 가다듬며 다양한 곡선들을 연출하는 과정을 보면 한 순간 움직임을 통해 선을 만들어 내지 않고 멈춰 있는 듯한 장면이 있다. 이런 동작의 정지 상태에서도 멈춤 그 자체로 머무는 것이 아니며, 여백의 그 순간에도 상상의 선을 만들어 춤을 이어가는 것이 몰입 현상이다. 이것이 바로 우리 춤을 가장 우리 춤답게 만들어 주는 특성이라고 할 수 있다.

① 우리 춤의 복장 중 대다수는 몸의 선을 가리는 구조로 되어 있다.

② 승무, 살풀이춤, 탈춤, 처용무 등은 손동작을 중심으로 한 춤의 대표적인 예이다.

③ 우리 춤의 동작은 처음부터 끝까지 쉬지 않고 곡선을 만들어낸다.

④ 우리 춤에서 정지는 하나의 동작과 동등한 것으로 볼 수 있다.

⑤ 몰입 현상이란 춤을 멈추고 상상을 통해 춤을 이어가는 과정을 말한다.

10

생물 농약이란 농작물에 피해를 주는 병이나 해충, 잡초를 제거하기 위해 자연에 있는 생물로 만든 천연 농약을 뜻한다. 생물 농약을 개발한 것은 흙 속에 사는 병원균으로부터 식물을 보호할 목적에서였다. 뿌리를 공격하는 병원균은 땅속에 살고 있기 때문에 병원균을 제거하기에 어려움이 있었다. 게다가 화학 농약의 경우 그 성분이 토양에 달라붙어 제 기능을 발휘하지 못했기 때문에, 식물 성장을 돕고 항균 작용을 할 수 있는 미생물에 주목하기 시작한 것이다. 식물 성장을 돕고 항균 작용을 하는 미생물집단을 '근권미생물'이라 하는데, 여러 종류의 근권미생물 중 농약으로 쓰기에 가장 좋은 것은 뿌리에 잘 달라붙는 것들이다. 근권미생물의 입장에서 뿌리 주변은 사막의 오아시스와 비슷한 조건이다. 뿌리 주변은 뿌리에서 공급되는 양분과 안락한 서식 환경을 제공받지만, 뿌리 주변에서 멀리 떨어진 곳은 황량한 지역이어서 먹을 것을 찾기가 어렵기 때문이다. 따라서 뿌리 주변에서는 좋은 위치를 선점하기 위해 미생물 간에 치열한 싸움이 벌어진다. 얼마나 뿌리에 잘 정착하느냐가 생물 농약으로 사용되는 미생물을 결정하는 데 중요한 기준이 되는 셈이다. 생물 농약으로 쓰이는 미생물은 식물 성장을 돕는 성질을 포함한다. 미생물이 만든 항균 물질은 농작물의 뿌리에 침입하려는 곰팡이나 병원균의 생장을 억제하거나 죽게 한다. 그리고 병원균이나 곤충, 선충에 기생하는 종들을 사용한 생물 농약은 유해 병원균이나 해충을 직접 공격하기도 한다. 예를 들자면, 흰가루병은 대부분의 채소에 생겨나는 곰팡이균 때문에 발생하는데, 흰가루병을 일으키는 곰팡이균의 영양분을 흡수해 죽이는 천적 곰팡이(암펠로마이세스 퀴스칼리스)를 이용한 생물 농약이 만들어졌다.

① 화학 농약은 화학 성분이 토양에 달라붙어 제 기능을 발휘하지 못한다.
② 생물 농약은 식물을 흙 속에 사는 병원균으로부터 보호하기 위해서 만들어졌다.
③ '근권미생물'이란 식물의 성장에 도움을 주는 미생물이다.
④ 뿌리에 얼마만큼 정착하는지의 여부가 미생물을 생물 농약으로 사용하는 기준이 된다.
⑤ 생물 농약으로 쓰이는 미생물들은 유해 병원균이나 해충을 직접 공격하지는 못한다.

11

세계관은 세계의 존재와 본성, 가치 등에 관한 신념들의 체계이다. 세계를 해석하고 평가하는 준거인 세계관은 곧 우리 사고와 행동의 토대가 되므로, 우리는 최대한 정합성과 근거를 갖추도록 노력해야 한다. 모순되거나 일관되지 못한 신념은 우리의 사고와 행동을 혼란시킬 것이므로 세계관에 대한 관심과 검토는 중요하다. 세계관을 이루는 여러 신념 가운데 가장 근본적인 수준의 신념은 '세계는 존재한다.'이다. 이 신념이 성립해야만 세계에 관한 다른 신념, 이를테면 세계가 항상 변화한다든가 불변한다든가 하는 등의 신념이 성립하기 때문이다.

실재론은 이 근본적 신념에 덧붙여 세계가 '우리 정신과 독립적으로' 존재함을 주장한다. 내가 만들어 날린 종이비행기는 멀리 날아가, 볼 수 없게 되었다 해도 여전히 존재한다. 이는 명확해서 논란의 여지가 없어 보이지만, 반실재론자는 이 상식에 도전한다. 유명한 반실재론자인 버클리는 세계의 독립적 존재를 부정한다. 그는 이를 바탕으로 세계에 관한 주장을 편다. 그에 의하면 '주관적' 성질인 색깔, 소리, 냄새, 맛 등은 물론, '객관적'으로 성립한다고 여겨지는 형태, 공간을 차지함, 딱딱함, 운동 등의 성질도 오로지 우리가 감각할 수 있을 때만 존재하는 주관적 속성이다. 세계 속의 대상과 현상이란 이런 속성으로 구성되므로 세계는 감각으로 인식될 때만 존재한다는 것이다.

버클리의 주장은 우리의 통념과 충돌한다. 당시 어떤 사람이 돌을 차면서 "나는 이렇게 버클리를 반박한다!"라고 외쳤다고 한다. 그는 날아간 돌이 엄연히 존재한다는 점을 근거로 버클리의 주장을 반박하고자 한 것이다. 그러나 버클리를 비롯한 반실재론자들이 부정한 것은 세계가 정신과 독립하여 그 자체로 존재한다는 신념이다. 따라서 돌을 찬 사람은 그들을 제대로 반박하지 못했다고 볼 수 있다.

최근까지도 새로운 형태의 반실재론이 제기되어 활발한 논의가 진행 중이다. 논증의 성패를 떠나 반실재론자는 타성에 젖은 실재론적 세계관의 토대에 대해 성찰할 기회를 제공한다. 또한 세계관에 대한 도전과 응전의 반복은 그 자체로 인간 지성이 상호 소통하면서 발전해가는 과정을 보여준다.

① 발로 찼을 때 날아간 돌은 실재론자의 주장이 옳다는 사실을 증명한다.
② 실재론자에게 있어서 세계는 감각할 수 있는 요소에 한정된다.
③ 실재론이나 반실재론 모두 세계는 존재한다는 공통적인 전제를 깔고 있다.
④ 형태나 운동 등이 객관적인 속성을 갖췄다는 사실은 실재론자나 반실재론자 모두 인정하는 부분이다.
⑤ 현대사회에서는 실재론이 쇠퇴하고 반실재론에 관한 논의가 활발하게 진행되며 거의 정론으로 받아들여지고 있다.

12

근대적 공론장의 형성을 중시하는 연구자들은 아렌트와 하버마스의 공론장 이론을 적용하여 한국적 근대 공론장의 원형을 찾는다. 이들은 유럽에서 18~19세기에 신문, 잡지 등이 시민들의 대화와 토론에 의거한 부르주아 공론장을 형성하였다는 사실에 착안하여 『독립신문』이 근대적 공론장의 역할을 하였다고 주장한다. 또한 만민공동회라는 새로운 정치 권력이 만들어낸 근대적 공론장을 통해, 공화정의 근간인 의회와 한국 최초의 근대적 헌법이 등장하는 결정적 계기가 마련되었다고 인식한다.

그런데 공론장의 형성을 근대 이행의 절대적 특징으로 이해하는 태도는 근대 이행의 다른 길들에 대한 불신과 과소평가로 이어지기도 한다. 당시 사회의 개혁을 위해서는 갑신정변과 같은 소수 엘리트 주도의 혁명이나 동학농민운동과 같은 민중봉기가 아니라, 만민공동회와 같은 다수 인민에 의한 합리적인 토론과 공론에 의거한 민주적 개혁이 올바른 길이라고 주장하는 것이 대표적 예이다. 나아가 이러한 태도는 당시 고종이 만민공동회의 주장을 수용하여 입헌군주제나 공화제를 채택했더라면 국권박탈이라는 비극만은 면할 수 있었으리라는 비약으로 이어진다.

이러한 생각의 배경에는 개인의 자각에 근거한 공론장과 평화적 토론을 통한 공론의 형성, 그리고 공론을 정치에 실현시킬 제도적 장치가 마련되어 있는 체제가 바로 '근대'라는 확고한 인식이 자리 잡고 있다. 그들은 시민세력으로 성장할 가능성을 지닌 인민들의 행위가 근대적 정치를 표현하고 있었다는 점만 중시하고, 공론 형성의 주체인 시민이 아직 형성되지 못한 시대 상황은 특수한 것으로 평가한다. 또한 근대적 정치행위가 실패한 것은 인민들의 한계가 아니라, 전제황실 권력의 탄압이나 개혁파 지도자 내부의 권력투쟁 때문이라고 설명한다.

이러한 인식으로는 농민들을 중심으로 한 반봉건 민중운동의 지향점, 그리고 토지문제 해결을 통한 근대 이행이라는 고전적 과제에 답할 수가 없다. 또한 근대적 공론장에 기반한 근대국가가 수립되었을지라도 제국주의 열강들의 위협을 극복할 수 있었겠는지, 그 극복이 농민들의 지지 없이 가능했을지에 대한 문제의식은 들어설 여지가 없게 된다. 더 큰 문제는 이런 인식이 농민운동을 근대이행을 방해하는 역사의 반역으로 왜곡할 소지가 있다는 것이다. 이러한 의문들이 적극적으로 해명되지 않는다면 근대 공론장 이론은 설득력을 갖기 어려울 것이다.

① 『독립신문』은 근대적 공론장의 역할을 하지 못했다.
② 농민운동이 한국의 근대 이행을 방해했다고 볼 수 없다.
③ 제국주의 열강의 위협이 한국의 근대 공론장 형성을 가속화하였다.
④ 고종이 만민공동회의 주장을 채택하였다면 국권박탈의 비극은 없었을 것이다.
⑤ 근대 공론장 이론의 한국적 적용은 몇 가지 한계가 있지만 근대 이행의 문제를 효과적으로 설명하였다.

다음 〈보기〉의 설명 중 주어진 글로 미루어 타당한 것끼리 묶인 것은?

한자로 우리말을 표기하는 방법에는 두 가지가 있었다. 하나는 한자의 음을 우리말 단어의 발음기호로 활용하는 것으로서, '길동'이라는 지명을 적기 위하여 '숌[길]'과 '同[동]'을 끌어와 '숌同'으로 적고 [길동]으로 읽도록 하는 것이다. 이 방법은 한자의 음을 빌려와 쓴다는 점에서 '음차 표기'라 한다. 다른 하나는 한자의 뜻, 다시 말해서 훈(訓)을 빌려와 우리말의 음을 표기하는 방법이다. '栗(밤 율)'의 훈으로 [밤]을 나타내고, '峴(고개 현)'의 훈으로 [고개]를 나타내어, '栗峴'으로써 우리말의 [밤고개]를 표기하는 것이다. '栗峴'을 [율현]이라 읽지 않고 [밤고개]로 읽는 이 방법은 한자의 뜻, 즉 훈(訓)을 빌려와 쓴다는 점에서 '훈차 표기'라 한다.

이러한 단어 중심의 한자 차용 표기는 점차 두 단계에 걸쳐 문장을 표기하는 방향으로 확대되었다. 문장 표기의 1단계는 '我愛汝'([아애여], 나 사랑 너)와 같이 '주어-서술어-목적어'의 중국어식 어순을, '我汝愛'(나 너 사랑)와 같이 '주어-목적어-서술어'의 우리말 어순으로 바꾸는 단계였다. 1단계는 점차 명사와 용언 어간에 각각 조사와 어미를 첨가하는 2단계로 이어졌다. 2단계에 속하는 향가 표기, 즉 향찰은 '我愛汝'에 조사나 어미를 붙여 '我隱汝乙愛爲隱如'([아은 여을 애위은여], 나는 너를 사랑한다)와 같이 상당히 체계화된 문장 표기 모습을 보여준다. 향찰에서는 어절을 단위로 하여 대체로 뜻이 중요한 명사나 용언 어간은 '훈차'를 하고, 문법적 기능이 중요한 조사나 어미는 '음차'를 함으로써, 한 어절의 표기가 '훈차+음차'라는 일반적인 원칙을 갖게 되었던 것이다.

이러한 한자 차용 표기의 역사는 일본의 경우에도 우리와 크게 다르지 않았다. 그런데 일본은 이러한 한자 차용 표기를 오늘날까지 계승하여 문자 생활을 하고 있지만, 우리의 경우에는 새 문자를 만들어 사용하고 있다. 그렇다면 한자 차용 표기를 알고 있던 세종대왕은 왜 일본과 달리 훈민정음을 창제하였는가? 이에 대해서는 일반적으로 일본어와 우리말이 갖는 음절의 특징에 주목하여 그 이유를 찾는다. 일본어는 음절이 간단하여 한자로 표기하는 데에 문제가 없었을 뿐 아니라 그 수도 50개 정도면 충분하였다.

이에 비해, 우리말은 [곳], [닭]과 같이 한자로 나타낼 수 없는 음절이 많았을 뿐 아니라 그 수도 2,000개 이상이 필요하였다. 세종대왕은 이러한 한자 차용 표기의 문제점을 해결하기 위하여 훈민정음을 창제한 것으로 보인다.

보기

ㄱ. 고대에 우리말과 중국어의 발음은 달랐으나 어순은 비슷했다.
ㄴ. 어떤 언어 공동체의 문자와 표기는 그 공동체의 언어 특징과 밀접하게 관련된다.
ㄷ. 한자 차용 표기에서 '훈차+음차' 표기의 단위는 현대 국어 맞춤법의 띄어쓰기 단위와 관련이 깊다.
ㄹ. 현대 일본의 문자와 표기는 그들의 한자 차용 표기를 계승한 것이므로 향찰과는 공통점을 거의 찾을 수 없다.

① ㄱ, ㄴ   ② ㄱ, ㄷ
③ ㄴ, ㄷ   ④ ㄴ, ㄹ
⑤ ㄷ, ㄹ

14 다음 글의 내용을 포괄하는 제목으로 가장 알맞은 것은?

우리는 처음 만난 사람의 외모를 보고, 그를 어떤 방식으로 대우해야 할지를 결정할 때가 많다. 그가 여자인지 남자인지, 얼굴색이 흰지 검은지, 나이가 많은지 적은지 혹은 그의 스타일이 조금은 상류층의 모습을 띠고 있는지 아니면 너무나 흔해서 별 특징이 드러나 보이지 않는 외모를 하고 있는지 등을 통해 그들과 나의 차이를 재빨리 감지한다. 일단 감지가 되면 우리는 둘 사이의 지위 차이를 인식하고 우리가 알고 있는 방식으로 그를 대하게 된다. 한 개인이 특정 집단에 속한다는 것은 단순히 다른 집단의 사람과 다르다는 것뿐만 아니라, 그 집단이 다른 집단보다는 지위가 높거나 우월하다는 믿음을 갖게 한다. 모든 인간은 평등하다는 우리의 신념에도 불구하고 왜 인간들 사이의 이러한 위계화(位階化)를 당연한 것으로 받아들일까? 위계화란 특정 부류의 사람들은 자원과 권력을 소유하고 다른 부류의 사람들은 낮은 사회적 지위를 갖게 되는 사회적이며 문화적인 체계이다.

다음에서 우리는 이러한 불평등이 어떠한 방식으로 경험되고 조직화되는지를 살펴보기로 하자. 인간이 불평등을 경험하게 되는 방식은 여러 측면으로 나눌 수 있다. 산업 사회에서의 불평등은 계층과 계급의 차이를 통해서 정당화되는데, 이는 재산, 생산 수단의 소유 여부, 학력, 집안 배경 등등의 요소들의 결합에 의해 사람들 사이의 위계를 만들어 낸다. 또한 모든 사회에서 인간은 태어날 때부터 얻게 되는 인종, 성, 종족 등의 생득적 특성과 나이를 통해 불평등을 경험한다. 이러한 특성들은 단순히 생물학적인 차이를 지칭하는 것이 아니라, 개인의 열등성과 우등성을 가늠하게 만드는 사회적 개념이 되곤 한다.

한편 불평등이 재생산되는 다양한 사회적 기제들이 때로는 관습이나 전통이라는 이름하에 특정 사회의 본질적인 문화적 특성으로 간주되고 당연시되는 경우가 많다. 불평등은 체계적으로 조직되고 개인에 의해 경험됨으로써 문화의 주요 부분이 되었고, 그 결과 같은 문화권 내의 구성원들 사이에 권력 차이와 그에 따른 폭력이나 비인간적인 행위들이 자연스럽게 수용될 때가 많다.

문화 인류학자들은 사회 집단의 차이와 불평등, 사회의 관습 또는 전통이라고 얘기되는 문화 현상에 대해 어떤 입장을 취해야 할지 고민을 한다. 문화 인류학자가 이러한 문화 현상은 고유한 역사적 산물이므로 나름대로 가치를 지닌다는 입장만을 반복하거나 단순히 관찰자로서의 입장에 안주한다면, 이러한 차별의 형태를 제거하는 데 도움을 줄 수 없다. 실제로 문화 인류학 연구는 기존의 권력 관계를 유지시켜주는 다양한 문화적 이데올로기를 분석하고, 인간 간의 차이가 우등성과 열등성을 구분하는 지표가 아니라 동등한 다름일 뿐이라는 것을 일깨우는 데 기여해 왔다.

① 차이와 불평등
② 차이의 감지 능력
③ 문화 인류학의 역사
④ 위계화의 개념과 구조
⑤ 관습과 전통의 계승과 창조

다음 글의 주제로 알맞은 것은?

요한 제바스티안 바흐는 '경건한 종교음악가'로서 천직을 다하기 위한 이상적인 장소를 라이프치히라고 생각하여 27년 동안 그곳에서 열심히 칸타타를 써 나갔다고 알려졌다. 그러나 실은 7년째에 라이프치히의 칸토르(교회의 음악감독)직으로는 가정을 꾸리기에 수입이 충분치 못해서 다른 일을 하기도 했고 다른 궁정에 자리를 알아보기도 했다. 그것이 계기가 되어 칸타타를 쓰지 않게 되었다는 사실이 최근의 연구에서 밝혀졌다. 또한 볼프강 아마데우스 모차르트의 경우에는 비극적으로 막을 내린 35년이라는 짧은 생애에 걸맞게 '하늘이 이 위대한 작곡가의 죽음을 비통해하듯' 천둥 치고 진눈깨비 흩날리는 가운데 장례식이 행해졌고 그 때문에 그의 묘지는 행방을 알 수 없게 되었다고 하는데, 그 후 이러한 이야기는 빈 기상대에 남아 있는 기상자료와 일치하지 않는다는 사실도 밝혀졌다. 게다가 만년에 엄습해온 빈곤에도 불구하고 다수의 걸작을 남기고 세상을 떠난 모차르트가 실제로는 그 정도로 수입이 적지는 않았다는 사실도 드러나 최근에는 도박벽으로 인한 빈곤설을 주장하는 학자까지 등장하게 되었다.

① 음악가들의 헌신적인 열정
② 미화된 음악가들의 삶와 그 진실
③ 음악가들을 괴롭힌 근거 없는 소문들
④ 음악가들의 명성에 가려진 빈곤한 생활
⑤ 음악가들의 쓸쓸한 최후

다음 글로부터 〈보기〉와 같이 추론했을 때, 괄호 안에 들어갈 적절한 문장은?

사람은 이상(理想)을 위하여 산다고 말한 바 있다. 그와 거의 같은 내용으로 사람은 문화(文化)를 위하여 산다고 다시 말하고 싶다. 문화를 위한다는 것은 새로운 문화를 창조(創造)하기 위함이란 뜻이다. 그리고 문화를 창조한다는 것은 이상을 추구(追求)한다는 의미(意味)가 된다. 즉, 새 문화를 생산(生産)한다는 것은 자기의 이상을 실현(實現)하기 위하여 하는 일이기 때문이다. 그리하여 어떤 사람은, 인생의 목적은 기성 문화(旣成文化)에 얼마만큼 새 문화(文化)를 더하기 위하여 사는 것이라고 논술(論述)했다. 이상(理想)이나 문화나 다 같이 사람이 추구하는 대상(對象)이 되는 것이요, 또 인생의 목적이 거기에 있다는 점에서는 동일하다. 그러나 이 두 가지가 완전히 일치되는 것은 아니니, 그 차이점은 여기에 있다. 즉, 문화는 인간의 이상이 이미 현실화된 것이요, 이상은 현실 이전의 문화라 할 수 있을 것이다. 어쨌든, 문화와 이상을 추구하여 현실화시키는 데에는 지식이 필요하고, 이러한 지식의 공급원(供給源)으로는 다시 서적이란 것으로 돌아오지 않을 수가 없다. 문화인이면 문화인일수록 서적 이용의 비율이 높아지고, 이상이 높으면 높을수록 서적 의존도 또한 높아지는 것이다.

보기

인생의 목적은 문화를 창조하는 데 있다.

↓

(   )

↓

그러므로 인생의 목적을 달성하기 위해서는 지식을 습득해야 한다.

---

① 인생의 목적은 이상을 실현하는 데 있다.
② 문화를 창조하기 위해서는 지식이 필요하다.
③ 문화 창조란 이상을 실현하는 것이다.
④ 인간만이 유일하게 문화를 창조할 수 있다.
⑤ 지식을 습득하기 위해서는 문화와 이상을 현실화시켜야 한다.

17 다음 글을 통해 추론할 수 있는 내용으로 적절하지 않은 것은?

> 뉴턴 역학은 갈릴레오나 뉴턴의 근대과학 이전 중세를 지배했던 아리스토텔레스의 역학관에 정면으로 도전한다. 아리스토텔레스에 의하면 물체가 똑같은 운동 상태를 유지하기 위해서는 외부에서 끊임없이 힘이 제공되어야만 한다. 이렇게 물체에 힘을 제공하는 기동자가 물체에 직접적으로 접촉해야 운동이 일어난다. 기동자가 없어지거나 물체와의 접촉이 중단되면 물체는 자신의 운동 상태를 유지할 수 없다. 그러나 관성의 법칙에 의하면 외력이 없는 한 물체는 자신의 원래 운동 상태를 유지한다. 아리스토텔레스는 기본적으로 물체의 운동을 하나의 정지 상태에서 다른 정지 상태로의 변화로 이해했다. 즉, 아리스토텔레스에게는 물체의 정지 상태가 물체의 운동 상태와는 아무런 상관이 없었다. 그러나 뉴턴이나 혹은 근대 과학의 시대를 열었던 갈릴레오에 의하면 물체가 정지한 상태는 운동하는 상태의 특수한 경우이다. 운동 상태가 바뀌는 것은 물체의 외부에서 힘이 가해지는 경우이다. 즉, 힘은 운동의 상태를 바꾸는 요인이다. 지금 우리는 뉴턴 역학이 옳다고 쉽게 생각하고 있지만, 이론적인 선입견을 배제하고 일상적인 경험만 떠올리면 언뜻 아리스토텔레스의 논리가 더 그럴 듯하게 보일 수도 있다.

① 보통 뉴턴 역학이 옳다고 생각하지만, 일상적인 경험만 떠올린다면 아리스토텔레스의 논리도 그럴 듯하게 보일 수도 있다.

② 아리스토텔레스는 "외부에서 힘이 작용하지 않으면 운동하는 물체는 계속 그 상태로 운동하려 하고, 정지한 물체는 계속 정지해 있으려고 한다."고 주장했다.

③ 뉴턴 역학은 아리스토텔레스의 역학관이 지배했던 시대배경에서는 잘 통하지 않았을 수도 있다.

④ 아리스토텔레스에게는 물체의 정지 상태는 물체의 운동 상태와는 아무런 상관이 없었다.

⑤ 아리스토텔레스는 물체에 힘을 제공하는 기동자가 물체에 직접적으로 접촉해야 운동이 일어난다고 했다.

18 다음 밑줄 친 ㉠이 의미하는 바는?

> 미술가가 얻어내려고 하는 효과가 어떤 것인지는 결코 예견할 수 없기 때문에 이러한 종류의 규칙을 설정하기는 불가능하며, 또한 이것이 진리이다. 미술가는 일단 옳다는 생각이 들면 전혀 조화되지 않는 것까지 시도하기를 원할지 모른다. 하나의 그림이나 조각이 어떻게 되어 있어야 제대로 된 것인지 말해 줄 수 있는 규칙이 없기 때문에 우리가 어떤 작품을 걸작이라고 느끼더라도 그 이유를 정확한 말로 표현한다는 것은 거의 불가능하다. 그러나 그렇다고 어느 작품이나 다 마찬가지라거나, 사람들이 취미에 대해 논할 수 없다는 뜻은 아니다. 만일 그러한 논의가 별 의미가 없는 것이라 하더라도 그러한 논의들은 우리에게 그림을 더 보도록 만들고, 우리가 그림을 더 많이 볼수록 전에는 발견하지 못했던 점들을 깨달을 수 있게 된다. 그림을 보면서 각 시대의 미술가들이 이룩하려 했던 조화에 대한 감각을 발전시키고, 이러한 조화들에 의해 우리의 느낌이 풍부해질수록 우리는 더욱 그림 감상을 즐기게 될 것이다. 취미에 관한 문제는 논의의 여지가 없다는 오래된 경구는 진실이겠지만, 이로 인해 '취미는 개발될 수 있다'는 사실이 숨겨져서는 안 된다. 예컨대 ㉠ 차를 마셔 버릇하지 않은 사람들은 여러 가지 차를 혼합해서 만드는 차와 다른 종류의 차가 똑같은 맛을 낸다고 느낄지 모른다. 그러나 만일 그들이 여가(餘暇)와 기회가 있어 그러한 맛의 차이를 찾아내려 한다면 그들은 자기가 좋아하는 혼합된 차의 종류를 정확하게 식별해 낼 수 있는 진정한 감식가가 될 수 있을 것이다. 분명히 미술 작품에 대한 취미는 음식이나 술에 대한 취미보다 매우 복잡하다. 그것은 여러 가지 미묘한 풍미(風味)를 발견하는 문제일 뿐 아니라 훨씬 진지하고 중요한 것이다. 요컨대 위대한 미술가들은 작품에 그들의 모든 것을 바치고 그 작품들로 인해 고통을 받고 그들 작품에 심혈을 기울였으므로, 그들은 우리에게 최소한 그들이 원하는 방식으로 미술 작품을 이해하도록 우리가 노력해야 한다고 요구할 권리가 있다.

① 미술에 대해 편견을 갖고 있는 사람
② 미술 작품을 소장하고 있지 않은 사람
③ 미술 작품을 자주 접할 기회가 없는 사람
④ 그림을 그리는 방법을 잘 알지 못하는 사람
⑤ 미술 작품 감상을 시간 낭비라고 생각하는 사람

다음 글을 바탕으로 밑줄 친 ㉠과 같은 현상이 나타나게 된 이유를 추론해 볼 때 거리가 먼 것은?

고려와 조선은 국가적으로 금속화폐의 통용을 추진한 적이 있다. 화폐 주조권을 장악하여 세금을 효과적으로 징수하고 효율적으로 저장하려는 것이 그 목적이었다. 그러나 물품화폐에 익숙한 농민들은 금속화폐를 불편하게 여겼으므로 금속화폐의 유통 범위는 한정되고 끝내는 삼베를 비롯한 물품화폐에 압도당하고 말았다. ㉠ 조선 태종 때와 세종 때에도 동전의 유통을 시도하였지만 실패하였다. 조선 전기 은화(銀貨)는 서울을 중심으로 유통되었는데, 주로 왕실과 관청, 지배층과 상인, 역관(譯官) 등이 이용한 '돈'이었다. 그러나 은화(銀貨)는 고액 화폐였다. 그 때문에 서민의 경제생활에서는 여전히 무명 옷감이 화폐의 기능을 담당하였다.

그러한 가운데서도 농업생산력의 발전과 인구의 증가, 17세기 이후 지방시장의 성장은 금속화폐 통용을 위한 여건이 마련되었음을 뜻하였다. 17세기 전반 이미 개성에서는 모든 거래가 동전으로 이루어지고 있었다. 이러한 여건 아래에서 1678년(숙종 4년)부터 강력한 통용책이 추진되면서 금속화폐가 널리 보급될 수 있었다. 동전인 상평통보 1개는 1푼[分]이었다. 10푼이 1전(錢), 10전이 1냥(兩), 10냥이 1관(貫)이다. 대원군이 집권할 때 주조된 당백전(當百錢)과 1883년 주조된 당오전(當五錢)은 1개가 각각 100푼과 5푼의 가치를 가지는 동전이었다. 동전 주조가 늘면서 그 유통 범위가 경기, 충청지방으로부터 점차 확산되어 18세기 초에는 전국에 미칠 정도였다. 동전을 시전(市廛)에 무이자로 대출하고, 관리의 녹봉을 동전으로 지급하고, 일부 세금을 동전으로 거두어들이는 등의 국가 정책도 동전의 통용을 촉진하였다. 화폐경제의 성장은 상업적 동기를 촉진시키고 경제생활, 나아가 사회생활에 변화를 주었다.

이러한 가운데 일부 위정자들은 화폐경제로 인한 부작용을 우려했는데 특히 농촌 고리대금업(高利貸金業)의 성행을 가장 심각한 문제로 생각했다. 그래서 동전의 폐지를 주장하는 이도 있었다. 1724년 등극한 영조는 이 주장을 받아들여 동전 주조를 정지하였다. 그런데 당시에 동전은 이미 일상생활로 퍼졌기 때문에 동전의 수요에 비해 공급이 부족한 현상이 일어나 동전주조의 정지는 화폐 유통질서와 상품경제에 타격을 가하였다. 돈이 매우 귀하여 농민과 상인의 교역에 불편을 가져다준 것이다. 또한, 소수의 부유한 상인이 동전을 집중적으로 소유하여 고리대금업(高利貸金業) 활동을 강화함에 따라서 오히려 농민 몰락이 조장되었다. 결국 영조 7년 이후 동전은 다시 주조되기 시작했다.

① 화폐가 통용될 시장이 발달하지 않았군.
② 화폐가 주로 일부계층 위주로 통용되었군.
③ 백성들이 화폐보다 물품화폐를 선호하였군.
④ 국가가 화폐수요량에 맞추어 원활하게 공급하지 못했군.
⑤ 화폐가 필요할 만큼 농업생산력이 발전하지 못했군.

20 다음 글의 내용을 토대로 할 때, (가)와 (나)의 관계와 가장 유사한 관계를 지니고 있는 것은?

과학과 미술은 본질적으로 인간이 주위 사물이나 세계를 인식하는 방식이라는 점에서는 공통적이지만, 그 영역이 달라 서로 전혀 다른 차원에서 행해진다는 차이점을 지닌다. 다시 말해 이 둘은 서로 모순되거나 상대를 방해할 수 있는 관계에 놓여 있지 않다. 따라서 (가) 과학의 개념적 해석은 (나) 미술의 직관적 해석을 배제하지 않는다. 각자는 자체의 시각, 이를테면 자체의 굴절 각도를 지니고 있다.

그러나 그렇다고 해서 이 둘은 엄격히 분리되어서 상호 간에 전연 영향을 끼칠 수 없는 것일까? 과학과 미술이 각각 의지하고 있는 사물의 개념적·추상적 이해와 직관적·구체적 파악은 밀접하게 연관되어 있는 인간의 인식 작용의 두 측면이다. 따라서 우리는 이 둘이 밀접하게 연관되면서도 독립적인 영역을 갖고 서로 방해하지 않기 때문에 오히려 서로 영향을 끼칠 수 있다고 본다. 또한 더 나아가 상호 보완적으로 작용함으로써 인간의 인식을 더욱 풍요롭고 충실하게 한다고 생각할 수 있다. 실제로 우리가 서양 회화를 고찰의 대상으로 삼고 과학에 대한 미술의 관련성을 추적해 볼 때 이러한 가정은 사실로 확인된다.

① 언어의 순화는 곧 그것을 사용하는 사람의 의식의 정화로 이어지고, 이것은 또다시 언어의 순화로 이행되며, 이는 한층 강화된 의식의 정화로 나타나게 된다.

② 서양의 사상이 자연을 정복과 투쟁의 대상으로 보고 있는 데 비하여, 동양의 사상은 자연을 함께 공존해야 할 존재, 서로 조화를 이루어야 할 존재로 보고 있다.

③ 법이 강제에 의해서 우리의 행위를 규제한다면 관습은 양심을 통해 우리의 행동을 규제한다. 이 둘에 의해서 우리는 자신의 행동을 보다 바람직한 방향으로 이끌어나갈 수가 있는 것이다.

④ 흔히 물질적 풍요와 행복을 동일시하는 착각에 빠지기 쉬우나 물질적 풍요가 행복을 보장하는 것은 아니다. 단지, 그것은 행복을 위한 여러 가지 요건 중의 하나일 뿐이다.

⑤ 고대 중국인들은 음을 여성적인 요소로, 양을 남성적인 요소로 간주하고 모든 환경에 빗대어 해석했다.

CHAPTER 02
논리판단

| 영역 소개 |

논리판단 영역은 25분 동안 15문제를 풀어야 한다. 크게는 명제추리와 논리추리로 나눌 수 있으며, 주어진 명제나 조건을 이용하여 문제를 해결해야 한다는 공통점을 갖고 있다. 명제추리는 명제의 역·이·대우 및 주어지는 조건들을 활용하여 결론 또는 빈칸의 내용을 도출하는 문제이며, 논리추리는 주어진 요소들을 묶거나 연결·배열하는 등의 문제와 참/거짓을 판별하는 진실게임 유형의 문제들이다.

| 유형 소개 |

01 명제추리

명제에 대한 올바른 이해와 논리적 사고력을 평가하기 위한 유형으로 주어진 명제들을 통해 결론을 도출하기, 옳거나 옳지 않은 보기 고르기, 빈칸에 들어갈 명제 고르기 등의 유형이 출제되고 있다.

02 논리추리

상당히 방대한 범위에서 출제되고 있으나, 한마디로 정리하자면 문제에 여러 가지 조건이 주어지고, 그 조건을 충족시켰을 때 옳거나 옳지 않은 유형을 찾는 문제들이라고 할 수 있다. 다양한 조건을 고려하며 문제를 풀어나가야 하기 때문에 그만큼 복합적인 사고력이 요구되며, 많은 수험생들이 어려워하는 유형이다.

유형점검

정답 및 해설 p.058

---

01 명제추리

※ 다음 명제가 참일 때, 항상 옳은 것을 고르시오. [1~4]

01

> • 속도에 관심이 없는 사람은 디자인에도 관심이 없다.
> • 연비를 중시하는 사람은 내구성도 따진다.
> • 내구성을 따지지 않는 사람은 속도에도 관심이 없다.

① 연비를 중시하지 않는 사람도 내구성은 따진다.
② 디자인에 관심 없는 사람도 내구성은 따진다.
③ 연비를 중시하는 사람은 디자인에는 관심이 없다.
④ 속도에 관심이 있는 사람은 연비를 중시하지 않는다.
⑤ 내구성을 따지지 않는 사람은 디자인에도 관심이 없다.

Easy
02

> • 철수의 성적은 영희보다 낮고, 수연이보다 높다.
> • 영희의 성적은 90점이고, 수연이의 성적은 85점이다.
> • 수연이와 윤수의 성적은 같다.

① 철수의 성적은 윤수보다 낮다.
② 철수의 성적은 90점 이상이다.
③ 철수의 성적은 85점 이하이다.
④ 철수의 성적은 86점 이상 89점 이하이다.
⑤ 영희의 성적은 수연이보다 낮다.

03 명제추리

- 진달래를 좋아하는 사람은 감성적이다.
- 백합을 좋아하는 사람은 보라색을 좋아하지 않는다.
- 감성적인 사람은 보라색을 좋아한다.

① 감성적인 사람은 백합을 좋아한다.

② 백합을 좋아하는 사람은 감성적이다.

③ 진달래를 좋아하는 사람은 보라색을 좋아한다.

④ 보라색을 좋아하는 사람은 감성적이다.

⑤ 백합을 좋아하는 사람은 진달래를 좋아한다.

한끝 TIP

p이면 q이다($p \rightarrow q$).

q이면 p이다($q \rightarrow p$, 역).

p가 아니면 q가 아니다($\sim p \rightarrow \sim q$, 이).

q가 아니면 p가 아니다($\sim q \rightarrow \sim p$, 대우).

어떤 명제가 참이면 그 대우도 참이다.

04

- 정직한 사람은 이웃이 많을 것이다.
- 성실한 사람은 외롭지 않을 것이다.
- 이웃이 많은 사람은 외롭지 않을 것이다.

① 이웃이 많은 사람은 성실할 것이다.

② 성실한 사람은 정직할 것이다.

③ 정직한 사람은 외롭지 않을 것이다.

④ 외롭지 않은 사람은 정직할 것이다.

⑤ 이웃이 적은 사람은 외로울 것이다.

안심Touch

※ 다음 빈칸에 들어갈 알맞은 명제를 고르시오. [5~6]

Easy
05

> 과학자들 가운데 미신을 따르는 사람은 아무도 없다.
> 돼지꿈을 꾼 다음날 복권을 사는 사람들은 모두가 미신을 따르는 사람들이다.
> 그러므로 _____

① 미신을 따르는 사람들은 모두 돼지꿈을 꾼 다음날 복권을 산다.
② 미신을 따르지 않는 사람 중 돼지꿈을 꾼 다음날 복권을 사는 사람이 있다.
③ 과학자가 아닌 사람들은 모두 미신을 따른다.
④ 돼지꿈을 꾼 다음날 복권을 사는 사람이라면 과학자가 아니다.
⑤ 돼지꿈을 꾼 다음날 복권을 사지 않는다면 미신을 따르는 사람이 아니다.

기출유형

명제추리

06

> 아이스크림을 좋아하면 피자를 좋아하지 않는다.
> 갈비탕을 좋아하지 않으면 피자를 좋아한다.
>
> _____
> 그러므로 아이스크림을 좋아하면 짜장면을 좋아한다.

① 피자를 좋아하면 짜장면을 좋아한다.
② 짜장면을 좋아하면 갈비탕을 좋아한다.
③ 갈비탕을 좋아하면 짜장면을 좋아한다.
④ 짜장면을 좋아하지 않으면 피자를 좋아하지 않는다.
⑤ 피자와 갈비탕을 좋아하면 짜장면을 좋아한다.

한끝 TIP

전제를 추가하는 유형인지, 결론을 도출하는 유형인지 먼저 파악 후, 유형에 따라 접근법을 달리한다.
1. 전제를 추가하는 유형 : 결론과 주어진 전제의 연결 고리를 찾음으로써 빈칸의 전제를 유추한다.
2. 결론을 도출하는 유형 : 두 가지 전제로 도출할 수 있는 결론들을 정리한다.

기출유형

01

연결하기 · 묶기 · 배열하기

A, B, C, D 네 사람이 각각 빨간색, 파란색, 노란색, 초록색의 모자, 티셔츠, 바지를 입고 있다. 다음 조건에 따를 때 옳은 것은?

- 한 사람이 입고 있는 모자, 티셔츠, 바지의 색깔은 서로 겹치지 않는다.
- 네 가지 색깔의 의상들은 각각 한 벌씩밖에 없다.
- A는 빨간색을 입지 않았다.
- C는 초록색을 입지 않았다.
- D는 노란색 티셔츠를 입었다.
- C는 빨간색 바지를 입었다.

① A의 티셔츠는 파란색이다.
② B의 바지는 초록색이다.
③ D의 바지는 빨간색이다.
④ B의 모자와 D의 바지의 색상은 서로 같다.
⑤ A의 티셔츠와 C의 모자의 색상은 서로 같다.

02 상자 A, B, C에 금화 13개가 나뉘어 들어 있다. 금화는 상자 A에 가장 적게 있고, 상자 C에 가장 많이 있다. 각 상자에는 금화가 하나 이상 있으며, 개수는 서로 다르다. 이 사실을 알고 있는 갑, 을, 병이 아래와 같은 순서로 각 상자를 열어 본 후 다음과 같이 말하였다. 이들의 말이 모두 참일 때 상자 A와 C에 있는 금화의 총 개수는?

- 갑이 상자 A를 열어 본 후 말하였다. "B와 C에 금화가 각각 몇 개 있는지 알 수 없어."
- 을은 갑의 말을 듣고 상자 C를 열어 본 후 말하였다. "A와 B에 금화가 각각 몇 개 있는지 알 수 없어."
- 병은 갑과 을의 말을 듣고 상자 B를 열어 본 후 말하였다. "A와 C에 금화가 각각 몇 개 있는지 알 수 없어."

① 6개   ② 7개
③ 8개   ④ 9개
⑤ 10개

Hard
03 취업준비생 A, B, C, D, E가 지원한 회사는 가, 나, 다, 라, 마 회사 중 한 곳이며, 다섯 회사는 서로 다른 곳에 위치하고 있다. 다섯 사람은 모두 서류에 합격해 직무적성검사를 보러 가는데, 이때 지하철, 버스, 택시 중 한 가지를 타고 가려고 한다. 다음 중 옳지 않은 것은?(단, 한 가지 교통수단은 최대 두 명까지 이용할 수 있으며, 한 사람도 이용하지 않은 교통수단은 없다)

- 택시를 타면 가, 나, 마 회사에 갈 수 있다.
- A는 다 회사를 지원했다.
- E는 어떤 교통수단을 선택해도 지원한 회사에 갈 수 있다.
- 지하철에는 D를 포함한 두 사람이 타며, 둘 중 한 사람은 라 회사에 지원했다.
- B가 탈 수 있는 교통수단은 지하철뿐이다.
- 버스와 택시로 갈 수 있는 회사는 가 회사를 제외하면 서로 겹치지 않는다.

① B와 D는 함께 지하철을 이용한다.
② C는 택시를 이용한다.
③ A는 버스를 이용한다.
④ E는 라 회사에 지원했다.
⑤ C는 나 또는 마 회사에 지원했다.

04 A대학교 보건소에서는 4월 1일(월)부터 한 달 동안 재학생을 대상으로 금연교육 4회, 금주교육 3회, 성교육 2회를 실시하려는 계획을 가지고 있다. 다음 조건을 근거로 판단할 때 옳은 것은?

- 금연교육은 정해진 같은 요일에만 주 1회 실시하고, 화, 수, 목요일 중에 해야 한다.
- 금주교육은 월요일과 금요일을 제외한 다른 요일에 시행하며, 주 2회 이상은 실시하지 않는다.
- 성교육은 4월 10일 이전, 같은 주에 이틀 연속으로 실시한다.
- 4월 22일부터 26일까지 중간고사 기간이고, 이 기간에 보건소는 어떠한 교육도 실시할 수 없다.
- 보건소의 교육은 하루에 하나만 실시할 수 있고, 토요일과 일요일에는 교육을 실시할 수 없다.
- 보건소는 계획한 모든 교육을 반드시 4월에 완료하여야 한다.

① 금연교육이 가능한 요일은 화요일과 수요일이다.
② 금주교육은 같은 요일에 실시되어야 한다.
③ 금주교육은 4월 마지막 주에도 실시된다.
④ 성교육이 가능한 일정 조합은 두 가지 이상이다.
⑤ 4월 30일에도 교육이 있다.

기출유형 진실게임

05

이번 학기에 4개의 강좌 A, B, C, D가 새로 개설된다. 김 과장은 강의 지원자 甲, 乙, 丙, 丁, 戊 중 4명에게 각 한 강좌씩 맡기려 한다. 배정 결과를 궁금해 하는 5명은 다음과 같이 예측했다. 배정 결과를 보니 이 중 한 명의 진술만 거짓이고, 나머지는 참임이 드러났다. 다음 중 항상 옳은 것은?(단, 모든 사람은 참이나 거짓만을 말한다)

甲 : 乙이 A강좌를 담당하고 丙은 강좌를 맡지 않는다.
乙 : 丙이 B강좌를 담당하고 丁의 말은 참이다.
丙 : 丁은 D가 아닌 다른 강좌를 담당한다.
丁 : 戊가 D강좌를 담당한다.
戊 : 乙의 말은 거짓이다.

① 甲은 A강좌를 담당한다.   ② 乙은 C강좌를 담당한다.
③ 丙은 강좌를 맡지 않는다.   ④ 丁은 D강좌를 담당한다.
⑤ 戊는 B강좌를 담당한다.

한끝 TIP

전체 조건 중 서로 모순되는 진술을 찾으면 문제풀이 시간을 줄일 수 있다.
1. 제시된 진술 중 서로 연결된 진술 혹은 모순 관계를 파악하여 나올 수 있는 경우의 수를 정리한다(하나가 참이면 반드시 다른 하나가 거짓인 경우, 하나의 진술에 직접 부정하는 것 등).
2. 제각각 진술을 하는 경우라면, 각각의 진술을 빠르게 검토하여 정리한다.

06 어느 날 사무실에 도둑이 들었다. CCTV를 확인해 보니 흐릿해서 잘 보이지는 않았지만 도둑이 2명이라는 것을 확인했고, 사무실 직원들의 알리바이와 해당 시간대에 사무실에 드나든 사람들을 조사한 결과 피의자는 A, B, C, D, E 5명으로 좁혀졌다. 거짓을 말하는 사람이 1명이라고 할 때, 다음의 진술을 통해 거짓을 말한 사람을 고르면?(단, 모든 사람은 참이나 거짓만을 말한다)

A : B는 확실히 범인이에요. 제가 봤어요.
B : 저는 범인이 아니구요, E는 무조건 범인입니다.
C : A가 말하는 건 거짓이니 믿지 마세요.
D : C가 말하는 건 진실이에요.
E : 저와 C가 범인입니다.

---

① A   ② B
③ C   ④ D
⑤ E

중간점검 모의고사

🕐 시험 시간 : (   )분 / 25분   📑 맞은 개수 : (   )문항 / 15문항

정답 및 해설 p.060

※ 다음 명제가 참일 때, 항상 옳은 것을 고르시오. [1~2]

01

> • 서울에 있는 어떤 공원은 사람이 많지 않다.
> • 분위기가 있지 않으면 사람이 많지 않다.
> • 모든 공원은 분위기가 있다.

① 분위기가 있지 않은 서울의 모든 공원은 사람이 많다.
② 분위기가 있는 서울의 어떤 공원은 사람이 많지 않다.
③ 분위기가 있는 서울의 모든 공원은 사람이 많지 않다.
④ 분위기가 있지 않은 서울의 어떤 공원은 사람이 많지 않다.
⑤ 분위기가 있지 않은 서울의 어떤 공원은 사람이 많다.

Easy
02

> • 지영이는 용주보다 손이 작다.
> • 승연이는 용주보다 손이 크다.
> • 규리는 승연이보다 손이 작다.

① 지영이가 손이 가장 작다.
② 승연이는 지영이보다 손이 작다.
③ 용주는 지영이보다 손이 작다.
④ 규리가 손이 가장 작다.
⑤ 손이 가장 작은 사람은 지영이와 규리 중 누구인지 알 수 없다.

03 다음 빈칸에 들어갈 문장으로 알맞은 것은?

> 강아지를 좋아하는 사람은 자연을 좋아한다.
> 나무를 좋아하는 사람은 자연을 좋아한다.
> 그러므로 _____

① 나무를 좋아하지 않는 사람은 강아지를 좋아한다.
② 자연을 좋아하는 사람은 강아지도 나무도 좋아한다.
③ 강아지를 좋아하는 사람은 나무를 좋아하지 않는다.
④ 나무를 좋아하지만 강아지를 좋아하지 않는 사람이 있다.
⑤ 자연을 좋아하지 않는 사람은 강아지도 나무도 좋아하지 않는다.

04 남학생 A, B, C, D와 여학생 W, X, Y, Z 8명이 있다. 어떤 시험을 본 뒤, 이 8명의 득점을 알아보았더니, 남녀 모두 1명씩 짝을 이루어 동점을 받았다. 다음을 모두 만족할 때, 옳은 것은?

> • 여학생 X는 남학생 B 또는 C와 동점이다.
> • 여학생 Y는 남학생 A 또는 B와 동점이다.
> • 여학생 Z는 남학생 A 또는 C와 동점이다.
> • 남학생 B는 여학생 W 또는 Y와 동점이다.

① 여학생 W는 남학생 C와 동점이다.
② 여학생 X는 남학생 B와 동점이다.
③ 여학생 Z와 남학생 C는 동점이다.
④ 여학생 Y는 남학생 A와 동점이다.
⑤ 남학생 D와 여학생 W는 동점이다.

Hard

05 마케팅팀에는 부장 A, 과장 B · C, 대리 D · E, 신입사원 F · G 총 일곱 명이 근무하고 있다. 마케팅팀 부장은 신입사원 입사 기념으로 팀원을 모두 데리고 영화관에 갔다. 영화를 보기 위해 주어진 조건에 따라 자리에 앉는다고 할 때, 항상 옳은 것은?

> • 모두 일곱 자리가 일렬로 붙어 있는 곳에 앉는다.
> • 일곱 자리 양옆에는 비상구가 있다.
> • D와 F는 나란히 앉는다.
> • A와 B 사이에는 한 명이 앉아 있다.
> • G는 왼쪽에 사람이 앉아 있는 것을 싫어한다.
> • C와 G 사이에는 한 명이 앉아 있다.

① E는 D와 F 사이에 앉는다.
② G와 가장 멀리 떨어진 자리에 앉는 사람은 D다.
③ D는 비상구와 붙어 있는 자리에 앉는다.
④ C 옆에는 A와 B가 앉는다.
⑤ 가운데 자리에는 항상 B가 앉는다.

06 A, B, C, D, E 다섯 명을 포함한 여덟 명이 달리기 경기를 하였다. 이에 대한 정보가 다음과 같을 때, 옳은 것은?

> • A와 D는 연속으로 들어왔으나, C와 D는 연속으로 들어오지 않았다.
> • A와 B 사이에 3명이 있다.
> • B는 일등도, 꼴찌도 아니다.
> • E는 4등 또는 5등이고, D는 7등이다.
> • 5명을 제외한 3명 중에 꼴찌는 없다.

① C가 3등이다.
② E가 C보다 일찍 들어왔다.
③ A가 C보다 늦게 들어왔다.
④ B가 E보다 늦게 들어왔다.
⑤ D가 E보다 일찍 들어왔다.

07 여섯 가지 색상의 유리구슬 18개를 3개씩 6개의 봉지에 담았다. 각 봉지에는 같은 색깔의 구슬은 없다. 다음 중 옳은 것은?

- 적, 흑, 청의 합계는 백, 황, 녹의 합계와 같다.
- 황색의 수는 흑색의 3배이다.
- 백색은 녹색보다 많고, 녹색은 흑색보다 많다.
- 적색은 백색과 녹색의 합계와 같다.

---

① 적색 유리구슬의 개수는 5개이다.

② 흑색 유리구슬의 개수는 1개이다.

③ 녹색 유리구슬의 개수는 4개이다.

④ 황색 유리구슬의 개수는 2개이다.

⑤ 백색 유리구슬의 개수는 3개이다.

08 A~F의 회사가 6층 건물에 입주하려 한다. 한 층에 한 개 회사만이 입주할 수 있다. 다음 중 항상 옳은 것은?

- A와 B, B와 C는 층 간격이 같다.
- D와 E는 인접할 수 없다.
- A는 5층이다.
- F는 B보다 위층에 있다.
- B는 C보다 위층에 있다.

---

① C는 1층, A는 5층이다.

② C는 4층에 있다.

③ F는 6층에 있다.

④ D는 4층에 있다.

⑤ E는 1층에 있다.

09 마케팅 부서의 직원 A~H가 8인용 원탁에 앉아서 회의를 하려고 한다. 다음 중 참인 것은?

- A는 B 옆에 앉지 않는다.
- B와 G는 마주보고 있다.
- D는 H 옆에 앉는다.
- E는 F와 마주 보고 있다.
- C는 E 옆에 앉는다.

① F 옆에는 항상 H가 있다.
② C와 D는 항상 마주 본다.
③ A의 오른쪽 옆에는 항상 C가 있다.
④ B와 E 사이에는 항상 누군가 앉아 있다.
⑤ 경우의 수는 총 네 가지이다.

10 이웃해 있는 10개의 건물에 초밥가게, 옷가게, 신발가게, 편의점, 약국, 카페가 있다. 카페가 3번째 건물에 있을 때, 다음 중 항상 옳은 것은?(단, 한 건물에 한 가지 업종만 들어갈 수 있다)

- 초밥가게는 카페보다 앞에 있다.
- 초밥가게와 신발가게 사이에 건물이 6개 있다.
- 옷가게와 편의점은 인접할 수 없으며, 옷가게와 신발가게는 인접해 있다.
- 신발가게 뒤에 아무것도 없는 건물이 2개 있다.
- 2번째와 4번째 건물은 아무것도 없는 건물이다.
- 편의점과 약국은 인접해 있다.

① 카페와 옷가게는 인접해 있다.
② 초밥가게와 약국 사이에 2개의 건물이 있다.
③ 편의점은 6번째 건물에 있다.
④ 신발가게는 8번째 건물에 있다.
⑤ 옷가게는 5번째 건물에 있다.

11 극장의 입장표 판매 직원은 경수, 철민, 준석, 주희, 가영, 수미 6명이다. 극장은 일주일을 매일 오전과 오후 2회로 나누고, 각 근무시간에 2명의 직원을 근무시키고 있다. 직원은 1주에 4회 이상 근무를 해야 하며 7회 이상은 근무하지 못한다. 인사 담당자는 근무 계획을 작성할 때 다음과 같은 조건을 충족시켜야 한다. 다음 중 옳은 것은?

- 경수는 오전에 근무하지 않는다.
- 철민은 수요일에 근무한다.
- 준석은 수요일을 제외하고는 매일 1회 근무한다.
- 주희는 토요일과 일요일을 제외한 날의 오전에만 근무할 수 있다.
- 가영은 월요일부터 금요일까지는 근무하지 않는다.
- 수미가 근무하는 시간에는 준석이도 근무한다.

① 준석이는 평일에만 일한다.
② 수미는 월요일, 화요일, 목요일, 금요일 모두 오후에 일한다.
③ 준석이와 경수와 가영이는 주말에 근무를 한다.
④ 준석이와 수미는 4일 모두 오후 근무이다.
⑤ 주희는 기본 근무조건을 만족하지 못해서 일을 할 수 없다.

12 다음은 기현이가 체결한 A부터 G까지 7개 계약들의 체결 순서에 관한 정보이다. 기현이가 5번째로 체결한 계약은?

- B와의 계약은 F와의 계약에 선행한다.
- G와의 계약은 D와의 계약보다 먼저 이루어졌는데, E와의 계약, F와의 계약보다는 나중에 이루어졌다.
- B와의 계약은 가장 먼저 맺어진 계약이 아니다.
- D와의 계약은 A와의 계약보다 먼저 이루어졌다.
- C와의 계약은 G와의 계약보다 나중에 이루어졌다.
- A와의 계약과 D와의 계약의 체결시간은 인접하지 않는다.

① A   ② B
③ C   ④ D
⑤ G

13 선아, 도현, 혜진, 상희, 정혜, 진수가 동시에 가위바위보를 해서 아이스크림 내기를 했는데, 결과가 다음과 같았다. 다음 중 내기에서 이긴 사람을 모두 고르면?(단, 비긴 사람은 없다)

- 여섯 사람이 낸 것이 모두 같거나, 가위 · 바위 · 보 3가지가 모두 포함되는 경우 비긴 것으로 하기로 했는데, 비긴 경우는 없었다.
- 선아는 가위를 내지 않았다.
- 도현이는 바위를 내지 않았다.
- 혜진이는 선아와 같은 것을 냈다.
- 상희는 정혜에게 졌다.
- 진수는 선아에게 이겼다.
- 도현이는 정혜에게 졌다.

① 선아, 혜진
② 진수, 정혜
③ 도현, 상희
④ 선아, 혜진, 도현
⑤ 진수, 도현, 상희

14 A, B, C, D 네 명의 피의자가 경찰에게 다음과 같이 진술하였다. 한 사람의 진술만이 참일 경우의 범인과, 한 사람의 진술만이 거짓일 경우의 범인을 차례로 나열한 것은?(단, 범인은 한 명이며, 범인의 말은 반드시 거짓이다)

A : C가 범인이다.
B : 나는 범인이 아니다.
C : D가 범인이다.
D : C는 거짓말을 했다.

① A, B
② A, C
③ A, D
④ B, C
⑤ B, D

15 네 개의 상자 A, B, C, D 중의 어느 하나에 두 개의 진짜 열쇠가 들어 있고, 다른 어느 한 상자에 두 개의 가짜 열쇠가 들어 있다. 또한 각 상자에는 다음과 같이 두 개의 안내문이 쓰여 있는데, 각 상자의 안내문 중 하나는 참이다. 다음 중 항상 옳은 것은?

A상자
– 어떤 진짜 열쇠도 순금으로 되어 있지 않다.
– C상자에 진짜 열쇠가 들어 있다.

B상자
– 가짜 열쇠는 이 상자에 들어 있지 않다.
– A상자에는 진짜 열쇠가 들어 있다.

C상자
– 이 상자에 진짜 열쇠가 들어 있다.
– 어떤 가짜 열쇠도 구리로 되어 있지 않다.

D상자
– 이 상자에 진짜 열쇠가 들어 있다.
– 가짜 열쇠 중 어떤 것은 구리로 되어 있다.

---

① B상자에 가짜 열쇠가 들어 있지 않다.
② C상자에 진짜 열쇠가 들어 있지 않다.
③ D상자의 첫 번째 안내문은 거짓이다.
④ 모든 가짜 열쇠는 구리로 되어 있다.
⑤ 어떤 진짜 열쇠는 순금으로 되어 있다.

CHAPTER 03
자료해석

합격 Cheat Key

| 영역 소개 |

자료해석 영역은 30분 동안 20문제를 풀어야 하며, 표나 그래프 등의 자료를 활용하여 수치를 비교하거나 계산하는 능력을 평가한다. 크게는 자료분석, 자료계산, 퍼즐의 세 가지 유형으로 나눌 수 있으며, 이 중 특히 퍼즐은 HMAT만의 독특한 유형이다. 주어진 표나 그래프를 분석하여 옳거나 옳지 않은 보기를 찾아내는 유형, 주어진 자료와 공식을 이용하여 계산 후 일정한 값을 도출하는 유형, 일정한 값을 계산하여 가로세로로 빈칸을 채우는 유형 등의 문제가 출제되고 있다.

| 유형 소개 |

01 **자료분석**

표나 그림 등의 통계자료를 해석하는 능력을 평가하기 위한 유형으로, 주어진 자료를 보고 수치를 비교하거나 간단한 계산을 통해 수치를 도출한 후, 옳거나 옳지 않은 보기를 고르는 문제가 출제되고 있다. HMAT뿐 아니라 타 기업 인적성에서도 흔히 출제되는 유형이다.

02 **자료계산**

자료를 이해하고 간단한 공식을 활용할 수 있는지 평가하는 유형으로, 자료만 단독으로 제시되거나, 경우에 따라 필요한 공식이 함께 제시되고, 이를 이용하여 일정한 값을 도출해내는 문제가 출제되고 있다.

03 **퍼즐**

HMAT에서만 출제되는 독특한 유형으로, 본질은 자료계산 유형과 같으나 가로와 세로의 빈칸을 채워넣은 후 이를 통해 제3의 값을 도출해야 한다는 점에서 차이가 있다.

이론점검

CHECK POINT

비율

기준량에 대한 비교하는 양의 비율

$= \dfrac{(비교하는 양)}{(기준량)}$

백분율(%)

기준량을 100으로 할 때의 비교하는 양의 비율

$= \dfrac{(비교하는 양)}{(기준량)} \times 100$

도표

(1) 꺾은선(절선)그래프

① 시간적 추이(시계열 변화)를 표시하는 데 적합하다.

　예 연도별 매출액 추이 변화 등

② 경과 · 비교 · 분포를 비롯하여 상관관계 등을 나타날 때 사용한다.

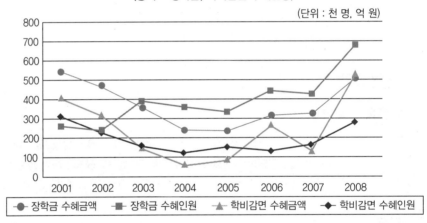

〈중학교 장학금, 학비감면 수혜현황〉

(2) 막대그래프

① 비교하고자 하는 수량을 막대 길이로 표시하고, 그 길이를 비교하여 각 수량 간의 대소 관계를 나타내는 데 적합하다.

　예 영업소별 매출액, 성적별 인원분포 등

② 가장 간단한 형태로 내역 · 비교 · 경과 · 도수 등을 표시하는 용도로 사용한다.

〈연도별 암 발생 추이〉

연도	값
2004	276.2
2005	300.2
2006	314.2
2007	337.8
2008	361.9

(3) 원그래프

① 내역이나 내용의 구성비를 분할하여 나타내는 데 적합하다.
　例 제품별 매출액 구성비 등
② 원그래프를 정교하게 작성할 때는 수치를 각도로 환산해야 한다.

〈C국의 가계 금융자산 구성비〉

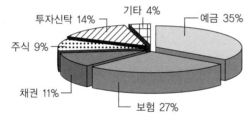

투자신탁 14%　기타 4%　예금 35%
주식 9%
채권 11%
보험 27%

(4) 점그래프

① 지역분포를 비롯하여 도시, 지방, 기업, 상품 등의 평가나 위치, 성격을 표시하는 데 적합하다.
　예 광고비율과 이익률의 관계 등
② 종축과 횡축에 두 요소를 두고, 보고자 하는 것이 어떤 위치에 있는가를 알고자 할 때 사용한다.

〈OECD 국가의 대학졸업자 취업률 및 경제활동인구 비중〉

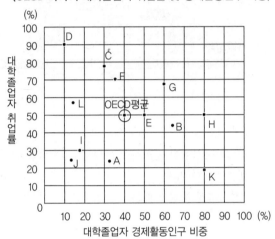

CHECK POINT

자료의 비교
• 평균 : (변량의 총합)÷(변량의 개수)
　= {(계급값)×(도수)의 총합}÷(도수의 총합)
• 증감률 : 그래프 기울기 비교
• 증감량 : 그래프 폭 비교

(5) 층별그래프

① 합계와 각 부분의 크기를 백분율로 나타내고 시간적 변화를 보는 데 적합하다.
② 합계와 각 부분의 크기를 실수로 나타내고 시간적 변화를 보는 데 적합하다.
　예 상품별 매출액 추이 등
③ 선의 움직임보다는 선과 선 사이의 크기로써 데이터 변화를 나타내는 그래프이다.

〈우리나라 세계유산 현황〉

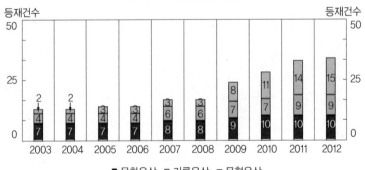

(6) 레이더 차트(거미줄그래프)

① 다양한 요소를 비교할 때, 경과를 나타내는 데 적합하다.

　　예 매출액의 계절변동 등

② 비교하는 수량을 직경, 또는 반경으로 나누어 원의 중심에서의 거리에 따라
　각 수량의 관계를 나타내는 그래프이다.

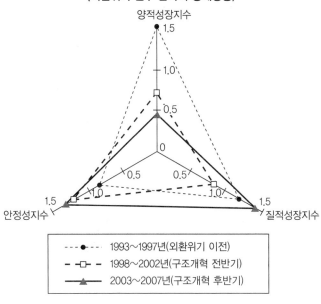

〈외환위기 전후 한국의 경제상황〉

- - - ●- - -　1993~1997년(외환위기 이전)
- - ☐- -　1998~2002년(구조개혁 전반기)
──▲──　2003~2007년(구조개혁 후반기)

CHECK POINT

➕ $\dfrac{B}{A}$, $\dfrac{C}{D}$ 분수 비교

(단, $A, B, C, D > 0$)

⑴ $B = D$

　• $A = C \rightarrow \dfrac{A}{B} = \dfrac{C}{D}$

　• $A > C \rightarrow \dfrac{A}{B} > \dfrac{C}{D}$

　• $A < C \rightarrow \dfrac{A}{B} < \dfrac{C}{D}$

⑵ $B > D$

　• $A = C \rightarrow \dfrac{A}{B} < \dfrac{C}{D}$

　• $A > C \rightarrow$ 분모 통분 비교 or 직접 계산 비교 or 배수 비교

　• $A < C \rightarrow \dfrac{A}{B} < \dfrac{C}{D}$

⑶ $B < D$

　• $A = C \rightarrow \dfrac{A}{B} > \dfrac{C}{D}$

　• $A > C \rightarrow \dfrac{A}{B} > \dfrac{C}{D}$

　• $A < C \rightarrow$ 분모 통분 비교 or 직접 계산 비교 or 배수 비교

CHAPTER **03** 유형점검

정답 및 해설 p.062

01 자료분석

기출유형 | 자료분석

01

다음은 품목별 한우의 2021년 10월 평균가격, 전월, 전년 동월, 직전 3개년 동월 평균가격을 제시한 자료이다. 이에 대한 설명으로 옳은 것은?

〈2018년 10월 기준 품목별 한우 평균가격〉

(단위 : 원/kg)

품목		2021년 10월 평균가격	전월 평균가격	전년 동월 평균가격	직전 3개년 동월 평균가격
구분	등급				
거세우	1등급	17,895	18,922	14,683	14,199
	2등급	16,534	17,369	13,612	12,647
	3등급	14,166	14,205	12,034	10,350
비거세우	1등급	18,022	18,917	15,059	15,022
	2등급	16,957	16,990	13,222	12,879
	3등급	14,560	14,344	11,693	10,528

※ 거세우, 비거세우의 등급은 1등급, 2등급, 3등급만 있음

① 거세우 각 등급에서의 2021년 10월 평균가격이 비거세우 같은 등급의 2021년 10월 평균가격보다 모두 높다.
② 모든 품목에서 전월 평균가격은 2021년 10월 평균가격보다 높다.
③ 2021년 10월 평균가격, 전월 평균가격, 전년 동월 평균가격, 직전 3개년 동월 평균가격은 비거세우 1등급이 다른 모든 품목에 비해 높다.
④ 직전 3개년 동월 평균가격 대비 전년 동월 평균가격의 증가폭이 가장 큰 품목은 거세우 2등급이다.
⑤ 전년 동월 평균가격 대비 2021년 10월 평균가격 증감률이 가장 큰 품목은 비거세우 2등급이다.

다음 자료는 우리나라 관광산업 규모에 대한 통계자료이다. 이에 대한 해석으로 올바르지 않은 것은?

〈연도별 관광사업 규모〉

(단위 : 명, 1,000USD)

연도	입국자 수 (Visitor Arrivals)	출국자 수 (Korean Departures)	관광수입 (Tourism Receipts)	관광지출 (Tourism Expenditures)
1980	976,415(−13.3)	338,840(14.6)	369,265(13.3)	349,557(−13.8)
1981	1,093,214(12.0)	436,025(28.7)	447,640(21.2)	439,029(25.6)
1982	1,145,044(4.7)	499,707(14.6)	502,318(12.2)	632,177(44.0)
1983	1,194,551(4.3)	493,461(−1.2)	596,245(18.7)	555,401(−12.1)
1984	1,297,318(8.6)	493,108(−0.1)	673,355(12.9)	576,250(3.8)
1985	1,426,045(9.9)	484,155(−1.8)	784,312(16.5)	605,973(5.2)
1986	1,659,972(16.4)	454,974(−6.0)	1,547,502(97.3)	612,969(1.2)
1987	1,874,501(12.9)	510,538(12.2)	2,299,156(48.6)	704,201(14.9)
1988	2,340,462(24.9)	725,176(42.0)	3,265,232(42.0)	1,353,891(92.3)
1989	2,728,054(16.6)	1,213,112(67.3)	3,556,279(8.9)	2,601,532(92.2)
1990	2,958,839(8.5)	1,560,923(28.7)	3,558,666(0.1)	3,165,623(21.7)
1991	3,196,340(8.0)	1,856,018(18.9)	3,426,416(−3.7)	3,784,304(19.5)
1992	3,231,081(1.1)	2,043,299(10.1)	3,271,524(−4.5)	3,794,409(0.3)
1993	3,331,226(3.1)	2,419,930(18.4)	3,474,640(6.2)	3,258,907(−14.1)
1994	3,580,024(7.5)	3,154,326(30.3)	3,806,051(9.5)	4,088,081(25.4)
1995	3,753,197(4.8)	3,818,740(21.1)	5,586,536(46.8)	5,902,693(44.4)
1996	3,683,779(−1.8)	4,649,251(21.7)	5,430,210(−2.8)	6,962,847(18.0)
1997	3,908,140(6.1)	4,542,159(−2.3)	5,115,963(−5.8)	6,261,539(−10.1)
1998	4,250,216(8.8)	3,066,926(−32.5)	6,865,400(34.2)	2,640,300(−57.8)
1999	4,659,785(9.6)	4,341,546(41.6)	6,801,900(−0.9)	3,975,400(50.6)
2000	5,321,792(14.2)	5,508,242(26.9)	6,811,300(0.1)	6,174,000(55.3)
2001	5,147,204(−3.3)	6,084,476(10.5)	6,373,200(−6.4)	6,547,000(6.0)
2002	5,347,468(3.9)	7,123,407(17.1)	5,918,800(−7.1)	9,037,900(38.0)
2003	4,752,762(−11.1)	7,086,133(−0.5)	5,241,000(−11.5)	8,135,900(−10.0)

① 해당 기간 동안 처음으로 입국자 수보다 출국자 수가 더 많아진 연도는 1995년이고, 관광수입 보다 관광지출이 많아진 연도는 1982년이 처음이다.

② 2000년에는 1980년 대비 입국자 수가 5배 이상, 출국자 수는 15배 이상 증가하였다.

③ 1980년 이후 관광수입은 1990년까지 매년 증가하였지만, 그 이후로는 증감을 반복하고 있다.

④ 2002년은 월드컵의 영향으로 입국자 수와 관광수입에서 최고치를 기록하였다.

⑤ 2003년은 관광지출이 2번째로 많은 해이다.

03 다음은 인천광역시 내의 각 자치단체 홈페이지에 게재된 글의 성격을 분석한 결과이다. 그 해석이 바르게 된 것은?

〈지역별 게시글의 성격〉

(단위 : 건, %)

구분		게시글의 성격										합계	
		문의		청원		문제 지적		정책 제안		기타			
		건수	비율	건수	비율	건수	비율	건수	비율	건수	비율	건수	비율
지역	시 본청	123	36.1	87	25.5	114	33.4	10	2.9	7	2.1	341	33.1
	중구	20	37.7	17	32.1	13	24.5	1	1.9	2	3.8	53	5.1
	동구	14	43.8	9	28.1	7	21.9	–	–	2	6.3	32	3.1
	남구	22	24.7	25	28.1	32	36.0	7	7.9	3	3.4	89	8.6
	연수구	6	16.7	15	41.7	14	38.9	1	2.8	–	–	36	3.5
	남동구	21	22.8	31	33.7	39	42.4	–	–	1	1.1	92	8.9
	부평구	29	28.7	28	27.7	41	40.6	1	1.0	2	2.0	101	9.8
	계양구	13	15.3	40	47.1	30	35.3	2	2.4	–	–	85	8.2
	서구	50	32.5	34	22.1	65	42.2	–	–	5	3.2	154	14.9
	강화군	17	44.7	8	21.1	8	21.1	3	7.8	2	5.3	38	3.7
	옹진군	6	60.0	–	–	3	30.0	1	10.0	–	–	10	1.0
합계		321	31.1	294	28.5	366	35.5	26	2.5	24	2.3	1,031	100

① 전체 게시글의 빈도는 문의, 문제 지적, 청원, 정책 제안, 기타의 순서로 많다.
② 전체에서 문의의 비중이 가장 높은 지역은 강화군이다.
③ 시 본청을 제외하고 정책 제안이 가장 많은 곳은 남구이다.
④ 게시글 중 청원이 차지하는 비중이 제일 높은 지역은 연수구이다.
⑤ 문제 지적의 비중이 2번째로 높은 지역은 부평구이다.

다음은 시도별 인구변동현황에 대한 표이다. 바르게 해석한 것을 〈보기〉에서 모두 고르면?

〈시도별 인구변동현황〉

(단위 : 천 명)

구분	2013년	2014년	2015년	2016년	2017년	2018년	2019년
합계	48,582	48,782	48,990	49,269	49,540	49,773	50,515
서울	10,173	10,167	10,181	10,193	10,201	10,208	10,312
부산	3,666	3,638	3,612	3,587	3,565	3,543	3,568
대구	2,525	2,511	2,496	2,493	2,492	2,489	2,512
인천	2,579	2,600	2,624	2,665	2,693	2,710	2,758
광주	1,401	1,402	1,408	1,413	1,423	1,433	1,455
대전	1,443	1,455	1,466	1,476	1,481	1,484	1,504
울산	1,081	1,088	1,092	1,100	1,112	1,114	1,126
경기	10,463	10,697	10,906	11,106	11,292	11,460	11,787

보기

㉠ 서울 인구와 경기 인구의 차는 2013년에 비해 2019년에 더 커졌다.

㉡ 2013년과 비교했을 때, 2019년 인구가 감소한 지역은 부산뿐이다.

㉢ 전년 대비 인구 증가량을 비교했을 때, 광주지역은 2019년이 가장 많이 증가했다.

㉣ 대구 지역은 2015년부터 인구가 꾸준히 감소했다.

① ㉠, ㉡   ② ㉠, ㉢

③ ㉠, ㉡, ㉢   ④ ㉡, ㉣

⑤ ㉢, ㉣

01 다음은 어느 기업의 팀별 성과급 지급 기준 및 영업팀의 성과평가 결과이다. 영업팀에게 지급되는 성과급의 1년 총액은?(단, 성과평가 등급이 A이면 직전 분기 차감액의 50%를 가산하여 지급한다)

〈성과급 지급 기준〉

성과평가 점수	성과평가 등급	분기별 성과급 지급액
9.0 이상	A	100만 원
8.0 이상 8.9 이하	B	90만 원 (10만 원 차감)
7.0 이상 7.9 이하	C	80만 원 (20만 원 차감)
6.9 이하	D	40만 원 (60만 원 차감)

〈영업팀 평가표〉

구분	1/4분기	2/4분기	3/4분기	4/4분기
유용성	8	8	10	8
안전성	8	6	8	8
서비스 만족도	6	8	10	8

※ (성과평가 점수)=(유용성)×0.4+(안정성)×0.4+(서비스 만족도)×0.2

① 350만 원
② 360만 원
③ 370만 원
④ 380만 원
⑤ 390만 원

다음은 행정구역별 인구에 관한 자료이다. 전년 대비 2021년의 대구 지역의 인구 증가율을 구하면?(단, 소수점 둘째 자리에서 반올림한다)

〈행정구역별 인구〉

(단위 : 천 명)

구분	2019년	2020년	2021년
전국	20,726	21,012	21,291
서울	4,194	4,190	4,189
부산	1,423	1,438	1,451
대구	971	982	994
인천	1,136	1,154	1,171
광주	573	580	586
대전	592	597	606
울산	442	452	455
세종	63	82	94
경기	4,787	4,885	5,003
강원	674	685	692
충북	656	670	681
충남	871	886	902
전북	775	783	790
전남	824	834	843
경북	1,154	1,170	1,181
경남	1,344	1,367	1,386
제주	247	257	267

① 약 1.1%
② 약 1.2%
③ 약 1.3%
④ 약 1.4%
⑤ 약 1.5%

03 다음 표는 국내 각 금융기관의 개인대출 현황 자료이다. 〈표 4〉의 연령대별 차입자 현황 중에서 구성비는 모든 금융기관에 동일하게 적용된다. 은행을 통한 30대의 개인대출 총액은?

〈표 1〉 금융기관별 개인대출 취급 현황

(단위 : 조 원, %)

구분	은행	상호 저축은행	할부 금융	신용 카드	보험	새마을 금고	신협	상호 금융	기타	전체
개인 대출	234.8	6.3	10.6	5.4	12.2	17.8	12.4	80.2	1.1	380.8
구성비	(61.7)	(1.7)	(2.8)	(1.4)	(3.2)	(4.7)	(3.2)	(21.1)	(0.2)	(100.0)

〈표 2〉 금융기관의 연령대별 개인대출 비중(금액 기준)

(단위 : %)

구분	30세 미만	30~39세	40~49세	50~59세	60세 이상	합계
은행	5.7	29.9	37.2	18.5	8.7	100.0
상호저축은행	5.8	23.8	39.3	19.3	11.8	100.0
상호금융	2.3	16.3	35.8	25.6	20.0	100.0
할부금융	19.4	37.6	29.8	9.7	3.5	100.0
신용카드	27.3	37.9	24.9	7.6	2.3	100.0
보험	5.3	34.4	38.9	15.6	5.8	100.0
전체	5.6	26.8	36.4	19.8	11.4	100.0

〈표 3〉 금융기관별 차입자 수

(단위 : 만 명)

은행	상호 저축은행	할부금융	신용카드	보험	새마을 금고	신협	상호금융	총체
660.0	15.3	92.9	92.1	46.8	58.5	40.1	208.5	1,218.1

〈표 4〉 연령대별 차입자 현황

(단위 : 천 명, %)

구분	30세 미만	30~39세	40~49세	50~59세	60세 이상	합계
차입자 수	1,358	3,156	2,998	1,482	1,013	10,007
구성비	(13.6)	(31.5)	(30.0)	(14.8)	(10.1)	(100.0)
인구 대비 차입자 수 비중	6.4	38.1	43.1	34.3	19.6	21.8

① 약 65조 원
② 약 70조 원
③ 약 75조 원
④ 약 80조 원
⑤ 약 85조 원

04 | 자료계산

다음은 민간분야 사이버 침해사고 발생 현황에 관한 자료이다. 기타 해킹이 가장 많았던 연도의 전체 사이버 침해사고 건수의 전년 대비 증감률은 얼마인가?

〈민간분야 사이버 침해사고 발생 현황〉

(단위 : 건)

구분	2015년	2016년	2017년	2018년
홈페이지 변조	6,490	10,148	5,216	3,727
스팸릴레이	1,163	988	731	365
기타 해킹	3,175	2,743	4,126	2,961
단순 침입 시도	2,908	3,031	3,019	2,783
피싱 경유지	2,204	4,320	3,043	1,854
전체	15,940	21,230	16,135	11,690

① 약 -26% ② 약 -25%

③ 약 -24% ④ 약 -23%

⑤ 약 -22%

Hard

01 주어진 도표를 이용해 빈칸을 완성한 후 ⊙×ⓒ+ⓒ-ⓔ을 구하면?(단, 소수점 둘째 자리에서 반올림한다)

〈2020년 양육수당 지급대상 현황〉

(단위 : 명)

구분	지원아동 수									
	합계	0세			1세			2세		
		소계	남	여	소계	남	여	소계	남	여
전국	89,756	36,662	18,682	17,980	38,450	19,575	18,875	14,644	7,399	7,245
서울	11,049	4,474	2,243	2,231	4,746	2,378	2,368	1,829	891	938
부산	6,693	2,664	1,357	1,307	2,850	1,479	1,371	1,179	590	589
대구	6,844	2,608	1,328	1,280	2,995	1,576	1,419	1,241	652	589
인천	6,516	2,459	1,246	1,213	2,816	1,414	1,402	1,241	604	637
광주	3,601	1,591	815	776	1,585	833	752	425	220	205
대전	3,745	1,593	795	798	1,590	801	789	562	287	275
울산	1,388	543	280	263	631	302	329	214	109	105
경기	17,764	7,058	3,625	3,433	7,589	3,821	3,768	3,117	1,568	1,549

〈가로〉
1. 지원아동 수가 가장 많은 지역의 지원아동 수는?
2. 대전 지역 전체 지원아동 수 중 2세 지원아동 수의 비율 ○○.○%는?
3. 전국 대비 대구 지역 지원아동 수의 비율 ○.○%는?

〈세로〉
1. 서울 지역 1세와 2세 지원아동 수의 합은?

① 38
② 39
③ 40
④ 41
⑤ 42

02

주어진 도표를 이용해 빈칸을 완성한 후 6×(㉠＋㉡＋㉢)의 값을 구하면?(단, 결괏값은 소수점 둘째 자리에서 반올림하며 소수점도 빈칸에 포함된다)

(단위 : 개소, 명)

구분		2016년		2017년		2018년		2019년	
		시설 수	입소정원	시설 수	입소정원	시설 수	입소정원	시설 수	입소정원
노인주거복지시설	양로시설	285	12,782	272	13,903	265	13,446	265	13,283
	노인공동생활가정	125	1,049	142	1,173	131	1,087	128	1,062
	노인복지주택	25	4,761	29	5,034	31	5,376	32	5,648
노인의료복지시설	노인요양시설	2,497	121,774	2,707	132,387	2,933	141,479	3,136	150,025
	노인요양공동생활가정	2,088	18,165	2,134	18,813	2,130	18,636	2,027	17,874
노인여가복지시설	노인복지관	319	0	344	0	347	0	350	0
	경로당	63,251	0	63,960	0	64,568	0	65,044	0
	노인교실	1,413	0	1,361	0	1,377	0	1,393	0

1.	㉠	2.	3.
		㉡	
			㉢

〈가로〉
1. 노인요양시설 입소정원의 2018년 대비 2019년의 증가량은?

〈세로〉
2. 양로시설 수가 가장 많았던 해의 노인복지주택 입소정원 수는?
3. 2019년 전체 노인주거복지시설 중 양로시설이 차지하는 비중(%)은?

① 96
② 102
③ 108
④ 114
⑤ 120

주어진 표를 이용해 빈칸을 완성한 후 1,000㉠ + 100㉡ + 10㉢ + ㉣를 구하면?

〈연령계층별 취업자 수〉

(단위 : 천 명, %, 전년 동월 대비)

구분	2017년 3월		2018년 2월				2018년 3월			
	취업자 수	구성비	취업자 수	구성비	증감	증감률	취업자 수	구성비	증감	증감률
〈전체〉	23,110	100.0	22,867	100.0	125	0.5	23,377	100.0	267	1.2
15~19세	140	0.6	212	0.9	27	14.7	164	0.7	23	16.7
20~29세	3,723	16.1	3,688	16.1	−43	−1.1	3,667	15.7	−56	−1.5
30~39세	5,827	25.2	5,774	25.3	−37	−0.6	5,819	24.9	−8	−0.1
40~49세	6,468	28.0	6,389	27.9	−39	−0.6	6,500	27.8	32	0.5
50~59세	4,395	19.0	4,525	19.8	255	6.0	4,659	19.9	264	6.0
60세 이상	2,557	11.1	2,279	10.0	−39	−1.7	2,569	11.0	12	0.5
〈남성〉	13,542	58.6	13,483	59.0	116	0.9	13,687	58.5	145	1.1
15~19세	53	0.2	75	0.3	5	7.2	58	0.2	5	10.1
20~29세	1,744	7.5	1,756	7.7	9	0.5	1,720	7.4	−24	−1.4
30~39세	3,740	16.2	3,696	16.2	−55	−1.5	3,713	15.9	−27	−0.7
40~49세	3,833	16.6	3,810	16.7	−6	−0.2	3,868	16.5	35	0.9
50~59세	2,652	11.5	2,726	11.9	141	5.5	2,792	11.9	141	5.3
60세 이상	1,521	6.6	1,419	6.2	21	1.5	1,535	6.6	15	1.0
〈여성〉	9,568	41.4	9,384	41.0	9	0.1	9,691	41.5	123	1.3
15~19세	88	0.4	137	0.6	22	19.3	106	0.5	18	20.6
20~29세	1,979	8.6	1,931	8.4	−52	−2.6	1,946	8.3	−33	−1.6
30~39세	2,088	9.0	2,078	9.1	19	0.9	2,107	9.0	19	0.9
40~49세	2,635	11.4	2,579	11.3	−34	−1.3	2,632	11.3	−3	−0.1
50~59세	1,743	7.5	1,799	7.9	114	6.8	1,866	8.0	124	7.1
60세 이상	1,036	4.5	859	3.8	−61	−6.6	1,034	4.4	−3	−0.2

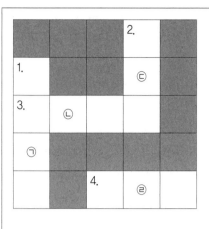

〈가로〉

3. 2017년 3월 여성 취업자 중에서 수가 가장 많은 연령대의 취업자 수는 몇 명인가?(단위 : 천 명)

4. 2018년 3월 남성 취업자 중 가장 낮은 연령대의 증감률에 10을 곱한 값은?

〈세로〉

1. 2018년 3월 전체 취업자 중에서 구성비가 가장 높은 연령대의 취업자 수와 그 증감률의 곱은?(단위 : 천 명)

2. 2018년 3월의 남성 전체 취업자 수는 2017년 3월 남성 전체 취업자 수에 비해 몇 명이나 증가하였는가?(단위 : 천 명)

① 6,540　　　　　　　② 5,640

③ 4,560　　　　　　　④ 3,250

⑤ 2,640

한끝 TIP

각 계산식의 난이도는 높지 않으나, 한꺼번에 3~5개의 계산을 해야 하므로 계산 속도를 높여야 한다. 또한, 숫자가 하나라도 틀리면 오답이 될 수 있으므로 정확한 계산이 필요하다.

주어진 도표를 이용해 빈칸을 완성한 후 빈칸의 숫자를 모두 더하면?

〈서울특별시 구인 · 구직 · 취업 통계〉

(단위 : 명)

직업 중분류	구인	구직	취업
관리직	996	2,951	614
경영, 회계, 사무 관련 전문직	6,283	14,350	3,400
금융보험 관련직	637	607	131
교육 및 자연과학, 사회과학 연구 관련직	177	1,425	127
법률, 경찰, 소방, 교도 관련직	37	226	59
보건, 의료 관련직	688	2,061	497
사회복지 및 종교 관련직	371	1,680	292
문화, 예술, 디자인, 방송 관련직	1,033	3,348	741
운전 및 운송 관련직	793	2,369	634
영업원 및 판매 관련직	2,886	3,083	733
경비 및 청소 관련직	3,574	9,752	1,798
미용, 숙박, 여행, 오락, 스포츠 관련직	259	1,283	289
음식서비스 관련직	1,696	2,936	458
건설 관련직	3,659	4,825	656
기계 관련직	742	1,110	345

〈가로〉

1. 직업 분류 중 취업자가 세 번째로 적은 직업의 취업자 수는?
2. 구인을 네 번째로 많이 한 직업의 구직자 수와 취업을 두 번째로 많이 한 직업의 취업자 수의 합은?

〈세로〉

1. 문화, 예술, 디자인, 방송 관련직의 구인 수와 취업자 수의 합은?

① 40   ② 39

③ 38   ④ 37

⑤ 36

중간점검 모의고사

🕐 시험 시간 : ( )분 / 30분   📋 맞은 개수 : ( )문항 / 20문항

정답 및 해설 p.065

01 다음은 우리나라 역대 대통령 선거의 지역별 투표율에 관한 표이다. 다음 중 옳지 않은 것은?

<**역대 대통령 선거 지역별 투표율**>

(단위 : %)

구분	15대	16대	17대	18대
서울	80.5	71.4	62.9	75.1
부산	78.9	71.2	62.1	76.2
대구	78.9	71.1	66.8	79.7
인천	80	67.8	60.3	74
광주	89.9	78.1	64.3	80.4
대전	78.6	67.6	61.9	76.5
울산	81.1	70	64.6	78.4
세종	–	–	–	74.1
경기	80.6	69.6	61.2	75
강원	78.5	68.4	62.6	73.8
충북	79.3	68	61.3	75
충남	77	66	60.4	72.9
전북	85.5	74.6	67.2	77
전남	87.3	76.4	64.7	76.6
경북	79.2	71.6	68.5	78.2
경남	80.3	72.4	64.1	77
제주	77.1	68.6	60.9	73.3

① 15~18대 대통령 선거 전체에서 지역별 투표율의 최고치는 호남 지방 중 한 곳에서 기록되었다.

② 17대 대통령 선거에서 가장 투표율이 높은 지역은 경북이다.

③ 18대 대통령 선거 투표율이 15대 대통령 선거 투표율보다 높은 지역은 없다.

④ 15~18대 대통령 선거에서 지역별 투표율 중 최저치를 기록한 지역은 항상 같은 곳은 아니다.

⑤ 17대 대통령 선거의 투표율은 68.5%를 넘지 않는다.

다음은 A국 전체 근로자의 회사 규모 및 근로자 직급별 출퇴근 소요시간 분포와 유연근무제도 유형별 활용률에 관한 자료이다. 이에 대한 설명으로 옳은 것은?

〈회사 규모 및 근로자 직급별 출퇴근 소요시간 분포〉

(단위 : %)

구분		30분 이하	30분 초과 60분 이하	60분 초과 90분 이하	90분 초과 120분 이하	120분 초과 150분 이하	150분 초과 180분 이하	180분 초과	전체
규모	중소기업	12.2	34.6	16.2	17.4	8.4	8.5	2.7	100.0
	중견기업	22.8	35.7	16.8	16.3	3.1	3.4	1.9	100.0
	대기업	21.0	37.7	15.3	15.6	4.7	4.3	1.4	100.0
직급	대리급 이하	20.5	37.4	15.4	13.8	5.0	5.3	2.6	100.0
	과장급	16.9	31.6	16.6	19.9	5.6	7.7	1.7	100.0
	차장급 이상	12.6	36.3	18.3	19.3	7.3	4.2	2.0	100.0

〈회사 규모 및 근로자 직급별 유연근무제도 유형별 활용률〉

(단위 : %)

구분		재택근무제	원격근무제	탄력근무제	시차출퇴근제
규모	중소기업	10.4	54.4	15.6	41.7
	중견기업	29.8	11.5	39.5	32.0
	대기업	8.6	23.5	19.9	27.0
직급	대리급 이하	0.7	32.0	23.6	29.0
	과장급	30.2	16.3	27.7	28.7
	차장급 이상	14.2	26.4	25.1	33.2

① 출퇴근 소요시간이 60분 이하인 근로자 수는 출퇴근 소요시간이 60분 초과인 근로자 수보다 모든 직급에서 많다.

② 출퇴근 소요시간이 90분 초과인 대리급 이하 근로자 비율은 탄력근무제를 활용하는 대리급 이하 근로자 비율보다 낮다.

③ 출퇴근 소요시간이 120분 이하인 과장급 근로자 중에는 원격근무제를 활용하는 근로자가 있다.

④ 원격근무제를 활용하는 중소기업 근로자 수는 탄력근무제와 시차출퇴근제 중 하나 이상을 활용하는 중소기업 근로자 수보다 적다.

⑤ 출퇴근 소요시간이 60분 이하인 차장급 이상 근로자 수는 원격근무제와 탄력근무제 중 하나 이상을 활용하는 차장급 이상 근로자 수보다 적다.

03 다음은 지역별 음악 산업 수출·수입액 현황에 관한 자료이다. 이에 대한 설명으로 옳지 않은 것은?

〈지역별 음악 산업 수출액 현황〉

(단위 : 천 달러, %)

구분	2016년	2017년	2018년	전년 대비 증감률
중국	10,186	52,798	89,761	70.0
일본	221,379	235,481	242,370	2.9
동남아	38,166	39,548	40,557	2.6
북미	1,024	1,058	1,085	2.6
유럽	4,827	4,778	4,976	4.1
기타	1,386	1,987	2,274	14.4
합계	277,328	335,650	381,023	13.5

〈지역별 음악 산업 수입액 현황〉

(단위 : 천 달러, %)

구분	2016년	2017년	2018년	전년 대비 증감률
중국	103	112	129	15.2
일본	2,650	2,598	2,761	6.3
동남아	63	65	67	3.1
북미	2,619	2,604	2,786	7.0
유럽	7,201	7,211	7,316	1.5
기타	325	306	338	10.5
합계	12,961	12,896	13,397	3.9

① 중국시장의 2017년 대비 2018년의 음악 산업 수출액의 증가율은 다른 지역보다 현저히 높았으며, 수입액의 증가율 또한 다른 지역보다 높았다.

② 2017년에는 기타지역 포함 세 개의 지역의 수입액이 전년보다 감소했으며, 전체 수입액 또한 전년보다 감소하였다.

③ 일본의 2016년 대비 2018년 음악 산업 수출액의 증가율은 수입액의 증가율보다 작다.

④ 조사기간 중 매해 동남아시장의 음악 산업의 수출액은 수입액의 600배를 넘었다.

⑤ 2018년 전체 음악 산업 수입액 중 북미시장과 유럽시장의 음악 산업 수입액이 차지하는 비중은 70% 이상이다.

다음은 도로별 평균 교통량에 대한 자료이다. 이에 대한 설명으로 옳지 않은 것을 고르면?

〈고속국도의 평균 교통량〉

(단위 : 대/일)

구분	2014년	2015년	2016년	2017년	2018년
승용차	28,864	31,640	32,593	33,605	35,312
버스	1,683	1,687	1,586	1,594	1,575
화물차	13,142	11,909	12,224	13,306	13,211
합계	43,689	45,236	46,403	48,505	50,098

〈일반국도의 평균 교통량〉

(단위 : 대/일)

구분	2014년	2015년	2016년	2017년	2018년
승용차	7,951	8,470	8,660	8,988	9,366
버스	280	278	270	264	256
화물차	2,945	2,723	2,657	2,739	2,757
합계	11,176	11,471	11,587	11,991	12,399

〈국가지원지방도의 평균 교통량〉

(단위 : 대/일)

구분	2014년	2015년	2016년	2017년	2018년
승용차	5,169	5,225	5,214	5,421	5,803
버스	230	219	226	231	240
화물차	2,054	2,126	2,059	2,176	2,306
합계	7,453	7,570	7,499	7,828	8,349

① 조사기간 중 고속국도의 평균 승용차 교통량은 일반국도와 국가지원지방도의 평균 승용차 교통량의 합보다 항상 많았다.

② 일반국도의 평균 화물차 교통량은 2016년까지 감소하다가 2017년부터 다시 증가하고 있다.

③ 2015~2018년 중 국가지원지방도의 평균 버스 교통량 중 전년 대비 증감률이 가장 큰 연도는 2018년이다.

④ 조사기간 중 고속국도와 일반국도의 평균 버스 교통량의 증감 추이는 같다.

⑤ 2018년 고속국도의 평균 화물차 교통량은 2018년 일반국도와 국가지원지방도의 평균 화물차 교통량의 합의 2.5배 이상이다.

다음은 어느 나라의 국내 여행객 수에 대한 자료이다. 자료에 대한 설명으로 타당한 것은?

〈2015년 관광객 유동 수〉

(단위 : 천 명)

출신지＼여행지	동부지역	남부지역	서부지역	북부지역	합계
동부지역	550	80	250	300	1,180
남부지역	200	400	510	200	1,310
서부지역	390	300	830	180	1,700
북부지역	80	200	80	420	780
합계	1,220	980	1,670	1,100	4,970

〈2020년 관광객 유동 수〉

(단위 : 천 명)

출신지＼여행지	동부지역	남부지역	서부지역	북부지역	합계
동부지역	500	200	400	200	1,300
남부지역	200	300	500	300	1,300
서부지역	400	400	800	200	1,800
북부지역	100	300	100	300	800
합계	1,200	1,200	1,800	1,000	5,200

① 5년 사이에 전체적으로 관광업이 성장하였고, 지역별로도 모든 지역에서 관광객이 증가하였다.

② 모든 관광객이 동일한 지출을 한다고 가정했을 때, 2015년에 관광수지가 적자인 곳은 2곳이었지만, 2020년에는 1곳이다.

③ 자기 지역 내 관광이 차지하는 비중은 2015년에 비해 2020년에 증가하였다.

④ 남부지역을 관광한 사람들 중에서 서부지역 사람이 차지하는 비중은 5년 사이에 증가하였다.

⑤ 2020년에 동부지역 출신이 자기 지역을 관광하는 비율이 2015에 서부지역 출신이 자기 지역을 관광하는 비율보다 높다.

06 다음은 주거실태조사에 관한 자료이다. 이에 대한 설명 중 옳은 것을 모두 고르면?

〈표 1〉 지역별 자가점유율

(단위 : %)

구분	2009년	2011년	2013년	2015년	2017년	2019년
전국	55.6	56.4	54.3	53.8	53.6	56.8
수도권	50.2	50.7	46.6	45.7	45.9	48.9
광역시	54.8	57.4	56.6	56.3	56.5	59.9
도지역	63.8	64	64.2	64.3	63.8	66.7

〈표 2〉 소득계층별 자가점유율

(단위 : %)

구분	2009년	2011년	2013년	2015년	2017년	2019년
저소득층	49.7	51.9	46.9	50.4	47.5	46.2
중소득층	55.3	54.7	54	51.8	52.2	59.4
고소득층	67	69.4	69.5	64.6	69.5	73.6

〈표 3〉 지역별 자가보유율

(단위 : %)

구분	2009년	2011년	2013년	2015년	2017년	2019년
전국	61	60.9	60.3	58.4	58	59.9
수도권	56.8	56.6	54.6	52.3	51.4	52.7
광역시	59.3	60.3	61.2	59	59.9	63.1
도지역	68.1	67.7	68.3	67.2	66.8	68.9

〈표 4〉 소득계층별 자가보유율

(단위 : %)

구분	2009년	2011년	2013년	2015년	2017년	2019년
저소득층	52.6	54.2	49.4	52.9	50	48.5
중소득층	61	59.4	60.8	56.8	56.4	62.2
고소득층	76.8	78.1	80.8	72.8	77.7	79.3

〈표 5〉 전월세 비율

(단위 : %)

구분	2009년		2011년		2013년		2015년		2017년		2019년		계
	전세	월세	전세	월세	전세	월세	전세	월세	전세	월세	전세	월세	
전국	54.2	45.8	55	45	50.3	49.7	49.5	50.5	45	55	39.5	60.5	100
수도권	62.1	37.9	62.7	37.3	57.1	42.9	55.9	44.1	53.9	46.1	46.7	53.3	100
광역시	50.5	49.5	49.9	50.1	44.3	55.7	43.9	56.1	37.7	62.3	31.8	68.2	100
도지역	39.8	60.2	42.5	57.5	38.7	61.3	38	62	28.7	71.3	27.8	72.2	100

※ 월세에는 보증금 있는 월세, 보증금 없는 월세, 사글세, 연세, 일세 포함

ⓐ 지역별 자가점유율은 도지역, 항상 광역시, 수도권 순으로 높게 나타나며, 전국 자가점유율은 2013년부터 점차 감소하다 2019년에 다시 증가하였다.

ⓑ 2019년 소득계층별 자가점유율에서 저소득층과 중소득층의 자가점유율의 차는 중소득층과 고소득층의 자가점 유율의 차보다 높은 것으로 나타났다.

ⓒ 2009년에 대비 2019년 수도권의 자가점유율은 1.3%p 감소하였으나 2009년 대비 2019년 광역시의 자가점유 율은 5.1%p 증가하였다.

ⓓ 2017년과 비교하여 2019년에는 중소득층·고소득층의 경우 자가보유율이 증가하였으나 저소득층의 경우에는 자가보유율이 감소하였다.

ⓔ 2009년 이후 수도권, 광역시, 도지역 모두 전세의 비율이 꾸준히 감소하며 월세의 비율은 점차 증가한다.

① ⓑ, ⓒ

② ⓐ, ⓑ, ⓒ

③ ⓐ, ⓓ, ⓔ

④ ⓑ, ⓓ, ⓔ

⑤ ⓐ, ⓒ, ⓓ

안심Touch

07 다음은 지방자치단체 여성공무원 현황에 대한 자료이다. 다음 중 옳지 않은 것은?

〈지방자치단체 여성공무원 현황〉

(단위 : 명, %)

구분	2013년	2014년	2015년	2016년	2017년	2018년
전체 공무원	266,176	272,584	275,484	275,231	278,303	279,636
여성공무원	70,568	75,608	78,855	80,666	82,178	83,282
여성공무원 비율	26.5	27.7	(가)	29.3	29.5	29.8

① 2013년 이후 여성공무원 수는 꾸준히 증가하고 있다.

② (가)에 들어갈 비율은 35% 이상이다.

③ 2018년도에 남성공무원이 차지하는 비율은 70% 이상이다.

④ 2018년 여성공무원의 비율은 2013년과 비교했을 때, 3.3%p 증가했다.

⑤ 2017년 남성공무원은 196,125명이다.

08 다음은 만화산업의 지역별 수출·수입액 현황에 관한 자료이다. 2019년 전체 수출액 중 가장 높은 비중을 차지하는 지역의 수출액 비중과, 2019년 전체 수입액 중 가장 높은 비중을 차지하는 지역의 수입액 비중의 차를 구하면?(단, 소수점 둘째 자리에서 반올림한다)

〈만화산업 지역별 수출·수입액 현황〉

(단위 : 천 달러)

구분		중국	일본	동남아	북미	유럽	기타	합계
수출액	2017년	986	6,766	3,694	2,826	6,434	276	20,982
	2018년	1,241	7,015	4,871	3,947	8,054	434	25,562
	2019년	1,492	8,165	5,205	4,208	9,742	542	29,354
수입액	2017년	118	6,388	–	348	105	119	7,078
	2018년	112	6,014	–	350	151	198	6,825
	2019년	111	6,002	–	334	141	127	6,715

① 56.2%p

② 58.4%p

③ 60.6%p

④ 62.8%p

⑤ 65.0%p

09 다음은 연령별 남녀 유권자 수 및 투표율 현황을 지역별로 조사한 자료이다. 자료에 대한 설명으로 옳은 것은?(단, 비율은 소수점 둘째 자리에서 반올림한다)

〈연령별 남녀 유권자 수 및 투표율 현황〉

(단위 : 천 명)

구분		10대	20대	30대	40대	50대 이상	전체
지역	성별						
서울	남성	28(88%)	292(72%)	442(88%)	502(94%)	481(88%)	1,745
	여성	22(75%)	300(78%)	428(82%)	511(96%)	502(93%)	1,763
경기	남성	24(78%)	271(69%)	402(92%)	448(79%)	482(78%)	1,627
	여성	21(82%)	280(88%)	448(95%)	492(85%)	499(82%)	1,740
인천	남성	23(84%)	302(92%)	392(70%)	488(82%)	318(64%)	1,523
	여성	20(78%)	288(88%)	421(86%)	511(98%)	302(58%)	1,542
충청	남성	12(82%)	182(78%)	322(78%)	323(83%)	588(92%)	1,427
	여성	15(92%)	201(93%)	319(82%)	289(72%)	628(98%)	1,452
전라	남성	11(68%)	208(94%)	221(68%)	310(76%)	602(88%)	1,352
	여성	10(72%)	177(88%)	284(92%)	321(84%)	578(76%)	1,370
경상	남성	8(71%)	158(76%)	231(87%)	277(88%)	602(91%)	1,276
	여성	9(73%)	182(83%)	241(91%)	269(83%)	572(82%)	1,273
제주	남성	4(76%)	102(88%)	118(69%)	182(98%)	201(85%)	607
	여성	3(88%)	121(94%)	120(72%)	177(95%)	187(79%)	608
전체		210	3,064	4,389	5,100	6,542	19,305

※ 투표율은 해당 유권자 중 투표자의 비율이다.

① 남성 유권자 수가 다섯 번째로 많은 지역의 20대 투표자 수는 35만 명 이하이다.
② 지역 유권자가 가장 적은 지역의 유권자 수는 전체 지역 유권자 수에서 6% 미만을 차지한다.
③ 20대 여성투표율이 두 번째로 높은 지역의 20대 여성 유권자 수는 20대 남성 유권자 수의 1.2배 이상이다.
④ 전 지역의 50대 이상 유권자 수가 모든 연령대의 유권자 수에서 차지하는 비율은 30% 이상 35% 미만이다.
⑤ 인천의 여성투표율이 세 번째로 높은 연령대와 같은 연령대의 경상지역 남녀 투표자 수는 남성이 여성보다 많다.

10 국토교통부는 자동차의 공회전 발생률과 공회전 시 연료소모량이 적은 차량 운전자에게 현금처럼 쓸 수 있는 탄소포인트를 제공하는 정책을 구상하고 있다. 국토교통부는 동일 차량 운전자 A~E를 대상으로 이 정책을 시범 시행하였다. 다음 표를 근거로 할 때, 공회전 발생률과 공회전 시 연료소모량에 따라 A~E 운전자가 받을 수 있는 탄소포인트의 총합이 큰 순서대로 나열된 것은?(단, 주어진 표 이외의 다른 조건은 고려하지 않는다)

〈표 1〉 차량 시험 시행 결과

구분	A	B	C	D	E
주행시간(분)	200	30	50	25	50
총 공회전시간(분)	20	15	10	5	25

〈표 2〉 공회전 발생률에 대한 탄소포인트

구분	19% 이하	20~39%	40~59%	60~79%	80% 이상
탄소포인트(P)	100	80	50	20	10

〈표 3〉 공회전 시 연료소모량에 대한 구간별 탄소포인트

구분	99cc 이하	100~199cc	200~299cc	300~399cc	400cc 이상
탄소포인트(P)	100	75	50	25	0

※ {공회전 발생률(%)} = $\dfrac{\{총\ 공회전시간(분)\}}{\{주행시간(분)\}} \times 100$

※ {공회전 시 연료소모량(cc)} = {총공회전시간(분)} × 20

① D>C>A>B>E 　　　　　② D>C>A>E>B
③ D>A>C>B>E 　　　　　④ A>D>B>E>C
⑤ A>C>D>B>E

11 다음 표는 A~D시의 인구, 도로연장 및 인구 1,000명당 자동차 대수를 나타낸 것이다. D시의 도로 1km당 자동차 대수는?

도시	인구(만 명)	도로연장(km)	1,000명당 자동차 대수
A시	108	198	205
B시	75	148	130
C시	53	315	410
D시	40	103	350

① 약 1,039대

② 약 1,163대

③ 약 1,294대

④ 약 1,360대

⑤ 약 1,462대

12 다음 표는 행정업무용 물품의 조달단가와 구매 효용성을 나타낸 것이다. 20억 원 이하로 구매예산을 집행한다고 할 때, 정량적 기대효과 총합의 최댓값은?

〈물품별 조달단가와 구매 효용성〉

(단위 : 억 원)

구분	A	B	C	D	E	F	G	H
조달단가	3	4	5	6	7	8	10	16
구매 효용성	1	0.5	1.8	2.5	1	1.75	1.9	2

※ (구매효용성)=(정량적 기대효과)÷(조달단가)

※ 각 물품은 구매하지 않거나, 1개씩만 구매 가능함

① 35

② 36

③ 37

④ 38

⑤ 39

PART 2

언어이해

논리판단

자료해석

정보추론

공간지각

도식이해

※ 다음은 기상청에서 조사한 2016년 전국의 평년 대비 기상요소와 연대별 기상요소에 관한 자료이다. 이어지는 질문에 답하시오. [13~14]

〈표 1〉 2016년 8월 전국의 평년 대비 기상요소 값

요소	2016년 8월	2015년 8월	8월 평년값 (1981~2010)	1973년 이래 순위 (5위 이내)
평균 기온(℃)	26.7	25.2	25.1	최고 4위
평균 최고기온(℃)	32.0	30.2	29.8	최고 2위
평균 최저기온(℃)	22.5	21.4	21.5	–
강수량(mm)		111.3	274.9	최저 1위
강수일 수(일)		10.0	13.2	최저 2위
일조시간(hr)	250.1	207.9	173.7	최고 1위
운량(할)	4.2	5.7	6.1	최저 1위
일 강수량 80mm 이상일 수(일)	0.1	0.2	0.7	최저 5위
일 최고기온 33℃ 이상일 수(일)		5.9	5.3	최고 1위

〈표 2〉 8월 전국 기간별 기상요소 값

연도	평균기온 (℃)	평균 최고기온 (℃)	평균 최저기온 (℃)	강수량 (mm)	강수일 수 (일)	일조 시간 (시간)	운량 (할)	일 강수량 80mm 이상일 수 (일)	일 최고 기온 33℃ 이상일 수 (일)
1973~1980	24.8	29.5	21	221.6	11.7	187.1	6.1	0.5	4.1
1981~1990	25.3	30.1	21.5	240.2	12.1	191.8	6	0.6	5.6
1991~2000	24.9	29.5	21.3	303.8	13.4	172.3	6	0.9	4.6
2001~2010	25.2	29.7	21.7	280.4	14.1	156.9	6.3	0.7	5.7
2016	26.7	32.0	22.5			250.1	4.2	0.1	

13 위 자료를 보고 2016년 8월의 강수량, 강수일 수, 일 최고기온 33℃ 이상인 일의 수를 예측하였을 때 가장 알맞은 값은?

> - 2016년 8월 강수량과 2015년 8월 강수량의 차이는 35.1mm이다.
> - 2016년 8월 강수일 수는 전년 동월 대비 18% 감소했다.
> - 2016년 8월과 2001~2010년 일 최고기온 33℃ 이상일 수의 차는 2001~2010년과 1991~2000년 일 최고기온 33℃ 이상일 수의 차의 10배이다.

	강수량	강수일 수	일 최고기온 33℃ 이상인 일의 수
①	76.2	7.6	11
②	146.4	7.6	11
③	76.2	8.2	16.7
④	76.2	8.2	11
⑤	146.4	7.6	16.7

Easy
14 위 자료를 보고 판단한 내용으로 옳지 않은 것은?

① 2016년 8월 평균 기온은 2015년 8월 평균기온보다 1.5℃ 올라갔다.
② 평균 최저기온이 가장 낮았던 기간은 1973~1980년대이다.
③ 1973~2010년까지 운량은 6할대를 유지했다.
④ 평균 최고기온과 일조시간의 증감 추이는 같다.
⑤ 2016년 8월은 8월 평년값보다 강수량은 낮아지고 일조시간은 높아졌으므로 가뭄일 확률이 크다.

15 다음은 5개국의 1인당 GDP, 경제 성장률, 수출 · 수입, 총인구에 관련된 자료이다. 다음 중 옳지 않은 것은?

<주요 5개국의 경제, 사회 지표>

구분	1인당 GDP($)	경제성장률(%)	수출(100만$)	수입(100만$)	총인구(백만 명)
A	27,214	2.6	526,757	436,499	50.6
B	32,477	0.5	624,787	648,315	126.6
C	55,837	2.4	1,504,580	2,315,300	321.8
D	25,832	3.2	277,423	304,315	46.1
E	56,328	2.3	188,445	208,414	24.0

① 경제성장률이 가장 큰 나라가 총 GDP는 가장 작다.

② 총 GDP가 가장 큰 나라의 GDP는 가장 작은 나라의 GDP보다 10배 이상 더 크다.

③ 5개국 중 수출과 수입에 있어서 규모에 따라 나열한 순위는 서로 일치한다.

④ A국이 E국보다 총 GDP가 더 크다.

⑤ 1인당 GDP에 따른 순위와 총 GDP에 따른 순위는 서로 일치한다.

16 주어진 도표를 이용해 빈칸을 완성한 후 ㉠−㉡+㉢×㉣을 구하면?

〈총 혼인 건수 및 조혼인율〉

구분	2010년	2011년	2012년	2013년	2014년	2015년	2016년	2017년	2018년
총 혼인 건수(천 건)	343.6	327.7	309.8	326.1	329.1	327.1	322.8	305.5	302.8
조혼인율(인구 1천 명당 건)	7	6.6	6.2	6.5	6.6	6.5	6.4	6	5.9

※ 조혼인율 : $\dfrac{(\text{총 혼인 건수})}{(\text{연앙인구})} \times 1{,}000$

〈가로〉
1. 2010~2018년 평균 혼인 건수는?(단, 소수점 이하는 버린다)

〈세로〉
1. 2018년 연앙인구는 약 ○○○,○○○백 명이다. ○에 들어갈 값은?(단, 십의 자리에서 반올림한다)
2. (혼인 건수가 가장 많은 해와 가장 적은 해의 합)÷100은?

① 10
② 9
③ 8
④ 7
⑤ 6

17 주어진 자료를 이용해 빈칸을 완성한 후 (A+B)÷C+D를 구하면?

〈2021년도 월별 원유 매입 현황〉

(단위 : Bbl, 천 $, $)

구분	물량(a)	금액(b)	단가(b/a)
2018년 1월 1일 (기초재고)	25,146	1,793,413	71.32
2018년 1월	75,611	5,516,579	72.96
2월	68,962	5,082,499	73.7
3월	74,904	5,536,904	73.92
4월	65,544	4,922,354	75.1
5월	66,845	5,038,776	75.38
6월	75,145	5,677,956	75.56
7월	67,609	5,110,564	75.59
8월	76,641	5,848,475	76.31
9월	70,211	5,563,520	79.24
10월	76,078	6,131,126	80.59
11월	77,200	6,250,112	80.96
12월	77,666	6,603,940	85.03
총계	897,562	69,076,218	76.96

1. A	2.		
	B		
3.	C		D

〈가로〉

1. 원유 금액이 4번째로 높았던 달과 그 다음 달 원유 물량의 차는?
3. 2021년 원유 단가의 평균에 100을 곱한 값은?

〈세로〉

2. 기초재고를 제외하고 단가가 가장 저렴한 달의 원유 물량과 6월 원유 물량의 차는?

① 2   ② 8
③ 16   ④ 18
⑤ 20

18 주어진 도표를 이용해 빈칸을 완성한 후 (㉠＋㉡)×㉢을 구하면?(단, 소수점 첫째 자리에서 반올림한다)

〈장기 등 이식대기자 추이(장기 종류별)〉

(단위 : 명)

2016년	2010년	2011년	2012년	2013년	2014년	2015년	2016년	2017년	2018년
신장	6,695	7,641	8,488	9,622	10,964	12,463	14,181	14,477	16,011
간장	2,108	2,596	3,501	4,279	4,895	5,671	6,334	4,422	4,774
췌장	257	314	373	435	532	603	715	766	890
심장	99	127	138	202	257	343	433	342	400
폐	28	31	20	39	88	123	194	99	120
췌도	–	4	4	6	18	23	23	25	28
소장	1	2	8	12	10	17	21	20	18
골수	3,168	3,073	3,426	2,390	3,746	1,941	2,448	2,761	3,323
안구	3,542	3,630	1,097	1,204	1,351	1,511	1,687	1,695	1,880
합계	15,898	17,418	17,055	18,189	21,861	22,695	26,036	24,607	27,444

〈가로〉

1. 조사기간 중 전체 이식대기자의 수가 세 번째로 많은 해의 골수이식대기자 수는?
2. 2018년 신장 이식대기자의 전년 대비 증가폭과 2018년 소장 이식대기자의 전년 대비 감소폭의 곱은?

〈세로〉

3. 2011년 대비 2018년의 췌도 이식대기자의 증가율(%)은?
4. 2018년 이식대기자의 수가 네 번째로 작은 장기의 2017년 대비 2018년 이식대기자 수의 증감률(%)과, 2011년 대비 2012년 이식대기자 수의 감소폭이 가장 큰 장기의 2017년 대비 2018년의 이식대기자 수의 증감률(%)을 곱하면?

① 79
② 83
③ 87
④ 91
⑤ 95

19

주어진 도표를 이용해 빈칸을 완성한 후 빈칸의 숫자를 모두 더하면?(단, 소수점 첫째 자리에서 반올림한다)

〈아동 안전사고 사망자 유형별 현황〉

(단위 : 명)

구분	2010년	2011년	2012년	2013년	2014년	2015년	2016년	2017년	2018년	2019년
교통사고	316	259	214	201	194	137	131	121	80	103
익사	78	78	78	62	44	50	53	41	36	28
추락	58	58	50	40	42	37	36	37	31	28
화재	42	7	19	10	15	15	14	15	5	10
중독	5	4	2	5	3	1	1	2	2	0
기타	143	132	145	125	89	82	91	71	61	56
합계	642	538	508	443	387	322	326	287	215	225

〈가로〉

1. 2019년 어린이 교통사고 사망자 수의 2010년 대비 감소폭과 2019년 어린이 추락사고 사망자 수의 2010년 대비 감소폭의 곱은?

2. 2019년 전체 아동 안전사고 사망자 수에서 기타사고 사망자 수가 차지하는 비중(%)과 2018년 전체 아동 안전사고 사망자 수에서 교통사고를 제외한 나머지 안전사고 사망자 수의 합이 차지하는 비중(%)의 곱은?

3. 2014년 대비 2015년 사망자 수가 증가한 사고 종류의 2010년에서 2019년까지의 사망자 수의 합은?

〈세로〉

4. 2015년~2019년 전체 아동 안전사고 사망자의 합은?

① 42
② 48
③ 54
④ 60
⑤ 66

20 주어진 도표를 이용해 빈칸을 완성한 후 ㉠×(㉡＋㉢＋2)의 값을 구하면?(단, 소수점 둘째 자리에서 반올림하며 소수점도 빈칸에 포함된다)

〈2021년 철강재 수입동향〉

(단위 : 천 톤, USD)

구분	전 세계		중국		일본	
	수입량	단가	수입량	단가	수입량	단가
1월	1,936	584	1,171	440	577	570
2월	1,776	557	1,041	450	552	581
3월	2,030	543	1,286	418	636	573
4월	1,892	571	1,093	472	614	536
5월	1,875	606	1,167	504	579	564
6월	2,341	575	1,543	507	632	585
7월	2,171	601	1,387	513	327	604
8월	2,217	592	1,349	519	599	613
9월	2,137	628	1,308	532	590	649
10월	1,790	647	1,104	535	545	681
11월	1,798	660	1,070	559	518	693
12월	1,760	694	1,097	576	567	677

〈가로〉
1. 1월부터 12월 사이 전 세계 수입량이 가장 많았던 달의 전 세계 수입량과 3월 일본 수입량의 차(천 톤)를 구하면?
2. 중국의 1월 대비 12월의 단가의 증가폭과 일본의 1월 대비 12월의 단가의 증가폭의 곱은?

〈세로〉
3. 전 세계의 1월 대비 12월의 단가의 증가율은?
4. 중국의 수입량이 네번째로 높았을 때의 단가는?

(크로스워드 퍼즐: ㉠, ㉡, ㉢ 빈칸 포함)

① 75
② 90
③ 105
④ 120
⑤ 135

CHAPTER 04
정보추론

합격 Cheat Key

| 영역 소개 |

정보추론 영역은 25분 동안 20문항을 풀어야 하며, 주어진 표를 통해 필요한 정보를 찾고 이를 활용하는 능력을 평가한다. 자료해석이 주로 완성된 자료를 대상으로 한 수치의 비교나 계산 위주라면, 정보추론은 표, 그래프, 보고서 등 비교적 다양한 자료들이 주어지며, 이를 통해 추가적인 정보를 도출하거나 다른 형태의 자료로 변형하는 영역이라고 할 수 있다. 정보추론은 자료이해, 자료변환, 자료예측 세 가지 유형으로 나눌 수 있다. 자료이해는 주어진 자료에 대한 해석의 옳거나 옳지 않음을 판단하는 유형이며, 자료변환은 주어진 자료를 다른 종류의 표나 그래프로 변형하는 유형, 자료예측은 제시된 자료를 통해 문제에서 요구하는 값을 계산하거나 예측하는 유형이다.

| 유형 소개 |

01 자료이해

주어진 자료를 해석하여 필요한 정보를 얻는 능력을 평가하기 위한 유형으로, 자료해석 영역의 자료분석 유형과 일부 유사한 면이 있으나, 자료분석이 세부적인 수치의 증감이나 비율 등을 계산하고 따지는 데 더 초점을 맞춘다면, 자료이해 유형은 전체적인 흐름과 추이를 읽고 그 안에서 주어진 자료를 해석하는 유형이라고 할 수 있다. 제시된 표·그래프 등의 자료를 바탕으로 한 해석을 보고, 옳거나 옳지 않음을 판단하는 문제가 출제되고 있다.

02 자료변환

제시된 자료 중 필요한 정보를 선별하여 다른 형태의 자료로 변환하는 능력을 평가하는 유형으로, 제시된 표, 그래프, 보고서 등에 나타난 정보를 표, 원그래프, 막대그래프, 꺾은선그래프 등 다양한 형태로 변형하는 문제가 출제되고 있다.

03 자료예측

제시된 자료를 통해 추가적인 정보를 유추하는 능력을 평가하는 유형으로, 계산을 필요로 한다는 점에서 자료해석 영역의 '자료계산'과 비슷하다. 그러나 자료계산 유형은 주어진 자료와 공식을 활용하여 간단한 계산을 하는 유형이었다면, 자료예측은 표의 빈칸 또는 자료상 명시적으로 드러나지 않은 수치를 추론해야 하는 유형이다.

정답 및 해설 p.071

01 자료이해

01 다음은 2021년 A국의 공항 운항 현황을 나타낸 자료이다. 이에 대한 설명 중 옳은 것은?

〈운항 횟수 상위 5개 공항〉

(단위 : 회)

국내선			국제선		
순위	공항	운항 횟수	순위	공항	운항 횟수
1	AJ	65,838	1	IC	273,866
2	KP	56,309	2	KH	39,235
3	KH	20,062	3	KP	18,643
4	KJ	5,638	4	AJ	13,311
5	TG	5,321	5	CJ	3,567
A국 전체		167,040	A국 전체		353,272

※ 일부 공항은 국내선만 운항함

〈전년 대비 운항 횟수 증가율 상위 5개 공항〉

(단위 : %)

국내선			국제선		
순위	공항	증가율	순위	공항	증가율
1	MA	229.0	1	TG	55.8
2	CJ	23.0	2	AJ	25.3
3	IC	17.3	3	KH	15.1
4	TA	16.1	4	KP	5.6
5	AJ	11.2	5	IC	5.5

① 2021년 국제선 운항 공항 수는 7개 이상이다.

② 2021년 KP공항의 운항 횟수는 국제선이 국내선의 $\frac{1}{3}$ 이상이다.

③ 전년 대비 국내선 운항 횟수가 가장 많이 증가한 공항은 MA공항이다.

④ 국내선 운항 횟수 상위 5개 공항의 국내선 운항 횟수 합은 전체 국내선 운항 횟수의 90% 미만이다.

⑤ 국내선 운항 횟수와 전년 대비 국내선 운항 횟수 증가율 모두 상위 5개 안에 포함된 공항은 AJ 공항이 유일하다.

기출유형

02

자료이해

다음은 다섯 가지 커피에 대한 소비자 선호도 조사를 정리한 자료이다. 조사는 541명의 동일한 소비자를 대상으로 1차와 2차 구매를 통해 이루어졌다. 자료에 대한 설명으로 옳은 것은?

1차 구매	2차 구매					총계
	A	B	C	D	E	
A	93	17	44	7	10	171
B	9	46	11	0	9	75
C	17	11	155	9	12	204
D	6	4	9	15	2	36
E	10	4	12	2	27	55
총계	135	82	231	33	60	541

경서 : 대부분의 소비자들이 취향에 맞는 커피를 꾸준히 선택하고 있구나.

현정 : 1차에서 A를 구매한 소비자가 2차 구매에서 C를 구입하는 경우가 그 반대의 경우보다 더 적어.

지림 : 전체적으로 C를 구입하는 소비자가 제일 많아.

① 경서   ② 현정, 지림

③ 지림   ④ 경서, 지림

⑤ 경서, 현정

다음은 자동차 산업 동향에 관한 자료이다. 이에 대한 〈보기〉의 설명 중 옳지 않은 것을 고르면?

〈자동차 산업 동향〉

(단위 : 천 대, 억 불)

구분	생산	내수	수출	수입
2009년	3,513	1,394	371	58.7
2010년	4,272	1,465	544	84.9
2011년	4,657	1,475	684	101.1
2012년	4,562	1,411	718	101.6
2013년	4,521	1,383	747	112.2
2014년	4,524	1,463	756	140
2015년	4,556	1,589	713	155
2016년	4,229	1,600	650	157

보기

㉠ 2010~2016년 사이 전년 대비 자동차 생산량의 증가량이 가장 큰 해는 2010년이다.
㉡ 2015년 대비 2016년의 자동차 수출액은 약 9% 이상 감소했다.
㉢ 자동차 수입액은 조사기간 동안 지속적으로 증가했다.
㉣ 2016년의 자동차 생산 대수 대비 내수 대수의 비율은 약 37.8%이다

① ㉡
② ㉠, ㉡
③ ㉠, ㉣
④ ㉡, ㉢
⑤ ㉠, ㉡, ㉣

자료변환

다음은 청소년(15~24세)의 경제활동에 관한 자료이다. 이를 보고 연령대별 청소년 실업자 수를 바르게 나타낸 자료를 고르면?

〈청소년(15~24세)의 경제활동〉

(단위 : 천 명, %)

구분		청소년 취업자	청소년 경제활동 참가율	청소년 실업률
1980년(15~24세)		2,805	45.1	11.4
1990년(15~24세)		2,464	35.0	7.0
2000년(15~24세)		2,049	32.8	10.2
2002년(15~24세)		2,097	34.2	8.1
	(15~19세)	313	10.6	11.1
	(20~24세)	1,784	58.0	7.5
2003년(15~24세)		2,007	34.1	9.6
	(15~19세)	272	9.8	12.0
	(20~24세)	1,735	57.1	9.2

※ (경제활동 인구)=(취업자)+(실업자)
※ (15세 이상 전체 인구)=(경제활동 인구)+(비경제활동 인구)
※ (실업률)=(경제활동 인구 중 실업자 비율)
※ (실업자 수)=(청소년 취업자)/(청소년 취업률)×(청소년 실업률)

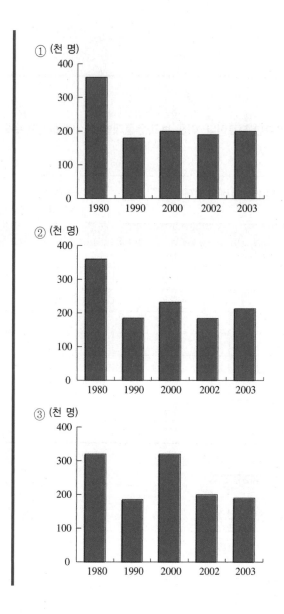

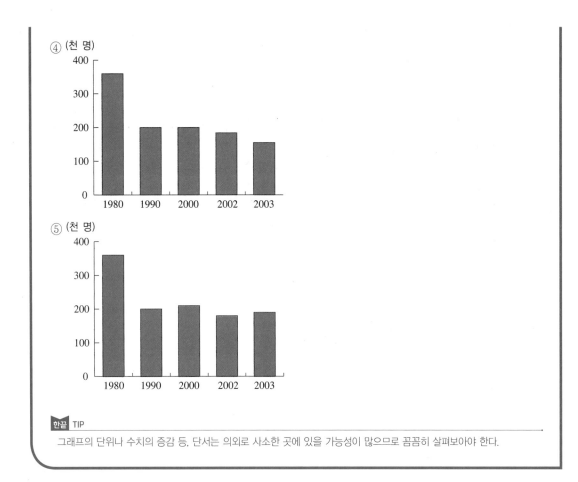

④ (천 명)

⑤ (천 명)

한끝 TIP

그래프의 단위나 수치의 증감 등, 단서는 의외로 사소한 곳에 있을 가능성이 많으므로 꼼꼼히 살펴보아야 한다.

다음은 우리나라의 2011년 2월 출입국 현황에 대한 〈보고서〉이다. 다음 중 〈보고서〉의 작성에 사용되지 않은 자료는?

〈보고서〉

연평도 포격 사건 이후 안전에 대한 불안감, 구제역 등 악재의 영향이 계속되어 2011년 2월 외국인 입국자 수는 전년 동월 대비 약 4.4%의 낮은 증가에 그쳐 667,089명을 기록하였다. 한편 2011년 2월 국내 거주 외국인의 해외 출국자 수는 전년 동월에 비해 큰 변화가 없었다. 외국인의 입국 현황을 국가별로 살펴보면 태국, 말레이시아, 베트남 등으로부터의 입국자 수는 전년 동월 대비 증가하였으나, 대만으로부터의 입국자 수는 감소했다. 목적별로 살펴보면 승무원, 유학·연수, 기타 목적이 전년 동월 대비 각각 13.5%, 19.6%, 38.3% 증가하였으나, 업무와 관광 목적은 각각 2.3%, 3.5% 감소하였다. 또한 성별로는 남성이 335,215명, 여성은 331,874명이 입국하여 남녀 입국자 수는 비슷한 수준이었다.

① 연도별 2월 외국인 입국자 수

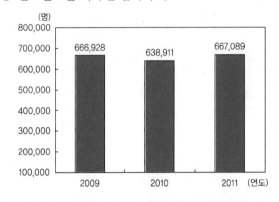

② 2011년 2월의 전년 동월 대비 국가별 외국인 입국자 수 증감률

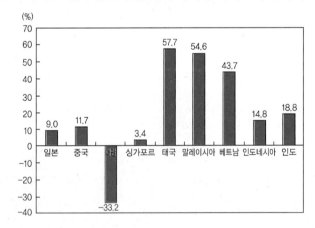

③ 2011년 2월 목적별 외국인 전년 동월 대비 입국 현황 증감률

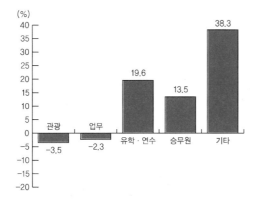

④ 2011년 2월 남·여 외국인 입국자 수

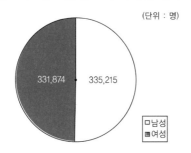

⑤ 2011년 2월 내국인의 해외 출국 현황

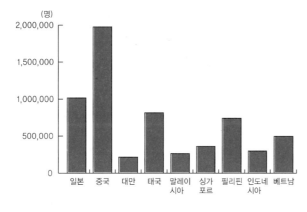

기출유형 01

자료예측

다음은 세계 음악시장의 규모에 관한 자료이다. 이 자료와 조건을 보고 2017년의 자료를 예측하였을 때, 가장 알맞은 값은?(단, 소수점 둘째 자리에서 반올림한다)

〈세계 음악시장 규모〉

(단위 : 백만 달러)

구분		2012년	2013년	2014년	2015년	2016년
공연음악	후원	5,930	6,008	6,097	6,197	6,305
	티켓 판매	20,240	20,688	21,165	21,703	22,324
	합계	26,170	26,696	27,262	27,900	28,630
음반	디지털	8,719	9,432	10,180	10,905	11,544
	다운로드	5,743	5,986	6,258	6,520	6,755
	스트리밍	1,530	2,148	2,692	3,174	3,557
	모바일	1,447	1,298	1,230	1,212	1,233
	오프라인 음반	12,716	11,287	10,171	9,270	8,551
	합계	21,435	20,720	20,351	20,175	20,095
합계		47,605	47,415	47,613	48,075	48,725

조건

• 2017년 후원금은 2016년보다 1억 1천 8백만 달러, 티켓 판매는 2016년보다 7억 4천만 달러가 증가할 것으로 예상된다.
• 스트리밍 시장의 경우 빠르게 성장하는 추세로 2017년 스트리밍 시장 규모는 2012년 스트리밍 시장 규모의 2.5배가 될 것으로 예상된다.
• 오프라인 음반 시장은 점점 감소하는 추세로 2017 오프라인 음반 시장의 규모는 2016년 대비 6%의 감소율을 보일 것으로 예상된다.

	공연음악	스트리밍	오프라인 음반
①	29,487백만 달러	3,711백만 달러	8,037.9백만 달러
②	29,487백만 달러	3,825백만 달러	8,037.9백만 달러
③	29,685백만 달러	3,825백만 달러	7,998.4백만 달러
④	29,685백만 달러	4,371백만 달러	7,998.4백만 달러
⑤	30,298백만 달러	4,371백만 달러	7,598.2백만 달러

02 다음 표는 유년인구 구성비 추이를 나타낸 것이다. 이 자료를 보고 (가), (나)에 들어갈 적절한 숫자를 순서대로 나열한 것은?(단, 구성비는 일정한 규칙을 갖고 있다)

〈유년인구 구성비 추이〉

(단위 : %)

구분	1970년	1980년	1990년	2000년	2005년	2010년	2015년	2020년	2030년
서울	36.3	33.3	29.6	24.6	(가)	20.7	15.4	13.4	10.5
인천	39.8	31.9	27.1	23.4	22.7	16.5	13.8	12.7	11.4
울산	40.2	36.2	30.1	25.1	21.0	17.4	13.9	12.4	11.2
경기	42.9	32.7	26.8	24.1	20.6	18.1	15.4	13.9	12.2
충남	45.9	35.6	24.3	20.1	18.9	16.3	13.8	12.4	11.5
전남	46.9	38.8	26.7	20.6	18.5	15.4	13.3	11.2	(나)

① 20.7, 10.1
② 20.7, 8.8
③ 21.8, 9.0
④ 23.1, 10.1
⑤ 22.8, 10.5

03 다음 자료는 한국은행에서 조사한 2021년 하반기 소비자 동향조사 자료이다. (A)+(B)+(C)−(D)의 값으로 알맞은 것은?(단, 소수점 첫째 자리에서 반올림한다)

〈2021년 하반기 소비자 동향조사〉

단위 : CSI(소비자 동향지수)

구분	7월	8월	9월	10월	11월	12월	평균
생활형편전망	98	98	98	98	93	93	96
향후경기전망	80	85	83	80	64	(B)	76
가계수입전망	100	100	100	101	98	98	100
소비자지출전망	106	(A)	107	107	106	103	(C)
평균	96	97	97	97	90	(D)	

① 175
② 185
③ 195
④ 205
⑤ 215

중간점검 모의고사

🕐 시험 시간 : (   )분 / 25분   📋 맞은 개수 : (   )문항 / 20문항

정답 및 해설 p.074

Easy

01 다음은 통계청에서 2018년에 집계한 장래인구추계이다. 자료를 보고 올바르게 판단한 것은?

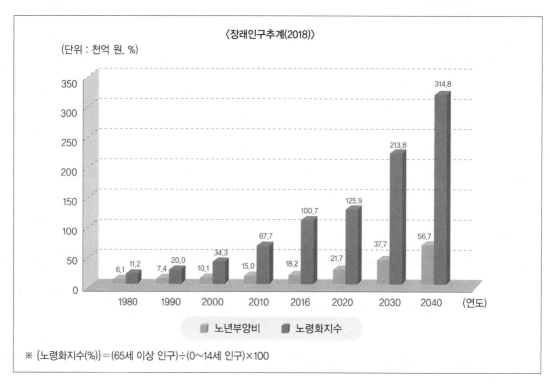

〈장래인구추계(2018)〉

(단위 : 천억 원, %)

※ {노령화지수(%)}＝(65세 이상 인구)÷(0~14세 인구)×100

① 1990년 대비 2016년 노령화지수는 7배 이상 증가했다.

② 노년부양비가 2020년 이후 급격히 증가하는 것은 그만큼의 GDP가 증가하기 때문이라고 할 수 있다.

③ 2020년 대비 2030년 노령화지수 증가율과 2010년 대비 2020년 노령화지수 증가율은 모두 100%를 넘는다.

④ 2010년 이후 인구증가율이 1% 미만이라면 2016년 이후의 노령화지수가 급격하게 상승하는 이유는 기대수명이 길어진 것 때문이라고 할 수 있다.

⑤ 노년부양비가 1조 원을 초과한 시점부터 10년당 증가액은 항상 두 배가 넘게 추정되었다.

02 다음은 주요 항만별 선박 입항 현황에 대한 자료이다. 옳지 않은 것은?

구분	2017년	2018년	2019년	2019년 1~9월			2020년 1~9월		
				합계	외항	내항	합계	외항	내항
합계	101,397	109,836	118,258	877,622	36,329	51,433	92,975	37,143	55,832
부산	32,803	34,654	37,571	27,681	16,248	11,433	28,730	17,127	11,603
울산	20,828	22,742	24,241	17,977	7,233	10,744	17,676	7,434	10,242
인천	19,383	20,337	22,475	16,436	5,044	11,392	17,751	4,854	12,897
광양	15,759	17,810	19,476	14,165	5,581	8,584	14,372	5,548	8,824
목포	6,116	7,358	7,418	6,261	273	5,988	8,496	274	8,222
포항	6,508	6,935	7,077	5,242	1,950	3,292	5,950	1,906	4,044

① 2017년부터 2020년 9월까지 부산항은 제1의 항구의 위치를 지속적으로 고수하고 있다.

② 2020년 9월 현재 전년 대비 가장 높은 성장률을 보이고 있는 항구는 목포항이다.

③ 2019년과 2020년 3/4분기까지의 내 · 외항 간 입항선박 규모의 불균형이 가장 큰 항구는 인천항이다.

④ 2020년 입항선박 규모가 전년 대비 감소할 것으로 예상되는 항구는 울산항이다.

⑤ 2017년과 비교했을 때, 2019년 입항선박 수가 가장 많이 늘어난 항은 부산항이다.

03 다음은 K신문사의 인터넷 여론조사에서 "여러분이 길거리에서 침을 뱉거나, 담배꽁초를 버리다가 단속반에 적발되어 처벌을 받는다면 어떤 생각이 들겠습니까?"라는 물음에 대하여 1,200명이 응답한 결과이다. 이 조사 결과에 대한 해석으로 타당한 것을 고르면?

(단위 : %)

변수	응답 구분	법을 위반했으므로 처벌받는 것은 당연하다.	재수가 없는 경우라고 생각한다.	도덕적으로 비난받을 수 있으나 처벌은 지나치다.
	전체	54.9	11.4	33.7
연령	20대	42.2	16.1	41.7
	30대	55.2	10.9	33.9
	40대	55.9	10.0	34.1
	50대 이상	71.0	6.8	22.2
학력	초졸 이하	65.7	6.0	28.3
	중졸	57.2	10.6	32.6
	고졸	54.9	10.5	34.6
	대학 재학 이상	59.3	10.3	35.4

① 응답자들의 준법의식은 나이가 많을수록 그리고 학력이 높을수록 높은 것으로 나타난다.

② 학력이 높을수록 처벌보다는 도덕적인 차원에서 제재를 가하는 것이 바람직하다고 보는 응답자의 비중이 높다.

③ '재수가 없는 경우라고 생각한다.'라고 응답한 사람의 수는 대졸자보다 중졸자가 더 많았다.

④ 1,200명은 충분히 큰 사이즈의 표본이므로 이 여론조사의 결과는 우리나라 사람들의 의견을 충분히 대표한다고 볼 수 있다.

⑤ 학력이 대학 재학 이상보다 초졸 이하가 준법의식이 10%p 정도 더 높다.

04 다음 표는 재산범죄에 관한 자료이다. 이 자료를 보고 판단한 것 중 올바르지 않은 것은?

〈재산범죄 발생 현황〉

(단위 : 건)

구분	전체	절도	장물	사기	횡령	배임	손괴
2011년	392,473	169,121	1,319	180,350	22,867	4,842	13,974
2012년	415,572	179,208	1,418	195,914	21,990	4,767	12,275
2013년	470,826	187,871	1,145	240,359	23,859	5,322	12,234
2014년	447,163	154,850	1,581	246,204	27,224	6,736	10,568
2015년	442,015	191,114	3,547	203,697	25,412	5,901	12,344
2016년	455,948	190,745	2,432	203,346	25,084	5,402	28,939
2017년	469,654	212,530	3,050	186,115	24,122	5,256	38,581
2018년	503,302	223,264	2,212	205,140	26,750	5,135	40,801
2019년	561,972	256,680	3,381	224,889	27,362	6,709	42,951
2020년	568,623	268,007	3,206	205,913	26,312	14,619	50,566

① 2011년부터 2016년까지 사기의 발생 건수는 절도의 발생 건수보다 항상 많았다.

② 절도와 장물범죄는 긴밀한 상관관계가 있지 않다고 볼 수 있다.

③ 재산범죄는 경기가 나빠지면 증가하고, 경기가 좋아지면 감소한다는 판단이 옳다면 2015년 이후 2020년까지 경기가 계속 나빠지고 있다고 할 수 있다.

④ 손괴의 90% 이상이 집단행동(시위 등)에서 발생하는 것이라면 2012년 이후 폭력 시위는 꾸준히 증가하고 있다고 할 수 있다.

⑤ 2020년 절도로 인한 피해액과 횡령으로 인한 피해액이 유사하다고 했을 때 대체로 절도의 건당 피해액수보다 횡령으로 인한 건당 피해액수가 더 크다고 할 수 있다.

다음은 세계 로봇 시장과 국내 로봇시장 규모에 관한 자료이다. 이에 대한 설명으로 옳지 않은 것을 고르면?

〈세계 로봇시장 규모〉

(단위 : 백만 달러)

구분	2011년	2012년	2013년	2014년	2015년
개인서비스용 로봇산업	636	13,356	1,704	2,134	2,216
전문서비스용 로봇산업	3,569	1,224	3,661	4,040	4,600
제조용 로봇산업	8,278	3,636	9,507	10,193	11,133
합계	12,483	8,496	14,872	16,367	17,949

〈국내 로봇시장 규모〉

(단위 : 억 원)

구분	생산			수출			수입		
	2013년	2014년	2015년	2013년	2014년	2015년	2013년	2014년	2015년
개인서비스용 로봇산업	2,973	3,247	3,256	1,228	944	726	156	181	232
전문서비스용 로봇산업	1,318	1,377	2,629	163	154	320	54	182	213
제조용 로봇산업	20,910	24,671	25,831	6,324	6,694	6,751	2,635	2,834	4,391
합계	25,201	29,295	31,716	7,715	7,792	7,797	2,845	3,197	4,836

① 2015년 세계 개인서비스용 로봇시장 규모는 전년 대비 약 3.8% 성장한 22억 1,600만 달러이다.

② 세계 전문서비스용 로봇시장 규모는 2013년 이후 꾸준히 성장하는 추세를 보이고 있으며, 2015년 세계 전문서비스용 로봇시장 규모는 전체 세계 로봇시장 규모의 약 27% 이상을 차지하고 있다.

③ 2015년 세계 제조용 로봇시장은 전년 대비 약 9.2% 성장한 111억 3,300만 달러로 세계 로봇시장에서 가장 큰 시장 규모를 차지하고 있다.

④ 2015년의 국내 전문서비스용 로봇생산 규모는 전년보다 약 91.0%가 증가하며, 2015년의 국내 전체 서비스용 로봇생산 규모도 전년 대비 약 27.3% 정도 증가했다.

⑤ 2015년의 국내 개인서비스용 로봇 수출은 약 23.1% 정도 감소하며 이 여파로 2015년의 국내 전체 서비스용 로봇 수출은 전년 대비 약 4.7% 정도 감소했다.

다음은 연도별 국가지정문화재 현황에 관한 자료이다. 이에 대한 설명 중 옳은 것을 모두 고르면?

〈연도별 국가지정문화재 현황〉

(단위 : 건)

구분	2011년	2012년	2013년	2014년	2015년	2016년
합계	3,385	3,459	3,513	3,583	3,622	3,877
국보	314	315	315	315	317	328
보물	1,710	1,758	1,774	1,813	1,842	2,060
사적	479	483	485	488	491	495
명승	82	89	106	109	109	109
천연기념물	422	429	434	454	455	456
국가무형문화재	114	116	119	120	122	135
중요민속문화재	264	269	280	284	286	294

㉠ 2012년에서 2016년 사이 전년 대비 전체 국가지정문화재가 가장 많이 증가한 해는 2016년이다.

㉡ 국보 문화재는 2011년보다 2016년에 지정된 건수가 증가하며, 전체 국가지정문화재에서 차지하는 비중 또한 증가했다.

㉢ 2011년 대비 2016년 국가지정문화재 건수의 증가율이 가장 높은 문화재 종류는 명승 문화재이다.

㉣ 조사기간 중 사적 문화재 지정 건수는 매해 국가무형문화재 지정 건수의 4배가 넘는 수치를 보이고 있다.

① ㉠, ㉡

② ㉠, ㉢

③ ㉡, ㉢

④ ㉡, ㉣

⑤ ㉢, ㉣

07 다음은 어린이 안전지킴이집 현황에 관한 자료이다. 이에 대한 〈보기〉의 설명 중 옳지 않은 것을 모두 고르면?

〈어린이 안전지킴이집 현황〉

(단위 : 개)

구분		2011년	2012년	2013년	2014년	2015년
선정위치별	유치원	2,151	1,731	1,516	1,381	1,373
	학교	10,799	9,107	7,875	7,700	7,270
	아파트단지	2,730	2,390	2,359	2,460	2,356
	놀이터	777	818	708	665	627
	공원	1,044	896	893	958	918
	통학로	6,593	7,040	7,050	7,348	7,661
	합계	24,094	21,982	20,401	20,512	20,205
선정업소 형태별	24시 편의점	3,013	2,653	2,575	2,528	2,542
	약국	1,898	1,708	1,628	1,631	1,546
	문구점	4,311	3,840	3,285	3,137	3,012
	상가	9,173	7,707	6,999	6,783	6,770
	기타	5,699	6,074	5,914	6,433	6,335
	합계	24,094	21,982	20,401	20,512	20,205

보기

㉠ 선정위치별 어린이 안전지킴이집의 경우 통학로를 제외한 모든 곳에서 매년 감소하고 있다.

㉡ 선정업소 형태별 어린이 안전지킴이집 중 2011년 대비 2015년에 가장 많이 감소한 업소는 상가이다.

㉢ 2014년 대비 2015년의 학교 안전지킴이집의 감소율은 2014년 대비 2015년의 유치원 안전지킴이집의 감소율의 10배 이상이다.

㉣ 2015년 전체 안전지킴이집 중에서 24시 편의점의 개수가 차지하는 비중은 2014년보다 감소하였다.

① ㉠, ㉡

② ㉠, ㉣

③ ㉡, ㉢

④ ㉠, ㉡, ㉣

⑤ ㉠, ㉢, ㉣

다음은 주요 곡물별 수급 전망에 관한 자료이다. 자료를 보고 판단한 내용으로 적절하지 않은 것은?

<주요 곡물별 수급 전망>

(단위 : 백만 톤)

곡물	구분	2014년	2015년	2016년
소맥	생산량	697	656	711
	소비량	697	679	703
옥수수	생산량	886	863	964
	소비량	883	860	937
대두	생산량	239	268	285
	소비량	257	258	271

① 2014년부터 2016년까지 대두의 생산량과 소비량이 지속적으로 증가했다.

② 전체적으로 2016년에 생산과 소비가 가장 활발했다.

③ 2015년의 옥수수 소비량은 다른 곡물에 비해 전년 대비 소비량의 변화가 작았다.

④ 2014년 곡물 전체 생산량과 2016년 곡물 전체 생산량의 차는 138백만 톤이다.

⑤ 2016년에 생산량 대비 소비량의 비중이 가장 낮았던 곡물은 대두이다.

다음은 연도별 우리나라 국민들의 해외이주현황을 조사한 자료이다. 이에 대한 설명으로 옳은 것은?

〈해외이주현황〉

(단위 : 명)

구분	2007년	2008년	2009년	2010년	2011년	2012년	2013년	2014년	2015년
합계	23,008	20,946	22,425	21,018	22,628	15,323	8,718	7,367	7,131
미국	14,032	12,829	13,171	12,447	14,004	10,843	3,185	2,487	2,434
캐나다	2,778	2,075	3,483	2,721	2,315	1,375	457	336	225
호주	1,835	1,846	1,749	1,608	1,556	906	199	122	107
뉴질랜드	942	386	645	721	780	570	114	96	96
기타	3,421	3,810	3,377	3,521	3,973	1,629	4,763	4,326	4,269

① 전체 해외이주민의 수는 해마다 감소하고 있다.

② 2015년의 기타를 제외한 4개국의 해외이주자의 합은 2012년 대비 약 80% 이상 감소했다.

③ 2015년의 캐나다 해외이주자는 2007년보다 약 94% 이상 감소하였다.

④ 기타를 제외한 4개국의 2014년 대비 2015년 해외이주자의 감소율이 가장 큰 나라는 캐나다이다.

⑤ 2008~2015년 중 호주의 전년 대비 해외이주자의 감소폭이 가장 큰 해는 2012년이다.

10 다음은 국가별 디스플레이 세계시장 점유율에 관한 자료이다. 이에 대한 설명으로 옳은 것은?

〈국가별 디스플레이 세계시장 점유율〉

(단위 : %)

구분	2010년	2011년	2012년	2013년	2014년	2015년	2016년
한국	45.70	47.60	50.70	44.70	42.80	45.20	45.80
대만	30.70	29.10	25.70	28.10	28.80	24.60	20.80
일본	19.40	17.90	14.60	15.50	15.00	15.40	15.00
중국	4.0	5.0	8.20	10.50	12.50	14.20	17.40
기타	0.20	0.40	0.80	1.20	0.90	0.60	1.0

① 일본의 디스플레이 세계시장 점유율은 2013년까지 계속 하락한 후 2014년부터 15%대를 유지하고 있다.

② 조사기간 중 국가별 디스플레이 세계시장 점유율은 매해 한국이 1위를 유지하고 있으며, 한국 이외의 국가의 순위는 2014년까지 변하지 않았으나, 2015년부터 순위가 바뀌었다.

③ 중국의 디스플레이 세계시장의 점유율은 지속적인 성장세를 보이고 있으며, 2010년 대비 2016년의 세계시장 점유율의 증가율은 335%이다.

④ 2015년 대비 2016년의 디스플레이 세계시장 점유율의 증감률이 가장 낮은 국가는 일본이다.

⑤ 2011~2016년 중 한국의 디스플레이 세계시장 점유율의 전년 대비 증가폭은 2015년에 가장 컸다.

다음은 2018년 5~10월 한·중·일 3국의 관광 현황에 대한 자료이다. 이를 바탕으로 나타낸 그래프로 옳은 것은?

〈표 1〉 한·중·일 3국 간 관광객 수 및 전년 동월 대비 증감률

(단위 : 천 명, %)

국적	여행국		5월	6월	7월	8월	9월	10월
한국	중국	관광객 수	381	305	327	342	273	335
		증감률	-9	-22	-27	-29	-24	-19
	일본	관광객 수	229	196	238	248	160	189
		증감률	-8	-3	-6	-9	-21	-15
중국	한국	관광객 수	91	75	101	115	113	105
		증감률	9	-4	6	-5	7	-5
	일본	관광객 수	75	62	102	93	94	87
		증감률	6	-1	0	-6	1	-5
일본	한국	관광객 수	191	183	177	193	202	232
		증감률	8	4	8	-3	5	3
	중국	관광객 수	284	271	279	281	275	318
		증감률	-17	-20	-15	-21	-17	-10

〈표 2〉 한국의 관광수지 및 전년 동월 대비 증감률

(단위 : 백만 달러, %)

구분		5월	6월	7월	8월	9월	10월
총 관광 수입	금액	668	564	590	590	780	1,301
	증감률	38	31	38	14	102	131
총 관광 지출	금액	1,172	1,259	1,534	1,150	840	595
	증감률	-10	-9	2	-25	-30	-57
총 관광 수지	금액	-504	-695	-944	-560	-60	706
	증감률	38	27	13	44	93	187

〈표 3〉 관광객 1인당 평균 관광지출 및 전년 동월 대비 증감률

(단위 : 달러, %)

구분		5월	6월	7월	8월	9월	10월
중국인 관광객 한국 내 지출	금액	1,050	900	1,050	1,010	930	600
	증감률	20	10	5	-5	-15	-40
일본인 관광객 한국 내 지출	금액	1,171	1,044	1,038	1,016	1,327	2,000
	증감률	27	27	28	15	92	130
한국인 관광객 해외 지출	금액	1,066	1,259	1,350	988	1,026	637
	증감률	-9	-3	16	-15	-13	-50

① 2018년 5~10월 한국을 관광한 중국인 및 일본인 관광객 수

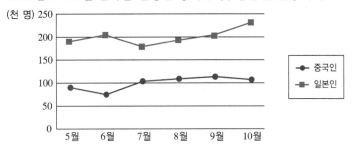

② 2018년 5~10월 한국의 총 관광 수입 및 지출액

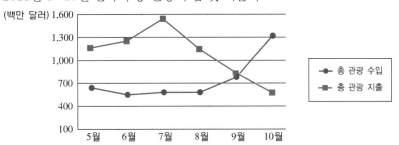

③ 2018년 5~10월 중국을 관광한 한국인 및 일본인 관광객 수

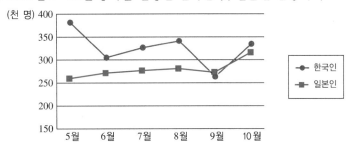

④ 2018년 5~9월 중국인 및 일본인 관광객의 한국 내 지출액

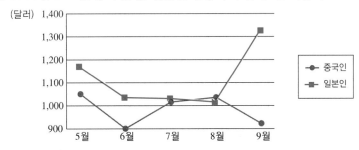

⑤ 2018년 5~10월 한국을 관광한 중국인과 일본을 관광한 한국인 관광객 수

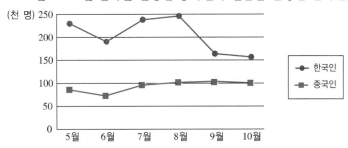

다음은 1850~2014년 금 가격을 나타낸 것이다. 이 자료를 올바르게 나타낸 그래프는?

〈금 가격 동향〉

(단위 : USD/트로이온스)

연도	금 가격	연도	금 가격
2014	1,295.05	1990	383.51
2013	1,412.07	1985	317.00
2012	1,667.38	1980	615.00
2011	1,571.52	1970	36.02
2010	1,224.53	1960	35.27
2005	444.74	1950	34.72
2000	279.11	1900	18.96
1995	383.79	1850	18.93

①

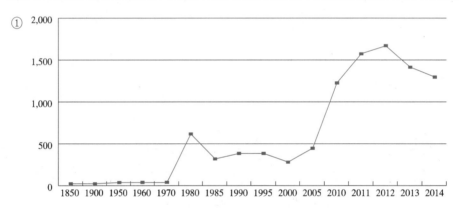

②

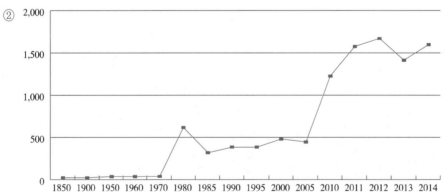

③

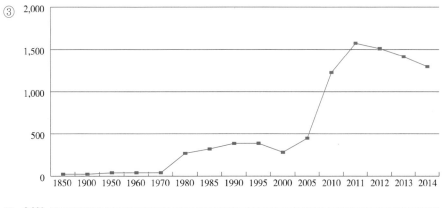

④

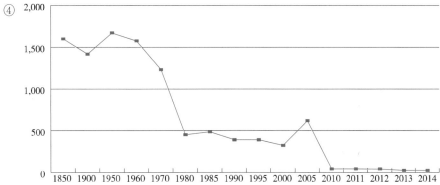

⑤

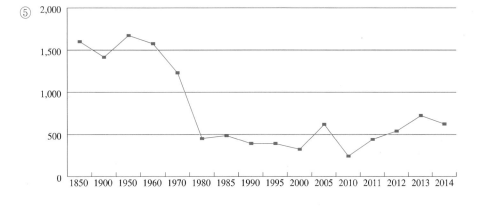

13 다음 〈보고서〉는 2021년 2분기 말 외국인 국내 토지 소유현황에 관한 것이다. 〈보고서〉의 내용과 부합하는 자료는?

〈보고서〉

2021년 2분기 말 현재 외국인의 국내 토지 소유면적은 224,715천㎡, 금액으로는 335,018억 원인 것으로 조사되었다. 용도별로 외국인 국내 토지 소유면적을 넓은 것부터 나열하면 임야·농지, 공장용지, 주거용지, 상업용지, 레저용지 순서이며, 이 중 주거용지, 상업용지, 레저용지 토지 면적의 합이 외국인 국내 토지 소유면적의 약 10%인 것으로 나타나 부동산 투기에 대한 지속적인 감시가 필요할 것으로 판단된다.

① (천㎡)

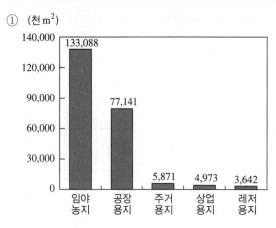

② (천㎡)

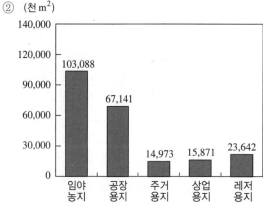

③ (천㎡)

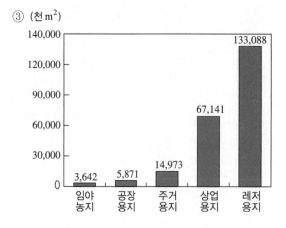

④ (천 m²)

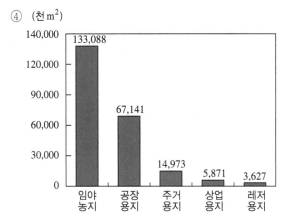

⑤ (천 m²)

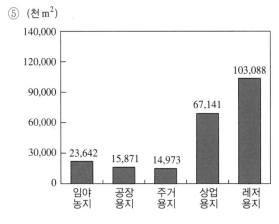

14 다음은 2010년부터 2020년까지 A국의 주식시장 현황을 나타낸 자료이다. 이를 바탕으로 작성한 그래프 중 초과수익률을 바르게 나타낸 것은?

연도	2010	2011	2012	2013	2014	2015	2016	2017	2018	2019	2020
주가지수	376	562	1,028	505	694	628	811	896	1,379	1,434	1,897
수익률 (%)	–	49.5	82.8	−50.9	37.4	−9.5	17.1	10.5	53.9	3.0	32.3

※ {당해연도 초과수익률(%p)}=(당해연도 수익률)−(연평균 수익률)

※ 연평균 수익률은 23.9%임

① (%p)

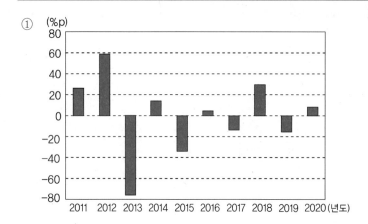

② (%p)

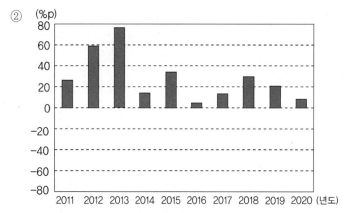

③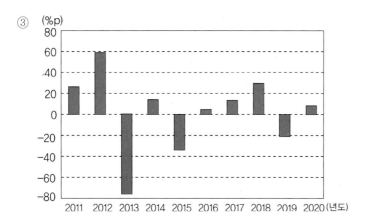

④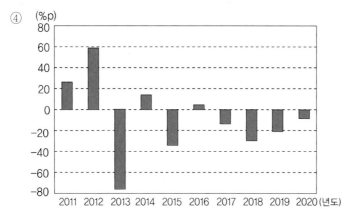

⑤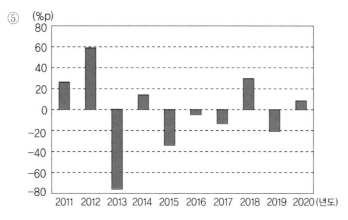

15 S공장의 주력 생산 제품은 X인데 이를 만들기 위해선 4가지 종류의 부품이 필요하다. 이때 하나의 X제품을 만들기 위해 각각의 부품이 2 : 1 : 3 : 2(A : B : C : D)의 비율로 사용된다. 2012년도에 X제품을 최대로 생산했을 때, 2013년도 X제품의 부품 중 A부품의 총 생산량은?(단, 2012년 대비 2013년 X제품 증감률은 50%였다)

〈제품 X의 부품 생산량〉

(단위 : 만 개)

부품의 종류	A	B	C	D	생산된 X제품의 합계
2012년도			3,000		

① 1,000만 개
② 2,000만 개
③ 3,000만 개
④ 4,000만 개
⑤ 5,000만 개

16 2010년 폐암으로 인한 사망자는 2000년에 비해 1.25배 증가하였다. 2000년 대비 2010년도 위암 사망자의 증감률 대비 자궁경부암 사망자의 증감률이 2배라고 할 때, 2000년 대비 2010년도 간암 사망자의 증감률은?

〈암으로 인해 사망한 환자 수〉

(단위 : 만 명)

구분	폐암	간암	위암	자궁경부암	합계
2000년도			100	20	240
2010년도	50		80		200

① -30%
② $-\dfrac{55}{2}\%$
③ -18%
④ $-\dfrac{55}{4}\%$
⑤ 0%

17 다음 〈표〉는 2021년 1~6월 월말종가기준 A, B사의 주가와 주가지수에 대한 자료이다. 이에 대한 〈보기〉의 설명 중 옳은 것만을 모두 고르면?

〈A, B사의 주가와 주가지수(2021년 1~6월)〉

구분		1월	2월	3월	4월	5월	6월
주가(원)	A사	5,000	( )	5,700	4,500	3,900	( )
	B사	6,000	( )	6,300	5,900	6,200	5,400
주가지수		100.00	( )	109.09	( )	91.82	100.00

※ (주가지수) $= \dfrac{(\text{해당 월 A사의 주가}) + (\text{해당 월 B사의 주가})}{(\text{1월 A사의 주가}) + (\text{1월 B사의 주가})} \times 100$

※ {해당 월의 주가 수익률(%)} $= \dfrac{(\text{해당 월의 주가}) - (\text{전월의 주가})}{(\text{전월의 주가})} \times 100$

보기

ㄱ. 3~6월 중 주가지수가 가장 낮은 달에 A사와 B사의 주가는 모두 전월 대비 하락하였다.

ㄴ. A사의 주가는 6월이 1월보다 높다.

ㄷ. 2월 A사의 주가가 전월 대비 20% 하락하고 B사의 주가는 전월과 동일하면, 2월의 주가지수는 전월 대비 10% 이상 하락한다.

ㄹ. 4~6월 중 A사의 주가 수익률이 가장 낮은 달에 B사의 주가는 전월 대비 하락하였다.

① ㄱ, ㄴ   ② ㄱ, ㄷ

③ ㄴ, ㄷ   ④ ㄴ, ㄹ

⑤ ㄷ, ㄹ

18

다음은 학생 6명의 A~E과목 시험 성적 자료의 일부이다. 이에 대한 〈보기〉의 설명 중 옳은 것만을 모두 고르면?

〈학생 6명의 A~E과목 시험 성적〉

(단위 : 점)

구분	A	B	C	D	E	평균
영희	( )	14	13	15	( )	( )
민수	12	14	( )	10	14	13.0
수민	10	12	9	( )	18	11.8
은경	14	14	( )	17	( )	( )
철민	( )	20	19	17	19	18.6
상욱	10	( )	16	( )	16	( )
합계	80	( )	( )	84	( )	( )
평균	( )	14.5	14.5	( )	( )	( )

※ 과목별 시험 점수 범위는 0~20점이고, 모든 과목 시험에서 결시자는 없음
※ 학생의 성취도 수준은 5개 과목 시험 점수의 산술평균으로 결정함
 – 시험 점수 평균이 18점 이상 20점 이하 : 수월 수준
 – 시험 점수 평균이 15점 이상 18점 미만 : 우수 수준
 – 시험 점수 평균이 12점 이상 15점 미만 : 보통 수준
 – 시험 점수 평균이 12점 미만 : 기초수준

보기

ㄱ. 영희의 성취도 수준은 E과목 시험 점수가 17점 이상이면 '우수 수준'이 될 수 있다.
ㄴ. 은경의 성취도 수준은 E과목 시험 점수에 따라 '기초 수준'이 될 수 있다.
ㄷ. 상욱의 시험 점수는 B과목은 13점, D과목은 15점이므로, 상욱의 성취도 수준은 '보통 수준'이다.
ㄹ. 민수의 C과목 시험 점수는 철민의 A과목 시험 점수보다 높다.

① ㄱ, ㄴ 　　　　　　② ㄱ, ㄷ
③ ㄱ, ㄹ 　　　　　　④ ㄴ, ㄷ
⑤ ㄴ, ㄹ

19 다음은 G중학교 1학년 수학성적 분포에 대한 표이다. 70점대와 80점대의 학생 수는 총 학생 수의 2/3를 차지한다. 60점대 학생 수는 70점대 학생 수의 75%이다. 또한 60점대 학생 수는 50점대 학생 수의 3배라 할 때, 100점 맞은 학생 수를 구하면?

〈G중학교 1학년 성적 분포〉

(단위 : 명)

수학성적	50점대	60점대	70점대	80점대	90점대	100점	합계
학생 수	5				15		120

① 1명　　　　　　　　　　　② 3명
③ 5명　　　　　　　　　　　④ 7명
⑤ 10명

20 다음은 2016년 지자체별 쌀 소득보전 직불금 지급에 대한 자료이다. (A), (B), (C)에 들어갈 숫자로 옳은 것은?(단, 소수점 둘째 자리 및 천 원 단위에서 반올림한다)

구분	대상자 수(명)	대상 면적(ha)	직불금액(천 원)	총액대비(%)	1인당 평균 지급액(만 원)
경기	77,581	71,800	71,372,460	8.6	92
강원	32,561	36,452	35,913,966	4.2	110
충북	53,562	44,675	43,923,103	5.2	82
충남	121,341	145,099	147,152,697	(A)	121
전북	90,539	136,676	137,441,060	16.4	(C)
전남	130,321	171,664	175,094,641	20.9	134
경북	140,982	120,962	119,398,465	14.2	85
경남	107,406	80,483	80,374,802	(B)	75
광역·자치시	39,408	259,615	27,597,745	3.3	70
합계	793,701	837,426	838,268,939	-	-

	(A)	(B)	(C)
①	17.6	9.5	121
②	17.6	9.5	152
③	17.6	9.6	152
④	17.5	9.5	151
⑤	17.5	9.6	151

CHAPTER 05
공간지각

합격 Cheat Key

| 영역 소개 |

공간지각 영역은 입체도형의 형태변화에 대한 지각능력을 평가하기 위한 영역으로, 25분 동안 20문항을 풀어야 한다. 크게는 전개도와 투상도 두 유형으로 나눌 수 있다. 매번 새로운 유형이 출제되며, 20문항 전체가 단일 유형으로 출제되고 있다. 실제 시험 시에는 시험지를 돌리거나 펜을 사용할 수 없고, 전개도나 투상도의 모습을 머릿속으로만 추측하며 문제를 해결해야 하므로 충분한 연습이 필요하다.

※ HMAT 5교시 시험은 지금까지의 출제경향을 살펴보면 공간지각, 도식이해 영역이 번갈아가며 출제되고 있다. 따라서 공간지각과 도식이해 영역을 모두 학습해두는 것이 좋다.

| 유형 소개 |

01   **전개도**

2018년 상반기와 2015년 상반기에는 전개도를 조건에 적용한 후 결합한 최종 모양을 유추하는
유형이 출제되었으며, 2016년 상반기에는 주어진 전개도를 접어서 3차원 공간에서 이동시켰을
때 경로를 찾는 유형이 출제되었다.

02   **투상도**

2017년 상반기와 2014년 상반기 2번에 걸쳐 출제되었으나, 출제형태는 서로 조금 달랐다. 2014
년 상반기에는 정면도, 평면도, 측면도에 부합되거나 부합되지 않는 입체도형을 찾는 유형으로
비교적 단순하게 출제되었으나, 2017년 상반기에는 정면도, 평면도, 측면도로 제시된 입체도형이
X, Y, Z축으로 회전한 최종 모습을 찾는 유형으로 심화되었다.

유형점검

정답 및 해설 p.081

01 전개도

※ 아래의 전개도를 접어 3차원 공간에서 이동시켰을 때, 처음과 끝이 다음과 같았다. 이동한 방향으로 옳은 것을 고르시오(단, 정육면체는 회전하면서 이동한다). [1~2]

기출유형 01

2016년 상반기

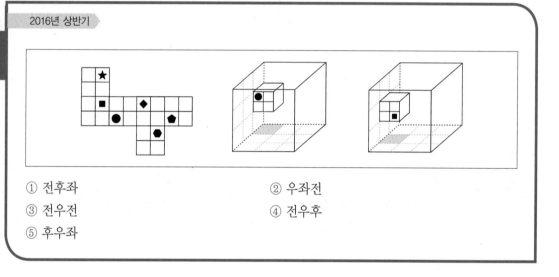

① 전후좌
② 우좌전
③ 전우전
④ 전우후
⑤ 후우좌

02

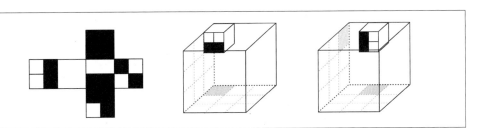

① 전우우   ② 전우후

③ 전전우   ④ 우좌우

⑤ 우우전

 TIP

처음의 위치에서 마지막의 위치까지 총 세 번을 이동하므로, 먼저 ①~⑤ 중 마지막 위치로 이동하는 방법이 될 수 없는 보기를 제거한다. 다음으로 남은 보기를 처음 모습에 대입하여 마지막 모습이 나오는지 확인하면 답을 찾기가 한결 수월하다.

다음 ⓐ, ⓑ, ⓒ의 전개도를 ⬒면이 전면에 오도록 접은 후 주어진 방향으로 회전하여 아래의 결합 모양과 같이 붙인 그림으로 알맞은 것을 고르면?

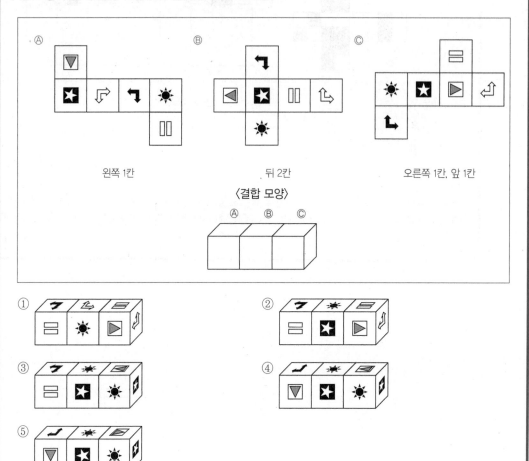

정육면체 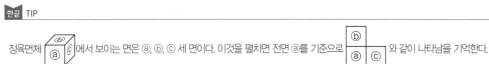 에서 보이는 면은 ⓐ, ⓑ, ⓒ 세 면이다. 이것을 펼치면 전면 ⓐ를 기준으로 와 같이 나타남을 기억한다.

회전하는 경우를 전개도에서 바로 확인할 수 있도록 다음과 같이 정리할 수 있다.

회전		전면 ⓐ	윗면 ⓑ	오른면 ⓒ(시계 방향)
뒤	1칸	ⓐ의 아랫면(ⓕ)	ⓐ면	ⓒ면 90° 회전
	2칸	ⓐ면과 마주보는 면(ⓓ)	ⓑ면과 마주보는 면(ⓕ)	ⓒ면 180° 회전
	3칸	ⓐ의 윗면(ⓑ)	ⓐ면과 마주보는 면(ⓓ)	ⓒ면 270° 회전

회전		전면 ⓐ	윗면 ⓑ	오른면 ⓒ(반시계 방향)
앞	1칸	ⓐ의 윗면(ⓑ)	ⓐ면과 마주보는 면(ⓓ)	ⓒ면 90° 회전
	2칸	ⓐ면과 마주보는 면(ⓓ)	ⓑ면과 마주보는 면(ⓕ)	ⓒ면 180° 회전
	3칸	ⓐ의 아랫면(ⓕ)	ⓐ면	ⓒ면 270° 회전

회전		전면 ⓐ	윗면 ⓑ(반시계 방향)	오른면 ⓒ
오른쪽	1칸	ⓒ면과 마주보는 면(ⓔ)	ⓑ면 90° 회전	ⓐ면
	2칸	ⓐ면과 마주보는 면(ⓓ)	ⓑ면 180° 회전	ⓒ면과 마주보는 면(ⓔ)
	3칸	ⓒ면	ⓑ면 270° 회전	ⓐ면과 마주보는 면(ⓓ)

회전		전면 ⓐ	윗면 ⓑ(시계 방향)	오른면 ⓒ
왼쪽	1칸	ⓒ면	ⓑ면 90° 회전	ⓐ면과 마주보는 면(ⓓ)
	2칸	ⓐ면과 마주보는 면(ⓓ)	ⓑ면 180° 회전	ⓒ면과 마주보는 면(ⓔ)
	3칸	ⓒ면과 마주보는 면(ⓔ)	ⓑ면 270° 회전	ⓐ면

04   다음 Ⓐ, Ⓑ, Ⓒ의 전개도를 ◤면이 전면에 오도록 접은 후 주어진 방향으로 회전하여 아래의 결합 모양과 같이 붙인 그림으로 알맞은 것을 고르면?

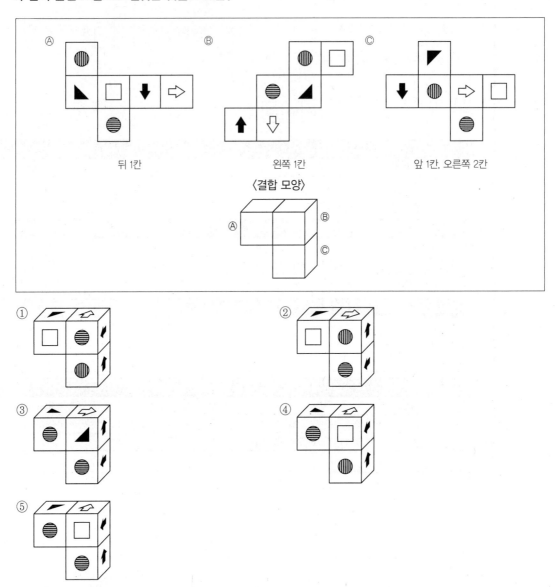

다음 ㉠, ㉡, ㉢의 전개도를 △면이 전면에 오도록 접은 후 주어진 방향으로 회전하여 붙인 그림으로 올바른 것은?

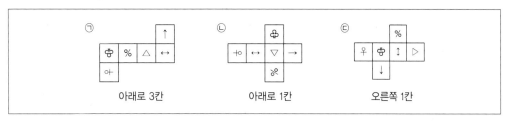

아래로 3칸   아래로 1칸   오른쪽 1칸

①

②

③

④

⑤

 TIP

처음의 위치에서 마지막의 위치까지 총 세 번을 이동하므로, 먼저 ①~⑤ 중 마지막 위치로 이동하는 방법이 될 수 없는 보기를 제거한다. 다음으로 남은 보기를 처음 모습에 대입하여 마지막 모습이 나오는지 확인하면 답을 찾기가 한결 수월하다.

다음 ⊙, ⓛ, ⓒ의 전개도를 ♣ 면이 전면에 오도록 접은 후 주어진 방향으로 회전하여 붙인 그림으로 올바른 것은?

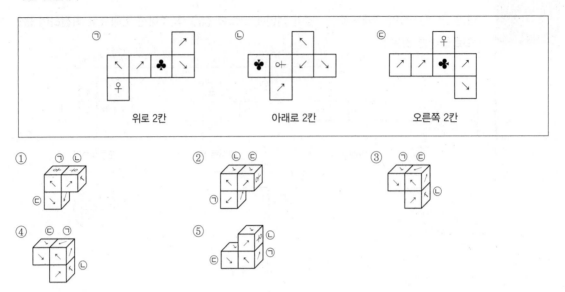

① ② ③

④ ⑤

※ 입체도형의 회전규칙이 다음과 같이 정의된다고 할 때, 제시된 단면과 일치하는 입체도형을 주어진 방향으로 회전한 것을 고르시오(단, 1회전은 90°이다). **[1~3]**

회전 전		
X축 1회전	Y축 1회전	Z축 1회전
회전 후		

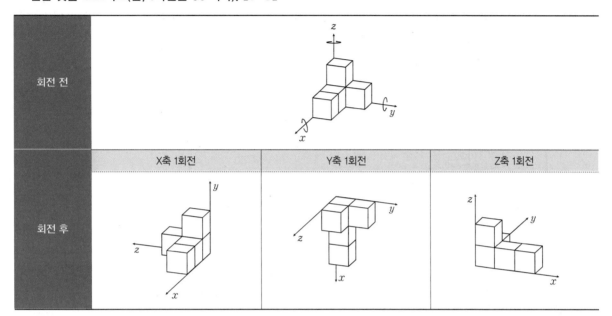

2017년 상반기

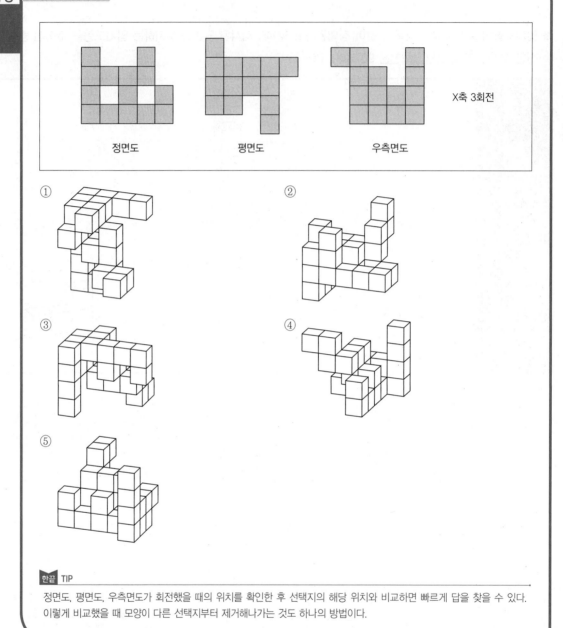

정면도   평면도   우측면도

X축 3회전

①

②

③

④

⑤

한끝 TIP

정면도, 평면도, 우측면도가 회전했을 때의 위치를 확인한 후 선택지의 해당 위치와 비교하면 빠르게 답을 찾을 수 있다.
이렇게 비교했을 때 모양이 다른 선택지부터 제거해나가는 것도 하나의 방법이다.

02

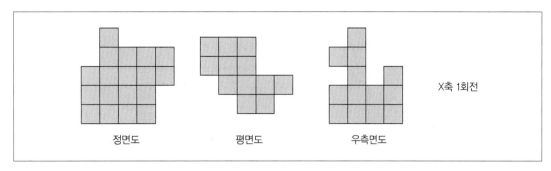

정면도   평면도   우측면도   X축 1회전

①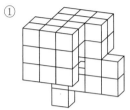

②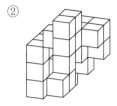

③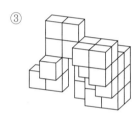

④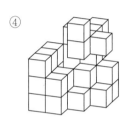

⑤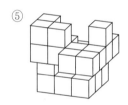

03

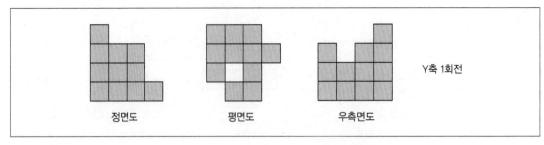

정면도   평면도   우측면도   Y축 1회전

①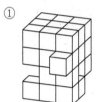

②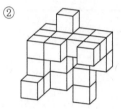

③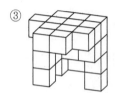

④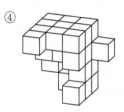

⑤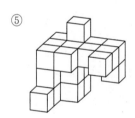

※ 다음 제시된 단면과 일치하는 입체도형을 고르시오. [4~5]

04

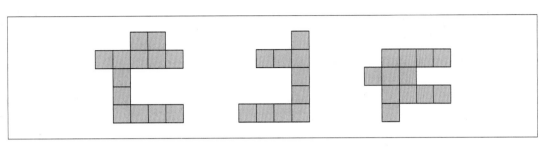

①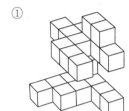

②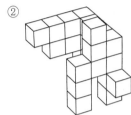

③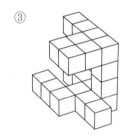

④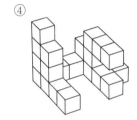

⑤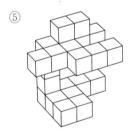

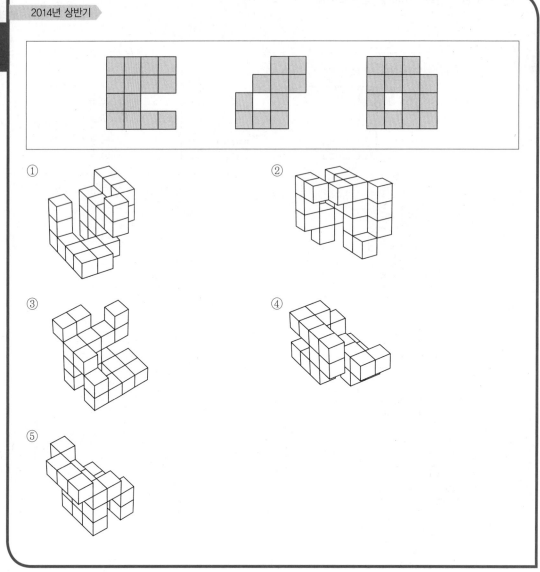

제시된 도형과 일치하지 않는 입체도형을 고르면?

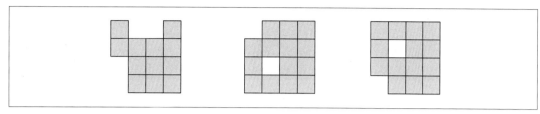

①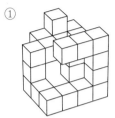

②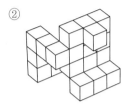

③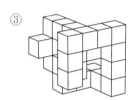

④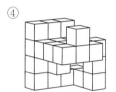

⑤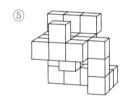

중간점검 모의고사

🕐 시험 시간 : (   )분 / 25분   📋 맞은 개수 : (   )문항 / 20문항

정답 및 해설 p.084

※ 아래의 전개도를 접어 3차원 공간에서 이동시켰을 때, 처음과 끝이 다음과 같았다. 이동한 방향으로 옳은 것을 고르시오(단, 정육면체는 회전하면서 이동한다). [1~5]

01

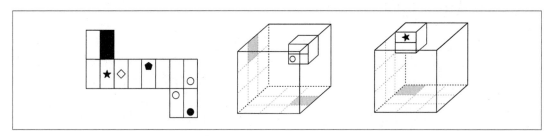

① 좌좌후   ② 전좌좌
③ 후좌좌   ④ 후좌우
⑤ 좌우후

Hard
02

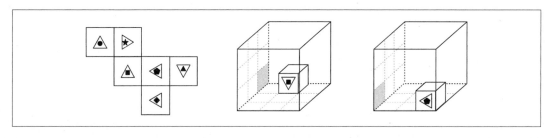

① 우전좌   ② 좌우전
③ 우전전   ④ 전전우
⑤ 전우전

03

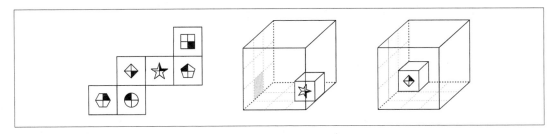

① 좌좌전
③ 좌후좌
⑤ 후좌후

② 후좌좌
④ 좌좌후

04

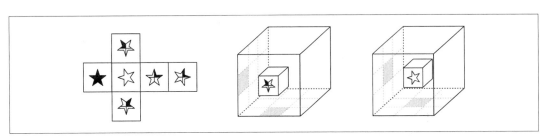

① 후후좌
③ 우후좌
⑤ 후우좌

② 우좌좌
④ 좌우우

05

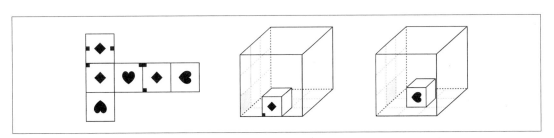

① 후후전
③ 후우좌
⑤ 후좌우

② 후전후
④ 우후좌

06 다음 Ⓐ, Ⓑ, Ⓒ의 전개도를 △면이 전면에 오도록 접은 후 주어진 방향으로 회전하여 아래의 결합 모양과 같이 붙인 그림으로 알맞은 것을 고르면?

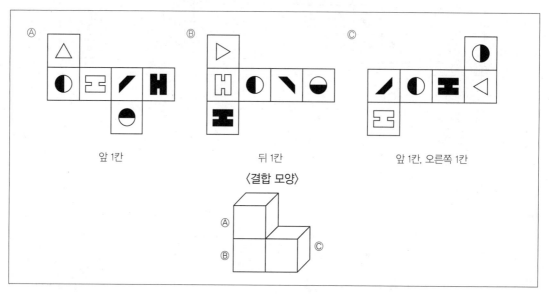

①

②

③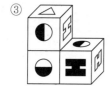

④

⑤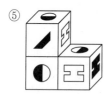

07 다음 Ⓐ, Ⓑ, ⓒ의 전개도를 ◈면이 전면에 오도록 접은 후 주어진 방향으로 회전하여 아래의 결합 모양
과 같이 붙인 그림으로 알맞은 것을 고르면?

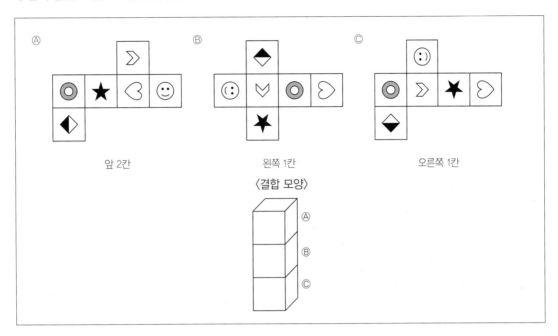

①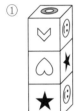

②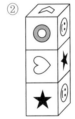

③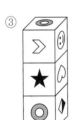

④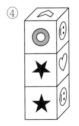

⑤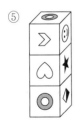

08 다음 Ⓐ, Ⓑ, ©의 전개도를 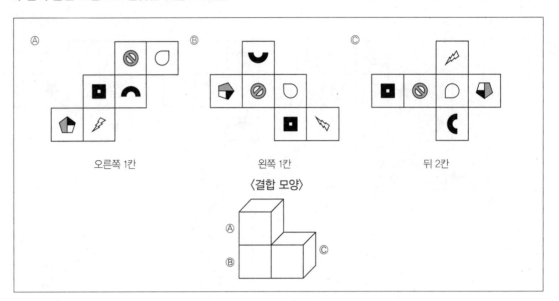면이 전면에 오도록 접은 후 주어진 방향으로 회전하여 아래의 결합 모양과 같이 붙인 그림으로 알맞은 것을 고르면?

①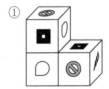

②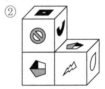

③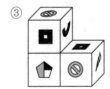

④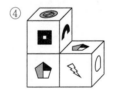

⑤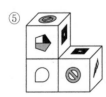

09 다음 Ⓐ, Ⓑ, ⓒ의 전개도를 ▶면이 전면에 오도록 접은 후 주어진 방향으로 회전하여 아래의 결합 모양과 같이 붙인 그림으로 알맞은 것을 고르면?

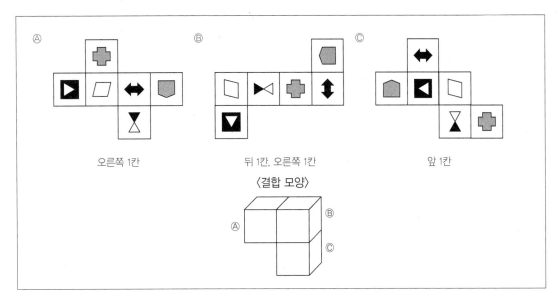

오른쪽 1칸   뒤 1칸, 오른쪽 1칸   앞 1칸

〈결합 모양〉

①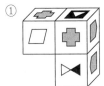

②

③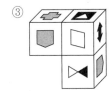

④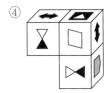

⑤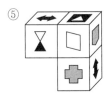

Hard

10 다음 ㉠, ㉡, ㉢의 전개도를 $\boxed{\text{AA}}$ 면이 전면에 오도록 접은 후 주어진 방향으로 회전하여 붙인 그림으로 올바른 것은?

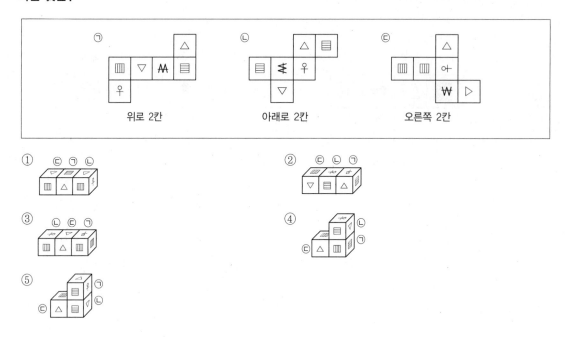

11 다음 ㉠, ㉡, ㉢의 전개도를 $\boxed{\bullet}$ 면이 전면에 오도록 접은 후 주어진 방향으로 회전하여 붙인 그림으로 올바른 것은?

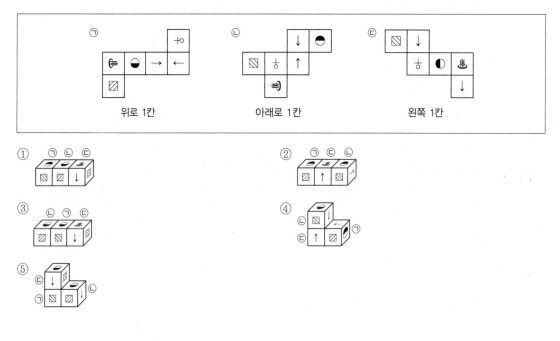

12 다음 ㉠, ㉡, ㉢의 전개도를 [♤] 면이 전면에 오도록 접은 후 주어진 방향으로 회전하여 붙인 그림으로 올바른 것은?

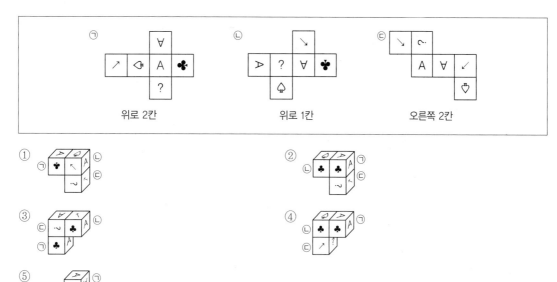

위로 2칸   위로 1칸   오른쪽 2칸

※ 입체도형의 회전규칙이 다음과 같이 정의된다고 할 때, 제시된 단면과 일치하는 입체도형을 주어진 방향으로 회전한 것을 고르시오(단, 1회전은 90°이다). [13~17]

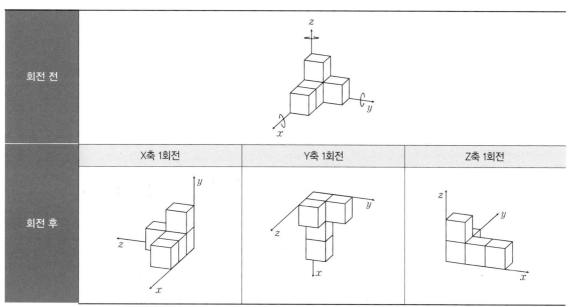

| | X축 1회전 | Y축 1회전 | Z축 1회전 |

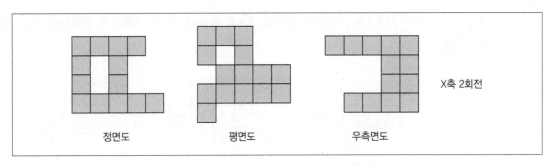

정면도　　　　　평면도　　　　　우측면도

X축 2회전

①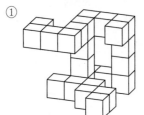

②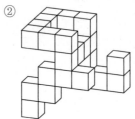

③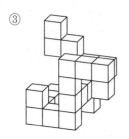

④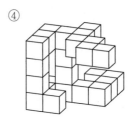

⑤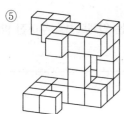

14

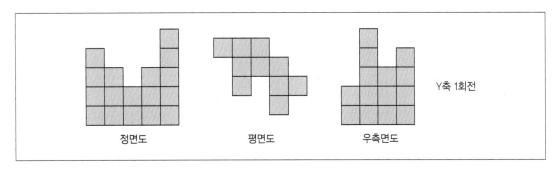

| 정면도 | 평면도 | 우측면도 |

Y축 1회전

①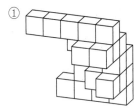

②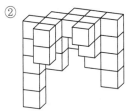

③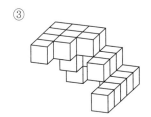

④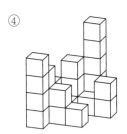

⑤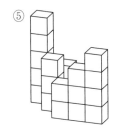

15

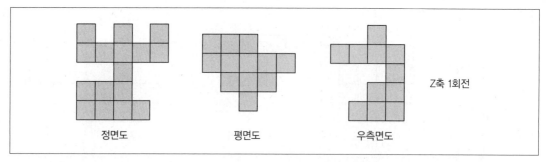

정면도   평면도   우측면도

Z축 1회전

①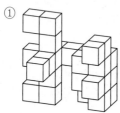

②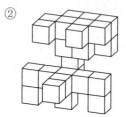

③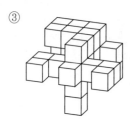

④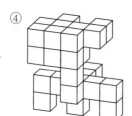

⑤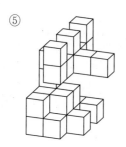

16

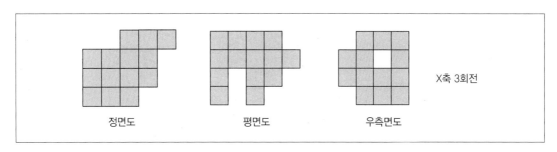

| 정면도 | 평면도 | 우측면도 |

X축 3회전

①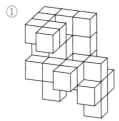

②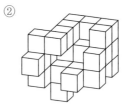

③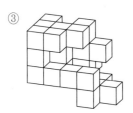

④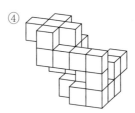

⑤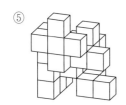

17

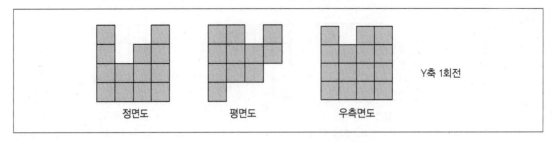

정면도　　　　　평면도　　　　　우측면도　　　Y축 1회전

①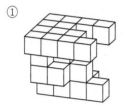

②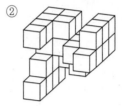

③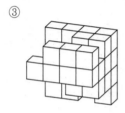

④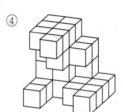

⑤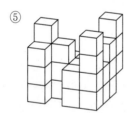

※ 다음 제시된 단면과 일치하는 입체도형을 고르시오. [18~19]

18

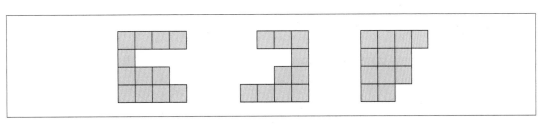

①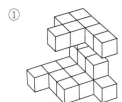

②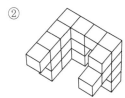

③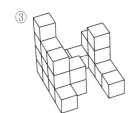

④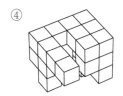

⑤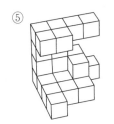

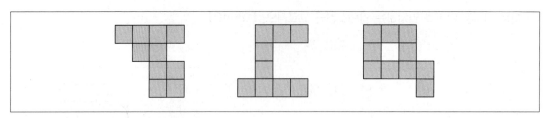

①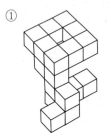

②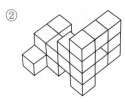

③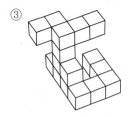

④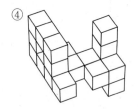

⑤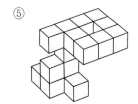

20 다음 제시된 단면과 일치하지 않는 입체도형을 고르면?

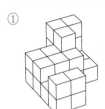 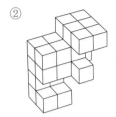

①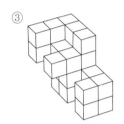

②

③

④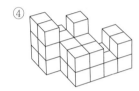

⑤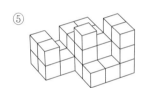

CHAPTER 06
도식이해

합격 Cheat Key

| 영역 소개 |

도식이해 영역은 규칙 흐름에 따른 형태 변화를 예측하는 능력을 평가하기 위한 영역으로, 25분 동안 15문항을 풀어야 한다. 연도별로 매번 완전히 새로운 유형이나 규칙이 나오기보다는, 기존에 출제되었던 유형을 벗어나지 않는 선에서 변형·응용되어 출제되고 있는 편이다.

01   수

2018년 하반기에는 각 칸에 숫자가 위치하여 규칙에 따라 이동하는 유형이 출제되었는데 규칙에 따라 숫자만 이동하거나 숫자와 칸의 모양이 함께 이동하여 최종적으로 나오는 모양을 고르는 유형이다. 2015년 하반기에 출제된 유형은 3×3칸에 제시된 9개의 숫자를 Enter, Space, Shift 등의 규칙에 따라 변환했을 때 최종적으로 나오는 숫자의 위치를 고르는 유형이다.

02   문자·그림

2017년 하반기와 2014년 하반기에 출제된 유형으로, 3×3칸 안에 기호들이 일정한 규칙에 따라 단계별로 이동하였을 때의 최종 모습을 찾는 유형이다. 2014년 하반기에는 각 칸에 한 개의 문자·그림이 위치해 있고 규칙에 따라 총 9개의 기호가 변형된 마지막 모습을 찾는 유형이 출제되었다. 2017년 하반기에는 각 칸에 알파벳과 한글자음 한 쌍이 위치하여 규칙에 따라 이동하는 유형이 출제되었는데, 규칙에 따라 알파벳이나 한글자음만 이동하거나 한글자음이 각 칸의 위에 위치한 개수만큼 회전하는 등, 난이도가 상당히 증가하였다.

03   선

2016년 하반기와 2013년 하반기에 출제된 유형으로, 문자·그림 유형과 유사하게 3×3개의 도형에 규칙을 적용한 후 마지막 모습을 추론하는 문제이나, 추가적인 변수로 일부 도형을 연결하는 선이 존재한다는 점이 다르다. 2013년 하반기에는 선과 관련해서는 단순히 선 반전 규칙만 존재했던 반면, 2016년 하반기에는 선의 회전규칙과 선의 위치를 기준으로 한 판별규칙이 추가되었다.

정답 및 해설 p.089

01 수

※ 다음 기호들은 일정한 규칙에 따라 도형을 변화시킨다. 주어진 도형을 도식에 따라 변화시켰을 때 결과로 알맞은 것을 고르시오. [1~2]

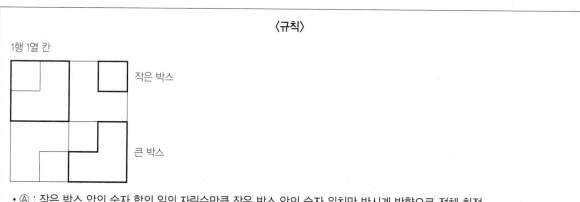

〈규칙〉

1행 1열 칸

작은 박스

큰 박스

- Ⓐ : 작은 박스 안의 숫자 합의 일의 자릿수만큼 작은 박스 안의 숫자 위치만 반시계 방향으로 전체 회전
- Ⓑ : 각 칸의 작은 박스 안의 숫자와 큰 박스 안의 숫자를 곱한 값의 십의 자릿수는 큰 박스, 일의 자리 수는 작은 박스 안에 수로 교체
- Ⓒ : 각 칸을 시계 방향으로 1칸씩 이동(각 칸의 작은 박스, 큰 박스 위치 및 각 박스 안의 위치 고정하여 각 칸 단위로 이동)
- Ⓓ : 각 칸의 작은 박스와 큰 박스 크기 교체
- Ⓧ : 작은 박스 안의 숫자 합(□)과 큰 박스 안의 숫자 합(⬜)을 비교하여 맞으면 YES, 틀리면 NO
- Ⓨ : 각 칸마다 작은 박스가 위에 위치한 수(x)를 비교하여 맞으면 YES, 틀리면 NO
- : 색칠된 위치의 작은 박스 안의 숫자(□)와 큰 박스 안의 숫자(⬜)를 비교하여 맞으면 YES, 틀리면 NO

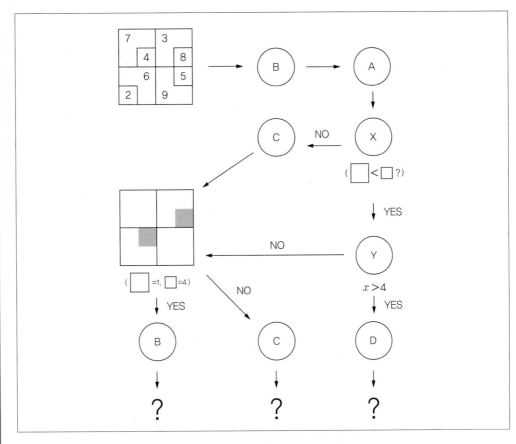

①
	1		8
2		2	
4			2
	5	4	

②
	8	4	
2			7
5			6
	9	2	

③
6			9
	2	5	
	3		4
8		7	

④
	1	2	
8			4
	2	2	
4			5

⑤
	4		2
5		8	
	1		2
2		4	

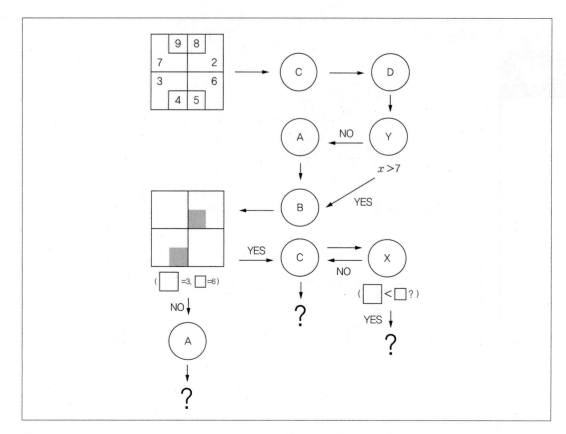

①

1			0
	6	3	
	6	2	
3			1

②

	0	3	
3			6
2		1	
	1		6

③

3			6
	1	6	
	2	1	
3			0

④

6			0
	3	3	
	1	6	
2			1

⑤

	3		8
4		2	
5		9	
	6		7

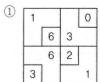

※ 다음 제시된 명령어의 규칙에 따라 숫자를 변환시킬 때, 규칙에 따라 도식을 해결하여 마지막에 나오는 형태를 구하시오. [3~4]

Enter : 숫자와 색을 한 행씩 아래로 이동

Space : 숫자와 색을 한 열씩 오른쪽으로 이동

Tab : 숫자만 시계 방향으로 90° 회전

Shift : 색 반전

◇ : 해당 칸의 숫자가 초기 숫자보다 큰가?

□ : 해당 칸의 배경이 흰색인가?

■ : 해당 칸의 배경이 검은색인가?

사각형 안에 −(빼기) 2개 : 2개 칸 숫자의 차 X가 조건에 맞는지 확인

사각형 안에 +(더하기) 2개 : 2개 칸 숫자의 합 X가 조건에 맞는지 확인

기출유형 03 2015년 하반기

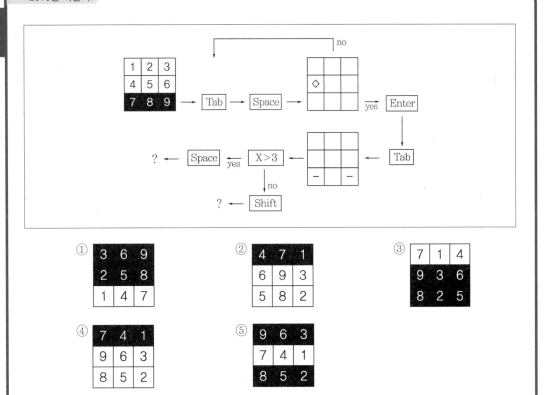

제시된 표의 배경이 검은색일 경우 숫자에 동그라미를 표시하여 풀면 시간을 단축할 수 있다.

1	2	3
4	5	6
7	8	9

을 바꿔 표현하면

①	2	3
④	5	⑥
7	8	⑨

이다.

- Enter 는 숫자와 색을 동시에 한 행씩 아래로 이동한다.

①	2	3
④	5	⑥
7	8	⑨

Enter

7	8	⑨
①	2	3
④	5	⑥

- Space 는 숫자와 색을 동시에 한 열씩 오른쪽으로 이동한다.

①	2	3
④	5	⑥
7	8	⑨

Space

3	①	2
⑥	④	5
⑨	7	8

- Tab 은 숫자만 시계 방향으로 90° 회전한다(단, 색은 회전하지 않음).

①	2	3
④	5	⑥
7	8	⑨

Tab

⑦	4	1
⑧	5	②
9	6	③

- Shift 는 색을 반전한다.

①	2	3
④	5	⑥
7	8	⑨

Shift

1	②	③
4	⑤	6
⑦	⑧	9

Easy

04

```
1 2 3
4 5 6      →  Shift  →  Enter  →  [grid]  →  Tab  →  [grid]
7 8 9                              no
```
yes

? ← Space ← X<10 — no
    yes

①
```
9 7 8
6 4 5
3 1 2
```

②
```
9 8 7
6 5 4
3 2 1
```

③
```
4 6 5
1 3 2
7 9 8
```

④
```
4 1 7
5 2 8
6 3 9
```

⑤
```
4 6 5
1 3 2
7 9 8
```

※ 다음 도식의 기호들은 일정한 규칙에 따라 도형을 변화시킨다. 물음표에 들어갈 알맞은 형태를 고르시오. **[1~2]**

[변환규칙]

⬆ : 알파벳이 한 칸씩 위로 이동한다.

➡ : 한글이 한 칸씩 우측으로 이동한다.

⤴ : 한글이 알파벳 위에 있는 칸의 개수를 a라고 할 때, 가운데 칸을 제외한 8개의 칸이 시계 방향으로 a칸 이동한다.

⬖ (m, n) : m행과 n열의 각 칸에서 알파벳과 한글의 상하 위치를 서로 바꾼다.

[조건규칙]

A, A : 알파벳이 한글의 위에 위치한 개수

ㄱ, ㄱ : 한글의 상하 위치가 처음과 동일한 개수

A, ㄱ : 한 칸에 들어있는 알파벳과 한글의 짝이 처음과 동일한 개수

기출유형

01

2017년 하반기

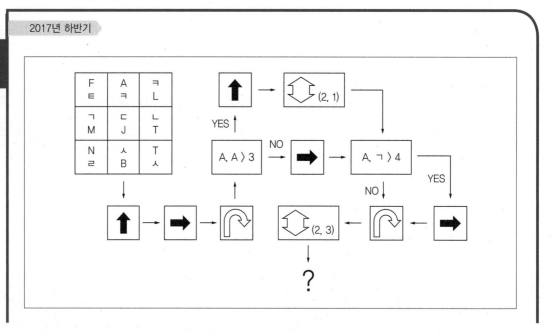

①

ㅅ / N	ㄴ / A	ㅋ / L
F / ㄹ	ㄱ / M	ㅌ / T
B / ㅅ	ㅜ / ㄷ	J / ㅋ

②

ㅋ / N	ㅅ / A	ㄴ / L
F / ㄷ	ㄹ / M	ㄱ / T
B / ㅋ	ㅜ / ㅅ	J / ㄷ

③

F / ㅅ	M / ㄷ	T / ㄱ
ㅅ / B	ㄴ / T	ㅋ / J
N / ㄹ	ㄱ / A	ㅌ / L

④

F / ㅋ	A / ㅅ	T / ㄷ
ㅋ / B	ㅅ / T	ㄴ / J
N / ㅌ	ㄹ / A	ㅋ / L

⑤

ㅋ / ㄴ	ㄴ / A	ㅅ / N
ㅌ / T	ㄱ / M	F / ㄹ
J / ㅋ	ㅜ / ㄷ	B / ㅅ

한끝 TIP

한 칸 안에 들어있는 문자가 2가지이고, 이들이 상하 위치만 바뀌거나 각자 따로 이동하기도 하므로 타 유형과 같이 숫자로 치환해서 풀기는 어렵다. 그러나 한 행이나 한 열을 기준으로 잡고 나머지는 상하 위치의 변화만 파악하며 풀이과정을 거치면 문제풀이 시간을 다소 줄일 수 있다.

• ↑ 는 각 칸의 알파벳만 1칸씩 위로 이동한다.

Q / ㄹ	ㅎ / Z	X / ㅎ
D / ㄷ	ㅁ / X	ㅁ / P
ㅈ / H	Y / ㅈ	S / ㅍ

→ ⬆ →

D / ㄹ	ㅎ / X	P / ㅎ
H / ㄷ	ㅁ / Y	ㅁ / S
ㅈ / Q	Z / ㅈ	X / ㅍ

• ➡ 는 한글자음만 1칸씩 우측으로 이동한다.

Q / ㄹ	ㅎ / Z	X / ㅎ
D / ㄷ	ㅁ / X	ㅁ / P
ㅈ / H	Y / ㅈ	S / ㅍ

→ ➡ →

Q / ㅎ	ㄹ / Z	X / ㅎ
D / ㅁ	ㄷ / X	ㅁ / P
ㅍ / H	Y / ㅈ	S / ㅈ

- 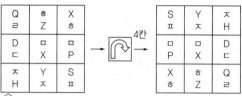는 한글자음이 알파벳 위에 있는 칸의 개수를 a라고 할 때, 가운데 칸을 제외한 8개의 칸이 시계 방향으로 a칸 이동한다.

Q ㄹ	ㅎ Z	X ㅎ
D ㄷ	ㅁ X	ㅁ P
ㅈ H	Y ㅈ	S ㅍ

→ (4칸) →

S ㅍ	Y ㅈ	ㅈ H
ㅁ P	ㅁ X	D ㄷ
X ㅎ	ㅎ Z	Q ㄹ

- (m, n)는 m행과 n열의 각 칸에서 알파벳과 한글의 상하 위치를 서로 바꾼다. 단, m행 n열은 규칙이 2번 적용되므로 상하 위치가 다시 제자리로 돌아온다.

Q ㄹ	ㅎ Z	X ㅎ
D ㄷ	ㅁ X	ㅁ P
ㅈ H	Y ㅈ	S ㅍ

→ (1, 2) →

ㄹ Q	ㅎ Z	ㅎ X
D ㄷ	X ㅁ	ㅁ P
ㅈ H	ㅈ Y	S ㅍ

- A, A는 알파벳이 한글의 위에 위치한 개수에 따라 YES나 NO로 이동한다.

Q ㄹ	ㅎ Z	X ㅎ
D ㄷ	ㅁ X	ㅁ P
ㅈ H	Y ㅈ	S ㅍ

→ A, A < 5 → (NO) ......

- ㄱ, ㄱ은 한글의 상하 위치가 처음과 동일한 개수에 따라 YES나 NO로 이동한다(즉, 아래의 경우 처음과 같이 ㅎ이 상/하 위치에 각각 한 개씩, ㅁ이 위에 두 개 위치하고 있는지 확인한다)

Q ㄹ	ㅎ Z	X ㅎ
D ㄷ	ㅁ X	ㅁ P
ㅈ H	Y ㅈ	S ㅍ

→ (1, 2) →

ㄹ Q	ㅎ Z	ㅎ X
D ㄷ	X ㅁ	ㅁ P
ㅈ H	ㅈ Y	S ㅍ

→ ㄱ, ㄱ > 4 → (YES) ......

- A, ㄱ은 한 칸에 들어있는 알파벳과 한글의 짝이 처음과 동일한 개수에 따라 YES나 NO로 이동한다.

Q ㄹ	ㅎ Z	X ㅎ
D ㄷ	ㅁ X	ㅁ P
ㅈ H	Y ㅈ	S ㅍ

→ (▶) →

Q ㅎ	ㄹ Z	X ㅎ
D ㅁ	ㄷ X	ㅁ P
ㅍ H	Y ㅈ	S ㅈ

→ A, ㄱ > 2 → (YES) ......

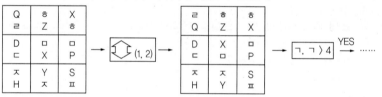

02

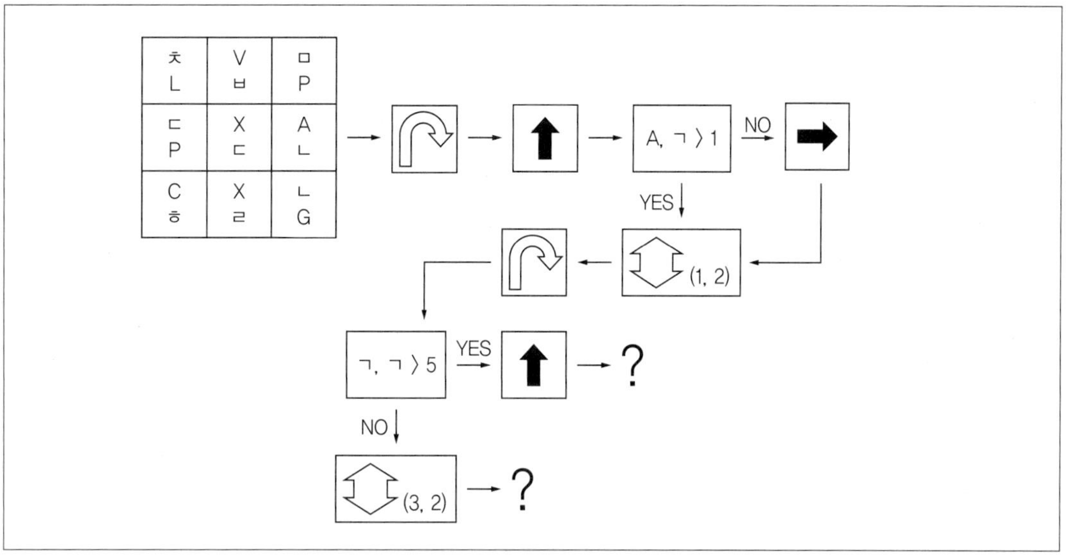

Initial grid:

ㅊ ㄴ	V ㅂ	ㅁ P
ㄷ P	X ㄷ	A ㄴ
C ㅎ	X ㄹ	ㄴ G

Flowchart: → (U-turn) → (↑) → A, ㄱ > 1 — NO → (→)

YES ↓ → ⬍(1, 2) → (U-turn) →

ㄱ, ㄱ > 5 — YES → (↑) → ?

NO ↓ → ⬍(3, 2) → ?

①

ㅂ P	ㄷ V	ㅊ G
ㅁ X	ㅎ A	ㄷ P
ㄴ ㄴ	C ㄹ	X ㄴ

②

ㅎ P	ㄴ ㄷ	ㅊ C
X ㄹ	V ㄷ	ㅂ X
ㄴ A	P ㄴ	G ㅁ

③

ㄷ P	ㅂ P	ㅎ A
ㄷ V	ㅊ G	L ㄴ
ㅁ X	C ㄹ	X ㄴ

④

ㄴ ㄴ	C ㄹ	X ㄴ
ㅁ X	ㅎ A	ㄷ P
ㅂ P	ㄷ V	ㅊ G

⑤

ㅊ X	ㅂ ㄴ	C ㄷ
ㄷ G	ㅁ P	V ㅎ
ㄴ P	ㄴ X	A ㄹ

※ 다음 도식의 기호들은 일정한 규칙에 따라 도형을 변화시킨다. 물음표에 들어갈 알맞은 도형을 고르시오. **[3~4]**

▶▶ : 1열을 3열로 복제
▼▼ : 1행을 3행으로 복제
◎ : 가운데 도형을 기준으로 시계 반대 방향 1칸씩 이동
◁▷ : 1열과 3열을 교환
◉ : 해당 칸 '모양' 비교 → 가장 처음 제시된 도형과 같으면 한 열씩 오른쪽 / 다르면 한 행씩 아래로 이동
■ : 해당 칸 '색깔' 비교 → 가장 처음 제시된 도형과 같으면 해당 열 색 반전 / 다르면 해당 행 색 반전

기출유형

03

2014년 하반기

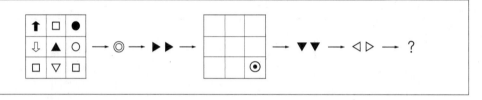

①
⇧	○	⇧
○	▲	○
⇧	○	⇧

②
▽	○	▽
○	▲	○
▽	○	▽

③
▽	○	▽
○	●	○
▽	○	▽

④
⇩	○	⇩
○	●	○
⇩	○	⇩

⑤
⇩	□	⇩
□	●	□
⇩	□	⇩

한끝 TIP

제시된 문자/그림을 조건에 따라 그리면서 문제를 해결할 수도 있으나 도형을 숫자로 바꾸어 풀면 시간을 단축할 수 있다. 단, 도형에 색이 칠해져 있는 것은 동그라미도 함께 표시한다.

△	■	◇
☆	♤	♧
♠	♡	◁

을 숫자로 표현하면

1	②	3
4	5	6
⑦	8	9

이다.

• ▶▶는 1열인 1, 4, ⑦을 3열로 복제하여 1열과 3열이 1, 4, ⑦로 같아진다.

1	②	3
4	5	6
⑦	8	9

▶▶ →

1	②	1
4	5	4
⑦	8	⑦

• ▼▼는 1행인 1, ②, 3을 3행으로 복제하여 1행과 3행이 1, ②, 3으로 같아진다.

1	②	3
4	5	6
⑦	8	9

▼▼ →

1	②	3
4	5	6
1	②	3

• ◎는 가운데 도형인 5를 기준으로 1, ②, 3, 4, 6, ⑦, 8, 9가 시계 방향으로 1칸씩 이동한다.

1	②	3
4	5	6
⑦	8	9

◎ →

4	1	②
⑦	5	3
8	9	6

• ◁▷는 1열인 1, 4, ⑦과 3열인 3, 6, 9를 교환한다.

1	②	3
4	5	6
⑦	8	9

◁▷ →

3	②	1
6	5	4
9	8	⑦

• ◉는 해당 칸 '모양'을 가장 처음 제시된 도형과 비교하여 같으면 한 열씩 오른쪽으로 이동한다.

1	②	3
4	5	6
⑦	8	9

▶▶ →

1	②	1
4	5	4
⑦	8	⑦

→

	◉	

같음 →

1	1	②
4	4	5
⑦	⑦	8

• ◉는 해당 칸 '모양'을 가장 처음 제시된 도형과 비교하여 다르면 한 행씩 아래로 이동한다.

1	②	3
4	5	6
⑦	8	9

▶▶ →

1	②	1
4	5	4
⑦	8	⑦

→

		◉

다름 →

⑦	8	⑦
1	②	1
4	5	4

• ■는 해당 칸 '색깔'을 가장 처음 제시된 도형과 비교하여 같으면 해당 열의 도형을 색 반전한다.

1	②	3
4	5	6
⑦	8	9

▶▶ →

1	②	1
4	5	4
⑦	8	⑦

→

■		

같음 →

①	②	1
④	5	4
7	8	⑦

• ■는 해당 칸 '색깔'을 가장 처음 제시된 도형과 비교하여 다르면 해당 행의 도형을 색 반전한다.

1	②	3
4	5	6
⑦	8	9

▶▶ →

1	②	1
4	5	4
⑦	8	⑦

→

	■	

다름 →

1	②	1
4	5	4
7	⑧	7

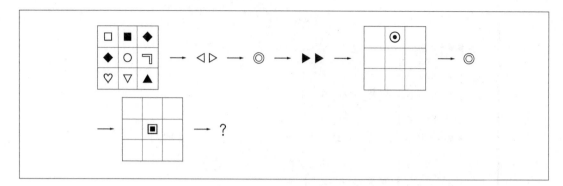

①

②

③

④

⑤

※ 다음 도식의 기호들은 일정한 규칙에 따라 도형을 변화시킨다. 물음표에 들어갈 알맞은 도형을 고르시오. [1~2]

| 1 | 2 |
| 3 | 4 | : 선, 도형 모두 1행과 3행 교환

| 1 | 2 |
| 3 | 4 | : 시계 방향으로 선만 90° 회전

| 1 | 2 |
| 3 | 4 | : 선 반전

| 1 | 2 |
| 3 | 4 | : 도형 색 반전

◉ : 이 위치의 도형이 색칠되어 있는가?

■ : 이 위치의 도형이 색칠되어 있지 않은가?

기출유형 01

2016년 하반기

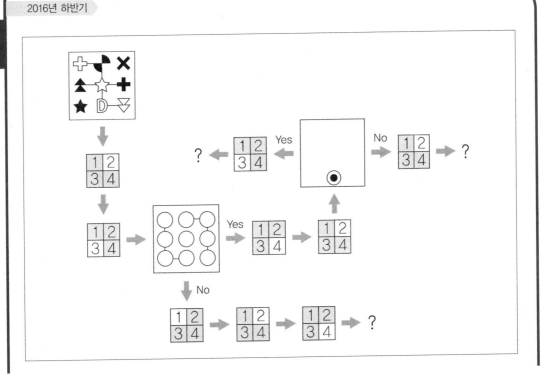

①   ②   ③

④   ⑤

제시된 도형을 조건에 따라 그리면서 문제를 해결할 수도 있으나 도형을 숫자로 바꾸어 풀면 시간을 단축할 수 있다. 따라서 각 칸의 도형은 숫자로, 음영은 원으로 변경하여 문제를 푸는 것이 유리하다.

 을 숫자와 선으로 표현하면 이다.

· ▨ 는 1열에 있는 ①, 4, ⑦과 3열에 있는 3, ⑥, 9를 열에 있는 선과 함께 교환한다.

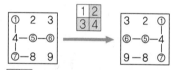

· ▨ 는 시계 방향으로 선만 90°로 회전시킨다.

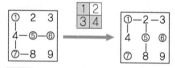

· ▨ 는 기존에 그려진 선을 지우고 선이 없었던 부분에 선을 그린다.

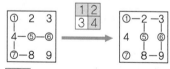

· ▨ 는 전체 도형의 색을 반전시킨다.

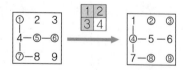

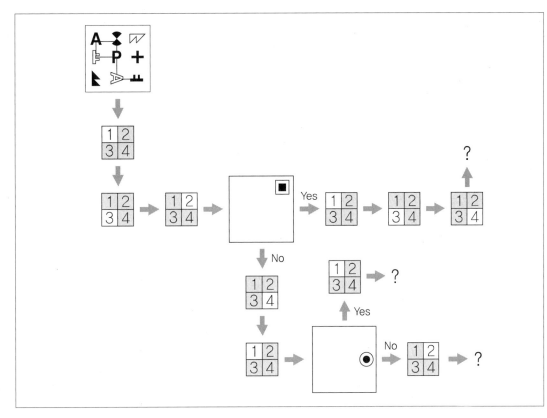

①

②

③

④

⑤

※ 다음 도식의 기호들은 일정한 규칙에 따라 도형을 변화시킨다. 물음표에 들어갈 알맞은 도형을 고르시오. [3~4]

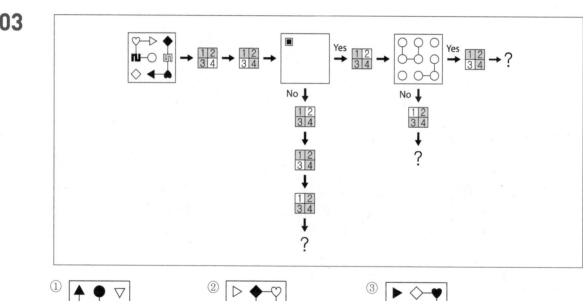

03

①

②

③

④

⑤

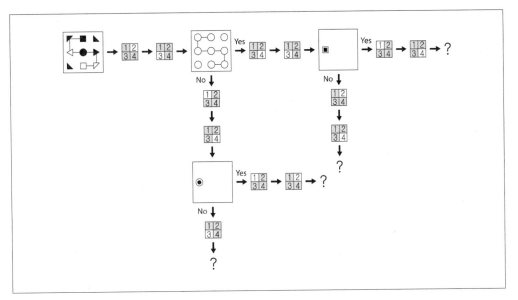

①

②

③

④

⑤

 TIP

조건을 적용할 때마다 변수의 모양이 어떻게 변하는지 그려보면서 확인한다. 그 이후 머릿속으로만 변수를 계산하거나, 필요한 조건만 추려서 적용하는 등 문제 푸는 시간을 단축시키는 훈련을 하는 것이 좋다.

정답 및 해설 p.094

※ 다음 기호들은 일정한 규칙에 따라 도형을 변화시킨다. 주어진 도형을 도식에 따라 변화시켰을 때 결과로 알맞은 것을 고르시오. [1~3]

〈규칙〉

• Ⓐ : 작은 박스 안의 숫자 합의 일의 자릿수만큼 작은 박스 안의 숫자 위치만 반시계 방향으로 전체 회전
• Ⓑ : 각 칸의 작은 박스 안의 숫자와 큰 박스 안의 숫자를 곱한 값의 십의 자릿수는 큰 박스, 일의 자리 수는 작은 박스 안에 수로 교체
• Ⓒ : 각 칸을 시계 방향으로 1칸씩 이동(각 칸의 작은 박스, 큰 박스 위치 및 각 박스 안의 위치 고정하여 각 칸 단위로 이동)
• Ⓓ : 각 칸의 작은 박스와 큰 박스 크기 교체
• Ⓧ : 작은 박스 안의 숫자 합(□)과 큰 박스 안의 숫자 합(◻)을 비교하여 맞으면 YES, 틀리면 NO
• Ⓨ : 각 칸마다 작은 박스가 위에 위치한 수(x)를 비교하여 맞으면 YES, 틀리면 NO
• : 색칠된 위치의 작은 박스 안의 숫자(□)와 큰 박스 안의 숫자(◻)를 비교하여 맞으면 YES, 틀리면 NO

01

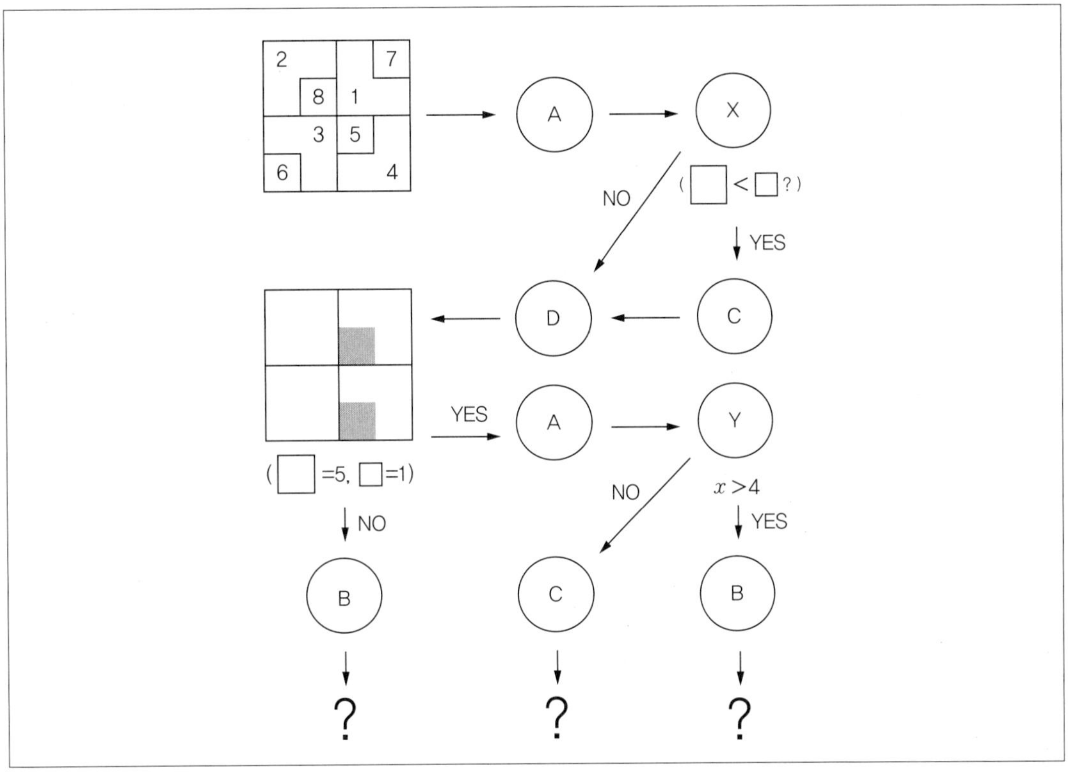

2 7
8 1
3 5
6 4

→ (A) → (X)

NO

(□ < □ ?)

↓ YES

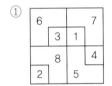

(□ =5, □ =1)

← (D) ← (C)

YES → (A) → (Y)

↓ NO

(B)

NO

(C)

x > 4

↓ YES

(B)

↓
?

↓
?

↓
?

①
6   7
3 1
8   4
2 5

②
5   1 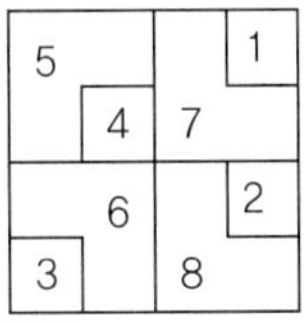
4 7
6   2
3 8

③
1   6 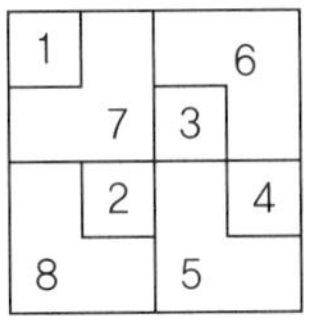
7 3
2   4
8 5

④
6   2 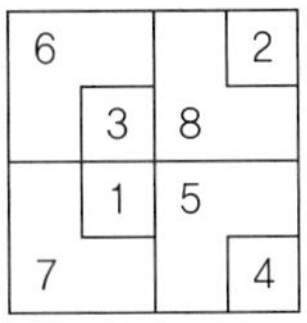
3 8
1 5
7   4

⑤
8   3 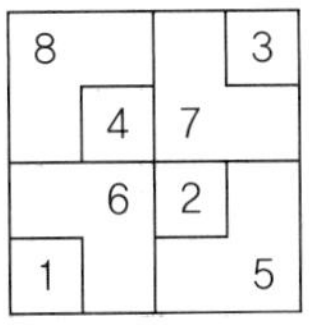
4 7
6 2
1   5

PART 2

언어이해 | 논리판단 | 자료해석 | 정보추론 | 공간지각 | 도식이해

02

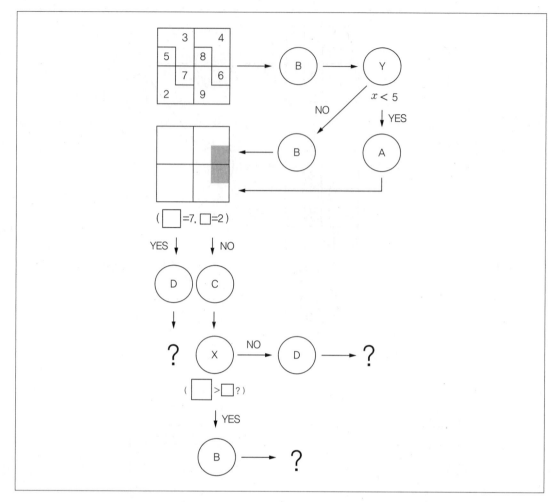

①
8		3	
	4		5
	7	6	
2			9

②
2			5
	7	3	
9		8	
		6	4

③
	1		4
5		5	
1			2
	4	3	

④
	5		1
1		2	
	4		3
5		4	

⑤
5		1	
	4		4
	3	5	
2		1	

03

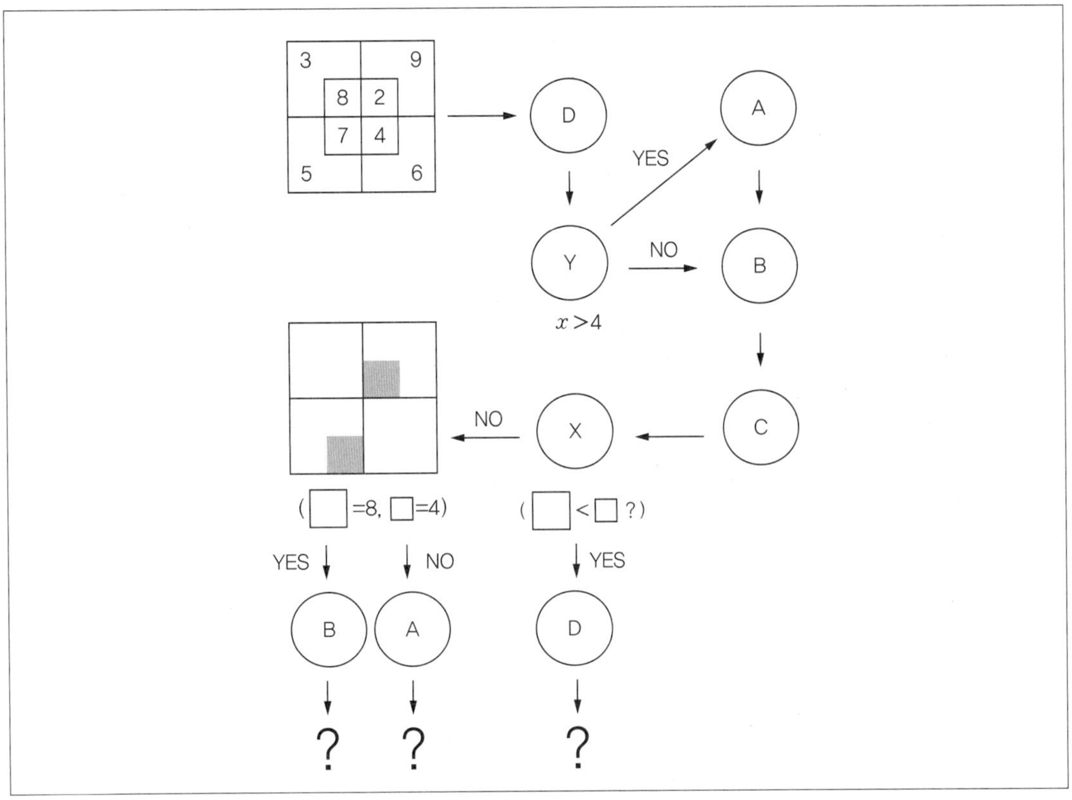

3 9
8 2
7 4
5 6

D

A

YES

Y

NO

B

$x > 4$

NO

X

C

$(\boxed{} = 8, \boxed{} = 4)$　　$(\boxed{} < \boxed{}?)$

YES ↓　　↓ NO　　　　↓ YES

B　　A　　　　D

?　　?　　　　?

① 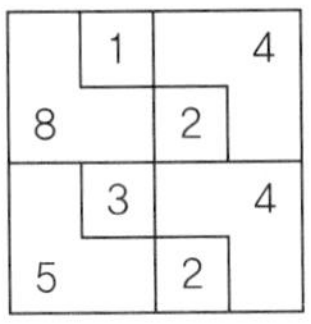
1　4
8　2
3　4
5　2

② 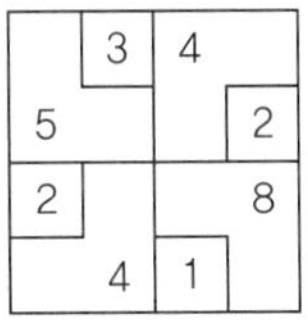
3　4
5　2
2　8
4　1

③ 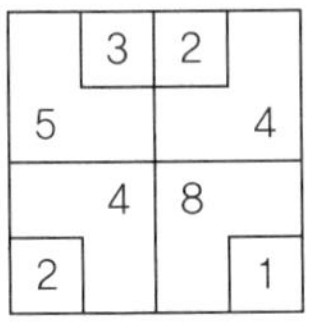
3　2
5　4
4　8
2　1

④ 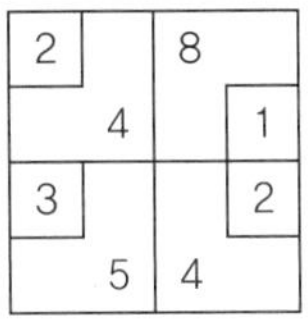
2　8
4　1
3　2
5　4

⑤ 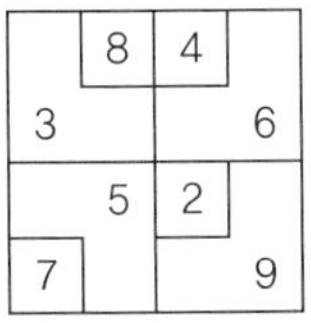
8　4
3　6
5　2
7　9

안심Touch

※ 다음 제시된 명령어의 규칙에 따라 숫자를 변환시킬 때, 규칙에 따라 도식을 해결하여 마지막에 나오는 형태를 구하시오. [4~6]

Enter	: 숫자와 색을 한 행씩 아래로 이동
Space	: 숫자와 색을 한 열씩 오른쪽으로 이동
Tab	: 숫자만 시계 방향으로 90° 회전
Shift	: 색 반전

◇ : 해당 칸의 숫자가 초기 숫자보다 큰가?
□ : 해당 칸의 배경이 흰색인가?
■ : 해당 칸의 배경이 검은색인가?
사각형 안에 −(빼기) 2개 : 2개칸 숫자의 차 X가 조건에 맞는지 확인
사각형 안에 ＋(더하기) 2개 : 2개 칸 숫자의 합 X가 조건에 맞는지 확인

Easy
04

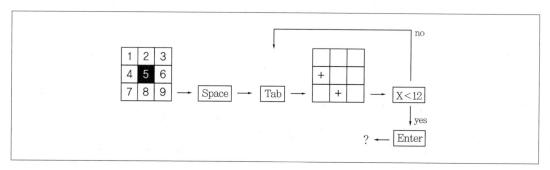

①
2	1	3
8	7	9
5	4	**6**

②
7	9	8
1	3	2
4	**6**	5

③
3	2	1
9	8	7
6	5	4

④
9	8	7
3	2	1
6	5	4

⑤
1	2	3
7	8	9
4	5	**6**

05

no

1	2	3
4	5	6
7	8	9

→ Tab → Enter →

		◇

→yes Space → Enter →

	+	
	+	

→ X>9 →yes Tab → Space → ?

no

①

1	3	2
7	9	8
4	6	5

②

4	5	6
1	2	3
7	8	9

③

3	2	1
8	9	7
5	6	4

④

4	6	5
7	9	8
1	3	2

⑤

3	1	2
8	7	9
5	4	6

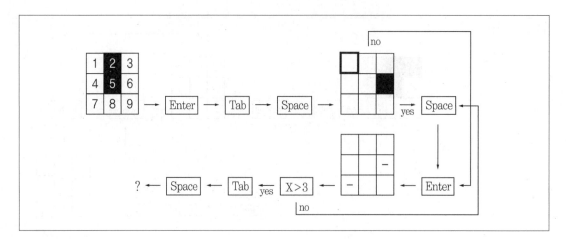

①
4	6	5
7	9	8
1	3	2

②
5	4	6
2	1	3
8	7	9

③
2	1	3
5	4	6
8	7	9

④
5	6	4
8	9	7
2	3	1

⑤
6	5	4
3	2	1
9	8	7

※ 다음 도식의 기호들은 일정한 규칙에 따라 도형을 변화시킨다. 물음표에 들어갈 알맞은 형태를 고르시오. **[7~9]**

[변환규칙]

↑ : 알파벳이 한 칸씩 위로 이동한다.

➡ : 한글이 한 칸씩 우측으로 이동한다.

↻ : 한글이 알파벳 위에 있는 칸의 개수를 a라고 할 때, 가운데 칸을 제외한 8개의 칸이 시계 방향으로 a칸 이동한다.

↕(m, n) : m행과 n열의 각 칸에서 알파벳과 한글의 상하 위치를 서로 바꾼다.

[조건규칙]

A, A : 알파벳이 한글의 위에 위치한 개수

ㄱ, ㄱ : 한글의 상하 위치가 처음과 동일한 개수

A, ㄱ : 한 칸에 들어있는 알파벳과 한글의 짝이 처음과 동일한 개수

07

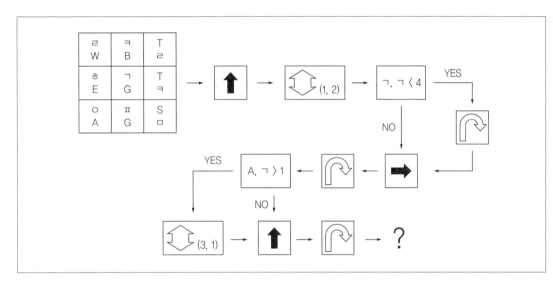

①

ㅁ A	ㅋ E	ㄹ W
G ㅇ	G ㅎ	B ㄹ
ㅍ A	G G	ㅋ S

②

ㅁ A	ㅋ E	ㄹ W
G ㅇ	G ㅎ	B ㄹ
ㅍ S	ㄱ T	ㅋ T

③

W ㄹ	G ㅎ	T ㄱ
G ㅇ	ㄹ B	ㅋ T
S ㅍ	ㅋ E	ㅁ A

④

T ㄱ	W ㄹ	ㄴ ㅎ
ㅋ T	G ㅇ	ㄹ B
ㅁ A	S ㅍ	ㅋ E

⑤

W ㄹ	ㄹ B	ㅋ T
ㅋ E	G ㅎ	T ㄱ
ㅁ A	G ㅇ	S ㅍ

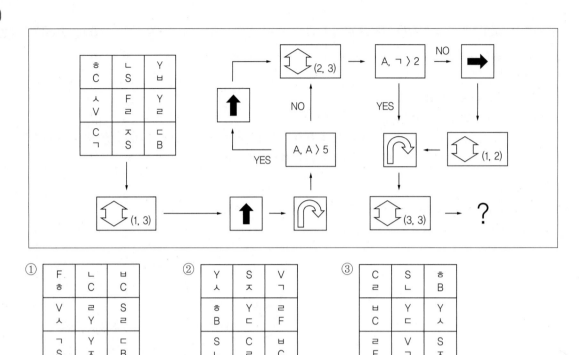

①
F ㅎ	ㄴ C	ㅂ C
V ㅅ	ㄹ Y	S ㄹ
ㄱ S	Y ㅈ	ㄷ B

②
Y ㅅ	S ㅈ	V ㄱ
ㅎ B	Y ㄷ	ㄹ F
S ㄴ	C ㄹ	ㅂ C

③
C ㄹ	S ㄴ	ㅎ B
ㅂ C	Y ㄷ	Y ㅅ
ㄹ F	V ㄱ	S ㅈ

④
V ㅅ	F ㅎ	ㄴ C
ㄱ S	ㄹ Y	ㅂ C
Y ㅈ	ㄷ B	S ㄹ

⑤
ㄱ S	Y ㅈ	ㄷ B
F ㅎ	ㄴ C	ㅂ C
V ㅅ	ㄹ Y	S ㄹ

초기 도형:

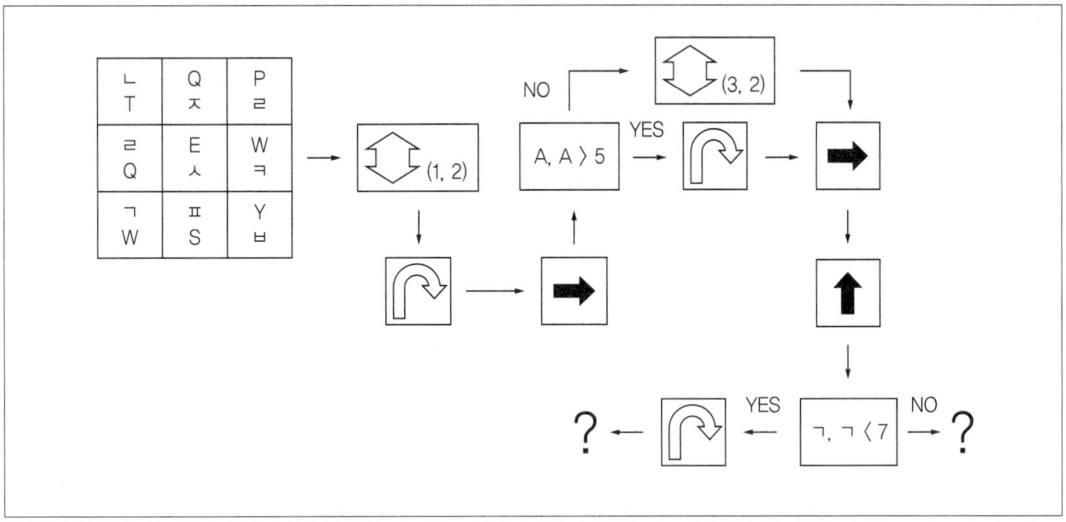

ㄴT	Qㅈ	Pㄹ
ㄹQ	Eㅅ	Wㅋ
ㄱW	ㅍS	Yㅂ

→ ⬍(1, 2) → A, A > 5

NO → ⬍(3, 2) →

YES → ↱ → ➡

↱ → ➡ (↑)

⬆

? ← ↰ ← (YES) ㄱ, ㄱ < 7 (NO) → ?

①

Wㅍ	ㄱE	ㅂQ
Pㅅ	Qㄹ	ㅋT
Yㅈ	SㄴW	ㄹW

②

Yㅍ	ㄱS	ㅂW
Wㅅ	Eㄹ	ㅋQ
Pㅈ	Qㄴ	ㄹT

③

ㅂQ	ㄱE	Wㅍ
ㄹW	SㄴY	Yㅈ
ㅋT	Qㄹ	Pㅅ

④

ㄹW	SㄴY	Yㅈ
ㅋT	Qㄹ	Pㅅ
ㅂQ	ㄱE	Wㅍ

⑤

Yㄱ	ㅂS	ㅍW
Wㄹ	Eㅋ	ㅅQ
Pㄴ	Qㄹ	ㅈT

※ 다음 도식의 기호들은 일정한 규칙에 따라 도형을 변화시킨다. 물음표에 들어갈 알맞은 도형을 고르시오.
[10~11]

▶▶ : 1열을 3열로 복제
▼▼ : 1행을 3행으로 복제
◎ : 가운데 도형을 기준으로 시계 방향 1칸씩 이동
◁▷ : 1열과 3열을 교환
⊙ : 해당 칸 '모양' 비교 → 가장 처음 제시된 도형과 같으면 한 열씩 오른쪽 / 다르면 한 행씩 아래로 이동
▣ : 해당 칸 '색깔' 비교 → 가장 처음 제시된 도형과 같으면 해당 열 색 반전 / 다르면 해당 행 색 반전

10

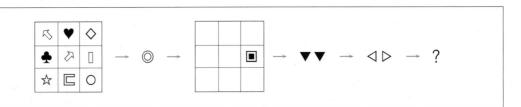

①
♥	▯	↖
☆	◆	⊏
♥	▯	↖

②
♣	▯	↖
☆	◆	⊏
♣	▯	↖

③
♣	♡	↖
☆	◆	↗
♣	♡	↖

④
♡	↖	♣
◆	↗	☆
♡	↖	♣

⑤
♡	↖	♣
☆	↗	◆
♡	↖	♣

→ ◁▷ → ▼▼ → ▶▶ → ◎ → → ?

①

②

③

④

⑤

: 선, 색, 도형 모두 1열과 3열 교환	: 시계 방향으로 선만 90° 회전
: 선 반전	: 도형 색 반전

◉ : 이 위치의 도형이 색칠되어 있는가?

▣ : 이 위치의 도형이 색칠되어 있지 않은가?

12

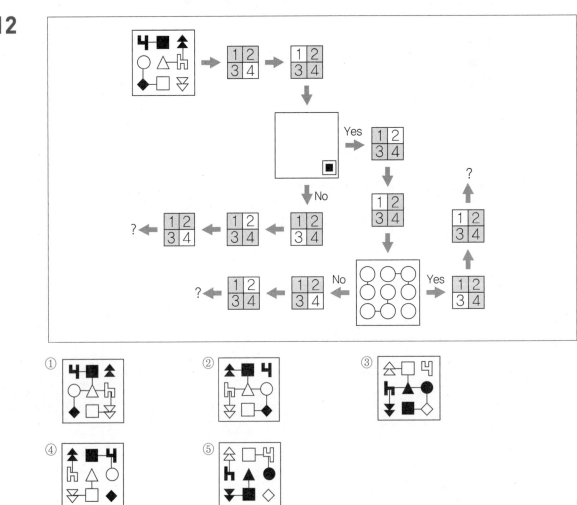

① ② ③

④ ⑤

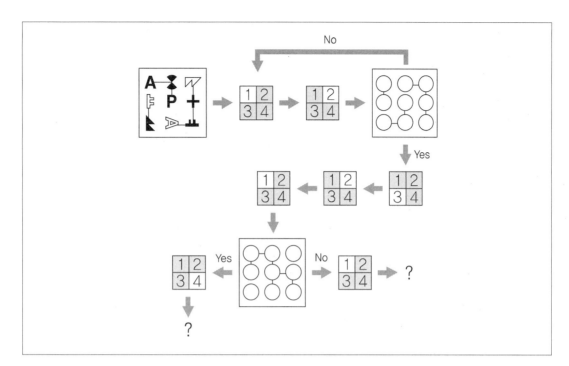

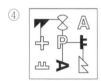

※ 다음 도식의 기호들은 일정한 규칙에 따라 도형을 변화시킨다. 물음표에 들어갈 알맞은 도형을 고르시오. [14~15]

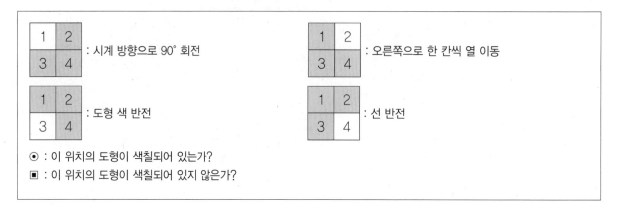

Hard

14

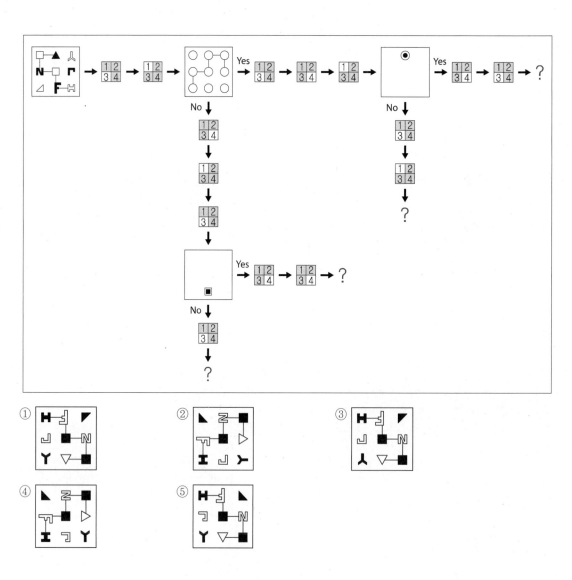

15

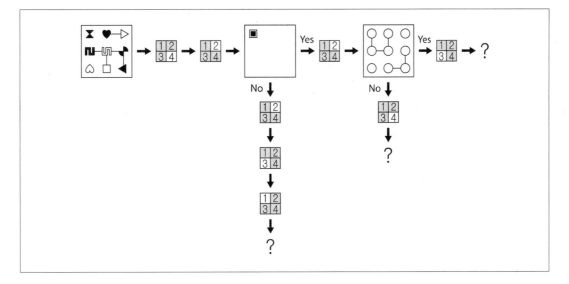

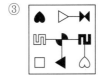

PART 3
최종점검 모의고사

HMAT 현대자동차그룹 인적성검사		
영역	문항 수	시간
언어이해	20문항	25분
논리판단	15문항	25분
자료해석	20문항	30분
정보추론	20문항	25분
공간지각	20문항	25분
도식이해	15문항	25분

※ 자료해석 시험 후 쉬는 시간 15분이 주어지며, 공간지각과 도식이해 중 한 영역만 출제되고, 문항 수는 변동될 수 있다.

01   언어이해

01   제시된 문장을 논리적인 순서대로 알맞게 배열했을 때 다음 순서에 들어갈 문단으로 옳은 것은?

> (가) 콘크리트가 굳은 뒤에 당기는 힘을 제거하면, 철근이 줄어들면서 콘크리트에 압축력이 작용하여 외부의 인장
> 력에 대한 저항성이 높아진 프리스트레스트 콘크리트가 만들어진다.
>
> (나) 이러한 과정을 통해 만들어진 프리스트레스트 콘크리트가 사용된 킴벨 미술관은 개방감을 주기 위하여 기둥
> 사이를 30m 이상 벌리고 내부의 전시 공간을 하나의 층으로 만들었다.
>
> (다) 이 간격은 프리스트레스트 콘크리트 구조를 활용하였기에 구현할 수 있었고, 일반적인 철근 콘크리트로는 구
> 현하기 어려웠다.
>
> (라) 특히 근대 이후에는 급격한 기술의 발전으로 혁신적인 건축 작품들이 탄생할 수 있었고, 건축 재료와 건축 미
> 학의 유기적인 관계는 앞으로도 지속될 것이다.
>
> (마) 철근 콘크리트는 근대 이후 가장 중요한 건축 재료로 널리 사용되어 왔으며, 철근 콘크리트의 인장 강도를 높
> 이려는 연구가 계속되어 프리스트레스트 콘크리트가 등장하였다.
>
> (바) 이처럼 건축 재료에 대한 기술적 탐구는 언제나 새로운 건축 미학의 원동력이 되어 왔다.
>
> (사) 이 구조로 이루어진 긴 지붕의 틈새로 들어오는 빛이 넓은 실내를 환하게 채우며 철근 콘크리트로 이루어진
> 내부를 대리석처럼 빛나게 한다.
>
> (아) 프리스트레스트 콘크리트는 다음과 같이 제작되는데 먼저, 거푸집에 철근을 넣고 철근을 당긴 상태에서 콘크
> 리트 반죽을 붓는다.

          4번째   **5번째**

①   (바)   (다)

②   (마)   (바)

③   (마)   (가)

④   (나)   (다)

⑤   (나)   (사)

02 다음 글에서 문맥을 고려할 때 이어질 글을 논리적 순서대로 알맞게 배열한 것을 고르면?

청바지는 모든 사람이 쉽게 애용할 수 있는 옷이다. 말 그대로 캐주얼의 대명사인 청바지는 내구력과 범용성 면에서 다른 옷에 비해 뛰어나고, 패션적으로도 무난하다는 점에서 옷의 혁명이라 일컬을 만하다. 그러나 청바지의 시초는 그렇지 않았다.

(가) 청바지의 시초는 광부들의 옷으로 알려져 있다. 정확히 말하자면 텐트용으로 주문받은 천을 실수로 푸른색으로 염색한 바람에 텐트납품계약이 무산되자, 재고가 되어 버린 질긴 천을 광부용 옷으로 변용해보자는 아이디어에서 기인한 것이다.

(나) 청바지의 패션 아이템화는 한국에서도 크게 다르지 않다. 나팔바지, 부츠컷, 배기 팬츠 등 다양한 변용이 있으나, 세대 차라는 말이 무색할 만큼 과거의 사진이나 현재의 사진이나 많은 사람이 청바지를 캐주얼한 패션 아이템으로 활용하는 것을 볼 수 있다.

(다) 비록 시작은 그리하였지만, 청바지는 이후 패션 아이템으로 선풍적인 인기를 끌었다. 과거 유명한 서구의 남성 배우들의 아이템에는 꼭 청바지가 있었다고 해도 과언이 아닌데, 그 예로는 제임스 딘이 있다.

(라) 다만 청바지는 주재료인 데님의 성질로 활동성을 보장하기 어려웠던 부분을 단점으로 들 수 있겠으나, 2000년대 들어 스판덱스가 첨가된 청바지가 사용되기 시작하면서 그러한 문제도 해결되어, 전천후 의류로 기능하고 있다.

① (라) - (다) - (가) - (나)
② (다) - (가) - (라) - (나)
③ (가) - (다) - (라) - (나)
④ (다) - (가) - (나) - (라)
⑤ (가) - (다) - (나) - (라)

03 다음 글에서 앞뒤 문맥을 고려할 때 이어질 글을 논리적 순서대로 알맞게 배열한 것은?

세상에서는 흔히 학문밖에 모르는 상아탑 속의 연구 생활을 현실을 도피한 짓이라고 비난하기 일쑤지만, 상아탑의 덕택이 큰 것임을 알아야 한다. 모든 점에서 편리해진 생활을 향락하고 있는 현대인이 있기 전에 그런 것이 가능하기 위해서도 오히려 그런 향락과는 담을 쌓고 진리 탐구에 몰두한 학자들의 상아탑 속에서의 노고가 앞서 있었던 것이다. 그렇다고 남의 향락을 위하여 스스로는 고난의 길을 일부러 걷는 것이 학자는 아니다.

(가) 상아탑이 나쁜 것이 아니라, 진리를 탐구해야 할 상아탑이 제 구실을 옳게 다하지 못하는 것이 탈이다.

(나) 학자는 그저 진리를 탐구하기 위하여 학문을 하는 것뿐이다.

(다) 학문에 진리 탐구 이외의 다른 목적이 섣불리 앞장을 설 때, 그 학문은 자유를 잃고 왜곡될 염려조차 있다.

(라) 진리 이외의 것을 목적으로 할 때, 그 학문은 한때의 신기루와도 같아 우선은 찬연함을 자랑할 수 있을지 모르나, 과연 학문이라고 할 수 있을까부터가 문제다.

(마) 학문을 악용하기 때문에 오히려 좋지 못한 일을 하는 경우가 얼마나 많은가?

진리의 탐구가 학문의 유일한 목적일 때, 그리고 그 길로 매진할 때, 그 무엇에도 속박됨이 없는 숭고한 학적인 정신이 만난을 극복하는 기백을 길러 줄 것이요, 또 그것대로 우리의 인격 완성의 길로 통하게도 되는 것이다.

① (가) ― (나) ― (다) ― (라) ― (마)

② (가) ― (다) ― (나) ― (마) ― (라)

③ (나) ― (가) ― (다) ― (마) ― (라)

④ (나) ― (마) ― (가) ― (다) ― (라)

⑤ (나) ― (마) ― (다) ― (가) ― (라)

04 다음 글에서 밑줄 친 ㉠~㉤의 수정 방안으로 적절하지 않은 것은?

> 조직문화란 조직 구성원들이 공유하는 가치체계 · 신념체계 · 사고방식의 복합체를 말한다. ㉠ 그러나 조직문화는 조직 구성원들에게 정체성과 집단적 몰입(Collective Commitment)을 가져오며, 조직체계의 안정성과 조직 구성원들의 행동을 형성하는 기능을 ㉡ 수행할 것이다.
>
> 따라서 어느 조직사회에서나 조직 구성원들에게 소속감을 부여하고 화합을 도모하여 조직생활의 활성화를 ㉢ 기하므로 여러 가지 행사를 마련하게 되는데, 예컨대 본 업무 외에 회식 · 야유회(MT) · 체육대회 · 문화행사 등의 진행이 그것이다.
>
> 개인이 규범 · 가치 · 습관 · 태도 등에서 ㉣ 공통점이 느껴지고 동지의식을 가지며 애착 · 충성의 태도로 임하는 집단을 내집단(In Group)이라고 한다. 가족 · 친구 · 국가 · 민족 등이 이에 해당한다. 반면에 타인 · 타국 등 다른 문화를 가진 집단을 외집단(Out Group)이라고 부른다. 조직 구성원 간의 단합을 ㉤ 도모함으로써 조직의 정체성과 집단적 몰입을 꾀하는 조직문화는 곧 조직의 내집단 의식 고취를 목적으로 한다고 할 수 있다.

① ㉠ : 문맥을 고려하여 '그리하여'로 수정한다.

② ㉡ : 미래 · 추측의 의미가 아니므로 '수행한다'로 수정한다.

③ ㉢ : 문맥을 고려하여 '기하기 위해'로 수정한다.

④ ㉣ : 문장 중간에 동작 표현이 바뀌어 어색하므로 '공통점을 느끼고'로 수정한다.

⑤ ㉤ : 문장의 부사어로 사용되고 있으므로 '도모함으로서'로 수정한다.

05 다음 글에서 ⊙~⑩의 수정 방안으로 적절하지 않은 것을 고르면?

사회복지와 근로의욕과의 관계에 대한 조사를 보면 사회복지와 근로의욕이 관계가 있다는 응답과 그렇지 않다는 응답의 비율이 비슷하게 나타난다. 하지만 기타 의견에 ⊙ 따라 과도한 사회복지는 근로의욕을 저하시킬 수 있다는 응답이 많았던 것으로 조사되었다. 예를 들어 정부지원금을 받으나 아르바이트를 하나 비슷한 돈이 나온다면 ⓒ 더군다나 일을 하지 않고 정부지원금으로만 먹고 사는 사람들이 많이 있다는 것이다. 여기서 주목해야 할 점은 과도한 복지 때문이 아닌 정책상의 문제라는 의견도 있다는 사실이다. 현실적으로 일을 할 수 있는 능력이 있는 사람에게는 ⓒ 최대한의 생계비용 이외의 수입을 인정하고, 빈곤층에서 벗어날 수 있게 지원해주는 것이 개인에게도, 국가에게도 바람직한 방식이라는 것이다.

특히 이 설문 조사 결과에서 주목해야 할 또 다른 측면은 '사회복지 체제가 잘 되어있을 수록 근로의욕이 떨어진다.'고 응답한 사람의 @ 과반수 이상이 중산층 이상의 경제력을 가지고 있었다는 점이다.

재산이 많은 사람에게는 약간의 세금 확대가 @ 영향이 적을 수 있기 때문에 경제발전을 위한 세금 확대는 찬성하더라도 복지정책을 위한 세금 확대는 반대하는 것이다. 이러한 점을 고려해 보면 소득 격차 축소를 원하는 국민보다 복지정책을 위한 세금 확대를 반대하는 국민이 많은 다소 모순된 설문 결과라는 설명이 가능하다.

① ⊙ : 호응관계를 고려하여 '따르면'으로 수정한다.

② ⓒ : 앞뒤 내용의 관계를 고려하여 '차라리'로 수정한다.

③ ⓒ : 전반적인 내용의 흐름을 고려하여 '최소한의'로 수정한다.

④ @ : '과반수'의 뜻을 고려하여 '절반 이상이' 또는 '과반수가'로 수정한다.

⑤ @ : 일반적인 사실을 말하는 것이므로 '영향이 적기 때문에'로 수정한다.

06 다음과 같은 글의 개요에서 ⊙과 ⓒ에 들어갈 내용으로 가장 적절한 것은?

제목 : [⊙]

서론 : 우리나라의 민주주의는 아직 미흡한 점이 많다.

본론

1. 민주주의의 이상과 거리가 먼 정치 행태
   가. 입법부의 왜곡된 모습
   나. 행정부의 잘못된 모습
2. 잘못된 현실을 고칠 수 있는 바탕으로서의 민본주의
   가. '민심이 곧 천심'이라는 우리의 전통 사상
   나. 율곡 이이의 사상

결론 : [ⓒ]

① ㉠ 민주주의 문제점

  ㉡ 우리는 경천사상으로 인간 경시 풍조를 극복해야 한다.

② ㉠ 민주주의 정착을 위한 민본주의의 활용

  ㉡ 선조들의 지혜와 예절이 담겨 있는 민본주의의 의미를 알아야 한다.

③ ㉠ 정치와 현실의 괴리

  ㉡ 건전한 윤리관의 회복으로 정치와 현실의 간극을 좁혀야 한다.

④ ㉠ 민본주의의 현대적 재생

  ㉡ 민본주의의 현대적 재생을 통해 우리나라 민주주의의 미흡함을 보완해야 한다.

⑤ ㉠ 민주주의와 정치 행태

  ㉡ 올바른 민주주의를 정립하기 위해서는 민본주의를 바탕으로 삼아야 한다.

※ 다음 빈칸에 들어갈 말로 가장 적절한 것을 고르시오. [7~8]

07

어느 시대든 사람들은 어떤 일이 일어나는 원인이 무엇인지 알고 있다고 믿었다. 사람들은 그런 앎을 어디서 얻는가? 원인을 안다고 믿는 사람들의 믿음은 어디서 생기는 것일까?

새로운 것, 체험하지 못한 것, 낯선 것은 원인이 될 수 없다. 알려지지 않은 것에서는 위험, 불안정, 걱정, 공포감이 뒤따라 나오기 때문이다. 우리 마음의 불안한 상태를 없애고자 한다면, 우리는 알려지지 않은 것을 알려진 것으로 환원해야 한다. 이러한 환원은 우리 마음을 편하게 해주고 안심시키며 만족하게 하고 힘을 느끼게 한다. 이 때문에 우리는 이미 알려진 것, 체험한 것, 기억에 각인된 것을 원인으로 설정하게 된다.

'왜'라는 물음의 답으로 나온 것은 그것이 진짜 원인이기 때문에 우리에게 떠오른 것이 아니다. 그것이 우리에게 떠오른 것은 그것이 우리를 안정시켜주고 성가신 것을 없애주며 무겁고 불편한 마음을 가볍게 해주기 때문이다. 따라서 원인을 찾으려는 우리의 본능은 위험, 불안정, 걱정, 공포감 등에 의해 촉발되고 자극받는다.

우리는 '설명이 없는 것보다 설명이 있는 것이 언제나 더 낫다'고 믿는다. 우리는 특별한 유형의 원인만을 써서 설명을 만들어낸다. ＿＿＿＿＿＿＿＿＿＿ 그래서 특정 유형의 설명만이 점점 더 우세해지고, 그러한 설명들이 하나의 체계로 모아져 결국 그런 설명이 우리의 사고방식을 지배하게 된다. 기업인은 즉시 이윤을 생각하고, 기독교인은 즉시 원죄를 생각하며, 소녀는 즉시 사랑을 생각한다.

① 이것은 우리의 호기심과 모험심을 자극한다.

② 이것은 낯설고 체험하지 못했다는 느낌을 가장 빠르고 가장 쉽게 제거해 버린다.

③ 이것은 우리가 왜 불안한 심리 상태에 있는지를 설명해 준다.

④ 이것은 인과관계에 대한 우리의 지식을 확장시킨다.

⑤ 이것은 새롭고 낯선 것에서 원인을 발견하려는 우리의 본래 태도를 점차 약화시키고 오히려 그 반대의 태도를 우리의 습관으로 굳어지게 한다.

08

> [_____] 사람과 사람이 직접 얼굴을 맞대고 하는 접촉이 라디오나 텔레비전 등의 매체를 통한 접촉보다 결정적인 영향력을 미친다는 것이 일반적인 견해로 알려져 있다. 매체는 어떤 마음의 자세를 준비하게 하는 구실을 한다. 예를 들어 어떤 사람에게서 새 어형을 접했을 때 그것이 텔레비전에서 자주 듣던 것이면 더 쉽게 그쪽으로 마음의 문을 열게 하는 면에서 영향력을 행사하는 것이다. 하지만, 새 어형이 전파되는 것은 매체를 통해서보다 상면(相面)하는 사람과의 직접적인 접촉에 의해서라는 것이 더 일반적인 견해이다. 사람들은 한두 사람의 말만 듣고 언어 변화에 가담하지는 않는다고 한다. 주위의 여러 사람이 다 같은 새 어형을 쓸 때 비로소 그것을 받아들이게 된다고 한다. 매체를 통해서보다 자주 접촉하는 사람들을 통해 언어 변화가 진전된다는 사실은 언어 변화의 여러 면을 바로 이해하는 한 핵심적인 내용이라 해도 좋을 것이다.

① 언어 변화는 결국 접촉에 의해 진행되는 현상이다.
② 접촉의 형식도 언어 변화에 영향을 미치는 요소로 지적되고 있다.
③ 연령층으로 보면 대개 젊은 층이 언어 변화를 주도한다.
④ 매체의 발달이 언어 변화에 중요한 영향을 미치는 것으로 알려져 있다.
⑤ 언어 변화는 외부와의 접촉이 극히 제한되어 있는 곳일수록 그 속도가 느리다.

09 다음 글의 내용과 일치하는 것은?

> 우리는 선인들이 남긴 훌륭한 문화유산이나 정신 자산을 언어(특히, 문자언어)를 통해 얻는다. 언어가 시대를 넘어 문명을 전수하는 역할을 하는 것이다. 언어를 통해 전해진 선인들의 훌륭한 문화유산이나 정신 자산은 당대의 문화나 정신을 살찌우는 밑거름이 된다. 만약 언어가 없다면 선인들과 대화하는 일은 불가능할 것이다. 그렇게 되면 인류 사회는 앞선 시대와 단절되어 더 이상의 발전을 기대할 수 없게 된다. 인류가 지금과 같은 고도의 문명사회를 이룩할 수 있었던 것도 언어를 통해 선인들과 끊임없이 대화하며 그들에게서 지혜를 얻고 그들의 훌륭한 정신을 이어받았기 때문이다.

① 언어는 인간에게 유일한 의사소통의 도구이다.
② 과거의 문화유산은 남김없이 계승되어야 한다.
③ 문자 언어는 음성 언어보다 우월한 가치를 가진다.
④ 문명의 발달은 언어를 매개로 하여 이루어져 왔다.
⑤ 언어는 시간에 구애받지 않고 정보를 전달할 수 있다.

※ 다음 글의 내용과 일치하지 않는 것을 고르시오. **[10~11]**

10

아무리 튤립이 귀하다 한들 알뿌리 하나의 값이 요즘 돈으로 쳐서 45만 원이 넘는 수준까지 치솟을 수 있을까? 엄지손가락만한 크기의 메추리알 하나의 값이 달걀 한 꾸러미 값보다도 더 비싸질 수 있을까? 이 두 물음에 대한 대답은 모두 '그렇다'이다.

역사책을 보면 1636년 네덜란드에서는 튤립 알뿌리 하나의 값이 정말로 그 수준으로 뛰어오른 적이 있었다. 그리고 그때를 기억하는 사람은 알겠지만, 실제로 1950년대 말 우리나라에서 한때 메추리알 값이 그렇게까지 비쌌던 적이 있었다.

어떤 상품의 가격은 기본적으로 수요와 공급의 힘에 의해 결정된다. 시장에 참여하고 있는 경제 주체들은 자신이 갖고 있는 정보를 기초로 하여 수요와 공급을 결정한다. 이들이 똑같은 정보를 함께 갖고 있으며 이 정보가 아주 틀린 것이 아닌 한, 상품의 가격은 어떤 기본적인 수준에서 크게 벗어나지 않을 것이라고 예상할 수 있다. 예를 들어 튤립 알뿌리 하나의 값은 수선화 알뿌리 하나의 값과 비슷하고, 메추리알 하나는 달걀 하나보다 더 쌀 것으로 짐작해도 무방하다는 말이다.

그러나 현실에서는 사람들이 서로 다른 정보를 갖고 시장에 참여하는 경우가 많다. 어떤 사람은 특정한 정보를 갖고 있는데 거래 상대방은 그 정보를 갖고 있지 못한 경우도 있다. 뿐만 아니라 거래에 참여하는 목적이나 재산 등의 측면에서 큰 차이가 존재하는 것이 보통이다. 이런 경우에는 어떤 상품의 가격이 우리의 상식으로는 도저히 이해하기 힘든 수준까지 일시적으로 뛰어오르는 현상이 나타날 가능성이 있다. 이런 현상은 특히 투기의 대상이 되는 자산의 경우에 자주 목격되는데, 우리는 이를 '거품(Bubbles)'이라고 부른다.

일반적으로 거품은 어떤 상품(특히 자산)의 가격이 지속적으로 급격히 상승하는 현상을 가리킨다. 이와 같은 지속적인 가격 상승이 일어나는 이유는 애초에 생긴 가격 상승이 추가적인 가격 상승의 기대로 이어져 투기 바람이 형성되기 때문이다. 어떤 상품의 가격이 올라 그것을 미리 사둔 사람이 재미를 보았다는 소문이 돌면 너도나도 사려고 달려들기 때문에 가격이 천정부지*로 뛰어오르게 된다. 물론 이 같은 거품이 무한정 커질 수는 없고 언젠가는 터져 정상적인 상태로 돌아올 수밖에 없다. 이때 거품이 터지는 충격으로 인해 경제에 심각한 위기가 닥칠 수도 있다.

*천정부지 : 물가 따위가 한 없이 오르기만 함을 비유적으로 이르는 말

① 거품은 투기의 대상이 되는 자산에서 자주 일어난다.
② 거품이 터지면 경제에 심각한 위기를 초래할 수 있다.
③ 상품의 가격이 일반적인 상식으로는 이해되지 않는 수준까지 일시적으로 상승할 수도 있다.
④ 거래에 참여하는 사람의 목적이나 재산에 큰 차이가 없다면 거품이 일어날 수 있다.
⑤ 일반적으로 시장에 참여하고 있는 경제 주체들은 자신의 정보를 바탕으로 수요와 공급을 결정한다.

11

아이를 낳으면 엄마는 정신이 없어지고 지적 능력이 감퇴한다는 것이 일반 여성들의 상식이었다. 그런데 올 봄 퓰리처상 수상 작가인 캐서린 엘리슨이 『엄마의 뇌 : 엄마가 된다는 것이 우리의 뇌를 얼마나 영리하게 하는가』라는 책을 써서 뉴욕 타임즈, CBS, NBC, BBS 등의 기사가 된 바 있다. 엘리슨이 그런 아이디어를 얻게된 것은 1999년의 신경 과학자 크레이그 킹슬리 등의 연구결과를 접하고였다. 최근 보스톤 글로브지에 보도된 바에 의하면 킹슬리 박사팀은 몇 개의 실험을 통하여 흥미있는 결과를 발표하였다.

그들의 실험 결과에 의하면 엄마쥐는 처녀쥐보다 인지능력이 급격히 증가하여 후각능력과 시각능력이 급증하고 먹잇감을 처녀쥐보다 세 배나 더 빨리 찾았다. 엄마쥐의 뇌의 해마(기억 및 학습 담당)의 신경로가 새롭게 재구성 되는 것 같았다고 한다. 엄마쥐가 되면 엄마의 두뇌는 에스트로겐, 코티졸, 기타 다른 호르몬에 의해 마치 목욕을 한 것처럼 된다. 그런데 흥미있는 것은 어미 혼자 내적으로 두뇌의 변화가 오는 것이 아니라 새끼와 상호작용하는 것이 두뇌 변화에 크게 영향을 준다는 것이다. 새끼를 젖먹이고 다루고 하는 과정에서 감각적 민감화와 긍정적 변화가 일어나고 인지적 능력이 상승한다.

그러면 인간에게서는 어떨까. 대개 엄마가 되면 너무 힘들고 일에 부대껴서 결국은 머리가 젤리처럼 말랑말랑해져 지적 능력이 떨어진다고 생각한다. 그러나 이러한 현상은 상당 부분 사회공동체적 자기암시로부터 온 것이라고 볼 수 있다. 오하이오 신경심리학자 줄리에 수어는 임신한 여성들을 두 집단으로 나누어, A집단에게는 '임신이 기억과 과제 수행에 어떤 영향을 주는가를 알아보기 위해서 검사를 한다.'고 하고 B집단에게는 설명 없이 그 과제를 주었다. 그 결과 A집단 임신 여성들이 B집단보다 과제 수행점수가 상당히 낮았다. A집단은 임신하면 머리가 나빠진다는 부정적 고정관념의 영향을 받아 헤어나지 못한 것이다. 연구결과들에 의하면 쥐에게서 엄마가 된다는 것은 감각, 인지적 능력 및 용감성 등을 높여준다. 아빠쥐도 새끼와 상호작용하면서 뇌가 더 영리해진다고 한다. 임신한 엄마처럼 아빠의 뇌에서도 관련 호르몬 수준이 높아진다는 것이다. 지금껏 연구는 주로 쥐를 중심으로 이루어졌지만, 인간에게도 같은 원리가 적용될 가능성은 많다.

① 출산을 한 엄마쥐는 새끼와의 감각적 상호 교감을 통해 지적 능력이 상승한다.

② 줄리에 수어의 연구는 부정적인 자기암시의 영향을 보여주는 것이다.

③ 아이를 낳으면 지적 능력이 감퇴한다는 가설 입증을 위해 쥐에게 실험한 후 인간에게도 실험하였다.

④ 쥐가 출산을 한 후 인지능력, 후각능력, 시각능력이 급증하는 것은 해마의 신경로가 새롭게 재구성되기 때문이다.

⑤ 출산을 한 쥐의 뇌는 에스트로겐, 코티졸 등 호르몬의 급격한 증가를 경험한다.

12 다음 글의 중심내용으로 가장 적절한 것은?

발전된 산업 사회는 인간을 단순한 수단으로 지배하기 위한 새로운 수단을 발전시키고 있다. 여러 사회 과학들과 심층 심리학이 이를 위해서 동원되고 있다. 목적이나 이념의 문제를 배제하고 가치 판단으로부터의 중립을 표방하는 사회 과학들은 쉽게 인간 조종을 위한 기술적·합리적인 수단을 개발해서 대중 지배에 이바지한다. 마르쿠제는 발전된 산업 사회에 있어서의 이러한 도구화된 지성을 비판하면서 이것을 '현대인의 일차원적 사유'라고 불렀다. 비판과 초월을 모르는 도구화된 사유라는 것이다. 따라서 산업 사회에서의 합리화라는 것은 기술적인 수단의 합리화를 의미하는 데 지나지 않는다.

발전된 산업 사회는 이와 같이 사회 과학과 도구화된 지성을 동원해서 인간을 조종하고 대중을 지배할 뿐만 아니라 향상된 생산력을 통해서 인간을 매우 효율적으로 거의 완전하게 지배한다. 곧 발전된 산업 사회는 그의 높은 생산력을 통해서 늘 새로운 수요들을 창조하고 이러한 새로운 수요들을 광고와 매스컴과 모든 선전 수단을 동원해서 인간의 삶을 위한 불가결의 것으로 만든다. 그뿐만 아니라 사회 구조와 생활 조건을 변화시켜서 그러한 수요들을 필수적인 것으로 만들어서 인간으로 하여금 그것들을 지향하지 않을 수 없게 한다. 이렇게 산업 사회는 늘 새로운 수요의 창조와 그 공급을 통해서 인간의 삶을 거의 완전히 지배하고 그 인격을 사로잡아 버릴 수 있게 되어가고 있다.

① 산업 사회에서 도구화된 지성의 문제점
② 산업 사회의 발전과 경제력 향상
③ 산업 사회의 특징과 문제점
④ 산업 사회의 대중 지배 양상
⑤ 산업 사회의 새로운 수요의 창조와 공급

13 다음 글의 집필의도로 가장 적절한 것은?

서양 사람들은 전통적으로 영혼 · 정신 · 의식 · 마음 등으로 인간을 이해하고자 했다. 몸을 종속적이거나 부차적인 것으로 여겼던 것이다. 이와 달리 몸을 중심으로 인간의 존재를 규명하고자 한 학자들이 있었는데, 푸코와 메를로퐁티가 그들이다.

우리는 지하철에서 사람을 볼 때 사람이 앉아 있는 자세만 보아도 그 사람이 남자인지 여자인지 알 수 있다. 이러한 자세의 차이를 만드는 것은 무엇일까? 푸코는 구성주의 이론을 대표하는 학자로 우리의 몸이 어떻게 규율화 되는지를 '몸─권력'의 개념으로 설명한다. 푸코는 인간의 몸이 정치 · 사회적 권력에서 요구하는 행동 양식을 따르게 된다고 보았다. 푸코에 따르면 학교, 군대 등의 근대적인 정치 · 사회 조직이 통제된 일람표를 사람들에게 제시하여, 반복적인 훈육을 통해 할 일과 하지 않아야 할 일을 체화시킨다. 개인들은 모두 어떤 식으로든 규정된 행동 양식을 따르게 되고, 이러한 규제는 몸에 각인되며 몸을 통해 실현된다는 것이다. 앞서 언급한 지하철에서의 남자와 여자의 자세 차이도 이러한 정치 · 사회적 권력의 요구가 하나의 행동 양식으로 체화된 결과인 것이다. 그러나 푸코는 우리의 몸이 어째서 규율을 받아들이는지에 대해서는 말해 주지 않았다. 이 문제에 대한 해답을 제시한 학자는 메를로퐁티이다. 그는 '몸─주체'의 개념을 제시하여 이 문제에 대한 답을 제시했다. 메를로퐁티는 몸과 정신은 분리하여 이해할 수 없는 영역의 것이라는 관점에서 '세계에의 존재'로서의 우리는 세계에서 의도를 가지고 세계와 관계 맺으며 살고 있는 몸이라고 보았다.

우리는 우리를 둘러싼 환경인 세계에서 삶을 전개하기 위해 습관을 형성하고 그것들로 인하여 능숙하게 행동할 수 있게 된다고 보았다. 습관을 유기체가 생명을 유지하기 위해 하는 행위, 즉 실존적 행위로 본 그는 인간의 습관은 사회성 및 역사성을 띤다고 보았다. 왜냐하면 인간이 '세계에의 존재'라고 말할 때, 이 세계는 우리의 물리적 환경만을 말하는 것이 아니라, 제도와 문화까지 포함하는 세계, 인간적인 세계라고 생각했기 때문이다. 그리고 인간 존재는 세계에서 능동적으로 살아가는 주체로 그 세계와 적극적으로 상호 작용하면서 의미를 생산해 낸다고 보았다. 몸을 행위의 주체로 파악하여, 행위의 사회적 의미를 분석하고자 한다는 점에서 푸코와 메를로퐁티의 입장은 서로 통하지만 몇 가지 차이를 보인다. 우선 푸코는 정치 · 사회적 권력에 입각하여 몸과 행위를 이해하는 데 비해, 메를로퐁티는 실존성에 입각하여 몸과 행위를 이해한다. 둘째, 푸코는 몸의 불안정성과 변화를 강조하는 경향이 있는 데 반해, 메를로퐁티는 몸─주체가 습관으로부터 안정성을 끌어낸다고 보았다. 다시 말해 푸코에 의하면 인간에게 안정적인 것은 없으며 규율이 변화하는 시기에 인간의 몸은, 몸을 파헤치고 분해하며 재조립하는 권력 장치 속으로 들어가게 됨으로써 변화 가능성을 갖게 되는 것이다. 이에 비해 메를로퐁티는 인간의 몸은 행위를 통해 세계에 주체적으로 참여하는 것으로 보고, 이러한 행위가 습관화되면서 안정성을 얻는다고 보았다.

① 구체적인 사례들을 통해 일반화된 이론을 정립하기 위해

② 공통점과 차이점을 중심으로 두 학자의 견해를 소개하기 위해

③ 새로운 이론이 사회적 합의에 의해 성립된 것을 증명하기 위해

④ 상식적인 개념을 제시한 후 그것과 대립되는 현상을 보여주기 위해

⑤ 어떤 학자가 주장한 이론을 소개하고 그 이론의 한계를 지적하기 위해

14 다음 글의 요지를 관용적으로 가장 잘 표현한 것은?

> 우리가 처한 현실이 어렵다는 것은 사실입니다. 그러나 이럴 때일수록 우리가 할 수 있는 일이 무엇인가를 냉철히 생각해 보아야겠지요. 급한 마음에 표면적으로 나타나는 문제만 해결하려 했다가는 문제를 더 나쁘게 만들 수도 있는 일이니까요.
> 가령 말입니다. 우리나라에 닥친 경제 위기가 외환 위기라 하여 무조건 외제 상품을 배척하는 일은 옳지 않다는 겁니다. 물론 무분별한 외제 선호 경향은 이 기회에 우리가 뿌리 뽑아야 하겠지요. 그렇게 함으로써 불필요한 외화 유출을 막고, 우리의 외환 부족 사태를 해소할 수도 있을 테니까요.
> 그러나 우리나라는 경제 여건상 무역에 의존할 수밖에 없는 나라입니다. 다시 말해 수출을 하지 않으면 우리의 경제를 원활히 운영하기가 어려운 나라입니다. 그런데 우리가 무조건 외제 상품을 구매하지 않는다면, 다른 나라의 반발을 초래할 수가 있습니다. 즉, 그들도 우리의 상품을 구매하지 않는다는 것이죠. 그렇게 된다면 우리의 경제는 더욱 열악한 상황으로 빠져 들어가게 된다는 것은 불을 보듯 뻔한 일입니다. 냉철하게 생각해서 건전한 소비를 이끌어 내는 것이 필요한 때라고 봅니다.

① 타산지석(他山之石)의 지혜가 필요한 때이다.

② 언 발에 오줌 누기 식의 대응은 곤란하다.

③ 우물에서 숭늉 찾는 일은 어리석은 일이다.

④ 소 잃고 외양간 고치는 일은 없어야 하겠다.

⑤ 호랑이에게 잡혀가도 정신만 차리면 살 수 있다.

15 (가)와 (나)의 논점을 정확하게 파악하지 못한 것은?

(가) 좌절과 상실을 당하여 상대방에 대해 외향적 공격성을 보이는 원(怨)과 무력한 자아를 되돌아보고 자책하고 한탄하는 내향적 공격성인 탄(嘆)이 한국의 고유한 정서인 한(恨)의 기점이 되고 있다. 이러한 것들은 체념의 정서를 유발할 수 있다. 이른바 한국적 한에서 흔히 볼 수 있는 소극적·퇴영적인 자폐성과 허무주의, 패배주의 등은 이러한 체념적 정서의 부정적 측면이다. 그러나 체념에 부정적인 것만 있는 것은 아니다. 오히려 체념에 철저함으로써 달관의 경지에 나아갈 수 있다. 세상의 근원을 바라볼 수 있는 관조의 눈이 열리게 되는 것이다. 여기서 더욱 중요하게 보아야 하는 것이 한국적 한의 또 다른 내포다. 그것은 바로 '밝음'에 있다. 한이 세상과 자신에 대한 공격성을 갖는 것이 아니라 오히려 세계와 대상에 대하여 연민을 갖고, 공감할 수 있는 풍부한 감수성을 갖는 경우가 있다. 이를 '정(情)으로서의 한'이라고 할 수 있다. 또한 한이 간절한 소망과 연결되기도 한다. 결핍의 상황으로 인한 한이 그에 대한 강한 욕구 불만에 대한 반사적 정서로서의 간절한 소원을 드러내는 것이다. 이것이 '원(願)으로서의 한'이다.

(나) 한국 민요가 슬픈 노래라고 하는 것은 민요를 면밀하게 관찰하고 분석하여 내린 결론은 아니다. 겉으로 보아서는 슬프지만 슬픔과 함께 해학을 가지고 있어서 민요에서의 해학은 향유자들이 슬픔에 빠져 들어가지 않도록 차단하는 구실을 하고 있다. 예컨대 "나를 버리고 가시는 님은 십 리도 못 가서 발병 났네."라고 하는 아리랑 사설 같은 것은 이별의 슬픔을 말하면서도 "십 리도 못 가서 발병 났네."라는 해학적 표현을 삽입하여 이별의 슬픔을 차단하며 단순한 슬픔에 머무르지 않는 보다 복잡한 의미 구조를 창조한다. 아무리 비장한 민요라고 하더라도 해학의 계속적인 개입이 거의 예외 없이 이루어진다. 한국 민요의 특징이나 한국적 미의식의 특징을 한마디 말로 규정하겠다는 의도를 버리지 않는다면, 차라리 해학을 드는 편이 무리가 적지 않을까 한다. 오히려 비애 또는 한이라고 하는 것을 대량으로 지니고 있는 것은 일부의 현대시와 일제하의 유행가다. 김소월의 시도 그 예가 될 수 있고, '황성 옛터', '타향살이' 등의 유행가를 생각한다면 사태는 분명하다. 이런 것들에는 해학을 동반하지 않은 슬픔이 확대되어 있다.

① 한국 문화의 중요한 지표로 (가)는 한을, (나)는 해학을 들고 있다.
② (가)는 한의 긍정적 측면을 강조하였다면, (나)는 한의 부정적 측면을 전제하고 있다.
③ (가)는 한을 한국 문화의 원류적인 것으로, (나)는 시대에 따른 현상으로 보고 있다.
④ (가)는 한의 부정적 측면을 지양할 것을, (나)는 해학 전통을 계승할 것을 강조한다.
⑤ (가)는 한이 갖는 내포를 분류하였고, (나)는 민요를 중심으로 해학의 근거를 찾았다.

16 다음 중 ㉠의 입장에서 호메로스의 『일리아스』를 비판한 내용으로 적절하지 않은 것은?

기원전 5세기, 헤로도토스는 페르시아 전쟁에 대한 책을 쓰면서 『역사(Historiai)』라는 제목을 붙였다. 이 제목의 어원이 되는 'histor'는 원래 '목격자', '증인'이라는 뜻의 법정 용어였다. 이처럼 어원상 '역사'는 본래 '목격자의 증언'을 뜻했지만, 헤로도토스의 『역사』가 나타난 이후 '진실의 탐구' 혹은 '탐구한 결과의 이야기'라는 의미로 바뀌었다.

헤로도토스 이전에는 사실과 허구가 뒤섞인 신화와 전설, 혹은 종교를 통해 과거에 대한 지식이 전수되었다. 특히 고대 그리스인들이 주로 과거에 대한 지식의 원천으로 삼은 것은 『일리아스』였다. 『일리아스』는 기원전 9세기의 시인 호메로스가 오래전부터 구전되어 온 트로이 전쟁에 대해 읊은 서사시이다. 이 서사시에서는 전쟁을 통해 신들, 특히 제우스 신의 뜻이 이루어진다고 보았다. 헤로도토스는 바로 이런 신화적 세계관에 입각한 서사시와 구별되는 새로운 이야기 양식을 만들어 내고자 했다. 즉, 헤로도토스는 가까운 과거에 일어난 사건의 중요성을 인식하고, 이를 직접 확인·탐구하여 인과적 형식으로 서술함으로써 역사라는 새로운 분야를 개척한 것이다.

『역사』가 등장한 이후, 사람들은 역사 서술의 효용성이 과거를 통해 미래를 예측하게 하여 후세인(後世人)에게 교훈을 주는 데 있다고 인식하게 되었다. 이러한 인식에는 한 번 일어났던 일이 마치 계절처럼 되풀이하여 다시 나타난다는 순환 사관이 바탕에 깔려 있다. 그리하여 오랫동안 역사는 사람을 올바르고 지혜롭게 가르치는 '삶의 학교'로 인식되었다. 이렇게 교훈을 주기 위해서는 과거에 대한 서술이 정확하고 객관적이어야 했다.

물론 모든 역사가들이 정확성과 객관성을 역사 서술의 우선적 원칙으로 앞세운 것은 아니다. 오히려 헬레니즘과 로마 시대의 역사가들 중 상당수는 수사학적인 표현으로 독자의 마음을 움직이는 것을 목표로 하는 역사 서술에 몰두하였고, 이런 경향은 중세시대에도 어느 정도 지속되었다. 이들은 이야기를 감동적이고 설득력 있게 쓰는 것이 사실을 객관적으로 기록하는 것보다 더 중요하다고 보았다. 이런 점에서 그들은 역사를 수사학의 테두리 안에 집어넣은 셈이 된다.

하지만 이 시기에도 역사의 본령은 과거의 중요한 사건을 가감 없이 전달하는 데 있다고 보는 역사가들이 여전히 존재하여, 그들에 대해 날카로운 비판을 가하기도 했다. 더욱이 15세기 이후부터는 수사학적 역사 서술이 역사 서술의 장에서 퇴출되고, ㉠ 과거를 정확히 탐구하려는 의식과 과거 사실에 대한 객관적 서술 태도가 역사의 척도로 다시금 중시되었다.

① 직접 확인하지 않고 구전에만 의거해 서술했으므로 내용이 정확하지 않을 수 있다.

② 신화와 전설 등의 정보를 후대에 전달하면서 객관적 서술 태도를 배제하지 못했다.

③ 트로이 전쟁의 중요성은 인식하였으나 실제 사실을 확인하는 데까지는 이르지 못했다.

④ 신화적 세계관에 따른 서술로 인해 과거에 대해 정확한 정보를 추출해 내기 어렵다.

⑤ 과거의 지식을 습득하는 수단으로 사용되기도 했지만 과거를 정확히 탐구하려는 의식은 찾을 수 없다.

다음 글을 통해 답을 확인할 수 있는 질문으로 적절하지 않은 것은?

'붕어빵'을 팔던 가게에서 붕어빵과 모양은 비슷하지만 크기가 더 큰 빵을 '잉어빵'이란 이름의 신제품으로 내놓았다고 하자. 이 잉어빵은 어떻게 만들어진 말일까? '붕어 : 붕어빵 =잉어 : (   )'와 같은 관계를 통해 잉어빵의 형성을 설명할 수 있다. 이는 붕어와 붕어빵의 관계를 바탕으로 붕어빵보다 크기가 큰 신제품의 이름을 잉어빵으로 지었다는 뜻이다. 붕어빵에서 잉어빵을 만들어 내듯이 기존 단어의 유사한 속성을 바탕으로 새로운 단어를 만들어 내는 것을 유추에 의한 단어 형성이라고 한다.

유추에 의해 단어가 형성되는 과정은 보통 네 가지 단계로 이루어진다. 첫째, 새로운 개념을 나타내는 어떤 단어가 필요한 경우 그것을 만들겠다고 결정한다. 둘째, 머릿속에 들어 있는 수많은 단어 가운데 근거로 이용할 만한 단어들을 찾는다. 셋째, 수집한 단어들과 만들려는 단어의 개념과 형식을 비교하여 공통성을 포착한다. 이 단계에서 근거로 삼을 단어를 확정한다. 넷째, 근거로 삼은 단어의 개념과 형식 관계를 적용해서 단어 형성을 완료한다. 이렇게 형성된 단어는 처음에는 신어(新語)로 다루어지지만 이후에 널리 쓰이게 되면 국어사전에 등재된다.

그러면 이러한 단계에 따라 '종이공'이라는 단어가 형성되는 과정을 살펴보자. 먼저 '종이로 만든 공'이라는 개념의 단어를 만들기로 결정한다. 그 다음에 근거가 되는 단어를 찾는다. 그런데 근거 단어가 될 만한 'ㅇㅇ공'에는 두 가지 종류가 있다. 하나는 축구공, 야구공 유형이고 다른 하나는 고무공, 가죽공 유형이다. 전자의 경우 공 앞에 오는 말이 공의 사용 종목인 반면 후자는 공의 재료라는 차이가 있다. 국어 화자는 종이공을 고무공, 가죽공보다 축구공, 야구공에 가깝다고 생각하지는 않는다. 그러므로 '종이를 할 때 쓰는 공'으로 해석하지 않고 '종이로 만든 공'으로 해석한다. 그 결과 '종이로 만든 공'을 의미하는 종이공이라는 새로운 단어가 형성된다.

유추에 의해 단어가 형성되는 과정을 잘 살펴보면 불필요한 단어를 과도하게 생성하지 않는 장치가 있다는 것을 알 수 있다. 필요에 의해 기존 단어를 본떠서 단어를 형성하므로 불필요한 단어의 생성을 최대한 억제할 수 있는 것이다. 유추에 의해 단어가 형성된다는 이론에서는 이러한 점을 포착할 수 있다는 장점이 있다.

① 유추에 의한 단어 형성이란 무엇인가?
② 유추에 의해 단어가 형성되는 예로는 무엇이 있는가?
③ 유추에 의한 단어 형성 외에 어떤 단어 형성 방식이 있는가?
④ 유추에 의해 단어가 형성된다는 이론의 장점은 무엇인가?
⑤ 유추에 의한 단어 형성은 어떠한 과정으로 이루어지는가?

다음 글을 바탕으로 할 때, 〈보기〉의 밑줄 친 정책의 방향에 대한 추측으로 가장 적절한 것은?

동일한 환경에서 야구공과 고무공을 튕겨 보면, 고무공이 훨씬 민감하게 튀어 오르는 것을 볼 수 있다. 즉, 고무공은 야구공보다 탄력이 좋다. 일정한 가격에서 사람들이 사고자 하는 물건의 양인 수요량에도 탄력성의 개념이 적용될 수 있다. 재화의 가격이 변화할 때 수요량도 변화하게 되는 것이다. 이때 경제학에서는 가격 변화에 대한 수요량 변화의 민감도를 측정하는 표준화된 방법을 수요 탄력성이라고 한다. 수요 탄력성은 수요량의 변화 비율을 가격의 변화 비율로 나눈 값이다. 일반적으로 가격과 수요량은 반비례하므로 수요 탄력성은 음(−)의 값을 가진다. 그러나 통상적으로 음의 부호를 생략하고 절댓값만 표시한다. 가격에 따른 수요량 변화율에 따라 상품의 수요는 '단위 탄력적', '탄력적', '완전 탄력적', '비탄력적', '완전 비탄력적'으로 나눌 수 있다. 수요 탄력성이 1인 경우 수요는 '단위 탄력적'이라고 불린다. 또한 수요 탄력성이 1보다 큰 경우 수요는 '탄력적'이라고 불린다.

한편 영(0)에 가까운 아주 작은 가격 변화에도 수요량이 매우 크게 변화하면 수요 탄력성은 무한대가 된다. 이 경우의 수요는 '완전 탄력적'이라고 불린다. 소비하지 않아도 생활에 지장이 없는 사치품이 이에 해당한다. 반면, 수요 탄력성이 1보다 작다면 수요는 '비탄력적'이라고 불린다. 만일 가격이 아무리 변해도 수요량에 어떠한 변화도 나타나지 않는다면 수요 탄력성은 영(0)이 된다. 이 경우 수요는 '완전 비탄력적'이라고 불린다. 생필품이 이에 해당한다. 수요 탄력성의 크기는 상품의 가격이 변할 때 이 상품에 대한 소비자의 지출이 어떻게 변하는지를 알려준다. 상품에 대한 소비자의 지출액은 물론 가격에 수요량을 곱한 것이다. 먼저 상품의 수요가 탄력적인 경우를 따져 보자.

이 경우에는 수요 탄력성이 1보다 크기 때문에, 가격이 오른 정도에 비해 수요량이 많이 감소한다. 이에 따라, 가격이 상승하면 소비자의 지출액은 가격이 오르기 전보다 감소한다. 반면에 가격이 내릴 때에는 가격이 내린 정도에 비해 수요량이 많아지므로 소비자의 지출액은 증가한다. 물론 수요가 비탄력적인 경우에는 위와 반대되는 현상이 일어난다. 즉, 가격이 상승하면 소비자의 지출액은 증가하며, 가격이 하락하면 소비자의 지출액은 감소하게 된다.

보기

A국가의 정부는 경제 안정화를 위해 개별 소비자들이 지출액을 줄이도록 유도하는 정책을 시행하기로 하였다.

① 생필품의 가격은 높이고 사치품의 가격은 유지하려 하겠군.
② 생필품의 가격은 낮추고 사치품의 가격은 높이려 하겠군.
③ 생필품의 가격은 유지하고 사치품의 가격은 낮추려 하겠군.
④ 생필품과 사치품의 가격을 모두 유지하려 하겠군.
⑤ 생필품과 사치품의 가격을 모두 낮추려 하겠군.

19 다음 글을 통해 추론할 수 있는 내용으로 적절하지 않은 것은?

> 퐁피두 미술관의 5층 전시장에서 특히 인기가 많은 작가는 마르셀 뒤샹이다. 뒤샹의 '레디메이드' 작품들은 한데 모여 바닥의 하얀 지지대 위에 놓여 있다. 그중 가장 눈에 익숙한 것은 둥근 나무의자 위에 자전거 바퀴가 거꾸로 얹힌 〈자전거 바퀴〉라는 작품일 것이다. 이 작품은 뒤샹의 대표작인 남자 소변기 〈샘〉과 함께 현대미술사에 단골 메뉴로 소개되곤 한다.
>
> 위의 사례처럼 이미 만들어진 기성제품, 즉 레디메이드를 예술가가 선택해서 '이것도 예술이다'라고 선언한다면 우리는 그것을 예술로 인정할 수 있을까? 역사는 뒤샹에게 손을 들어줬고 그가 선택했던 의자나 자전거 바퀴, 옷걸이, 삽, 심지어 테이트 모던에 있는 남자 소변기까지 각종 일상의 오브제들이 20세기 최고의 작품으로 추앙받으면서 미술관에 고이 모셔져 있다. 손으로 잘 만드는 수공예 기술의 예술 시대를 넘어서 예술가가 무엇인가를 선택하는 정신적인 행위와 작업이 예술의 본질이라고 믿었던 뒤샹적 발상의 승리였다.
>
> 또한 20세기 중반의 스타 작가였던 잭슨 폴록의 작품도 눈길을 끈다. 기존의 그림 그리는 방식에 싫증을 냈던 폴록은 캔버스를 바닥에 눕히고 물감을 떨어뜨리거나 뿌려서 전에 보지 못했던 새로운 형상을 이룩했다. 물감을 사용하는 새로운 방식을 터득한 그는 '액션 페인팅'이라는 새로운 장르를 개척했다. 그림의 결과보다 그림을 그리는 행위를 더욱 중요시했다는 점에서 뒤샹의 발상과도 연관된다. 미리 계획하고 구성한 것이 아니라 즉흥적이면서도 매우 빠른 속도로 제작하는 그의 작업방식 또한 완전히 새로운 것이었다.

① 퐁피두 미술관의 모습은 기존 미술관의 모습과 다를 것이다.
② 퐁피두 미술관을 찾는 사람들의 목적은 다양할 것이다.
③ 퐁피두 미술관은 전통적인 예술작품들을 선호할 것이다.
④ 퐁피두 미술관은 파격적인 예술작품들을 배척하지 않을 것이다.
⑤ 퐁피두 미술관은 행위의 과정 또한 예술로 인정했을 것이다.

20 다음 글을 바탕으로 한 추론으로 옳은 것은?

> 노모포비아는 '휴대전화가 없을 때(No Mobile) 느끼는 불안과 공포증(Phobia)'이라는 의미의 줄임말이다. 영국의 인터넷 보안업체 시큐어엔보이는 2012년 3월 영국인 1,000명을 대상으로 설문조사한 결과 응답자의 66%가 노모포비아, 즉 휴대전화를 소지하지 않았을 때 공포를 느낀다고 발표했다. 노모포비아는 특히 스마트폰을 많이 쓰는 젊은 나이일수록 그 증상이 심하다. 18~24세 응답자의 경우 노모포비아 응답률이 77%나 됐다. 전문가들은 이 증상이 불안감, 자기회의감 증가, 책임전가와 같은 정신적인 스트레스를 넘어 육체적 고통도 상당한 수준이라고 이야기한다. 휴대전화에 집중하느라 계단에서 구르거나 난간에서 떨어지는 경미한 사고부터 심각한 차 사고까지 그 피해는 광범위하다.

① 노모포비아는 젊은 나이의 휴대전화 보유자에게서 나타난다.
② 노모포비아는 스마트폰을 사용하는 경우에 무조건 나타난다.
③ 노모포비아는 정신적인 스트레스만 발생시킨다.
④ 휴대전화를 사용하지 않는 사람에게서는 노모포비아 증상이 나타나지 않는다.
⑤ 모든 젊은이들에게서 노모포비아 증상이 나타난다.

※ 다음 명제가 참일 때, 항상 옳은 것을 고르시오. **[1~2]**

01

> • 어떤 여학생은 채팅을 좋아한다.
> • 어떤 남학생은 채팅을 좋아한다.
> • 모든 남학생은 컴퓨터 게임을 좋아한다.

① 어떤 여학생은 컴퓨터 게임을 좋아한다.
② 모든 여학생은 컴퓨터 게임을 싫어한다.
③ 어떤 여학생은 채팅과 컴퓨터 게임을 모두 좋아한다.
④ 모든 남학생은 채팅을 싫어한다.
⑤ 어떤 남학생은 채팅과 컴퓨터 게임을 모두 좋아한다.

02

> • 현명한 사람은 거짓말을 하지 않는다.
> • 건방진 사람은 남의 말을 듣지 않는다.
> • 거짓말을 하지 않으면 다른 사람의 신뢰를 얻는다.
> • 남의 말을 듣지 않으면 친구가 없다.

① 현명한 사람은 다른 사람의 신뢰를 얻는다.
② 건방진 사람은 친구가 있다.
③ 거짓말을 하지 않으면 현명한 사람이다.
④ 다른 사람의 신뢰를 얻으면 거짓말을 하지 않는다.
⑤ 건방지지 않은 사람은 남의 말을 듣는다.

03 다음 빈칸에 들어갈 명제로 옳은 것은?

> 비가 오면 큰아들의 나막신이 잘 팔릴 것이므로 좋다.
> 비가 오지 않으면 작은아들의 짚신이 잘 팔릴 것이므로 좋다.
> 비가 오거나 오지 않거나 둘 중의 하나일 것이다.
> 그러므로 _____

① 비가 왔으면 좋겠다.
② 비가 오지 않았으면 좋겠다.
③ 비가 오거나 오지 않거나 좋다.
④ 비가 오거나 오지 않거나 걱정이다.
⑤ 비가 오거나 오지 않거나 상관없다.

04 재무팀 A과장, 개발팀 B부장, 영업팀 C대리, 홍보팀 D차장, 디자인팀 E사원은 봄, 여름, 가을, 겨울에 중국, 일본, 러시아로 출장을 간다. 다음 주어진 조건을 바탕으로 항상 옳은 것은?(단, A~E는 중국, 일본, 러시아 중 반드시 한 국가에 출장을 가며, 아무도 출장을 가지 않는 계절은 없다)

> • 중국은 2명이 출장을 가고, 각각 여름 혹은 겨울에 출장을 간다.
> • 러시아에 출장 가는 사람은 봄 혹은 여름에 출장을 간다.
> • 재무팀 A과장은 반드시 개발팀 B부장과 함께 출장을 간다.
> • 홍보팀 D차장은 혼자서 봄에 출장을 간다.
> • 개발팀 B부장은 가을에 일본에 출장을 간다.

① 홍보팀 D차장은 혼자서 중국으로 출장을 간다.
② 영업팀 C대리와 디자인팀 E사원은 함께 일본으로 출장을 간다.
③ 재무팀 A과장과 개발팀 B부장은 함께 중국으로 출장을 간다.
④ 영업팀 C대리가 여름에 중국으로 출장을 가면, 디자인팀 E사원은 겨울에 출장을 간다.
⑤ 홍보팀 D차장이 어디로 출장을 가는지는 주어진 조건만으로 알 수 없다.

05 갑, 을, 병, 정, 무를 포함하여 8명이 면접실 의자에 앉아 있다. 병이 2번 의자에 앉을 때, 항상 옳은 것은?(단, 의자에는 8번까지의 번호가 있다)

- 갑과 병은 이웃해 앉지 않고, 병과 무는 이웃해 앉는다.
- 갑과 을 사이에는 2명이 앉는다.
- 을은 양 끝(1번, 8번)에 앉지 않는다.
- 정은 6번 또는 7번에 앉고, 무는 3번에 앉는다.

① 을은 4번에 앉는다.
② 갑은 1번에 앉는다.
③ 을과 정은 이웃해 앉는다.
④ 갑이 4번에 앉으면, 정은 6번에 앉는다.
⑤ 정이 7번에 앉으면, 을과 정 사이에 2명이 앉는다.

06 H기업의 영업지원팀 무 팀장은 새로 출시한 제품 홍보를 지원하기 위해 월요일부터 목요일까지 매일 남녀 한 명씩 두 사람을 홍보팀으로 보내야 한다. 영업지원팀에는 현재 남자 사원 4명(기태, 남호, 동수, 지원)과 여자 사원 4명(고은, 나영, 다래, 리화)이 근무하고 있다. 다음 조건을 만족할 때, 다음 중 옳지 않은 것은?

가) 매일 다른 사람을 보내야 한다.
나) 기태는 화요일과 수요일에 휴가를 간다.
다) 동수는 다래의 바로 이전 요일에 보내야 한다.
라) 고은은 월요일에는 근무할 수 없다.
마) 남호와 나영은 함께 근무할 수 없다.
바) 지원은 기태 이전에 근무하지만 화요일은 갈 수 없다.
사) 리화는 고은과 나영 이후에 보낸다.

① 고은이 수요일에 근무한다면 기태는 리화와 함께 근무한다.
② 다래가 수요일에 근무한다면 화요일에는 동수와 고은이 근무한다.
③ 리화가 수요일에 근무한다면 남호는 화요일에 근무한다.
④ 고은이 화요일에 근무한다면 지원은 월요일에 근무할 수 없다.
⑤ 지원이 수요일에 근무한다면 다래는 화요일에 근무한다.

07 다음은 자동차 외판원인 A, B, C, D, E, F 여섯 명의 판매실적 비교에 대한 설명이다. 이로부터 올바르게 추리한 것은?

> • A는 B보다 실적이 앞선다.
> • C는 D보다 실적이 뒤진다.
> • E는 F보다 실적이 나쁘지만, A보다는 실적이 좋다.
> • B는 D보다 실적이 좋지만, E보다는 실적이 나쁘다.

① 실적에서 가장 좋은 외판원은 F이다.
② 외판원 C의 실적은 꼴찌가 아니다.
③ B보다 실적이 안 좋은 외판원은 3명이다.
④ 외판원 E의 실적이 가장 좋다.
⑤ A의 실적이 C의 실적보다 낮다.

PART 3

08 백혈병에 걸린 아이들을 돕기 위한 자선 축구대회에 한국, 일본, 중국, 미국 대표팀이 초청되었다. 이들은 월요일부터 금요일까지 서울, 수원, 인천, 대전 경기장에서 연습을 하게 된다. 다음 중 옳지 않은 것은?

> ㉠ 각 경기장에는 한 팀씩 연습하며 연습을 쉬는 팀은 없다.
> ㉡ 모든 팀은 모든 구장에서 적어도 한 번 이상 연습을 하여야 한다.
> ㉢ 외국에서 온 팀의 첫 훈련은 공항에서 가까운 수도권 지역에 배정한다.
> ㉣ 이동거리 최소화를 위해 각 팀은 한 번씩 경기장 한 곳을 두 번 연속해서 사용해야 한다.
> ㉤ 미국은 월요일과 화요일에 수원에서 연습을 한다.
> ㉥ 목요일에 인천에서는 아시아 팀이 연습을 할 수 없다.
> ㉦ 금요일에 중국은 서울에서, 미국은 대전에서 연습을 한다.
> ㉧ 한국은 인천에서 연속으로 연습을 한다.

① 목요일, 금요일에 연속으로 같은 지역에서 연습하는 팀은 없다.
② 수요일에 대전에서는 일본이 연습을 한다.
③ 대전에는 한국, 중국, 일본, 미국의 순서로 연습을 한다.
④ 한국은 화요일, 수요일에 같은 지역에서 연습을 한다.
⑤ 미국과 일본은 한 곳을 연속해서 사용하는 날이 같다.

PART 3 최종점검 모의고사 • 359

09 다음과 같이 각 층에 1인 1실의 방이 4개 있는 3층 호텔에 A~I 총 9명이 투숙해있다. 다음 중 반드시 옳은 것은?

> ㉠ 각 층에는 3명씩만 투숙한다.
> ㉡ A의 바로 위에는 C가 투숙해 있으며, A의 바로 오른쪽 방에는 아무도 투숙하고 있지 않다.
> ㉢ B의 바로 위의 방에는 아무도 투숙하고 있지 않다.
> ㉣ C의 바로 왼쪽에 있는 방에는 아무도 투숙하고 있지 않으며, C는 D와 같은 층에 인접해 있다.
> ㉤ D는 E의 바로 아래의 방에 투숙하고 있다.
> ㉥ E, F, G는 같은 층에 투숙하고 있다.
> ㉦ G의 옆방에는 아무도 투숙하고 있지 않다.
> ㉧ I는 H보다 위층에 투숙하고 있다.

(좌)	301	302	303	304	(우)
	201	202	203	204	
	101	102	103	104	

① A는 104, 204, 304호 중 한 곳에 투숙하고 있다.
② C는 1층에 투숙하고 있다.
③ F는 3층에 투숙하고 있을 것이다.
④ H는 1층, 바로 위의 방에는 E, 그 위의 방에는 D가 있다.
⑤ I는 3층에 투숙하고 있다.

10 그루터기 동아리 다섯 학생이 주말을 포함한 일주일 동안 각자 하루를 골라 봉사를 하러 간다. 다음 중 참이 아닌 것은?

> • A, B, C, D, E 다섯 학생은 일주일 동안 정해진 요일에 혼자서 봉사를 하러 간다.
> • A는 B보다 빠른 요일에 봉사를 하러 간다.
> • E는 C가 봉사를 다녀오고 이틀 후에 봉사를 하러 간다.
> • B와 D는 평일에 봉사를 하러 간다.
> • C는 목요일에 봉사를 하러 가지 않는다.
> • A는 월요일, 화요일 중에 봉사를 하러 간다.

① B가 화요일에 봉사를 하러 간다면 토요일에 봉사를 하러 가는 사람은 없다.

② D가 금요일에 봉사를 하러 간다면 다섯 명은 모두 평일에 봉사를 하러 간다.

③ D가 A보다 빨리 봉사를 하러 간다면 B는 금요일에 봉사를 하러 가지 않는다.

④ E가 수요일에 봉사를 하러 간다면 토요일에 봉사를 하러 가는 사람이 있다.

⑤ C가 A보다 빨리 봉사를 하러 간다면 D는 목요일에 봉사를 하러 갈 수 있다.

※ 갑, 을, 병, 정, 무 다섯 사람이 패스트푸드점에 가서 치즈버거 2개, 새우버거 2개, 치킨버거 1개와 콜라 2잔, 사이다 2잔, 오렌지주스 1잔을 주문하였다. 다음 조건에 따라 모든 사람이 각각 버거 1개와 음료 1개씩을 주문했다고 할 때, 물음에 답하시오. [11~12]

- 무는 혼자만 주문한 메뉴가 1개 포함되어 있다.
- 을이 시킨 메뉴는 항상 다른 사람과 겹친다.
- 치즈버거와 콜라는 동시에 주문할 수 없다.
- 갑과 병은 같은 버거를 주문했다.
- 을과 정은 같은 음료를 주문하지 않았다.
- 을은 콜라를 주문하지 않았다.
- 병과 정은 주스를 주문하지 않았다.

11 다음 중 동시에 같은 메뉴를 시킬 수 없는 사람끼리 짝지어진 것은?

① 갑, 을   ② 병, 무

③ 병, 정   ④ 을, 병

⑤ 을, 무

12 다음 중 항상 옳지 않은 것은?

① 을은 사이다를 주문한다.

② 정은 콜라를 주문한다.

③ 주스를 시킬 수 있는 사람은 갑과 무 2명이다.

④ 치즈버거는 사이다와 함께 주문한다.

⑤ 치킨버거를 시킬 수 있는 사람은 정과 무 2명이다.

13 A~D의 4명은 각각 1명의 자녀를 두고 있는 아버지이다. 4명의 아이 중 2명은 아들이고, 2명은 딸인 것이 알려져 있다. 사내아이의 아버지인 2명은 사실대로 말하고 있다. 다음 중 올바른 결론은?

> A : B와 C의 아이는 아들이다.
> B : C의 아이는 딸이다.
> C : D의 아이는 딸이다.
> D : A와 C의 아이는 딸이다.

① A의 아이는 아들이다.　　　　　② B의 아이는 딸이다.

③ C의 아이는 아들이다.　　　　　④ B의 아이는 아들, D의 아이는 딸이다.

⑤ D의 아이는 아들이다.

14 다음 중 3명은 진실만을 말하는 착한 사람이고, 2명은 거짓만 말하는 나쁜 사람일 때, 착한 사람을 모두 고르면?

> A : 나는 착한 사람이다.
> B : A가 착한 사람이면 D도 착한 사람이다.
> C : D가 나쁜 사람이면 A도 나쁜 사람이다.
> D : A가 착한 사람이면 E도 착한 사람이다.
> E : A는 나쁜 사람이다.

① B, C, E　　　　　　　　　② B, C, D

③ A, B, C　　　　　　　　　④ B, D, E

⑤ A, D, C

15 A, B, C, D, E 5명에게 지난 달 핸드폰 통화 요금이 가장 많이 나온 사람부터 1위에서 5위까지의 순위를 추측하라고 하고, 그 순위를 물었더니 각자 예상하는 두 사람의 순위를 다음과 같이 대답하였다. 각자 예상한 순위 중 하나는 옳고 다른 하나는 옳지 않다고 한다. 이들의 대답으로 미루어 실제 핸드폰 통화 요금이 가장 많이 나온 사람은?

A : D가 두 번째이고, 내가 세 번째이다.
B : 내가 가장 많이 나왔고, C가 두 번째로 많이 나왔다.
C : 내가 세 번째이고, B가 제일 적게 나왔다.
D : 내가 두 번째이고, E가 네 번째이다.
E : A가 가장 많이 나왔고, 내가 네 번째이다.

① A
② B
③ C
④ D
⑤ E

01 다음은 2021년 하반기 8개국 수출부문수지에 관한 국제통계 자료이다. 이에 대한 설명으로 옳지 않은 것은?

〈2021년 하반기 국제통계 무역·국제수지 중 8개국 수출부문수지〉

(단위 : 백만 USD)

구분	한국	그리스	노르웨이	뉴질랜드	대만	독일	러시아	미국
7월	40,882	2,490	7,040	2,825	24,092	106,308	22,462	125,208
8월	40,125	2,145	7,109	2,445	24,629	107,910	23,196	116,218
9월	40,846	2,656	7,067	2,534	22,553	118,736	25,432	122,933
10월	41,983	2,596	8,005	2,809	26,736	111,981	24,904	125,142
11월	45,309	2,409	8,257	2,754	25,330	116,569	26,648	128,722
12월	45,069	2,426	8,472	3,088	25,696	102,742	31,128	123,557

① 한국의 수출부문수지 중 전월 대비 수출수지 증가량이 가장 많았던 달은 11월이다.

② 뉴질랜드의 수출부문수지는 8월 이후 지속적으로 증가하였다.

③ 그리스의 12월 수출수지 증가율은 전월 대비 약 0.7%이다.

④ 10월부터 12월 사이 한국의 수출부문수지 변화 추이와 같은 양상을 보이는 나라는 2개국이다.

⑤ 7월 대비 12월 수출부문수지가 감소한 나라는 그리스, 독일, 미국이다.

02 다음은 특정 기업 47개를 대상으로 제품전략, 기술개발 종류 및 기업형태별 기업 수에 관해 조사한 자료이다. 조사대상 기업에 대한 다음 설명 중 옳은 것은?

〈제품전략, 기술개발 종류 및 기업형태별 기업 수〉

(단위 : 개)

제품전략	기술개발 종류	기업형태	
		벤처기업	대기업
시장견인	존속성 기술	3	9
	와해성 기술	7	8
기술추동	존속성 기술	5	7
	와해성 기술	5	3

※ 각 기업은 한 가지 제품전략을 취하고 한 가지 종류의 기술을 개발함

① 와해성 기술을 개발하는 기업 중에는 벤처기업의 비율이 대기업의 비율보다 낮다.
② 기술추동전략을 취하는 기업 중에는 존속성 기술을 개발하는 비율이 와해성 기술을 개발하는 비율보다 낮다.
③ 존속성 기술을 개발하는 기업의 비율이 와해성 기술을 개발하는 기업의 비율보다 높다.
④ 벤처기업 중에서 기술추동전략을 취하는 비율은 시장견인전략을 취하는 비율보다 높다.
⑤ 대기업 중에서 시장견인전략을 취하는 비율은 기술추동전략을 취하는 비율보다 낮다.

※ 다음은 2021년 상반기 5개 시별 상위 산업에 관한 자료이다. 이 자료를 보고 다음 물음에 답하시오. **[3~4]**

〈5개 시별 상위 산업〉

(단위 : 천 명, %)

구분	취업자 수	1위	비율	2위	비율	3위	비율	4위	비율	5위	비율
서울	5,080	소매업 (자동차 제외)	9.8	음식점 및 주점업	8.1	교육 서비스업	7.9	도매 및 상품중개업	7	사업지원 서비스업	4.8
부산	1,670	음식점 및 주점업	9.8	소매업 (자동차 제외)	9.5	교육 서비스업	7.5	도매 및 상품중개업	5.5	보건업	5.1
대구	1,226	소매업 (자동차 제외)	10.2	교육 서비스업	8	음식점 및 주점업	7.3	도매 및 상품중개업	5.8	육상운송 및 파이프라인 운송업	4.4
인천	1,523	소매업 (자동차 제외)	9.1	음식점 및 주점업	7.5	사업지원 서비스업	6.2	교육 서비스업	5.7	육상운송 및 파이프라인 운송업	5.5
광주	735	소매업 (자동차 제외)	10	교육 서비스업	9.1	음식점 및 주점업	7.2	전문직별 공사업	5.4	육상운송 및 파이프라인 운송업	4.9

03 2021년 상반기 5개 시별 상위 산업에 관한 〈보기〉의 설명 중 옳은 것만을 모두 고르면?

보기
ㄱ. 5개 시의 산업 중 상위 3개의 분야에 공통적으로 포함되는 분야는 소매업(자동차 제외), 음식업 및 주점업, 교육 서비스업이다.
ㄴ. 서울을 제외한 4개 도시의 취업자 수의 합은 서울의 취업자 수보다 많다.
ㄷ. 5개 각 시마다 1위 산업과 5위 산업 비율의 차는 4.5%p 이상이다.
ㄹ. 5개 시의 상위 5위 산업 안에 해당하는 산업의 종류는 총 8개이다.

① ㄱ, ㄴ   ② ㄱ, ㄷ
③ ㄱ, ㄹ   ④ ㄴ, ㄷ
⑤ ㄴ, ㄹ

04 5개 시의 산업 중 사업지원 서비스업이 상위 5대 산업에 해당하는 도시에서 사업지원 서비스업에 종사하는 취업자 수는 총 몇 명인가?

① 283,748명   ② 317,238명
③ 338,266명   ④ 348,582명
⑤ 369,172명

05 다음은 보험업계에서 경쟁하고 있는 업체들에 대한 실적 지표이다. 다음 중 옳지 않은 것은?

〈표 1〉 3사간 시장 점유율 추이

(단위 : %)

구분	2015년	2016년	2017년	2018년 1분기
H해상	15	14.9	14.7	14.7
D화재	13.9	14	14	14.2
L화재	13.3	13.5	13.7	14.3

〈표 2〉 3사의 2018년 1분기 각종 지표

(단위 : 억 원, %)

구분	매출액	성장률	순익	손해율
H해상	7,663	8.3	177(500)	69.8(69.9)
D화재	7,392	10.0	336(453)	77.8(71.0)
L화재	7,464	12.3	116(414)	78.0(76.6)

※ ( )는 2017년이다.

① H해상의 점유율이 제자리걸음하고 있는 사이에 D화재와 L화재가 점유율을 끌어 올려 H해상을 압박하고 있다.
② 점유율에서는 2018년 1분기에 D화재가 L화재에 밀렸지만 순익면에서는 D화재가 가장 높다.
③ 세 기업 중 손해율이 가장 낮은 H해상은 그만큼 안정성이 높다는 증거이다.
④ L화재는 성장률, D화재는 순익, H해상은 손해율에서 각각 우위를 점하고 있어 향후 업계의 순위를 예측하기 어렵다.
⑤ 2018년 한 해 동안 L화재는 시장점유율 2위를 지킬 것이다.

다음 표는 자동차 변속기의 부문별 경쟁력 점수를 국가별로 비교한 자료이다. 이에 대해 잘못 설명한 사람을 모두 고르면?

〈자동차 변속기 경쟁력 점수의 국가별 비교〉

(단위 : 점)

부문 \ 국가	A	B	C	D	E
변속감	98	93	102	80	79
내구성	103	109	98	95	93
소음	107	96	106	97	93
경량화	106	94	105	85	95
연비	105	96	103	102	100

※ 각국의 전체 경쟁력 점수는 각 부문 경쟁력 점수의 총합으로 구함

- 소희 : 전체 경쟁력 점수는 E국보다 D국이 더 높다.
- 정미 : 경쟁력 점수가 가장 높은 부문과 가장 낮은 부문의 차이가 가장 큰 국가는 D국이고, 가장 작은 국가는 C국이다.
- 지훈 : C국을 제외한다면 각 부문에서 경쟁력 점수가 가장 높은 국가와 가장 낮은 국가의 차이가 가장 큰 부문은 내구성이고, 가장 작은 부문은 변속감이다.
- 재상 : 내구성 부문에서 경쟁력 점수가 가장 높은 국가와 경량화 부문에서 경쟁력 점수가 가장 낮은 국가는 동일하다.
- 성미 : 전체 경쟁력 점수는 모든 국가 중에서 A국이 가장 높다.

① 소희, 정미, 지훈
② 소희, 지훈, 재상
③ 소희, 지훈, 성미
④ 정미, 재상, 성미
⑤ 정미, 지훈, 재상

07 다음 표는 여러 국가의 자동차 보유 대수를 나타낸 것이다. 이 표로부터 확실히 알 수 있는 것은?

(단위 : 천 대)

구분	총수	승용차	트럭 · 버스
미국	129,943	104,898	25,045
독일	18,481	17,356	1,125
프랑스	17,434	15,100	2,334
영국	15,864	13,948	1,916
이탈리아	15,400	14,259	1,141
캐나다	10,029	7,823	2,206
호주	5,577	4,506	1,071
네덜란드	3,585	3,230	355

① 자동차 보유 대수에서 승용차가 차지하는 비율이 가장 높은 나라는 프랑스이다.

② 자동차 보유 대수에서 승용차가 차지하는 비율이 가장 낮은 나라는 호주이지만, 그래도 90%를 넘는다.

③ 캐나다와 프랑스의 승용차와 트럭 · 버스의 대수의 비율은 3 : 1로 거의 비슷하다.

④ 유럽 국가들은 미국, 캐나다, 호주와 비교해서 자동차 보유 대수에서 승용차가 차지하는 비율이 높다.

⑤ 독일이 프랑스보다 매연가스 배출량이 더 많다.

08 다음은 보건복지부에서 발표한 지역별 어린이집 정원·현원 현황이다. 이 자료를 보고 판단한 것 중 옳은 것은?

〈지역별 어린이집 정원·현원 현황〉

(단위 : 명, %)

구분		합계	국·공립 어린이집	법인 어린이집	민간 어린이집			가정 어린이집	부모협동 어린이집	직장 어린이집
					소계	법인 외	민간 개인			
합계	정원	1,621,948	157,478	141,966	923,812	61,708	862,104	363,430	2,726	32,536
	현원	1,348,729	143,035	112,688	757,323	50,676	706,647	308,410	2,286	24,987
	이용률	83.2	90.8	79.4	82.0	82.1	82.0	84.9	83.9	76.8
서울	정원	243,440	55,150	2,734	128,361	9,793	118,568	47,618	744	8,833
	현원	214,863	51,294	2,539	112,967	8,269	104,698	40,664	617	6,782
	이용률	88.3	93.0	92.9	88.0	84.4	88.3	85.4	82.9	76.8
부산	정원	80,583	11,485	7,445	48,543	2,586	45,957	11,800	105	1,205
	현원	68,050	10,237	5,980	40,276	2,211	38,065	10,509	83	965
	이용률	84.4	89.1	80.3	83.0	85.5	82.8	89.2	79.0	80.1
대구	정원	77,218	2,412	14,808	47,535	2,546	44,989	11,427	118	918
	현원	63,118	2,034	12,046	38,692	1,986	36,706	9,587	102	657
	이용률	81.7	84.3	81.3	81.4	78.0	81.6	83.9	86.4	71.6

① 서울지역의 어린이집 이용률은 모든 시설에서 대구지역의 어린이집 시설보다 높다.
② 부산지역에서 이용률이 가장 높은 시설은 서울이나 대구지역의 시설이용률보다 높다.
③ 전체 어린이집 정원 중 위 세 지역이 차지하는 비중은 30% 이상이다.
④ 위 세 지역의 이용률 차이가 가장 작은 시설은 민간 개인 어린이집이다.
⑤ 부산지역은 각 시설의 이용률에 있어서 항상 서울과 대구의 이용률 사이에 존재한다.

09 다음은 A회사의 연도별 임직원 현황에 관한 자료이다. 이에 대한 〈보기〉의 설명 중 옳은 것만을 모두 고르면?

〈A회사의 연도별 임직원 현황〉

(단위 : 명)

구분		2016년	2017년	2018년
국적	한국	9,566	10,197	9,070
	중국	2,636	3,748	4,853
	일본	1,615	2,353	2,749
	대만	1,333	1,585	2,032
	기타	97	115	153
고용형태	정규직	14,173	16,007	17,341
	비정규직	1,074	1,991	1,516
연령	20대 이하	8,914	8,933	10,947
	30대	5,181	7,113	6,210
	40대 이상	1,152	1,952	1,700
직급	사원	12,365	14,800	15,504
	간부	2,801	3,109	3,255
	임원	81	89	98

보기

㉠ 매년 일본, 대만 및 기타 국적 임직원 수의 합은 중국 국적 임직원 수보다 많다.
㉡ 매년 전체 임직원 중 20대 이하 임직원이 차지하는 비중은 50% 이상이다.
㉢ 2017년과 2018년에 전년 대비 임직원 수가 가장 많이 증가한 국적은 중국이다.
㉣ 2017년 대비 2018년의 임직원 수의 감소율이 가장 큰 연령대는 40대 이상이다.

① ㉠, ㉡
② ㉠, ㉢
③ ㉡, ㉣
④ ㉠, ㉢, ㉣
⑤ ㉡, ㉢, ㉣

10 다음을 읽고 옳은 것을 〈보기〉에서 모두 고르면?(단, 〈보기〉의 내용은 甲, 乙, 丙, 丁기업의 예로 한정한다)

(단위 : 천 원)

구분	甲	乙	丙	丁
자기자본	100,000	500,000	250,000	80,000
액면가	5	5	0.5	1
순이익	10,000	200,000	125,000	60,000
주식가격	10	15	8	12

※ (자기자본 순이익률)$=\dfrac{(순이익)}{(자기자본)}$, (주당 순이익)$=\dfrac{(순이익)}{(발행주식 수)}$

※ (자기자본)$=$(발행 주식 수)$\times$(액면가)

보기

㉠ 주당 순이익은 甲기업이 가장 낮다.

㉡ 주당 순이익이 높을수록 주식가격이 높다.

㉢ 丁기업의 발행 주식 수는 甲기업의 발행 주식 수의 4배이다.

㉣ 1원의 자기자본에 대한 순이익은 丙기업이 가장 높고, 甲기업이 가장 낮다.

① ㉠

② ㉡

③ ㉠, ㉢

④ ㉡, ㉢

⑤ ㉢, ㉣

11 다음은 비만도 측정에 관한 자료와 3명의 학생들의 신체조건이다. 3명의 학생들의 비만도 측정에 대한 설명으로 옳지 않은 것은?(단, 소수점 이하는 버린다)

〈비만도 측정법〉

{표준체중(kg)} = [{신장(cm)}−100]×0.9

$\{비만도(\%)\} = \dfrac{(현재체중)}{(표준체중)} \times 100$

〈비만도별 정도 구분〉

구분	조건
저체중	90% 미만
정상체중	90% 이상 110% 이하
과체중	110% 초과 120% 이하
경도비만	120% 초과 130% 이하
중등도비만	130% 초과 150% 이하
고도비만	150% 이상 180% 이하
초고도비만	180% 초과

〈3명 학생의 신체조건〉

혜지 : 키 158cm, 몸무게 58kg / 기원 : 키 182cm, 몸무게 71kg / 용준 : 키 175cm, 몸무게 96kg

① 혜지의 표준체중은 52.2kg이며, 기원이의 표준체중은 73.8kg이다.

② 기원이가 과체중이 되기 위해서는 최소 9kg 이상 체중을 증가하여야 한다.

③ 3명의 학생 중 정상체중인 학생은 기원이뿐이다.

④ {(혜지의 비만도)−100}에 4배를 한 값이 {(용준이의 비만도)−100}보다 더 크다.

⑤ 용준이가 22kg 이상 체중 감량을 했을 시 정상체중 범주에 포함된다.

12 다음은 결함이 있는 베어링 610개의 추정 결함원인과 실제 결함원인에 관한 자료이다. 이에 대한 〈보기〉의 설명 중 옳은 것만을 모두 고르면?(단, 소수점 셋째 자리에서 반올림한다)

〈베어링의 추정 결함원인과 실제 결함원인〉

(단위 : 개)

추정결함원인 / 실제결함원인	불균형결함	내륜결함	외륜결함	정렬불량결함	불결함	합계
불균형결함	87	9	14	6	14	130
내륜결함	12	90	11	6	15	134
외륜결함	6	8	92	14	4	124
정렬불량결함	5	2	5	75	16	103
불결함	5	7	11	18	78	119
합계	115	116	133	119	127	610

※ (전체인식률)＝$\dfrac{\text{(추정 결함원인과 실제 결함원인이 동일한 베어링의 개수)}}{\text{(결함이 있는 베어링의 개수)}}$

※ (인식률)＝$\dfrac{\text{(추정 결함원인과 실제 결함원인이 동일한 베어링의 개수)}}{\text{(추정 결함원인에 해당되는 베어링의 개수)}}$

※ (오류율)＝1－(인식률)

보기

㉠ 전체인식률은 0.8 이상이다.
㉡ '내륜결함' 오류율은 '외륜결함' 오류율보다 낮다.
㉢ '불균형결함' 인식률은 '외륜결함' 인식률보다 낮다.
㉣ 실제 결함원인이 '정렬불량결함'인 베어링 중에서, 추정 결함원인이 '불균형결함'인 베어링은 추정 결함 원인이 '불결함'인 베어링보다 적다.

① ㉠, ㉡
② ㉠, ㉢
③ ㉡, ㉢
④ ㉡, ㉣
⑤ ㉡, ㉢, ㉣

13 다음은 2018년도 기준으로 국내 총생산 상위 10위에 해당하는 국가들의 2016년부터 3년간 국내 총생산에 대한 추이를 보여주는 자료이다. 2017년 대비 2018년의 독일의 국내총생산의 증가율을 구하면?(단, 소수점 셋째 자리에서 반올림한다)

〈주요 20개국의 국내 총생산〉

(단위 : 10억 USD)

구분	2016년	2017년	2018년
미국	17,348.1	17,947.0	18,569.1
중국	10,351.1	10,866.4	11,199.1
일본	4,596.2	4,123.3	4,939.0
독일	3,868.3	3,355.8	3,466.0
영국	2,990.2	2,848.8	2,618.8
프랑스	2,829.2	2,421.7	2,462.1
인도	2,042.4	2,073.5	2,263.5
이태리	2,138.5	1,814.8	1,849.7
브라질	2,417.0	1,774.7	1,796.1
캐나다	1,783.8	1,550.5	1,529.8
대한민국	1,411.0	1,377.5	1,411.2
러시아	2,031.0	1,326.0	1,283.1
스페인	1,381.3	1,199.1	1,232.1
호주	1,454.7	1,339.5	1,204.6
멕시코	1,297.8	1,144.3	1,045.9
인도네시아	890.5	861.9	932.2
터키	798.8	718.2	857.7
네덜란드	879.3	752.5	770.8
스위스	701.0	664.7	659.8
사우디	753.8	646.0	646.4

① 약 1.92%
② 약 2.04%
③ 약 2.57%
④ 약 2.96%
⑤ 약 3.28%

14 다음은 주요 대상국별 김치 수출액에 관한 자료이다. 기타를 제외하고 2020년 수출액이 3번째로 많은 국가의 2019년 대비 2020년 김치 수출액의 증감률을 구하면?(단, 소수점 둘째 자리에서 반올림한다)

〈주요 대상국별 김치 수출액〉

(단위 : 천 달러, %)

구분	2019년		2020년	
	수출액	점유율	수출액	점유율
일본	44,548	60.6	47,076	59.7
미국	5,340	7.3	6,248	7.9
호주	2,273	3.1	2,059	2.6
대만	3,540	4.8	3,832	4.9
캐나다	1,346	1.8	1,152	1.5
영국	1,919	2.6	2,117	2.7
뉴질랜드	773	1	1,208	1.5
싱가포르	1,371	1.9	1,510	1.9
네덜란드	1,801	2.4	2,173	2.7
홍콩	4,543	6.2	4,285	5.4
기타	6,093	8.3	7,240	9.2
합계	73,547	100	78,900	100

① −5.68%
② −5.74%
③ −6.24%
④ −6.82%
⑤ −7.46%

15 다음은 한국생산성본부에서 작성한 혁신클러스터 시범단지 현황이다. 반월시화공단과 울산공단의 업체당 평균 고용인원의 차이는 얼마인가?

<혁신클러스터 시범단지 현황>

단지명	특화업종	입주기업(개사)	생산(억 원)	수출(백만 불)	고용(명)
창원	기계	1,893	424,399	17,542	80,015
구미	전기전자	1,265	612,710	36,253	65,884
반월시화	부품소재	12,548	434,106	6,360	195,635
울산	자동차	1,116	1,297,185	57,329	101,677

① 75.5명
② 73.2명
③ 71.4명
④ 68.6명
⑤ 65.9명

16 다음은 1970년 이후 주요 작물의 재배면적의 비중에 관한 자료이다. 1970년에 비해 2010년 전체 경지이용면적이 25% 증가했다고 했을 때, 1970년에 비해 2010년 과실류의 재배면적은 얼마나 증가했는가?

〈주요 작물의 재배면적 변화〉

(단위 : %)

구분	식량작물			채소류			과실류		
	전체	미곡	맥류	전체	배추	양파	전체	사과	감귤
1970년	82.9	44.6	30.9	7.8	27.5	1.6	1.8	35.0	10.0
1975년	80.2	48.3	30.2	7.8	15.6	1.7	2.4	41.9	12.2
1980년	71.7	62.2	18.2	13.0	12.7	2.0	3.6	46.5	12.1
1985년	68.7	69.5	14.4	13.0	11.2	2.4	4.2	34.9	14.7
1990년	69.3	74.5	9.6	11.5	13.9	2.5	5.5	36.8	14.3
1995년	61.3	78.5	6.7	14.7	9.9	3.1	7.8	28.7	13.8
2000년	62.7	81.3	5.2	14.1	11.9	4.1	8.1	16.8	15.6
2005년	64.1	79.4	4.9	12.5	11.4	5.2	7.2	17.4	14.2
2006년	63.3	80.9	4.9	12.6	13.0	5.6	7.9	18.4	13.8
2007년	62.6	81.7	4.8	12.0	11.2	6.4	8.0	18.8	13.6
2008년	62.3	81.7	4.9	12.2	12.4	6.8	8.1	19.5	13.6
2009년	60.1	82.0	4.8	11.5	11.8	7.1	8.1	19.7	13.4
2010년	60.1	82.0	3.6	11.3	10.2	9.0	8.6	19.1	13.0

※ 식량작물, 채소류, 과실류 항목의 수치는 전체 경지이용면적 대비 각 작물의 재배면적 비중을 의미함
※ 미곡, 맥류 등 세부품목의 수치는 식량작물, 채소류, 과실류의 재배면적 대비 각 품목의 재배면적 비중을 의미함

① 약 440%
② 약 460%
③ 약 480%
④ 약 500%
⑤ 약 520%

17 주어진 도표를 이용해 빈칸을 완성한 후 빈칸의 숫자를 모두 더하면?(단, 소수점 첫째 자리에서 반올림한다)

〈9개 도의 이재민 구호물자 비축 및 관리 현황〉

(단위 : 세트)

구분	합계		재해구호물자 현황			
			응급구호세트		취사구호세트	
	비축기준	비축량	비축기준	비축량	비축기준	비축량
경기도	12,258	23,689	8,584	16,421	3,674	7,268
강원도	4,875	5,911	3,414	3,495	1,461	2,416
충청북도	3,730	5,277	2,610	3,778	1,120	1,499
충청남도	2,676	4,164	1,875	2,914	801	1,250
전라북도	1,660	3,444	1,164	2,022	496	1,422
전라남도	3,169	7,014	2,224	4,693	945	2,321
경상북도	4,956	6,774	3,470	4,777	1,486	1,997
경상남도	6,642	9,956	4,649	6,091	1,993	3,865
제주도	312	1,363	219	489	93	874

〈가로〉

1. 취사구호세트의 비축기준이 두 번째로 높은 지역의 전체 비축량 대비 응급구호세트의 비축량이 차지하는 비율(%)과 전체 비축량이 가장 낮은 지역의 전체 비축 기준량 대비 취사구호세트의 비축 기준량이 차지하는 비율(%)의 곱은?

〈세로〉

2. 경상북도와 경상남도의 취사구호세트 비축량의 평균과 충청북도와 충청남도의 취사구호세트 비축량의 평균의 차는?

3. 응급구호세트의 비축량이 네 번째로 높은 지역의 전체 구호물자 비축량과 비축기준의 차이는?

4. 전라북도의 전체 비축기준 대비 전체 비축량의 비율(%)은?

① 54
② 60
③ 66
④ 72
⑤ 78

18 주어진 도표를 이용해 빈칸을 완성한 후 빈칸의 숫자를 모두 더하면?(단, 소수점 첫째 자리에서 반올림한다)

〈성별 · 연령별 결핵 신고 신환자 현황〉

(단위 : 명)

구분		2014년	2015년	2016년
전체		34,869	32,181	30,892
성별	남성	19,974	18,695	17,865
	여성	14,895	13,486	13,027
연령별	0~9세	61	39	30
	10~19세	1,246	1,142	852
	20~29세	4,206	3,599	3,179
	30~39세	4,027	3,483	3,081
	40~49세	4,996	4,289	4,028
	50~59세	5,894	5,484	5,167
	60~69세	4,391	4,276	4,403
	70~79세	6,102	5,736	5,459
	80세 이상	3,946	4,133	4,693

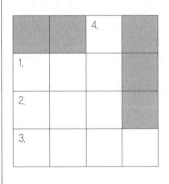

〈가로〉

1. 남성 결핵 신고 신환자 수가 가장 작은 해의 전체 결핵 신고 신환자 중 40~49세가 차지하는 비중(%)과 전체 결핵 신고 신환자 수 중 70~79세가 차지하는 비중(%)의 곱은?

2. 19세 이하의 2015년 대비 2016년 결핵 신고 신환자 수의 감소율과 80세 이상의 2015년 대비 2016년 결핵 신고 신환자 수의 증가율의 곱은?

3. 2014년 대비 2015년 여성 결핵 신고 신환자의 감소폭과 2015년 대비 2016년 남성 결핵 신고 신환자의 감소폭을 더하면?

〈세로〉

4. 2015년 결핵신고 신환자 중 4번째로 많은 연령대의 2016년 결핵신고 신환자 수는?

① 31   ② 33
③ 35   ④ 37
⑤ 39

19 주어진 도표를 이용해 빈칸을 완성한 후 빈칸의 숫자를 모두 더하면?(단, 소수점 첫째 자리에서 반올림한다)

〈2020년 발화요인에 따른 월별 화재 건수〉

(단위 : 건수)

구분	전기적 요인	기계적 요인	화학적 요인	가스누출	교통사고	부주의	기타	합계
1월	989	598	61	15	49	2,365	12	4,089
2월	899	466	38	11	41	2,715	22	4,192
3월	755	431	55	18	40	3,072	15	4,386
4월	679	341	45	19	37	2,140	11	3,272
5월	701	398	56	15	34	1,970	17	3,191
6월	632	328	51	8	38	1,611	11	2,679
7월	936	403	55	14	26	1,102	8	2,544
8월	862	460	60	15	31	1,656	20	3,113
9월	625	353	42	12	44	1,398	10	2,484
10월	592	454	47	11	46	1,238	11	2,399
11월	604	450	55	19	41	1,581	17	2,767
12월	688	505	51	20	59	1,781	21	3,125

〈가로〉

1. 전기적 요인으로 인한 화재 건수의 11월 대비 12월의 증가율과 교통사고로 인한 화재 건수의 11월 대비 12월의 증가율의 곱은?
2. 전기적 요인으로 인한 화재가 가장 적게 발생한 달의 가스누출사고로 인한 화재 건수와 부주의로 인한 화재가 가장 많이 발생한 달의 기계적 요인으로 인한 화재 발생 건수의 곱은?

〈세로〉

3. 7월에서 12월까지의 부주의로 인한 화재 건수의 평균값은?
4. 2020년 기계적 요인으로 인한 월별 화재 건수의 최댓값과 최솟값의 차와 2020년 화학적 요인으로 인한 월별 화재 건수의 최댓값과 최솟값의 차의 곱은?

① 42
② 46
③ 50
④ 54
⑤ 58

20 주어진 도표를 이용해 빈칸을 완성한 후 (ⓐ+ⓑ)×(㉠+㉡)를 구하면?

〈수혈용 혈액 월평균 보유추이〉

(단위 : 유니트)

구분	적혈구 농축액	혈소판 농축액	신선동결혈장	혈소판 성분제제
1월	24,397	6,537	78,777	1,011
2월	27,520	6,449	78,413	921
3월	19,112	6,756	79,871	1,027
4월	20,050	6,785	81,102	886
5월	28,680	6,813	85,167	1,021
6월	32,884	6,530	76,744	1,030
7월	38,645	6,563	78,957	1,119
8월	31,317	6,283	75,139	1,047
9월	26,048	6,735	72,577	925
10월	17,475	6,819	70,635	1,040
11월	21,705	6,821	73,917	897
12월	16,543	6,904	65,497	975

〈가로〉
1. 1월~12월 중 적혈구 농축액의 최대량과 최소량의 차는?

〈세로〉
2. 1월 신선동결혈장의 양과 12월 신선동결혈장의 양의 차를 10으로 나눈 값은?
3. 4월, 5월, 6월의 혈소판 농축액의 평균량은?
4. 혈소판 성분제제의 1월 대비 2월의 감소량과 11월 대비 12월의 증가량의 곱은?

① 160
② 165
③ 170
④ 175
⑤ 180

01 다음은 2018년 하반기 부동산시장 소비심리지수에 관한 자료이다. 이 자료를 보고 자료를 보고 판단한 내용으로 적절하지 않은 것은?

〈2018년 하반기 부동산시장 소비심리지수〉

구분	7월	8월	9월	10월	11월	12월
서울특별시	128.8	130.5	127.4	128.7	113.8	102.8
인천광역시	123.7	127.6	126.4	126.6	115.1	105.6
경기도	124.1	127.2	124.9	126.9	115.3	103.8
부산광역시	126.5	129.0	131.4	135.9	125.5	111.5
대구광역시	90.3	97.8	106.5	106.8	99.9	96.2
광주광역시	115.4	116.1	114.3	113.0	109.2	107.0
대전광역시	115.8	119.4	120.0	126.8	118.5	113.8
울산광역시	101.2	106.0	111.7	108.8	105.3	95.5
강원도	135.3	134.1	128.3	131.4	124.4	115.5
충청북도	109.1	108.3	108.8	110.7	103.6	103.1
충청남도	105.3	110.2	112.6	109.6	102.1	98.0
전라북도	114.6	117.1	122.6	121.0	113.8	106.3
전라남도	121.7	123.4	120.7	124.3	120.2	116.6
경상북도	97.7	100.2	100.0	96.4	94.8	96.3
경상남도	103.3	108.3	115.7	114.9	110.0	101.5

※ 부동산시장 소비심리지수는 0~200의 값으로 표현되며, 지수가 100을 넘으면 전월에 비해 가격상승 및 거래증가 응답자가 많음을 의미한다.

① 2018년 7월 소비심리지수가 100 미만인 지역은 두 곳이다.

② 2018년 8월 소비심리지수가 두 번째로 높은 지역의 소비심리지수와 두 번째로 낮은 지역의 소비심리지수의 차는 30.3이다.

③ 2018년 11월 모든 지역의 소비심리지수가 전월보다 감소했다.

④ 2018년 9월에 비해 2018년 10월에 가격상승 및 거래증가 응답자가 적었던 지역은 경상북도 한 곳이다.

⑤ 서울특별시의 2018년 7월 대비 2018년 12월의 소비심리지수 감소율은 19% 미만이다.

02 다음은 초·중·고등학교 전체 학생 수와 다문화가정 학생 수에 관한 자료이다. 자료를 이해한 내용으로 옳지 않은 것은?

〈연도별 초·중·고등학교 전체 학생 수〉

(단위 : 천 명)

구분	2006년	2007년	2008년	2009년	2010년	2011년	2012년	2013년	2014년	2015년
학생 수	7,776	7,735	7,618	7,447	7,236	6,987	6,732	6,529	6,334	6,097

〈다문화가정 학생 수〉

(단위 : 명)

구분	초등학교	중학교	고등학교	전체
2006년	7,910	1,139	340	9,389
2007년	12,199	1,979	476	14,654
2008년	16,785	2,527	868	20,180
2009년	21,466	3,294	1,255	26,015
2010년	24,701	5,260	1,827	31,788
2011년	28,667	7,634	2,377	38,678
2012년	33,792	9,647	3,515	46,954
2013년	39,430	11,294	5,056	55,780
2014년	48,297	12,525	6,984	67,806
2015년	60,283	13,865	8,388	82,536

① 초·중·고등학교 전체 학생 수는 계속 감소하고 있는 추세이다.

② 초·중·고등학교 전체 학생 수가 6백 만 명대로 감소한 해는 2011년이다.

③ 2015년의 전체 다문화 학생 수는 2006년에 비해 73,147명 증가했다.

④ 초·중·고등학교 전체 학생 수 대비 전체 다문화 학생 수의 비율은 점점 증가했다가 2014년에 감소했다.

⑤ 2015년의 고등학교 다문화 학생 수는 2006년의 고등학교 다문화 학생 수의 약 24.7배이다.

03 다음은 제품가격과 재료비에 따른 분기별 수익과 제품 1톤당 소요되는 재료에 대한 자료이다. 자료에 대한 해석 중 적절하지 않은 것은?

〈제품가격과 재료비에 따른 분기별 수익〉

(단위 : 천 원/톤)

구분	2015년	2016년			
	4분기	1분기	2분기	3분기	4분기
제품가격	627	597	687	578	559
재료비	178	177	191	190	268
수익	449	420	496	388	291

※ (제품가격)=(재료비)+(수익)

〈제품 1톤당 소요되는 재료〉

(단위 : 톤)

철광석	원료탄	철 스크랩
1.6	0.5	0.15

① 수익은 2016년 2분기 때 증가하고 나머지 분기에는 감소했다.
② 2016년 4분기 제품가격은 전년 동분기보다 68,000원 감소했다.
③ 제품가격이 감소하면 수익도 감소한다.
④ 2016년에 소요한 재료비용은 826,000원이다.
⑤ 2016년의 전체 수익은 2,044,000원이다.

안심Touch

04 다음은 남성육아휴직제 시행 현황에 관한 자료이다. 이에 대한 설명으로 옳은 것은?

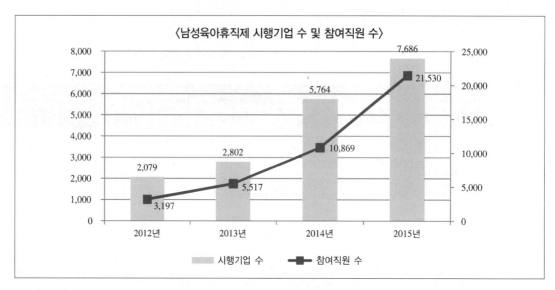

〈남성육아휴직제 시행기업 수 및 참여직원 수〉

① 2013년 이후 전년보다 참여직원 수가 가장 많이 증가한 해와 시행기업 수가 가장 많이 증가한 해는 동일하다.
② 2015년 남성육아휴직제 참여직원 수는 2012년의 7배 이상이다.
③ 시행기업당 참여직원 수가 가장 많은 해는 2015년이다.
④ 2013년 대비 2015년 시행기업 수의 증가율은 참여직원 수의 증가율보다 높다.
⑤ 2012~2015년 참여직원 수 연간 증가인원의 평균은 약 6,000명이다.

05 다음은 4대 유통업태의 성별, 연령대별 구매액 비중에 대한 자료이다. 이에 대한 〈보기〉의 설명 중 옳은 것만을 모두 고르면?

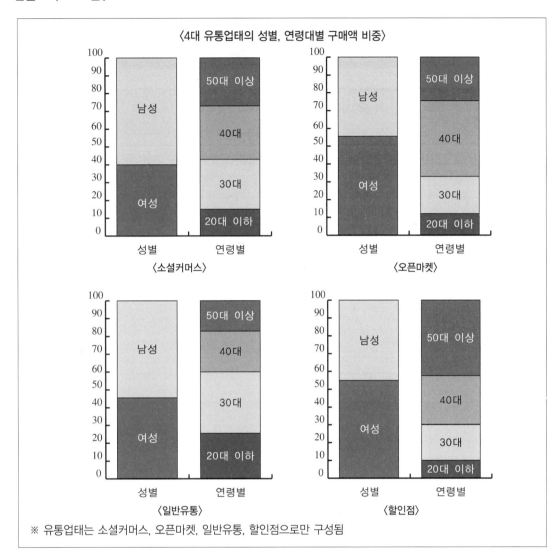

※ 유통업태는 소셜커머스, 오픈마켓, 일반유통, 할인점으로만 구성됨

> **보기**
>
> ⊙ 유통업태별 전체 구매액 중 50대 이상 연령대의 구매액 비중이 가장 큰 유통업태는 할인점이다.
> ⓒ 유통업태별 전체 구매액 중 여성의 구매액 비중이 남성보다 큰 유통업태 각각에서는 40세 이상의 구매액 비중이 60% 이상이다.
> ⓒ 4대 유통업태 각각에서 50대 이상 연령대의 구매액 비중은 20대 이하보다 크다.
> ② 유통업태별 전체 구매액 중 40세 미만의 구매액 비중이 50% 미만인 유통업태에서는 여성의 구매액 비중이 남성보다 크다.

① ㉠, ㉡   ② ㉠, ㉢
③ ㉡, ㉢   ④ ㉠, ㉡, ②
⑤ ㉡, ㉢, ②

06 다음은 2011~2015년 국가공무원 및 지방자치단체공무원 현황에 관한 자료이다. 이에 대한 설명으로 옳지 않은 것은?

〈국가공무원 및 지방자치단체공무원 현황〉

구분	2011년	2012년	2013년	2014년	2015년
국가공무원	621,313	622,424	621,823	634,051	637,654
지방자치단체 공무원	280,958	284,273	287,220	289,837	296,193

〈국가공무원 및 지방자치단체공무원 중 여성 비율〉

① 매년 국가공무원 중 여성 수는 지방자치단체공무원 중 여성 수의 3배 이상이다.

② 지방자치단체공무원 중 여성 수는 매년 증가하였다.

③ 매년 국가공무원 중 여성 수는 지방자치단체공무원 수보다 많다.

④ 국가공무원 중 남성 수는 2013년이 2012년보다 적다.

⑤ 국가공무원 중 여성 비율과 지방자치단체공무원 중 여성비율의 차이는 매년 감소한다.

07 다음은 추석연휴 교통사고 현황에 관한 자료이다. 이에 대한 〈보기〉의 설명 중 옳은 것만을 모두 고르면?

〈추석연휴 및 평소 주말 교통사고 현황〉

(단위 : 건, 명)

구분	추석연휴 하루 평균			평소 주말 하루 평균		
	사고	부상자	사망자	사고	부상자	사망자
전체교통사고	487.4	885.1	11.0	581.7	957.3	12.9
졸음운전사고	7.8	21.1	0.6	8.2	17.1	0.3
어린이사고	45.4	59.4	0.4	39.4	51.3	0.3

※ 2014~2016년 동안 평균 추석연휴기간은 4.7일이었으며, 추석연휴에 포함된 주말의 경우 평소 주말 통계에 포함시키지 않음

〈추석 전후 일자별 하루 평균 전체 교통사고 현황〉

(단위 : 건, 명)

구분	추석연휴 전날	추석 전날	추석 당일	추석 다음날
사고	822.0	505.3	448.0	450.0
부상자	1,178.0	865.0	1,013.3	822.0
사망자	17.3	15.3	10.0	8.3

보기

㉠ 추석연휴 전날에는 평소 주말보다 하루 평균 사고 건수는 240.3건, 부상자 수는 220.7명 많았고, 사망자 수는 30% 이상 많았다.

㉡ 교통사고 건당 부상자 수와 교통사고 건당 사망자 수는 각각 추석 당일이 추석 전날보다 많았다.

㉢ 졸음운전사고의 경우 추석연휴 하루 평균 사고 건수는 평소 주말보다 적었으나 추석연휴 하루 평균 부상자 수와 사망자 수는 평소 주말보다 각각 많았다.

㉣ 졸음운전사고의 경우 평소 주말 대비 추석연휴 하루 평균 사망자의 증가율은 하루 평균 부상자의 증가율의 10배 이상이었다.

㉤ 어린이사고의 경우 평소 주말보다 추석연휴 하루 평균 사고 건수는 6.0건 부상자 수는 8.1명, 사망자 수는 0.1명 많았다.

① ㉠, ㉡, ㉢
② ㉠, ㉡, ㉤
③ ㉠, ㉢, ㉤
④ ㉡, ㉢, ㉣
⑤ ㉢, ㉣, ㉤

08 다음 그래프를 보고 옳은 것을 고르면?

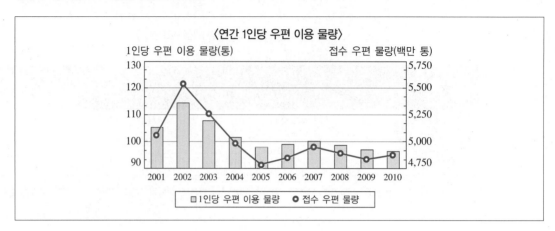

① 연간 1인당 우편 이용 물량은 증가 추세에 있다.

② 연간 1인당 우편 이용 물량은 2002년에 가장 많았고, 2005년에 가장 적었다.

③ 매년 평균적으로 1인당 4일에 한 통 이상은 우편물을 보냈다.

④ 연간 1인당 우편 이용 물량과 연간 접수 우편 물량 모두 2007년부터 2010년까지 지속적으로 감소하고 있다.

⑤ 연간 접수 우편 물량이 가장 많은 해와 가장 적은 해의 차이는 약 900백만 통이다.

09 다음은 유아교육 규모에 관한 자료이다. 이에 대해 〈보기〉에서 올바르게 설명한 사람은?

〈유아교육 규모〉

구분	2004년	2005년	2006년	2007년	2008년	2009년	2010년
유치원 수(원)	8,494	8,275	8,290	8,294	8,344	8,373	8,388
학급 수(학급)	20,723	22,409	23,010	23,860	24,567	24,908	25,670
원아 수(명)	545,263	541,603	545,812	541,550	537,822	537,361	538,587
교원 수(명)	28,012	31,033	32,095	33,504	34,601	35,415	36,461
취원율(%)	26.2	31.4	35.3	36.0	38.4	39.7	39.9
교원 1인당 원아 수(명)	19.5	17.5	17.0	16.2	15.5	15.2	14.8

보기

민성 : 유치원 원아 수의 변동은 매년 일정하지 않다.
니호 : 교원 1인당 원아 수가 줄어드는 것은 원아 수 대비 학급 수가 늘어나기 때문이다.
단지 : 취원율은 매년 증가하고 있는 추세이다.
미송 : 교원 수가 매년 증가하는 이유는 청년 취업과 관계가 있다.

① 민성, 니호　　　　　　　　② 민성, 단지
③ 니호, 미송　　　　　　　　④ 단지, 미송
⑤ 니호, 단지

10 다음 자료에 대한 해석 중 옳지 않은 것은?

〈전 산업 노동생산성 비교〉

(단위 : US$/PPP, 2016＝100)

구분		2014년	2015년	2016년	2017년	2018년
한국	노동생산성	44,103	45,787	47,536	48,333	48,627
	지수	92.78	96.32	100.00	101.68	102.30
일본	노동생산성	54,251	55,116	56,209	55,749	53,017
	지수	96.52	98.06	100.00	99.18	94.32
독일	노동생산성	56,570	58,116	58,686	58,454	55,702
	지수	96.39	99.03	100.00	99.60	94.92
미국	노동생산성	77,444	78,052	78,700	79,032	79,876
	지수	98.40	99.18	100.00	100.42	101.49
중국	노동생산성	6,514	7,276	8,247	N.A.	9,733
	지수	78.99	88.23	100.0	N.A.	118.02

※ N.A(Not Available)－참고 예상 수치 없음

① 우리나라의 전 산업 노동생산성 지수는 소폭의 상승세이나, 중국은 큰 폭으로 상승되는 추세이다.

② 일본, 독일의 노동생산성은 2016년을 기점으로 하향추세를 보이고 있다.

③ 2014년에 비해 2018년에 노동생산성이 4,000포인트 이상 변동된 나라는 1개뿐이다.

④ 2015년 각 나라의 노동생산성 지수가 전년도에 비해 가장 크게 변한 나라와 가장 적게 변한 나라의 차이는 8포인트 이상이다.

⑤ 2016년을 기점으로 볼 때, 독일의 2014년 노동생산성 지수는 일본보다 약간 앞서 있다.

11 다음은 개방형 공무원 임용 현황에 대한 표인데, 일부가 삭제되었다. (가), (나)에 들어갈 수를 순서대로 짝지은 것은?[단, (나)는 소수점 둘째 자리에서 반올림한다]

〈개방형 공무원 임용 현황〉

(단위 : 천 명)

구분	2014년	2015년	2016년	2017년	2018년	2019년	2020년
충원 수	136	146	166	196	136	149	157
내부임용 수	75	79	(가)	86	64	82	86
외부임용 수	61	67	72	110	72	67	71
외부임용률(%)	44.9	45.9	43.4	56.1	52.9	(나)	45.2

※ (외부임용률) = $\dfrac{(외부임용 수)}{(충원 수)} \times 100$

① 94, 45.0
② 94, 55.0
③ 84, 45.0
④ 84, 55.0
⑤ 82, 45.0

12 다음은 초등학교 한자교육 관련 조사 결과에 대한 자료이다. 이에 근거하여 정리한 것으로 옳지 않은 것은?

〈표 1〉 초등학교 한자교육 적정 한자 수에 대한 응답자 유형별 응답 분포

(단위 : 명, %)

응답자 유형 \ 적정 한자 수	300자 미만	300자 이상 450자 미만	450자 이상 600자 미만	600자 이상 750자 미만	750자 이상 900자 미만	900자 이상	무응답	합계
교사	825 (30.5)	786 (29.1)	594 (22.0)	169 (6.3)	146 (5.4)	75 (2.8)	106 (3.9)	2,701 (100.0)
학부모	298 (11.8)	542 (21.5)	491 (19.5)	229 (9.1)	367 (14.6)	523 (20.7)	71 (2.8)	2,521 (100.0)
합계	1,123 (21.5)	1,328 (25.4)	1,085 (20.8)	398 (7.6)	513 (9.8)	598 (11.5)	177 (3.4)	5,222 (100.0)

<표 2> 초등학교 한자교육 적정 담당주체에 대한 응답자 유형별 응답 분포

(단위 : 명, %)

담당 주체 / 담당자 유형	담임교사	교과전담 교사	방과 후 학교교사	보조교사	기타	무응답	합계
교사	1,568 (58.1)	414 (15.3)	348 (12.9)	180 (6.7)	58 (2.1)	133 (4.9)	2,701 (100.0)
학부모	468 (18.6)	1,604 (63.6)	230 (9.1)	96 (3.8)	40 (1.6)	83 (3.3)	2,521 (100.0)
합계	2,036 (39.0)	2,018 (38.6)	578 (11.1)	276 (5.3)	98 (1.9)	216 (4.1)	5,222 (100.0)

<표 3> 초등학교 한자교육 적정 시간에 대한 응답자 유형별 응답 분포

(단위 : 명, %)

응답자 유형 / 적정 시간	교사		학부모	
주당 30분	1,146	42.4	189	7.5
주당 1시간	1,085	40.2	702	27.8
주당 2시간	299	11.1	1,489	59.1
주당 3시간	26	1.0	95	3.8
주당 4시간	9	0.3	15	0.6
무응답	136	5.0	31	1.2
합계	2,701	100.0	2,521	100.0

① 적정 한자 수에 대한 응답자 유형별 응답 비율 분포

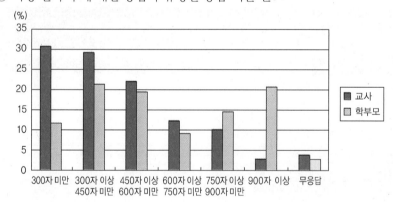

② 적정 한자 수 750~900자 미만 응답에 대한 응답자 구성비

③ 적정 담당주체 응답에 대한 응답자 구성비

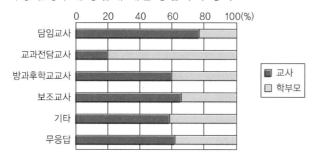

④ 적정 담당주체에 대한 교사 응답자의 응답 비율 분포

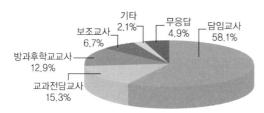

⑤ 적정 시간에 대한 응답자 유형별 응답 분포

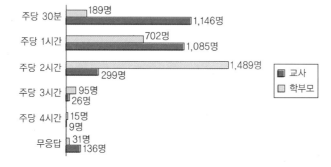

13 다음 보고서는 2016년 1분기 말 외국인 국내 토지 소유현황에 관한 것이다. 보고서의 내용과 부합하는 자료는?

〈보고서〉

2016년 1분기 말 현재 외국인의 국내 토지 소유면적은 224,715천m², 금액으로는 335,018억 원인 것으로 조사되었다. 면적 기준으로 2012년 1분기 말 대비 2,040천m², 보유필지 수로는 1분기 말 대비 3% 미만 증가한 것이다. 국적별로는 기타 지역을 제외하고 토지 소유면적이 넓은 나라부터 나열하면 미국, 유럽, 일본, 중국 순서이며, 미국 국적 외국인은 외국인 국내 토지 소유면적의 50% 이상을 소유하였다.

① (천m²)

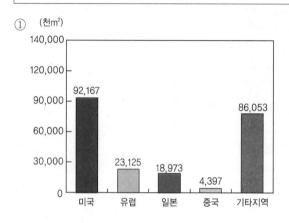

② (천m²)

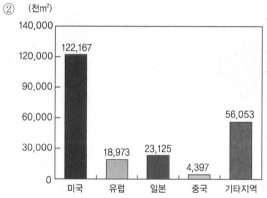

③ (천m²)

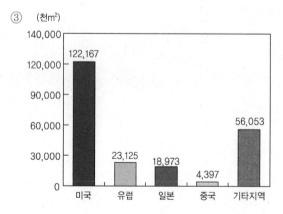

④ (천m²)

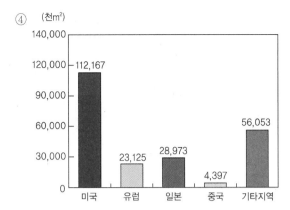

⑤ (천m²)

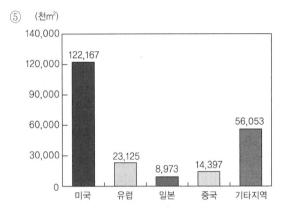

14 다음 〈표〉는 2007~2011년 A연구기관의 직종별 인력 현황에 관한 자료이다. 이를 정리한 것으로 옳은 것은?

〈A연구기관의 직종별 인력 현황〉

구분	연도	2007	2008	2009	2010	2011
정원(명)	연구 인력	80	80	85	90	95
	지원 인력	15	15	18	20	25
	계	95	95	103	110	120
현원(명)	연구 인력	79	79	77	75	72
	지원 인력	12	14	17	21	25
	계	91	93	94	96	97
박사 학위 소지자(명)	연구 인력	52	53	51	52	55
	지원 인력	3	3	3	3	3
	계	55	56	54	55	58
평균 연령(세)	연구 인력	42.1	43.1	41.2	42.2	39.8
	지원 인력	43.8	45.1	46.1	47.1	45.5
평균 연봉 지급액(만 원)	연구 인력	4,705	5,120	4,998	5,212	5,430
	지원 인력	4,954	5,045	4,725	4,615	4,540

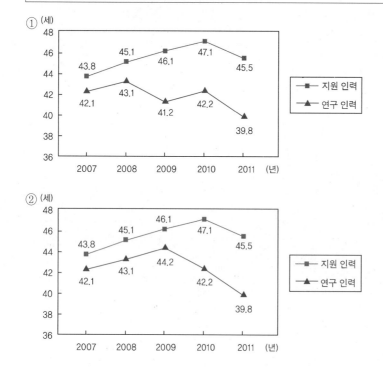

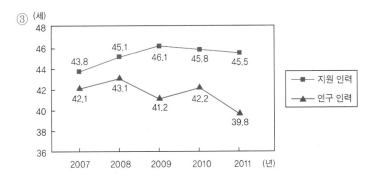

③ (세)

43.8 45.1 46.1 45.8 45.5

42.1 43.1 41.2 42.2

39.8

2007 2008 2009 2010 2011 (년)

지원 인력
연구 인력

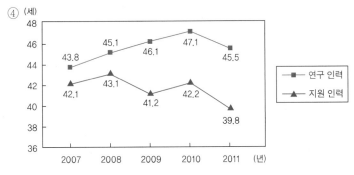

④ (세)

43.8 45.1 46.1 47.1 45.5

42.1 43.1 41.2 42.2

39.8

2007 2008 2009 2010 2011 (년)

연구 인력
지원 인력

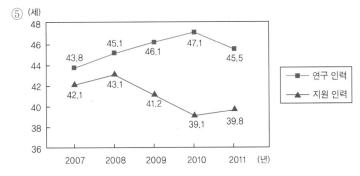

⑤ (세)

43.8 45.1 46.1 47.1 45.5

42.1 43.1 41.2

39.1 39.8

2007 2008 2009 2010 2011 (년)

연구 인력
지원 인력

15 다음 〈표〉는 2010년도부터 2020년도까지 주식시장의 현황을 나타낸 자료이다. 이를 바탕으로 종목당 평균 주식 수를 바르게 작성한 그래프는?

						〈주식시장 현황〉					
연도	2010	2011	2012	2013	2014	2015	2016	2017	2018	2019	2020
종목 수 (종목)	958	925	916	902	884	861	856	844	858	885	906
주식 수 (억 주)	90	114	173	196	196	265	237	234	232	250	282

※ (종목당 평균 주식 수)=$\dfrac{(주식\ 수)}{(종목\ 수)}$

① (백만 주)

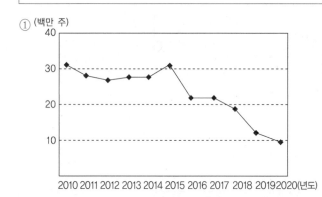

② (백만 주)

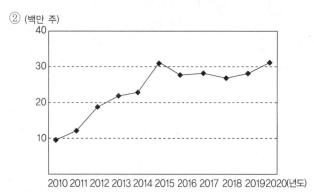

③ (백만 주)

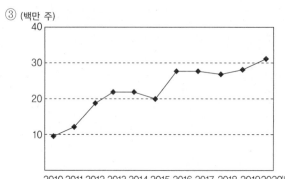

④ (백만 주)

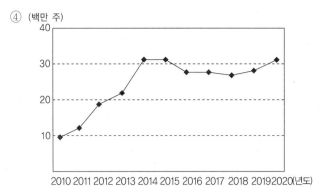

⑤ (백만 주)

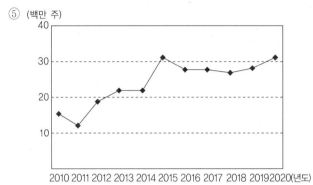

16 다음은 성별 및 연령집단별 현재 흡연율에 관한 자료이다. 이 자료와 〈보기〉를 보고 2019년 자료를 예측하였을 때, 가장 알맞은 값을 구하면?(단, 소수점 둘째 자리에서 반올림한다)

〈성별 및 연령집단별 현재 흡연율〉

(단위 : %)

구분		2010년	2011년	2012년	2013년	2014년	2015년	2016년	2017년	2018년
전체		25.3	27.7	27.2	27.5	27	25.8	24.1	24.2	22.6
성별	남자	45	47.7	46.9	48.3	47.3	43.7	42.1	43.1	39.3
	여자	5.3	7.4	7.1	6.3	6.8	7.9	6.2	5.7	5.5
연령집단	19~29세	27.8	33.9	32.4	27.8	28.3	28	24.1	22.5	23.7
	30~39세	32	32.4	32.8	35	36.6	32.5	30.7	30	27.7
	40~49세	27	27.7	27.5	30.5	25.7	27.7	26.9	29.2	25.4
	50~59세	19.3	22.5	22.9	25.1	24.5	24.6	22	20.6	20.8
	60~69세	17	18.8	18.4	16.1	17.5	13.4	17.4	18.2	14.1
	70세 이상	12.8	16	13.2	12.6	14.3	10.9	8	10.1	9

보기

• 2019년 남성의 흡연율은 2015년 대비 2016년의 남성 흡연율의 감소 폭만큼 줄어들 것이다.
• 2019년 30~39세의 흡연율은 2018년보다 8% 증가할 것이다.
• 2019년 40~49세의 흡연율은 2016년과 2017년의 40~49세 흡연율의 평균수치가 될 것으로 예상된다.

	남성	30~39세	40~49세
①	30.2%	29.9%	25.5%
②	30.2%	29.9%	26.2%
③	37.7%	29.9%	28.1%
④	37.7%	31.3%	30.6%
⑤	37.7%	31.3%	33.2%

※ 다음은 전체 인구를 유년인구, 생산가능인구 및 노인인구로 구분하여 인구구성비 추이를 나타낸 것이다. 물음에 답하시오. [17~18]

(단위 : %)

구분		1970년	1980년	1990년	2000년	2005년	2010년	2015년	2020년	2030년
유년 인구비	전국	42.5	34.0	25.6	21.1	19.1	16.3	13.9	12.6	11.2
	서울	36.3	31.3	24.7	18.6	16.8	14.7	13.4	12.4	10.5
	인천	39.8	31.9	27.1	23.4	20.2	16.5	13.8	12.7	11.4
	울산	40.2	36.2	30.1	25.1	21.9	17.4	13.9	12.4	11.2
	경기	42.9	32.7	26.8	24.1	21.5	18.1	15.4	13.9	12.2
	충남	45.9	35.6	24.3	20.1	18.8	16.3	13.8	12.4	11.5
	전남	46.8	38.9	25.8	20.0	18.4	13.9	11.3	9.2	9.1
생산가능 인구비	전국	54.4	62.2	69.3	71.7	71.8	72.8	73.2	71.7	64.7
	서울	62.1	66.2	71.8	76.1	76.1	75.9	74.6	72.5	66.9
	인천	58.0	65.2	68.9	71.2	72.9	75.0	75.5	73.7	64.7
	울산	56.4	61.0	66.7	70.9	72.9	75.7	76.8	74.6	64.9
	경기	54.0	63.6	68.8	70.2	71.5	73.4	74.6	73.7	66.7
	충남	50.3	58.9	67.8	68.0	66.9	68.3	69.7	69.5	64.2
	전남	48.9	55.6	66.4	66.6	64.1	64.8	65.6	64.9	55.7
노인 인구비	전국	3.1	3.8	5.1	7.2	9.1	10.9	12.9	15.7	24.1
	서울	1.7	2.5	3.5	5.3	7.1	9.4	12.0	15.1	22.6
	인천	2.2	2.9	4.0	5.5	6.9	8.5	10.6	13.6	23.9
	울산	3.5	2.9	3.1	4.0	5.2	6.9	9.3	13.0	23.9
	경기	3.0	3.7	4.5	5.7	7.1	8.5	10.0	12.4	21.1
	충남	3.8	5.5	7.9	11.9	14.4	15.5	16.5	18.0	24.3
	전남	4.3	5.5	7.9	13.4	17.5	21.3	23.2	25.9	35.2

- 고령화사회 : 전체 인구 중 노인인구가 7% 이상 14% 미만
- 고령사회 : 전체 인구 중 노인인구가 14% 이상 21% 미만
- 초고령사회 : 전체 인구 중 노인인구가 21% 이상

- (인구부양비) = $\dfrac{(유년인구) + (노인인구)}{(생산가능인구)}$

- (유년부양비) = $\dfrac{(유년인구)}{(생산가능인구)}$

- (노년부양비) = $\dfrac{(노인인구)}{(생산가능인구)}$

17 2030년 전국 노년부양비는?

① 0.27
② 0.32
③ 0.37
④ 0.41
⑤ 0.46

18 초고령사회로 분류되는 지역이 처음으로 발생하는 연도는?

① 2010년
② 2015년
③ 2020년
④ 2025년
⑤ 2030년

19 다음은 방송통신위원회가 발표한 2017년과 2018년 두 방송사의 점유율과 사업수익의 일부 자료이다. 이를 참조로 2018년 KBS의 방송점유율 0.1%당 수익률을 계산한 것은?

〈지상파계열 방송채널사용사업자 방송사업수익과 시장점유율〉

지상파	방송채널사용사업	방송사업수익(억 원)		점유율	
		2017년	2018년	2017년	2018년
KBS	케이비에스엔	1,254	1,382	7.0%	6.5%
MBC	MBC플러스미디어	1,382	1,569	7.7%	7.3%
	MBC스포츠	400	428	2.2%	2.0%
	지역 MBC슈퍼스테이션	35	25	0.2%	0.1%
	소계	1,817	2,022	10.1%	9.4%

① 2.13억 원
② 21.3억 원
③ 3.23억 원
④ 32.3억 원
⑤ 323억 원

20 다음은 8개 기관의 장애인 고용 현황에 관한 자료이다. 〈표〉와 〈조건〉에 근거하여 A~D에 해당하는 기관을 바르게 나열한 것은?

〈기관별 장애인 고용 현황〉

(단위 : 명, %)

기관	전체 고용인원	장애인 고용의무인원	장애인 고용인원	장애인 고용률
남동청	4,013	121	58	1.45
A	2,818	85	30	1.06
B	22,323	670	301	1.35
북동청	92,385	2,772	1,422	1.54
C	22,509	676	361	1.60
D	19,927	598	332	1.67
남서청	53,401	1,603	947	1.77
북서청	19,989	600	357	1.79

※ {장애인 고용률(%)} = $\dfrac{\text{(장애인 고용인원)}}{\text{(전체 고용인원 수)}} \times 100$

조건

· 동부청의 장애인 고용의무인원은 서부청보다 많고, 남부청보다 적다.
· 장애인 고용률은 서부청이 가장 낮다.
· 장애인 고용의무인원은 북부청이 남부청보다 적다.
· 동부청은 남동청보다 장애인 고용인원은 많으나, 장애인 고용률은 낮다.

	A	B	C	D
①	동부청	서부청	남부청	북부청
②	동부청	서부청	북부청	남부청
③	서부청	동부청	남부청	북부청
④	서부청	동부청	북부청	남부청
⑤	서부청	남부청	동부청	북부청

※ 아래의 전개도를 접어 3차원 공간에서 이동시켰을 때, 처음과 끝이 다음과 같았다. 이동한 방향으로 옳은 것을 고르시오(단, 정육면체는 회전하면서 이동한다). [1~5]

01

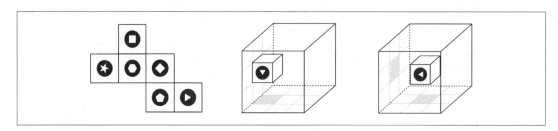

① 전후우
② 전좌우
③ 전우후
④ 좌우우
⑤ 후우전

02

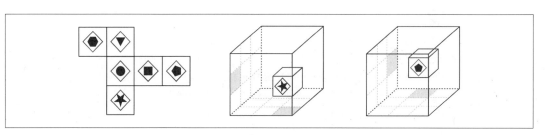

① 후후후
② 후우좌
③ 좌후후
④ 후좌후
⑤ 후좌우

03

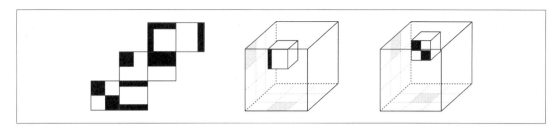

① 전후좌   ② 전좌후

③ 전좌우   ④ 후우좌

⑤ 우좌좌

04

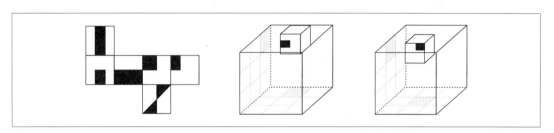

① 좌후전   ② 후전전

③ 전전후   ④ 후우좌

⑤ 후좌우

05

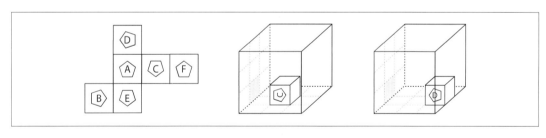

① 후우전   ② 우후전

③ 좌우우   ④ 전우후

⑤ 우좌우

06 다음 Ⓐ, Ⓑ, Ⓒ의 전개도를 면이 전면에 오도록 접은 후 주어진 방향으로 회전하여 아래의 결합 모양과 같이 붙인 그림으로 알맞은 것을 고르면?

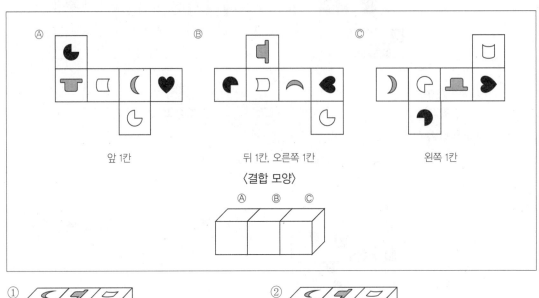

①

②

③

④

⑤

07 다음 Ⓐ, Ⓑ, Ⓒ의 전개도를 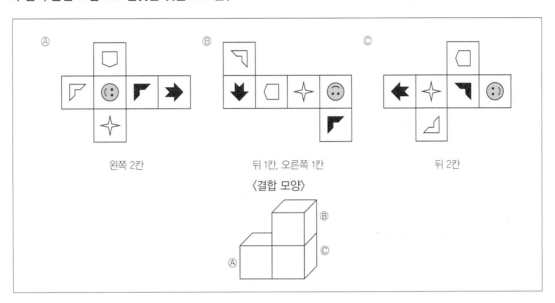면이 전면에 오도록 접은 후 주어진 방향으로 회전하여 아래의 결합 모양과 같이 붙인 그림으로 알맞은 것을 고르면?

①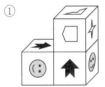

②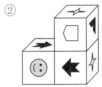

③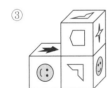

④

⑤

08 다음 Ⓐ, Ⓑ, ⓒ의 전개도를 [↱]면이 전면에 오도록 접은 후 주어진 방향으로 회전하여 아래의 결합 모양과 같이 붙인 그림으로 알맞은 것을 고르면?

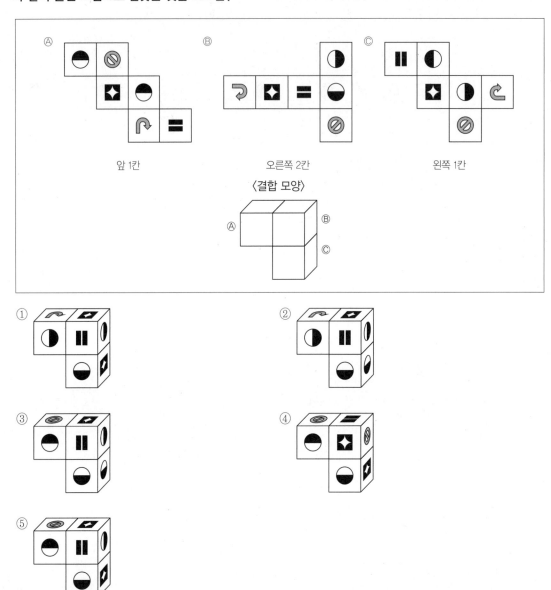

09 다음 Ⓐ, Ⓑ, ©의 전개도를 ✪면이 전면에 오도록 접은 후 주어진 방향으로 회전하여 아래의 결합 모양과 같이 붙인 그림으로 알맞은 것을 고르면?

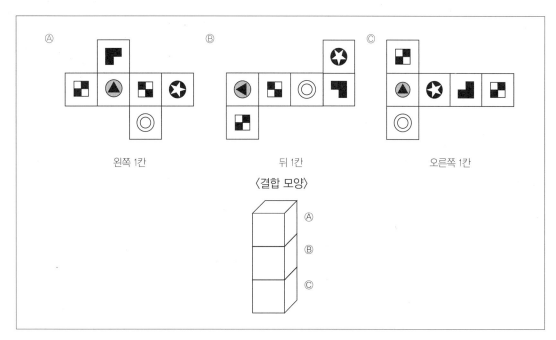

①

②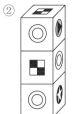

③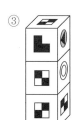

④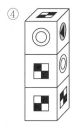

⑤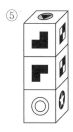

10 다음 ⑤, ⓒ, ⓔ의 전개도를 🝣면이 전면에 오도록 접은 후 주어진 방향으로 회전하여 붙인 그림으로 올바른 것은?

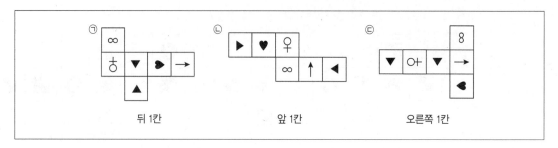

①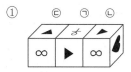

②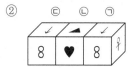

③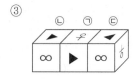

④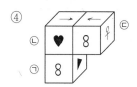

⑤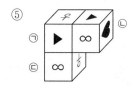

11 다음 ㉠, ㉡, ㉢의 전개도를 C 면이 전면에 오도록 접은 후 주어진 방향으로 회전하여 붙인 그림으로 올바른 것은?

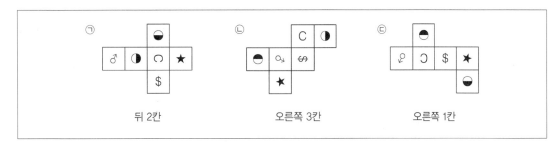

뒤 2칸   오른쪽 3칸   오른쪽 1칸

①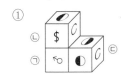

②

③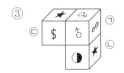

④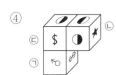

⑤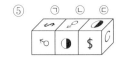

12 다음 ㉠, ㉡, ㉢의 전개도를 ♪ 면이 전면에 오도록 접은 후 주어진 방향으로 회전하여 붙인 그림으로 올바른 것은?

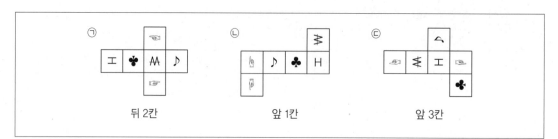

㉠ 뒤 2칸   ㉡ 앞 1칸   ㉢ 앞 3칸

①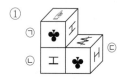

②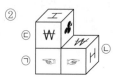

③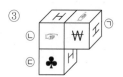

④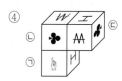

⑤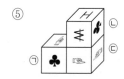

※ 입체도형의 회전규칙이 다음과 같이 정의된다고 할 때, 제시된 단면과 일치하는 입체도형을 주어진 방향으로 회전한 것을 고르시오(단, 1회전은 90°이다). [13~17]

	회전 전
회전 전	

	X축 1회전	Y축 1회전	Z축 1회전
회전 후			

13

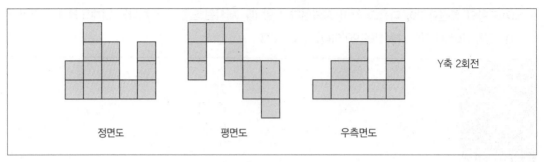

정면도   평면도   우측면도   Y축 2회전

①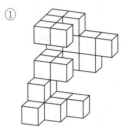

②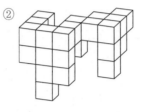

③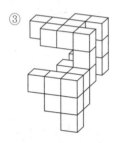

④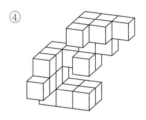

⑤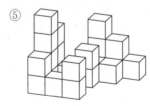

14

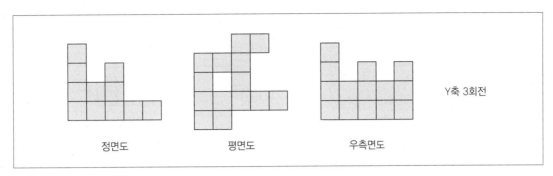

정면도   평면도   우측면도   Y축 3회전

①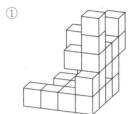

②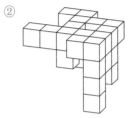

③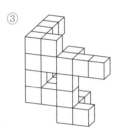

④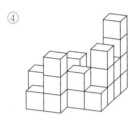

⑤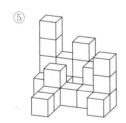

15

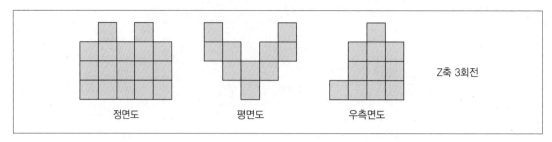

정면도   평면도   우측면도   Z축 3회전

①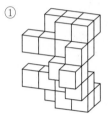

②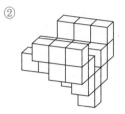

③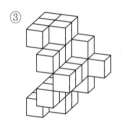

④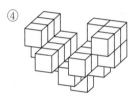

⑤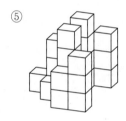

16

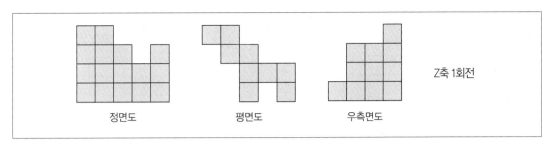

정면도   평면도   우측면도   Z축 1회전

①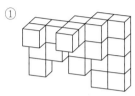

②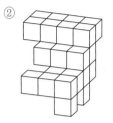

③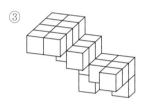

④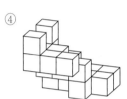

⑤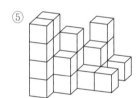

17

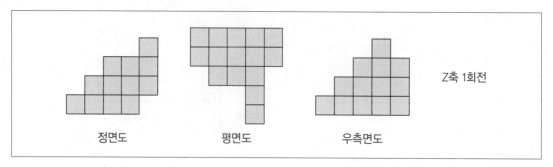

정면도   평면도   우측면도   Z축 1회전

①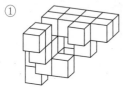

②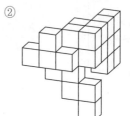

③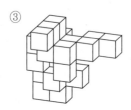

④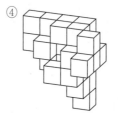

⑤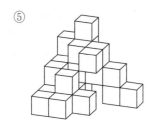

※ 다음 제시된 단면과 일치하는 입체도형을 고르시오. [18~19]

18

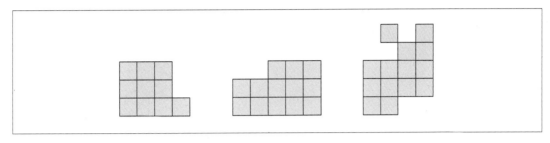

①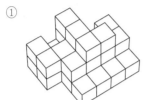

②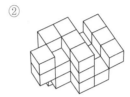

③

④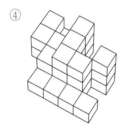

⑤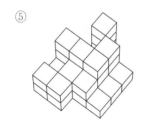

19

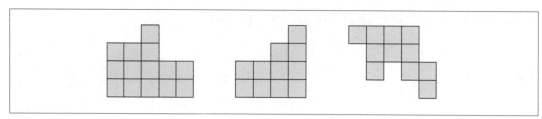

①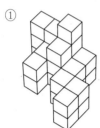

②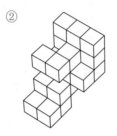

③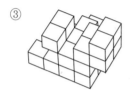

④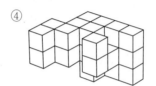

⑤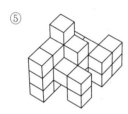

20 제시된 도형과 일치하지 않는 입체도형을 고르면?

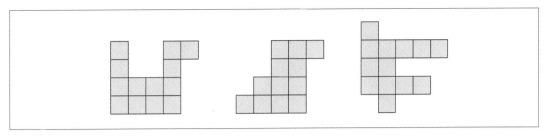

①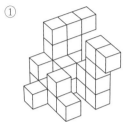

②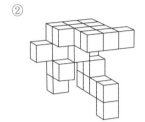

③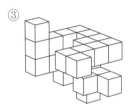

④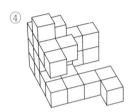

⑤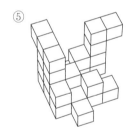

※ 다음 기호들은 일정한 규칙에 따라 도형을 변화시킨다. 주어진 도형을 도식에 따라 변화시켰을 때 결과로 알맞은 것을 고르시오. [1~3]

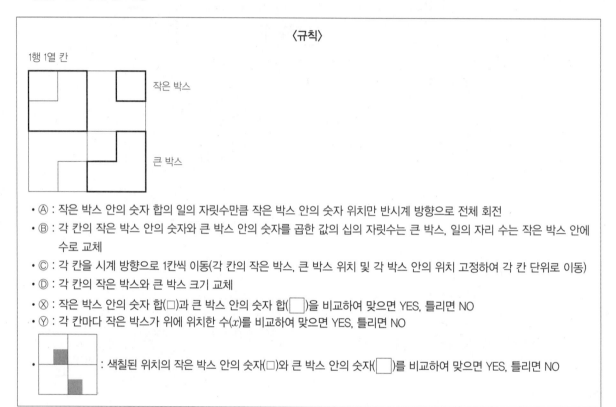

- Ⓐ : 작은 박스 안의 숫자 합의 일의 자릿수만큼 작은 박스 안의 숫자 위치만 반시계 방향으로 전체 회전
- Ⓑ : 각 칸의 작은 박스 안의 숫자와 큰 박스 안의 숫자를 곱한 값의 십의 자릿수는 큰 박스, 일의 자리 수는 작은 박스 안에 수로 교체
- Ⓒ : 각 칸을 시계 방향으로 1칸씩 이동(각 칸의 작은 박스, 큰 박스 위치 및 각 박스 안의 위치 고정하여 각 칸 단위로 이동)
- Ⓓ : 각 칸의 작은 박스와 큰 박스 크기 교체
- Ⓧ : 작은 박스 안의 숫자 합(□)과 큰 박스 안의 숫자 합(▭)을 비교하여 맞으면 YES, 틀리면 NO
- Ⓨ : 각 칸마다 작은 박스가 위에 위치한 수(x)를 비교하여 맞으면 YES, 틀리면 NO
- [색칠된 이미지] : 색칠된 위치의 작은 박스 안의 숫자(□)와 큰 박스 안의 숫자(▭)를 비교하여 맞으면 YES, 틀리면 NO

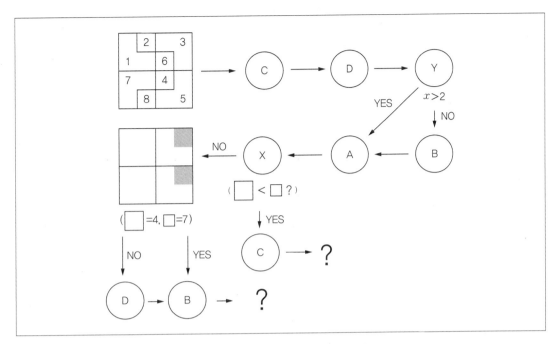

①
```
    1     5
 2     4
 6     8
    3     7
```

②
```
 2        5
    0  6
    8     0
 1     2
```

③
```
 1        6
    2  3
 8        5
    7  4
```

④
```
 2        0
    4  1
 4        4
    0  2
```

⑤
```
    1     6
 8     5
 2        2
    0  0
```

안심Touch

02

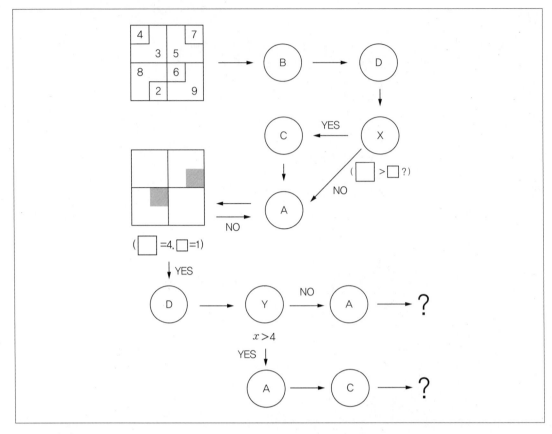

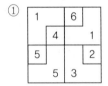

①
1		6	
	4		1
5			2
	5	3	

②
3		2	
	4		8
	5	9	
7			6

③
6		5	
	1		3
	4	2	
5			1

④
	3	2	
5			1
4			6
	5	1	

⑤
	8		3
2		4	
	6		7
9		5	

03

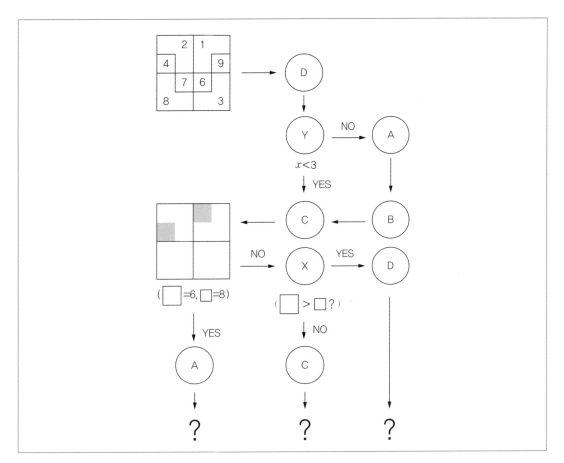

①
	7		2
8		4	
6		1	
	3		9

②
2			8
	4	7	
	6	9	
3			1

③
	1		7
9		8	
	4		3
2		6	

④
	7	4	
8			2
	1	3	
9			6

⑤
	3	4	
6			2
	7	1	
8			9

※ 다음 제시된 명령어의 규칙에 따라 숫자를 변환시킬 때, 규칙에 따라 도식을 해결하여 마지막에 나오는 형태를 구하시오. [4~6]

Enter : 숫자와 색을 한 행씩 아래로 이동

Space : 숫자와 색을 한 열씩 오른쪽으로 이동

Tab : 숫자만 시계 방향으로 90° 회전

Shift : 색 반전

◇ : 해당 칸의 숫자가 초기 숫자보다 큰가?

□ : 해당 칸의 배경이 흰색인가?

■ : 해당 칸의 배경이 검은색인가?

사각형 안에 ―(빼기) 2개 : 2개 칸 숫자의 차 X가 조건에 맞는지 확인

사각형 안에 ＋(더하기) 2개 : 2개 칸 숫자의 합 X가 조건에 맞는지 확인

04

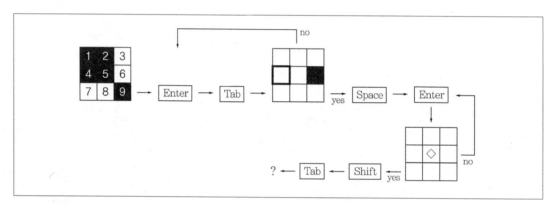

①
1	4	7
3	6	9
2	5	8

②
5	4	6
8	7	9
2	1	3

③
4	1	7
6	3	9
5	2	8

④
1	3	2
7	9	8
4	6	5

⑤
6	9	3
5	8	2
4	7	1

05

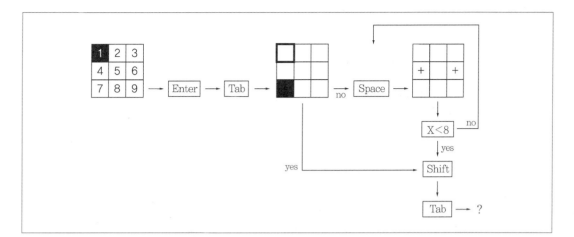

①
4	7	1
5	8	2
6	9	3

②
1	7	4
2	8	5
3	9	6

③
3	2	1
9	8	7
6	5	4

④
1	7	4
2	8	5
3	9	6

⑤
4	1	7
5	2	8
6	3	9

06

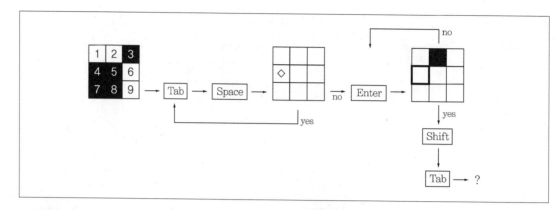

①
1	3	2
7	9	8
4	6	5

②
4	6	5
1	3	2
7	9	8

③
5	2	8
6	3	7
4	1	9

④
4	6	5
1	3	2
7	9	8

⑤
7	9	8
1	3	2
4	6	5

※ 다음 도식의 기호들은 일정한 규칙에 따라 도형을 변화시킨다. 물음표에 들어갈 알맞은 형태를 고르시오. [7~9]

[변환규칙]

↑ : 알파벳이 한 칸씩 위로 이동한다.

➡ : 한글이 한 칸씩 우측으로 이동한다.

↱ : 한글이 알파벳 위에 있는 칸의 개수를 a라고 할 때, 가운데 칸을 제외한 8개의 칸이 시계 방향으로 a칸 이동한다.

⬍ (m, n) : m행과 n열의 각 칸에서 알파벳과 한글의 상하 위치를 서로 바꾼다.

[조건규칙]

A, A : 알파벳이 한글의 위에 위치한 개수

ㄱ, ㄱ : 한글의 상하 위치가 처음과 동일한 개수

A, ㄱ : 한 칸에 들어있는 알파벳과 한글의 짝이 처음과 동일한 개수

07

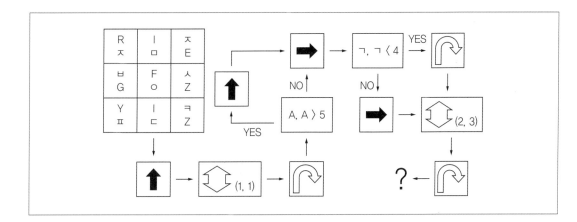

①
ㅈG	ㅣㅍ	Zㅇ
Yㅅ	ㅈF	Zㅇ
Rㅋ	ㅂㅣ	Zㅁ

②
Yㅅ	ㅈF	Zㅇ
Rㅋ	ㅂㅣ	Zㅁ
ㅈG	ㅣㅍ	ZX

③
ㅈG	ㅈF	Zㅁ
Yㅅ	ㅂㅣ	Zㅇ
Rㅋ	ㅣㅍ	ㄷE

④
ㄷE	ㅣㅍ	Rㅋ
Zㅇ	ㅂㅣ	Yㅅ
Zㅁ	ㅈF	ㅈG

⑤
Rㅋ	ㄷE	ㅣㅍ
Yㅅ	Zㅇ	ㅂㅣ
ㅈG	Zㅁ	ㅈF

08

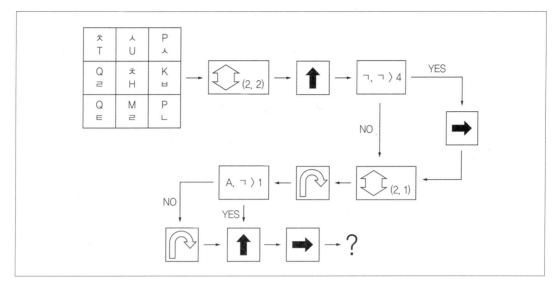

①
H ㄹ	Q ㅅ	T ㅊ
ㄴ Q	K ㄹ	U ㅊ
ㅌ M	ㅂ P	P ㄴ

②
T ㅊ	H ㄹ	T ㅊ
U ㅊ	ㄴ Q	U ㅊ
P ㅅ	ㅌ M	P ㅅ

③
ㅂ P	ㄴ Q	ㅌ M
P ㅅ	Q ㅅ	K ㄹ
U ㅊ	H ㄹ	T ㅊ

④
ㅂ P	ㅌ M	ㄴ Q
P ㅅ	K ㄹ	H ㄹ
U ㅊ	T ㅊ	Q ㅅ

⑤
P ㅅ	ㅂ P	ㅌ M
U ㅊ	K ㄹ	ㄴ Q
T ㅊ	Q ㅅ	H ㄹ

09

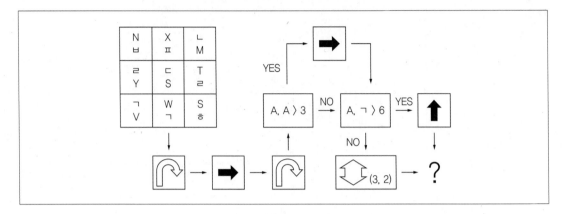

①
N ㅂ	ㄴ X	ㅂ M
ㄷ Y	S ㄹ	T ㄹ
V ㄱ	W ㅎ	ㄱ S

②
Y ㅍ	S ㄴ	ㅂ T
ㄷ V	ㄹ W	S ㄹ
ㄱ N	X ㅎ	M ㄱ

③
X ㅎ	ㄱ N	ㄷ V
M ㄱ	ㄹ W	Y ㅍ
S ㄹ	ㅂ T	S ㄴ

④
N ㅂ	ㅍ X	ㄴ M
ㄹ Y	S ㄷ	T ㄹ
V ㄱ	W ㄱ	ㅎ S

⑤
Y ㅂ	S ㅍ	ㄴ T
ㄹ V	ㄷ W	S ㄹ
ㄱ N	X ㄱ	M ㅎ

※ 다음 도식의 기호들은 일정한 규칙에 따라 도형을 변화시킨다. 물음표에 들어갈 알맞은 도형을 고르시오. [10~11]

▶▶ : 1열을 3열로 복제
▼▼ : 1행을 3행으로 복제
◎ : 가운데 도형을 기준으로 시계 방향 1칸씩 이동
◁▷ : 1열과 3열을 교환
◉ : 해당 칸 '모양' 비교 → 가장 처음 제시된 도형과 같으면 한 열씩 오른쪽 / 다르면 한 행씩 아래로 이동
■ : 해당 칸 '색깔' 비교 → 가장 처음 제시된 도형과 같으면 해당 열 색 반전 / 다르면 해당 행 색 반

10

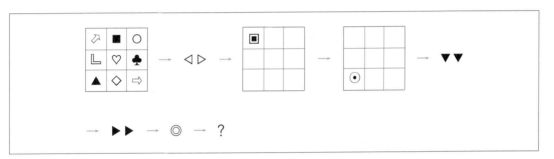

→ ▶▶ → ◎ → ?

①

②

③

④

⑤

11

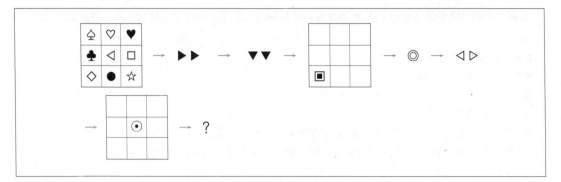

 → ?

①
♧	♡	♠
♡	♣	♤
♠	♤	◁

②
♧	♡	♠
♠	♤	◁
♡	♣	♤

③
♤	♡	♠
◁	♠	♤
♠	♣	♡

④
♠	♧	♡
♤	♡	♣
◁	♠	♤

⑤
♧	♠	♡
♡	♤	♣
♠	◁	♤

※ 다음 도식의 기호들은 일정한 규칙에 따라 도형을 변화시킨다. 물음표에 들어갈 알맞은 도형을 고르시오. [12~13]

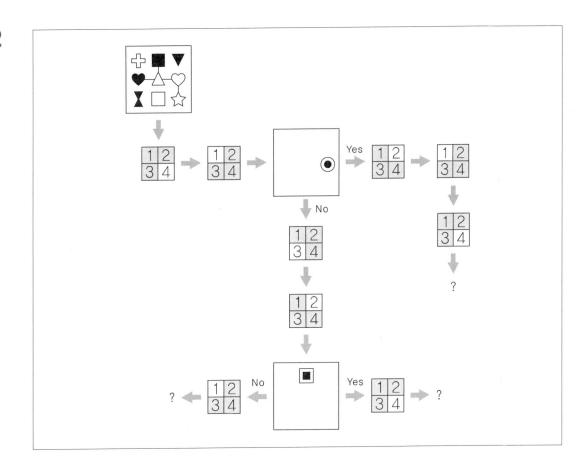

①   ②   ③

④   ⑤

13

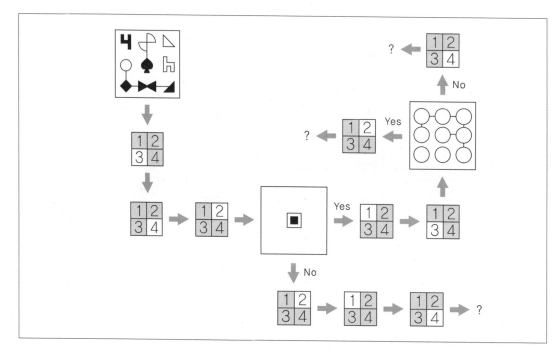

①   ②   ③

④   ⑤

※ 다음 도식의 기호들은 일정한 규칙에 따라 도형을 변화시킨다. 물음표에 들어갈 알맞은 도형을 고르시오. [14~15]

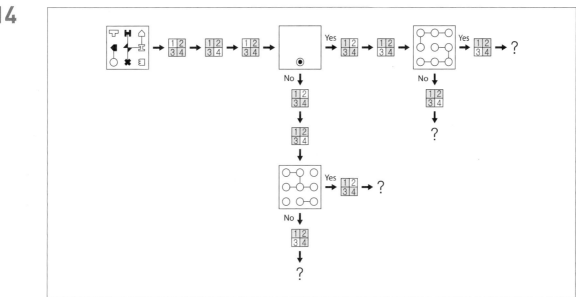

14

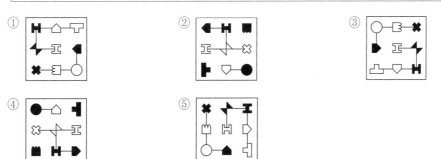

①

②

③

④

⑤

15

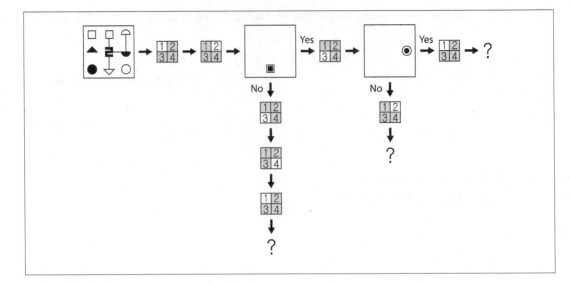

①

②

③

④

⑤

PART 4 인성검사

인성검사

01 현대자동차그룹 인성검사

1. 현대자동차그룹 인성검사

검사 영역	검사 문항 수	검사 시간
인성검사 I	336문항	50분
인성검사 II	335문항	45분

현대자동차그룹 인성검사는 2016년 하반기부터 인성검사 I, 인성검사 II의 두 영역으로 실시하고 있다. 5개 영역의 적성검사가 끝나고 15분의 휴식 후, 인성검사 I은 50분 동안, 인성검사 II는 45분 동안 실시한다. 인성검사는 지원자가 현대자동차그룹의 인재상에 적합한 인재인지를 알아보는 한편, 조직 적응력이 어느 정도인지를 평가하는 테스트이다. 인성검사 결과는 1, 2차 면접 시 참고자료로 활용되기 때문에 검사에 임하기 전에 미리 자신의 성향을 정확히 파악해두면 실제 검사에서 일관성 있게 대답할 수 있다.

• 인성검사 I

기존의 유형과 비슷하게 한 문제당 3개의 문장이 나오며 자신의 성향과 가까운 정도에 따라 1~6점을 부여한다 (① 전혀 그렇지 않다, ② 거의 그렇지 않다, ③ 조금 그렇지 않다, ④ 조금 그렇다, ⑤ 거의 그렇다, ⑥ 매우 그렇다). 그런 다음 3개의 문장에서 자신과 가장 가까운 것과 가장 먼 것에 체크를 한다.

• 인성검사 II

2016년 하반기에 새롭게 추가된 유형으로 한 문제 당 한 개의 문제가 나오며, 자신의 성향과 가까운 정도에 따라 1~4점을 부여한다(① 그렇지 않다, ② 약간 그렇다, ③ 대체로 그렇다, ④ 그렇다).

2. 인성검사 수검요령

인성검사는 특별한 수검요령이 없다. 다시 말하면 모범답안이 없고, 정답이 없다는 이야기이다. 국어문제처럼 말의 뜻을 풀이하는 것도 아니다. 군이 수검요령을 말하자면, 진실하고 솔직한 자신의 생각이 최고의 답변이라고 할 수 있을 것이다.

인성검사에서 가장 중요한 것은 첫째, 솔직한 답변이다. 지금까지의 경험을 통해서 축적되어온 자신의 생각과 행동을 거짓 없이 솔직하게 기재하는 것이다. 예를 들어, '나는 타인의 물건을 훔치고 싶은 충동을 느껴본 적이 있다.'란 질문에 지원자들은 많은 생각을 하게 된다. 생각해 보라. 유년기에 또는 성인이 되어서도 타인의 물건을 훔치는 일을 저지른 적은 없더라도, 훔치고 싶은 충동은 누구나 조금이라도 느껴보았을 것이다. 그런데 이 질문에 고민을 하는 사람이 간혹 있다. 이 질문에 '예'라고 대답하면 담당 검사관들이 나를 사회적으로 문제가 있는 사람으로 여기지는 않을까 하는 생각에 '아니요'라는 답을 기재하게 된다. 이런 솔직하지 않은 답변이 답변의 신뢰와 솔직함을 나타내는 타당성 척도에 좋지 않은 점수를 주게 된다.

둘째, 일관성 있는 답변이다. 인성검사의 수많은 질문 문항 중에는 비슷한 뜻의 질문이 여러 개 숨어 있는 경우가 많이 있다. 그 질문들은 지원자의 솔직한 답변과 심리적인 상태를 알아보기 위해 내포되어 있는 문항들이다. 예컨 대 '나는 유년시절 타인의 물건을 훔친 적이 있다.'라는 질문에 '예'라고 대답했는데, '나는 유년시절 타인의 물건을 훔쳐보고 싶은 충동을 느껴본 적이 있다.'라는 질문에는 '아니요'라는 답을 기재한다면 어떻겠는가. 일관성 없이 '대충 기재하자.'라는 식의 심리적 무성의성 답변이 되거나, 거짓말을 하고 있는 사람으로 보일 수 있다.

인성검사는 많은 문항수를 풀어야하므로 지원자들은 지루함과 따분함, 반복된 뜻의 질문에 의한 인내력 상실 등이 나타날 수 있다. 인내를 가지고 솔직하게 내 생각을 대답하는 것이 무엇보다 중요한 요령이 될 것이다.

3. 인성검사 시 유의사항

(1) 충분한 휴식으로 불안을 없애고 정서적인 안정을 취한다. 심신이 안정되어야 자신의 마음을 표현할 수 있다.

(2) 생각나는 대로 솔직하게 응답한다. 자신을 너무 과대포장하지도, 너무 비하하지도 마라. 답변을 꾸며서 하면 앞뒤가 맞지 않게끔 구성돼 있어 불리한 평가를 받게 된다. 무엇보다 제일 중요한 것은 솔직하게 답하는 것이다.

(3) 검사문항에 대해 지나치게 생각해서는 안 된다. 지나치게 몰두하면 엉뚱한 답변이 나올 수 있으므로 불필요한 생각은 삼간다.

(4) 검사시간에 너무 신경 쓸 필요는 없다. 인성검사는 시간제한이 없는 경우가 많으며 시간제한이 있다 해도 충분한 시간이다.

(5) 인성검사는 대개 문항수가 많기에 자칫 건너뛰는 경우가 있는데, 가능한 모든 문항에 답해야 한다. 응답하지 않은 문항이 많을 경우 평가자가 정확한 평가를 내리지 못해 불리한 평가를 내릴 수 있기 때문이다.

※ 인성검사 모의연습은 수험생들의 후기를 통해 (주)시대고시기획에서 복원한 질문으로 실제 인성검사 문항과 다소 차이가 있을 수 있으며, 본 저작물의 무단 전재 및 복제를 금합니다.

다음 문항을 읽고, 자신의 성향과 가까운 정도에 따라 1~6점을 부여한다(① 매우 그렇지 않다, ② 거의 그렇지 않다, ③ 조금 그렇지 않다, ④ 조금 그렇다, ⑤ 거의 그렇다, ⑥ 매우 그렇다). 그리고 3개의 문장에서 자신과 가장 가까운 것과 가장 먼 것에 체크하시오.

질 문	답안 1						답안 2	
	①	②	③	④	⑤	⑥	멀	가
1. 나는 처음 보는 사람과 금방 친해진다.	☐	■	☐	☐	☐	☐	■	☐
2. 나는 일상에서 늘 새로운 것을 시도해본다.	☐	☐	☐	☐	■	☐	☐	☐
3. 나는 여러 사람과 토론 중에 내 주장을 확실히 밝힌다.	☐	☐	☐	☐	☐	■	☐	■

※ 다음 문항을 읽고, 자신의 성향과 가까운 정도에 따라 1~6점을 부여한다(① 매우 그렇지 않다, ② 거의 그렇지 않다, ③ 조금 그렇지 않다, ④ 조금 그렇다, ⑤ 거의 그렇다, ⑥ 매우 그렇다). 그리고 3개의 문장에서 자신과 가장 가까운 것과 가장 먼 것에 체크하시오. [1~81]

01

질 문	답안 1						답안 2	
	①	②	③	④	⑤	⑥	멀	가
1. 사물을 신중하게 생각하는 편이라고 생각한다.	☐	☐	☐	☐	☐	☐	☐	☐
2. 포기하지 않고 노력하는 것이 중요하다.	☐	☐	☐	☐	☐	☐	☐	☐
3. 자신의 권리를 주장하는 편이다.	☐	☐	☐	☐	☐	☐	☐	☐

02

질 문	답안 1						답안 2	
	①	②	③	④	⑤	⑥	멀	가
1. 노력의 여하보다 결과가 중요하다.	☐	☐	☐	☐	☐	☐	☐	☐
2. 자기주장이 강하다.	☐	☐	☐	☐	☐	☐	☐	☐
3. 어떠한 일이 있어도 출세하고 싶다.	☐	☐	☐	☐	☐	☐	☐	☐

03

질 문	답안 1						답안 2	
	①	②	③	④	⑤	⑥	멀	가
1. 다른 사람의 일에 관심이 없다.	☐	☐	☐	☐	☐	☐	☐	☐
2. 때로는 후회할 때도 있다.	☐	☐	☐	☐	☐	☐	☐	☐
3. 진정으로 마음을 허락할 수 있는 사람은 없다.	☐	☐	☐	☐	☐	☐	☐	☐

04

질 문	답안 1						답안 2	
	①	②	③	④	⑤	⑥	멀	가
1. 한번 시작한 일은 끝을 맺는다.	☐	☐	☐	☐	☐	☐	☐	☐
2. 다른 사람들이 하지 못하는 일을 하고 싶다.	☐	☐	☐	☐	☐	☐	☐	☐
3. 좋은 생각이 떠올라도 실행하기 전에 여러모로 검토한다.	☐	☐	☐	☐	☐	☐	☐	☐

05

질문	답안 1						답안 2	
	①	②	③	④	⑤	⑥	멀	가
1. 다른 사람에게 항상 움직이고 있다는 말을 듣는다.	☐	☐	☐	☐	☐	☐	☐	☐
2. 옆에 사람이 있으면 싫다.	☐	☐	☐	☐	☐	☐	☐	☐
3. 친구들과 남의 이야기를 하는 것을 좋아한다.	☐	☐	☐	☐	☐	☐	☐	☐

06

질문	답안 1						답안 2	
	①	②	③	④	⑤	⑥	멀	가
1. 모두가 싫증을 내는 일에도 혼자서 열심히 한다.	☐	☐	☐	☐	☐	☐	☐	☐
2. 완성된 것보다 미완성인 것에 흥미가 있다.	☐	☐	☐	☐	☐	☐	☐	☐
3. 능력을 살릴 수 있는 일을 하고 싶다.	☐	☐	☐	☐	☐	☐	☐	☐

07

질문	답안 1						답안 2	
	①	②	③	④	⑤	⑥	멀	가
1. 번화한 곳에 외출하는 것을 좋아한다.	☐	☐	☐	☐	☐	☐	☐	☐
2. 다른 사람에게 자신이 소개되는 것을 좋아한다.	☐	☐	☐	☐	☐	☐	☐	☐
3. 다른 사람보다 쉽게 우쭐해진다.	☐	☐	☐	☐	☐	☐	☐	☐

08

질 문	답안 1		답안 2
	① ② ③ ④ ⑤ ⑥		멀 가
1. 다른 사람의 감정에 민감하다.	☐ ☐ ☐ ☐ ☐ ☐		☐ ☐
2. 다른 사람들이 남을 배려하는 마음씨가 있다는 말을 한다.	☐ ☐ ☐ ☐ ☐ ☐		☐ ☐
3. 사소한 일로 우는 일이 많다.	☐ ☐ ☐ ☐ ☐ ☐		☐ ☐

09

질 문	답안 1		답안 2
	① ② ③ ④ ⑤ ⑥		멀 가
1. 통찰력이 있다고 생각한다.	☐ ☐ ☐ ☐ ☐ ☐		☐ ☐
2. 몸으로 부딪혀 도전하는 편이다.	☐ ☐ ☐ ☐ ☐ ☐		☐ ☐
3. 감정적으로 될 때가 많다.	☐ ☐ ☐ ☐ ☐ ☐		☐ ☐

10

질 문	답안 1		답안 2
	① ② ③ ④ ⑤ ⑥		멀 가
1. 타인에게 간섭받는 것은 싫다.	☐ ☐ ☐ ☐ ☐ ☐		☐ ☐
2. 신경이 예민한 편이라고 생각한다.	☐ ☐ ☐ ☐ ☐ ☐		☐ ☐
3. 난관에 봉착해도 포기하지 않고 열심히 해본다.	☐ ☐ ☐ ☐ ☐ ☐		☐ ☐

안심Touch

11

질 문	답안 1						답안 2	
	①	②	③	④	⑤	⑥	멀	가
1. 해야 할 일은 신속하게 처리한다.	☐	☐	☐	☐	☐	☐	☐	☐
2. 매사에 느긋하고 차분하게 매달린다.	☐	☐	☐	☐	☐	☐	☐	☐
3. 끙끙거리며 생각할 때가 있다.	☐	☐	☐	☐	☐	☐	☐	☐

12

질 문	답안 1						답안 2	
	①	②	③	④	⑤	⑥	멀	가
1. 하나의 취미를 오래 지속하는 편이다.	☐	☐	☐	☐	☐	☐	☐	☐
2. 매사에 얽매인다.	☐	☐	☐	☐	☐	☐	☐	☐
3. 일주일의 예정을 만드는 것을 좋아한다.	☐	☐	☐	☐	☐	☐	☐	☐

13

질 문	답안 1						답안 2	
	①	②	③	④	⑤	⑥	멀	가
1. 자신의 의견을 상대에게 잘 주장하지 못한다.	☐	☐	☐	☐	☐	☐	☐	☐
2. 좀처럼 결단하지 못하는 경우가 있다.	☐	☐	☐	☐	☐	☐	☐	☐
3. 행동으로 옮기기까지 시간이 걸린다.	☐	☐	☐	☐	☐	☐	☐	☐

14

질문	답안 1						답안 2	
	①	②	③	④	⑤	⑥	멀	가
1. 돌다리도 두드리며 건너는 타입이라고 생각한다.	☐	☐	☐	☐	☐	☐	☐	☐
2. 굳이 말하자면 시원시원한 성격이라고 생각한다.	☐	☐	☐	☐	☐	☐	☐	☐
3. 토론에서 이길 자신이 있다.	☐	☐	☐	☐	☐	☐	☐	☐

15

질문	답안 1						답안 2	
	①	②	③	④	⑤	⑥	멀	가
1. 쉽게 침울해진다.	☐	☐	☐	☐	☐	☐	☐	☐
2. 쉽게 싫증을 내는 편이다.	☐	☐	☐	☐	☐	☐	☐	☐
3. 낙천가라고 생각한다.	☐	☐	☐	☐	☐	☐	☐	☐

16

질문	답안 1						답안 2	
	①	②	③	④	⑤	⑥	멀	가
1. 매사에 신중한 편이라고 생각한다.	☐	☐	☐	☐	☐	☐	☐	☐
2. 실행하기 전에 재확인할 때가 많다.	☐	☐	☐	☐	☐	☐	☐	☐
3. 반대에 부딪혀도 자신의 의견을 바꾸는 일은 없다.	☐	☐	☐	☐	☐	☐	☐	☐

17

질문	답안 1						답안 2	
	①	②	③	④	⑤	⑥	멀	가
1. 전망을 세우고 행동할 때가 많다.	☐	☐	☐	☐	☐	☐	☐	☐
2. 일에는 결과가 중요하다고 생각한다.	☐	☐	☐	☐	☐	☐	☐	☐
3. 다른 사람으로부터 지적받는 것은 싫다.	☐	☐	☐	☐	☐	☐	☐	☐

18

질문	답안 1						답안 2	
	①	②	③	④	⑤	⑥	멀	가
1. 다른 사람에게 위해를 가할 것 같은 기분이 든 때가 있다.	☐	☐	☐	☐	☐	☐	☐	☐
2. 인간관계가 폐쇄적이라는 말을 듣는다.	☐	☐	☐	☐	☐	☐	☐	☐
3. 친구들로부터 줏대 없는 사람이라는 말을 듣는다.	☐	☐	☐	☐	☐	☐	☐	☐

19

질문	답안 1						답안 2	
	①	②	③	④	⑤	⑥	멀	가
1. 누구와도 편하게 이야기할 수 있다.	☐	☐	☐	☐	☐	☐	☐	☐
2. 다른 사람을 싫어한 적은 한 번도 없다.	☐	☐	☐	☐	☐	☐	☐	☐
3. 리더로서 인정을 받고 싶다.	☐	☐	☐	☐	☐	☐	☐	☐

20

질문	답안 1						답안 2	
	①	②	③	④	⑤	⑥	멀	가
1. 기다리는 것에 짜증내는 편이다.	☐	☐	☐	☐	☐	☐	☐	☐
2. 지루하면 마구 떠들고 싶어진다.	☐	☐	☐	☐	☐	☐	☐	☐
3. 남과 친해지려면 용기가 필요하다.	☐	☐	☐	☐	☐	☐	☐	☐

21

질문	답안 1						답안 2	
	①	②	③	④	⑤	⑥	멀	가
1. 사물을 과장해서 말한 적은 없다.	☐	☐	☐	☐	☐	☐	☐	☐
2. 항상 천재지변을 당하지 않을까 걱정하고 있다.	☐	☐	☐	☐	☐	☐	☐	☐
3. 어떤 일이 있어도 의욕을 가지고 열심히 하는 편이다.	☐	☐	☐	☐	☐	☐	☐	☐

22

질문	답안 1						답안 2	
	①	②	③	④	⑤	⑥	멀	가
1. 그룹 내에서는 누군가의 주도하에 따라가는 경우가 많다.	☐	☐	☐	☐	☐	☐	☐	☐
2. 내성적이라고 생각한다.	☐	☐	☐	☐	☐	☐	☐	☐
3. 모르는 사람과 이야기하는 것은 용기가 필요하다.	☐	☐	☐	☐	☐	☐	☐	☐

23

질문	답안 1						답안 2	
	①	②	③	④	⑤	⑥	멀	가
1. 집에서 가만히 있으면 기분이 우울해진다.	☐	☐	☐	☐	☐	☐	☐	☐
2. 당황하면 갑자기 땀이 나서 신경 쓰일 때가 있다.	☐	☐	☐	☐	☐	☐	☐	☐
3. 차분하다는 말을 듣는다.	☐	☐	☐	☐	☐	☐	☐	☐

24

질문	답안 1						답안 2	
	①	②	③	④	⑤	⑥	멀	가
1. 어색해지면 입을 다무는 경우가 많다.	☐	☐	☐	☐	☐	☐	☐	☐
2. 융통성이 없는 편이다.	☐	☐	☐	☐	☐	☐	☐	☐
3. 이유도 없이 화가 치밀 때가 있다.	☐	☐	☐	☐	☐	☐	☐	☐

25

질문	답안 1						답안 2	
	①	②	③	④	⑤	⑥	멀	가
1. 자질구레한 걱정이 많다.	☐	☐	☐	☐	☐	☐	☐	☐
2. 다른 사람을 의심한 적이 한 번도 없다.	☐	☐	☐	☐	☐	☐	☐	☐
3. 지금까지 후회를 한 적이 없다.	☐	☐	☐	☐	☐	☐	☐	☐

26

질문	답안 1						답안 2	
	①	②	③	④	⑤	⑥	멀	가
1. 무슨 일이든 자신을 가지고 행동한다.	□	□	□	□	□	□	□	□
2. 자주 깊은 생각에 잠긴다.	□	□	□	□	□	□	□	□
3. 가만히 있지 못할 정도로 불안해질 때가 있다.	□	□	□	□	□	□	□	□

27

질문	답안 1						답안 2	
	①	②	③	④	⑤	⑥	멀	가
1. 스포츠 선수가 되고 싶다고 생각한 적이 있다.	□	□	□	□	□	□	□	□
2. 유명인과 서로 아는 사람이 되고 싶다.	□	□	□	□	□	□	□	□
3. 연예인에 대해 동경한 적이 없다.	□	□	□	□	□	□	□	□

28

질문	답안 1						답안 2	
	①	②	③	④	⑤	⑥	멀	가
1. 휴일은 세부적인 예정을 세우고 보낸다.	□	□	□	□	□	□	□	□
2. 잘하지 못하는 것이라도 자진해서 한다.	□	□	□	□	□	□	□	□
3. 이유도 없이 다른 사람과 부딪힐 때가 있다.	□	□	□	□	□	□	□	□

29

질문	답안 1						답안 2	
	①	②	③	④	⑤	⑥	멀	가
1. 타인의 일에는 별로 관여하고 싶지 않다고 생각한다.	☐	☐	☐	☐	☐	☐	☐	☐
2. 의견이 다른 사람과는 어울리지 않는다.	☐	☐	☐	☐	☐	☐	☐	☐
3. 주위의 영향을 쉽게 받는다.	☐	☐	☐	☐	☐	☐	☐	☐

30

질문	답안 1						답안 2	
	①	②	③	④	⑤	⑥	멀	가
1. 지인을 발견해도 만나고 싶지 않을 때가 많다.	☐	☐	☐	☐	☐	☐	☐	☐
2. 굳이 말하자면 자의식 과잉이다.	☐	☐	☐	☐	☐	☐	☐	☐
3. 몸을 움직이는 것을 좋아한다.	☐	☐	☐	☐	☐	☐	☐	☐

31

질문	답안 1						답안 2	
	①	②	③	④	⑤	⑥	멀	가
1. 무슨 일이든 생각해 보지 않으면 만족하지 못한다.	☐	☐	☐	☐	☐	☐	☐	☐
2. 다수의 반대가 있더라도 자신의 생각대로 행동한다.	☐	☐	☐	☐	☐	☐	☐	☐
3. 지금까지 다른 사람의 마음에 상처준 일이 없다.	☐	☐	☐	☐	☐	☐	☐	☐

32

질문	답안 1						답안 2	
	①	②	③	④	⑤	⑥	멀	가
1. 실행하기 전에 재고하는 경우가 많다.	☐	☐	☐	☐	☐	☐	☐	☐
2. 나는 완고한 편이라고 생각한다.	☐	☐	☐	☐	☐	☐	☐	☐
3. 작은 소리도 신경 쓰인다.	☐	☐	☐	☐	☐	☐	☐	☐

33

질문	답안 1						답안 2	
	①	②	③	④	⑤	⑥	멀	가
1. 다소 무리를 하더라도 피로해지지 않는다.	☐	☐	☐	☐	☐	☐	☐	☐
2. 나는 다른 사람보다 기가 세다.	☐	☐	☐	☐	☐	☐	☐	☐
3. 성격이 밝다는 말을 듣는다.	☐	☐	☐	☐	☐	☐	☐	☐

34

질문	답안 1						답안 2	
	①	②	③	④	⑤	⑥	멀	가
1. 다른 사람이 부럽다고 생각한 적이 한 번도 없다.	☐	☐	☐	☐	☐	☐	☐	☐
2. 자신의 페이스를 잃지 않는다.	☐	☐	☐	☐	☐	☐	☐	☐
3. 굳이 말하자면 이상주의자다.	☐	☐	☐	☐	☐	☐	☐	☐

35

질 문	답안 1						답안 2	
	①	②	③	④	⑤	⑥	멀	가
1. 가능성에 눈을 돌린다.	☐	☐	☐	☐	☐	☐	☐	☐
2. 튀는 것을 싫어한다.	☐	☐	☐	☐	☐	☐	☐	☐
3. 방법이 정해진 일은 안심할 수 있다.	☐	☐	☐	☐	☐	☐	☐	☐

36

질 문	답안 1						답안 2	
	①	②	③	④	⑤	⑥	멀	가
1. 매사에 감정적으로 생각한다.	☐	☐	☐	☐	☐	☐	☐	☐
2. 스케줄을 짜고 행동하는 편이다.	☐	☐	☐	☐	☐	☐	☐	☐
3. 지나치게 합리적으로 결론짓는 것은 좋지 않다.	☐	☐	☐	☐	☐	☐	☐	☐

37

질 문	답안 1						답안 2	
	①	②	③	④	⑤	⑥	멀	가
1. 다른 사람의 의견에 귀를 기울인다.	☐	☐	☐	☐	☐	☐	☐	☐
2. 사람들 앞에 잘 나서지 못한다.	☐	☐	☐	☐	☐	☐	☐	☐
3. 임기응변에 능하다.	☐	☐	☐	☐	☐	☐	☐	☐

38

질 문	답안 1						답안 2	
	①	②	③	④	⑤	⑥	멀	가
1. 꿈을 가진 사람에게 끌린다.	☐	☐	☐	☐	☐	☐	☐	☐
2. 직감적으로 판단한다.	☐	☐	☐	☐	☐	☐	☐	☐
3. 틀에 박힌 일은 싫다.	☐	☐	☐	☐	☐	☐	☐	☐

39

질 문	답안 1						답안 2	
	①	②	③	④	⑤	⑥	멀	가
1. 친구가 돈을 빌려달라고 하면 거절하지 못한다.	☐	☐	☐	☐	☐	☐	☐	☐
2. 어려움에 처한 사람을 보면 원인을 생각한다.	☐	☐	☐	☐	☐	☐	☐	☐
3. 매사에 이론적으로 생각한다.	☐	☐	☐	☐	☐	☐	☐	☐

40

질 문	답안 1						답안 2	
	①	②	③	④	⑤	⑥	멀	가
1. 혼자 꾸준히 하는 것을 좋아한다.	☐	☐	☐	☐	☐	☐	☐	☐
2. 튀는 것을 좋아한다.	☐	☐	☐	☐	☐	☐	☐	☐
3. 굳이 말하자면 보수적이라 생각한다.	☐	☐	☐	☐	☐	☐	☐	☐

41

질 문	답안 1						답안 2	
	①	②	③	④	⑤	⑥	멀	가
1. 다른 사람과 만났을 때 화제에 부족함이 없다.	☐	☐	☐	☐	☐	☐	☐	☐
2. 그때그때의 기분으로 행동하는 경우가 많다.	☐	☐	☐	☐	☐	☐	☐	☐
3. 현실적인 사람에게 끌린다.	☐	☐	☐	☐	☐	☐	☐	☐

42

질 문	답안 1						답안 2	
	①	②	③	④	⑤	⑥	멀	가
1. 병이 아닌지 걱정이 들 때가 있다.	☐	☐	☐	☐	☐	☐	☐	☐
2. 자의식 과잉이라는 생각이 들 때가 있다.	☐	☐	☐	☐	☐	☐	☐	☐
3. 막무가내라는 말을 들을 때가 많다.	☐	☐	☐	☐	☐	☐	☐	☐

43

질 문	답안 1						답안 2	
	①	②	③	④	⑤	⑥	멀	가
1. 푸념을 한 적이 없다.	☐	☐	☐	☐	☐	☐	☐	☐
2. 수다를 좋아한다.	☐	☐	☐	☐	☐	☐	☐	☐
3. 부모에게 불평을 한 적이 한 번도 없다.	☐	☐	☐	☐	☐	☐	☐	☐

44

질문	답안 1						답안 2	
	①	②	③	④	⑤	⑥	멀	가
1. 친구들이 진지한 사람으로 생각하고 있다.	☐	☐	☐	☐	☐	☐	☐	☐
2. 엉뚱한 생각을 잘한다.	☐	☐	☐	☐	☐	☐	☐	☐
3. 냉정한 사람이라는 말을 듣고 싶다.	☐	☐	☐	☐	☐	☐	☐	☐

45

질문	답안 1						답안 2	
	①	②	③	④	⑤	⑥	멀	가
1. 예정에 얽매이는 것을 싫어한다.	☐	☐	☐	☐	☐	☐	☐	☐
2. 굳이 말하자면 장거리 주자에 어울린다고 생각한다.	☐	☐	☐	☐	☐	☐	☐	☐
3. 여행을 가기 전에는 세세한 계획을 세운다.	☐	☐	☐	☐	☐	☐	☐	☐

46

질문	답안 1						답안 2	
	①	②	③	④	⑤	⑥	멀	가
1. 굳이 말하자면 기가 센 편이다.	☐	☐	☐	☐	☐	☐	☐	☐
2. 신중하게 생각하는 편이다.	☐	☐	☐	☐	☐	☐	☐	☐
3. 계획을 생각하기보다는 빨리 실행하고 싶어한다.	☐	☐	☐	☐	☐	☐	☐	☐

47

질문	답안 1						답안 2	
	①	②	③	④	⑤	⑥	멀	가
1. 자신을 쓸모없는 인간이라고 생각할 때가 있다.	☐	☐	☐	☐	☐	☐	☐	☐
2. 아는 사람을 발견해도 피해버릴 때가 있다.	☐	☐	☐	☐	☐	☐	☐	☐
3. 앞으로의 일을 생각하지 않으면 진정이 되지 않는다.	☐	☐	☐	☐	☐	☐	☐	☐

48

질문	답안 1						답안 2	
	①	②	③	④	⑤	⑥	멀	가
1. 격렬한 운동도 그다지 힘들어하지 않는다.	☐	☐	☐	☐	☐	☐	☐	☐
2. 무슨 일이든 선수를 쳐야 이긴다고 생각한다.	☐	☐	☐	☐	☐	☐	☐	☐
3. 예정이 없는 상태를 싫어한다.	☐	☐	☐	☐	☐	☐	☐	☐

49

질문	답안 1						답안 2	
	①	②	③	④	⑤	⑥	멀	가
1. 잘하지 못하는 게임은 하지 않으려고 한다.	☐	☐	☐	☐	☐	☐	☐	☐
2. 다른 사람에게 의존적이 될 때가 많다.	☐	☐	☐	☐	☐	☐	☐	☐
3. 대인관계가 귀찮다고 느낄 때가 있다.	☐	☐	☐	☐	☐	☐	☐	☐

50

질문	답안 1						답안 2	
	①	②	③	④	⑤	⑥	멀	가
1. 장래의 일을 생각하면 불안해질 때가 있다.	☐	☐	☐	☐	☐	☐	☐	☐
2. 가만히 있지 못할 정도로 침착하지 못할 때가 있다.	☐	☐	☐	☐	☐	☐	☐	☐
3. 침울해지면서 아무것도 손에 잡히지 않을 때가 있다.	☐	☐	☐	☐	☐	☐	☐	☐

51

질문	답안 1						답안 2	
	①	②	③	④	⑤	⑥	멀	가
1. 새로운 일에 처음 한 발을 좀처럼 떼지 못한다.	☐	☐	☐	☐	☐	☐	☐	☐
2. 다른 사람이 나를 어떻게 생각하는지 궁금할 때가 많다.	☐	☐	☐	☐	☐	☐	☐	☐
3. 미리 행동을 정해두는 경우가 많다.	☐	☐	☐	☐	☐	☐	☐	☐

52

질문	답안 1						답안 2	
	①	②	③	④	⑤	⑥	멀	가
1. 혼자 생각하는 것을 좋아한다.	☐	☐	☐	☐	☐	☐	☐	☐
2. 다른 사람과 이야기하는 것을 좋아한다.	☐	☐	☐	☐	☐	☐	☐	☐
3. 하루의 행동을 반성하는 경우가 많다.	☐	☐	☐	☐	☐	☐	☐	☐

53

질 문	답안 1						답안 2	
	①	②	③	④	⑤	⑥	멀	가
1. 어린 시절로 돌아가고 싶을 때가 있다.	☐	☐	☐	☐	☐	☐	☐	☐
2. 인생에서 중요한 것은 높은 목표를 갖는 것이다.	☐	☐	☐	☐	☐	☐	☐	☐
3. 커다란 일을 해보고 싶다.	☐	☐	☐	☐	☐	☐	☐	☐

54

질 문	답안 1						답안 2	
	①	②	③	④	⑤	⑥	멀	가
1. 시원시원하다고 생각한다.	☐	☐	☐	☐	☐	☐	☐	☐
2. 동작이 기민한 편이다.	☐	☐	☐	☐	☐	☐	☐	☐
3. 소외감을 느낄 때가 있다.	☐	☐	☐	☐	☐	☐	☐	☐

55

질 문	답안 1						답안 2	
	①	②	③	④	⑤	⑥	멀	가
1. 혼자 여행을 떠나고 싶을 때가 자주 있다.	☐	☐	☐	☐	☐	☐	☐	☐
2. 눈을 뜨면 바로 일어난다.	☐	☐	☐	☐	☐	☐	☐	☐
3. 활력이 있다.	☐	☐	☐	☐	☐	☐	☐	☐

56

질 문	답안 1						답안 2	
	①	②	③	④	⑤	⑥	멀	가
1. 싸움을 한 적이 없다.	☐	☐	☐	☐	☐	☐	☐	☐
2. 끈기가 강하다.	☐	☐	☐	☐	☐	☐	☐	☐
3. 변화가 있는 것을 좋아한다.	☐	☐	☐	☐	☐	☐	☐	☐

57

질 문	답안 1						답안 2	
	①	②	③	④	⑤	⑥	멀	가
1. 굳이 말하자면 혁신적이라고 생각한다.	☐	☐	☐	☐	☐	☐	☐	☐
2. 사람들 앞에 나서는 데 어려움이 없다.	☐	☐	☐	☐	☐	☐	☐	☐
3. 스케줄을 짜지 않고 행동하는 편이다.	☐	☐	☐	☐	☐	☐	☐	☐

58

질 문	답안 1						답안 2	
	①	②	③	④	⑤	⑥	멀	가
1. 학구적이라는 인상을 주고 싶다.	☐	☐	☐	☐	☐	☐	☐	☐
2. 조직 안에서는 우등생 타입이라고 생각한다.	☐	☐	☐	☐	☐	☐	☐	☐
3. 이성적인 사람 밑에서 일하고 싶다.	☐	☐	☐	☐	☐	☐	☐	☐

59

질 문	답안 1						답안 2	
	①	②	③	④	⑤	⑥	멀	가
1. 정해진 절차에 따르는 것을 싫어한다.	☐	☐	☐	☐	☐	☐	☐	☐
2. 경험으로 판단한다.	☐	☐	☐	☐	☐	☐	☐	☐
3. 틀에 박힌 일은 싫다.	☐	☐	☐	☐	☐	☐	☐	☐

60

질 문	답안 1						답안 2	
	①	②	③	④	⑤	⑥	멀	가
1. 그때그때의 기분에 영향을 받는 편이다.	☐	☐	☐	☐	☐	☐	☐	☐
2. 시간에 정확한 편이다.	☐	☐	☐	☐	☐	☐	☐	☐
3. 융통성이 있다.	☐	☐	☐	☐	☐	☐	☐	☐

61

질 문	답안 1						답안 2	
	①	②	③	④	⑤	⑥	멀	가
1. 이야기하는 것을 좋아한다.	☐	☐	☐	☐	☐	☐	☐	☐
2. 모임에서는 소개를 받는 편이다.	☐	☐	☐	☐	☐	☐	☐	☐
3. 자신의 의견을 밀어붙인다.	☐	☐	☐	☐	☐	☐	☐	☐

62

질문	답안1						답안2	
	①	②	③	④	⑤	⑥	멀	가
1. 현실적이라는 이야기를 듣는다.	☐	☐	☐	☐	☐	☐	☐	☐
2. 계획적인 행동을 중요하게 여긴다.	☐	☐	☐	☐	☐	☐	☐	☐
3. 현실성에 눈을 돌린다.	☐	☐	☐	☐	☐	☐	☐	☐

63

질문	답안1						답안2	
	①	②	③	④	⑤	⑥	멀	가
1. 모임에서는 소개를 하는 편이다.	☐	☐	☐	☐	☐	☐	☐	☐
2. 조직 안에서는 독자적으로 움직이는 타입이다.	☐	☐	☐	☐	☐	☐	☐	☐
3. 정해진 절차가 바뀌는 것을 싫어한다.	☐	☐	☐	☐	☐	☐	☐	☐

64

질문	답안1						답안2	
	①	②	③	④	⑤	⑥	멀	가
1. 일을 선택할 때에는 인간관계를 중시하고 싶다.	☐	☐	☐	☐	☐	☐	☐	☐
2. 굳이 말하자면 현실주의자이다.	☐	☐	☐	☐	☐	☐	☐	☐
3. 지나치게 온정을 표시하는 것은 좋지 않다.	☐	☐	☐	☐	☐	☐	☐	☐

65

질 문	답안 1						답안 2	
	①	②	③	④	⑤	⑥	멀	가
1. 상상력이 있다는 말을 듣는다.	☐	☐	☐	☐	☐	☐	☐	☐
2. 틀에 박힌 일은 너무 딱딱해서 싫다.	☐	☐	☐	☐	☐	☐	☐	☐
3. 다른 사람이 어떻게 생각하는지 신경 쓰인다.	☐	☐	☐	☐	☐	☐	☐	☐

66

질 문	답안 1						답안 2	
	①	②	③	④	⑤	⑥	멀	가
1. 사람들 앞에서 잘 이야기하지 못한다.	☐	☐	☐	☐	☐	☐	☐	☐
2. 친절한 사람이라는 말을 듣고 싶다.	☐	☐	☐	☐	☐	☐	☐	☐
3. 일을 선택할 때에는 일의 보람을 중시하고 싶다.	☐	☐	☐	☐	☐	☐	☐	☐

67

질 문	답안 1						답안 2	
	①	②	③	④	⑤	⑥	멀	가
1. 고치고 싶은 일이 많다.	☐	☐	☐	☐	☐	☐	☐	☐
2. 늘 피곤해 하는 편이다.	☐	☐	☐	☐	☐	☐	☐	☐
3. 남의 눈을 의식한다.	☐	☐	☐	☐	☐	☐	☐	☐

68

질 문	답안 1						답안 2	
	①	②	③	④	⑤	⑥	멀	가
1. 장래의 목표가 있다.	☐	☐	☐	☐	☐	☐	☐	☐
2. 누구하고나 허물없이 지낸다.	☐	☐	☐	☐	☐	☐	☐	☐
3. 매일의 생활이 즐거워 만족하고 있다.	☐	☐	☐	☐	☐	☐	☐	☐

69

질 문	답안 1						답안 2	
	①	②	③	④	⑤	⑥	멀	가
1. 신중하게 생각하지 않고 행동으로 옮긴다.	☐	☐	☐	☐	☐	☐	☐	☐
2. 원상회복이 불가능한 일을 잘 한다.	☐	☐	☐	☐	☐	☐	☐	☐
3. 잠깐 사이에 생각이 자주 바뀐다.	☐	☐	☐	☐	☐	☐	☐	☐

70

질 문	답안 1						답안 2	
	①	②	③	④	⑤	⑥	멀	가
1. 남들이 느긋하다고 한다.	☐	☐	☐	☐	☐	☐	☐	☐
2. 좋다고 느끼면서도 금방 달려들지 못한다.	☐	☐	☐	☐	☐	☐	☐	☐
3. 꼼짝 않고 가만히 있어도 견딜 수 있다.	☐	☐	☐	☐	☐	☐	☐	☐

71

질 문	답안 1						답안 2	
	①	②	③	④	⑤	⑥	멀	가
1. 즐거운 일만 기억하고 있다.	☐	☐	☐	☐	☐	☐	☐	☐
2. 싫은 사람과도 협력할 수 있다.	☐	☐	☐	☐	☐	☐	☐	☐
3. 새로운 환경에 처하면 피곤해진다.	☐	☐	☐	☐	☐	☐	☐	☐

72

질 문	답안 1						답안 2	
	①	②	③	④	⑤	⑥	멀	가
1. 남과 같이 있어도 주눅이 들지 않는다.	☐	☐	☐	☐	☐	☐	☐	☐
2. 자신이 무엇을 해야 되는지 알고 있다.	☐	☐	☐	☐	☐	☐	☐	☐
3. 나쁜 일은 금세 잊어버린다.	☐	☐	☐	☐	☐	☐	☐	☐

73

질 문	답안 1						답안 2	
	①	②	③	④	⑤	⑥	멀	가
1. 남과 이야기하는 것이 좋다고 생각한다.	☐	☐	☐	☐	☐	☐	☐	☐
2. 싸운 다음 식사 도중에 말을 한다.	☐	☐	☐	☐	☐	☐	☐	☐
3. 무슨 일이나 차신을 가지고 할 수 있다.	☐	☐	☐	☐	☐	☐	☐	☐

74

질 문	답안 1						답안 2	
	①	②	③	④	⑤	⑥	멀	가
1. 놀림을 당해도 정색하면서 화를 내는 경우는 없다.	☐	☐	☐	☐	☐	☐	☐	☐
2. 동요되더라도 금세 침착해진다.	☐	☐	☐	☐	☐	☐	☐	☐
3. 윗사람하고도 주눅 들지 않고 이야기할 수 있다.	☐	☐	☐	☐	☐	☐	☐	☐

75

질 문	답안 1						답안 2	
	①	②	③	④	⑤	⑥	멀	가
1. 신경이 곤두서면 감정을 터뜨려 발산한다.	☐	☐	☐	☐	☐	☐	☐	☐
2. 전화를 거칠게 끊는 경우가 있다.	☐	☐	☐	☐	☐	☐	☐	☐
3. 나쁜 일들만 기억에 남는다.	☐	☐	☐	☐	☐	☐	☐	☐

76

질 문	답안 1						답안 2	
	①	②	③	④	⑤	⑥	멀	가
1. 궂은 일도 피하지 않는다.	☐	☐	☐	☐	☐	☐	☐	☐
2. 시간이 지나면 대부분 즐거운 추억으로 남는다.	☐	☐	☐	☐	☐	☐	☐	☐
3. 화가 나도 물건을 집어던지지 않는다.	☐	☐	☐	☐	☐	☐	☐	☐

77

질 문	답안 1						답안 2	
	①	②	③	④	⑤	⑥	멀	가
1. 걱정거리가 생기면 공부를 할 수가 없다.	☐	☐	☐	☐	☐	☐	☐	☐
2. 사는 것이 힘겹다고 자주 느낀다.	☐	☐	☐	☐	☐	☐	☐	☐
3. 감정이 즉시 얼굴에 나타나는 편이다.	☐	☐	☐	☐	☐	☐	☐	☐

78

질 문	답안 1						답안 2	
	①	②	③	④	⑤	⑥	멀	가
1. 다른 사람들을 잘 믿는다.	☐	☐	☐	☐	☐	☐	☐	☐
2. 다른 사람들 일을 잘 돌봐 주는 편이다.	☐	☐	☐	☐	☐	☐	☐	☐
3. 나의 행동은 절도가 있고 명쾌한 편이다.	☐	☐	☐	☐	☐	☐	☐	☐

79

질 문	답안 1						답안 2	
	①	②	③	④	⑤	⑥	멀	가
1. 낯선 곳에 혼자 심부름 가기를 주저한다.	☐	☐	☐	☐	☐	☐	☐	☐
2. 자기표현이 재빠르지 않다.	☐	☐	☐	☐	☐	☐	☐	☐
3. 부끄러움을 쉽게 탄다.	☐	☐	☐	☐	☐	☐	☐	☐

80

질문	답안 1						답안 2	
	①	②	③	④	⑤	⑥	멀	가
1. 신기한 것에 호기심이 많다.	☐	☐	☐	☐	☐	☐	☐	☐
2. 사물을 분해하고 탐색한다.	☐	☐	☐	☐	☐	☐	☐	☐
3. '하고 싶다', '되고 싶다'라는 꿈이 많다.	☐	☐	☐	☐	☐	☐	☐	☐

81

질문	답안 1						답안 2	
	①	②	③	④	⑤	⑥	멀	가
1. 먼저 신중히 생각한 후 행동하는 편이다.	☐	☐	☐	☐	☐	☐	☐	☐
2. 침착하고 조용하다는 말을 많이 듣는다.	☐	☐	☐	☐	☐	☐	☐	☐
3. 혼자 놀거나 조용히 책 읽는 것을 좋아한다.	☐	☐	☐	☐	☐	☐	☐	☐

※ 다음 질문을 읽고, ①~④ 중 자신에게 해당하는 것을 고르시오(① 그렇지 않다, ② 약간 그렇다, ③ 대체로 그렇다, ④ 그렇다). [1~335]

번호	질문	응답			
1	문화제 위원과 체육대회 위원 중 체육대회 위원을 하고 싶다.	①	②	③	④
2	보고 들은 것을 문장으로 옮기기를 좋아한다.	①	②	③	④
3	남에게 뭔가 가르쳐주는 일이 좋다.	①	②	③	④
4	많은 사람과 장시간 함께 있으면 피곤하다.	①	②	③	④
5	엉뚱한 일을 하기 좋아하고 발상도 개성적이다.	①	②	③	④
6	전표 계산 또는 장부 기입 같은 일을 싫증내지 않고 할 수 있다.	①	②	③	④
7	책이나 신문을 열심히 읽는 편이다.	①	②	③	④
8	신경이 예민한 편이며, 감수성도 예민하다.	①	②	③	④
9	연회석에서 망설임 없이 노래를 부르거나 장기를 보이는 편이다.	①	②	③	④
10	즐거운 캠프를 위해 계획 세우기를 좋아한다.	①	②	③	④
11	데이터를 분류하거나 통계내는 일을 싫어하지는 않는다.	①	②	③	④
12	드라마나 소설 속의 등장인물의 생활과 사고방식에 흥미가 있다.	①	②	③	④
13	자신의 미적 표현력을 살리면 상당히 좋은 작품이 나올 것 같다.	①	②	③	④
14	화려한 것을 좋아하며 주위의 평판에 신경을 쓰는 편이다.	①	②	③	④
15	여럿이서 여행할 기회가 있다면 즐겁게 참가한다.	①	②	③	④
16	여행 소감을 쓰기를 좋아한다.	①	②	③	④
17	상품전시회에서 상품 설명을 한다면 잘 할 수 있을 것 같다.	①	②	③	④
18	변화가 적고 손이 많이 가는 일도 꾸준히 하는 편이다.	①	②	③	④
19	신제품 홍보에 흥미가 있다.	①	②	③	④
20	열차시간표 한 페이지 정도라면 정확하게 옮겨 쓸 자신이 있다.	①	②	③	④
21	자신의 장래에 대해 자주 생각해본다.	①	②	③	④
22	혼자 있는 것에 익숙하다.	①	②	③	④
23	별 근심이 없다.	①	②	③	④
24	나의 환경에 아주 만족한다.	①	②	③	④
25	상품을 고를 때 디자인과 색에 신경을 많이 쓴다.	①	②	③	④
26	극단이나 탤런트 양성소에서 공부해보고 싶다는 생각을 한 적 있다.	①	②	③	④
27	외출할 때 날씨가 좋지 않아도 그다지 신경을 쓰지 않는다.	①	②	③	④
28	손님을 불러들이는 호객행위도 마음만 먹으면 할 수 있을 것 같다.	①	②	③	④
29	신중하고 주의 깊은 편이다.	①	②	③	④
30	잘못된 부분을 보면 그냥 지나치지 못한다.	①	②	③	④

번호	질문	응답
31	사놓고 쓰지 않는 물건이 많이 있다.	① ② ③ ④
32	마음에 들지 않는 사람은 만나지 않으려고 노력한다.	① ② ③ ④
33	스트레스 관리를 잘한다.	① ② ③ ④
34	악의 없이 한 말에도 화를 낸다.	① ② ③ ④
35	자신을 비난하는 사람은 피하는 편이다.	① ② ③ ④
36	깨끗이 정돈된 상태를 좋아한다.	① ② ③ ④
37	기분에 따라 목적지를 바꾼다.	① ② ③ ④
38	다른 사람들의 주목을 받는 것을 좋아한다.	① ② ③ ④
39	타인의 충고를 받아들이는 편이다.	① ② ③ ④
40	이유없이 기분이 우울해 질 때가 있다.	① ② ③ ④
41	하루 종일 책상 앞에 앉아 있어도 지루해하지 않는 편이다.	① ② ③ ④
42	알기 쉽게 요점을 정리한 다음 남에게 잘 설명하는 편이다.	① ② ③ ④
43	생물 시간보다는 미술 시간에 흥미가 있다.	① ② ③ ④
44	남이 자신에게 상담을 해오는 경우가 많다.	① ② ③ ④
45	친목회나 송년회 등의 총무역할을 좋아하는 편이다.	① ② ③ ④
46	실패하든 성공하든 그 원인은 꼭 분석한다.	① ② ③ ④
47	실내장식품이나 액세서리 등에 관심이 많다.	① ② ③ ④
48	남에게 보이기 좋아하고 지기 싫어하는 편이다.	① ② ③ ④
49	대자연 속에서 마음대로 몸을 움직이는 일이 좋다.	① ② ③ ④
50	파티나 모임에서 자연스럽게 돌아다니며 인사하는 성격이다.	① ② ③ ④
51	무슨 일에 쉽게 구애받는 편이며 장인의식도 강하다.	① ② ③ ④
52	우리나라 분재를 파리에서 파는 방법 따위를 생각하기 좋아한다.	① ② ③ ④
53	하루 종일 돌아다녀도 그다지 피곤을 느끼지 않는다.	① ② ③ ④
54	컴퓨터의 키보드 조작도 연습하면 잘 할 수 있을 것 같다.	① ② ③ ④
55	자동차나 모터보트 등의 운전에 흥미를 갖고 있다.	① ② ③ ④
56	인기탤런트의 인기비결을 곧잘 생각해본다.	① ② ③ ④
57	과자나 빵을 판매하는 일보다 만드는 일이 나에게 맞을 것 같다.	① ② ③ ④
58	대체로 걱정하거나 고민하지 않는다.	① ② ③ ④
59	비판적인 말을 들어도 쉽게 상처받지 않았다.	① ② ③ ④
60	초등학교 선생님보다는 등대지기가 더 재미있을 것 같았다.	① ② ③ ④
61	남의 생일이나 명절 때 선물을 사러 다니는 일이 귀찮게 느껴진다.	① ② ③ ④
62	조심스러운 성격이라고 생각한다.	① ② ③ ④
63	사물을 신중하게 생각하는 편이다.	① ② ③ ④
64	동작이 기민한 편이다.	① ② ③ ④
65	포기하지 않고 노력하는 것이 중요하다.	① ② ③ ④

번 호	질 문	응 답			
66	일주일의 예정을 만드는 것을 좋아한다.	①	②	③	④
67	노력의 여하보다 결과가 중요하다.	①	②	③	④
68	자기주장이 강하다.	①	②	③	④
69	장래의 일을 생각하면 불안해질 때가 있다.	①	②	③	④
70	소외감을 느낄 때가 있다.	①	②	③	④
71	훌쩍 여행을 떠나고 싶을 때가 자주 있다.	①	②	③	④
72	대인관계가 귀찮다고 느낄 때가 있다.	①	②	③	④
73	자신의 권리를 주장하는 편이다.	①	②	③	④
74	낙천가라고 생각한다.	①	②	③	④
75	싸움을 한 적이 없다.	①	②	③	④
76	자신의 의견을 상대에게 잘 주장하지 못한다.	①	②	③	④
77	좀처럼 결단하지 못하는 경우가 있다.	①	②	③	④
78	하나의 취미를 오래 지속하는 편이다.	①	②	③	④
79	한번 시작한 일은 반드시 마무리한다.	①	②	③	④
80	내 방식대로 일하는 편이 좋다.	①	②	③	④
81	부끄러움을 잘 탄다.	①	②	③	④
82	상상력이 풍부하다.	①	②	③	④
83	자신을 자신감 있게 표현할 수 있다.	①	②	③	④
84	열등감은 좋지 않다고 생각한다.	①	②	③	④
85	후회하는 일이 전혀 없다.	①	②	③	④
86	매사를 태평하게 보는 편이다.	①	②	③	④
87	한 번 시작한 일은 끝을 맺는다.	①	②	③	④
88	행동으로 옮기기까지 시간이 걸린다.	①	②	③	④
89	다른 사람들이 하지 못하는 일을 하고 싶다.	①	②	③	④
90	해야 할 일은 신속하게 처리한다.	①	②	③	④
91	병이 아닌지 걱정이 들 때가 있다.	①	②	③	④
92	다른 사람의 충고를 기분 좋게 듣는 편이다.	①	②	③	④
93	다른 사람에게 의존적이 될 때가 많다.	①	②	③	④
94	타인에게 간섭받는 것은 싫다.	①	②	③	④
95	자의식 과잉이라는 생각이 들 때가 있다.	①	②	③	④
96	수다를 좋아한다.	①	②	③	④
97	잘못된 일을 한 적이 한 번도 없다.	①	②	③	④
98	모르는 사람과 이야기하는 것은 용기가 필요하다.	①	②	③	④
99	끙끙거리며 생각할 때가 있다.	①	②	③	④
100	다른 사람에게 항상 움직이고 있다는 말을 듣는다.	①	②	③	④

번호	질 문	응답
101	매사에 얽매인다.	① ② ③ ④
102	잘하지 못하는 게임은 하지 않으려고 한다.	① ② ③ ④
103	어떠한 일이 있어도 출세하고 싶다.	① ② ③ ④
104	막무가내라는 말을 들을 때가 많다.	① ② ③ ④
105	신경이 예민한 편이라고 생각한다.	① ② ③ ④
106	쉽게 침울해한다.	① ② ③ ④
107	쉽게 싫증을 내는 편이다.	① ② ③ ④
108	옆에 사람이 있으면 싫다.	① ② ③ ④
109	토론에서 이길 자신이 있다.	① ② ③ ④
110	친구들과 남의 이야기를 하는 것을 좋아한다.	① ② ③ ④
111	푸념을 한 적이 없다.	① ② ③ ④
112	남과 친해지려면 용기가 필요하다.	① ② ③ ④
113	통찰력이 있다고 생각한다.	① ② ③ ④
114	집에서 가만히 있으면 기분이 우울해진다.	① ② ③ ④
115	매사에 느긋하고 차분하게 대처한다.	① ② ③ ④
116	좋은 생각이 떠올라도 실행하기 전에 여러모로 검토한다.	① ② ③ ④
117	누구나 권력자를 동경하고 있다고 생각한다.	① ② ③ ④
118	몸으로 부딪혀 도전하는 편이다.	① ② ③ ④
119	당황하면 갑자기 땀이 나서 신경 쓰일 때가 있다.	① ② ③ ④
120	친구들은 나를 진지한 사람으로 생각하고 있다.	① ② ③ ④
121	감정적으로 될 때가 많다.	① ② ③ ④
122	다른 사람의 일에 관심이 없다.	① ② ③ ④
123	다른 사람으로부터 지적받는 것은 싫다.	① ② ③ ④
124	지루하면 마구 떠들고 싶어진다.	① ② ③ ④
125	남들이 침착하다고 한다.	① ② ③ ④
126	혼자 있는 것을 좋아한다.	① ② ③ ④
127	한 자리에 가만히 있는 것을 싫어한다.	① ② ③ ④
128	시간이 나면 주로 자는 편이다.	① ② ③ ④
129	조용한 것보다는 활동적인 것이 좋다.	① ② ③ ④
130	맡은 분야에서 항상 최고가 되려고 한다.	① ② ③ ④
131	모임에서 책임 있는 일을 맡고 싶어 한다.	① ② ③ ④
132	영화를 보고 운 적이 많다.	① ② ③ ④
133	남을 도와주다가 내 일을 끝내지 못한 적이 있다.	① ② ③ ④
134	누가 시키지 않아도 스스로 일을 찾아서 한다.	① ② ③ ④
135	다른 사람이 바보라고 생각되는 경우가 있다.	① ② ③ ④

PART 4

번 호	질 문	응답			
136	부모에게 불평을 한 적이 한 번도 없다.	①	②	③	④
137	내성적이라고 생각한다.	①	②	③	④
138	돌다리도 두들기고 건너는 타입이라고 생각한다.	①	②	③	④
139	굳이 말하자면 시원시원하다.	①	②	③	④
140	나는 끈기가 강하다.	①	②	③	④
141	전망을 세우고 행동할 때가 많다.	①	②	③	④
142	일에는 결과가 중요하다고 생각한다.	①	②	③	④
143	활력이 있다.	①	②	③	④
144	항상 천재지변을 당하지 않을까 걱정하고 있다.	①	②	③	④
145	때로는 후회할 때도 있다.	①	②	③	④
146	다른 사람에게 위해를 가할 것 같은 기분이 든 때가 있다.	①	②	③	④
147	진정으로 마음을 허락할 수 있는 사람은 없다.	①	②	③	④
148	기다리는 것에 짜증내는 편이다.	①	②	③	④
149	친구들로부터 줏대 없는 사람이라는 말을 듣는다.	①	②	③	④
150	사물을 과장해서 말한 적은 없다.	①	②	③	④
151	인간관계가 폐쇄적이라는 말을 듣는다.	①	②	③	④
152	매사에 신중한 편이라고 생각한다.	①	②	③	④
153	눈을 뜨면 바로 일어난다.	①	②	③	④
154	난관에 봉착해도 포기하지 않고 열심히 해본다.	①	②	③	④
155	실행하기 전에 재확인할 때가 많다.	①	②	③	④
156	리더로서 인정을 받고 싶다.	①	②	③	④
157	어떤 일이 있어도 의욕을 가지고 열심히 하는 편이다.	①	②	③	④
158	다른 사람의 감정에 민감하다.	①	②	③	④
159	다른 사람들이 남을 배려하는 마음씨가 있다는 말을 한다.	①	②	③	④
160	사소한 일로 우는 일이 많다.	①	②	③	④
161	반대에 부딪혀도 자신의 의견을 바꾸는 일은 없다.	①	②	③	④
162	누구와도 편하게 이야기할 수 있다.	①	②	③	④
163	가만히 있지 못할 정도로 침착하지 못할 때가 있다.	①	②	③	④
164	다른 사람을 싫어한 적은 한 번도 없다.	①	②	③	④
165	그룹 내에서는 누군가의 주도하에 따라가는 경우가 많다.	①	②	③	④
166	차분하다는 말을 듣는다.	①	②	③	④
167	스포츠 선수가 되고 싶다고 생각한 적이 있다.	①	②	③	④
168	모두가 싫증을 내는 일에도 혼자서 열심히 한다.	①	②	③	④
169	휴일은 세부적인 계획을 세우고 보낸다.	①	②	③	④
170	완성된 것보다 미완성인 것에 흥미가 있다.	①	②	③	④

번 호	질 문	응 답
171	이성적인 사람 밑에서 일하고 싶다.	① ② ③ ④
172	작은 소리에도 신경이 쓰인다.	① ② ③ ④
173	끙끙거리며 생각할 때가 많다.	① ② ③ ④
174	컨디션에 따라 행동한다.	① ② ③ ④
175	항상 규칙적으로 생활한다.	① ② ③ ④
176	다소 감정적이라고 생각한다.	① ② ③ ④
177	다른 사람의 의견을 잘 수긍하는 편이다.	① ② ③ ④
178	결심을 하더라도 생각을 바꾸는 일이 많다.	① ② ③ ④
179	다시는 떠올리고 싶지 않은 기억이 있다.	① ② ③ ④
180	과거를 잘 생각하는 편이다.	① ② ③ ④
181	평소 감정이 메마른 것 같다는 생각을 한다.	① ② ③ ④
182	가끔 하늘을 올려다 본다.	① ② ③ ④
183	생각조차 하기 싫은 사람이 있다.	① ② ③ ④
184	멍하니 있는 경우가 많다.	① ② ③ ④
185	잘하지 못하는 것이라도 자진해서 한다.	① ② ③ ④
186	가만히 있지 못할 정도로 불안해질 때가 많다.	① ② ③ ④
187	자주 깊은 생각에 잠긴다.	① ② ③ ④
188	이유도 없이 다른 사람과 부딪힐 때가 있다.	① ② ③ ④
189	타인의 일에는 별로 관여하고 싶지 않다고 생각한다.	① ② ③ ④
190	무슨 일이든 자신을 가지고 행동한다.	① ② ③ ④
191	유명인과 서로 아는 사람이 되고 싶다.	① ② ③ ④
192	지금까지 후회를 한 적이 없다.	① ② ③ ④
193	의견이 다른 사람과는 어울리지 않는다.	① ② ③ ④
194	무슨 일이든 생각해 보지 않으면 만족하지 못한다.	① ② ③ ④
195	다소 무리를 하더라도 피로해지지 않는다.	① ② ③ ④
196	굳이 말하자면 장거리주자에 어울린다고 생각한다.	① ② ③ ④
197	여행을 가기 전에는 세세한 계획을 세운다.	① ② ③ ④
198	능력을 살릴 수 있는 일을 하고 싶다.	① ② ③ ④
199	시원시원하다고 생각한다.	① ② ③ ④
200	굳이 말하자면 자의식과잉이다.	① ② ③ ④
201	자신을 쓸모없는 인간이라고 생각할 때가 있다.	① ② ③ ④
202	주위의 영향을 쉽게 받는다.	① ② ③ ④
203	지인을 발견해도 만나고 싶지 않을 때가 많다.	① ② ③ ④
204	다수의 반대가 있더라도 자신의 생각대로 행동한다.	① ② ③ ④
205	번화한 곳에 외출하는 것을 좋아한다.	① ② ③ ④

번호	질 문	응답
206	지금까지 다른 사람의 마음에 상처준 일이 없다.	① ② ③ ④
207	다른 사람에게 자신이 소개되는 것을 좋아한다.	① ② ③ ④
208	실행하기 전에 재고하는 경우가 많다.	① ② ③ ④
209	몸을 움직이는 것을 좋아한다.	① ② ③ ④
210	나는 완고한 편이라고 생각한다.	① ② ③ ④
211	신중하게 생각하는 편이다.	① ② ③ ④
212	커다란 일을 해보고 싶다.	① ② ③ ④
213	계획을 생각하기보다 빨리 실행하고 싶어 한다.	① ② ③ ④
214	작은 소리도 신경 쓰인다.	① ② ③ ④
215	나는 자질구레한 걱정이 많다.	① ② ③ ④
216	이유도 없이 화가 치밀 때가 있다.	① ② ③ ④
217	융통성이 없는 편이다.	① ② ③ ④
218	나는 다른 사람보다 기가 세다.	① ② ③ ④
219	다른 사람보다 쉽게 우쭐해진다.	① ② ③ ④
220	신중하고 주의가 깊다.	① ② ③ ④
221	아는 사람에게 과도하게 친절하게 구는 편이다.	① ② ③ ④
222	사과를 잘하지 못한다.	① ② ③ ④
223	웃음이 많은 편이다.	① ② ③ ④
224	감수성이 예민한 편이다.	① ② ③ ④
225	후회하는 일이 많다.	① ② ③ ④
226	난관에 봉착해도 포기하지 않고 열심히 한다.	① ② ③ ④
227	잘못한 일이 있으면 먼저 인정하고 사과한다.	① ② ③ ④
228	관심 분야가 자주 바뀐다.	① ② ③ ④
229	좋아하는 연예인이 있다.	① ② ③ ④
230	어떤 일이 있어도 화를 내지 않는다.	① ② ③ ④
231	병이 아닌지 걱정이 많다.	① ② ③ ④
232	집에 가만히 있을 때 더 우울하다.	① ② ③ ④
233	자신이 쓸모없다고 생각한 적이 있다.	① ② ③ ④
234	다른 사람을 의심한 적이 한 번도 없다.	① ② ③ ④
235	어색해지면 입을 다무는 경우가 많다.	① ② ③ ④
236	하루의 행동을 반성하는 경우가 많다.	① ② ③ ④
237	격렬한 운동도 그다지 힘들어하지 않는다.	① ② ③ ④
238	새로운 일에 첫발을 좀처럼 떼지 못한다.	① ② ③ ④
239	앞으로의 일을 생각하지 않으면 진정이 되지 않는다.	① ② ③ ④
240	인생에서 중요한 것은 높은 목표를 갖는 것이다.	① ② ③ ④

번 호	질 문	응 답
241	무슨 일이든 선수를 쳐야 이긴다고 생각한다.	① ② ③ ④
242	다른 사람이 나를 어떻게 생각하는지 궁금할 때가 많다.	① ② ③ ④
243	침울해지면서 아무것도 손에 잡히지 않을 때가 있다.	① ② ③ ④
244	어린 시절로 돌아가고 싶을 때가 있다.	① ② ③ ④
245	아는 사람을 발견해도 피해버릴 때가 있다.	① ② ③ ④
246	굳이 말하자면 기가 센 편이다.	① ② ③ ④
247	성격이 밝다는 말을 듣는다.	① ② ③ ④
248	다른 사람이 부럽다고 생각한 적이 한 번도 없다.	① ② ③ ④
249	결점을 지적 받아도 아무렇지 않다.	① ② ③ ④
250	피곤하더라도 밝게 행동한다.	① ② ③ ④
251	실패했던 경험을 생각하면서 고민하는 편이다.	① ② ③ ④
252	언제나 생기가 있다.	① ② ③ ④
253	선배의 지적을 순수하게 받아들일 수 있다.	① ② ③ ④
254	매일 목표가 있는 생활을 하고 있다.	① ② ③ ④
255	열등감으로 자주 고민한다.	① ② ③ ④
256	남에게 무시당하면 화가 난다.	① ② ③ ④
257	무엇이든지 하면 된다고 생각하는 편이다.	① ② ③ ④
258	자신의 존재를 과시하고 싶다.	① ② ③ ④
259	사람을 많이 만나는 것을 좋아한다.	① ② ③ ④
260	사람들이 당신에게 말수가 적다고 하는 편이다.	① ② ③ ④
261	특정한 사람과 교제를 하는 타입이다.	① ② ③ ④
262	친구에게 먼저 말을 하는 편이다.	① ② ③ ④
263	친구만 있으면 된다고 생각한다.	① ② ③ ④
264	많은 사람 앞에서 말하는 것이 서툴다.	① ② ③ ④
265	반 편성과 교실 이동을 싫어한다.	① ② ③ ④
266	다과회 등에서 자주 책임을 맡는다.	① ② ③ ④
267	새 팀 분위기에 쉽게 적응하지 못하는 편이다.	① ② ③ ④
268	누구하고나 친하게 교제한다.	① ② ③ ④
269	남에게 뭔가를 가르치는 걸 좋아한다.	① ② ③ ④
270	사람과 대화하는 것이 피곤하다.	① ② ③ ④
271	신경이 예민한 편이라는 말을 듣는다.	① ② ③ ④
272	모임에서 리더가 되는 것이 불편하다.	① ② ③ ④
273	친구들에게 줏대 없다는 말을 듣는다.	① ② ③ ④
274	불쌍한 사람을 보면 그냥 지나치지 못한다.	① ② ③ ④
275	눈물이 많은 편이다.	① ② ③ ④

번호	질문	응답
276	사람과 오래도록 알고 지내는 편이다.	① ② ③ ④
277	어디서든지 씩씩하게 행동할 수 있다.	① ② ③ ④
278	사람에 대한 정이 많은 편이다.	① ② ③ ④
279	연락하는 친구가 열 명 이상이다.	① ② ③ ④
280	사랑보다는 우정이라고 생각한다.	① ② ③ ④
281	다른 사람의 감정에 예민하다.	① ② ③ ④
282	주변 환경에 영향을 많이 받는다.	① ② ③ ④
283	충동구매는 절대 하지 않는다.	① ② ③ ④
284	컨디션에 따라 기분이 잘 변한다.	① ② ③ ④
285	옷 입는 취향이 오랫동안 바뀌지 않고 그대로이다.	① ② ③ ④
286	남의 물건이 좋아 보인다.	① ② ③ ④
287	광고를 보면 그 물건을 사고 싶다.	① ② ③ ④
288	자신이 낙천주의자라고 생각한다.	① ② ③ ④
289	에스컬레이터에서도 걷지 않는다.	① ② ③ ④
290	꾸물대는 것을 싫어한다.	① ② ③ ④
291	고민이 생겨도 심각하게 생각하지 않는다.	① ② ③ ④
292	반성하는 일이 거의 없다.	① ② ③ ④
293	남의 말을 호의적으로 받아들인다.	① ② ③ ④
294	혼자 있을 때가 편안하다.	① ② ③ ④
295	친구에게 불만이 있다.	① ② ③ ④
296	남의 말을 좋은 쪽으로 해석한다.	① ② ③ ④
297	남의 의견을 절대 참고하지 않는다.	① ② ③ ④
298	일을 시작할 때 계획을 세우는 편이다.	① ② ③ ④
299	경험으로·판단한다.	① ② ③ ④
300	부모님과 여행을 자주 간다.	① ② ③ ④
301	쉽게 짜증을 내는 편이다.	① ② ③ ④
302	사람을 상대하는 것을 좋아한다.	① ② ③ ④
303	컴퓨터로 일을 하는 것을 좋아한다.	① ② ③ ④
304	하루 종일 말하지 않고 지낼 수 있다.	① ② ③ ④
305	감정조절이 잘 안되는 편이다.	① ② ③ ④
306	혼자 사는 편이 편하다.	① ② ③ ④
307	승부욕이 강하여 게임에서 반드시 이겨야 한다.	① ② ③ ④
308	카르스마가 있다는 말을 들은 적이 있다.	① ② ③ ④
309	평소 꼼꼼한 편이다.	① ② ③ ④
310	다시 태어나고 싶은 순간이 있다.	① ② ③ ④

번호	질문	응답
311	운동을 하다가 다친 적이 있다.	① ② ③ ④
312	다른 사람의 말보다는 자신의 믿음을 믿는다.	① ② ③ ④
313	귀찮은 일이 있으면 먼저 해치운다.	① ② ③ ④
314	정리 정돈하는 것을 좋아한다.	① ② ③ ④
315	다른 사람의 대화에 끼고 싶다.	① ② ③ ④
316	카리스마가 있다는 말을 들어본 적이 있다.	① ② ③ ④
317	미래에 대한 고민이 많다.	① ② ③ ④
318	친구들의 성공 소식에 씁쓸한 적이 있다.	① ② ③ ④
319	내가 못하는 것이 있으면 참지 못한다.	① ② ③ ④
320	계획에 없는 일을 시키면 짜증이 난다.	① ② ③ ④
321	화가 나면 물건을 집어 던지는 버릇이 있다.	① ② ③ ④
322	매일 아침 일찍 일어난다.	① ② ③ ④
323	다른 사람보다 잘하는 것이 있다.	① ② ③ ④
324	눈치를 보는 일이 많다.	① ② ③ ④
325	사람을 상대하는 것에 부담을 느끼는 경우가 많다.	① ② ③ ④
326	혼자 하는 일이 더 편하다.	① ② ③ ④
327	걱정되는 일이 있으면 다른 일을 할 수 없다.	① ② ③ ④
328	주변 일에 호기심이 많다.	① ② ③ ④
329	새로운 것이 있으면 꼭 경험해 봐야 한다.	① ② ③ ④
330	인정이 많다는 말을 듣는다.	① ② ③ ④
331	사람보다는 동물이 더 낫다는 생각을 한다.	① ② ③ ④
332	바보 같은 소리를 할 때가 있다.	① ② ③ ④
333	인생에 친구는 한 명이어도 괜찮다고 생각한다.	① ② ③ ④
334	윗사람의 명령은 반드시 들어야 한다.	① ② ③ ④
335	하고 싶은 것은 반드시 하고 만다.	① ② ③ ④

PART 4

PART 5 면접

CHAPTER 01

면접 유형 및 실전 대책

01 면접 주요사항

면접의 사전적 정의는 면접관이 지원자를 직접 만나보고 인품(人品)이나 언행(言行) 따위를 시험하는 일로, 흔히 필기시험 후에 최종적으로 심사하는 방법이다.

최근 주요 기업의 인사담당자들을 대상으로 채용 시 면접이 차지하는 비중을 설문조사했을 때, 50~80% 이상이라고 답한 사람이 전체 응답자의 80%를 넘었다. 이와 대조적으로 지원자들을 대상으로 취업 시험에서 면접을 준비하는 기간을 물었을 때, 대부분의 응답자가 2~3일 정도라고 대답했다.

지원자가 일정 수준의 스펙을 갖추기 위해 자격증 시험과 토익을 치르고 이력서와 자기소개서까지 쓰다 보면 면접까지 챙길 여유가 없는 것이 사실이다. 그리고 서류전형과 인·적성검사를 통과해야만 면접을 볼 수 있기 때문에 자연스럽게 면접은 취업시험 과정에서 그 비중이 작아질 수밖에 없다. 하지만 실제 채용 과정에서 면접이 차지하는 비중은 절대적이다.

기업들은 채용 과정에서 토론 면접, 인성 면접, 프레젠테이션 면접, 역량 면접 등의 다양한 면접을 실시한다. 1차 커트라인이라고 할 수 있는 서류전형을 통과한 지원자들의 스펙이나 능력은 서로 엇비슷하다고 판단하기 때문에 서류상 보이는 자격증이나 토익 성적보다는 지원자의 인성을 파악하기 위해 면접을 더욱 강화하는 것이다. 일부 기업은 의도적으로 압박 면접을 실시하기도 한다. 지원자가 당황할 수 있는 질문을 던져서 그것에 대한 지원자의 반응을 살펴보는 것이다.

면접은 다르게 생각한다면 '나는 누구인가?'에 대한 물음에 해답을 줄 수 있는 가장 현실적이고 미래적인 경험이될 수 있다. 취업난 속에서 자격증을 취득하고 토익 성적을 올리기 위해 앞만 보고 달려온 지원자들은 자신에 대해서 고민하고 탐구할 수 있는 시간을 평소 쉽게 가질 수 없었을 것이다. 자신을 잘 알고 있어야 자신에 대해서 자신감 있게 말할 수 있다. 대체로 사람들은 자신에게 관대한 편이기 때문에 자신에 대해서 어떤 기대와 환상을 가지고있는 경우가 많다. 하지만 면접은 제3자에 의해 개인의 능력을 객관적으로 평가하는 시험이다. 어떤 지원자들은 다른 사람에게 자신을 표현하는 것을 어려워한다. 평소에 잘 사용하지 않는 용어를 내뱉으면서 거창하게 자신을 포장하는 지원자도 많다. 면접에서 가장 기본은 자기 자신을 면접관에게 알기 쉽게 표현하는 것이다. 이러한 표현을 바탕으로 자신이 앞으로 하고자 하는 것과 그에 대한 이유를 설명해야 한다. 최근에는 자신감을 향상시키거나 말하는 능력을 높이는 학원도 많기 때문에 얼마든지 자신의 단점을 극복할 수 있다.

1. 자기소개의 기술

자기소개를 시키는 이유는 면접관이 지원자의 자기소개서를 압축해서 듣고, 지원자의 첫인상을 평가할 시간을 가질 수 있기 때문이다. 면접을 위한 워밍업이라고 할 수 있으며, 첫인상을 결정하는 과정이므로 매우 중요한 순간이다.

(1) 정해진 시간에 자기소개를 마쳐야 한다.

쉬워 보이지만 의외로 지원자들이 정해진 시간을 넘기거나 혹은 빨리 끝내서 면접관에게 지적을 받는 경우가 많다. 본인이 면접을 받는 마지막 지원자가 아닌 이상, 시간을 지키지 않는 것은 수많은 지원자를 상대하기에 바쁜 면접관과 대기 시간에 지친 다른 지원자들을 불쾌하게 할 수 있다.

또한 회사에서 시간관념은 절대적인 것이므로 반드시 자기소개 시간을 지켜야 한다. 말하기는 1분에 200자 원고지 2장 분량의 글을 읽는 만큼의 속도가 가장 적당하다. 이를 A4 용지에 10point 글자 크기로 작성하면 반장 분량이 된다.

(2) 간단하지만 신선한 문구로 자기소개를 시작하자.

요즈음 많은 지원자가 이 방법을 사용하고 있기 때문에 웬만한 소재의 문구가 아니면 면접관의 관심을 끌 수 없다. 이러한 문구는 시대적으로 유행하는 광고 카피를 패러디하는 경우와 격언 등을 인용하는 경우, 그리고 지원한 회사의 CI나 경영이념, 인재상 등을 사용하는 경우 등이 있다. 지원자는 이러한 여러 문구 중에 자신의 첫인상을 북돋아 줄 수 있는 것을 선택해서 말해야 한다. 자신의 이름을 문구 속에 적절하게 넣어서 말한다면 좀 더 효과적인 자기소개가 될 것이다.

(3) 무엇을 먼저 말할 것인지 고민하자.

면접관이 많이 던지는 질문 중 하나가 지원동기이다. 그래서 성장기를 바로 건너뛰고, 지원한 회사에 들어오기 위해 대학에서 어떻게 준비했는지를 설명하는 자기소개가 대세이다.

(4) 면접관의 호기심을 자극해 관심을 불러일으킬 수 있게 말하라.

면접관에게 질문을 많이 받는 지원자의 합격률이 반드시 높은 것은 아니지만, 질문을 전혀 안 받는 것보다는 좋은 평가를 기대할 수 있다. 질문을 받기 위해 면접관의 호기심을 자극할 수 있는 가장 좋은 방법은 대학생활을 이야기하면서 자신의 장기를 잠깐 넣는 것이다. 물론 장기자랑에 자신감이 있어야 한다(최근에는 장기자랑을 개인별로 시키는 곳이 많아졌다).

지원한 분야와 관련된 수상 경력이나 프로젝트 등을 말하는 것도 좋다. 이는 지원자의 업무 능력과 직접 연결되는 것이므로 효과적인 자기 홍보가 될 수 있다. 일부 지원자들은 자신만의 특별한 경험을 이야기하는데, 이때는 그 경험이 보편적으로 사람들의 공감을 얻을 수 있는 것이어야 한다.

(5) 마지막 고개를 넘기가 가장 힘들다.

첫 단추도 중요하지만, 마지막 단추도 중요하다. 하지만 왠지 격식을 따지는 인사말은 지나가는 인사말 같고, 다르게 하자니 예의에 어긋나는 것 같은 기분이 든다. 이때는 처음에 했던 자신만의 문구를 다시 한 번 말하는 것도 좋은 방법이다. 자연스러운 끝맺음이 될 수 있도록 적절한 연습이 필요하다.

2. 1분 자기소개 시 주의사항

(1) 자기소개서와 자기소개가 똑같다면 감점일까?

아무리 자기소개서를 외워서 말한다 해도 자기소개가 자기소개서와 완전히 똑같을 수는 없다. 자기소개서의 분량이 더 많고 회사마다 요구하는 필수 항목들이 있기 때문에 굳이 고민할 필요는 없다. 오히려 자기소개서의 내용을 잘 정리한 자기소개가 더 좋은 결과를 만들 수 있다. 하지만 자기소개서와 상반된 내용을 말하는 것은 적절하지 않다. 지원자의 신뢰성이 떨어진다는 것은 곧 불합격을 의미하기 때문이다.

(2) 말하는 자세를 바르게 익혀라.

지원자가 자기소개를 하는 동안 면접관은 지원자의 동작 하나하나를 관찰한다. 그렇기 때문에 바른 자세가 중요하다는 것은 우리가 익히 알고 있다. 하지만 문제는 무의식적으로 나오는 습관 때문에 자세가 흐트러져 나쁜 인상을 줄 수 있다는 것이다. 이러한 습관을 고칠 수 있는 가장 좋은 방법은 캠코더 등으로 자신의 모습을 담는 것이다. 거울을 사용할 경우에는 시선이 자꾸 자기 눈과 마주치기 때문에 집중하기 힘들다. 하지만 촬영된 동영상은 제삼자의 입장에서 자신을 볼 수 있기 때문에 많은 도움이 된다.

(3) 정확한 발음과 억양으로 자신 있게 말하라.

지원자의 모양새가 아무리 뛰어나도, 목소리가 작고 발음이 부정확하면 큰 감점을 받는다. 이러한 모습은 지원자의 좋은 점에까지 악영향을 끼칠 수 있다. 직장을 흔히 사회생활의 시작이라고 말하는 시대적 정서에서 사람들과 의사소통을 하는 데 문제가 있다고 판단되는 지원자는 부적절한 인재로 평가될 수밖에 없다.

3. 대화법

전문가들이 말하는 대화법의 핵심은 '상대방을 배려하면서 이야기하라.'는 것이다. 대화는 나와 다른 사람의 소통이다. 내용에 대한 공감이나 이해가 없다면 대화는 더 진전되지 않는다.

「카네기 인간관계론」이라는 베스트셀러의 작가인 철학자 카네기가 말하는 최상의 대화법은 자신의 경험을 토대로 이야기하는 것이다. 즉, 살아오면서 직접 겪은 경험이 상대방의 관심을 끌 수 있는 가장 좋은 이야깃거리인 것이다.

특히, 어떤 일을 이루기 위해 노력하는 과정에서 겪은 실패나 희망에 대해 진솔하게 얘기한다면 상대방은 어느새 당신의 편에 서서 그 이야기에 동조할 것이다.

독일의 사업가이자, 동기부여 트레이너인 위르겐 힐러의 연설법 중 가장 유명한 것은 '시즐(Sizzle)'을 잡는 것이다. 시즐이란, 새우튀김이나 돈가스가 기름에서 지글지글 튀겨질 때 나는 소리이다. 즉, 자신의 말을 듣고 시즐처럼 반응하는 상대방의 감정에 적절하게 대응하라는 것이다.

말을 시작한 지 10~15초 안에 상대방의 '시즐'을 알아차려야 한다. 자신의 이야기에 대한 상대방의 첫 반응에 따라 말하기 전략도 달라져야 한다. 첫 이야기의 반응이 미지근하다면 가능한 그 이야기를 빨리 마무리하고 새로운 이야깃거리를 생각해내야 한다. 길지 않은 면접 시간 내에 몇 번 오지 않는 대답의 기회를 살리기 위해서 보다 전략적이고 냉철해야 하는 것이다.

4. 차림새 이야기

(1) 구두 이야기

면접에 어떤 옷을 입어야 할지를 며칠 동안 고민하면서 정작 구두는 면접 보는 날 현관을 나서면서 즉흥적으로 신고 가는 지원자들이 많다. 특히, 남자 지원자들이 이러한 실수를 많이 한다. 구두를 보면 그 사람의 됨됨이를 알 수 있다고 한다. 면접관 역시 이러한 것을 놓치지 않기 때문에 지원자는 자신의 구두에 더욱 신경을 써야 한다. 스타일의 마무리는 발끝에서 이루어지는 것이다. 아무리 멋진 옷을 입고 있어도 구두가 어울리지 않는다면 전체 스타일이 흐트러지기 때문이다.

검정 계열 구두는 회색과 감색 정장에, 브라운 계열의 구두는 베이지나 갈색 정장에 어울린다. 참고로 구두는 오전에 사는 것보다 발이 충분히 부은 상태인 저녁에 사는 것이 좋다. 당연한 일이지만 반드시 면접을 보는 전날 구두 뒤축이 닳지는 않았는지 확인하고 구두에 광을 내 둔다.

(2) 양말 이야기

양말은 정장과 구두의 색상을 비교해서 골라야 한다. 특히 검정이나 감색의 진한 색상의 바지에 흰 양말을 신는 것은 시대에 뒤처지는 일이다. 일반적으로 양말의 색깔은 바지의 색깔과 같아야 한다. 또한 양말의 길이도 신경 써야 한다. 남성의 경우에 의자에 바르게 앉거나 다리를 꼬아서 앉을 때 다리털이 보여서는 안 된다. 반드시 긴 정장 양말을 신어야 한다.

(3) 정장 이야기

지원자는 평소에 정장을 입을 기회가 많지 않기 때문에 면접을 볼 때 본인 스스로도 옷을 어색하게 느끼는 경우가 많다. 옷을 불편하게 느끼기 때문에 자세마저 불안정한 지원자도 볼 수 있다. 그러므로 면접 전에 정장을 입고 생활해 보는 것도 나쁘지는 않다.

일반적으로 면접을 볼 때는 상대방에게 신뢰감을 줄 수 있는 남색 계열의 옷이나 어떤 계절이든 무난하고 깔끔해 보이는 회색 계열의 정장을 많이 입는다. 정장은 유행에 따라서 재킷의 디자인이나 단추의 개수가 바뀌기 때문에 특히 남성 지원자의 경우, 너무 오래된 옷을 입어서 아버지 옷을 빌려 입고 나온 듯한 인상을 주어서는 안 된다.

(4) 헤어스타일과 메이크업 이야기

헤어스타일에 자신이 없다면 미용실에 다녀오는 것도 좋은 방법이다. 그리고 여성 지원자의 경우에는 자신에게 어울리는 메이크업을 하는 것도 괜찮다. 지나치게 화려한 메이크업이 아니라면 보다 준비된 지원자처럼 보일 수 있다.

5. 첫인상

취업을 위해 성형수술을 받는 남성들에 대한 이야기는 더 이상 뉴스거리가 되지 않는다. 그만큼 많은 사람이 좁은 취업문을 뚫기 위해 이미지 향상에 신경을 쓰고 있다. 이는 면접관에게 좋은 첫인상을 주기 위한 것으로, 지원서에 올리는 증명사진을 이미지 프로그램을 통해 수정하는 이른바 '사이버 성형'이 유행하는 것과 같은 맥락이다. 실제로 외모가 채용 과정에서 영향을 끼치는가에 대한 설문조사에서도 60% 이상의 인사담당자들이 그렇다고 답변했다.

하지만 외모와 첫인상을 절대적인 관계로 이해하는 것은 잘못된 판단이다. 외모가 첫인상에서 많은 부분을 차지하지만, 외모 외에 다른 결점이 발견된다면 그로 인해 장점들이 가려질 수도 있다. 첫인상은 말 그대로 한 번밖에 기회가 주어지지 않으며 몇 초 안에 결정된다. 첫인상을 결정짓는 요소 중 시각적인 요소가 80% 이상을 차지한다. 첫눈에 들어오는 생김새나 복장, 표정 등에 의해서 결정되는 것이다. 면접을 시작할 때 자기소개를 시키는 것도 지원자별로 첫인상을 평가하기 위해서이다. 첫인상이 중요한 이유는 만약 첫인상이 부정적으로 인지될 경우, 지원자의 다른 좋은면까지 거부당하기 때문이다. 이러한 현상을 심리학에서는 초두효과(Primacy Effect)라고 한다. 한 번 형성된 첫인상은 여간해서 바꾸기 힘들다. 이는 첫인상이 나중에 들어오는 정보까지 영향을 주기 때문이다. 첫인상의 정보가 나중에 들어오는 정보 처리의 지침이 되는 것을 심리학에서는 맥락효과(Context Effect)라고 한다. 따라서 평소에 첫인상을 좋게 만들기 위한 노력을 꾸준히 해야만 하는 것이다.

좋은 첫인상이 반드시 외모에만 집중되는 것은 아니다. 오히려 깔끔한 옷차림과 부드러운 표정 그리고 말과 행동 등에 의해 전반적인 이미지가 만들어진다. 누구나 이러한 것 중에 한두 가지 단점을 가지고 있다. 최근에는 이미지 컨설팅을 통해서 자신의 단점들을 보완하는 지원자도 있다. 특히, 표정이 밝지 않은 지원자는 평소 웃는 연습을 의식적으로 하여 면접이 진행되는 동안 계속해서 여유 있는 표정을 짓는 것이 중요하다. 성공한 사람들은 인상이 좋다는 것을 명심하자.

1. 면접의 유형

과거 천편일률적인 일대일 면접과 달리 면접에는 다양한 유형이 도입되어 현재는 "면접은 이렇게 보는 것이다."라고 말할 수 있는 정해진 유형이 없어졌다. 그러나 현재까지는 집단 면접과 다대일 면접이 보편적으로 진행되고 있으므로 어느 정도 유형을 파악하여 사전에 대비가 가능하다. 면접의 기본인 단독 면접부터, 다대일 면접, 집단 면접, PT 면접, 합숙 면접의 유형과 그 대책에 대해 알아보자.

(1) 단독 면접

단독 면접이란 응시자와 면접관이 1 대 1로 마주하는 형식을 말한다. 면접관 한 사람과 응시자 한 사람이 마주 앉아 자유로운 화제를 가지고 질의응답을 되풀이하는 방식이다. 이 방식은 면접의 가장 기본적인 방법으로 소요시간은 10~20분 정도가 일반적이다.

① 단독 면접의 장점

필기시험 등으로 판단할 수 없는 성품이나 능력을 알아내는 데 가장 적합하다고 평가받아 온 면접방식으로 응시자 한 사람 한 사람에 대해 여러 면에서 비교적 폭넓게 파악할 수 있다. 응시자의 입장에서는 한 사람의 면접관만을 대하는 것이므로 상대방에게 집중할 수 있으며, 긴장감도 다른 면접방식에 비해서는 적은 편이다.

② 단독 면접의 단점

면접관의 주관이 강하게 작용해 객관성을 저해할 소지가 있으며, 면접 평가표를 활용한다 하더라도 일면적인 평가에 그칠 가능성을 배제할 수 없다. 또한 시간이 많이 소요되는 것도 단점이다.

> **단독 면접 준비 Point**
>
> 단독 면접에 대비하기 위해서는 평소 1 대 1로 논리 정연하게 대화를 나눌 수 있는 능력을 기르는 것이 중요하다. 그리고 면접장에서는 면접관을 선배나 선생님 혹은 아버지를 대하는 기분으로 면접에 임하는 것이 부담도 훨씬 적고 실력을 발휘할 수 있는 방법이 될 것이다.

〈개별 면접 평가표〉

평가항목	면접요소	체크 포인트	평가
용모, 태도, 건강	• 외모, 인상, 복장 • 태도(인사성, 활달성, 안정감) • 건강(젊음, 혈색, 체형 등)	• 입실 순간 전반적 인상 • 눈빛, 혈색, 체형, 복장 및 전체적 인상 • 보행 모습, 앉는 자세, 질문대답 관찰 • 인사성, 안정성, 활달성 • 병역면제 사유, 지병 보유, 평소 건강 등(입사지원서 기타란 참고)	
사회성	• 가정환경 및 학교생활 • 가치관, 사국관 • 생활태도	• 성장과정, 가훈, 가풍, 은사, 동아리활동, 아르바이트, 여가시간 사용방법 등 • 생활신조, 좌우명, 신앙생활 및 바람직한 직장인상 등 • 귀가시간, 주량, 흡연정도, 취미생활, 월평균 독서량 등	
논리성	• 표현력 • 발표내용의 정연성 • 사고능력의 범위	• 정확한 어휘구사, 문제의 핵심접근 정도, 애매한 표현 유무 • 음색, 어조 등 • 질문의 이해도, 일관성 있는 답변 • 자기소개서 작성의 논리성 • 사고방식의 다양성 및 편중 여부	
지식 정도	• 전공지식 • 외국어 • 일반상식	• 전공 관련 기초지식 및 응용테스트 • 자기소개 및 지원동기의 외국어 발표 • 시사용어, 최근 핫이슈에 대한 질문	
조직적응 및 발전가능성	• 사고방식의 긍정적 여부 • 적극성, 협조성 • 리더십 및 입사 후 포부, 창의성	• 학생운동 참여 이유, 제반 경제상황에 대한 견해, 노사관계 개념 등 • 야간/휴일근무, 지방근무, 적성에 맞지 않는 업무 등 • 리더 경험, 친구 관계, 입사 후 목표 직위, 맡고 싶은 업무, 당사의 TV선전문안 등에 관한 질문 등	

종합 의견

〈개별 면접 평가항목별 등급 및 환산점수〉

등급	환산점수			평가
A(20~18)	A+(20)	A(19)	A-(18)	면접요소 각 부분에 탁월함
B(16~14)	B+(16)	B(15)	B-(14)	대체로 우수함
C(12~10)	C+(12)	C(11)	C-(10)	요소별 부족한 여지가 있음
D(8~6)	D+(8)	D(7)	D-(6)	전반적으로 심하게 부족함

(2) 다대일 면접

다대일 면접은 일반적으로 가장 많이 사용되는 면접방법으로 보통 2~5명의 면접관이 1명의 응시자에게 질문하는 형태의 면접방법이다. 면접관이 여러 명이므로 다각도에서 질문을 하여 응시자에 대한 정보를 많이 알아낼 수 있다는 점 때문에 선호하는 면접방법이다.

하지만 응시자의 입장에서는 질문도 면접관에 따라 각양각색이고 동료 응시자가 없으므로 숨 돌릴 틈도 없게 느껴진다. 또한 관찰하는 눈도 많아서 조그만 실수라도 지나치는 법이 없기 때문에 정신적 압박과 긴장감이 높은 면접방법이다. 따라서 응시자는 긴장을 풀고 한 면접관이 묻더라도 면접관 전원을 향해 대답한다는 기분으로 또박또박 대답하는 자세가 필요하다.

① 다대일 면접의 장점

면접관이 집중적인 질문과 다양한 관찰을 통해 응시자가 과연 조직에 필요한 인물인가를 완벽히 검증할 수 있다.

② 다대일 면접의 단점

면접시간이 보통 10~30분 정도로 좀 긴 편이고 응시자에게 지나친 긴장감을 조성하는 면접방법이다.

> **다대일 면접 준비 Point**
>
> 질문을 들을 때 시선은 면접관을 향하고 다른 데로 돌리지 말아야 하며, 대답할 때에도 고개를 숙이거나 입 속에서 우물거리는 소극적인 태도는 피하도록 한다. 면접관과 대등하다는 마음가짐으로 편안한 태도를 유지하면 대답도 자연스러운 상태에서 좀 더 충실히 할 수 있고, 이에 따라 면접관이 받는 인상도 달라진다.

PART 5

(3) 집단 면접

집단 면접은 다수의 면접관이 여러 명의 응시자를 한꺼번에 평가하는 방식으로 짧은 시간에 능률적으로 면접을 진행할 수 있다. 각 응시자에 대한 질문내용, 질문횟수, 시간배분이 똑같지는 않으며, 모두에게 같은 질문이 주어지기도 하고, 각각 다른 질문을 받기도 한다.

또 어떤 응시자가 한 대답에 대한 의견을 묻는 등 그때그때의 분위기나 면접관의 의향에 따라 변수가 많다. 집단 면접은 응시자의 입장에서는 개별 면접에 비해 긴장감은 다소 덜한 반면에 다른 응시자들과의 비교가 확실하게 나타나므로 응시자는 몸가짐이나 표현력·논리성 등이 결여되지 않도록 자신의 생각이나 의견을 솔직하게 발표하여 집단 속에 묻히거나 밀려나지 않도록 주의해야 한다.

① 집단 면접의 장점

집단 면접의 장점은 면접관이 응시자 한 사람에 대한 관찰시간이 상대적으로 길고, 비교 평가가 가능하기 때문에 결과적으로 평가의 객관성과 신뢰성을 높일 수 있다는 점이며, 응시자는 동료들과 함께 면접을 받기 때문에 긴장감이 다소 덜하다는 것을 들 수 있다. 또한 동료가 답변하는 것을 들으며, 자신의 답변 방식이나 자세를 조정할 수 있다는 것도 큰 이점이다.

② 집단 면접의 단점

응답하는 순서에 따라 응시자마다 유리하고 불리한 점이 있고, 면접관의 입장에서는 각각의 개인적인 문제를 깊게 다루기가 곤란하다는 것이 단점이다.

집단 면접 준비 Point

너무 자기 과시를 하지 않는 것이 좋다. 대답은 자신이 말하고 싶은 내용을 간단명료하게 말해야 한다. 내용이 없는 발언을 한다거나 대답을 질질 끄는 태도는 좋지 않다. 또 말하는 중에 내용이 주제에서 벗어나거나 자기 중심적으로만 말하는 것도 피해야 한다. 집단 면접에 대비하기 위해서는 평소에 설득력을 지닌 자신의 논리력을 계발하는 데 힘써야 하며, 다른 사람 앞에서 자신의 의견을 조리 있게 개진할 수 있는 발표력을 갖추는 데에도 많은 노력을 기울여야 한다.

- 실력에는 큰 차이가 없다는 것을 기억하라.
- 동료 응시자들과 서로 협조하라.
- 답변하지 않을 때의 자세가 중요하다.
- 개성 표현은 좋지만 튀는 것은 위험하다.

(4) 집단 토론식 면접

집단 토론식 면접은 집단 면접과 형태는 유사하지만 질의응답이 아니라 응시자들끼리의 토론이 중심이 되는 면접방법으로 최근 들어 급증세를 보이고 있다.

이는 공통의 주제에 대해 다양한 견해들이 개진되고 결론을 도출하는 과정, 즉 토론을 통해 응시자의 다양한 면에 대한 평가가 가능하다는 집단 토론식 면접의 장점이 널리 확산된 데 따른 것으로 보인다.

사실 집단 토론식 면접을 활용하면 주제와 관련된 지식 정도와 이해력, 판단력, 설득력, 협동성은 물론 리더십, 조직 적응력, 적극성과 대인관계 능력 등을 파악하는 것이 용이하다고 한다.

토론식 면접에서는 자신의 의견을 명확히 제시하면서도 상대방의 의견을 경청하는 토론의 기본자세가 필수적이며, 지나친 경쟁심이나 자기 과시욕은 접어두는 것이 좋다.

또한 집단 토론의 목적이 결론을 도출해 나가는 과정에 있다는 것을 감안하여 무리하게 자신의 주장을 관철시키기보다 오히려 토론의 질을 높이는 데 기여하는 것이 좋은 인상을 줄 수 있다는 점을 알아야 한다. 취업 희망자들은 토론식 면접이 급속도로 확산되는 추세임을 감안해 특히 철저한 준비를 해야 한다.

평소에 신문의 사설이나 매스컴 등의 토론 프로그램을 주의 깊게 보면서 논리 전개 방식을 비롯한 토론 과정을 익히도록 하고, 친구들과 함께 간단한 주제를 놓고 토론을 진행해 볼 필요가 있다. 또한 사회·시사문제에 대해 자기 나름대로의 관점을 정립해두는 것도 꼭 필요하다.

집단 토론식 면접 준비 Point

- 토론은 정답이 없다는 것을 명심한다.
- 내 주장을 강조하지 않는다.
- 남이 말할 때 끼어들지 않는다.
- 필기구를 준비하여 메모하면서 면접에 임한다.
- 주제에 자신이 없다면 첫 번째 발언자가 되지 않는다.
- 자신의 입장을 먼저 밝힌다.
- 상대측의 사소한 발언에 집착하지 않고 전체적인 의미에 초점을 놓치지 않아야 한다.
- 남의 의견을 경청한다.
- 예상 밖의 반론에 당황스럽다 하더라도 유연함을 잃지 않아야 한다.

〈집단 토론 면접 평가표〉

이름	학과	지원회사	지원부서

평가요소	평가항목	평가점수	
주도성	• 토론에 영향을 끼친 발언을 했는가? • 논점사항에 적절한 의견제시가 있었는가?	매우 좋음	+4
			+3
	• 적절한 항목에서 다음 단계로 토론을 진행했는가? • 선두에 나서 발언을 했는가?	비교적 좋음	+2
			+1
		보통	0
	• 뒤를 좇아 의사를 발표했는가? • 의견개진이 주목받지 못했는가?	분석력 부족	−1
			−2
	• 묻기 전에는 발표를 하지 않았는가? • 남의 의견을 묻지 않고 자기만 말했는가?	분석력 결여	−3
			−4
협동성	• 토론이 단절되지 않도록 노력했는가? • 남에게 좋은 의견을 끌어냈는가?	매우 좋음	+4
			+3
	• 집단의 목표를 우선했는가?	비교적 협동적	+2
			+1
		보통	0
	• 자기 주장만 앞세웠는가? • 남의 의견이나 기분은 제쳐 놓았는가?	논리력 부족	−1
			−2
	• 목표에 어긋나는 방향으로 비판했는가? • 자기논조에 의거, 목표를 잃었는가?	논리력 결여	−3
			−4
공헌도	• 적절한 논점을 제시했는가? • 핵심사항에 핵심의견을 제시했는가?	매우 좋음	+4
			+3
	• 논점해결에 도움이 되는 지식을 제공했는가? • 난잡한 토론을 풀고 의견을 한데 모았는가?	비교적 좋음	+2
			+1
		보통	0
	• 논점에서 벗어나는 의견이 나왔는가? • 주제와 다른 의견이 나왔는가?	창의력 부족	−1
			−2
	• 나왔던 논조를 반복하지 않았는가? • 핵심을 벗어나 엉뚱한 방향으로 토론을 끌고 가지 않았는가?	창의력 결여	−3
			−4
총점			

종합 의견

(5) PT 면접

PT 면접, 즉 프레젠테이션 면접은 최근 들어 집단 토론 면접과 더불어 그 활용도가 점차 커지고 있다. PT 면접은 기업마다 특성이 다르고 인재상이 다른 만큼 인성 면접만으로는 알 수 없는 지원자의 문제해결 능력, 전문성, 창의성, 기본 실무능력, 논리성 등을 관찰하는 데 중점을 두는 면접으로, 지원자 간의 변별력이 높아 대부분의 기업에서 적용하고 있으며, 확산되는 추세이다.

면접 시간은 기업별로 차이가 있지만, 전공 및 전문 지식, 시사성 관련 주제를 제시한 다음 보통 20~50분 정도 준비하여 5분가량 발표할 시간을 준다. 면접관과 지원자의 단순한 질의응답식이 아닌, 주제에 대해 일정 시간 동안 지원자의 발언과 발표하는 모습 등을 관찰하게 된다. 정확한 답이나 지식보다는 논리적 사고와 의사표현력이 더 중시되기 때문에 자신의 생각을 어떻게 설명하느냐가 매우 중요하다.

PT 면접에서 같은 주제라도 직무별로 평가요소가 달리 나타난다. 예를 들어, 영업직은 설득력과 의사소통 능력에 중점을 둘 수 있겠고, 관리직은 신뢰성과 창의성 등을 더 중요하게 평가한다.

PT 면접 준비 Point

- 면접관의 관심과 주의를 집중시키고, 발표 태도에 유의한다.
- 모의 면접이나 거울 면접으로 미리 점검한다.
- PT 내용은 세 가지 정도로 정리해서 말한다.
- PT 내용에는 자신의 생각이 담겨 있어야 한다.
- PT 중간에 자문자답 방식을 활용한다.
- 평소 지원하는 업계의 동향이나 직무에 대한 전문지식을 쌓아둔다.
- 부적절한 용어 사용이나 무리한 주장 등은 하지 않는다.

2. 면접의 실전 대책

(1) 면접 대비사항

① 지원 회사에 대한 사전지식을 충분히 갖는다.

필기시험에서 합격 또는 서류전형에서의 합격통지가 온 후 면접시험 날짜가 정해지는 것이 보통이다. 이때 수험자는 면접시험을 대비해 사전에 자기가 지원한 계열사 또는 부서에 대해 폭넓은 지식을 가질 필요가 있다.

> **지원 회사에 대해 알아두어야 할 사항**
> • 회사의 연혁
> • 회장 또는 사장의 이름, 그의 출신학교, 그의 관심사
> • 회장 또는 사장이 요구하는 신입사원의 인재상
> • 회사의 사훈, 사시, 경영이념, 창업정신
> • 회사의 대표적 상품, 특색
> • 업종별 계열회사의 수
> • 해외지사의 수와 그 위치
> • 신 개발품에 대한 기획 여부
> • 자기가 생각하는 회사의 장단점
> • 회사의 잠재적 능력개발에 대한 제언

② 충분한 수면을 취한다.

충분한 수면으로 안정감을 유지하고 첫 출발의 신선한 마음가짐을 갖는다.

③ 얼굴을 생기 있게 한다.

첫인상은 면접에 있어서 가장 결정적인 당락요인이다. 면접관에게 좋은 인상을 줄 수 있도록 화장하는 것도 필요하다. 면접관들이 가장 좋아하는 인상은 얼굴에 생기가 있고 눈동자가 살아 있는 사람, 즉 기가 살아 있는 사람이다.

④ 아침에 인터넷에 의한 정보나 신문을 읽는다.

그날의 뉴스가 질문 대상에 오를 수가 있다. 특히 경제면, 정치면, 문화면 등을 유의해서 보아 둘 필요가 있다.

> ☞ 출발 전 확인할 사항 : 이력서, 자기소개서, 성적증명서, 졸업(예정)증명서, 추천장, 회사안내책자, 스케줄표, 취직노트, 지갑, 도장, 신분증(주민등록증), 손수건, 휴지, 필기도구, 메모지, 잔돈, 예비스타킹 등을 준비하자.

(2) 면접 시 옷차림

면접에서 옷차림은 간결하고 단정한 느낌을 주는 것이 가장 중요하다. 색상과 디자인 면에서 지나치게 화려한 색상이나, 노출이 심한 디자인은 자칫 면접관의 눈살을 찌푸리게 할 수 있다. 단정한 차림을 유지하면서 자신만의 독특한 멋을 연출하는 것, 지원하는 회사의 분위기를 파악했다는 센스를 보여주는 것 또한 코디네이션의 포인트다.

> **복장 점검**
> • 구두는 잘 닦여 있는가?
> • 옷은 깨끗이 다려져 있으며 스커트 길이는 적당한가?
> • 손톱은 길지 않고 깨끗한가?
> • 머리는 흐트러짐 없이 단정한가?

(3) 면접요령

① 첫인상을 중요시한다.

상대에게 인상을 좋게 주지 않으면 어떠한 얘기를 해도 이쪽의 기분이 충분히 전달되지 않을 수 있다. 예를 들면 '저 친구는 표정이 없고 무엇을 생각하고 있는지 전혀 알 길이 없다.'라고 생각하게 만들면 최악의 상태다. 우선 청결한 복장, 바른 자세로 침착하게 들어가야 한다. 건강하고 신선한 이미지를 주어야 하기 때문이다.

② 좋은 표정을 짓는다.

얘기를 할 때의 표정은 중요한 사항의 하나다. 거울 앞에서는 웃는 얼굴의 연습을 해본다. 웃는 얼굴은 상대를 편안하게 만들고 특히 면접 등 긴박한 분위기에서는 천금의 값이 있다할 것이다. 그렇다고 하여 항상 웃고만 있어서는 안 된다. 자기의 할 얘기를 진정으로 전하고 싶을 때는 정상적인 얼굴로 상대의 눈을 바라보며 얘기한다. 면접을 볼 때 눈을 감고 있으면 마이너스 이미지를 주게 된다.

③ 결론부터 이야기한다.

자기의 의사나 생각을 상대에게 정확하게 전달하기 위해서는 먼저 무엇을 말하고자 하는가를 명확히 결정해 두어야 한다. 대답을 할 경우에는 결론을 먼저 이야기하고 나서 그에 따르는 설명과 이유를 나중에 덧붙이면 논지(論旨)가 명확해지고 이야기가 깔끔하게 정리된다.

한 가지 사실을 이야기하거나 설명하는 데는 3분이면 충분하다. 복잡한 이야기라고 어느 정도의 길이로 요약해서 이야기하면 상대도 이해하기 쉽고 자기도 정리할 수 있다. 긴 이야기는 오히려 상대를 불쾌하게 할 수가 있다.

④ 질문의 요지를 파악한다.

면접 때의 이야기는 간결성만으로 부족하다. 상대의 질문이나 이야기에 대해 적절하고 필요한 대답을 하지 않으면 대화는 끊어지고 자기의 생각도 제대로 표현하지 못하여 면접자로 하여금 수험생의 인품이나 사고방식 등을 명확히 파악할 수 없도록 만들게 된다. 무엇을 묻고 있는지, 무슨 이야기를 하고 있는지 그 요점을 정확히 알아내야 한다.

면접에서 고득점을 받을 수 있는 성공요령(10가지)

1. 자기 자신을 겸허하게 판단하라.
2. 지원한 회사에 대해 100% 이해하라.
3. 실전과 같은 연습으로 감각을 익혀라.
4. 단답형 답변보다는 구체적으로 이야기를 풀어나가라.
5. 거짓말을 하지 마라.
6. 면접하는 동안 대화의 흐름을 유지하라.
7. 친밀감과 신뢰를 구축하라.
8. 상대방의 말을 성실하게 들어라.
9. 근로조건에 대한 이야기를 풀어나갈 준비를 하라.
10. 끝까지 긴장을 풀지 마라.

(4) 면접 시 주의사항

① 지각은 있을 수 없다.

면접 당일에 시간을 맞추지 못하여 지각하는 것은 있을 수 없는 일이다. 신용사회에서 약속을 못 지키는 사람은 좋은 평가를 받을 수 없다. 면접 당일에는 지정시간 10~20분쯤 전에 미리 면접장에 도착해 마음을 가라앉히고 준비해야 한다.

② 손가락을 움직이지 마라.

면접 시에 손가락을 까딱거리거나 만지작거리는 행동은 유난히 눈에 띌 뿐만 아니라 면접관의 눈에 거슬리기 마련이다. 다리를 떠는 행동은 말할 것도 없다. 불안정하거나 산만하다는 느낌을 줄 수 있으므로 주의할 필요가 있다.

③ 옷매무새를 자주 고치지 마라.

여성의 경우 외모에 너무 신경 쓴 나머지 머리를 계속 쓸어 올리거나, 깃과 치마 끝을 만지작거리는 경우가 많다. 짧은 미니스커트를 입고 와서 면접시간 내내 치마 끝을 내리는 행위는 면접관으로 하여금 인상을 찌푸리게 만든다. 인사담당자의 말에 의하면 이런 사람이 의외로 많다고 한다.

④ 너무 큰 소리로 말하지 마라.

면접관과의 거리가 어느 정도 떨어져 있기 때문에 작은 소리로 웅얼거리는 것은 좋지 않다. 그러나 너무 큰 소리로 소리를 질러가며 말하는 사람은 오히려 거북스럽게 느껴진다.

⑤ 성의 있는 응답 자세를 보여라.

질문에 대해 너무 "예, 아니요"로만 답변하면 성의 없다는 인상을 심어주게 된다. 따라서 설명을 덧붙일 수 있는 질문에 대해서는 지루하지 않을 만큼의 설명을 붙인다.

⑥ 구두를 깨끗이 닦는다.

앉아있는 사람의 구두는 면접관의 위치에서 보면 눈에 잘 띈다. 그러나 의외로 구두에 대해 신경 써서 미리 깨끗이 닦아둔 사람은 드물다. 면접 전날 반드시 구두를 깨끗이 닦아준다.

⑦ 지나친 화장은 피한다.

여성의 경우 지나치게 화장을 짙게 하면 거부감을 불러일으킬 수 있다. 또한 머리도 단정히 정리해서 이마가 가급적이면 드러나 보이게 하는 것이 좋다. 여기저기 흘러나온 머리는 지저분하고 답답한 느낌을 준다. 지나친 액세서리도 금물이다.

⑧ 기타 사항

　ⓐ 앉으라고 할 때까지 앉지 마라. 의자로 재빠르게 다가와 앉으면 무례한 사람처럼 보이기 쉽다.

　ⓑ 응답 시 너무 말을 꾸미지 마라.

　ⓒ 질문이 떨어지자마자 바쁘게 대답하지 마라.

　ⓓ 혹시 잘못 대답하였다고 해서 혀를 내밀거나 머리를 긁지 마라.

　ⓔ 머리카락에 손대지 마라. 정서불안으로 보이기 쉽다.

　ⓕ 면접실에 타인이 들어올 때 절대로 일어서지 마라.

　ⓖ 동종업계나 라이벌 회사에 대해 비난하지 마라.

　ⓗ 인사관리자 책상에 있는 서류를 보지 마라.

　ⓘ 농담을 하지 마라. 쾌활한 것은 좋지만 지나치게 경망스러운 태도는 취업에 대한 의지가 부족하게 보인다.

　ⓙ 질문에 대해 대답할 말이 생각나지 않는다고 천장을 쳐다보거나 고개를 푹 숙이고 바닥을 내려다보지 마라.

　ⓚ 면접관이 서류를 검토하는 동안 말하지 마라.

　ⓛ 과장이나 허세로 면접관을 압도하려 하지 마라.

　ⓜ 최종 결정이 이루어지기 전까지 급여에 대해 언급하지 마라.

　ⓝ 은연중에 연고를 과시하지 마라.

면접 전 마지막 체크 사항

• 기업이나 단체의 소재지(본사 · 지사 · 공장 등)를 정확히 알고 있다.

• 기업이나 단체의 정식 명칭(Full Name)을 알고 있다.

• 약속된 면접시간 10분 전에 도착하도록 스케줄을 짤 수 있다.

• 면접실에 들어가서 공손히 인사한 후 또렷한 목소리로 자기 수험번호와 성명을 말할 수 있다.

• 앉으라고 할 때까지는 의자에 앉지 않는다는 것을 알고 있다.

• 자신에 대해 3분간 이야기할 수 있는 준비가 되어 있다.

• 자신의 긍정적인 면을 상대방에게 바르게 전달할 수 있다.

3. 영어 면접 필승 전략

(1) 영어 면접의 개요

① 의의

㉠ 응시자의 인간성과 잠재적인 능력을 평가할 수 있는 면접시험의 중요성과 더불어 세계화 · 국제화에 발맞춰 영어로 면접을 보는 경우가 늘어나고 있다. 영어 면접의 경우, 질문의 내용 자체는 우리말 면접과 다를 바 없으나 영어로 대화를 나누어야 한다는 점에서 응시자들이 많이 부담스러워하므로 착실한 준비가 필요하다.

㉡ 면접을 실시하기 전에 예상 질문에 대한 답변을 미리 준비하도록 한다. 동일한 질문이라도 우리말로 대답하는 것과 영어로 대답하는 데에는 많은 차이가 있으며, 특히 긴장하게 될 경우, 알고 있는 단어나 문장도 입 안에서만 맴돌게 되는 경우가 있다. 따라서 사전에 충분한 연습을 하는 것이 필요하다.

㉢ 영어 면접은 기본적으로 외국어 구사능력 정도를 파악하는 데 중점을 두며 주로 일상적인 질문으로 영어적 표현력, 자연스러움, 발음 등을 체크한다. 인터뷰를 하는 사람이 한국인인 경우에는 간단한 생활영어능력을 주로 테스트를 하지만 응시자가 대답한 내용을 다시 영어로 말해 보라고 하는 경우도 있다.

㉣ 외국인이 면접관인 경우 일반적으로 응시자와 일상적인 대화를 하면서 질문을 이해하는 정도와 영어식의 발상에 의한 표현력, 발음, 어휘 등의 기본적인 영어회화 능력을 평가한다. 이 경우 관습이나 문화가 다른 외국인에 의해서 면접이 이루어지는 것이므로 그들의 독특한 표현방식이나 예절에 유의하면서 면접에 임해야 한다.

② 영어 면접의 진행과정

㉠ 호명

- 면접관이 이미 착석해 있는 경우에는 면접장소에 들어설 때 가벼운 눈인사와 함께 자기소개를 한다. 좀 더 자세한 소개는 인터뷰가 진행되었을 때 하면 된다.
- 이와는 달리 사전에 마련된 인터뷰 장소에 앉아 있다가 인터뷰 담당자가 들어오는 경우에는 자리에서 일어서는 것이 예의이며, 외국인 담당자가 인터뷰 장소에 들어서면 악수를 먼저 청하는 것이 일반적이다. 그러나 외국인의 경우 한국식으로 허리를 굽혀 인사할 필요는 없으며, 반듯하게 서서 시선을 마주보고 가볍게 악수하면 된다.

㉡ 인사교환

인터뷰할 상대의 이름을 알아두는 것은 인터뷰의 기본이다. 면접관도 자신의 이름을 이야기해 주는 당신에게 좋은 인상을 받게 될 것이다. 예를 들어 면접관의 이름이 'Jerry'일 경우 그냥 "Good morning, Sir."라고 하기보다는 "Good morning, Mr. Jerry."라고 하는 것이 인터뷰를 훨씬 친근감 있게 만들어 줄 것이다.

㉢ 착석

면접관이 "Please have a seat."이라고 말하기 전에는 앉지 않도록 한다. 앉으라는 권유를 받으면 "Thank you, Sir(여성일 경우 Ma'am)."이라고 말하고 앉는다. 앉을 때 허리를 등받이 깊숙이 밀착하되, 어깨는 의자에 기대지 않도록 한다. 그리고 두 손은 무릎 위에 단정하게 놓고 면접관의 눈이나 콧날 부분을 바라본다.

ㄹ 질문에 답할 때

- 인터뷰를 할 때 여유를 가지고 임하는 사람은 많지 않다. 누구나 인터뷰를 받는 상황에서는 긴장하기 마련이다. 그러나 지나친 긴장은 인터뷰를 망칠 수도 있다. 영어 인터뷰에서 실패하는 원인으로는 지나친 긴장감, 침착성 상실, 자신감 결여, 애매한 대답, 지나치게 말을 많이 하는 것, 예의범절의 결여 등을 들 수 있다. 하지만 자신의 결점을 알고 이것을 어떻게 극복할 것인가를 생각해 두면 영어 인터뷰를 치르는 데 큰 어려움이 없을 것이다.

- 면접 시에는 침착하고 밝은 표정으로 면접관의 눈을 보도록 한다. 책상을 응시하거나 주위를 두리번거리며 쳐다보는 것은 상대 면접관을 무시하거나 자신감이 없는 듯한 인상을 줄 수가 있다. 대답은 힘 있고 자신 있는 목소리로 한다.

- 면접관의 질문은 끝까지 모두 듣고 무엇을 묻고 있는지를 정확하게 이해하고 난 다음에 대답하도록 한다. 질문 도중에 그 질문의 내용을 지레짐작하여 대답하지 않도록 주의하며, 면접관의 질문이 끝나면 시간을 끌지 말고 즉시 대답을 하도록 한다.

- 면접관이 여러 가지 다양한 질문을 하여 질문내용이 모호하게 될 수가 있는데 그런 경우, 특히 면접자의 의도를 정확히 파악하여 대답하도록 한다. 질문 자체를 이해하지 못한 경우 면접관에게 "이런 의미의 질문이십니까?(I'm sorry, but are you asking~?)"하고 분명히 하는 것이 좋다.

- "Yes. / No." 또는 "I am afraid that I have no idea(잘 모르겠습니다)." 등으로 대답을 분명히 한다. 아무 관련이 없는 말을 한다거나 우물쭈물 자신 없이 얼버무리는 태도는 잘 모른다고 대답하는 것보다 오히려 더 부정적인 인상을 줄 수 있다. 적절한 어휘를 사용하여 자기의 생각을 논리정연하게, 그리고 정확하게 전달하도록 한다.

- 대답이 틀렸더라도 머리를 긁적인다거나 겸연쩍어하며 불안해하는 행동은 바람직하지 않다. 비록 대답을 잘못해 면접이 잘못되어 가고 있는 느낌을 받더라도 미리 포기하지 않도록 한다. 끝까지 최선을 다하는 태도가 중요하다.

ㅁ 면접이 끝났을 때

인터뷰가 끝나면 "Thank you for your time." 또는 "I have enjoyed with you. Thank you."라는 인사의 말을 빠뜨리지 말아야 한다. 면접이 끝났을 때에도 들어갈 때와 같이 정중한 자세로 조용히 면접실을 나오도록 한다. 면접이 끝났다는 안도감이나 해방감을 지나치게 나타내는 행동은 금물이다.

③ 영어 면접 시 유의사항

ㄱ 감사 · 양해의 표현을 아끼지 않는다.

서양 사람들은 상대방이 자신에게 베푼 호의나 친절에 대해 항상 감사 또는 감탄의 반응을 나타낸다. 칭찬을 해주거나 친절을 베풀면 반드시 "Thank you."라고 응답한다.

ㄴ 정중하게 영어로 답변한다.

질문에 대한 답은 "Yes." 또는 "No."로 답하는 것보다 "Yes, I do./ No, I don't."의 형식으로 하는 것이 더 공손한 표현이다. 그리고 "What would you do if …?"식의 물음에는 사용된 조동사를 그대로 사용하여 "I would …."로 답을 시작해야 한다. 부정적으로 답할 때에는 "I am afraid that I don't know." 또는 "I am afraid not."으로 대답한다.

ㄷ 구체적으로 대답한다.

미국인들에게 "댁의 아버지 직업이 무엇입니까?"라고 물으면 상당히 구체적으로 답변한다. 우리는 보통 "농사짓고 계십니다(My father is a farmer)."라는 식으로 대답하기 마련이지만 미국식으로 대답을 해주려면 매우 구체적으로 설명이 되어야 한다.

ㄹ 질문을 알아듣지 못한 경우 다시 묻는 것을 두려워하지 않는다.

면접 도중에 질문이 생기는 경우에도 묻는 것을 너무 두려워하지 않는 것이 좋다. 또 잘 못 들었으면 그 즉시 다시 물어야 한다. 생각하는 척하다가 "What?"이라든가 "What did you say?"하고 천연덕스럽게 물어보면 면접관에게 불쾌한 인상을 주게 된다.

(2) 영어 면접 대비 학습방법

① 영어 면접의 준비

ㄱ 간결하고 명확한 표현을 사용한다.

영어 면접을 통해 우선 평가하려는 것은 '영어로 의사소통이 가능한가.'이다. 따라서 영어 면접 때 너무 복잡하고 수준 높은 문장력을 구사하는 것보다는 간결하면서도 명확하게 표현하도록 준비하는 것이 중요하다.

ㄴ 해당 분야의 전문용어를 미리 숙지한다.

경우에 따라서는 우리말로 질문하고 영어로 답하게 할 수도 있다. 이는 영어로 질문이 주어질 경우 관련 용어와 표현에 도움을 얻는 것을 방지하고 응시자의 영어 구사능력과 전문지식의 수준 등을 평가하기 위한 것이다. 따라서 지원 분야와 관련된 전문용어나 표현을 미리 숙지해야 면접시 낭패를 당하지 않는다.

ㄷ 적절한 보디랭귀지(Body Language)를 구사한다.

영어문화권의 독특한 사고방식, 습관, 에티켓 등을 숙지한다. 손동작 등 적절한 보디랭귀지를 사용하는 것도 강하게 어필할 수 있는 방법이다.

ㄹ 예상문제를 뽑아 연습하라.

예상질문을 뽑고 이에 대한 답변을 미리 준비해 두면 실전에서 보다 유연하게 대처할 수 있다. 답변을 녹음기에 녹음하면서 발음이나 표현을 교정해 본다. 친구와 전화로 연습하는 것도 좋은 방법이다. 다만 미리 연습한 표현도 외운 것이 아니라 생각해서 답변한다는 인상을 줘야 한다.

② 영어 면접의 체크포인트

ㄱ 표현력

영어 면접에서는 영어로 말할 때의 표현력이 심사 대상이 된다. 그러나 여기서 말하는 표현력이란 유창한 영어보다는 간결성, 명쾌성, 논리의 통일성 등을 말한다.

ㄴ 호기심

적극성과 의욕을 뒷받침하는 것은 사물에 대한 지적 호기심이다. '어째서일까? 알아봐야겠다.'는 태도를 업무에서 발휘할 수 있는지가 질문의 포인트이다. 기획과 연구개발 등의 분야에서는 특히 중요한 요소가 된다.

ㄷ 자주성

호기심을 만족시키기 위해 스스로 조사해 보거나 공부하는 것이 자주성과 연결된다. 어떤 일을 막론하고 자주성이 있다는 것은 인생을 살아가는 데 있어서 매우 중요하다. 이것이 대화를 통해 나타나지 않으면 안 된다. 사무를 처리할 때 상사, 동료에게 의지하려는 자세는 금물이다.

ㄹ 책임감

자주성이 있으면 내가 할 일은 내가 책임진다는 책임감이 생긴다. 조직으로서는 일을 맡겨도 될 것인지, 주어진 일을 끝까지 성실하게 해 나갈 수 있는지를 경영과 조직의 입장에서 평가하게 된다.

ㅁ 자부심

책임 있는 행동을 할 수 있는 사람은 그만큼 자부심도 가지고 있다. 여기에는 강한 자기주장이 꼭 필요하다. 특히 영어권의 문화에서는 위에서 말한 4개 항목을 집대성하여 논리정연하게 자기주장을 하는 사람이 높은 평가를 받는다.

ⓑ 협조성

우리나라에서 '협조성'이라 하면 자신을 희생하고 인내하는 것에 대한 완곡한 표현일 경우가 많다. 그러나 구미식 협조성은 상대를 생각하는 일과 때로는 주도권을 갖는다는 강한 개성이 합치된 것을 말한다. 상황에 따라 밀고 당기고 하는 자질을 선호한다는 점에서는 동서양의 차이가 없다.

ⓢ 목소리의 톤

어두운 목소리는 첫인상을 나쁘게 만든다. 목소리는 선천적인 것이라고 생각하는 사람도 있을 것이다. 그러나 미리부터 포기하면 잘못이다. 처음부터 음침한 목소리로 말하면 끝까지 그런 식의 음성이 나오게 된다. 그러므로 의식적으로 첫 마디를 명랑하게 말하도록 하자.

ⓞ 복장

목소리와 마찬가지로 복장도 첫인상을 좌우하는 중요한 포인트가 된다. 복장은 단정해야 하며 남녀 모두 상의를 착용해야 하는 것이 면접의 일반적인 규칙이다. 액세서리는 여기에 어울리는 것으로 택하도록 한다. 어두운 느낌을 주는 것은 피해야 하지만, 화려한 컬러 셔츠나 장식이 많은 블라우스도 삼가는 것이 좋다. 머리를 단정히 빗고 손톱도 자르며 구두 역시 닦아 신는 것이 최소한의 예의이다.

③ 영어 면접에 있어서 자연스러운 대처법

㉠ 인사말

인사말은 정확하고 자연스럽게 할 수 있어야 한다. 서양인들은 별로 대수롭지 않은 것이라 해도 고맙다거나 미안하다고 감정을 표현하는 것이 기본예절일 뿐만 아니라 그 표현도 다양하다. 대수롭지 않은 것이니 안 해도 상관없다는 태도는 절대 금물이다. 특히 다음과 같은 표현들을 익혀두어 상황에 따라 자연스럽게 쓸 수 있도록 많은 연습을 해야 한다.

- 상대방의 호의와 본인의 실수에 대하여
  - Thank you very much. (감사합니다)
  - How kind(nice) of you to say so! (그렇게 말씀해주셔서 감사합니다)
  - Excuse me. I am sorry. (실례했습니다. 죄송합니다)
  - A thousand pardons for …. (… 해서 정말 죄송합니다)
- 상대방의 감사에 대한 응답
  - You are (quite) welcome. (천만의 말씀이십니다)
  - Don't mention it. (천만에요)
  - Not at all. (뭘요)
  - It's nothing at all. (대단한 것도 아닌 걸요)

㉡ 대답은 정중하게

질문에 대한 대답은 "Yes. / No."만으로 너무 간단하게 끝내는 것보다는 "Yes, I do." 또는 "No, I don't."와 같이 하는 것이 바람직하다. 단, 질문 자체가 간단할 경우에는 "Yes, Sir. / No, Ma'am."으로 해도 괜찮다. "What would you do, if …?(만일 …인 경우에는 어떻게 하시겠습니까?)"로 물을 때의 대답은 "I would …." 또는 "I'd …."로 시작해야 한다. 또 "모르겠습니다."는 "I don't know."만 해서는 무례한 표현이 되는 경우가 많다. 어조에 따라서 "모르겠는데.", "모르겠어요."정도로 들릴 우려가 있기 때문이다. "모르겠습니다."에 해당하는 영어 표현은, "I'm afraid I don't (know)." 또는 "I'm afraid not."이다.

ⓒ 대답은 구체적으로

"How is your typing?(타이프는 어느 정도 칩니까?)"라고 물으면, "I can type 45 words minute(1분에 45자 칩니다)."라고 확실하게 대답하도록 한다. "조금 칠 줄 압니다."라든가, "별로 잘 치지 못합니다."같은 애매한 대답은 피하는 게 좋다. 또 "Would you be able to start working right away?(곧 일을 시작하실 수 있겠습니까?)"라는 질문에 대해서는, 그렇지 못할 경우 "No, I would be available after 20th of this month(이달 20일이 넘어야 일할 수 있겠는데요)."처럼 대답하는 것이 좋다.

ⓔ 질문을 알아듣지 못했을 때

영어로 면접을 받다 보면 질문을 제대로 알아듣지 못해서 당황할 때가 있다. 이럴 때 다시 한 번 말해 달라고 부탁을 할 때는, "Beg your pardon, Sir(Ma'am)?"라고 하면 된다. 면접이 상당히 진전되어 있을 때 한두 마디의 말을 듣지 못했다면, "Pardon, Sir(Ma'am)?"라고만 해도 좋다. 물론 어느 경우나 말끝을 올려야 한다. 또 잘못 들었으면 그 즉시 다시 물어야 된다. 단어나 발음을 알아듣지 못했거나 문장이 어려워서 질문의 내용을 정확히 이해하지 못했을 때는, "I'm sorry I couldn't follow you. I'm afraid I didn't understand your question. Would you mind repeating it, Sir(Ma'am)?"라고 하면 되고, 또 "I didn't quite catch what you said. Would you please say that again, Sir(Ma'am)?"라고 말해도 같은 뜻이 된다. 이러한 표현들은 발음연습을 잘 해 두었다가, 어떤 경우에라도 곧 밖으로 나올 수 있도록 해야 한다.

ⓜ 대답하기 어려운 질문을 받았을 때

대답하기 어려운 질문을 받게 되면 누구라도 머뭇거리기 마련이다. 그러나 답변을 준비하는 동안 질문을 한 면접관에 대해 전혀 반응을 나타내지 않는다면, 면접관은 대답하고 싶지 않은 것이라 판단해 버리고 다른 질문을 진행할지도 모른다. 그러므로 대답을 하겠다는 의도를 어떠한 형태로든 명확히 해야 할 필요가 있다. 이를 위한 테크닉을 2~3개 정도 소개해 본다. 우선 잠자코 있지 말고 'er[ə]'라고 하면서 대답할 말을 찾고 있음을 보여야 한다. 그러나 우리 식의 '에―'라든가, 이 사이로 '스―ㅅ'하고 숨을 들이끄는 버릇은 좋지 않다. 둘째, 완전한 문장을 만들려는 생각에 간격을 너무 두어서는 안 된다. 적어도 문장의 첫 부분 정도는 말하고 난 후 간격을 두어야 상대방은 대답이 끝날 때까지 기다려 줄 것이다.

ⓑ 상대방의 말에 맞장구칠 때

미국 사람들은 대화할 때, 상대방의 말에 대해서 "Um"이라고 맞장구를 치는 버릇이 있다. 이것은 우리 말의 "아, 네.", "그렇지요."같은 것으로 대화를 부드럽게 연결시켜 주는 역할을 한다. "That's just right(그렇고 말고요), I think so."등의 표현을 써도 좋고, 이 밖에 "I see. / Is that so(right)?(그러세요?) / I understand (that)."등도 같은 표현들이다. 이와 같은 표현들은 남발하는 것은 좋지 않으나, 적절한 때에 사용하는 것은 대화의 분위기상 좋은 효과를 줄 수 있다.

④ 영어 면접 필수 질문

㉠ 자기 자신을 소개해 보라고 할 때의 다양한 질문
- Tell me (something) about yourself.
- Can you tell us a little bit about yourself?
- Could you possible tell us something about yourself?

㉡ 개인적인 질문
- How would you describe yourself?
- Are you a self-starter?

• Give me a little bit of your background.

ⓒ 급여에 관한 질문
• What level of compensation would it take to make you happy?
• Tell me about the salary range you're seeking?
• What salary do you think deserve?

ⓔ 구체적인 질문 전 일종의 Warming Up으로 하는 질문
• What made you apply for this position?
• How did you hear about this job opening?
• Why are you interested in working for this company?
• What do you know about our company?
• Why do you decide to apply for this position?

ⓜ 왜 본인을 뽑아야 되는지에 대한 질문
• Given the investment our company will make in hiring and training you, can you give us a reason to hire you?
• Why do you think this company should hire you?

ⓗ 왜 본인이 이 회사에 적합한지에 대한 설명을 요구하는 질문
• Do you have the qualification and personal characteristics necessary for success in your chosen career?
• What qualifies you for this job?
• If you were hiring someone for this job, what qualities would you look for?
• How do you determine or evaluate success? Give me an example of one of your successful accomplishments.

ⓢ 상식과 관련된 질문
• What is today's exchange rate?
• How will our customers respond if the fee in our bank raises?
• Do you know a leading bank?
• Tell me your opinion about the territorial claims to Dokdo being at issue nowadays.

ⓞ 기타
• How do you explain Seoul to foreigner?
• Can you tell us how to withdraw money from ATM?
• What are you hobbies and interests outside of work?
• Describe your greatest strength and weakness.
• Describe your personality.
• What is your commitment to this job?
• What specific goals have you established for your career?
• What do you expect to be doing in five years?
• What is your professional goal?
• Can you give me examples of experience on the job that you felt were satisfying?

- Tell me about a time when you tried and failed.
- Tell me about a time when you had to deal with a difficult person. How did you handle the situation?

⑤ 영어 면접 모의질문 미리보기

Q. Name and examination number, please?
자신의 이름과 수험번호를 말씀해 주시겠습니까?
A. Number 24. My name is Min-ho, Kim. Kim is my last name.
수험번호는 24번, 김민호입니다.

Q. When were you born?
생년월일은 언제입니까?
A. June 24, 1987.
1987년 6월 24일입니다.

Q. Tell me a little about yourself, please.
자기소개를 간단히 해보십시오.
A. I was born in Jeonju, spent high school life in Iksan and university in Jeonju, majored in science of public administration. Now I live in Jeonju. I like music very much. And I like tennis. I was in the tennis club at my university.
저는 전주에서 태어나 고등학교는 익산에서 다니고 대학은 전주에서 다녔습니다. 전공은 행정학입니다. 현재 저는 전주에서 살고 있습니다. 저는 음악을 매우 좋아하고, 테니스도 좋아합니다. 대학시절에는 테니스 동아리에 있었습니다.

Q. What is your strength(strong point)?
자신의 장점은 무엇입니까?
A. My friends say that I am a self-started, highly motivated, and energetic. I think I am outgoing and persuasive person and I'm trying to have good listening skills.
제 친구들은 제가 자발적이고 추진력이 있으며 적극적이라고 말합니다. 제 성격이 외향적이고 설득적이지만, 다른 사람의 이야기를 들으려 노력하고 있습니다.

Q. What is your weak point?

당신의 단점은 무엇입니까?

A. Frankly speaking, I'm a typical workaholic. I don't mind working late at night. Due to that, I tended to leave the school late.

솔직히 말씀드리면 저는 전형적인 일 중독자입니다. 밤늦게까지 일하는 것도 마다하지 않았기 때문에 학교를 늦게 나서기도 했습니다.

Q. How would your friends describe you?

당신의 친구들은 당신을 어떻게 평합니까?

A. They call me "Mr. Dependable." When they have a problem, they always come to me for help. Whenever we have an examination, for example, they ask me to let them copy my notebooks. They know I never skip any of my lessons without fail.

제 친구들은 저를 "믿을 수 있는 남자"라고 부릅니다. 친구들에게 문제가 생기면 항상 저에게 와서 도움을 청합니다. 예를 들어 시험이 있을 때마다 제 친구들은 제 노트를 복사하게 해 달라고 부탁합니다. 제가 수업에 빠지지 않는다는 것을 알고 있기 때문입니다.

Q. What do you think of your English?

영어실력은 어느 정도입니까?

A. I got a score of 800 on the TOEIC. And I studied English conversation at a school in L.A. for one year. So I think I am quite fluent in English.

저는 TOEIC에 응시하여 800점을 받았습니다. 그리고 L.A.에서 영어회화를 1년간 공부했습니다. 그래서 영어는 유창한 편이라고 생각합니다.

CHAPTER 02

현대자동차그룹 실제 면접

현대자동차그룹은 직군별로 지원자의 인성 및 태도, 조직적합도, 자질 및 당사 인재상과의 부합도와 지원직무를 성공적으로 수행하는 데 필요한 전공지식, 실무능력 등을 종합적으로 평가하기 위해 면접을 실시한다.

2012년 상반기에는 1차에서 핵심역량 면접, 영어 면접, 토론 면접을 실시하고, 2차에서는 임원 면접을 실시하였으나, 하반기에는 영어 면접이 2차에서 치러졌다. 2013년에는 1차에서 핵심 면접과 토론, PT 면접이 실시되었고, 2차에서 영어 면접과 임원 면접이 치러졌으며 2014년 이후에도 직군별로 순서의 차이는 있으나 대체적으로 비슷하게 치러졌다. 2020년 하반기부터는 코로나의 여파로 Teams 화상회의로 진행하고 있다. 면접관 2명 혹은 3명이 있는 다대일 면접이었다. 현대 자동차는 직무경험, 꼬리질문이 많기 때문에 경험이 없다면 미리 답변을 준비하는 것이 좋다.

1. 1차 면접(역량 면접 · PT 면접)

역량 면접과 PT 면접을 치르게 된다. 순서는 개인별로 다르다. 역량 면접은 흔히들 생각하는 기본 인성면접이고, PT 면접은 직무와 관련한 이슈나 주제를 가지고 실무능력을 측정하는 방식으로 진행된다. 따로 마련된 문제풀이 방에서 20분간 PT를 준비하게 된다. 내용은 4페이지로 다양한 그래프, 표 등의 자료가 있으며 주제는 보통 현대자동차그룹에서 실제로 고민하고 있는 내용이다. '① 현황 및 문제점, ② 개선안 선택, ③ 고려한 사항, ④ 본인의 창의적인 아이디어' 순으로 내용을 정리한 후 5분간 발표를 한다. 발표가 끝난 후에는 10분간 질의응답이 있으며, 만약 개인의 발표시간을 5분을 채우지 못하면 면접관은 면접을 끝내지 않는다.

(1) 역량 면접 기출질문

- 소속감을 느낀 조직이나 팀 프로젝트 활동을 한 적이 있는가?
- 프로젝트 중에 어려움을 딛고 성과를 낸 경험이 있다면 말해 보시오.
- 자기소개를 해 보시오.
- 단점이 특이한데 이를 구체적으로 설명해 보시오.
- 자신의 약점을 극복하기 위해 취한 방법에 대해 소개해 보시오.
- 토끼와 거북이 중 본인은 어떤 유형인지 말해 보시오.
- 전역 후 입사지원까지 공백 기간 동안 무엇을 했는지 말해 보시오.
- 대학생활 동안 했던 동아리 활동이 있다면 말해 보시오.
- 해외봉사는 왜 다녀왔다면 거기서 무엇을 배웠는지 말해 보시오.
- 자신이 실패한 경험에 대해 말해 보시오.
- 가장 어려웠던 경험은 무엇이며 그때의 심정은 어떠했는지, 무엇을 느꼈는지, 그 경험을 통해 배운 점을 말해 보시오.

- 신문을 볼 때 어떤 면을 제일 재미있게 보는지 말해 보시오.
- 소통이란 무엇이라 생각하며, 소통을 위해 노력한 경험에 대해 말해 보시오.
- 평소에 자동차 이외에 다른 관심사가 있다면 어떤 것인지 말해 보시오.
- 직업병에 대해 어떻게 처신할지 말해 보시오.
- 살면서 했던 도전적인 경험에 대하여 말해 보시오.
- 리더가 되었던 경험이 있다면 주위의 추천을 받은 것인지, 경쟁을 한 것인지 말해 보시오.
- 마력(hp)에 대해 말해 보시오.
- 4륜 구동에 대해 말해 보시오.
- 가솔린 엔진과 디젤 엔진의 차이에 대해 말해 보시오.
- 베어링의 종류에 대해 말해 보시오.
- 열역학 1, 2, 3 법칙에 대해 말해 보시오.
- 압연에 대해 말해 보시오.
- 소성가공에 대해 말해 보시오.
- 전로와 전기로의 차이와 장단점을 말해 보시오.
- 직접 환원과 간접 환원을 말해 보시오.
- 재직 중임에도 지원한 이유는?
- 이전에 자동차에 대해 공부한 경험이 있는지?
- 제어로직설계에 관심이 있는지?

(2) PT 면접 기출 질문

- (파워트레인 지원) 변속기의 다단화 방안을 분석해 보시오.
- (파워트레인 지원) 클러치의 소형화에 대해 창의적으로 발표하시오.
- (차량설계 지원) 제시된 차량 설계 관련 기술 개발 내용(개요, 목표, 필요성, 경쟁사와의 비교수치, 해외진출 가능성 여부, 생산라인 관련 등)에 관련된 다양한 도표들과 수치적인 자료에 대해 분석해 보시오.
- 콜라보레이션 마케팅 전략에 대해 발표하시오.
- 자동차 타이어를 유럽, 북미, 내수 중 주어진 자료를 통해 어느 시장을 공략할지 정하고 그때 일어나는 문제점을 어떻게 해결할 것인지 말해 보시오.
- 해당 제품의 판매 전략에 대해 발표하시오.
- 하이브리드카에 대하여 설명하시오.
- 효율적인 연비를 얻기 위해 기술적으로 무엇을 해야 하는가?
- 현재 자동차업계의 추세는 무엇인가?

2. 2차 면접(영어 면접·임원 면접)

영어 면접과 임원 면접이 치러진다. 영어 면접은 외국인과 직접 대화하는 방식으로 진행되며, 지원자의 기본적인 영어실력에 대한 평가가 이루어진다. 두서없이 이야기를 하다보면 답변이 길어지는 경우가 많으므로 짧게 대답하더라도 완벽한 문장을 구사하는 것이 좋다. 영어 면접의 비중은 크지 않지만 그동안의 기출질문들을 정리하여 미리 예상답안을 만들어놓고 충분히 대비해야 한다.

임원 면접은 인성 면접의 한 종류라고 생각하면 된다. 면접자의 첫인상을 좌지우지하는 100초 스피치가 있으며, 이를 잘 준비해야 한다.

(1) 영어 면접 기출 질문

- 자기소개를 해 보시오.
- 자신의 목표를 말해 보시오.
- 자신의 취미를 말해 보시오.
- 자신이 가장 크게 성공했던 일과 어떻게 성공했는지 말해 보시오.
- 자신이 태어난 곳을 자랑해 보시오.
- 여행가고 싶은 나라에 대해 말해 보시오.
- 왜 당신을 고용해야 하는지 말해 보시오.
- 제일 좋아하는 과목은 무엇이며 그 이유에 대해 말해 보시오.
- 업무할 때 사람과 사람 사이에 유대가 중요하다고 생각하는지, 그 이유가 무엇인지 말해 보시오.
- 젊은 매니저를 선호하는지, 나이든 매니저를 선호하는지 선택하고 그 이유에 대해 말해 보시오.
- 친구와 가족구성원에게 어떻게 용기를 주는가?
- 학창 시절 공부를 열심히 할 수 있었던 동기는 무엇이었는가?
- (2개의 스포츠 활동 그림을 주고) 가족들과 함께하는 휴가에 둘 중 하나를 추천한다면 어떤 것을 추천하겠는가? 그리고 그 이유는?
- 겨울 스포츠 중 본인이 가장 흥미를 느끼는 운동은? 그리고 그 이유는?
- 학부모들이 담임선생님을 한 달에 두 번 정도 꼭 만나서 아이에 대한 이야기를 들어야 한다는 '법'이 있다면 찬성하는가? 그리고 그 이유는?
- 친한 친구와 일하는 것에 대해 어떻게 생각하는가? 좋다면 그 이유는?
- 고등학교에 자동판매기를 설치하는 것에 대해 의견이 분분하다. 본인의 찬반의견과 그 이유는?
- 당신이 가장 좋아하는 한국 음식은 무엇인가? 주로 그 음식은 언제 먹는가?
- 일기를 쓰는 이유가 무엇이라고 생각하는가?
- 가장 영향력 있다고 생각하는 연예인이 누구인가? 그 사람이 나오는 프로그램 중 당신이 좋아하는 것은?
- 생산부서에 지원한 이유에 대해 말해 보시오.
- 한국과의 문화적 차이에 대한 외국인들의 인식에 대해 자신의 생각을 말해 보시오.
- 글을 쓸 때 컴퓨터로 타이핑하는 것이 좋은가, 아니면 연필로 쓰는 것이 좋은가?
- 친구 생일파티에 가는 데 평소 좋아하지 않는 친구가 온다는 소식을 들었다면 어떻게 할 것인가?
- 대형마트의 주말 휴일제에 대해서 공정하다고 생각하는가?

- (광고기법에 대한 선호도 조사 도표 제시) 도표를 보고 난 후 자신의 생각을 말해 보시오.
- 살아오면서 실패했던 경험에 대해서 말해 보시오.
- 자동차 판매 전략에 대한 자신의 생각을 말해 보시오.
- 이번 주말에 무엇을 할 것인가?
- 어떤 장르의 음악을 좋아하는가?
- 전공 중 자신 있는 것에 대하여 설명해 보시오.
- 가장 좋아하는 음식은 무엇이며, 주로 언제 그 음식을 먹는가?
- 좋아하는 계절은 언제이며, 그 이유는 무엇인가?
- (영어 지문을 읽어주고) 들려주는 영어 지문을 요약해 보시오.

(2) 임원 면접 기출 질문

- (시간 제한이 없는) 자기소개를 해 보시오.
- 살아오면서 가장 힘들었던 일을 이야기 해 보시오.
- 좋아하는 자동차는 무엇인가? 그 이유는 무엇이며, 또 그 차의 개선해야 할 점은 무엇인가?
- 입사하면 만들고 싶은 자동차는 무엇인가? 그 이유는 무엇인가?
- 20년 후의 본인의 모습에 대해 말해 보시오.
- 30년 후의 본인의 모습에 대해 말해 보시오.
- 현대자동차의 문제점과 개선 방안에 대해 말해 보시오.
- 자동차의 20~30년 뒤의 모습과 그 이유에 대해 말해 보시오.
- 대학 생활 중 목표는 무엇이었는가?
- 현대자동차그룹의 핵심 가치 중 하나를 본인과 연결하여 설명해 보시오.
- 마지막으로 하고 싶은 말이 있는 사람은 해 보시오.

안심Touch

현재 나의 실력을 객관적으로 파악해 보자!

모바일 OMR
답안채점 / 성적분석 서비스

도서에 수록된 모의고사에 대한 객관적인 결과(정답률, 순위)를 종합적으로 분석하여 제공합니다.

OMR 입력

성적분석

채점결과

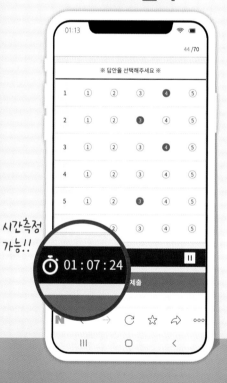

시간측정 가능!!

※OMR 답안채점 / 성적분석 서비스는 등록 후 30일간 사용가능합니다.

참여 방법 → 도서 내 모의고사 우측 상단에 위치한 QR코드 찍기 → **LOG IN** 로그인 하기 → '시작하기' 클릭 → '응시하기' 클릭 → 나의 답안을 모바일 OMR 카드에 입력 → '성적분석&채점결과' 클릭 → 현재 내 실력 확인하기

2022 상반기

HMAT

현대자동차그룹 인적성검사

최신기출유형 + 모의고사 4회
무료HMAT특강

모바일 OMR
답안채점 / 성적
분석 서비스

10대기업
면접 기출
질문 자료집

[합격시대]
온라인 모의고사
무료쿠폰

[WiN시대로]
Ai면접 무료쿠폰

판매량
1위
YES24
HMAT 부문

정답 및 해설

SD에듀
(주)시대고시기획

PART 1
정답 및 해설

최신기출문제

CHAPTER 01

2019년 기출문제

01 언어이해

01	02	03	04	05	06	07		
③	②	②	②	③	③	①		

01 정답 ③

제시된 글에 따르면 여가시간이 기계적인 노동과정에 동화되었기 때문에 즐거움은 딱딱한 지루함이 되고, 즐거움은 즐거움으로 계속 남기 위해 어떤 '괴로운 노력'도 지불하려 하지 않으며, 구경꾼은 자신의 고유한 생각을 가지려해서는 안 되고, 대신 제작물이 모든 반응을 미리 제시해준다. 즉, 문맥상 '괴로운 노력'은 개인의 자유롭고 창의적인 상상력이므로, ③에서 운동을 하기 힘들어서 운동을 관두고 싶은 것은 '괴로운 노력'을 지불하지 않는 예로 적절하지 않다.

02 정답 ②

첫 번째 문단에서 객관적으로 인정된 필요에는 단순히 인간 생존을 보장하는 것뿐 아니라 품위있는 인간의 삶의 질을 보장해야 한다는 발상이 들어있다고 하였으며, 빈칸 뒤에서는 휴대전화가 없는 경우 인간관계에서의 소외감, 따돌림 등을 느끼게 되며, 과거에는 사치품으로 분류되었으나 지금은 사치품으로 보기 어려운 냉장고, 컬러TV의 경우를 예로 들고 있다. 따라서 생필품을 분류할 때 물질적 요소뿐 아니라 문화적 요소가 담긴다는 내용이 빈칸에 들어가야 한다.

03 정답 ②

네 번째 문단 마지막 문장에 따르면, 배아를 제공하는 부모가 상황을 충분히 이해하고 배아 기증에 동의하면 버려지는 것보다 연구에 사용되는 것이 더 바람직하다는 것을 이유로, 대부분의 나라에서 잔여배아를 이용하는 경우에 한해서 배아줄기세포의 연구를 허용하고 있다. 다섯 번째 문단에 따르면, 이식 시 면역거부반응이 나타나지 않는 조직을 만들기 위해서는 미수정란과 환자의 체세포로 만든 배아에서 줄기세포를 얻는 방법이 잔여배아를 활용하는 방법의 대안이 될 수 있다고 하였다. 따라서 잔여배아를 이용한 방법이 가장 효과적이라고 보기는 어렵다.

오답분석

① 세 번째 문단에 따르면 수정된 배아를 생명으로 보는 쪽에서는 무고한 인간의 죽음을 수단으로 삼을 수 없으므로 배아줄기세포 연구를 허용할 수 없다는 입장이며, 반대편에서는 초기의 배아를 세포덩어리로 보고 특별히 취급할 이유가 없다는 입장이다.

③ · ④ 첫 번째 문단을 통해 알 수 있다.

⑤ 다섯 번째 문단에 따르면, 미수정란과 환자의 체세포를 이용하는 방법은 생명을 수단으로 이용하는 문제 외에도 인간 개체복제로 이어질 우려가 있다.

04 정답 ②

제시된 지문은 지구의 하루가 길어지는 이유에 대해서 설명하는 글이다. 지구의 하루가 길어지는 이유는 달의 인력 때문이라고 설명하는 (아) → 달의 인력을 지칭하는 '이 힘'이 지구에 미치는 영향을 설명하는 (마) → 달의 인력으로 인해 지구의 자전이 느려지는 원리를 설명하는 (사) → 한편 달의 경우에는 자전이 더 느려진다는 (다) → 지구와 달의 자전 속도가 줄어드는 것을 공전 궤도가 늘어나는 것으로 보존한다는 (바) → 공전 궤도는 늘어나고 달은 지구로부터 점점 멀어진다는 (가) → 지구의 자전 주기와 달의 공전 궤도가 실제로 어떻게 변화되고 있는지 설명하는 (나) → 그러나 아주 미세하게 변화하고 있어 엄청난 시간이 흘러야 눈에 띄는 변화가 있다는 (라) 순서가 옳다.
따라서 (아) → (마) → (사) → (다) → (바) → (가) → (나) → (라) 순서이므로 3번째와 6번째에 오는 문단은 (사)와 (가)이다.

05 정답 ③

'펴다'는 '굽은 것을 곧게 하다. 또는 움츠리거나 구부리거나 오므라든 것을 벌리다.'의 의미를 지닌 타동사이다. 반면 '피다'는 '꽃봉오리 따위가 벌어지다.' 등의 의미를 지닌 자동사이다. 따라서 ⓒ에는 '펴고'가 적절하다.

06 정답 ③

'Ⅱ-2'에서는 친환경 자동차 보급 실태와 문제점을, 'Ⅱ-3'에서는 친환경 자동차 보급 확대 방안을 제시하고 있다. 따라서 'Ⅱ-3-가'에는 글의 논리적 흐름에 따라 'Ⅱ-2-가'와 연결하여 친환경 자동차 구매 시 정부가 지원해 주는 방안을 제시하는 내용의 ⓒ은 삭제하지 않아야 한다.

07 정답 ①

첫 번째 문단에서 인류는 주로 과일을 통해 당을 섭취하였지만 사탕수수에서 추출한 설탕이 보급된 후에는 설탕을 통한 당 섭취가 일반화되었다고 설명하고 있다.

01	02	03	04	05	06				
⑤	④	②	②	②	①				

01 정답 ⑤

'곰이 줄넘기를 함'을 p, '사자가 춤'을 q, '토끼가 노래를 함'을 r, '하마가 양치질을 함'을 s, '고양이가 옆돌기를 함'을 t라 하면, $p \to \sim q$, $\sim p \to r$ or s, $\sim s \to t$이다. 두 번째 명제의 대우와 첫 번째 명제를 연결하면 r and $s \to p \to \sim q$이므로, '토끼가 노래를 하고 하마가 양치질을 하면 사자가 춤을 추지 않는다.'는 반드시 참이다.

오답분석
① · ④ 제시된 명제만으로는 '곰이 줄넘기를 함'과 '고양이가 옆돌기를 함' 사이의 관계를 알 수 없다.
② r and $s \to \sim q$의 이로, 참인 명제의 이는 참일 수도, 거짓일 수도 있다.
③ $\sim p \to r$ or s의 역으로, 참인 명제의 역은 참일 수도, 거짓일 수도 있다.

02 정답 ④

첫 번째 조건에 따라 각 팀의 인원수는 2명, 3명, 3명 또는 2명, 2명, 4명이다.
F와 G는 같은 팀인데, A의 팀보다 G의 팀 인원수가 더 많으므로 F와 G가 속한 팀의 인원수는 3명 또는 4명이다.
ⅰ) F와 G의 팀 인원수가 3명인 경우
　세 번째 조건에 따라 A의 팀 인원수는 2명이고, 마지막 조건에 따라 A와 H가 한 팀이다. 그러면 B는 3명이 있는 팀에 포함되어야 하는데, 이는 네 번째 조건에 위배되므로 모순이다. 따라서 F와 G의 팀 인원수는 3명이 아니다.
ⅱ) F와 G의 팀 인원수가 4명인 경우
　네 번째 조건과 다섯 번째 조건에 따라 C, E, F, G가 한 팀이다. 또한, 두 번째 조건에 따라 B와 D는 다른 팀이므로 (A, B), (D, H) 또는 (A, D), (B, H)가 한 팀이다.
따라서 반드시 같은 팀인 경우는 ④뿐이다.

03 정답 ②

정과 무 중 한쪽이 진실이면 다른 한쪽은 거짓이다. 그런데 만약 무가 진실을 말한다고 가정하면, 무가 자신이 과일을 싸 왔다고 말함으로써 본인이 거짓말을 한다고 하고 있으므로 모순이다. 따라서 정이 진실, 무가 거짓을 말한다.
정은 샌드위치를 싸 왔고, 무가 거짓을 말하므로 무는 과일을 싸 오지 않았고, 따라서 치킨이나 피자를 싸 왔다. 또한, 무가 김밥을 싸 왔다면 진실을 말해야 하므로 을의 말도 거짓이다. 갑, 병 중 한 명은 진실, 다른 한 명은 거짓을 말해야 하므로, 경우를 살펴보면 다음과 같다.
ⅰ) 갑이 거짓, 병이 진실을 말하는 경우
　무는 거짓을 말하는데 과일도, 피자도 싸 오지 않았으므로 치킨을 싸와야 하고, 을은 거짓을 말하기 때문에 피자를 싸 오지 않았으므로 과일을 싸 왔다. 그러면 남은 갑이 피자를 싸 와야 하는데, 그러면 갑이 치킨도 과일도 싸 오지 않은 것은 진실을 말한 것이 되므로 모순이 된다.
ⅱ) 갑이 진실, 병이 거짓을 말하는 경우
　갑이 김밥을 싸 왔고, 병의 말이 거짓이기 때문에 피자는 정이나 무 중 한 명이 싸 와야 하므로 무가 피자를 싸 왔다. 병의 말이 거짓이므로 병은 치킨을 싸 왔고, 남은 을이 과일을 싸왔다.
따라서 갑-김밥, 을-과일, 병-치킨, 정-샌드위치, 무-피자이다.

04 정답 ②

A와 D 모두 자신이 팀장이라고 말하고 있으므로 둘 다 진실일 수는 없다. 따라서 A가 진실이고 D가 거짓인 경우, A가 거짓이고 D가 진실인 경우, A와 D가 모두 거짓인 경우로 나눌 수 있다.

ⅰ) A와 D가 모두 거짓인 경우

나머지 B, C, E는 모두 진실을 말하고, 셋 중에 한 사람은 반드시 팀장이다. 그런데 B, C, E의 말에 따르면 팀장인 사람은 아무도 없으므로 모순이다. 따라서 A와 D 중 한 명이 반드시 진실을 말하고 있다.

ⅱ) A가 진실, D가 거짓인 경우

A는 팀장이고 자리5에 앉고, B는 자리3에 앉으며, 따라서 B의 말은 거짓이다. 나머지 C, E의 말은 모두 진실이 되어야 하므로 C의 말에 따라 C는 자리2에 앉고, A는 자리1에 앉는데, 이는 A가 자리5에 앉고 팀장이라는 조건과 모순이 된다. 따라서 A는 거짓을 말한다.

ⅲ) A가 거짓, D가 진실인 경우

D가 팀장이고 자리5에 앉으며, 따라서 E의 말은 거짓이다. 나머지 B, C의 말은 모두 진실이 되어야 하므로 C의 말에 따라 C는 자리2에 앉고 A는 자리1에 앉으며, B는 자리4에 앉고 나머지 자리3에 E가 앉는다.

05 정답 ②

목요일에만 아침 조회를 하고, 늦잠을 자면 아침 조회에 늦으므로 늦잠을 자지 않아야 하고 아침에 늦잠을 자지 않는 날은 피곤하지 않은 날이다. 수요일 다음 날인 목요일에 피곤하지 않으려면 전날 야근을 하면 안 된다. 따라서 아침 조회에 늦지 않으려면 수요일에 야근을 하면 안 된다.

06 정답 ①

본사에 근무하는 B대리가 이용하는 통근버스는 D사원의 이용이 불가능한 버스이므로 B대리는 본사로만 가는 노란색 버스를 이용하는 것을 알 수 있다. A과장과 B대리는 다른 통근버스를 이용한다고 하였으므로 A과장은 빨간색 버스를 이용한다. 빨간색 버스와 노란색 버스가 본사에 도착하는 시각과 파란색 버스가 본사 근처 지사에 도착하는 시각은 같다고 하였으므로 본사에 근무하는 A과장이 본사 근처 지사에 근무하는 C주임보다 회사에 빨리 도착하려면 C주임은 빨간색 버스를 이용해야 한다. 마지막으로 각 통근버스에는 최소 1명씩은 이용해야 하므로 D사원은 파란색 버스를 이용한다.

PART 1

2019 기출

2018 하반기

2018 상반기

2017 하반기

2017 상반기

2016 하반기

2016 상반기

03 자료해석

01	02	03	04	05	06				
④	①	②	③	②	②				

01 정답 ④

〈가로〉

1. 전년 대비 2017년의 건설업과 서비스업의 외국인근로자 수 증감률은 다음과 같다.

- 건설업 : $\dfrac{2,299-1,606}{1,606} \times 100 ≒ 43.15\%$

- 서비스업 : $\dfrac{91-70}{70} \times 100 = 30\%$

따라서 두 업종 증감률의 차는 $43.15-30=13.15\%p$이다.

2. 농축산업의 고용된 외국인근로자 수는 2015년에 3,079명, 2018년에 5,949명이다. 따라서 차이는 $5,949-3,079=2,870$명이다.

〈세로〉

3. 2015년 전체에서 건설업의 외국인근로자 수가 차지하는 비중과 2018년 전체에서 어업의 외국인근로자 수가 차지하는 비중은 다음과 같다.

- 2015년 건설업 비중 : $\dfrac{2,412}{38,481} \times 100 ≒ 6.27\%$

- 2018년 어업 비중 : $\dfrac{2,548}{51,019} \times 100 ≒ 5.0\%$

따라서 두 비중의 합은 $6.27+5=11.27\%p$이다.

4. 2015년에 외국인근로자를 4번째로 많이 고용한 업종은 1,130명으로 어업이고, 2018년에 2번째로 많이 고용한 업종은 5,949명으로 농축산업이다. 이 두 업종의 외국인근로자 수의 합은 $1,130+5,949=7,079$명이다.

		1	
1	3	1	5
		2	7
2	8	7	0
			7
			9

따라서 모든 짝수의 합은 $2+2+8=12$이다.

02 정답 ①

〈가로〉

2. 2018년에 전국에서 경기도가 차지하는 화재건수의 비중과 2019년에 전국에서 경상남도가 차지하는 화재건수 비중은 다음과 같다.

- 2018년 경기도 화재건수 : $\dfrac{10,147}{43,413} \times 100 ≒ 23.4\%$

- 2019년 경상남도 화재건수 : $\dfrac{4,117}{44,178} \times 100 ≒ 9.3\%$

따라서 두 지역의 비중의 합은 $23.4+9.3=32.7\%$이다.

4. 화재건수가 감소한 지역과 감소율은 다음과 같다.

- 서울특별시 : $\frac{6,443-5,978}{6,443} \times 100 = 7.2\%$

- 대구광역시 : $\frac{1,739-1,612}{1,739} \times 100 = 7.3\%$

- 인천광역시 : $\frac{1,790-1,608}{1,790} \times 100 = 10.2\%$

- 광주광역시 : $\frac{956-923}{956} \times 100 = 3.5\%$

- 경기도 : $\frac{10,147-9,799}{10,147} \times 100 = 3.4\%$

- 충청남도 : $\frac{2,825-2,775}{2,825} \times 100 = 1.8\%$

- 전라북도 : $\frac{1,983-1,974}{1,983} \times 100 = 0.5\%$

따라서 감소율이 가장 큰 지역은 인천광역시이고, 감소율은 10.2%이다.

〈세로〉

1. 2019년의 사망자 수가 두 번째로 많았던 지역은 41명으로 충청북도이고, 화재건수는 1,554건이다. 2018년의 부상자 수가 세 번째로 적었던 지역은 23명으로 광주광역시이고, 화재건수는 956건이다.
   따라서 이 두 지역의 화재건수 차는 1,554−956＝598건이다.

3. 전년 대비 2019년의 화재로 인한 사망자 수가 증가한 지역은 부산광역시, 광주광역시, 대전광역시, 경기도, 강원도, 충청북도, 충청남도, 경상북도, 제주도이다. 사망자 수의 합은 19＋9＋9＋78＋24＋41＋19＋27＋5＝231명이다.

			5
3	2	7	9
	3		8
	1	0	2

따라서 빈칸의 모든 수의 합은 5＋3＋2＋7＋9＋3＋8＋1＋2＝40이다.

03 〔정답〕②

〈가로〉

1. 이공계 대학에서 신규 채용한 인원 중 직전경력이 공공부문, 민간부문, 국내 타대학 그리고 비영리단체에 속하는 여성과 남성의 인원수는 다음과 같다.

- 여성 인원 : 23＋64＋129＋1＝217명
- 남성 인원 : 119＋341＋281＋2＝743명
   따라서 남성은 여성보다 743−217＝526명이 많다.

3. 남녀전체 신규 채용한 인원 중 이공계 대학과 공공연구기관에 채용된 여성 인원이 차지하는 비중은 $\frac{336+430}{3,017+10,575} \times 100 = 5.64\%$이며,

신규 채용된 남성 전체인원 대비 경력없음인 남성 인원이 차지하는 비중은 $\frac{4,571}{10,575} \times 100 = 43.22\%$이다.

따라서 두 비율의 합은 5.64＋43.22＝48.86%임을 알 수 있다.

2. 공공연구기관에서 신규 채용한 남성 전체인원 대비 여성 전체인원 비율은 $\frac{430}{1,290} \times 100 = 33.33\%$이고, 민간기업 연구기관 신규채용 인원 중 직전경력이 없는 남성 대비 여성 인원 비율은 $\frac{1,293}{3,998} \times 100 = 32.34\%$이다. 따라서 두 비율의 합은 $33.33 + 32.34 = 65.67\%$이다.

4. 신규 채용된 전체 여성들 중 직전경력이 두 번째로 낮은 부문은 '해외대학'이다. 해외대학부문에서 공공연구기관과 민간기업 연구기관에 신규 채용된 남성 인원 차이는 $114 - 9 = 105$명이며, 민간기업 연구기관에 신규 채용된 여성 인원은 9명이다. 따라서 남성 인원 차이와 민간기업 연구기관에 신규 채용된 여성 인원의 곱은 $105 \times 9 = 945$명임을 알 수 있다.

	5	2	6
9			5
4	8	8	6
5			7

따라서 빈칸의 모든 수의 합은 $5 + 2 + 6 + 9 + 5 + 4 + 8 + 8 + 6 + 5 + 7 = 65$임을 알 수 있다.

04 정답 ③

〈가로〉

1. 아시아 세 국가의 연도별 자동차 수출 대수는 2014년에 $2,920 + 507 + 3,836 = 7,263$천 대, 2015년에는 $2,822 + 423 + 3,970 = 7,215$천 대, 2016년에는 $2,507 + 528 + 4,118 = 7,153$천 대이므로 2014년에 7,263천 대로 가장 많았다.

〈세로〉

2. 제시된 자료에서 자동차 수입 대수가 가장 많은 국가는 2016년에 미국이고 7,376천 대를 수입했다.

3. 제시된 자료에서 자동차 수출 대수가 가장 적은 국가는 423천 대로 중국이고, 자동차 수입 대수가 가장 적은 국가는 239대로 한국이다. 따라서 두 국가의 수출입 자동차 대수의 합은 $423 + 239 = 662$천 대이다.

7			
3		6	
7	2	6	3
6		2	

따라서 짝수의 개수는 5개이다.

05 정답 ②

(2일)-(1일)	(3일)-(2일)	(4일)-(3일)	(5일)-(4일)	(6일)-(5일)
-85	-105	-125	-145	-165

이를 통해 계차가 -20인 수열인 것을 알 수 있다.

n일의 재고량을 a_n이라고 하자.

$a_n = a_1 + \sum_{n=1}^{9} \{85 + 20(n-1)\}$이므로 10일 후의 남은 원자재의 양은 $a_{10} = 5,600 - \sum_{n=1}^{9} \{85 + 20(n-1)\}$

$\rightarrow a_{10} = 5,600 - \sum_{n=1}^{9} (20n + 65)$이다.

$$\sum_{n=1}^{9}(20n+65) \rightarrow 20\sum_{n=1}^{9}n+9\times65 \rightarrow 20\times\frac{9\times10}{2}+585=900+585=1,485$$

따라서 10일에 공장 P에 남은 원자재량은 $5,600-1,485=4,115$개이다.

06 (정답) ②

ㄱ. 트위터와 블로그의 성별 이용자 수
- 트위터 이용자 남자 : $2,000\times0.532=1,064$명
- 트위터 이용자 여자 : $2,000\times0.468=936$명
- 블로그 이용자 남자 : $1,000\times0.534=534$명
- 블로그 이용자 여자 : $1,000\times0.466=466$명

ㄴ. 블로그 이용자와 트위터 이용자의 소득수준별 구성비는 표에서 쉽게 확인할 수 있다.

오답분석
ㄷ. 연령별 블로그 이용자의 구성비는 표에서 쉽게 확인할 수 있다.

04 정보추론

01	02	03								
④	③	②								

01 (정답) ④

자료를 보면 일본의 H사 A제품 구매율은 2년마다 1.2%p씩 감소하고 있다. 따라서 2019년 기준 10년 뒤 일본의 전자기계 세계시장 점유율은 $12.20-1.2\times10\div2=6.20\%$이다.

02 (정답) ③

2013년, 2016년 수입 교역액의 수치가 자료보다 높다.

03 (정답) ②

지문의 내용을 보고 먼저 2020년 신규투자 금액은 43.48백만 원−10.93백만 원=32.55백만 원이고, 유지보수 금액은 32.29백만 원+0.11백만 원=32.40백만 원이다.
그래프의 기준을 보고 알맞은 금액이 표시되었는지 따져봐야 하며, 알맞은 그래프는 ②이다.

오답분석
① 그래프의 막대가 정확히 무엇을 뜻하는지 모른다.
③ 2019년도 신규투자와 유지보수 금액이 바뀌어 나왔다.
④ 2019년 유지보수와 2020년 신규투자 금액이 바뀌어 나왔다.
⑤ 2020년 신규투자와 유지보수 금액이 바뀌어 나왔다.

01	02	03	04	05	06			
③	⑤	③	①	⑤	②			

01 (정답) ③

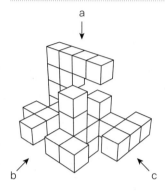

02 (정답) ⑤

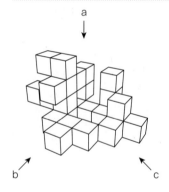

03 (정답) ③

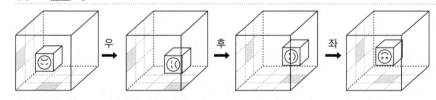

04 (정답) ①

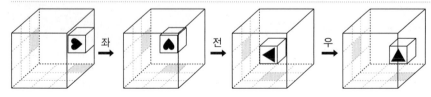

05 정답 ⑤

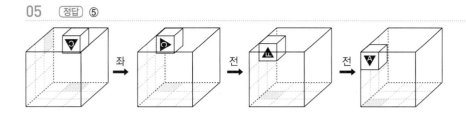

06 정답 ②

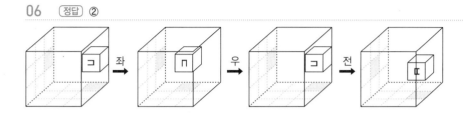

2018년 하반기 기출문제

01 언어이해

01	02	03	04						
③	⑤	③	③						

01 정답 ③

제시문은 예술과 도덕의 관계에 대해 서로 다른 입장을 가진 극단적 도덕주의, 온건한 도덕주의, 자율성 주의를 설명하고 있다. 따라서 (마) 사상사의 중요한 주제인 예술과 도덕의 관계 — (다) 예술과 도덕의 관계에 대한 서로 다른 입장 — (아) 예술작품을 도덕적 가치판단의 대상으로 보는 극단적 도덕주의 — (나) 극단적 도덕주의를 대표하는 톨스토이 — (가) 일부 예술작품만이 도덕적 판단의 대상으로 보는 온건한 도덕주의 — (바) 예술작품의 도덕적 가치와 미적 가치의 관계에 대한 온건한 도덕주의의 입장 — (라) 예술작품은 도덕적 가치판단의 대상이 될 수 없다는 자율성 주의 — (사) 도덕적 가치와 미적 가치의 관계에 대한 자율성 주의의 입장으로 연결되어야 한다.

02 정답 ⑤

제시문은 디젤 엔진과 가솔린 엔진을 비교하며, 디젤 엔진의 특징과 효율성을 설명하고 있다. 따라서 (바) 루돌프 디젤의 새로운 엔진 개발 — (나) 기존 가솔린 엔진의 단점 — (아) 가솔린 엔진의 기본 원리 — (가) 가솔린 엔진의 노킹 현상 — (마) 디젤 엔진의 기본 원리 — (사) 디젤 엔진의 높은 압축 비율 — (다) 오늘날 자동차 엔진으로 자리 잡은 디젤 엔진 — (라) 기술 발전으로 디젤 엔진의 문제 극복으로 연결되어야 한다.

03 정답 ③

종교적 · 주술적 성격의 동물은 대개 초자연적인 강대한 힘을 가지고 인간 세계를 지배하거나 수호하는 신적인 존재임을 세 번째 문단을 통해 알 수 있다.

오답분석
① 미술 작품 속에 등장하는 동물에는 해태나 봉황 등 인간의 상상에서 나온 동물도 적지 않다.
② 미술 작품에 등장하는 동물은 성격에 따라 구분할 수 있으나, 이 구분은 엄격한 것이 아니다.
④ 인간의 이지가 발달함에 따라 신적인 기능이 감소된 종교적 · 주술적 동물은 신이 아닌 인간에게 봉사하는 존재로 전락한다.
⑤ 신의 위엄을 뒷받침하고 신을 도와 치세의 일부를 분담하기 위해 이용되는 동물들은 현실 이상의 힘을 가진다.

04 정답 ③

두 번째 문단에서 보면 농업경제의 역사에서 정원이 갖는 의미는 시대와 지역에 따라 매우 달랐으나, 여성들의 입장은 지역적인 편차가 없었으므로 ③은 적절하지 않다.

02 논리판단

01 정답 ①

을의 진술이 진실이면 무의 진술도 진실이고, 을의 진술이 거짓이면 무의 진술도 거짓이다.

- 을과 무가 모두 진실을 말하는 경우 : 무는 범인이고, 나머지 3명은 모두 거짓을 말해야 한다. 정의 진술이 거짓이므로 정은 범인인데, 병이 무와 정이 범인이라고 했으므로 병은 진실을 말하는 것이 되어 2명만 진실을 말한다는 조건에 위배된다. 따라서 을과 무는 거짓을 말한다.
- 을과 무가 모두 거짓을 말하는 경우 : 무는 범인이 아니고, 갑·병·정 중 1명만 거짓을 말하고 나머지 2명은 진실을 말한다. 만약 갑이 거짓을 말한다면 을과 병이 모두 범인이거나 모두 범인이 아니어야 한다. 그런데 갑의 말이 거짓이고 을과 병이 모두 범인이라면 병의 말 역시 거짓이 되어 조건에 위배된다. 또한, 갑의 말이 거짓이고 을과 병이 모두 범인이 아니라면, 병의 말이 진실이므로 정과 무가 범인인데, 자신이 범인이 아니라고 한 정의 말도 거짓이 되므로 조건에 위배된다. 따라서 갑의 말은 진실이고, 병이 지목한 범인 중에 을이나 병이 없으므로 병의 진술은 거짓, 정의 진술은 진실이다.

따라서 범인은 갑과 을 또는 갑과 병이다.

02 정답 ③

사내 예절 교육에 참석한 팀은 다섯 팀이라고 했고 영업팀은 모든 교육에 참석하지 못했다고 하였으므로, 사내 예절 교육에 참석한 팀은 영업팀을 제외한 인사팀, 홍보팀, 기획팀, 개발팀, 디자인팀이다. 인사팀 신입사원은 사내 예절 교육에만 참석하였다고 했으므로 보고서 작성 교육에 인사팀은 참석하지 못했다.

각 팀은 신입사원이 모두 교육에 참석했거나 모두 참석하지 않았으므로 나머지 조건을 식으로 표현해보면 다음과 같다.

(디자인팀 신입사원 수)=(인사팀 신입사원 수)×2
(개발팀 신입사원 수)=(인사팀 신입사원 수)+(홍보팀 신입사원 수)
(기획팀 신입사원 수)=(인사팀 신입사원 수)

인사팀 신입사원 수를 x명이라 하고, 홍보팀 신입사원 수를 y명이라고 하면 다음과 같다.

(디자인팀 신입사원 수)=$2x$
(개발팀 신입사원 수)=$x+y$
(기획팀 신입사원 수)=x

사내 예절 교육에 참석한 신입사원 수는 16명이므로 다음과 같다.

$x+y+x+x+y+2x=5x+2y=16$

x는 짝수여야 하므로 인사팀 신입사원 수는 2명 이상이다. 또한 보고서 작성 교육에 참석한 인원과 사내 예절 교육에 참석한 인원의 차이는 2명으로, 인사팀이 사내 예절 교육에 참석하였고 보고서 작성 교육에 참석하지 않은 점을 통해 인사팀은 2명인 것을 알 수 있다.

따라서 보고서 작성 교육에는 인사팀과 영업팀을 제외한 팀이 참석하였고, 위의 식을 통해 각 팀의 수를 구하면 다음과 같다.

구분	인사팀	영업팀	홍보팀	기획팀	개발팀	디자인팀	참석인원
보고서 작성	X(2명)	X(4명)	O(3명)	O(2명)	O(5명)	O(4명)	14명
사내 예절	O(2명)	X(4명)	O(3명)	O(2명)	O(5명)	O(4명)	16명

따라서 교육에 참석한 홍보팀 신입사원은 모두 3명이다.

03 정답 ③

5번째 조건을 제외하고 주어진 조건을 정리하면 다음과 같다.

빨간색 튤립 (or 빨간색 장미)	주황색 백합 (or 흰색 백합)		흰색 백합 (or 주황색 백합)			빨간색 장미 (or 빨간색 튤립)

왼쪽에서부터 순서대로 1 ~ 8번째 칸이라 하면, 주황색은 노란색 꽃 옆에 심을 수 없고 같은 색상은 연속해서 심을 수 없으므로, 3번째 칸에는 분홍색 장미나 분홍색 튤립을 심어야 한다. 만약 3번째 칸에 분홍색 장미를 심으면 5번째 조건에 따라 분홍색 튤립은 6번째 칸에 심어야 하며, 흰색 튤립과 노란색 튤립을 5번째와 7번째 칸에 심어야 하므로 같은 종류를 연속으로 심게 되어 조건에 어긋난다. 따라서 3번째 칸에는 분홍색 튤립, 6번째 칸에는 분홍색 장미를 심어야 한다.

다음으로 노란색 튤립과 흰색 튤립을 각각 5번째와 7번째 칸에 심어야 하는데, 어떤 경우에도 7번째 칸에는 튤립을 심어야 하므로 8번째 칸은 빨간색 장미, 1번째 칸은 빨간색 튤립이 된다.

따라서 다음과 같이 두 가지 경우의 수가 나온다.

• 노란색 튤립을 5번째, 흰색 튤립을 7번째에 심는 경우

빨간색 튤립	주황색 백합	분홍색 튤립	흰색 백합	노란색 튤립	분홍색 장미	흰색 튤립	빨간색 장미

• 흰색 튤립을 5번째, 노란색 튤립을 7번째에 심는 경우

빨간색 튤립	흰색 백합	분홍색 튤립	주황색 백합	흰색 튤립	분홍색 장미	노란색 튤립	빨간색 장미

노란색 튤립의 옆에 흰색 백합이 오는 경우도 있으므로 ③은 항상 옳은 것은 아니다.

---

04 정답 ④

조건을 정리하면 다음과 같다.

• A<C<F
• E<□<D
• D<B
• □<A
• D<F<□
• C<□<E or E<□<C

마지막 조건을 제외한 나머지 조건을 정리하여 순서대로 나열하여 연결해보면 □<A<C<F<□, E<□<D<B, D<F이다. 마지막 조건에 의해 다음과 같이 두 경우로 나눠진다.

1) C<□<E인 경우

□<A<C<F<E<□<D<B가 되므로 8명 이상이 되어 모순이다.

2) E<□<C인 경우

E<A<C<F<□가 되고 F보다 키가 큰 사람이 있으므로 B가 가장 큰 사람이 된다. 나머지 D는 F보다 작고 C 앞에 설 수 없으므로 E<A<C<D<F<B가 된다.

이를 정리하면 다음과 같다.

앞	1	2	3	4	5	6	뒤
	E	A	C	D	F	B	

따라서 C는 여섯 명 중 네 번째로 키가 큰 것을 알 수 있다.

---

05 정답 ①

A, B, C, D, E 중 살아남은 A, B, C에서 2명은 늑대 인간이며, 남은 1명은 드라큘라이다. 또한 D, E의 캐릭터는 서로 같지 않으므로 D와 E는 각각 늑대 인간 또는 드라큘라를 선택하였다. 따라서 이 팀의 3명은 늑대 인간 캐릭터를, 2명은 드라큘라 캐릭터를 선택하였다.

오답분석

② B는 드라큘라일 수도 늑대 인간일 수도 있다.
③ C는 늑대 인간일 수도 드라큘라일 수도 있다.
④ 늑대 인간의 수가 드라큘라의 수보다 많다.
⑤ D와 E는 서로 다른 캐릭터를 선택했을 뿐 어떤 캐릭터를 선택하였는지는 알 수 없다.

03 자료해석

01	02	03	04						
⑤	①	④	②						

01 　정답　⑤

〈가로〉

1. 터키의 2013년도 남자와 여자의 취업자 수 차이는 $1,826-793=1,033$만 명이며, 2017년도 이스라엘 취업자 수는 $202+181=383$만 명이다. 따라서 두 수를 합하면 $1,033+383=1,416$만 명이 된다.

〈세로〉

2. 2014년도 남자 취업자 수가 두 번째로 적은 국가는 1,518만 명의 한국이고, 2016년도 여자 취업자 수가 가장 많은 국가는 일본이다. 따라서 두 수를 합하면 $1,518+2,801=4,319$만 명이다.

3. 2015년도 한국 남자 취업자 수 대비 터키 여자 취업자 수 비율은 $\frac{804}{1,517}\times100≒53\%$이고, 2014년도 일본 남자 취업자 수 대비 이스라엘 남자 취업자 수 비율은 $\frac{193}{3,614}\times100≒5\%$이다. 따라서 두 비율의 합의 2배 값은 $(53+5)\times2=116$이다.

4			
3		1	
1	4	1	6
9		6	

따라서 빈칸의 모든 수의 합은 $4+3+1+1+4+1+6+9+6=35$임을 알 수 있다.

02 　정답　①

〈가로〉

1. 2016년 공연장 수와 2012년 시설 수 합은 $1,188+732=1,920$개이며, 그 값의 $\frac{1}{2}$은 960개이다.

4. 공연 단체 수가 세 번째로 많은 연도는 2018년도이다. 2018년도의 공연 단체 수 대비 시설 수 비율 $\frac{1,034}{2,284}\times100≒45\%$과 공연장 수 비율 $\frac{1,280}{2,284}\times100≒56\%$의 합은 $45+56=101$이다.

〈세로〉

2. 2013~2015까지 시설 총수 : $772+820+868=2,460$개
　2013~2015까지 공연장 총수 : $967+1,021+1,093=3,081$개
　두 수의 차이는 $3,081-2,460=621$개이다.

3. 2014년부터 2016년까지 공연장 평균 수 : $\frac{1,021+1,093+1,188}{3}≒1,101$개

　2014년부터 2016년까지 공연 단체 평균 수 : $\frac{2,214+2,206+2,108}{3}=2,176$개

　공연장 평균 수의 공연 단체 평균 수에 대한 비율은 $\frac{1,101}{2,176}\times100≒51\%$이다.

따라서 빈칸의 모든 수의 합은 9+6+0+5+2+1+0+1=24임을 알 수 있다.

03 정답 ④

〈가로〉

1. 2013년부터 2018년까지 전국 휘발유 사용량이 가장 적은 해는 2013년이다. 2013년도의 서울지역 등유 사용량과 경유 사용량의 차이는 1,515−167=1,348천 kL이며, 50%는 674천 kL이다.

3. 2013년부터 2018년까지 서울에서 등유 사용량이 가장 많은 해는 2014년이다. 2014년 서울지역 등유 사용량과 휘발유 사용량의 합은 181+1,698=1,879천 kL이다.

〈세로〉

1. 2013~2016년까지 서울지역 휘발유 사용량 총합 : 1,682+1,698+1,655+1,628=6,663천 kL
    4년 동안 서울지역 휘발유 사용량이 가장 많은 해는 2014년이며 같은 해 서울지역 등유 사용량의 2배 값은 181×2=362천 kL이다.
    따라서 두 값의 차는 6,663−362=6,301천 kL이다.

2. 2013~2015년까지 서울지역 경유 사용량의 총합은 1,515+1,411+1,471=4,397천 kL이다.

따라서 빈칸의 모든 수의 합은 6+7+4+3+3+0+9+1+8+7+9=57임을 알 수 있다.

04 정답 ②

〈가로〉

1. 2013년과 2014년 서울지역 등유 지출비용 차이는 1,950−1,635=315억 원이고, 2017년과 2018년 서울지역 휘발유 지출비용 차이는 31,246−30,919=327억 원이므로 두 값의 합은 315+327=642억 원이다.

3. 2013~2016년까지 서울지역 등유의 지출비용 총합은 1,635+1,950+2,033+1,791=7,409억 원이다.

〈세로〉

1. 서울지역 2017년 경유 지출비용이 2018년 경유 지출비용에서 차지하는 비중은 $\frac{26,709}{30,601}×100≒87\%$이고, 2013년 서울지역 등유 지출비용이 2013년 경유 지출비용에 차지하는 비율은 $\frac{1,635}{21,169}×100≒8\%$이므로 두 비중의 곱은 87×8=696임을 알 수 있다.

2. 조사기간 동안 전국 등유 지출비용이 두 번째로 높은 해는 2014년이며, 전국 경유 지출비용이 가장 높은 해는 2018년이다. 각 해당하는 연도의 전국 휘발유 지출비용의 합은 187,442+226,221=413,663억 원이고, 합의 5%는 413,663×0.05≒20,683억 원이다.

4. 2015~2017년까지 서울지역 등유 지출비용의 평균은 $\frac{2,033+1,791+1,444}{3}=1,756$억 원이다.

1			6	ⓒ 4	2
7	4	0	ⓛ 9		0
㉠ 5			6		6
6				㉣ 8	
					3

따라서 ㉠−㉡+ⓒ×㉣=5−9+4×8=28임을 알 수 있다.

04 정보추론

01	02	03							
④	③	⑤							

01 [정답] ④

2015년 출생아 수는 그 해 사망자 수의 $\frac{438,420}{275,895}$≒1.59이며, 1.7배 미만이므로 옳지 않은 설명이다.

[오답분석]
① 출생아 수가 가장 많았던 해는 2015년이므로 옳은 설명이다.
② 표를 보면 사망자 수가 2014년부터 2017년까지 매년 전년 대비 증가하고 있음을 알 수 있다.
③ 사망자 수가 가장 많은 2017년은 사망자 수 285,534명이고, 가장 적은 2013년은 사망자 수가 266,257명이다. 두 연도의 사망자 수 차이는 285,534−266,257=19,277명으로 15,000명 이상이다.
⑤ 2014년 출생아 수는 2017년의 출생아 수보다 $\frac{435,435-357,771}{357,771}$×100≒22% 더 많으므로 옳은 설명이다.

02 [정답] ③

연평균 무용 관람횟수가 가장 많은 시·도는 강원도이며, 연평균 스포츠 관람횟수가 가장 높은 시·도는 서울특별시이다.

[오답분석]
① 모든 시·도는 연평균 무용 관람횟수보다 연평균 영화 관람횟수가 더 많으므로 옳은 설명이다.
② 경상남도에서 영화 다음으로 연평균 관람횟수가 많은 항목은 스포츠이므로 옳은 설명이다.
④ 대구광역시의 연평균 박물관 관람횟수는 2.5회로, 제주특별자치도의 연평균 박물관 관람횟수 2.9회의 $\frac{2.5}{2.9}$×100≒86.2%이므로 80% 이상이다.
⑤ 자료에 따르면 대전광역시는 연극·마당극·뮤지컬을 제외한 모든 항목에서 충청북도보다 연평균 관람 횟수가 높은 것을 알 수 있으므로 옳은 설명이다.

03 [정답] ⑤

전체 밭벼 생산량은 2,073톤이고, 광주·전남 지역의 밭벼 생산량은 1,662톤이므로, 비율을 구하면, $\frac{1,662}{2,073}$×100≒80.17%이다.
따라서 ⑤는 옳지 않다.

01	02	03	04						
⑤	②	③	②						

01 (정답) ⑤

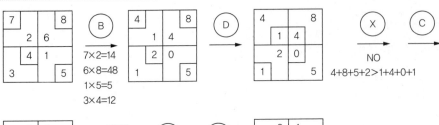

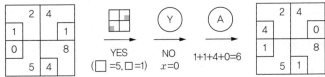

02 (정답) ②

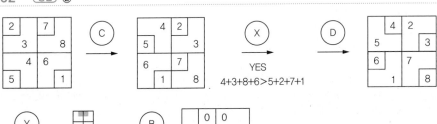

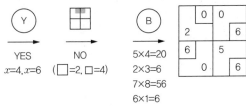

03 정답 ③

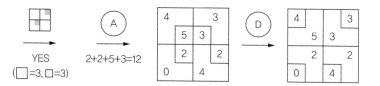

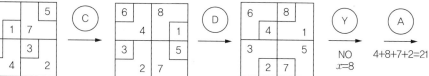

04 정답 ②

PART 1
2019 기출
2018 하반기
2018 상반기
2017 하반기
2017 상반기
2016 하반기
2016 상반기

01 언어이해

01	02	03	04						
③	④	②	④						

01 정답 ③

두 번째 문단은 우울증의 긍정적인 면모인 보호 기제로서의 측면에 대한 내용을 다루고 있다. ⓒ은 지금의 경쟁사회가 정신적인 소진 상태를 초래하기 쉬운 환경이라는 내용이므로, 오늘날 우울증이 급격히 늘어나는 원인을 설명하고 있는 세 번째 문단의 마지막 문장 바로 앞에 들어가는 것이 더 적절하다.

오답분석

① 우울증과 창조성의 관계를 설명하면서 그 예시로 우울증을 갖고 있었던 위대한 인물들을 들고 있다. 따라서 천재와 우울증이 동전의 양면과 같으므로 인류 문명의 진보를 이끌었다고 볼 수 있다는 내용의 ㉠은 문단의 결론에 해당하여 삭제할 필요가 없다.

② 문장의 주어가 '엄청난 에너지를 소모하는 것' 즉, 행위이므로 이 행위는 어떤 상태에 이르게 '만드는' 것이 되어야 문맥이 자연스럽다. 따라서 문장의 주어와 호응하는 것은 '이르게도 할 수 있다.'이다.

④ ⓔ을 기준으로 앞 문장은 새로운 조합을 만들어내는 창조성 있는 사람이 이익을 갖게 된다는 내용이고, 뒤 문장은 새로운 조합을 만들어내는 일이 많은 에너지를 요하는 어려운 일이라는 내용이다. 따라서 뒤 문장은 앞 문장의 결과라고 보기 어렵다.

⑤ 세 번째 문단 앞 부분의 내용에 따르면 경쟁사회에서 창조성 있는 사람이 이익을 얻는다. 따라서 ⓜ을 '억제하지만'으로 바꾸는 것은 어색하다.

02 정답 ④

제시된 글은 '포스트휴먼'이라는 개념의 정의와 탄생 계기를 설명하고 있다. (다)는 인간보다 뛰어난 지능을 가졌고 인간의 한계점을 극복한 '어떤 존재'를 가정한 후, (가)의 '이 존재'가 앞서 설명한 '어떤 존재'를 가리키면서 (다)의 내용을 보충 설명한다. 그 다음으로는 '이러한 포스트휴먼'의 형태로 슈퍼컴퓨터 안의 정보 업로드 형태 또는 생물학적 인간의 개선이 축적된 결과의 형태가 가능함을 설명한 (라)가 오고, 마지막으로는 (라)에서 언급한 형태 중 후자의 경우인 '생물학적 인간이 포스트휴먼이 되는 경우' 두뇌나 신체의 근본적인 기술적 변형이 필요함을 설명하며 (라)를 보충하는 (나)가 이어진다. 따라서 (다) - (가) - (라) - (나) 순서이다.

03 정답 ②

제시된 글에 따르면 현대사회를 살아가는 사람들은 외모에 대해 주변인들의 평가, 학교 교육, 대중매체, 광고, 문화 이데올로기 등의 담론을 통해 이상자아를 형성하고, 실제 자신 사이의 불일치가 일어날 때 고통을 받는다고 한다. 이러한 외모 문화에는 대중매체, 가부장적 이데올로기, 시각문화, 자본주의 등 수많은 요소들이 개입하고 있음을 설명하고 있으므로, 빈칸에는 '다층적인'이 들어가는 것이 가장 적절하다.

04 정답 ④

마지막 문단에 따르면 괴델은 '참이지만 증명할 수 없는 명제'가 존재한다고 하여 공리의 존재를 인정하였으나, '주어진 공리와 규칙만으로는 일관성과 무모순성을 증명할 수 없다.'라고 하였다.

① 두 번째 문단에 따르면 유클리드는 공리를 기반으로 끌어낸 명제들이 성립함을 증명하였으나, 공리를 증명하려고 시도하지는 않았다.
② 세 번째 문단에 따르면 힐베르트는 공리의 무모순성과 독립성을 증명할 수 있다고 예상하였다.
③ · ⑤ 괴델은 증명할 수 없어도 참인 명제가 존재한다고 하였으며, 기존의 수학 체계 자체를 부정한 것이 아니라 그 자체 체계만으로 일관성과 모순성을 설명할 수 없다는 불완전성을 정리하였다.

02   논리판단

01	02	03	04						
①	⑤	④	⑤						

01   정답 ①

첫 번째 명제의 대우에 의해 샌드위치에 추가 토핑으로 페퍼로니를 넣는 손님은 추가 토핑으로 아보카도를 넣고, 아보카도를 넣는 손님은 세 번째 명제에 의해 추가 토핑으로 베이컨도 넣는다. 또한 베이컨을 넣는 손님은 두 번째 명제의 대우에 의해 추가 토핑으로 더블치즈를 넣는다. 따라서 페퍼로니 → 아보카도 → 베이컨 → 더블치즈이므로 추가 토핑으로 페퍼로니를 넣는 손님은 추가 토핑으로 더블치즈도 넣으므로 이것의 대우인 ①은 항상 참이다.

02   정답 ⑤

첫 번째 조건에 따라 어떤 얼룩송아지 한 마리는 4번째로 무겁고, 두 번째 조건에 따라 가장 무거운 송아지는 얼룩송아지가 아니므로 검정송아지 또는 누렁송아지이며, 가장 무거운 순서대로 1번째부터 3번째까지 사이에 누렁송아지가 적어도 한 마리 이상 있다. 또한, 세 번째 조건에 따라 가장 가벼운 송아지는 검정송아지이다.
마지막 조건에 따라 무거운 순서대로 줄을 세우면 같은 종류의 송아지끼리는 서로 붙어있지 않으므로, 가장 무거운 송아지가 누렁송아지인 경우와 검정송아지인 경우로 나누어 볼 수 있다.
• 가장 무거운 송아지가 검정송아지인 경우 : 2번째 또는 3번째로 무거운 송아지가 누렁송아지가 되어야 한다. 그런데 만약 누렁송아지가 3번째로 무겁다면 두 번째 조건에 따라 얼룩송아지는 2번째로 무거울 수 없고, 같은 종류의 송아지끼리는 붙어있지 않으므로 검정송아지와 누렁송아지도 2번째로 무거울 수 없다. 또한, 만약 누렁송아지가 2번째로 무겁다면 3번째 · 5번째 · 6번째 · 7번째 중에 남은 두 마리의 얼룩송아지가 들어가야 하는데, 어떤 경우에도 얼룩송아지끼리 붙어있게 된다. 따라서 가장 무거운 송아지는 검정송아지가 아니다.
• 가장 무거운 송아지가 누렁송아지인 경우 : 남은 얼룩송아지 2마리는 3번째와 5번째로 무거울 수 없으므로, 1마리는 2번째로 무겁고, 다른 1마리는 6번째 또는 7번째로 무겁다. 이때, 얼룩송아지가 6번째로 무거운 경우와 7번째로 무거운 경우에 따라 다음과 같이 3가지 경우의 수가 생긴다.

	무거움 ←———————————————→ 가벼움							
〈경우 1〉	누렁송아지	얼룩송아지	검정송아지	얼룩송아지	검정송아지	얼룩송아지	누렁송아지	검정송아지
〈경우 2〉	누렁송아지	얼룩송아지	검정송아지	얼룩송아지	검정송아지	누렁송아지	얼룩송아지	검정송아지
〈경우 3〉	누렁송아지	얼룩송아지	검정송아지	얼룩송아지	누렁송아지	검정송아지	얼룩송아지	검정송아지

어떤 경우에도 가장 무거운 송아지는 누렁송아지이므로, ⑤는 옳지 않다.

두 번째 조건과 다섯 번째 조건에 따라 화요일 오전에는 J지점에, 금요일 오전에는 C지점에 방문한다. 이때, 세 번째 조건에 따라 D지점−G지점−A지점의 순서로 각각 다른 날에 방문해야 하고, A지점을 오전에 방문해야 하므로, D−G−A지점을 각각 월·화·수, 월·수·목, 화·수·목에 방문하는 경우가 있다.

- D−G−A지점을 월·화·수에 방문하는 경우 : 화요일 오후에 G지점, 수요일 오전에 A지점을 방문해야 하므로, 오전에 방문해야 하는 B지점을 방문할 수 있는 시간은 목요일 오전뿐이다. 그러면 화요일 오전과 오후가 모두 일정이 차므로 네 번째 조건을 만족시킬 수 없다. 따라서 D−G−A지점은 월·화·수에 방문할 수 없다.
- D−G−A지점을 월·수·목에 방문하는 경우 : D지점을 월요일 오전이나 오후, G지점을 수요일 오후, A지점을 목요일 오전에 방문한다. 네 번째 조건에 따라 B지점과 H지점 방문은 이틀 간격을 두고 방문해야 하므로 B지점 방문은 오전, H지점 방문은 오후이기 때문에 월·수이거나 수·금에 방문할 수밖에 없다. 그런데 여섯 번째 조건에 따라 H지점은 C지점과 같은 날 방문하지 못하므로 B지점 방문은 수요일 오전에 방문하고 H지점은 월요일 오후에 방문해야 한다. 또한 마지막 조건에 따라 E지점과 I지점이 A지점과 같은 날 방문하지 못 하므로 목요일 오후에는 F지점을 방문한다.

구분	월	화	수	목	금
오전	D	J	B	A	C
오후	H	E or I	G	F	E or I

- D−G−A지점을 화·수·목에 방문하는 경우 : D지점을 화요일 오후, G지점을 수요일 오후, A지점을 목요일 오전에 방문해야 한다. 네 번째 조건에 따라 이틀 간격인 B지점과 H지점은 각각 오전과 오후에 방문해야 하므로, 수요일 오전에 B지점, 월요일 오후 또는 금요일 오후에 H지점에 방문한다. 그런데 여섯 번째 조건에 따라 H지점은 금요일에 방문할 수 없어 월요일 오후에 방문하게 되고, 마지막 조건에 따라 목요일 오후에는 E지점이나 I지점을 방문할 수 없으므로 F지점을 방문한다. 따라서 금요일 오후에는 E지점, 월요일 오전에는 I지점에 방문한다.

구분	월	화	수	목	금
오전	I	J	B	A	C
오후	H	D	G	F	E

따라서 목요일에 A지점과 F지점을 방문한다는 ④는 항상 옳다.

세 번째 조건에 따라 A·F와 D·G의 좌석이 서로 맞은편인데, 만약 이 네 사람의 좌석이 한 좌석 건너 한 명씩이라면 나머지 좌석에 네 번째 조건을 만족시킬 수 없다. 따라서 A·F와 D·G의 좌석은 서로 붙어있어야 하는데, 두 번째 조건에 따라 G와 F의 좌석은 서로 붙어있을 수 없다. 따라서 A와 F를 기준으로 다음과 같이 두 가지 경우의 수로 나눌 수 있다.

- A의 왼쪽에 G, F의 왼쪽에 D가 있는 경우(경우 1) : 마지막 조건에 따라 A의 오른쪽과 G의 왼쪽 자리는 비어있지 않아야 하므로, 두 번째 조건에 따라 E가 A의 바로 오른쪽에, B가 그 오른쪽에 앉고, C가 G의 왼쪽에 앉는다.
- A의 오른쪽에 G, F의 오른쪽에 D가 있는 경우(경우 2) : 두 번째 조건과 마지막 조건에 따라 E가 A의 바로 왼쪽에, B가 그 왼쪽에 앉고, C가 G의 오른쪽에 앉는다.

이를 그림으로 나타내면 다음과 같다.

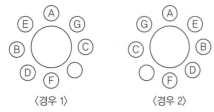

       〈경우 1〉   〈경우 2〉

따라서 E는 항상 영업팀인 A와 B 사이에 앉으므로 ⑤는 옳다.

01	02	03								
④	②	②								

01 [정답] ④

운송횟수를 구하여 여객지수와 화물지수를 계산해보면 다음과 같다.

구분	운전기사	여객운송횟수	화물운송횟수	운송횟수	여객지수	화물지수
대리점 1호	A	350	350	700	0.5	0.5
	B	400	200	600	0.67	0.33
	C	55	55	110	0.5	0.5
	D	30	20	50	0.6	0.4
	E	110	110	220	0.5	0.5
	F	50	30	80	0.63	0.38
대리점 2호	G	12	3	15	0.8	0.2
	H	3	2	5	0.6	0.4
	I	0	31	31	0	1
	J	75	1	76	0.99	0.01
	K	7	0	7	1	0

b. 여객지수가 B운전사보다 낮은 대리점 2호의 운전사는 H운전사, I운전사로 3명 이하이다.

c. 대리점 1호에서 여객지수가 가장 높은 운전사는 B이다. B의 전체 운송횟수는 600회이고 회사 전체 운송횟수는 1,894회, 비율은 31.6%이 므로 옳다.

[오답분석]

a. 화물지수가 1이라는 것은 여객지수가 0이라는 것이므로 여객운송횟수가 0인 운전기사를 찾으면 되고, 여객지수가 1이라는 것은 여객운송 횟수와 운송횟수가 같다는 것이므로 화물운송횟수가 0인 운전기사를 찾으면 된다. 여객운송횟수가 0인 운전기사는 I이고, 화물운송횟수가 0인 운전기사는 K이므로 틀린 설명이다.

02 [정답] ②

2015년 대비 2017년에 가장 눈에 띄는 증가율을 보인 면세점과 편의점, 무점포 소매의 증가율을 계산하면 다음과 같다.

• 2015년 대비 2017년 면세점 판매액의 증가율 : $\frac{14,465-9,198}{9,198} \times 100 = 57.2\cdots ≒ 57\%$

• 2015년 대비 2017년 편의점 판매액의 증가율 : $\frac{22,237-16,455}{16,455} \times 100 = 35.1\cdots ≒ 35\%$

• 2015년 대비 2017년 무점포 소매 판매액의 증가율 : $\frac{61,240-46,788}{46,788} \times 100 = 30.8\cdots ≒ 31\%$

03 정답 ②

2	3	0	㉠3	4
				㉡5
㉢2	0	1	8	8
		㉣0		
		8		

〈가로〉

1. 출산전후 휴가 지원금액이 가장 높은 연도는 2015년으로 258,139백만 원이고, 가장 낮은 연도는 2013년으로 235,105백만 원이므로, 258,139−235,105＝23,034백만 원이다.

3. 여성 육아휴직자 수는 2015년에 82,467명으로 가장 많고, 2012년에 62,279명으로 가장 적으므로, 82,467−62,279＝20,188명이다.

〈세로〉

2. 증가율이 50% 이상으로 예상되는 2016년과 2017년의 남성 육아휴직자 수의 증가율을 구하면, 2016년에는 $\frac{7,616-4,872}{4,872}\times100$≒56.3%, 2017년에는 $\frac{12,043-7,616}{7,616}\times100$≒58.1%이므로 2017년에 남성 육아휴직자 수의 증가율이 가장 컸다. 2017년 남성 육아휴직자 1인당 평균 육아휴직 지원금액을 구하면, $\frac{55,160}{12,043}$＝4.580…≒458만 원이다.

4. 육아휴직자 수가 두 번째로 많은 해는 2016년으로 89,895명이고, 이때 여성 육아휴직자 수는 82,279명, 남성 육아휴직자 수는 7,616명이므로 82,279÷7,616＝10.80…≒10.8배이다.

∴ (㉠×㉡×㉢)−㉣＝(3×5×2)−0＝30

04 정보추론

01	02	03					
⑤	③	③					

01 정답 ⑤

지환 : 2014년부터 2017년까지 방송수신료 매출액은 전년 대비 증가−감소−감소−증가의 추이이고, 프로그램 판매 매출액은 전년 대비 감소−증가−증가−감소의 추이를 보이고 있다. 따라서 방송수신료 매출액의 증감추이와 반대되는 추이를 보이는 항목이 존재한다.

동현 : 각 항목의 매출액 순위는 광고−방송수신료−기타 사업−협찬−기타 방송사업−프로그램 판매 순서이며, 2013년부터 2017년까지 이 순위는 계속 유지된다.

세미 : 2013년 대비 2017년에 매출액이 상승하지 않은 항목은 방송수신료, 협찬으로 총 2개이다.

오답분석

소영 : 각 항목별로 최대 매출액과 최소 매출액의 차를 구해보면 다음과 같다.

• 방송수신료 : 5,717−5,325＝392천만 원

• 광고 : 23,825−21,437＝2,388천만 원

• 협찬 : 3,306−3,085＝221천만 원

- 프로그램 판매 : $1,322-1,195=127$천만 원
- 기타 방송사업 : $2,145-1,961=184$천만 원
- 기타 사업 : $4,281-4,204=77$천만 원

기타 사업의 매출액 변동폭은 7억 7천만 원이므로, 모든 항목의 매출액이 10억 원 이상의 변동폭을 보인 것은 아니다.

02 정답 ③

ⅰ) 2035년 1인 가구 수 : (2025년 1인 가구 수)＋{(2005년 대비 2015년의 1인 가구 수 증가량)＋(2015년 대비 2025년의 1인 가구 수 증가량)}÷2

∴ $67,004+\{(51,796-31,856)+(67,004-51,796)\}\div2=67,004+17,574=84,578$가구

ⅱ) 2035년 2인 가구 수 : (2035년 전체 가구 수)－{(2035년 3인 이상 가구 수)＋(2035년 1인 가구 수)}

- 2035년 전체 가구 수 : 2015년 대비 2025년 전체 가구 수의 증가율을 구하면 $(210,136-190,128)\div190,128\times100≒10.5\%$이므로,

2025년 대비 2035년 전체 가구 수의 증가율은 $10.5\times\dfrac{2}{3}=7\%$이다. 따라서 2035년 전체 가구 수를 구하면 $210,136\times1.07=224,845.52$

$≒224,846$가구이다.

- 2035년 3인 이상 가구 수 : $\{160,389-(31,856+35,236)\}\times0.8=93,297\times0.8=74,637.6≒74,638$가구

∴ $224,846-(74,638+84,578)=65,630$가구

ⅲ) 2035년 가구주가 80세 이상인 가구 수 : 2025년 기준 가구주가 70세 이상인 가구가 2035년에 가구주가 80세 이상인 가구가 된다.

∴ $(24,874\times0.7)+(13,889\times0.6)≒17,412+8,333=25,745$가구

03 정답 ③

2015년 건설업 재해자 수의 전년 대비 증감률은 $\dfrac{25,132-23,669}{23,669}\times100≒6.18\%$인데, 4.18%로 되어있으므로 ③의 그래프는 옳지 않다.

오답분석

① 연도별 산업재해자 수를 구하면 2012년 $2,165+83,349+6,742=92,256$명, 2013년 $2,233+82,803+6,788=91,824$명, 2014년 $2,134+81,955+6,820=90,909$명, 2015년 $2,066+80,999+7,064=90,129$명, 2016년 $2,040+81,548+7,068=90,656$명이다.

② 전체 산업재해자 중 사망자의 비율을 구하면 2012년 $\dfrac{2,165}{92,256}\times100≒2.35\%$, 2013년 $\dfrac{2,233}{91,824}\times100≒2.43\%$, 2014년 $\dfrac{2,134}{90,909}\times100≒$

2.35%, 2015년 $\dfrac{2,066}{90,129}\times100≒2.29\%$, 2016년 $\dfrac{2,040}{90,656}\times100≒2.25\%$이다.

④ ・ 2012～2016년 전체 산업재해자 누적 수 : $92,256+91,824+90,909+90,129+90,656=455,774$명

・ 2012～2016년 누적 부상자 수의 비율 : $\dfrac{83,349+82,803+81,955+80,999+81,548}{455,774}\times100≒90.1\%$

・ 2012～2016년 누적 업무상 질병 요양자 수의 비율 : $\dfrac{6,742+6,788+6,820+7,064+7,068}{455,774}\times100≒7.6\%$

・ 2012～2016년 누적 사망자 수의 비율 : $\dfrac{2,165+2,233+2,134+2,066+2,040}{455,774}\times100≒2.3\%$

⑤ 2016년 산업재해자의 업종별 비율을 구하면 다음과 같다.

- 광업 : $\dfrac{1,534}{90,656}\times100≒1.7\%$
- 제조업 : $\dfrac{26,142}{90,656}\times100≒28.8\%$
- 건설업 : $\dfrac{26,570}{90,656}\times100≒29.3\%$
- 전기・가스・수도업 : $\dfrac{103}{90,656}\times100≒0.1\%$
- 운수・창고・통신업 : $\dfrac{4,114}{90,656}\times100≒4.5\%$
- 기타 산업 : $\dfrac{32,193}{90,656}\times100≒35.5\%$

01	02	03							
①	③	①							

01 정답 ①

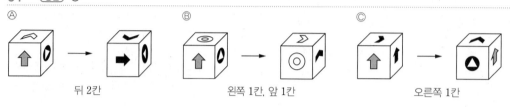

02 정답 ③

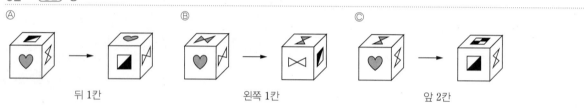

03 정답 ①

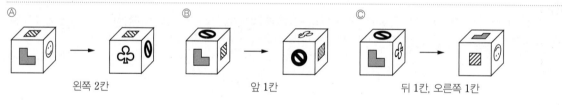

CHAPTER 04 2017년 하반기 기출문제

01 언어이해

01	02	03	04						
⑤	④	①	③						

01 정답 ⑤

첫 번째 문단의 내용은 대부분의 사람들이 자신의 무지에 대해 무관심하다는 상황에 대한 언급이므로, 역접 기능의 접속어 '그러나'로 시작하며 무지의 영역에 대한 지식 확장이 필요한 경우를 설명한 (라)가 그 다음으로 온다. 다음으로 인과 기능의 접속어 '그러므로'로 시작하여 '무지에 대한 앎'의 중요성과 이와 관련된 성인들의 주장을 언급한 (가)가 이어진다. 문맥상 (다)의 '이러한 학문적 소견'은 앞의 공자와 소크라테스의 견해를 가리키는 말이며, (다)의 마지막 문장에서 언급된 독재와 전체주의, 중세 암흑기에 대한 예시는 (마)의 첫 문장인 '오늘날이라고 해서 크게 다르지는 않다.'와 이어진다. 마지막으로는 성공하는 사회로 나아가기 위한 '무지에 대한 앎'의 중요성을 다룬 (나)로 마무리된다. 따라서 (라) − (가) − (다) − (마) − (나)이다.

02 정답 ④

(가) 세 번째 문단의 '한편', 네 번째 문단의 '또한'을 (나)에서 각각 '혹은'과 '그리고'로 바꾸었다. 그러나 '한편', '혹은', '또한', '그리고'는 모두 앞뒤 문장을 대등하게 연결하는 기능의 접속어이고, 해당 접속어를 바꾸어도 문장의 의미가 달라지지는 않으므로 문맥상 잘못된 접속어라는 설명은 옳지 않다.

오답분석
① (나)에서 두 번째 문단에 추가된 마지막 문장 두 개를 통해 확인할 수 있다.
② (가)의 네 번째 문단 도입부인 '이러한 스포일러 문제를 해결하기 위해서는'이 (나)의 첫 문장인 '그렇다면 이러한 스포일러 문제는 어떻게 해결할 수 있을까?'로 바뀌었다.
③ (나)의 첫 번째 문단 마지막에 설문조사 결과를 보충하였다.
⑤ 두 번째 문단의 첫 번째 · 두 번째 문장이 두 문장으로 나뉘었으며, 세 번째 문단 첫 번째 문장이 둘로 나뉘면서 앞의 문장은 불필요한 어구를 삭제하고 단순화하였다.

03 정답 ①

㉠에서 다섯 번째 줄의 접속어 '그러나'를 기준으로 앞부분은 사물 인터넷 사업의 경제적 가치 및 외국의 사물 인터넷 투자 추세, 뒷부분은 우리나라의 사물 인터넷 사업 현황에 대하여 설명하고 있다. 따라서 두 문단으로 나누는 것이 적절하다.

오답분석
② 문장 앞부분에서 '통계에 따르면'으로 시작하고 있으므로, 이와 호응되는 서술어를 능동 표현인 '예상하며'로 바꾸는 것은 어색하다.
③ 우리나라의 사물 인터넷 시장이 선진국에 비해 확대되지 못하고 있는 것은 사물 인터넷 관련 기술을 확보하지 못한 결과이다. 따라서 수정하는 것은 옳지 않다.
④ 문맥상 '기술력을 갖추다.'라는 의미가 되어야 하므로 '확보'로 바꾸어야 한다.
⑤ 사물 인터넷의 의의와 기대효과로 글을 마무리하고 있는 문장이므로 삭제할 필요는 없다.

04 정답 ③

지문에서는 책을 사거나 빌리는 것만으로는 책을 진정으로 소유할 수 없으며, 책을 진정으로 소유하기 위한 독서의 방법과 책을 고르는 기준을 제시하고 있다.

오답분석

① · ②는 전체 문단을 포괄하지 못하며, ④ · ⑤는 지문의 논점에서 벗어난 내용이다.

---

02 논리판단

01	02	03	04							
①	①	①	④							

01 정답 ①

세 사람의 판단 및 진술은 눈에 보이는 것은 물론 다른 사람의 대답을 모두 기반으로 한다는 것을 고려해야 한다.

ⅰ) 만세는 대한이와 민국이의 모자 색깔을 볼 수 있다. 만약 대한이와 민국의 모자가 분홍색−노란색 또는 노란색−분홍색이었다면 만세는 자신의 모자가 하늘색이라는 것을 알 수 있었을 것이다. 그러나 그렇지 않기 때문에 만세는 자신의 모자 색깔을 알 수 없다고 답한 것이다. 따라서 대한이와 민국이의 모자 중에 하늘색 모자가 적어도 1개 이상 있다.

ⅱ) 민국이는 대한이의 모자 색깔을 볼 수 있고, 머릿속에서 ⅰ)의 사고과정을 거친다. 따라서 만약 대한이의 모자가 노란색이나 분홍색이라면 자신의 모자 색깔이 하늘색이라는 것을 알 수 있다. 그러나 대한이의 모자가 노란색이나 분홍색이 아니기 때문에 자신의 모자 색깔을 모른다고 대답했음을 추론해볼 수 있다.

ⅲ) 대한이는 눈앞에 바로 벽이 있으므로, 만세와 민국이의 말만 듣고 자신의 모자 색깔을 추측할 수밖에 없다. ⅱ)의 사고과정을 거치며 자신의 모자가 노란색이나 분홍색이 아니라는 것을 알 수 있고, 따라서 자신의 모자 색깔이 하늘색임을 알 수 있다.

02 정답 ①

수필
소설
동화
그림책
잡지
시집
사전

시집<잡지<그림책, 소설, 수필이고 사전<동화인데, 시집의 위치가 맨 아래가 아니라고 하였으므로 사전<시집<잡지<그림책, 소설, 수필이다. 또한, 잡지와 동화는 책 하나를 사이에 두고 있다고 하였는데, 만약 잡지 아래에 있는 시집을 사이에 둘 경우 사전<동화<시집<잡지가 되어 두 번째 조건에 어긋난다. 따라서 잡지<?<동화가 되어야 하는데, 수필과 소설은 서로 맞닿아있어야 하고 소설은 맨 위가 아니므로, 잡지<그림책<동화<소설<수필이 된다. 이를 정리하면 왼쪽과 같다. 수필은 맨 위에 있으므로 ①은 옳은 설명이다.

오답분석

② 그림책은 동화와 맞닿아있다.
③ 정중앙에 위치한 책은 그림책이다.
④ 동화는 그림책보다 위에 있다.
⑤ 시집은 아래에서 두 번째에 있다.

03 정답 ①

영업1팀과 마케팅3팀이 위 · 아래로 인접해 있다고 하였으므로, 이 두 팀의 위치를 기준으로 파악해야 한다. 만약 영업1팀이 1층, 마케팅3팀이 2층이라면 3번째 · 4번째 · 7번째 조건에 따라 1층에는 영업1 · 2 · 3팀과 총무팀, 개발팀이 모두 위치해야 하는데, 개발팀의 한쪽 옆이 비어있어야 하므로 조건에 맞지 않는다. 따라서 마케팅3팀이 1층, 영업1팀이 2층인 경우의 수만 따져가며 모든 조건을 조합하면 다음과 같이 2가지 경우의 수가 있음을 알 수 있다.

〈경우 1〉

(2층)	영업 1팀	영업 3팀	영업 2팀	총무팀	
(1층)	마케팅 3팀	마케팅 1팀	개발팀		마케팅 2팀

〈경우 2〉

(2층)		영업 2팀	총무팀	영업 3팀	영업 1팀
(1층)	마케팅 2팀		개발팀	마케팅 1팀	마케팅 3팀

두 가지 경우에서 총무팀과 영업3팀은 인접할 수도, 그렇지 않을 수도 있으므로 ①은 옳지 않다.

04 정답 ④

만약 A가 진실이라면 동일하게 A가 사원이라고 말한 C도 진실이 되어 진실을 말한 사람이 2명이 되므로, A와 C는 모두 거짓이다. 또한, E가 진실이라면 B가 사원이므로 A의 'D는 사원보다 직급이 높아.'도 진실이 되어 역시 진실을 말한 사람이 2명이 되기 때문에 E도 거짓이다. 따라서 B와 D 중 한 명이 진실이다.

만약 B가 진실이라면 E는 차장이고, B는 차장보다 낮은 3개 직급 중 하나인데, C가 거짓이므로 A가 과장이고, E가 거짓이기 때문에 B는 사원이 아니므로 B는 대리가 되고, A가 거짓이므로 D는 사원이다. 그러면 남은 부장 자리가 C여야 하는데, E가 거짓이므로 C는 부장이 될 수 없어 모순이 된다. 따라서 B는 거짓이고, D가 진실이 된다.

D가 진실인 경우 E는 부장이고, A는 과장이며, A는 거짓이므로 D는 사원이다. B가 거짓이기에 B는 차장보다 낮은 직급이 아니므로 차장, C는 대리가 된다. 따라서 진실을 말한 사람은 D이다.

03 자료해석

01	02	03	04								
②	⑤	③	③								

01 정답 ②

ㄱ. 한국, 중국, 인도, 인도네시아, 터키, 브라질, 독일, 러시아 8개 국가는 2005년, 2010년에 각각 5년 전인 2000년, 2005년보다 자동차 생산량이 증가하였다. 그러나 매해 자동차 생산량이 증가한 것인지는 주어진 자료만으로는 판단할 수 없다.

ㄷ. G20 국가 전체 자동차 생산량 대비 유럽 지역의 생산량 비중은 다음과 같다.

- 2000년 : $\frac{3,183,681+5,526,385+1,738,315+1,209,868+1,813,759}{50,650,069} \times 100 = 26.5 \cdots \%$

- 2005년 : $\frac{3,549,008+5,757,710+1,038,352+1,354,495+1,803,109}{56,817,178} \times 100 = 23.7 \cdots \%$

- 2010년 : $\frac{2,229,381+5,905,985+838,186+1,405,842+1,393,491}{66,516,303} \times 100 = 17.6 \cdots \%$

따라서 2010년 유럽 지역의 자동차 생산량 비중은 20%에 미치지 못했다.

오답분석

ㄴ. 각국의 2000년 대비 2010년 생산량을 대략적으로만 살펴보아도 중국은 9배 가까이 눈에 띄게 늘어났으며, 이탈리아는 유일하게 생산량

이 절반 이하로 떨어진 것을 알 수 있다. 따라서 두 국가의 2005년 생산량을 살펴보면 각각 5,717,619대, 1,038,352대이고 $\frac{5,717,619}{1,038,352}$ =5.50…이므로 2005년 중국의 생산량은 이탈리아 생산량의 5배 이상이다.

ㄹ. 각 지역의 자동차 생산량 평균을 구하면 다음과 같다.
- 아시아 : (4,271,741+18,264,761+3,557,074+702,508+9,628,875+1,094,557)÷6=6,253,252.6…
- 북아메리카 : (2,068,189+2,347,522+7,743,093)÷3=4,052,934.6…
- 남아메리카 : (716,540+3,646,548)÷2=2,181,544
- 유럽 : (2,229,381+5,905,985+838,186+1,405,842+1,393,491)÷5=2,354,577

따라서 2010년 자동차 생산량 평균은 아시아>북아메리카>유럽>남아메리카 순서이다.

02 정답 ⑤

〈가로〉

1. $\frac{831+8,257}{194,824}\times100=4.664\cdots\fallingdotseq4.66\%$

2. $\frac{208,274\times1,000}{212,143}=981.7\cdots\fallingdotseq982$호

3. 자원화 가구가 가장 많았던 해는 2012년 73,530호이다.

$\frac{81,080}{233,355}\times100=34.745\cdots\fallingdotseq34.75\%$

	4	6	6
9	8	2	
	4		
	8		
3	4	7	5

〈세로〉

1. 가축분뇨 발생량이 가장 많았던 해는 2012년 177,105m²/일, 가장 적었던 해는 2011년 128,621m²/일이므로, 177,105-128,621=48,484m²/일이다.

따라서 짝수의 개수는 2가 1개, 4가 3개, 6이 2개, 8이 2개이므로 총 8개이다.

03 정답 ③

조사대상자 대비 시도율을 대략적으로 살펴보았을 때 남학생은 고1과 고2, 여학생은 중1과 중2만 구하면 자살시도자가 가장 많은 학년을 구할 수 있다. 남학생의 경우 고1 자살시도자 수는 $5,861\times\frac{21}{1,000}=123.0\cdots\fallingdotseq123$명, 고2 자살시도자 수는 $5,744\times\frac{22}{1,000}=126.3\cdots\fallingdotseq126$명이므로, 자살시도자 수가 가장 많은 학년은 고2이다. 또한 여학생의 경우 중1 자살시도자 수는 $4,967\times\frac{36}{1,000}=178.8\fallingdotseq179$명, 중2 자살시도자 수는 $5,051\times\frac{35}{1,000}=176.7\fallingdotseq177$명이다. 따라서 자살시도자는 남학생 중에서는 고2가, 여학생 중에서는 중1이 가장 많다.

오답분석
① 중학교의 경우, 조사대상인 남학생과 여학생 수는 130여 명 정도밖에 차이가 나지 않지만 여학생의 자살시도율이 1.5배 이상 높으므로, 자살을 시도한 여학생이 남학생보다 많다. 그러나 고등학교의 경우, 자살 시도율은 남학생과 여학생이 2.2%로 동일하지만 남학생의 수가 여학생의 수보다 800여 명 더 많다. 따라서 고등학교의 경우 자살을 시도한 남학생의 수가 여학생의 수보다 많다.

② · 중학교 남학생 자살시도자 수 : $16,742\times\frac{19}{1,000}=318.0\cdots\fallingdotseq318$명

· 중학교 여학생 자살시도자 수 : $15,477\times\frac{34}{1,000}=526.2\cdots\fallingdotseq526$명

∴ 전체 중학교 자살시도자 수 : 318+526=844명

· 고등학교 남학생 자살시도자 수 : $17,061\times\frac{22}{1,000}=375.3\cdots\fallingdotseq375$명

· 고등학교 여학생 자살시도자 수 : $16,248\times\frac{22}{1,000}=357.4\cdots\fallingdotseq357$명

∴ 전체 고등학교 자살시도자 수 : 375+357=732명

따라서 전체 중학교 자살시도자 수가 전체 고등학교 자살시도자 수보다 많다.

④ 고3의 경우 남학생 자살시도율이 2.2%, 여학생 자살시도율이 2.0%로 여학생 자살시도율이 남학생 자살시도율보다 낮다.

⑤ 여학생의 경우 중1의 자살시도율이 가장 높다.

04 정답 ③

먼저 연도별 전국 주택보급률을 구하면 다음과 같다.

- 2011년 : $\dfrac{18,082}{17,928} \times 100 = 100.85 \cdots \fallingdotseq 100.8\%$

- 2012년 : $\dfrac{18,414}{18,209} \times 100 = 101.12 \cdots \fallingdotseq 101.1\%$

- 2013년 : $\dfrac{18,742}{18,500} \times 100 = 101.30 \cdots \fallingdotseq 101.3\%$

- 2014년 : $\dfrac{19,161}{18,800} \times 100 = 101.92 \cdots \fallingdotseq 101.9\%$

- 2015년 : $\dfrac{19,559}{19,111} \times 100 = 102.34 \cdots \fallingdotseq 102.3\%$

그러므로 2015년의 전국 주택보급률이 가장 높다.

다음으로, 2015년 각 지역별 가구 수와 주택 수를 비교했을 때, 주택 수가 가구 수보다 적은 서울과 경기의 주택보급률을 구하면

- 2015년 서울 지역의 주택 보급률 : $\dfrac{3,633}{3,785} \times 100 = 95.98 \fallingdotseq 96.0 \cdots \%$

- 2015년 경기 지역의 주택 보급률 : $\dfrac{4,329}{4,385} \times 100 = 98.72 \fallingdotseq 98.7 \cdots \%$

그러므로 서울 지역의 주택 보급률이 가장 낮은 것을 알 수 있다.

따라서 두 수치의 차를 구하면 $102.3 - 96.0 = 6.3\%$이다.

04 정보추론

01	02	03	04						
③	②	①	②						

01 정답 ③

2014년 60세 이상 남성의 수는 $24,875 + 14,602 + 3,794 = 43,271$명인데, ③의 2014년 남성 수가 40,000명에 못 미치는 것으로 제시되어 있으므로 옳지 않다.

오답분석

① 2014년 19세 미만 인구는 $36,781 + 34,480 + 41,337 + 38,945 = 151,543$명이고, 이 중에서 남성은 $36,781 + 41,337 = 78,118$명, 여성은 $34,480 + 38,945 = 73,425$명이다. 따라서 남성의 비율은 $\dfrac{78,118}{151,543} \times 100 = 51.54 \cdots \fallingdotseq 51.5\%$, 여성의 비율은 $\dfrac{73,425}{151,543} \times 100 = 48.45 \cdots \fallingdotseq 48.5\%$이다.

② 2013년 총인구는 $309,444 + 308,861 = 618,305$명, 2014년 총인구는 $318,208 + 318,048 = 636,256$명, 2015년 총인구는 $326,447 + 327,007 = 653,454$명이다.

④ 연도별로 전체 인구에서 80대 이상이 차지하는 비중을 구하면 다음과 같다.

- 2013년 : $\dfrac{3,355 + 7,333}{618,305} \times 100 = 1.72 \fallingdotseq 1.7\%$

- 2014년 : $\dfrac{3,794 + 8,043}{636,256} \times 100 = 1.86 \cdots \fallingdotseq 1.9\%$

- 2015년 : $\dfrac{4,408+8,917}{653,454} \times 100 = 2.03 \cdots ≒ 2.0\%$

⑤ 2015년 전체 인구 중 각 연령대가 차지하는 비중을 구하면 다음과 같다.

- 0~9세 : $\dfrac{37,134+35,022}{653,454} \times 100 = 11.04 \cdots ≒ 11.0\%$

- 10~19세 : $\dfrac{40,622+38,486}{653,454} \times 100 = 12.10 \cdots ≒ 12.1\%$

- 20~29세 : $\dfrac{38,965+36,131}{653,454} \times 100 = 11.49 \cdots ≒ 11.5\%$

- 30~39세 : $\dfrac{48,776+51,248}{653,454} \times 100 = 15.30 \cdots ≒ 15.3\%$

- 40~49세 : $\dfrac{63,086+60,133}{653,454} \times 100 = 18.85 \cdots ≒ 18.9\%$

- 50~59세 : $\dfrac{50,515+48,231}{653,454} \times 100 = 15.11 \cdots ≒ 15.1\%$

- 60~69세 : $\dfrac{27,504+29,887}{653,454} \times 100 = 8.78 \cdots ≒ 8.8\%$

- 70~79세 : $\dfrac{15,437+18,952}{653,454} \times 100 = 5.26 \cdots ≒ 5.3\%$

- 80세 이상 : $\dfrac{4,408+8,917}{653,454} \times 100 = 2.03 \cdots ≒ 2.0\%$

02 정답 ②

'국민연금'은 전체 응답자들 중 52.2%가 아니라, 노후준비를 하고 있다고 대답한 응답자의 비율 65.4% 중 52.2%를 차지한다. 따라서 ②의 그래프에서 '국민연금'의 비율은 $65.4 \times \dfrac{522}{1,000} ≒ 34.1\%$이 되어야 한다.

오답분석

① 2011년 이후 전반적인 생활여건이 '좋아졌다.'고 답한 비율이 계속 증가하고 있으며, 2017년 전반적인 생활여건이 '좋아졌다.'고 답한 비율은 41.1%이고, 보건의료 서비스와 사회보장제도가 '좋아졌다.'고 답한 비율이 2015년 대비 하락하였음을 확인할 수 있다.

③ 2017년 소득에 대한 만족도의 2015년 대비 증가율은 $\dfrac{13.3-11.4}{11.4} \times 100 = 16.6 \cdots \%$이고, 2017년 소비생활에 대한 만족도의 2015년 대비 증가율은 $\dfrac{15.4-13.9}{13.9} \times 100 = 10.7 \cdots \%$이다. 따라서 그래프상의 소득에 대한 만족도와 소비생활에 대한 만족도는 모두 2015년 대비 10% 이상 증가하였다.

④ 본인 및 배우자가 생활비를 마련하는 비율이 2007년 61.3%에서 2017년 69.9%로 8.6%p 상승하였으며, 정부 및 사회단체의 비율은 2007년 4.4%에서 2017년 9.9%로 2배 이상 상승하였고, 반면 자녀 또는 친척에게 생활비를 받는 비율은 13.9%p 줄어들었다.

⑤ 주관적 계층의식이 상층인 경우 본인세대와 자식세대에 대한 계층이동 가능성이 높다고 답한 비율이 가장 높다. 또한, 주관적 계층의식이 상층인 경우 본인세대의 계층이동 가능성을 높게 본 응답자가 자녀세대의 계층이동 가능성을 높게 본 응답자보다 많으며, 중층과 하층의 경우 본인보다는 자녀세대의 계층이동 가능성을 높게 본 응답자가 더 많았다. 본인세대의 계층이동 가능성을 높게 본 응답자 대비 자식세대의 계층이동 가능성을 높게 본 응답자의 격차가 중층인 경우보다 하층인 경우가 더 크므로, 주관적 계층의식이 하층일수록 본인보다는 자녀의 계층 이동 가능성을 '높다'고 생각하는 것으로 해석할 수 있다.

03 정답 ①

주식 각각의 수익률을 구하면 다음과 같다.

- 가 산업 수익률 : $\dfrac{15,750-12,500}{12,500} = 0.26$

- 나 건설 수익률 : $\dfrac{16,330-11,500}{11,500} = 0.42$

- 다 전자 수익률 : $\dfrac{18,830-14,000}{14,000} = 0.345$

- 라 식품 수익률 : $\dfrac{15,900-12,000}{12,000} = 0.325$

따라서 각 투자자들의 수익금을 구하면 다음과 같다.

- A의 수익금 : $(120 \times 12,500) \times 0.26 + (300 \times 12,000) \times 0.325 = 390,000 + 1,170,000 = 1,560,000$원
- B의 수익금 : $(200 \times 11,500) \times 0.42 + (160 \times 14,000) \times 0.345 = 966,000 + 772,800 = 1,738,000$원
- C의 수익금 : $(210 \times 12,500) \times 0.26 + (180 \times 11,500) \times 0.42 = 682,500 + 869,400 = 1,551,900$원
- D의 수익금 : $(220 \times 14,000) \times 0.345 + (140 \times 12,000) \times 0.325 = 1,062,600 + 546,000 = 1,608,600$원

따라서 세 번째로 많은 수익을 본 투자자는 A이며, A의 실질 수익금을 구하면,

$1,560,000 - [\{(120 \times 12,500) \times 0.00025 + (300 \times 12,000) \times 0.00025\} + \{(120 \times 12,500) \times 1.26 \times 0.00025 + (300 \times 12,000) \times 1.325 \times 0.00025\} + \{(120 \times 12,500) \times 1.26 \times 0.0003 + (300 \times 12,000) \times 1.325 \times 0.0003\}] = 1,560,000 - \{(375 + 900) + (472.5 + 1,192.5) + (567 + 1,431)\}$
$= 1,560,000 - 4,938 = 1,555,062$원

04 정답 ②

경준 : 매년 종합몰의 비중이 계속해서 늘어나는 반면 전문몰의 비중은 줄어들고 있으며, 매년 증가하는 거래액의 양 역시 종합몰이 전문몰
　　　보다 높으므로 옳은 분석이다.

희수 : 각 항목의 전년 동월 대비 증가한 거래액을 살펴보면 온라인몰은 2016년 5월에는 $32,358 - 26,915 = 5,443$억 원, 2017년 5월에는
　　　$38,374 - 32,358 = 6,016$억 원 증가했으며, 온·오프라인 병행몰은 2016년 5월에는 $20,236 - 15,440 = 4,796$억 원, 2017년 5월에는
　　　$24,606 - 20,236 = 4,370$억 원 증가했다. 따라서 2018년 5월에 온라인몰의 거래액은 6,500억 원 내외, 온·오프라인 병행몰의 거래액은
　　　4,000억 원 내외로 증가할 것으로 예상할 수 있다. 이를 토대로 2018년 거래액을 예측해 보면 $\frac{38,374 + 6,500}{24,606 + 4,000} = 1.56 \cdots$ 이므로 오차범위
　　　를 감안하더라도 온라인 쇼핑몰의 거래액이 온·오프라인 병행몰 거래액의 1.5배 내외일 것임을 예측할 수 있다.

오답분석

현지 : 전년 동월 대비 온라인 쇼핑몰 거래액을 살펴보면 2016년 5월에는 $52,595 - 42,355 = 10,240$억 원, 2017년 5월에는 $62,980 - 52,595 = 10,385$
　　　억 원이다. 따라서 2018년에는 10,500억 원 내외로 증가하여 $62,980 + 10,500 = 73,480$억 원 정도의 거래액을 예상해볼 수 있다. 이는
　　　2015년 5월의 거래액의 2배인 $42,355 \times 2 = 84,710$억 원에 못 미치므로 옳은 분석으로 볼 수 없다.

05 도식이해

01	02										
④	③										

01 정답 ④

$\diamondsuit(m, n)$은 상하 위치가 2번 바뀌므로 제자리가 된다는 점에 유의한다.

T ㅁ	S ㄴ	ㅇ R
ㅂ N	ㄹ S	ㅋ L
N ㅎ	ㅍ U	F ㄴ

→

N ㅁ	S ㄴ	ㅇ L
ㅂ N	ㄹ U	ㅋ F
T ㅎ	ㅍ S	R ㄴ

→

N ㅁ	S ㄴ	L ㅇ
N ㅂ	U ㄹ	ㅋ F
T ㅎ	ㅍ S	ㄴ R

→ NO →

N / ㅇ	S / ㅁ	L / ㄴ		N / ㅇ	S / ㅁ	L / ㄴ
N / ㅋ	U / ㅂ	F / ㄹ	YES →	N / ㅋ	U / ㅂ	F / ㄹ
T / ㄴ	ㅎ / S	ㅍ / R		T / ㄴ	ㅎ / S	ㅍ / R

→

ㅎ / S	T / ㄴ	N / ㅋ
ㅍ / R	U / ㅂ	N / ㅇ
ㄹ / F	L / ㄴ	S / ㅁ

→

ㅎ / R	U / ㄴ	N / ㅋ
ㅍ / F	L / ㅂ	S / ㅇ
ㄹ / S	T / ㄴ	N / ㅁ

---

02 [정답] ③

ㅅ / A	Y / ㄱ	ㅅ / A
W / ㅈ	E / ㄴ	ㅂ / E
ㅊ / P	ㅌ / K	ㄱ / U

→

ㅅ / A	ㄱ / Y	A / ㅅ
ㅈ / W	E / ㄴ	ㅂ / E
P / ㅊ	ㅌ / K	ㄱ / U

YES →

ㅅ / A	ㄱ / Y	A / ㅅ
ㅈ / W	E / ㄴ	ㅂ / E
P / ㅊ	ㅌ / K	ㄱ / U

→

A / ㅅ	ㅂ / E	ㄱ / U
ㄱ / Y	E / ㄴ	ㅌ / K
ㅅ / A	ㅈ / W	P / ㅊ

→

Y / ㅅ	ㅂ / E	ㄱ / K
ㄱ / A	W / ㄴ	ㅌ / P
ㅅ / A	ㅈ / E	U / ㅊ

YES →

Y / ㅅ	ㅂ / E	ㄱ / K
ㄱ / A	W / ㄴ	ㅌ / P
ㅅ / A	ㅈ / E	U / ㅊ

→

ㄱ / K	ㅌ / P	U / ㅊ
ㅂ / E	W / ㄴ	ㅈ / E
Y / ㅅ	ㄱ / A	ㅅ / A

→

ㄱ / E	ㅌ / W	E / ㅊ
ㅂ / Y	A / ㄴ	ㅈ / A
K / ㅅ	ㄱ / P	ㅅ / U

→

ㅊ / E	ㄱ / W	E / ㅌ
ㅈ / Y	A / ㅂ	ㄴ / A
K / ㅅ	ㅅ / P	ㄱ / U

01 언어이해

01	02	03	04	05					
⑤	③	⑤	④	⑤					

01 정답 ⑤

주어진 단락의 마지막 문장을 통해 『맥베스』가 처음으로 언급되고 있으므로, 이어질 내용은 『맥베스』의 개괄적인 특징을 설명한 (C)이다. 그 다음으로 (B) 『맥베스』의 전개 특징 − (D) 인간의 내면 변화를 집중적으로 다루는 이유 − (A) 전체 내용을 종합하는 『맥베스』에 대한 평가로 연결되어야 한다.

02 정답 ③

제시문은 우유니 사막의 위치와 형성, 특징 등 우유니 사막의 자연지리적 특징에 관한 글이다.

03 정답 ⑤

빈칸 뒤에서는 고전 미학과 근대 미학이 각각 추구하는 이념에 대해 예를 들어 설명하고 있다. 따라서 빈칸에는 미학이 추구하는 이념과 대상도 '시대에 따라 다름'을 언급하는 내용이 들어가야 한다.

04 정답 ④

제시문은 나전칠기의 개념을 제시하고 우리나라 나전칠기의 특징, 제작방법 그리고 더 나아가 국내의 나전칠기 특산지에 대해 설명하고 있다. 따라서 (라) 나전칠기의 개념 − (가) 우리나라 나전칠기의 특징 − (다) 나전칠기의 제작방법 − (나) 나전칠기 특산지 소개로 연결되어야 한다.

05 정답 ⑤

ⓒ의 앞뒤 내용을 살펴보면 유행은 취미와 아주 밀접하게 결부된 현상이지만, 서로 다른 특징을 가진다는 내용이다. 따라서 역접 기능의 접속어 '그러나'가 오는 것이 맞다.

01 정답 ④

주어진 조건을 정리하면 다음과 같다.

제네시스	그랜저	투싼	에쿠스	소나타
흰색	검은색	흰색	파란색	흰색

따라서 주어진 조건을 통해 에쿠스는 파란색, 그랜저는 검은색임을 알 수 있다.

오답분석
① 흰색 차량은 제네시스, 투싼, 소나타 총 3대이다.
② 그랜저는 제네시스의 바로 오른쪽으로, 왼쪽에서 두 번째에 있다.
③ 그랜저는 검은색, 에쿠스는 파란색으로, 검은색과 파란색 차량은 각각 1대씩 있다.
⑤ 그랜저는 검은색 차량으로, 다섯 차량 중 가장 어두운 색이다.

02 정답 ④

주어진 조건을 정리하면 다음과 같다.
〈A동〉

구분	1호	2호	3호
5층	영희(1)/은희(1)		창고
4층	신혼부부(2)		
3층			
2층			
1층			
	3인 가구(3), 4인 가구(4)		

〈B동〉

구분	1호	2호	3호
5층			
4층			
3층			
2층			
1층	노부부(2)/중년부부(2)		창고
	1인 가구(남-1), 1인 가구(남-1)		

A동에는 영희·은희(여자 1인씩 2가구), 신혼부부, 3인 가구, 4인 가구가 거주하고(총 11명), B동에는 노부부, 중년부부, 남자 1인 가구(2가구)가 거주한다(총 6명).

① 얼마 전에 결혼한 희수는 신혼부부로 A동 4층에 거주한다.
② 3인 가구와 4인 가구가 서로 위ㆍ아래층에 사는 것은 알 수 있지만, 정확한 호수는 주어진 조건만으로 알 수 없다.
③ 두 번째와 여섯 번째 조건에 따라 노부부와 중년부부는 B동 1층에 거주한다.
⑤ B동은 1인 가구 2가구(모두 남자), 노부부, 중년부부가 거주한다. 따라서 총 인원 6명 중 남자는 4명, 여자는 2명으로 남자가 여자의 2배이다.

03   정답 ④

A에 대한 B와 D의 진술이 상반되고 있으므로, 둘 중 한 명은 참이고 다른 한 명은 거짓이다. 다음과 같이 정리하면 B가 참인 경우 모든 조건이 성립하지만, D가 참인 경우에는 모순이 생기는 것을 알 수 있다.

ⅰ) B가 참인 경우

구분	A	B	C	D
피아노	○	×		
바이올린		○		×
트럼펫			○	×
플루트	×			

ⅱ) D가 참인 경우

구분	A	B	C	D
피아노	○	×		
바이올린		×		×
트럼펫			○	×
플루트	○, ×			

따라서 B가 참일 경우 주어진 조건에 따라 A－피아노, B－바이올린, C－트럼펫, D－플루트를 연주하며, 피아노를 연주하는 A는 재즈, 트럼펫과 바이올린을 연주하는 B와 C는 클래식, 그리고 플루트를 연주하는 D는 클래식과 재즈 모두를 연주한다.

04   정답 ⑤

주어진 조건을 표로 정리하면 다음과 같다.

구분	노래	기타 연주	마술	춤	마임
인사팀	○(4명)				
영업팀		○(1명)			
홍보팀			○(2명)		
디자인팀				○(6명)	
기획팀					○(7명)

따라서 홍보팀에서는 총 2명이 참가하며, 참가 종목은 마술이다.

01	02	03							
④	④	④							

01 (정답) ④

ⓒ 남성 실업자 수는 2014년 24,000명, 2015년 26,000명, 2016년 21,000명으로 2015년에는 증가, 2016년에는 감소하였고, 여성 실업자 수는 2014년 20,000명, 2015년 22,000명, 2016년 22,000명으로 2015년에는 증가하고 2016년에는 유지되었다.

ⓔ •2014년 전체 고용률 : 67.9%, 2016년 전체 고용률 : 67.6% → 0.3%p 감소
•2014년 전체 실업률 : 4.9%, 2016년 전체 실업률 : 4.2% → 0.7%p 감소

오답분석

ⓐ 2015년 경제활동인구는 986,000명, 2016년 경제활동인구는 1,005,000명이므로, $\frac{1,005,000-986,000}{986,000} \times 100 ≒ 1.9\%$

ⓒ (비경제활동인구)=(15세 이상 외국인 수)−(경제활동인구)
•2015년 비경제활동인구 : 1,373,000−986,000=387,000명
•2016년 비경제활동인구 : 1,425,000−1,005,000=420,000명
따라서 2015년 비경제활동인구는 2016년보다 적다.

02 (정답) ④

〈가로〉

1. •2016년 12월 대비 2017년 1월 인천공항 이용 내국인 증가율 : $\frac{340,393-293,965}{293,965} \times 100 ≒ 15.79\%$

•2016년 12월 대비 2017년 1월 제주공항 이용 내국인 증가율 : $\frac{5,846-4,745}{4,745} \times 100 ≒ 23.20\%$

∴ 15.79+23.20=38.99
2. (2017년 3월 성장률)+(2017년 2월 구성비)=23.7+34.2=57.9

〈세로〉

1. (2017년 3월 제주공항 출국 내국인)+(2017년 1월 인천항구 출국 내국인)=3,846+5,069=8,915

2. $\frac{7,018-6,623}{6,623} \times 100 ≒ 5.96\%$

따라서 3+8+9+9+9+1+5+5+9+7+6=71

3	8	9	9	
	9			
	1		5	
	5	7	9	
			6	

03 (정답) ④

〈가로〉

1. •2011년과 2012년 초등학교 환자 수의 합 : 507+586=1,093명
•2014년과 2015년 중학교 환자 수의 합 : 842+222=1,064명
∴ 1,093명

2. $\frac{586-507}{507} \times 100 ≒ 15.58\%$

〈세로〉

1. 2013년과 2014년 고등학교 환자 수의 합 : 985+2,510=3,495명
2. 2011년과 2012년 총 환자 수의 차 : 3,185−2,061=1,124명
따라서 (㉮+㉯)×㉰−ⓐ+ⓑ=(2+0)×5−9+8=9

1				
1	0	9	3	
2			4	
4			9	
	1	5	5	8

01	02	03							
①	④	②							

01   정답 ①

구분	2013년			2014년			2015년		
	유배우 가구	맞벌이 가구	비율	유배우 가구	맞벌이 가구	비율	유배우 가구	맞벌이 가구	비율
전체	11,780	5,055	42.9	11,825	5,186	43.9	11,858	5,206	43.9
남자	10,549	4,569	43.3	10,538	4,611	43.8	10,528	4,623	43.9
여자	1,231	486	39.5	1,287	575	44.7	1,330	583	43.8

ⓐ+ⓑ는 2013년 전체 맞벌이 가구의 수와 같으므로 5,055이다.

ⓒ : $\frac{4,611}{10,538} \times 100 ≒ 43.8$, ⓓ : $\frac{583}{1,330} \times 100 ≒ 43.8$

ⓒ+ⓓ=87.6

02   정답 ④

〈출생아 수와 합계 출산율〉 그래프를 통해 출생아 수는 2007년부터 2009년까지 감소하다가 2010년부터 2012년까지 증가, 2013년부터 감소 후 다시 증가 추세를 보이는 것을 알 수 있다.

오답분석

① 2014년 대비 2015년 출생아 수 증가율 : $\frac{438,420 - 435,435}{435,435} \times 100 ≒ 0.7\%$

(2015년 출생아 수)−(2014년 출생아 수)=438,420−435,435=2,985명

② 그래프를 통해 알 수 있다.

③ 〈출생·사망 추이〉를 통해 총 사망자 수는 2013년 이후 지속적으로 증가하는 것을 알 수 있다. 또한 2014년 대비 2015년 사망자 수의 증

가율은 약 3.1%$\left(≒\frac{275,895 - 267,692}{267,692} \times 100\right)$이다.

⑤ 2014년 대비 2015년 전체 기대수명 증가율 : $\frac{82.1 - 81.8}{81.8} \times 100 ≒ 0.4\%$

03   정답 ②

전년 대비 난민 인정자 증감률을 구하면 다음과 같다.

• 2013년

남자 : $\frac{35 - 39}{39} \times 100 ≒ -10.3\%$

여자 : $\frac{22 - 21}{21} \times 100 ≒ 4.8\%$

• 2014년

남자 : $\frac{62 - 35}{35} \times 100 ≒ 77.1\%$

여자 : $\frac{32 - 22}{22} \times 100 ≒ 45.5\%$

안심Touch

• 2015년

남자 : $\dfrac{54-62}{62} \times 100 ≒ -13.0\%$

여자 : $\dfrac{51-32}{32} \times 100 ≒ 59.4\%$

05 공간지각

01	02								
②	⑤								

01 (정답) ②

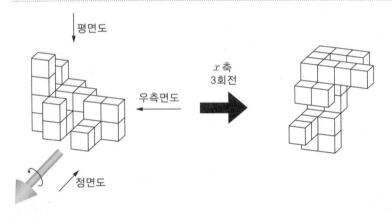

02 (정답) ⑤

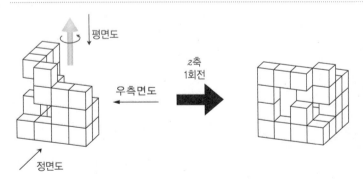

2016년 하반기 기출문제

01 언어이해

01	02	03	04	05	06				
④	③	②	①	④	③				

01 정답 ④

마이크로비드는 잔류성유기오염물질을 흡착한다.

02 정답 ③

ⓒ에서는 맨체스터 유나이티드가 하나의 축구팀에서 글로벌 브랜드가 되었다는 점과 함께 그 방법에 대해 질문을 던지며 글을 시작하고 있다. 다음으로 ㉠과 ㉣, ㉤에서는 브랜드를 만들어내기 위해 사용한 방법으로 청소년 아카데미의 운영과 경영 전략의 변화, 브랜드의 유통 등의 전략을 나열하고 있다. 마지막으로 ㉡에서는 이러한 방법을 통해 세계 시장에서의 입지를 다진 점을 다루고 있다. 따라서 ⓒ - ㉠ - ㉣ - ㉤ - ㉡이다.

03 정답 ②

오답분석
① 산을 '넘는다'는 행위의 의미이므로 '넘어'가 맞다.
③ 어깨너머 : 타인이 하는 것을 옆에서 보거나 들음
④ '나뉘다(나누이다)'는 '나누다'의 피동형이므로 피동을 나타내는 접사 '-어지다'와 결합할 수 없다.
⑤ 새 : '사이'의 준말

04 정답 ①

'나뉘다'는 '나누다'의 피동형으로 피동을 만드는 접사인 '-어지다'를 결합할 경우 이중피동이 되기 때문에 옳은 표현은 '나뉘어'이다.

05 정답 ④

제시된 예문에서 마그네틱 카드의 개발 및 원리에 대해 소개하고, 그 원리를 바탕으로 자석 접촉 시 데이터가 손상되는 단점과 이를 보완한 것이 IC카드라고 설명하였다. (B)에서 데이터 손상의 방지 및 여러 기능의 추가가 가능한 점을 설명하고 (A), (C)에서 메모리 및 프로세서 기능이 추가되었음을 설명하고 있다.

06 정답 ③

외국인 환자를 유치하기 위한 광고에 가해지는 규제의 근거 자료로 언어 장벽이나 까다로운 국내병원 이용 절차로 외국인 환자를 유치하지 못한 사례를 활용하는 것은 적절하지 않다.

01	02	03	04						
④	⑤	④	④						

01　정답　④

'모든 무신론자가 운명론을 거부하는 것은 아니다.'가 참이므로 '무신론자들 중에는 운명론을 믿는 사람이 있다.'도 참이 된다.

02　정답　⑤

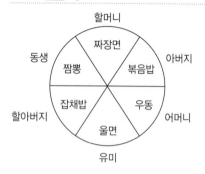

03　정답　④

조건을 간단히 정리하면 다음과 같다.

구분	콩쥐	팥쥐	향단	춘향
족두리				
치마	빨간색 ○	노란색 ×	검은색 ×	
고무신	파란색 ×	검은색 ○		

- 치마 : 콩쥐는 빨간색 치마를 입으므로 남은 파란색, 노란색, 검은색 치마는 나머지 사람들이 나눠입는데, 팥쥐는 노란색 치마를 싫어하고 검은색 고무신을 선호하므로 파란색 치마를 배정받고, 향단이는 검은색 치마를 싫어하므로 노란색 치마를 배정받는다. 따라서 남은 검은색 치마는 춘향이가 배정받게 된다.
- 고무신 : 빨간색 치마를 배정받고 파란색 고무신을 싫어하는 콩쥐는 팥쥐가 검은색 고무신을 배정받으므로 노란색 고무신을 배정받고, 노란색 치마를 배정받은 향단이는 춘향이가 빨간색을 싫어하므로 빨간색 고무신을, 춘향이는 파란색 고무신을 배정받게 된다.
- 족두리 : 먼저 춘향이는 빨간색을 제외한 노란색 족두리를 배정받게 되고, 이때 팥쥐는 노란색 또는 빨간색 족두리를 배정받게 되는데 이미 춘향이가 노란색 족두리를 배정받게 되므로 빨간색 족두리를 배정받는다. 그리고 남은 콩쥐와 팥쥐는 파란색 또는 검은색 족두리를 배정받게 되는데, 이때 누가 어느 것을 배정받을지는 알 수 없다.

04　정답　④

첫 번째 조건에 의해 재무팀은 5층 C에 배치되어 있다. 7번째 조건에 따라 인사팀과 노무복지팀의 위치를 각각 6층의 A와 C, 6층의 B와 D, 5층의 B와 D의 경우로 나누어 생각해 볼 수 있다. 인사팀과 노무복지팀의 위치가 6층의 A와 C, 6층의 B와 D일 경우 4번째 · 5번째 조건에 의해 기획관리팀이 5층 B에 위치해야 하므로 감사팀은 총무팀 바로 왼쪽에 배치되어 있어야 된다는 6번째 조건에 모순된다. 따라서 인사팀과 노무복지팀의 위치는 5층의 B와 D이고 이를 토대로 나머지 조건들을 고려하면 다음과 같다.

〈5층 사무실 배치도〉

| L | 경영
전략팀 | 인사팀 | 재무팀 | 노무
복지팀 | R |

출입구

〈6층 사무실 배치도〉

| L | 정보
보안팀 | 기획
관리팀 | 감사팀 | 총무팀 | R |

출입구

따라서 감사팀의 위치는 6층의 C이다.

---

03 자료해석

01	02							
②	②							

01 정답 ②

〈가로〉

1. $130-(100-39.8)=69.8$
2. $165×(1-0.482)=85.47$

〈세로〉

3. $47.4+51.3=98.7$
4. $47.4-42.3+165=170.1$

따라서 $8+1-7×4=-19$

6	9	·	8		1
	8	5	·	4	7
	·				0
	7				·
					1

02 정답 ②

2015년 1분기에는 2014년보다 고용률이 하락했고 2015년 2분기에는 1분기 고용률이 유지되었다.

오답분석

① 주어진 자료에서 확인할 수 있다.

③ 2016년 1분기 고용률이 가장 높은 나라는 독일이고, 가장 낮은 나라는 프랑스이다. 독일의 고용률은 74.4%이고, 프랑스의 고용률은 64.2%이다. 따라서 두 국가의 고용률의 차는 $74.4-64.2=10.2\%p$이다.

④ 프랑스와 한국의 2016년 1분기와 2분기 고용률은 동일하다.

⑤ • 2015년 3분기 고용률 상승폭 : $66.3-66.1=0.2\%p$

　 • 2016년 2분기 고용률 상승폭 : $66.9-66.8=0.1\%p$

　 따라서 고용률 상승폭은 축소되었으나 상승세를 유지하고 있다.

01	02	03							
③	②	④							

01 (정답) ③

• 2015년 2월 중국인 방한객 수 : 516,787명
2016년 2월 중국인 방한객 수 : 546,408명

∴ 전년 동월 대비 2016년 2월 중국인 방한객의 증가율 : $\frac{546,408-516,787}{516,787}\times100≒5.73\%$

• 2015년 4월 중국인 방한객 수 : 641,610명
2016년 4월 중국인 방한객 수 : 682,318명

∴ 전년 대비 2016년 4월 중국인 방한객의 증가율 : $\frac{682,318-641,610}{641,610}\times100≒6.34\%$

따라서 전년 대비 2016년 2월 중국인 방한객의 증가율은 2016년 4월 중국인 방한객의 증가율보다 작다.

오답분석

① 그래프를 통해 확인할 수 있다.
② 보고서에 따르면 2015년 6월에는 메르스 때문에 중국인 방한객 수가 감소했음을 알 수 있다. 2015년 5월 중국인 방한객 수는 618,083명, 2015년 6월 중국인 방한객 수는 315,095명이므로 2015년 6월 중국인 방한객 수는 전월에 비해 618,083-315,095=302,988명 감소했다.
④ 기저효과란 경제지표를 평가하는 데 있어 기준시점과 비교시점의 상대적인 수치에 따라 그 결과에 큰 차이가 날 수 있음을 말한다. 2015년 6월 메르스 때문에 중국인 방한객 수가 큰 폭으로 감소했기 때문에 2016년 6월 중국인 방한객 수는 전년 동월보다 상대적으로 큰 폭으로 증가했음을 알 수 있다.
⑤ 2016년 중국인 방한객 수가 가장 많은 달은 7월로 방한객 수는 917,519명이고, 가장 적은 달은 1월로 방한객 수는 521,981명이다. $\frac{917,519}{521,981}=1.75\cdots$이므로 2016년 중국인 방한객 수가 가장 많은 달의 방한객 수는 가장 적은 달의 방한객 수의 약 1.8배이다.

02 (정답) ②

빈칸을 채우면 다음과 같다.

구분	사업체 수	종사자 수	매출액	업체당 평균 매출액	1인당 평균 매출액
지상파방송	53	13,691	3,914,473	73,858	286
종합유선방송	94	4,846	2,116,851	22,520	437
일반위성방송	1	295	374,385	374,385	1,269
홈쇼핑PP방송	6	3,950	2,575,400	429,233	652
IPTV방송	3	520	616,196	205,399	1,185
전체	157	23,302	9,597,305	61,129	412

ⓐ $\frac{53}{157}\times100≒33.75$

ⓑ $6+4,846=4,852$

ⓒ $374,385-73,858\times2=226,669$

ⓓ $652\times1,000-616,196=35,804$

∴ ⓐ+ⓑ+ⓒ+ⓓ=33.75+4,852+226,669+35,804=267,358.75

03 　정답 ④

④의 그래프는 내수현황을 누적으로 나타내었으므로 적절하지 않다.

05 　도식이해

	01	02								
	⑤	③								

01 　정답 ⑤

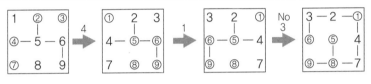

02 　정답 ③

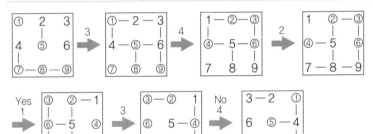

2016년 상반기 기출문제

CHAPTER 07

01 언어이해

01	02	03	04	05	06				
②	①	③	③	③	③				

01 정답 ②

세 번째 문단의 첫 번째 문장에서 알 수 있다.

02 정답 ①

㉠은 대전제, ㉢은 소전제, ㉡은 결론의 구조를 취하고 있다. 그리고 ㉤은 ㉢에 대한 이유 제시, ㉣은 ㉤에 대한 보충설명에 해당한다. 따라서 ㉠ － ㉢ － ㉤ － ㉣ － ㉡이다.

03 정답 ③

본론 'Ⅱ － 2 －가'의 '비용에 대한 부담으로 저렴한 수입 농산물 구매'는 학교급식에서 수입농산물을 재료로 많이 사용하는 이유와 관련되는 항목이다. 따라서 ③과 같이 ㉢을 본론 'Ⅱ － 1'의 '수입 농산물 사용의 문제점'의 하위 항목으로 옮기는 것은 적절하지 않다.

04 정답 ③

제시된 글에서는 사람에게 오직 한 가지 변할 수 있는 것이 있는데 그것은 마음과 뜻이라고 하면서, 사람들은 뜻을 가지고 앞으로 나아가려 하지 않고 가만히 기다리기만 한다고 비판하고 있다. 그러므로 ③이 글쓴이가 가장 중요하게 생각하는 것이다.

05 정답 ③

(A) 다음으로는 실재론자 또는 반실재론자의 주장이 이어지는 것이 가장 적절하다. 따라서 실재론자에 대해 설명한 (D)가 두 번째 단락에, 실재론자의 주장을 뒷받침하는 (B)가 세 번째 단락에 와야 한다. 다음으로 역접 기능의 접속어 '그러나'로 시작하여 실재론자에 반박하는 반실재론자의 주장인 (C), 반실재론자의 내용을 뒷받침하는 (E) 순서로 오는 것이 자연스럽다. 따라서 네 번째 문단으로 옳은 것은 (C)이다.

06 정답 ③

수단이나 도구, 재료에 의한 결과를 나타낼 때는 '～함으로써'가 옳은 어법이다.

01	02	03	04						
②	⑤	②	②						

01 （정답）②

삼단논법이 성립하려면 '흰색 마우스를 구매하면 키보드도 구매한 것이다.'라는 명제가 필요한데, ②는 이 명제의 대우이다.

02 （정답）⑤

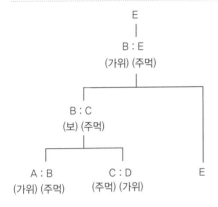

03 （정답）②

조건에 따라 정리하면 다음과 같다.

• 첫 번째 방문지가 안압지인 경우

구분	첫 번째	두 번째	세 번째	네 번째
불국사	×	×	○	×
석굴암	×		×	
안압지	○	×	×	×
첨성대	×		×	

• 첫 번째 방문지가 석굴암인 경우

구분	첫 번째	두 번째	세 번째	네 번째
불국사	×	×		
석굴암	○	×	×	×
안압지	×	×		
첨성대	×	○	×	×

안압지가 첫 번째 방문지일 경우, 세 번째 방문지는 항상 불국사이므로 ②는 적절하지 않다.

04　정답 ②

A<C<B<E<D이므로, C는 네 번째로 크다.

오답분석

① · ⑤ A는 가장 작다.
③ B는 C보다 크다.
④ E는 B보다 크다.

03　자료해석

01	02	03	04					
②	⑤	④	⑤					

01　정답 ②

빈칸을 채운 표는 다음과 같다.

구분	2013년	2014년	2014년		2015년		
			3/4분기	4/4분기	1/4분기	2/4분기	3/4분기
계	100.0	100.0	100.0	100.0	100.0	100.0	100.0
24세 미만	5.7	5.5	5.4	5.7	5.2	5.1	5.3
25~29세	23.6	23.1	23.5	22.4	23.6	23.1	21.6
30~34세	50.5	50.7	51.1	50.8	49.4	50.2	50.5
35~39세	17.7	18.4	17.8	18.3	19.1	19.0	20.2
40세 이상	2.5	2.3	2.2	2.8	2.7	2.6	2.4

ⓐ $2.5+23.5=26$

ⓑ $\dfrac{20.2-19.1}{19.1}\times100≒5.75$

ⓒ $(5.3+1)\times5.7=35.91$

ⓓ $\dfrac{2.4}{50.5}\times100≒4.75$

따라서 $26+5.75+35.91+4.75=72.41$

02　정답 ⑤

〈가로〉

1. $28,000+53=28,053$

〈세로〉

2. $7,200\times0.43=3,096$

3. $(8,158\times0.717)-(1,025\times0.7)≒5,849-718=5,131$

4. $8,695+(8,478\times0.617)-53.1≒13,873$

따라서 $9+1-5\times8=-30$

	1			5
	3	3		1
2	8	0	5	3
	7	9		1
	3	6		

03 　정답 ④

그래프에서 주택부문 시장규모의 비율은 거의 비슷하나, 네 번째 자료에서 시장규모가 E국이 가장 큰 액수로 주어져 있기 때문에, 주택 부문 시장규모가 가장 큰 국가는 E국이다.

다음으로 2010년 각국의 16층 이상 시장규모를 구하면 다음과 같다.

- A국의 16층 이상 시장규모 : $50 \times 0.28 \times 0.45 = 6.3$조 원
- B국의 16층 이상 시장 규모 : $150 \times 0.29 \times 0.25 = 10.875$조 원
- C국의 16층 이상 시장 규모 : $100 \times 0.23 \times 0.09 = 2.07$조 원
- D국의 16층 이상 시장 규모 : $200 \times 0.28 \times 0.51 = 28.56$조 원
- E국의 16층 이상 시장 규모 : $250 \times 0.26 \times 0.30 = 19.5$조 원

따라서 16층 이상 시장 규모가 두 번째로 작은 국가는 A국이다.

04 　정답 ⑤

ㄴ. 첫 번째, 세 번째 자료를 통해서 확인할 수 있다.

ㄷ. 2006~2010년에 건설시장의 주택부문에서 16층 이상 시장규모 비율이 매년 증가한 국가는 A국과 D국 2개국이다.

ㄹ. ・A국의 3~10층 시장 규모 : $50 \times 0.28 \times 0.22 = 3.08$조 원
　　・B국의 3~10층 시장 규모 : $150 \times 0.29 \times 0.40 = 17.4$조 원
　　・C국의 3~10층 시장 규모 : $100 \times 0.23 \times 0.45 = 10.35$조 원
　　・D국의 3~10층 시장 규모 : $200 \times 0.28 \times 0.11 = 6.16$조 원
　　・E국의 3~10층 시장 규모 : $250 \times 0.26 \times 0.24 = 15.6$조 원

　　따라서 3~10층 시장 규모가 가장 큰 국가는 B국이다.

오답분석

ㄱ. A국은 비주택부문 시장규모 비율이 가장 낮으므로 잘못된 설명이다. 주택부문 시장규모 비율이 가장 낮은 국가는 C국이다.

04 　정보추론

01	02	03							
③	⑤	③							

01 　정답 ③

오답분석

① 2011년과 2013년 수치는 더 높게, 2014년 종사자 수의 수치는 더 낮게 표시되었다.

② 제조업과 도매 및 소매업, 운수업의 사업체 수의 수치가 더 높게 표시되었다. 또한 건설업과 도매 및 소매업의 종사자 수의 수치가 더 높게 표시되었다.

④ 2013년 건설업의 수치가 더 높게 표시되었고, 2013년과 2014년 도매 및 소매업의 수치가 더 낮게 표시되었다.

⑤ 100~299인의 수치가 더 높게 표시되었다.

02 〔정답〕 ⑤

ㄱ. 광업은 2.9%p, 제조업은 2.4%p, 건설업은 4.1%p, 도매 및 소매업은 0.8%p, 운수업은 1.4%p 차이가 나므로, 가장 증감률 차이가 작은 산업은 도매 및 소매업이다.

ㄴ. 3,817,266×0.7≒2,672,086이다. 따라서 2014년 1~4인 사업체 수는 전체 사업체 수의 70%를 훨씬 넘게 차지하고 있다.

03 〔정답〕 ③

$\dfrac{30,955}{359,746}\times100≒8.6\%$이므로, 2014년 11월의 판매액은 2014년 전체 판매액의 $\dfrac{1}{10}$에 미치지 못한다.

05 공간지각

01	02								
②	④								

01 〔정답〕 ②

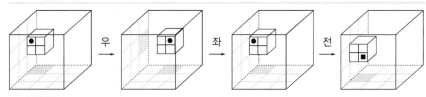

02 〔정답〕 ④

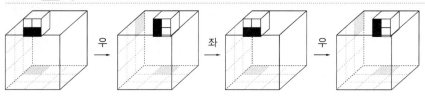

PART 2
정답 및 해설

언어이해 유형점검

01 문장·문단 배열

01	02	03	04	05					
⑤	⑤	①	①	①					

01 정답 ⑤

제시문은 가우디 건축물들의 대표적인 특징으로 곡선과 자연의 조화를 들며 설명하고 있다. 따라서 (라) 가우디 건축물의 특징인 곡선 ─ (나) 곡선미가 잘 나타나는 '카사 밀라' ─ (아) '카사 밀라'에 대한 설명 ─ (가) 곡선으로 인해 조롱받던 '카사 밀라' ─ (마) 훗날 창의성을 인정받게 된 '카사 밀라' ─ (사) 가우디의 또 다른 특징인 자연과의 조화 ─ (다) 자연과의 조화가 잘 나타나는 '구엘 공원' ─ (바) 가우디의 철학이 담긴 '구엘 공원'으로 연결되어야 한다.

02 정답 ⑤

(나)의 첫 문장이 '그 이름의 정의가 어떻든 간에'이므로, (나)의 앞에는 방사능 물질의 정의를 논하는 (다)가 적합하다는 것을 쉽게 알 수 있다. 또한 (가)의 첫 문장에서 '체르노빌 원자력 발전소 사태처럼'이라고 하였으므로, (라)가 (가) 앞에 오는 것이 적합하다. (라)의 첫 문장이 '실례를 들자면'으로 시작하므로, 앞 문장에는 그와 관련된 일반적 진술인 (나)가 와야 한다. 따라서 종합해보면 (다) ─ (나) ─ (라) ─ (가) 순서가 자연스럽다.

03 정답 ①

제시된 글에서는 HIV와 AIDS가 무엇이고 어떻게 감염되는지에 대해 논하고, 감염 후의 경과와 그 예방에 대해서 말하고 있다. 따라서 HIV와 AIDS의 정의에 이어 감염경로에 대해 설명하는 (다)가 그 다음에 오고, 감염 여부 확인 방법에 대한 (가)와, 감염이 확인된 후 처치에 대한 내용인 (라)가 그 다음에 온다고 보는 것이 적절하다. 그리고 마지막은 HIV의 예방에 대해서 제언하고 있는 (나)가 와야 논리 구조상 타당하다.

04 정답 ①

제시문은 1920년대 영화의 소리에 대한 부정적인 견해가 있었음을 이야기하며 화두를 꺼내고 있다. 이후 현대에는 소리와 영상을 분리해서 생각할 수 없음을 이야기하고 영화에서의 소리가 어떤 역할을 하는지에 대해 설명하면서 현대 영화에서의 소리의 의의에 대해 마지막으로 서술하고 있다. 따라서 (라) 1920년대 영화의 소리에 대한 부정적인 견해 ─ (가) 현대 영화에서 분리해서 생각할 수 없는 소리와 영상 ─ (다) 영화 속 소리의 역할 ─ (나) 현대 영화에서의 소리의 의의로 연결되어야 한다.

05 정답 ①

제시문은 우리 몸의 면역 시스템에서 중요한 역할을 하는 '킬러 T세포'의 역할과 작용 과정, 그리고 의의에 대해 설명하고 있다. 따라서 (라) 우리 몸의 면역 시스템에 중요 역할을 하는 킬러 T세포 소개 ─ (가) 킬러 T세포의 역할 ─ (마) 'MHC'가 세포 안에 있는 단백질 조각을 세포 표면으로 끌고 나오는 과정 ─ (다) 킬러 T세포의 작용 과정 ─ (나) 킬러 T세포의 의의로 연결되어야 한다.

02 개요 및 글의 수정

01	02	03	04						
②	④	④	①						

01 정답 ②

서론에서 제시한 과소비의 실태를 바탕으로 과소비의 문제점을 추리하면 되는데, ②의 '개방화에 따른 외국 상품의 범람'은 과소비를 부추기는 원인 또는 사회 현상은 될 수 있으나 과소비의 문제점이라고 할 수는 없다.

02 정답 ④

독서 심리 치료의 성공 사례는 이론적 기초에 해당하지 않는다.

03 　(정답) ④

'또한'은 '어떤 것을 전제로 하고 그것과 같게, 그 위에 더'를 뜻하는 부사로, 앞의 내용에 새로운 내용을 첨가할 때 사용한다. 그러나 ⓔ의 앞 내용은 뒤 문장의 이유나 근거에 해당하므로 '또한'이 아닌 '그러므로'를 사용하는 것이 문맥상 자연스럽다.

04 　(정답) ①

건강하던 수험생의 건강이 나빠진 상황에서 다시 예전의 상태로 되돌아가려는 것이므로 '찾다'보다 '되찾다'라는 단어가 더 적절하다.

03 　빈칸추론

01	02	03	04						
②	③	③	⑤						

01 　(정답) ②

빈칸 뒤에 이어지는 '자신의 주머니'와 이에 따른 대안의 한계를 지적하고 있으므로 정부나 기업 차원이 아닌 개인 차원의 대안이 나와야 한다. 따라서 ②가 정답이다.

02 　(정답) ③

여가생활의 질을 높이기 위한 문제를 개인적인 차원으로 보지 말자는 빈칸 앞에 제시된 내용을 고려하였을 때 국가적인 문제로 보자는 내용이 들어가는 것이 적절함을 알 수 있다.

03 　(정답) ③

문맥의 흐름으로 볼 때 빈칸에는 '유쾌한 건망증'의 예가 될 만한 속담이 들어가야 한다. '주부가 손에～집필하고 있었다는'에서 소개되고 있는 일화와 비슷한 성격의 내용이 담긴 속담을 찾는다.

04 　(정답) ⑤

제시문은 사람들이 커뮤니케이션에서 메시지를 전할 때 어떠한 의도로 메시지를 전하는지를 유형별로 구분 지어 설명하는 글이다.

- 첫 번째 빈칸 ― 표현적 메시지 구성논리는 표현자의 생각의 표현을 가장 중시하는 유형이다. 따라서 커뮤니케이션이 송신자의 생각이나 감정을 전달하는 수단이라는 ⓛ이 적절하다.
- 두 번째 빈칸 ― 인습적 메시지 구성논리는 대화의 맥락, 역할, 관계 등을 고려한 커뮤니케이션의 적절함에 관심을 갖는 유형

이다. 따라서 주어진 상황에서 올바른 것을 말하려는 ⓒ이 적절하다.
- 세 번째 빈칸 ― 수사적 메시지 구성논리는 커뮤니케이션의 내용에 주목하여 서로 간에 이익이 되는 상황에 초점을 두는 유형이다. 따라서 복수의 목표를 타협한다는 ⓗ이 적절하다.

04 　독해

01	02	03	04	05	06	07		
④	②	⑤	③	①	②	②		

01 　(정답) ④

마지막 문단에 따르면 사람들은 자신은 대중 매체의 전달 내용에 쉽게 영향 받지 않는다고 생각하면서도 다른 사람들이 영향을 받을 것을 고려하여, 자신의 의견을 포기하고 다수의 의견을 따라가는 경향이 있다.

오답분석
① 첫 번째 문단에 의하면 태평양 전쟁 당시 백인 장교들에게 제3자 효과가 나타나, 일본군의 선전에 흑인 병사들이 현혹되리라고 생각하여 부대를 철수시켰다.
②·③ 제3자 효과의 원인은 자신보다 타인이 대중매체의 영향을 크게 받는다고 믿기 때문이며, 때문에 제3자 효과가 크게 나타나는 사람일수록 대중매체에 대한 법적·제도적 조치에 찬성하는 경향이 있다.
⑤ 세 번째 문단에 따르면 사람들은 대중 매체가 바람직한 내용보다는 유해한 내용을 전달할 때 다른 사람들에게 미치는 영향이 크다고 생각한다.

02 　(정답) ②

한국인들은 달항아리가 일그러졌다고 해서 깨뜨리거나 대들보가 구부러졌다고 해서 고쳐 쓰지는 않았지만, 곧은 대들보와 완벽한 모양의 달항아리를 좋아하지 않았다는 언급은 없다.

03 　(정답) ⑤

세 번째 문단에서 저작권의 의의는 인류의 지적 자원에서 영감을 얻은 결과물을 다시 인류에게 되돌려 주는 데 있다고 하였으므로 ⑤의 내용은 옳지 않다.

04 정답 ③

'최고의 진리는 언어 이전, 혹은 언어 이후의 무언(無言)의 진리이다', '동양 사상의 정수(精髓)는 말로써 말이 필요 없는 경지'라고 한 부분을 보았을 때 동양 사상은 언어적 지식을 초월하는 진리를 추구한다는 것이 지문의 핵심내용이다.

05 정답 ①

제시된 글은 재즈가 어떻게 생겨났고 재즈가 어떠한 것들을 표현해내는 음악인지에 대해 설명하고 있으므로 제목으로는 ①이 가장 적절하다.

06 정답 ②

놀이 공원이나 휴대전화 요금제 등을 미루어 생각해 볼 때, 이부 가격제는 이윤 추구를 최대화하려는 기업의 가격 제도이다.

07 정답 ②

아리스토텔레스는 관객과 극중 인물의 감정 교류를 강조하지만 브레히트는 관객이 거리를 두고 극을 보는 것을 강조하고 있다. 브레히트는 관객이 극에 지나치게 몰입하게 되면, 극과의 거리두기가 어려워져 사건을 객관적으로 바라볼 수 없게 된다고 보았다.

01	02	03	04	05	06	07	08	09	10
③	①	①	⑤	①	③	②	⑤	③	⑤
11	12	13	14	15	16	17	18	19	20
③	②	③	④	②	②	②	③	④	③

01 　정답 ③

제시문은 유럽연합에 대한 설명으로 유럽연합의 설립 과정과 전망에 대해 이야기하고 있다. 따라서 (마) 유럽연합의 기원 − (다) 유럽석탄철강공동체(ECSC)의 정의 − (아) 유럽경제공동체(EEC)의 설립 − (나) 유럽공동체(EC)로의 발전 − (가) 유럽연합(EU) 조약의 체결 − (바) 유럽의 정치적 공동체 지향 − (라) 단일 정치체제 수립 시도의 실패 − (사) 유럽연합의 전망으로 연결되어야 한다.

02 　정답 ①

주어진 지문의 내용 다음에는 오웰과 헉슬리의 소설에 대한 설명이 나와야 한다. 헉슬리의 소설을 설명하는 (라)의 시작에 '반면에'라는 접속어가 있으므로, 오웰의 소설을 설명하는 (나)가 먼저 오는 것이 적절하다. 또한 (라)의 마지막 문장에 대한 부연 설명이 (가)이므로, (가)는 (라)의 뒤에 위치하고, (다)는 두 소설을 비교 · 종합하고 있으므로 마지막에 위치하는 것이 적절하다.

03 　정답 ①

제시된 글은 인간의 신체 반응과 정서에 대한 제임스와 랑에의 견해를 제시하고 이것이 시사하는 바를 설명하고 있다. 또한 그것을 반박하는 캐넌과 바드의 견해를 제시하고 이를 통해 제임스와 랑에의 견해에 한계가 있음에 대해 설명하고 있는 글이다. 따라서 (라) 인간의 신체 반응과 정서의 관계에 대한 제임스와 랑에의 견해 − (다) 제임스와 랑에의 견해가 시사하는 점 − (가) 제임스와 랑에의 견해에 반론을 제시한 캐넌과 바드 − (나) 캐넌과 바드의 견해에 따른 제임스와 랑에 이론의 한계로 연결되어야 한다.

04 　정답 ⑤

처음 작성했던 개요인 (가)는 나노 기술의 유용성에 초점을 두고 있다. 반면 추가로 접한 자료인 (나)는 나노 물질이 인간과 동물의

건강에 악영향을 미칠 위험성을 경고하는 내용이다.
그러므로 (가)와 (나)의 내용을 종합하여 작성한 개요는 나노 기술이 유용성과 위험성을 동시에 지니고 있다는 내용을 담아야 한다. ⑤는 나노 기술의 유용성 측면에 초점을 두어 응용 분야를 확대해야 한다는 내용을 담고 있으므로 적절하지 않다.

05 　정답 ①

'자기가 마땅히 하여야 할 맡은 바 직책이나 임무'를 뜻하는 말은 '역활'이 아니라 '역할'이다. '역활'은 '역할'의 잘못된 말이다.

06 　정답 ③

지문의 내용에 따르면 공교육에서는 학생들의 실력 차이를 모두 고려할 수가 없다는 것이므로 '한꺼번에'로 수정하는 것이 적절하다.

07 　정답 ②

빈칸의 앞 문장 '집 자체가 인간과 마찬가지의 두께와 깊이를 가지고 있다.'에서 강조하는 어구가 '인간'이므로 '인간'이 들어간 ②가 답이다.

08 　정답 ⑤

제시된 글은 집단을 중심으로 절차의 정당성을 근거로 한 과도한 권력, 즉 무제한적 민주주의에 대하여 비판한 글이다. 또한 민주주의에 의해 훼손될 수 있는 자유와 권리를 옹호한다. 따라서 이를 언급한 ⑤가 정답이다.

09 　정답 ③

마지막 문단에 따르면 우리 춤은 정지 상태에서 몰입을 통해 상상의 곡선을 만들어 내는 과정을 포함한다. 따라서 처음부터 끝까지 쉬지 않고 곡선을 만들어낸다는 설명은 옳지 않다.

오답분석
① 첫 번째 문단에서 '우리 춤은 옷으로 몸을 가린 채 손만 드러내 놓고 추는 경우가 많기 때문이다.'를 통해 알 수 있다.
② 두 번째 문단에서 '예컨대 승무에서 ~ 완성해 낸다.'를 통해 알 수 있다.

④ 세 번째 문단에서 '그러나 이때의~이해해야 한다.'를 통해 알 수 있다.
⑤ 마지막 문단에서 '이런 동작의~몰입 현상이다.'를 통해 알 수 있다.

10 정답 ⑤

마지막 단락에서 '그리고 병원균이나 곤충, 선충에 기생하는 종들을 사용한 생물 농약은 유해 병원균이나 해충을 직접 공격하기도 한다.'라고 설명했으므로 ⑤는 옳지 않다.

11 정답 ③

실재론은 세계가 정신과 독립적으로 존재함을, 반실재론은 세계가 감각적으로 인식될 때만 존재함을 주장하므로 두 이론 모두 세계는 존재한다는 전제를 깔고 있다.

오답분석
① 세 번째 문단에서 어떤 사람이 버클리의 주장을 반박하기 위해 돌을 발로 차서 날아간 돌이 존재한다는 사실을 증명하려고 하였으나, 반실재론을 제대로 반박한 것은 아니라고 하였다. 따라서 실재론자의 주장이 옳다는 사실을 증명하는 것은 아니다.
② 세계가 감각으로 인식될 때만 존재한다는 것은 반실재론자의 입장이다.
④ 버클리는 객관적 성질이라고 여겨지는 것들도 우리가 감각할 수 있을 때만 존재하는 주관적 속성이라고 하였다.
⑤ 새로운 형태의 반실재론이 제기되어 활발한 논의가 진행중이라고 하였을 뿐, 반실재론이 정론으로 받아들여지고 있다는 언급은 없다.

12 정답 ②

마지막 문단의 '더 큰 문제는 이런 인식이 농민운동을 근대 이행을 방해하는 역사의 반역으로 왜곡할 소지가 있다는 것이다.'라는 문장을 통해 추론 가능하다.

13 정답 ③

ㄴ. '우리말은 [곳], [닭]과 같이 한자로 나타낼 수 없는 음절이 많았을 뿐 아니라 그 수도 2,000개 이상이 필요하였다.'에서 올바른 판단이라는 것을 알 수 있다.
ㄷ. "향찰에서는 어절을 단위로 하여 대체로 뜻이 중요한 명사나 용언 어간은 '훈차'를 하고, 문법적 기능이 중요한 조사나 어미는 '음차'를 함으로써, 한 어절의 표기가 '훈차+음차'라는 일반적인 원칙을 갖게 되었던 것이다."를 통해 올바른 판단임을 알 수 있다.

ㄱ. "我愛汝([아애여], 나 사랑 너)와 같이 '주어-서술어-목적어'의 중국어식 어순을, 我汝愛(나 너 사랑)와 같이 '주어-목적어-서술어'의 우리말 어순으로 바꾸는 단계였다."에서 우리말과 중국말의 어순이 같지 않았음을 알 수 있다.
ㄹ. '이러한 한자 차용 표기의 역사는 일본의 경우에도 우리와 크게 다르지 않았다.'에서 올바르지 않은 판단이라는 것을 확인할 수 있다.

14 정답 ④

제시된 글의 첫 문단에서 위계화의 개념을 설명하고, 이러한 불평등의 원인과 구조에 대해 살펴보고 있다.

15 정답 ②

지문에서는 유명 음악가 바흐와 모차르트에 대해 알려진 이야기들과 이들에 대하여 실제로 밝혀진 사실을 비교하여 이야기하고 있다.

16 정답 ②

〈보기〉는 삼단논법의 추리라고 할 수 있다. 삼단논법은 대체로 대전제, 소전제, 결론의 순서로 배열된다.
• 대전제 : P+M
• 소전제 : S+M
• 결론 : P+S
M은 매개념으로 대전제와 소전제에 각각 나타난다.
〈보기〉를 적용시켜 보면, 대전제는 '인생의 목적은(P) 문화를 창조하는 데 있다(M).'이고, 결론은 '인생의 목적을(P) 달성하기 위해서는 지식을 습득해야 한다(S).'이다. 따라서 소전제는 지식 습득(S)과 문화 창조(M)가 들어가는 내용이 되어야 하므로 답은 ②가 된다.

17 정답 ②

지문의 두 번째 줄에서 '아리스토텔레스에 의하면 물체가 똑같은 운동 상태를 유지하기 위해서는 외부에서 끊임없이 힘이 제공되어야만 한다.'고 설명한다. 그러므로 아리스토텔레스의 주장과 반대되는 내용이다.

18 정답 ③

차를 자주 마셔 보지 않은 사람은 여러 종류의 차가 지닌 독특한 맛을 구분할 수 없다. 마찬가지로 미술 작품을 자주 접할 기회가 없는 사람은 미의 본질에 대한 이해가 부족하여 여러 종류의 미술 작품에 대한 안목과 감상 능력이 부족하다.

19 정답 ④

화폐 통용을 위해서는 화폐가 유통될 수 있는 시장이 성장해야 하고, 농업생산력이 발전해야 한다. 그러나 서민들은 물품화폐를 더 선호하였고 일부 계층에서만 화폐가 유통되었다. 따라서 광범위한 동전 유통이 실패한 것이다. 화폐의 수요량에 따른 공급은 화폐가 유통된 이후의 조선 후기에 해당하는 내용이다.

20 정답 ③

(가)와 (나)는 서로 다른 영역을 탐구 대상으로 하며 독립적으로 존재하지만 큰 테두리에서 보면 상호 보완적으로 작용하고 있다. 법과 관습도 서로 다른 양상으로 작용하지만 '바람직한 행동의 추구'라는 보다 포괄적인 측면에서는 상호 보완적으로 작용한다.

안심Touch

CHAPTER 02

논리판단 유형점검

01 명제추리

01	02	03	04	05	06				
⑤	④	③	③	④	③				

01 [정답] ⑤

• 내구성을 따지지 않는 사람 → 속도에 관심이 없는 사람 → 디자인에 관심 없는 사람
• 연비를 중시하는 사람 → 내구성을 따지는 사람

[오답분석]
① 연비를 중시하지 않는 사람이 내구성을 따지는지의 여부는 알 수 없다.
② 디자인에 관심 있는 사람이 내구성을 따진다.
③ 연비를 중시하는 사람이 디자인에 관심이 없는지의 여부는 알 수 없다.
④ 속도에 관심이 있는 사람은 내구성을 따지고, 내구성을 따지지 않는 사람이 연비를 중시하지 않는다.

02 [정답] ④

수연, 철수, 영희 순으로 점수가 높아진다. 영희는 90점, 수연이는 85점이므로 철수의 성적은 86점 이상 89점 이하이다.

03 [정답] ③

'진달래를 좋아함 → 감성적 → 보라색을 좋아함 → 백합을 좋아하지 않음'이므로 진달래를 좋아하는 사람은 보라색을 좋아한다.

04 [정답] ③

정직한 사람은 이웃이 많을 것이고, 이웃이 많은 사람은 외롭지 않을 것이다. 즉, 정직한 사람은 외롭지 않을 것이다.

05 [정답] ④

돼지꿈을 꾼 다음날 복권을 사는 사람들은 모두가 미신을 따르는 사람들이고, 미신을 따르는 사람 중 과학자는 없다. 즉, 돼지꿈을 꾼 다음날 복권을 사는 사람이라면 과학자가 아니다.

06 [정답] ③

아이스크림을 좋아함 $=p$, 피자를 좋아함 $=q$, 갈비탕을 좋아함 $=r$, 짜장면을 좋아함 $=s$라 하면, 첫 번째, 두 번째, 네 번째 명제는 각각 $p \rightarrow \sim q$, $\sim r \rightarrow q$, $p \rightarrow s$이다. 두 번째 명제의 대우와 첫 번째 명제에 따라 $p \rightarrow \sim q \rightarrow r$이 되어 $p \rightarrow r$이 성립하고, 결론이 $p \rightarrow s$가 되기 위해서는 $r \rightarrow s$가 추가로 필요하다. 따라서 빈칸에 들어갈 명제는 '갈비탕을 좋아하면 짜장면을 좋아한다.'이다.

02 논리추리

01	02	03	04	05	06				
④	④	④	⑤	③	①				

01 [정답] ④

첫 번째, 두 번째 조건에 의해 A·B·C·D가 각각 입지 않는 색상도 서로 겹치지 않음을 알 수 있다. A가 빨간색을 입지 않고 C가 초록색을 입지 않으므로 B와 D는 노란색이나 파란색을 입지 않아야 하는데, D가 노란색 티셔츠를 입으므로 D는 파란색을 입지 않고, B는 노란색을 입지 않았다. 그러면 티셔츠 중 초록색, 빨간색, 파란색이 남는데, C는 초록색은 입지 않고 빨간색 바지를 입었으므로 파란색 티셔츠를 입고, A는 빨간색을 입지 않으므로 초록색 티셔츠를 입으며, B는 빨간색 티셔츠를 입는다. 또한, C는 초록색을 입지 않으므로 노란색 모자를 쓴다. 그러면 노란색 중 남은 것은 바지인데, B는 노란색을 입지 않으므로 A가 노란색 바지를 입고, 파란색 모자를 쓴다. 다음으로 모자 중에는 빨간색과 초록색, 바지 중에는 파란색과 초록색이 남는데, B가 이미 빨간색 티셔츠를 입고 있으므로 D가 빨간색 모자를 쓰고 B가 초록색 모자를 쓰며, D는 파란색을 입지 않으므로 초록색 바지를, B는 파란색 바지를 입는다. 이를 표로 정리하면 다음과 같다.

구분	A	B	C	D
모자	파란색	초록색	노란색	빨간색
티셔츠	초록색	빨간색	파란색	노란색
바지	노란색	파란색	빨간색	초록색

02 정답 ④

문제의 조건에 따라 상자 A, B, C에 들어있는 금화의 개수를 표로 나타내면 다음과 같다.

구분	경우1	경우2	경우3	경우4	경우5	경우6	경우7	경우8
A	3	2	2	2	1	1	1	1
B	4	3	4	5	2	3	4	5
C	6	8	7	6	10	9	8	7

갑이 A상자를 열어 본 후, B, C상자의 금화 개수를 알 수 없었으므로, 〈경우 1〉은 될 수 없다. 또한 〈경우 1〉을 제외한 후, 을이 C상자를 열었을 때, A, B상자의 금화 개수를 알 수 없었으므로, 〈경우 4, 5, 6〉은 될 수 없다. 마지막으로 병이 B상자를 열었을 때, A, C상자의 금화 개수를 알 수 없었으므로, 〈경우 2, 8〉은 될 수 없다. 결국 〈경우 3, 7〉 중 한 가지의 경우만 가능하고, 이때 A와 C상자에 있는 금화의 총 개수는 9개이다.

03 정답 ④

지하철에는 D를 포함한 두 사람이 타는데, B가 탈 수 있는 교통수단은 지하철뿐이므로 지하철에는 D와 B가 타며, 둘 중 한 명은 라 회사에 지원했다. 또한, 어떤 교통수단을 선택해도 지원한 회사에 갈 수 있는 E는 버스와 택시로 서로 겹치는 회사인 가 회사를 지원했음을 알 수 있다. 한편, A는 다 회사를 지원했고 버스와 택시를 타야 하는데, 택시를 타면 다 회사에 갈 수 없으므로 A는 버스를 탄다. 따라서 C는 나 또는 마 회사를 지원했음을 알 수 있으며, 택시를 타면 갈 수 있는 회사 중 가 회사를 제외하면 버스로 갈 수 있는 회사와 겹치지 않으므로, C는 택시를 이용한다.

04 정답 ⑤

4월 1일이 월요일이고, 4월은 30일까지 있으므로, 월요일과 화요일은 5번, 나머지 요일은 4번씩 있다. 4월 30일은 화요일이고, ①의 해설을 참고하면 금연교육이 있다.

오답분석

① 중간고사 기간인 22~26일은 월~금요일이다. 즉, 교육할 수 있는 횟수가 월요일과 화요일은 4번, 수~금요일은 3번이다. 그러므로 4회 실시해야 하는 금연교육은 화요일에만 진행할 수 있다.

② 같은 요일이 아니더라도 주 1회씩 3번 교육할 수 있다.

③ 4월 마지막 주는 29일과 30일 즉, 월요일과 화요일이 있다. 월요일에는 금주교육을 할 수 없고, 화요일은 금연교육이 있기 때문에 마지막 주에는 금주교육을 할 수 없다.

④ 세 번째 조건에 의해 성교육이 가능한 날은 3~5일(수~금요일)이다. 금주교육이 월요일과 금요일에 진행할 수 없으므로, 성교육이 가능한 일정은 4일과 5일 한 가지이다.

05 정답 ③

甲과 乙의 진술이 모순된다. 만약 乙의 진술이 참이고 甲의 진술이 거짓일 경우, 乙의 진술을 거짓이라고 한 戊의 진술도 거짓이 되어 거짓이 두 명이 되므로 문제의 조건에 위배된다. 따라서 乙의 진술이 거짓이고 甲의 진술이 참이며, A강좌는 乙이, B·C강좌는 甲과 丁이, D강좌는 戊가 담당한다.

06 정답 ①

E의 말이 진실인 경우와 거짓인 경우로 나누어 보면 다음과 같다.

• E가 진실을 말할 때 : E와 C가 범인이므로, B의 말은 진실, A의 말은 거짓이 되고 C, D의 말은 진실이 된다.

• E가 거짓을 말할 때 : E와 C는 범인이 아니므로, B의 말은 거짓, A의 말은 거짓, C의 말과 D의 말은 각각 진실이 된다. 따라서 거짓을 말한 사람이 3명이 되므로 성립하지 않는다.

따라서 A만 거짓을 말하고 B, C, D, E는 진실을 말했다.

01	02	03	04	05	06	07	08	09	10
②	⑤	⑤	⑤	④	③	②	①	⑤	④
11	12	13	14	15					
③	④	②	④	①					

01 정답 ②

모든 공원은 분위기가 있고, 서울에 있는 어떤 공원은 사람이 많지 않다. 즉, 서울에 있는 어떤 공원은 분위기가 있으면서 사람이 많지 않다.

02 정답 ⑤

지영<용주<승연, 규리<승연
승연이가 손이 가장 큰 것은 사실이지만, 손이 가장 작은 사람이 지영이와 규리 중 누구인지는 주어진 조건만으로는 알 수 없다.

03 정답 ⑤

첫 번째 명제의 대우는 '자연을 좋아하지 않는 사람은 강아지를 좋아하지 않는다.'이다. 또한 두 번째 명제의 대우는 '자연을 좋아하지 않는 사람은 나무를 좋아하지 않는다.'이다. 따라서 두 대우 명제를 연결하면 ⑤와 같은 결론이 타당하다.

04 정답 ⑤

첫 번째 조건과 네 번째 조건에서 여학생 X와 남학생 B가 동점이 아니므로 여학생 X와 남학생 C가 동점이다. 세 번째 조건에서 여학생 Z와 남학생 A가 동점임을 알 수 있고, 두 번째 조건에서 여학생 Y와 남학생 B가 동점임을 알 수 있다. 따라서 남는 남학생 D는 여학생 W와 동점임을 알 수 있다.

05 정답 ④

스크린을 마주 보고 왼쪽부터 차례대로 1~7좌석이라 하면, 다음과 같다.

스크린								
비상구	1	2	3	4	5	6	7	비상구

다섯 번째 조건에 따라 G는 왼쪽이 비어있는 첫 번째 자리에 앉고, 여섯 번째 조건에 따라 C는 세 번째 자리에 앉는다.
만약 A와 B가 네 번째, 여섯 번째 또는 다섯 번째, 일곱 번째 자리에 앉는다면 D와 F가 나란히 앉을 수 없다.
따라서 A와 B는 두 번째, 네 번째 자리에 앉는다.
남은 자리는 다섯, 여섯, 일곱 번째 자리이므로 D와 F는 다섯, 여섯 번째 또는 여섯, 일곱 번째 자리에 앉게 되고, 나머지 한 자리에 E가 앉는다.

오답분석
①·②·③ E가 다섯 번째, D가 여섯 번째, F가 일곱 번째 자리에 앉으면 성립하지 않는다.
⑤ B는 두 번째 또는 가운데(네 번째) 자리에 앉는다.

06 정답 ③

세 번째, 네 번째, 다섯 번째 조건에 의해 8등(꼴찌)이 될 수 있는 사람은 A 또는 C인데, C는 7등인 D와 연속해서 들어오지 않았으므로 8등은 A이다. 또한 두 번째 조건에 의해 B는 4등이고, 네 번째 조건에 의해 E는 5등이다. 마지막으로 첫 번째 조건에 의해 C는 6등이 될 수 없으므로 1, 2, 3등 중에 하나이다.

07 정답 ②

적+흑+청=백+황+녹, 황=흑×3, 백>녹>흑, 적=백+녹이고, 유리구슬의 총 개수는 18개이므로 적=6, 흑=1, 청=2, 백=4, 황=3, 녹=2이다.

08 정답 ①

A가 5층이고 B가 C보다 위층이며, A와 B, B와 C가 층 간격이 같다고 하였으므로 각 간격이 한 층인 경우와 두 층인 경우를 생각해볼 수 있다. 그러나 간격이 한 층인 경우 C가 3층, B가 4층이 되고 F가 6층이 되기 때문에 남은 1층과 2층에 위치해야 하는 D와 E가 인접하게 되므로 두 번째 조건에 위배된다. 따라서 층 간격은 두 층이어야 하며, 조건에 따라 배치해보면 다음과 같다.

6층	F	D	E	F
5층	A	A	A	A
4층	D	F	F	E
3층	B	B	B	B
2층	E	E	D	D
1층	C	C	C	C

09 정답 ⑤

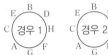

오답분석
① F 옆에는 H가 올 수도 있고, D가 올 수도 있다.
② C는 D와 마주 볼 수도 있고, H와 마주 볼 수도 있다.
③ C는 A의 오른쪽 옆 또는 왼쪽 옆에 있을 수 있다.
④ B와 E는 항상 붙어 앉아 있다.

10 정답 ④

초밥 — × — 카페 — × — 편의점 — 약국 — 옷가게 — 신발가게 — × — ×

오답분석
① 카페와 옷가게 사이에 3개의 건물이 있다.
② 초밥가게와 약국 사이에 4개의 건물이 있다.
③ 편의점은 5번째 건물에 있다.
⑤ 옷가게는 7번째 건물에 있다.

11 정답 ③

가영이는 평일 근무를 하지 않으므로, 주말 오전, 오후 모두 근무를 해야 기본 근무조건을 만족한다. 준석이는 수요일을 제외하고 매일 근무하므로, 주말에 근무한다. 또한 준석이와 수미가 월요일, 화요일, 목요일, 금요일 모두 오후에 일하면, 경수는 수요일, 토요일, 일요일 오후에만 일한다. 따라서 기본 근무조건을 만족하지 못한다. 그러므로 준석이와 수미는 4일 중 하루를 오전에 근무하고,

이때 경수가 오후에 일을 해야 한다. 결국, 가영이와 근무조가 될 수 있는 사람은 경수와 준석이다.

12 정답 ④

모든 조건을 종합하면 E>B>F>G>D>C>A의 순서로 계약이 체결되었다.

13 정답 ②

선아는 가위를 내지 않았고 도현이는 바위를 내지 않았으므로, 선아가 바위를 내고 도현이가 가위를 낸 경우, 선아가 바위를 내고 도현이가 보를 낸 경우, 선아가 보를 내고 도현이가 가위를 낸 경우, 선아와 도현이가 둘 다 보를 낸 경우 총 4가지로 나누어 조건을 따져보면 다음과 같다.

선아	해진	진수	도현	정혜	상희
바위	바위	보	가위	바위	가위
바위	바위	보	보	가위	보
보	보	가위	가위	바위	가위
보	보	가위	보	가위	보

선아와 도현이가 모두 보를 낸 경우를 제외하면 승부가 나지 않으므로, 진수와 정혜가 이기고 나머지는 졌다.

14 정답 ④

구분	A의 진술	B의 진술	C의 진술	D의 진술
A가 범인일 때	거짓	참	거짓	참
B가 범인일 때	거짓	거짓	거짓	참
C가 범인일 때	참	참	거짓	참
D가 범인일 때	거짓	참	참	거짓

따라서 한 사람의 진술만 참일 경우 범인은 B이고, 한 사람의 진술만 거짓일 경우 범인은 C이다.

15 정답 ①

• A상자 첫 번째 안내문이 참, 두 번째 안내문이 거짓인 경우 B, D상자 첫 번째 안내문, C상자 두 번째 안내문이 참이다. 따라서 ①, ②가 참, ③, ④, ⑤가 거짓이다.
• A상자 첫 번째 안내문이 거짓, 두 번째 안내문이 참인 경우 B, C상자 첫 번째 안내문, D상지 두 번째 안내문이 참이다. 따라서 ①, ③, ⑤가 참, ②가 거짓, ④는 참인지 거짓인지 알 수 없다.
따라서 항상 옳은 것은 ①이다.

자료해석 유형점검

01 자료분석

01	02	03	04						
⑤	④	③	②						

01 (정답) ⑤

각 품목별 전년 동월 평균가격 대비 2021년 10월 평균가격의 증감률을 구하면 다음과 같다.

- 거세우 1등급 : $\dfrac{17,895-14,683}{14,683} \times 100 ≒ 21.9\%$

- 거세우 2등급 : $\dfrac{16,534-13,612}{13,612} \times 100 ≒ 21.5\%$

- 거세우 3등급 : $\dfrac{14,166-12,034}{12,034} \times 100 ≒ 17.7\%$

- 비거세우 1등급 : $\dfrac{18,022-15,059}{15,059} \times 100 ≒ 19.7\%$

- 비거세우 2등급 : $\dfrac{16,957-13,222}{13,222} \times 100 ≒ 28.2\%$

- 비거세우 3등급 : $\dfrac{14,560-11,693}{11,693} \times 100 ≒ 24.5\%$

따라서 전년 동월 평균가격 대비 2021년 10월 평균가격의 증감률이 가장 큰 품목은 비거세우 2등급이다.

02 (정답) ④

관광수입은 1998년에 최고치를 기록하였다.

03 (정답) ③

오답분석

① 문제 지적, 문의, 청원, 정책 제안, 기타의 순서로 많다.
② 옹진군이다.
④ 계양구이다.
⑤ 서구이다.

04 (정답) ②

㉠ 2013년 10,463−10,173=290명, 2019년 11,787−10,312=1,475명으로 2019년에 차이가 더 커졌다.
㉢ 2019년에는 22명이 증가해 다른 해의 2배 이상 증가하였다.

오답분석

㉡ 대구도 감소했다.
㉣ 대구는 2015년부터 인구가 감소하다가 2019년 다시 증가했다.

02 자료계산

01	02	03	04						
②	②	②	③						

01 정답 ②

구분	성과평가 점수	성과평가 등급	성과급 지급액
1/4분기	$8 \times 0.4 + 8 \times 0.4 + 6 \times 0.2 = 7.6$	C	80만 원
2/4분기	$8 \times 0.4 + 6 \times 0.4 + 8 \times 0.2 = 7.2$	C	80만 원
3/4분기	$10 \times 0.4 + 8 \times 0.4 + 10 \times 0.2 = 9.2$	A	$100 + 10 = 110$만 원
4/4분기	$8 \times 0.4 + 8 \times 0.4 + 8 \times 0.2 = 8.0$	B	90만 원

$\therefore 80 + 80 + 110 + 90 = 360$만원

02 정답 ②

• 2020년 대구 지역의 인구 : 982천 명
• 2021년 대구 지역의 인구 : 994천 명

$\therefore$ 전년 대비 2021년 대구 지역의 인구 증가율 : $\dfrac{994 - 982}{982} \times 100 ≒ 1.2\%$

03 정답 ②

$234.8 \times 0.299 ≒ 70$조 원

04 정답 ③

기타 해킹 사고가 가장 많았던 연도는 2017년이고, 증감률을 구하면 $\dfrac{16,135 - 21,230}{21,230} \times 100 ≒ -24\%$이다.

PART 2 / 언어이해 / 논리판단 / 자료해석 / 정보추론 / 공간지각 / 도식이해

01	02	03	04						
④	①	②	①						

01 　정답 ④

〈가로〉

1. 경기가 17,764명으로 지원아동 수가 가장 많다.

2. $\dfrac{562}{3,745} \times 100 = 15.0\%$

3. $\dfrac{6,884}{89,756} \times 100 = 7.6\%$

〈세로〉

4. 4,746＋1,829＝6,575명

따라서 ㉠×㉡＋㉢－㉣＝7×5＋6－0＝41이다.

1	7	7	6	4
			5	
			7	6
		1	5	0

02 　정답 ①

〈가로〉

1. 150,025－141,479＝8,546

〈세로〉

2. 양로시설 수가 가장 많았던 해는 2016년이고, 2016년 노인복지주택의 입소정원은 4,761명이다.

3. $\dfrac{265}{265+128+32} \times 100 = 62.35\cdots = 62.4\%$

따라서 6×(5＋7＋4)＝96이다.

8	5	4	6
		7	2
		6	.
		1	4

03 　정답 ②

〈가로〉

3. 40～49세의 여성 취업자 수가 가장 많으며, 2,635천 명이다.

4. 가장 낮은 연령대는 15～19세이며, 10.1×10＝101이다.

〈세로〉

1. 구성비가 가장 높은 연령대는 40～49세이며, 6,500×0.5＝3,250이다.

2. 13,687－13,542＝145천 명

따라서 1,000×5＋100×6＋10×4＋0＝5,640이다.

			1	
3			4	
2	6	3	5	
5				
0		1	0	1

04 　정답 ①

〈가로〉

1. 취업자 수가 세 번째로 적은 직업은 금융보험 관련직이며, 취업자 수는 131명이다.

2. 구인을 네 번째로 많이 한 직업은 영업원 및 판매 관련직이며, 이 직업의 구직자 수는 3,083명이다. 취업을 두 번째로 많이 한 직업은 경비 및 청소 관련직이며, 이 직업의 취업자 수는 1,798명이다. 즉, 합은 3,083＋1,798 ＝4,881명이다.

〈세로〉

1. 문화, 예술, 디자인, 방송 관련직의 구인 수와 취업자 수의 합은 1,033＋741＝1,774명이다.

따라서 1＋3＋1＋7＋7＋4＋8＋8＋1＝40이다.

1	3	1	
7			
7			
4	8	8	1

자료해석 중간점검 모의고사

01	02	03	04	05	06	07	08	09	10
③	③	③	④	④	⑤	②	①	④	①
11	12	13	14	15	16	17	18	19	20
④	④	③	④	⑤	⑤	②	④	③	③

01 　정답 ③

대구의 경우 18대 대통령 선거 투표율이 15대 대통령 선거 투표율보다 높다.

오답분석
① 가장 높은 투표율은 15대 대통령 선거에서 광주가 89.9%를 기록한 것이다.
② 17대 대통령 선거에서 가장 높은 투표율은 경북의 68.5%이다.
④ 15대 최저는 충남의 77%이고, 16대 최저는 충남의 66%, 17대 최저는 인천의 60.3%, 18대 최저는 충남의 72.9%이다.
⑤ 17대 선거의 최고 투표율은 68.5%이므로 최종투표율은 이보다 높을 수 없다.

02 　정답 ③

• 출퇴근 소요시간이 120분 이하인 과장급 근로자의 비율 : 16.9+31.6+16.6+19.9=85%
• 원격근무제를 활용하는 과장급 근로자의 비율 : 16.3%
즉, 출퇴근 소요시간이 120분 이하인 과장급 근로자의 비율과 원격근무제를 활용하는 과장급 근로자의 비율을 더하면 100%가 넘으므로 출퇴근 소요시간이 120분 이하인 과장급 근로자 중 원격근무제를 활용하는 근무자가 있다고 할 수 있다.

오답분석
① 각 직급별 출퇴근 소요시간이 60분 이하인 근로자의 비율을 구하면 다음과 같다.
  • 대리급 이하 : 20.5+37.4=57.9%
  • 과장급 : 16.9+31.6=48.5%
  • 차장급 이상 : 12.6+36.3=48.9%
  즉, 대리급 이하에서는 출퇴근 소요시간이 60분 이하인 근로자 수가 출퇴근 소요시간이 60분 초과인 근로자 수보다 많지만, 나머지 직급에서는 오히려 그 반대이다.
② 출퇴근 소요시간이 90분 초과인 대리급 이하 근로자 비율 : 13.8+5+5.3+2.6=26.7%
  탄력근무제를 활용하는 대리급 이하 근로자 비율은 23.6%이므로 출퇴근 소요시간이 90분 초과인 대리급 이하 근로자 비율은 탄력근무제를 활용하는 대리급 이하 근로자 비율보다 높다.
④ 제시된 자료에서 탄력근무제와 시차출근제 중 하나 이상을 활용하는 중소기업 근로자의 비율을 구할 수 없으므로 근로자 수도 비교할 수 없다.
⑤ 제시된 자료에서 원격근무제와 탄력근무제 중 하나 이상을 활용하는 차장급 이상 근로자의 비율을 구할 수 없으므로 근로자 수도 비교할 수 없다.

03 　정답 ③

• 일본의 2016년 대비 2018년 음악 산업 수입액의 증가율 : $\frac{2,761-2,650}{2,650} \times 100 ≒ 4.2\%$

• 일본의 2016년 대비 2018년 음악 산업 수출액의 증가율 : $\frac{242,370-221,379}{221,379} \times 100 ≒ 9.4\%$

따라서 2016년 대비 2018년 음악 산업 수출액의 증가율은 수입액의 증가율보다 크다.

① 제시된 자료의 수출액, 수입액의 전년 대비 증감률의 수치를 통해 중국시장의 2017년 대비 2018년 음악 산업 수출액과 수입액의 증가율은 1.5배 이상으로 다른 지역보다 월등히 높음을 알 수 있다.

② 2016년에 비해 2017년의 수입액이 감소한 지역은 일본, 북미, 기타이며 2017년의 전체 수입액도 2016년에 비해 감소했다.

④ 연도별 동남아 시장의 수출액을 수입액으로 나누어 보면 다음과 같다.
- 2016년 : $38,166 \div 63 ≒ 605.81$
- 2017년 : $39,548 \div 65 ≒ 608.43$
- 2018년 : $40,557 \div 67 ≒ 605.33$

따라서 매해 동남아 시장의 음악 산업 수출액은 수입액의 600배를 넘었다.

⑤ 2018년의 북미 시장과 유럽 시장의 음악 산업 수입액의 합을 구하면 $2,786+7,316=10,102$천 달러이다.

따라서 2018년 전체 음악 산업 수입액 중 북미 시장과 유럽 시장의 음악 산업 수입액이 차지하는 비중을 구하면 $\frac{2,786+7,316}{13,397} \times 100 ≒ 75.4\%$이다.

04   정답 ④

- 고속국도 평균 버스 교통량의 증감 추이 : 증가－감소－증가－감소
- 일반국도 평균 버스 교통량의 증감 추이 : 감소－감소－감소－감소

따라서 고속국도와 일반국도의 평균 버스 교통량의 증감 추이는 같지 않다.

① 2014~2018년의 일반국도와 국가지원지방도의 승용차 평균 교통량의 합을 구하면 다음과 같다.
- 2014년 : $7,951+5,169=13,120$대
- 2015년 : $8,470+5,225=13,695$대
- 2016년 : $8,660+5,214=13,874$대
- 2017년 : $8,988+5,421=14,409$대
- 2018년 : $9,366+5,803=15,169$대

따라서, 고속국도의 평균 승용차 교통량은 일반국도와 국가지원지방도의 평균 승용차 교통량의 합보다 항상 많음을 알 수 있다.

② 제시된 자료를 통해 확인할 수 있다.

③ 국가지원지방도의 각 연도별 평균 버스 교통량의 전년 대비 증감률을 구하면 다음과 같다.
- 2015년 : $\frac{219-230}{230} \times 100 ≒ -4.78\%$
- 2016년 : $\frac{226-219}{219} \times 100 ≒ 3.20\%$
- 2017년 : $\frac{231-226}{226} \times 100 ≒ 2.21\%$
- 2018년 : $\frac{240-231}{231} \times 100 ≒ 3.90\%$

따라서 2018년에 국가지원지방도의 평균 버스 교통량의 전년 대비 증감률이 가장 컸다.

⑤ 2018년 일반국도와 국가지원지방도의 평균 화물차 교통량의 합은 $2,757+2,306=5,063$대이고, $5,063 \times 2.5=12,657.5<13,211$이다.

따라서 2018년 고속국도의 화물차 평균 교통량은 2018년 일반국도와 국가지원지방도의 화물차 평균 교통량의 합의 2.5배 이상이다.

05   정답 ④

남부지역을 관광한 사람들 중 서부지역 사람이 차지하는 비중은 2015년에는 $\frac{300}{980} ≒ 0.31$, 2020년에는 $\frac{400}{1,200} ≒ 0.33$을 차지하고 있으므로 5년 사이에 증가하였다.

① 전체 관광객은 증가하였으나, 동부지역과 북부지역의 여행객은 감소하였다.

② 여행지＞출신지＝흑자

　여행지＜출신지＝적자

　2015년에는 동부·북부는 흑자, 남부·서부가 적자, 2020년에는 동부·남부는 적자, 서부는 균형수지, 북부는 흑자이다.

③ 2015년에는 $\frac{2,200}{4,970} ≒ 0.44$, 2020년에는 $\frac{1,900}{5,200} ≒ 0.37$의 비중을 차지하고 있으므로 2020년에 감소하였다.

⑤ • 2020년 동부지역 출신이 자기 지역을 관광하는 비율 : $\dfrac{500}{1,300} \times 100 ≒ 38\%$

   • 2015년 서부지역 출신이 자기 지역을 관광하는 비율 : $\dfrac{830}{1,700} \times 100 ≒ 48\%$

06 정답 ⑤

㉠ 〈표 1〉을 통해 지역별 자가점유율이 도지역, 광역시, 수도권 순으로 높게 나타나며, 전국 자가점유율은 2013년 이후 점차 감소하다 2019년에 53.6%에서 56.8%로 다시 증가함을 볼 수 있다.

㉢ 2009년에 비해 2019년 수도권의 자가점유율은 50.2%에서 48.9%로 1.3%p 감소하였으나 2009년 대비 2019년 광역시의 자가점유율은 54.8%에서 59.9%로 5.1%p 증가하였다.

㉣ 2017년과 비교하여 2019년에는 저소득층의 자가보유율 비율은 50%에서 48.5%로 감소하였고, 2017년과 비교하여 2019년에는 중소득층의 자가보유율 비율은 56.4%에서 62.2%로 증가하였으며, 2017년과 비교하여 2019년 고소득층의 자가보유율 비율은 77.7%에서 79.3%로 증가하였다.

오답분석

㉡ • 2019년 저소득층의 자가점유율과 중소득층의 자가점유율의 차 : 59.4－46.2＝13.2%p
   • 2019년 중소득층의 자가점유율과 고소득층의 자가점유율의 차 : 73.6－59.4＝14.2%p

   그러므로 2019년 저소득층과 중소득층의 자가점유율 차이는 2019년 중소득층과 고소득층의 자가점유율의 차보다 낮다.

㉤ 2009년에서 2011년 사이에는 광역시를 제외한 수도권과 도지역의 전세 비율은 증가하며 월세 비율은 감소한다. 2011년 이후 수도권, 광역시, 도지역 모두 전세의 비율이 감소하며 월세의 비율은 점차 증가한다.

07 정답 ②

(가)를 계산하면 $\dfrac{78,855}{275,484} \times 100 ≒ 28.6\%$이다.

08 정답 ①

2019년 만화산업 수출액 중 가장 높은 비중을 차지하는 지역은 유럽이다.

2019년 전체 수출액 대비 유럽의 수출액이 차지하는 비중 : $\dfrac{9,742}{29,354} \times 100 ≒ 33.2\%$

2019년 만화산업 수입액 중 가장 높은 비중을 차지하는 지역은 일본이다.

2019년 전체 수입액 대비 일본의 수입액이 차지하는 비중 : $\dfrac{6,002}{6,715} \times 100 ≒ 89.4\%$

따라서 구하는 값은 89.4－33.2＝56.2%p이다.

09 정답 ④

전 지역의 50대 이상 유권자 수는 6,542천 명이고, 모든 연령대의 유권자 수는 19,305천 명이다. 따라서 전 지역의 유권자 수에서 50대 이상의 유권자 수가 차지하는 비율은 $\dfrac{6,542}{19,305} \times 100 ≒ 33.9\%$로 30% 이상 35% 미만이다.

오답분석

① 남성 유권자 수가 다섯 번째로 많은 지역은 전라 지역(1,352천 명)이며, 이 지역의 20대 투표자 수는 $(208 \times 0.94)+(177 \times 0.88)=351.28$천 명으로 35만 명 이상이다.

② 지역 유권자가 가장 적은 지역은 제주 지역이며, 제주 지역의 유권자 수가 전체 유권자 수에서 차지하는 비율은 $\dfrac{607+608}{19,305} \times 100 = \dfrac{1,215}{19,305} \times 100 ≒ 6.3\%$로 6% 이상이다.

③ 20대 여성투표율이 두 번째로 높은 지역은 93%인 충청 지역이며, 충청 지역의 20대 여성 유권자 수는 201천 명이고, 20대 남성 유권자 수는 182천 명이다. 따라서 20대 여성 유권자 수는 20대 남성 유권자 수의 1.2배인 $182 \times 1.2=218.4$천 명 이하이다.

⑤ 인천의 여성투표율이 세 번째로 높은 연령대는 30대(86%)로 30대의 경상 지역 남녀 투표자 수는 남성 231×0.87=200.97천 명, 여성 241×0.91=219.31천 명으로 여성이 남성보다 많다.

10 정답 ①

구분	공회전 발생률(%)	공회전 시 연료소모량(cc)	탄소포인트 총합(P)
A	10	400	100+0=100
B	50	300	50+25=75
C	20	200	80+50=130
D	20	100	80+75=155
E	50	500	50+0=50

11 정답 ④

D시의 전체 자동차 대수는 400×350=140,000대
따라서 D시의 1km당 자동차 대수는 140,000÷103=1,359.2…≒1,360대이다.

12 정답 ④

(정량적 기대효과)=(구매 효용성)×(조달단가)이므로 계산하여 정리하면 다음과 같다.

구분	A	B	C	D	E	F	G	H
조달단가	3	4	5	6	7	8	10	16
구매 효용성	1	0.5	1.8	2.5	1	1.75	1.9	2
기대효과	3	2	9	15	7	14	19	32

기대효과가 가장 높은 것부터 H-G-D-F-C-E-A-B의 순이므로 금액의 한도에 따라 구성해 보면 G+D+A=37이고, D+F+C=38이다. 더 이상 큰 조합은 없으므로 38이 최댓값이다.

13 정답 ③

• 2015년 8월의 강수량은 111.3mm이고 2016년 8월의 강수량은 1973년 이래 최저 1위이므로 2016년 8월의 강수량은 111.3-35.1=76.2mm이다.

• 2016년 8월 강수일 수를 a일이라 하면 $\dfrac{10.0-a}{10.0}×100=18\%$ → $a=8.2$

• 2016년 8월의 일 최고기온 33℃ 이상인 일의 수를 b일이라 하면 $b-5.7=10×(5.7-4.6)$ → $b=16.7$

14 정답 ④

1991~2000년 평균 최고기온은 29.5℃에서 2001~2010년 29.7℃로 0.2℃ 올라갔지만 일조시간은 172.3시간에서 156.9시간으로 줄었으므로 증감 추이는 같지 않다.

오답분석

① 26.7-25.2=1.5

②·③ 〈표 2〉에서 확인할 수 있다.

⑤ 〈표 1〉에서 2016년 8월의 강수량은 8월 평년값보다 낮고 일조시간은 8월 평년값보다 높은 것을 확인할 수 있다. 강수량이 낮고 일조시간이 높으므로 수분 증발량이 높아져 가뭄이 될 확률이 크다고 판단할 수 있다.

15　정답　⑤

1인당 GDP 순위는 E>C>B>A>D이다. 그런데 1인당 GDP가 가장 큰 E국의 1인당 GDP는 2위인 C국보다 1% 정도밖에 높지 않은 반면, 인구는 C국의 $\frac{1}{10}$ 이하이므로 총 GDP 역시 C국보다 작음을 알 수 있다. 따라서 1인당 GDP 순위와 총 GDP 순위는 일치하지 않는다.

오답분석

① 경제성장률이 가장 큰 것은 D국이며, 1인당 GDP와 총인구를 고려하면 D국의 총 GDP가 가장 작음을 알 수 있다.

② 1인당 GDP 대비 총인구를 고려하였을 때 총 GDP가 가장 큰 나라는 C국, 가장 작은 나라는 D국임을 알 수 있다.
　• D국의 총 GDP : 25,832×46.1＝1,190,855.2백만 달러
　• C국의 총 GDP : 55,837×321.8＝17,968,346.6백만 달러
　따라서 총 GDP가 가장 큰 나라와 가장 작은 나라는 10배 이상 차이를 보인다.

③ 수출 및 수입 규모에 따른 순위는 C>B>A>D>E로 서로 일치한다.

④ A국의 총 GDP는 27,214×50.6＝1,377,028.4백만 달러, E국의 총 GDP는 56,328×24.0＝1,351,872백만 달러이므로 A국의 총 GDP가 더 크다.

16　정답　⑤

〈가로〉

1. (343,600＋327,700＋309,800＋326,100＋329,100＋327,100＋322,800
　＋305,500＋302,800)÷9＝321,611.1…→321,611

〈세로〉

1. 2015년 연앙인구를 x(명)라 하면, $\frac{302,800}{x}\times 1,000=5.9$
　→$x=302,800,000\div 5.9=51,322,033.89\cdots$→513,220백 명

2. (343,600＋302,800)÷100＝6,464

따라서 ㉠－㉡＋㉢×㉣＝3－1＋4×1＝6이다.

	5				
	1		6		
	3		4		
3	2	1	6	1	1
	2		4		
	0				

17　정답　②

〈가로〉

1. 원유 금액이 4번째로 높았던 달은 8월이고 그 다음 달과의 차는 76,641－70,211＝6,430이다.

3. 2021년 원유 단가의 평균은 76.96이므로 76.96×100＝7,696이다.

〈세로〉

2. 단가가 가장 저렴한 달은 1월(72.96)이다. 이때의 원유 물량은 75,611천 Bbl이고,
　6월 원유 물량은 75,145천 Bbl이다.
　두 물량의 차는 75,611－75,145＝466이다.

따라서 (A＋B)÷C＋D＝(6＋6)÷6＋6＝8이다.

6	4	3	0
	6		
7	6	9	6

18　정답　④

〈가로〉

1. 전체 이식대기자의 수가 세 번째로 많은 해는 2017년이고, 2017년의 골수 이식대기자 수는 2,761명이다.

2. • 2018년 신장 이식대기자의 전년 대비 증가폭 : 16,011－14,477＝1,534
　• 2018년 소장 이식대기자 수의 전년 대비 감소폭 : 20－18＝2
　∴ 1,534×2＝3,068

2	7	6	1	
		0		1
	3	0	6	8
				7

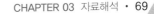

〈세로〉

3. $\dfrac{28-4}{4}\times100=600\%$

4. 2018년 이식대기자의 수가 네 번째로 작은 장기는 심장이고, 2017년 대비 2018년의 심장 이식대기자 수의 증감률을 구하면

$\dfrac{400-342}{342}\times100\fallingdotseq17\%$

2011년 대비 2012년 이식대기자 수의 감소폭이 가장 큰 장기는 안구이고, 2017년 대비 2018년의 안구 이식대기자 수의 증감률을 구하면

$\dfrac{1,880-1,695}{1,695}\times100\fallingdotseq11\%$

$\therefore 17\times11=187$

따라서, ㉠ : 7, ㉡ : 6, ㉢ : 7이므로 (㉠+㉡)×㉢=(7+6)×7=13×7=91이다.

19 (정답) ③

〈가로〉

1. • 2019년 어린이 교통사고 사망자 수의 2010년 대비 감소폭 : 316−103=213

   • 2019년 어린이 추락사고 사망자 수의 2010년 대비 감소폭 : 58−28=30

   $\therefore 213\times30=6,390$

		1		
	6	3	9	0
1	5	7	5	
		5	4	8

2. • 2019년 전체 아동 안전사고 사망자 수에서 기타사고 사망자 수가 차지하는 비중 :

   $\dfrac{56}{225}\times100\fallingdotseq25\%$

   • 2018년 전체 아동 안전사고 사망자 수에서 교통사고를 제외한 나머지 안전사고 사망자 수의 합이 차지하는 비중 :

   $\dfrac{215-80}{215}\times100\fallingdotseq63\%$

   $\therefore 25\times63=1,575$

3. 2014년 대비 2015년 사망자 수가 증가한 사고 종류는 익사 사고이며, 익사 사고의 2010~2019년까지 사망자 수의 합을 구하면,

   78+78+78+62+44+50+53+41+36+28=548명

〈세로〉

4. 322+326+287+215+225=1,375명

따라서 빈칸의 숫자를 모두 더하면 1+6+3+9+0+1+5+7+5+5+4+8=54이다.

20 (정답) ③

〈가로〉

1. 1~12월 중 전 세계 수입량이 최대인 달은 6월이고, 6월의 전 세계 수입량은 2,341천 톤이다.

   따라서 6월의 전 세계 수입량과 3월의 일본 수입량의 차는 2,341−636=1,705천 톤

2. • 중국의 1월 대비 12월의 단가의 증가폭 : 576−440=135USD

   • 일본의 1월 대비 12월의 단가의 증가폭 : 677−570=107USD

   $\therefore 136\times107=14,552$

	1	7	0	5
				3
1	4	5	5	2
8				
.				
8				

〈세로〉

3. $\dfrac{694-584}{584}\times100\fallingdotseq18.8\%$

4. 중국의 수입량이 네 번째로 높은 달은 9월이고, 9월의 단가는 532USD이다.

따라서, ㉠ : 7, ㉡ : 5, ㉢ : 8이므로 구하는 값은 7×(5+8+2)=105이다.

CHAPTER 04 정보추론 유형점검

01 자료이해

01	02	03								
⑤	④	①								

01 정답 ⑤

제시된 자료에 의하여 AJ공항의 국내선 운항 횟수는 1위, 전년 대비 국내선 운항 횟수의 증가율은 5위임을 알 수 있다.

오답분석

① 〈운항 횟수 상위 5개 공항〉, 〈전년 대비 운항 횟수 증가율 상위 5개 공항〉 자료에 명시된 공항은 IC, KH, KP, AJ, CJ, TG 6개로 국제선 운항 공항은 최소 6개이며, 7개 이상인지 아닌지는 알 수 없다.

② 2021년 KP공항의 국내선 운항횟수는 56,309이고 2021년 KP공항의 국제선 운항횟수는 18,643이다. $56,309 \times \frac{1}{3} = 18,770$이므로, 2021년 KP공항의 운항횟수는 국제선이 국내선의 $\frac{1}{3}$ 미만이다.

③ '전년 대비 운항 횟수 증가율 상위 5개 공항자료'에 의하면 MA공항의 국내선 운항횟수의 증가율이 가장 높지만, '운항 횟수 상위 5개 공항 자료'에서 MA공항의 국내선 운항 횟수를 알 수 없으므로 운항 횟수의 증가폭을 구할 수 없다.

④ 국내선 운항 횟수 상위 5개 공항의 국내선 운항 횟수 합은 $65,838+56,309+20,062+5,638+5,321=153,168$이고, 전체 국내선 운항 횟수 대비 국내선 운항 횟수 상위 5개 공항의 국내선 운항 횟수의 비율은 $\frac{153,168}{167,040} \times 100 = 91.7\%$이다.

02 정답 ④

경서 : 2차 구매 시 1차와 동일한 제품을 구매하는 사람들은 총 336명으로 전체의 60% 이상을 차지하는 것으로 나타났다.
지림 : 1차에서 C를 구매한 사람들은 전체 구매자들(541명) 중 37.7%(204명)로 가장 높았고, 2차에서 C를 구매한 사람들은 전체 구매자들 중 42.7%(231명)로 가장 높았다.

오답분석

현정 : 1차에서 A를 구매한 뒤 2차에서 C를 구매한 사람들은 44명, 반대로 1차에서 C를 구매한 뒤 2차에서 A를 구매한 사람들은 17명이므로 전자의 경우가 더 많다.

03 정답 ①

© 2015년 대비 2016년 자동차 수출액의 증감률 : $\frac{650-713}{713} \times 100 ≒ -8.84\%$

오답분석

㉠ 각 연도별 전년 대비 자동차 생산량의 증가량을 구하면 다음과 같다.
- 2010년 : $4,272-3,513=759$천 대
- 2011년 : $4,657-4,272=385$천 대
- 2012년 : $4,562-4,657=-95$천 대
- 2013년 : $4,521-4,562=-41$천 대
- 2014년 : $4,524-4,521=3$천 대
- 2015년 : $4,556-4,524=32$천 대
- 2016년 : $4,229-4,556=-327$천 대

즉, 전년 대비 자동차 생산량의 증가량이 가장 큰 해는 2010년이다.

© 제시된 자료를 통해 자동차 수입액은 지속적으로 증가했음을 알 수 있다.

@ 2016년의 자동차 생산 대수 대비 내수 대수의 비율 : $\frac{1,600}{4,229} \times 100 ≒ 37.8\%$

02 자료변환

01	02								
②	⑤								

01 정답 ②

- 1980년 청소년 취업률이 88.6%이므로 청소년 실업자 수는 약 360천 명이다($360 ≒ \frac{2,805}{88.6} \times 11.4$).

- 1990년 청소년 취업률이 93.0%이므로 청소년 실업자 수는 약 185천 명이다($185 ≒ \frac{2,464}{93} \times 7$).

- 2000년 청소년 취업률이 89.8%이므로 청소년 실업자 수는 약 232천 명이다($232 ≒ \frac{2,049}{89.8} \times 10.2$).

- 2002년 청소년 취업률이 91.9%이므로 청소년 실업자 수는 약 184천 명이다($184 ≒ \frac{2,097}{91.9} \times 8.1$).

- 2003년 청소년 취업률이 90.4%이므로 청소년 실업자 수는 약 213천 명이다($213 ≒ \frac{2,007}{90.4} \times 9.6$).

02 정답 ⑤

〈보고서〉는 내국인의 해외 출국 현황에 대해서는 언급하지 않았다.

01	02	03							
②	④	②							

01 (정답) ②

- 공연음악시장 규모 : 2017년 후원 시장 규모는 $6,305+118=6,423$백만 달러이고, 2017년 티켓 판매 시장 규모는 $22,324+740=23,064$백만 달러이다. 따라서 2017년 공연음악 시장 규모는 $6,423+23,064=29,487$백만 달러이다.
- 스트리밍 시장 규모 : 2012년 스트리밍 시장의 규모가 1,530백만 달러이므로, 2017년의 스트리밍 시장 규모는 $1,530\times2.5=3,825$백만 달러이다.
- 오프라인 음반 시장 규모 : 2017년 오프라인 음반 시장 규모를 x백만 달러라 하면, $\dfrac{x-8,551}{8,551}\times100=-6\%$

  $x=-\dfrac{6}{100}\times8,551+8,551\fallingdotseq8,037.9$

02 (정답) ④

2005년 전남의 구성비 수치부터 나열하면 $+0.4$, $+1.7$이 반복되는 규칙을 보이고 있다. 따라서 (가)에 적합한 숫자는 23.1이다.
1970년부터 전남의 구성비 수치를 살펴보면 소수점 첫째 자리가 1씩 줄어들고 있다. 따라서 (나)에 적합한 숫자는 10.1이다.

03 (정답) ②

- $97\times4=98+85+100+(A)$

  $(A)=388-283=105$
- $76\times6=80+85+83+80+64+(B)$

  $(B)=456-392=64$
- $(C)=(106+105+107+107+106+103)\div6\fallingdotseq106$
- $(D)=(93+64+98+103)\div4\fallingdotseq90$

따라서 $(A)+(B)+(C)-(D)=105+64+106-90=185$

정보추론 중간점검 모의고사

01	02	03	04	05	06	07	08	09	10
④	③	②	④	②	②	⑤	③	④	③
11	12	13	14	15	16	17	18	19	20
②	①	④	⑤	③	②	④	②	③	③

01 정답 ④

오답분석
① 1990년 노령화지수는 20.0%이고, 2016년 노령화지수는 100.7%로 약 5배가 증가했다.
② GDP의 증가 예상 지수는 제시되지 않았다.
③ 2020년 대비 2030년 노령화지수와 2010년 대비 2020년 노령화지수 모두 두 배를 넘지 않으므로 증가율은 100% 미만이다.
⑤ 1조 원이 초과된 해는 2000년인데 10년 뒤의 2010년은 1.5조 원, 10년 뒤인 2020년에는 2.17조원이므로 10년당 두 배가 넘지 않는다.

02 정답 ③

2019년과 2020년의 3/4분기까지의 각 항구별 내·외항 간 입항규모를 비교해 보면, 목포항은 2019년에는 내항의 입항규모가 외항의 약 22배에 이르며, 2020년에는 약 30배에 이른다. 인천항의 내항과 외항 간 입항규모 차이는 2019년 내항이 외항의 약 2.26배, 2020년 외항규모가 내항규모의 2.66배 정도로 내항과 외항 간 불균형이 목포항에 비해 작다.

03 정답 ②

학력이 높을수록 도덕적 제재를 선호하는 비중이 증가한다.

04 정답 ④

손괴는 2012년부터 2014년까지 감소하고 있기 때문에 올바른 판단이 아니다.

오답분석
① 표를 통해 쉽게 확인할 수 있다.
② 긴밀한 상관관계라면 수치의 증감 추이가 유사해야 하는데 그렇지 않으므로 올바른 판단이다.
③ 재산범죄가 2015년 이후부터 꾸준히 증가하고 있는 것으로 보아 올바른 판단이다.
⑤ 건수가 10배 정도 차이가 나는데 피해액이 같다면 결국 건당 횡령 범죄액이 10배 가량 크므로 올바른 판단이다.

05 정답 ②

제시된 자료에 의하여 2013년부터 세계 전문서비스용 로봇산업의 규모가 증가함을 알 수 있다. 2015년에 세계 전문서비스용 로봇 시장 규모가 전체 세계 로봇 시장 규모에서 차지하는 비중을 구하면 $\frac{4,600}{17,949} \times 100 ≒ 25.63\%$이다.

즉, 2015년 전체 세계 로봇 시장 규모에서 세계 전문서비스용 로봇 시장 규모가 차지하는 비중은 27% 미만이므로 옳지 않은 설명이다.

① 2015년 세계 개인서비스용 로봇산업 시장 규모의 전년 대비 증가율 : $\dfrac{2,216-2,134}{2,134}\times100≒3.8\%$

③ 2015년 세계 제조용 로봇산업 시장 규모의 전년 대비 증가율은 $\dfrac{11,133-10,193}{10,193}\times100≒9.2\%$이고 제시된 자료에 의하여 2015년의 세계 제조용 로봇산업의 규모가 세계 로봇시장에서 가장 큰 규모를 차지하고 있음을 확인할 수 있다.

④ • 전년 대비 2015년의 국내 전문서비스용 로봇생산 규모의 증가율 : $\dfrac{2,629-1,377}{1,377}\times100≒91.0\%$

　• 2014년의 전체 서비스용 로봇산업 생산 규모 : 3,247＋1,377＝4,624억 원

　• 2015년의 전체 서비스용 로봇산업 생산 규모 : 3,256＋2,629＝5,885억 원

　• 전년 대비 2015년의 전체 서비스용 로봇산업 생산 규모의 증가율 : $\dfrac{5,885-4,624}{4,624}\times100≒27.3\%$

⑤ • 전년 대비 2015년의 개인 서비스용 로봇산업 수출 규모의 증감률 : $\dfrac{726-944}{944}\times100≒-23.1\%$

　즉, 전년 대비 2015년의 개인 서비스용 로봇산업 수출 규모의 감소율은 약 23.1%이다.

　• 2014년의 전체 서비스용 로봇산업 수출 규모 : 944＋154＝1,098억 원

　• 2015년의 전체 서비스용 로봇산업 수출 규모 : 726＋320＝1,046억 원

　• 전년 대비 2015년의 전체 서비스용 로봇산업 수출 규모의 증감률 : $\dfrac{1,046-1,098}{1,098}\times100≒-4.7\%$

2014년과 2015년의 전체 서비스용 로봇산업의 수출 규모 추이를 살펴보면 개인서비스용 로봇산업의 수출 규모는 감소한 반면 전문서비스용 로봇산업의 수출 규모는 증가했다. 2014년 대비 2015년의 전체 서비스용 로봇산업의 수출 규모가 감소하였으므로 개인서비스용 로봇산업의 여파라고 판단할 수 있다.

06 　정답 ②

㉠ 2012년에서 2016년 사이 전년 대비 문화재 건수의 증가폭을 구하면 다음과 같다.
　• 2012년 : 3,459－3,385＝74　　　• 2013년 : 3,513－3,459＝54
　• 2014년 : 3,583－3,513＝70　　　• 2015년 : 3,622－3,583＝39
　• 2016년 : 3,877－3,622＝255
　따라서 전년 대비 전체 국가지정문화재 건수가 가장 많이 증가한 해는 2016년이다.
㉢ 2011년 대비 2016년 각 문화재 종류별 건수의 증가율을 구하면 다음과 같다.

　• 국보 : $\dfrac{328-314}{314}\times100≒4.46\%$　　　• 보물 : $\dfrac{2,060-1,710}{1,710}\times100≒20.47\%$

　• 사적 : $\dfrac{495-479}{479}\times100≒3.33\%$　　　• 명승 : $\dfrac{109-82}{82}\times100≒32.93\%$

　• 천연기념물 : $\dfrac{456-422}{422}\times100≒8.06\%$　　　• 국가무형문화재 : $\dfrac{135-114}{114}\times100≒18.42\%$

　• 중요민속문화재 : $\dfrac{294-264}{264}\times100≒11.36\%$

　따라서 2011년 대비 2016년 건수의 증가율이 가장 높은 문화재는 명승 문화재이다.

㉡ 2016년 국보문화재 건수는 2011년에 비해 328－314＝14건 증가했다. 그러나 2011년에 전체 국가지정문화재 중 국보문화재가 차지하는 비율은 $\dfrac{314}{3,385}\times100≒9.28\%$, 2016년에 전체 국가지정문화재 중 국보문화재가 차지하는 비율은 $\dfrac{328}{3,877}\times100≒8.46\%$ 이다.
　따라서 2016년에 국보문화재가 전체 국가지정문화재에서 차지하는 비중은 2011년에 비해 감소했다.

㉣ 연도별 국가무형문화재 건수의 4배의 수치를 구하면 다음과 같다.
　• 2011년 : 114×4＝456　　　　　　　• 2012년 : 116×4＝464

- 2013년 : $119 \times 4 = 476$
- 2014년 : $120 \times 4 = 480$
- 2015년 : $122 \times 4 = 488$
- 2016년 : $135 \times 4 = 540$

2011년에서 2015년까지 사적문화재의 지정 건수는 국가무형문화재 건수의 4배가 넘는 수치를 보이고 있지만, 2016년의 경우 국가무형문화재 건수의 4배를 넘지 못한다.

07 (정답) ⑤

㉠ 제시된 자료를 통해 아파트단지, 놀이터, 공원의 경우 안전지킴이집의 수는 지속적으로 감소하지 않는다는 것을 알 수 있다.

㉢ • 2014년 대비 2015년의 학교 안전지킴이집의 증감률 : $\dfrac{7,270 - 7,700}{7,700} \times 100 \fallingdotseq -5.58\%$

• 2014년 대비 2015년의 유치원 안전지킴이집의 증감률 : $\dfrac{1,373 - 1,381}{1,381} \times 100 \fallingdotseq -0.58\%$

즉, $0.58 \times 10 = 5.8$이므로 2014년 대비 2015년의 학교 안전지킴이집의 감소율은 2014년 대비 2015년의 유치원 안전지킴이집 감소율의 10배 미만이다.

㉣ • 2014년 전체 어린이 안전지킴이집에서 24시 편의점이 차지하는 비중 : $\dfrac{2,528}{20,512} \times 100 \fallingdotseq 12.32\%$

• 2015년 전체 어린이 안전지킴이집에서 24시 편의점이 차지하는 비중 : $\dfrac{2,542}{20,205} \times 100 \fallingdotseq 12.58\%$

오답분석

㉡ 2011년 대비 2015년의 각 선정업소 형태별 어린이 안전지킴이집 증감폭을 구하면 다음과 같다.
- 24시 편의점 : $2,542 - 3,013 = -471$
- 약국 : $1,546 - 1,898 = -352$
- 문구점 : $3,012 - 4,311 = -1,299$
- 상가 : $6,770 - 9,173 = -2,403$
- 기타 : $6,335 - 5,699 = 636$

즉, 2011년에 비해 2015년에 가장 많이 감소한 선정업소는 상가이다.

08 (정답) ③

2014년 대비 2015년 각 곡물별 소비량의 변화는 다음과 같다.
- 소맥 소비량의 변화 : $679 - 697 = -18$
- 옥수수 소비량의 변화 : $860 - 883 = -23$
- 대두 소비량의 변화 : $258 - 257 = 1$

따라서 소비량의 변화가 작은 곡물은 대두이다.

09 (정답) ④

기타를 제외한 4개국의 2014년 대비 2015년의 해외이주자 수의 증감률을 구하면 다음과 같다.

• 미국 : $\dfrac{2,434 - 2,487}{2,487} \times 100 \fallingdotseq -2.13\%$

• 캐나다 : $\dfrac{225 - 336}{336} \times 100 \fallingdotseq -33.04\%$

• 호주 : $\dfrac{107 - 122}{122} \times 100 \fallingdotseq 12.30\%$

• 뉴질랜드 : $\dfrac{96 - 96}{96} \times 100 \fallingdotseq 0\%$

따라서 2014년 대비 2015년의 해외이주자 수의 감소율이 가장 큰 나라는 캐나다이다.

오답분석

① 제시된 자료를 보면 전체 해외이주민의 수는 2008년에 감소, 2009년에 증가, 2010년에 감소, 2011년에 증가한 뒤 2012년부터 지속적으로 감소했다.

② • 2012년 기타를 제외한 4개국의 해외이주자 수의 합 : $10,843 + 1,375 + 906 + 570 = 13,694$명

- 2015년 기타를 제외한 4개국의 해외이주자 수의 합 : $2,434+225+107+96=2,862$명
- 2012년 대비 2015년 4개국 해외이주자 수의 증감률 : $\dfrac{2,862-13,694}{13,694}\times100≒-79.1\%$

즉, 2012년 대비 2016년 기타를 제외한 4개국 해외이주자 수의 합의 감소율은 80% 미만이다.

③ 2007년 대비 2015년의 캐나다 해외이주자 수의 증감률 : $\dfrac{225-2,778}{2,778}\times100≒-91.9\%$

즉, 2007년 대비 2015년의 캐나다 해외이주자 수의 감소율은 94% 미만이다.

⑤ 각 연도별 호주의 전년 대비 해외이주자 수의 증감폭을 구하면 다음과 같다.

- 2008년 : $1,846-1,835=11$
- 2009년 : $1,749-1,846=-97$
- 2010년 : $1,608-1,749=-141$
- 2011년 : $1,556-1,608=-52$
- 2012년 : $906-1,556=-650$
- 2013년 : $199-906=-707$
- 2014년 : $122-199=-77$
- 2015년 : $107-122=-15$

따라서 호주의 전년 대비 해외이주자 수의 감소폭이 가장 큰 해는 2013년이다.

10 　정답　③

제시된 자료에 의하면 중국의 디스플레이 세계시장의 점유율은 계속 증가하고 있다. 2010년 대비 2016년의 세계시장 점유율의 증가율을 구하면 $\dfrac{17.40-4.0}{4.0}\times100=335\%$이다.

오답분석

① 제시된 자료에 의하면 일본의 디스플레이 세계시장 점유율은 2012년까지 하락한 후 2013년에 소폭 증가한 뒤 이후 15%대를 유지하고 있다.

② 디스플레이 세계시장 점유율은 매해 한국이 1위를 유지하고 있는 것은 맞다. 그러나 한국 이외의 국가의 순위는 2015년까지 대만-일본-중국-기타 순을 유지하다 2016년에 대만-중국-일본-기타 순으로 바뀌었다.

④ 국가별 2015년 대비 2016년의 국가별 디스플레이 세계시장 점유율의 증감율을 구하면 다음과 같다.

- 한국 : $\dfrac{45.8-45.2}{45.2}\times100≒1.33\%$
- 대만 : $\dfrac{20.8-24.6}{24.6}\times100≒-15.45\%$
- 일본 : $\dfrac{15-15.4}{15.4}\times100≒-2.60\%$
- 중국 : $\dfrac{17.4-14.2}{14.2}\times100≒22.54\%$
- 기타 : $\dfrac{1-0.6}{0.6}\times100≒66.67\%$

따라서 2015년 대비 2016년의 디스플레이 세계시장 점유율의 증감률이 가장 낮은 국가는 대만이다.

⑤ 각 연도별 한국의 디스플레이 세계시장 점유율의 전년 대비 증가폭을 구하면 다음과 같다.

- 2011년 : $47.6-45.7=1.9\%$p
- 2012년 : $50.7-47.6=3.1\%$p
- 2013년 : $44.7-50.7=-6\%$p
- 2014년 : $42.8-44.7=-1.9\%$p
- 2015년 : $45.2-42.8=2.4\%$p
- 2016년 : $45.8-45.2=0.6\%$p

따라서 한국의 디스플레이 세계시장 점유율의 전년 대비 증가폭은 2012년이 가장 컸다.

11 　정답　②

오답분석

① 주어진 자료에서 2018년 6월 한국을 관광한 일본인 관광객 수는 전월 대비 감소했다.
③ 주어진 자료에서 2018년 6월 중국을 관광한 일본인 관광객 수는 전월 대비 감소했다.
④ 주어진 자료에서 2018년 8월 중국인 관광객의 한국 내 지출액은 전월 대비 감소했다.
⑤ 주어진 자료에서 2018년 10월 일본을 관광한 한국인 관광객 수는 전월 대비 증가했다.

12 정답 ①

제시된 자료와 선택지의 수치를 비교해 보면 알 수 있다.

오답분석

② 자료에서 2014년 금값은 2013년과 비교했을 때 싸졌다.

③ 자료에서 1980년 금값은 1985년 금값보다 비쌌다.

④ · ⑤ 좌우가 뒤바뀐 형태의 그래프이다.

13 정답 ④

용도별로 외국인 국내 토지 소유면적을 넓은 것부터 나열하면 임야 · 농지, 공장용지, 주거용지, 상업용지, 레저용지 순서이며, 이 중 주거용지, 상업용지, 레저용지 토지 면적의 합이 외국인 국내 토지 소유면적($224,715$천m²)의 약 10%인 ④가 답이다.

14 정답 ⑤

2011~2020년의 초과수익률을 구하면 순서대로 각각 25.6%p, 58.9%p, -74.8%p, 13.5%p, -33.4%p, -6.8%p, -13.4%p, 30%p, -20.9%p, 8.4%p이다.

15 정답 ③

$2:1:3:2(A:B:C:D)$의 비율로 하나의 X제품을 만들므로, 2012년에 생산된 X제품은 1,000만 개이다.

2012년 대비 2013년의 X제품 증감률은 50%이므로

$$\frac{a-1,000}{1,000}\times100=50 \rightarrow a=1,500$$

2013년 X제품의 개수가 1,500만 개이므로, 이를 구성하는 부품 중 A부품은 $1,500\times2=3,000$만 개이다.

16 정답 ②

구분	폐암	간암	위암	자궁경부암	합계
2000년도	$\frac{50}{1.25}=40$	$240-(40+100+20)=80$	100	20	240
2010년도	50	x	80	y	200

2000년도 폐암 사망자 수를 a라 하면, $a\times1.25=50$이므로 2000년도 폐암 사망자 수는 40만 명

2000년 대비 2010년도 위암 사망자의 증감률 : $\frac{80-100}{100}\times100=-20\%$

자궁경부암 사망자의 증감률은 (위암 사망자의 증감률)$\times2=-40\%$이므로,

$$-40\%=\frac{y-20}{20}\times100 \rightarrow y=12$$

2010년도 사망자 수의 합 $200=50+x+80+12 \rightarrow x=58$

∴ 2000년 대비 2010년도 간암 사망자의 증감률 : $\frac{58-80}{80}\times100=-\frac{55}{2}\%$

17 정답 ④

구분		1월	2월	3월	4월	5월	6월
주가(원)	A사	5,000	( )	5,700	4,500	3,900	b
	B사	6,000	( )	6,300	5,900	6,200	5,400
주가지수		100.00	( )	109.09	a	91.82	100.00

$a = \dfrac{4,500+5,900}{5,000+6,000} \times 100 ≒ 94.55\%$

$\dfrac{b+5400}{5,000+6,000} \times 100 = 100 \rightarrow \dfrac{b+5400}{5,000+6,000} = 1$

$b+5,400 \rightarrow b = 5,600$

ㄴ. 1월 A사의 주가는 5,000원, 6월 A사의 주가 : 5,600원이므로 A사의 주가는 6월보다 1월이 높다.

ㄹ. 4～6월 A사의 주가 수익률을 구하면,

- 4월 : $\dfrac{4,500-5,700}{5,700} \times 100 ≒ -21.05\%$

- 5월 : $\dfrac{3,900-4,500}{4,500} \times 100 ≒ -13.33\%$

- 6월 : $\dfrac{5,600-3,900}{3,900} \times 100 ≒ 43.59\%$

즉, 주가가 가장 낮은 달은 4월이다.

4월의 B사의 주가는 전월보다 하락했다.

오답분석

ㄱ. 3～6월 중 주가지수가 가장 낮은 달은 5월이다.

5월 A사의 주가는 전월 대비 하락했지만, B사의 주가는 상승했다.

ㄷ. 2월 A사의 주가가 전월 대비 20% 하락했을 때, 2월 A사의 주가는 $5,000 \times (1-0.2) = 4,000$이고, 2월 B사의 주가는 전월과 동일하므로 6,000이다. 이때 2월의 주가지수는 $\dfrac{4,000+6,000}{5,000+6,000} \times 100 ≒ 90.9$이고, 전월 대비 주가지수 하락률은 $\dfrac{100-90.91}{100} \times 100 = 9.1\%$ 이다. 따라서 2월의 주가지수는 전월 대비 10% 미만 하락한다.

18 정답 ②

합계와 평균을 이용해 구할 수 있는 빈칸을 채우면 다음과 같다.

구분	A	B	C	D	E	평균
영희	16	14	13	15	( )	( )
민수	12	14	15	10	14	13.0
수민	10	12	9	10	18	11.8
은경	14	14	15	17	( )	( )
철민	18	20	19	17	19	18.6
상욱	10	13	16	15	16	14
합계	80	87	87	84	( )	( )
평균	$\dfrac{80}{6}$	14.5	14.5	14	( )	( )

ㄱ. 영희의 E과목 시험 점수를 $x(0 \leq x \leq 20)$라 했을 때, 영희의 성취도 수준이 '우수 수준'이 되려면

$$5 \leq \frac{16+14+13+15+x}{5} < 18 \rightarrow 17 \leq x < 32$$

x의 범위는 $0 \leq x \leq 20$이므로 $17 \leq x \leq 20$인 경우 영희의 성취도 수준은 '우수 수준'이 될 수 있다.

ㄷ. 빈칸을 채운 표를 참고하면 상욱이의 B과목의 점수는 13점, D과목의 점수는 15점, 시험성적의 평균은 14점이므로 상욱이의 성취도 수준은 '보통 수준'이다.

오답분석

ㄴ. 은경이의 E과목 시험 점수를 $y(0 \leq x \leq 20)$라 했을 때, 은경이의 시험 성적의 총점은 $14+14+15+17+y = 60+y$

y가 최소일 때, 즉 E과목 시험 점수가 0점일 때 성취도수준은 $\frac{60}{5} = 12$

즉, 은경이가 받을 수 있는 성취도 수준의 최소는 '보통 수준'이므로 '기초 수준'이 될 수 없다.

ㄹ. 민수의 C과목 시험 점수는 15점, 철민이의 A과목 시험 점수는 18점이므로 민수의 C과목 시험 점수는 철민이의 A과목 시험 점수보다 낮다.

19 정답 ③

수학성적	50점대	60점대	70점대	80점대	90점대	100점	합계
학생 수	5	$\frac{3}{4}a$	a	$80-a$	15		120

(70점대 학생 수) + (80점대 학생 수) $= 120 \times \frac{2}{3} = 80$

60점대 학생 수는 70점대 학생 수의 $\frac{3}{4}a$

60점대 학생 수는 50점대 학생 수의 3배이므로, $\frac{3}{4}a = 15 \rightarrow a = 20$

따라서 모든 학생 수 $120 = 5+15+20+60+15+$(100점 학생 수)이고, 100점 맞은 학생 수는 5명이다.

20 정답 ③

(A) $= \frac{147,152,697}{838,268,939} \times 100 \fallingdotseq 17.6\%$

(B) $= \frac{80,374,802}{838,268,939} \times 100 \fallingdotseq 9.6\%$

(C) $= \frac{137,441,060}{90,539} \fallingdotseq 152$(단위가 천 단위이므로 1,518을 만 원 단위로 환산하면 152가 된다)

공간지각 유형점검

01 전개도

01	02	03	04	05	06				
②	④	②	①	①	⑤				

01 정답 ②

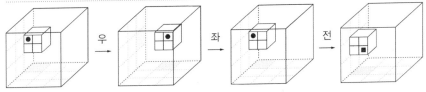

02 정답 ④

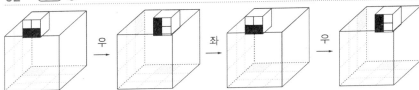

03 정답 ②

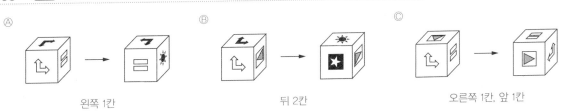

ⓐ 왼쪽 1칸   ⓑ 뒤 2칸   ⓒ 오른쪽 1칸, 앞 1칸

04 정답 ①

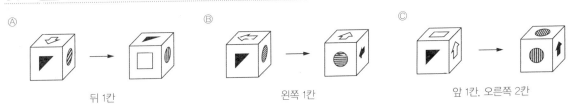

ⓐ 뒤 1칸   ⓑ 왼쪽 1칸   ⓒ 앞 1칸, 오른쪽 2칸

05　정답 ①

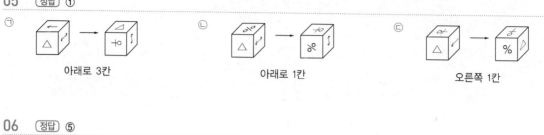

ⓐ 아래로 3칸　　　　ⓑ 아래로 1칸　　　　ⓒ 오른쪽 1칸

06　정답 ⑤

ⓐ 위로 2칸　　　　ⓑ 아래로 2칸　　　　ⓒ 오른쪽 2칸

02　투상도

01	02	03	04	05	06				
①	③	④	①	④	①				

01　정답 ①

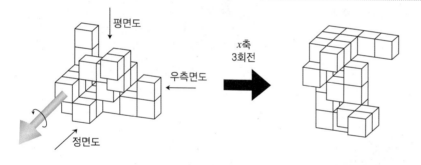

02　정답 ③

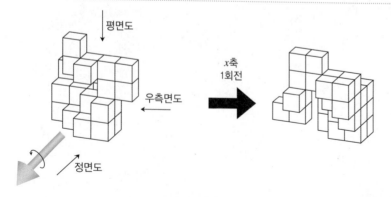

03 정답 ④

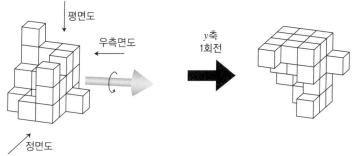

평면도

우측면도

y축
1회전

정면도

04 정답 ①

오답분석

② 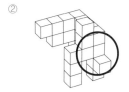 ③ 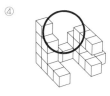 ④  ⑤

05 정답 ④

오답분석

① 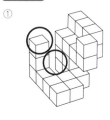 ② 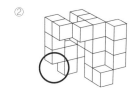 ③ 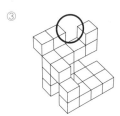 ⑤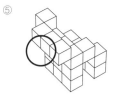

06 정답 ①

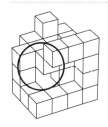

안심Touch

CHAPTER 05 공간지각 중간점검 모의고사

01	02	03	04	05	06	07	08	09	10
③	⑤	④	⑤	④	④	⑤	④	③	④
11	12	13	14	15	16	17	18	19	20
③	②	①	③	⑤	①	②	③	④	①

01 정답 ③

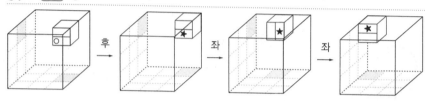

02 정답 ⑤

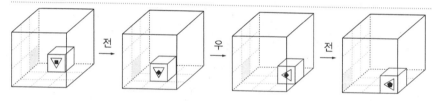

03 정답 ④

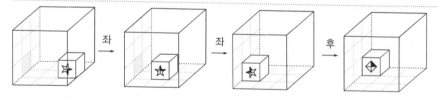

04 정답 ⑤

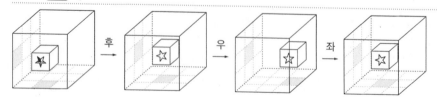

05 (정답) ④

06 (정답) ④

Ⓐ

앞 1칸

Ⓑ

뒤 1칸

Ⓒ

앞 1칸, 오른쪽 1칸

07 (정답) ⑤

Ⓐ

앞 2칸

Ⓑ

왼쪽 1칸

Ⓒ

오른쪽 1칸

08 (정답) ④

Ⓐ

오른쪽 1칸

Ⓑ

왼쪽 1칸

Ⓒ

뒤 2칸

09 (정답) ③

Ⓐ

오른쪽 1칸

Ⓑ

뒤 1칸, 오른쪽 1칸

Ⓒ

앞 1칸

10 정답 ④

㉠  위로 2칸

㉡ 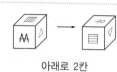 아래로 2칸

㉢ 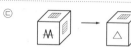 오른쪽 2칸

11 정답 ③

㉠ 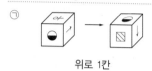 위로 1칸

㉡  아래로 1칸

㉢ 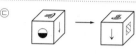 왼쪽 1칸

12 정답 ②

㉠ 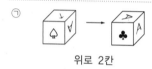 위로 2칸

㉡  위로 1칸

㉢  오른쪽 2칸

13 정답 ①

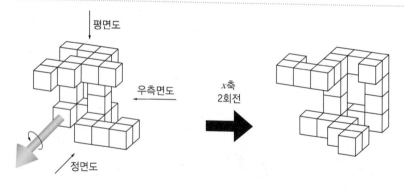

14 정답 ③

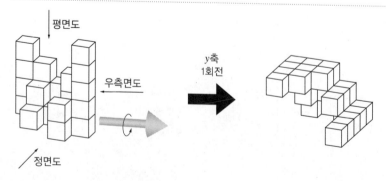

15 （정답） ⑤

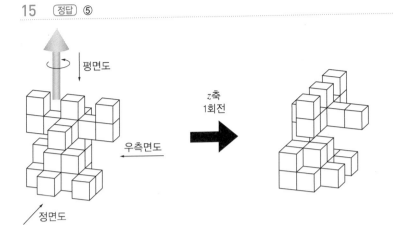

16 （정답） ①

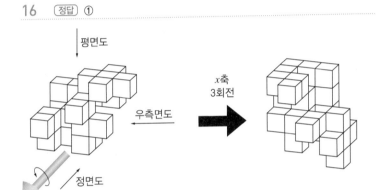

17 （정답） ②

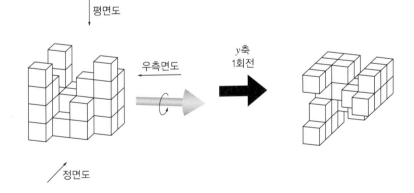

PART 2

언어이해

논리판단

자료해석

정보추론

인간지각

도식이해

18 정답 ③

오답분석

① 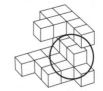   ②   ④    ⑤

19 정답 ④

오답분석

①    ②   ③    ⑤

20 정답 ①

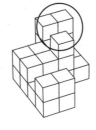

도식이해 유형점검

01 수

01	02	03	04						
④	③	③	④						

01 [정답] ④

  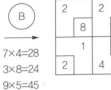

7×4=28
3×8=24
9×5=45
2×6=12

8+4+5+2=19

YES
2+2+4+1<4+5+2+8

NO
x=2

NO
(□=1, □=5)

02 [정답] ③

   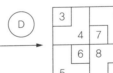

NO
x=3, x=6

3+7+2+6=18

3×4=12
7×9=63
8×2=16
5×6=30

NO
(□=3, □=3)

2+3+6+0=11

03 정답 ③

 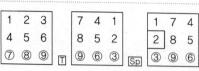 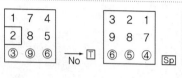

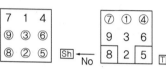

04 정답 ④

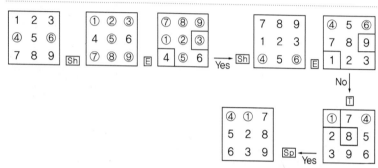

	01	02	03	04				
	①	②	⑤	①				

01　정답 ①

Grid 1
F / ㅌ	A / ㅋ	ㅋ / ㄴ
ㄱ / M	ㄷ / J	ㄴ / T
M / N	J / ㅅ	T / ㅅ
ㄴ / ㄹ	B / B	ㄹ / ㅅ

→

Grid 2
M / ㅌ	J / ㅋ	ㅋ / T
ㄴ / ㄱ	ㄷ / B	ㄴ / T
N / F	ㅅ / A	ㄴ / ㅅ
ㄹ / ㅅ	A /	ㅅ /

→

Grid 3
M / ㅋ	J / ㅌ	ㅋ / T
ㄴ / ㄱ	ㄱ / B	ㄷ / T
N / F	B / ㄹ	ㄴ / ㅅ
ㅅ /	A /	ㅅ /

→

Grid 4
ㄷ / ㅌ	ㄴ / ㅅ	ㄹ / A
ㅋ / ㅌ	ㄱ / B	F / ㅅ
ㅌ / J	B / M	ㄴ / ㅋ
J / ㅌ	M / ㅋ	ㄴ / N

　YES →

Grid 5 (middle row)
ㄷ / T	B / ㅅ	ㄹ / F
ㅋ / J	ㄱ / M	N / ㅅ
T / ㅌ	L /	ㄴ / A
ㅋ		

→

Grid 6
T / ㄷ	B / ㅅ	ㄹ / F
ㅋ / J	M / ㄱ	ㅅ / N
ㅌ / T	ㄱ / L	ㄴ / A
T	ㅋ	

　NO →

Grid 7
T / ㄷ	B / ㅅ	ㄹ / F
ㅋ / J	M / ㄱ	ㅅ / N
ㅌ / T	ㄱ / L	ㄴ / A
T	ㅋ	

→

Grid 8
ㅅ / N	ㄴ / A	ㄴ / ㅋ
ㄹ / F	M / ㄱ	ㅌ / T
B / ㅅ	T / ㄷ	ㅋ / J

→

Grid (standalone)
ㅅ / N	ㄴ / A	ㅋ / ㅌ
F / ㄹ	ㄱ / M	ㅌ / T
B / ㅅ	T / ㄷ	J / ㅋ

02　정답 ②

Grid 1
ㅊ / ㄴ	V / ㅂ	ㅁ / P
ㄷ / P	X / ㄷ	A / ㄴ
C / ㅎ	X / ㄹ	ㄴ / G

→

Grid 2
ㄴ / G	X / ㄹ	C / ㅎ
A / ㄴ	X / ㄷ	ㄷ / P
ㅁ / P	V / ㅂ	ㄴ / L

→

Grid 3
ㄴ / A	X / ㄹ	P / ㅎ
P / ㄴ	V / ㄷ	ㄴ / L
ㅁ / G	X / ㅂ	ㅊ / C

　YES →

Grid 4
A / ㄴ	X / ㄹ	ㅎ / P
P / ㄴ	ㄷ / V	ㄷ / L
ㅁ / G	ㅂ / X	ㅊ / C

→

Grid 5 (bottom row)
ㅎ / P	ㄷ / ㄴ	ㅊ / C
X / ㄹ	ㄷ / V	ㅂ / X
A / ㄴ	P / ㄴ	ㅁ / G

　NO →

Grid 6
ㅎ / P	ㄴ / ㄷ	ㅊ / C
X / ㄹ	V / ㄷ	ㅂ / X
ㄴ / A	P / ㄴ	G / ㅁ

03 (정답) ⑤

(3×3 grids)

①	2	③
4	⑤	6
7	8	9

→ ◎ →

2	③	6
①	⑤	9
4	7	8

→ ▶▶ →

2	③	2
①	⑤	①
4	7	4

→ ● : 다름 →

4	7	4
2	③	2
①	⑤	①

▼▼ →

4	7	4
2	③	2
4	7	4

→ ◁▷ →

4	7	4
2	③	2
4	7	4

04 (정답) ①

1	②	③
④	5	6
7	8	⑨

→ ◁▷ →

③	②	1
6	5	④
⑨	8	7

→ ◎ →

②	1	④
③	5	7
6	⑨	8

→ ▶▶ →

②	1	②
③	5	③
6	⑨	6

● : 같음 →

②	②	1
③	③	5
6	6	⑨

→ ◎ →

②	1	5
②	③	⑨
③	6	6

→ ■ : 다름 →

②	1	5
2	3	9
③	6	6

03 선

01	02	03	04						
②	①	①	④						

01 (정답) ②

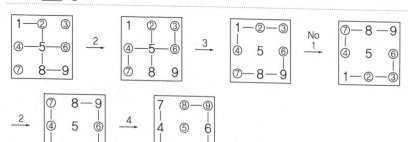

02 정답 ①

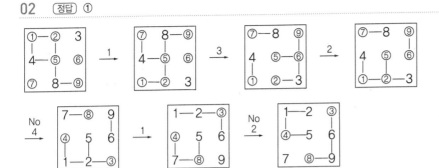

03 정답 ①

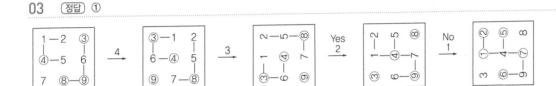

04 정답 ④

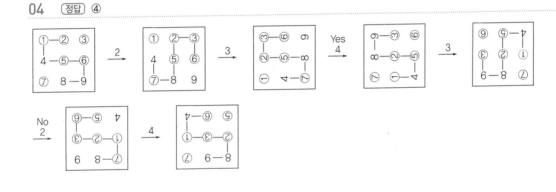

CHAPTER 06 도식이해 중간점검 모의고사

01	02	03	04	05	06	07	08	09	10
⑤	④	②	①	①	②	⑤	①	④	④
11	12	13	14	15					
④	③	④	①	⑤					

01 정답 ⑤

A
8+7+6+5=26

X
YES
2+1+4+3<5+6+8+7

C

D

YES
(□=5, □=1)

A
3+2+1+4=10

Y
NO
x=3, x=2

C

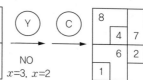

02 정답 ④

B
5×3=15
8×4=32
9×6=54
2×7=14

Y
YES
x=4

A
5+2+4+4=15

NO
(□=3, □=4)

C

X
NO
1+1+3+5<5+2+4+4

D

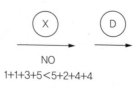

03 (정답) ②

04 (정답) ①

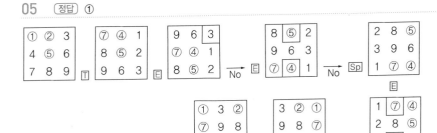

05 (정답) ①

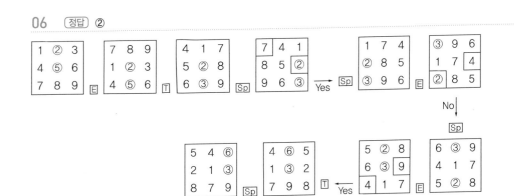

06 (정답) ②

PART 2

언어이해

논리판단

자료해석

정보추론

공간지각

도식이해

07 (정답) ⑤

Grid 1

ㄹ/W	ㅋ/B	ㅜ/ㄹ
ㅎ/E	ㄱ/ㅜ	ㅜ/S
ㅇ/A	ㅍ/G	S/ㅁ

→

Grid 2

ㄹ/E	ㅋ/G	ㅜ/ㄹ
ㅎ/A	ㄱ/G	S/ㅋ
ㅇ/W	ㅍ/B	ㅜ/ㅁ

→

Grid 3

E/ㄹ	ㅋ/G	ㄹ/ㅜ
ㅎ/A	ㄱ/ㅜ	S/ㅋ
ㅇ/W	B/ㅍ	ㅜ/ㅁ

→ NO →

Grid 4

E/ㄹ	ㄹ/G	ㅋ/ㅜ
ㅋ/A	G/ㅎ	S/ㄱ
ㅁ/W	B/ㅇ	ㅜ/ㅍ

→

Grid 5

ㅜ/ㅍ	B/ㅇ	ㅁ/W
S/ㄱ	G/ㅎ	ㅜ/A
ㅋ/ㅜ	ㄹ/G	E/ㄹ

→ NO →

Grid 6

S/ㅍ	G/ㅇ	ㅁ/A
ㅜ/ㄱ	G/ㅎ	ㅋ/E
ㅜ/ㅜ	ㄹ/B	W/ㄹ

→

Grid 7

W/ㅜ	ㄹ/B	ㅋ/ㅜ
ㅎ/E	G/ㅎ	ㅜ/ㄱ
ㅁ/A	G/ㅇ	S/ㅍ

---

08 (정답) ①

Grid 1

ㅎ/C	ㄴ/S	Y/ㅂ
ㅅ/V	F/ㄹ	Y/ㄹ
C/ㄱ	ㅈ/S	ㄷ/B

→

Grid 2

C/ㅎ	S/ㄴ	Y/ㅂ
ㅅ/V	F/ㄹ	ㄹ/Y
C/ㄱ	ㅈ/S	B/ㄷ

→

Grid 3

V/ㅎ	F/ㄴ	Y/ㅂ
ㅅ/C	S/ㄹ	ㄹ/B
C/ㄱ	ㅈ/S	Y/ㄷ

→

Grid 4

ㅈ/S	C/ㄱ	ㅅ/C
Y/ㄷ	S/ㄹ	V/ㄷ
ㄹ/B	Y/ㅂ	F/ㄴ

→ YES

Grid 5

ㅈ/Y	S/ㄱ	ㅅ/V
B/ㄷ	Y/ㄹ	F/ㅎ
ㄹ/S	C/ㅂ	C/ㄴ

→

Grid 6

ㅈ/Y	S/ㄱ	V/ㅅ
ㄷ/B	ㄹ/Y	F/ㅎ
ㄹ/S	C/ㅂ	ㄴ/ㄷ

→ YES →

Grid 7 ( )

ㅈ/ㄷ	S/ㄹ	V/ㄹ
ㄷ/B	ㄹ/Y	F/ㅎ
ㄹ/S	C/ㅂ	ㄴ/ㄷ

→

Grid 8

F/ㅎ	ㄴ/ㄷ	C/ㅂ
V/ㅅ	ㄹ/Y	ㄹ/S
S/ㄱ	ㅈ/Y	ㄷ/B

→

Grid 9

F/ㅎ	ㄴ/ㄷ	ㅂ/ㄷ
V/ㅅ	ㄹ/Y	S/ㄹ
ㄱ/S	Y/ㅈ	ㄷ/B

09 정답 ④

ㄴㅜ	Qㅈ	Pㄹ
ㄹ	Eㅅ	W
Q	E	ㅋ
ㄱ	ㅍ	Y
W	S	ㅂ

→

Tㄴ	Qㅈ	ㄹP
ㄹ	ㅅ	W
Q	E	ㅋ
ㄱ	S	Y
W	ㅍ	ㅂ

→

Yㅂ	Sㅍ	ㄱW
W	ㅅ	ㄹ
ㅋ	E	Q
ㄹ	Q	T
P	㈈	ㄴ

→

Yㄱ	Sㅂ	ㅍW
Wㄹ	ㅋ	ㅅ
ㄴ	E	Q
P	Qㄹ	Tㅈ

→ NO →

Yㄱ	ㅂ	ㅍ
ㄱ	S	W
W	E	ㅅ
ㄹ	ㅋ	Q
P	Q	㈈

→

Yㄱ	ㄱ	ㅂ
ㅍ	S	W
W	E	ㅋ
ㅅ	ㄹ	Q
P	Q	ㄹ
ㅈ	ㄴ	T

→

W	ㄱ	ㅂ
ㅍ	E	Q
P	Q	ㅋ
ㅅ	ㄹ	T
Y	S	ㄹ
ㅈ	ㄴ	W

→ YES →

(| W | ㄱ | ㅂQ |
|---|---|---|
| ㅍ | E | Q |
| P | Q | ㅋ |
| ㅅ | ㄹ | T |
| Y | S | ㄹ |
| ㅈ | ㄴ | W |) →

ㄹ	S	Y
W	ㄴ	ㅈ
ㅋ	Q	P
T	ㄹ	ㅅ
ㅂ	ㄱ	W
Q	E	ㅍ

10 정답 ④

1	②	3
④	5	6
7	8	9

→ ◎ →

④	1	②
7	5	3
8	9	6

→ ■ : 같음 →

④	1	2
7	5	③
8	9	⑥

→ ▼▼ →

④	1	2
7	5	③
④	1	2

→ ◁▷ →

2	1	④
③	5	7
2	1	④

11 정답 ④

1	②	③
④	5	⑥
7	⑧	9

→ ◁▷ →

③	②	1
⑥	5	④
9	⑧	7

→ ▼▼ →

③	②	1
⑥	5	④
③	②	1

→ ▶▶ →

③	②	③
⑥	5	⑥
③	②	③

→ ◎ →

⑥	③	②
③	5	③
②	③	⑥

→ ■ : 같음 →

⑥	3	②
③	⑤	③
②	3	⑥

12 (정답) ③

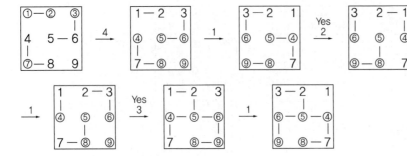

13 (정답) ④

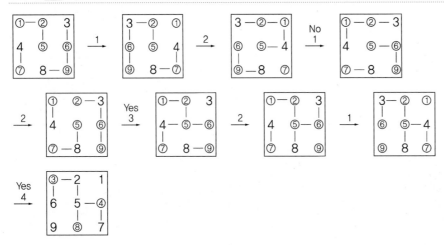

14 (정답) ①

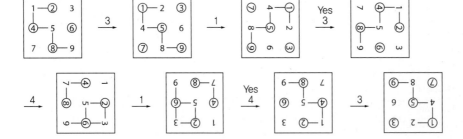

15 (정답) ⑤

PART 3
정답 및 해설

01 언어이해

01	02	03	04	05	06	07	08	09	10
④	⑤	③	⑤	⑤	④	②	②	④	④
11	12	13	14	15	16	17	18	19	20
③	③	②	②	④	②	③	②	③	④

01 정답 ④

제시문은 건축 재료에 대한 기술적 탐구로 등장하게 된 프리스트레스트 콘크리트에 대해 설명하고 있다. 따라서 (마) 프리스트레스트 콘크리트의 등장 - (아) 프리스트레스트 콘크리트 첫 번째 제작 과정 - (가) 프리스트레스트 콘크리트 두 번째 제작 과정 - (나) 프리스트레스트 콘크리트가 사용된 킴벨 미술관 - (다) 프리스트레스트 콘크리트로 구현한 기둥 간격 - (사) 프리스트레스트 콘크리트 구조로 얻는 효과 - (바) 건축 미학의 원동력이 되는 새로운 건축 재료 - (라) 건축 재료와 건축 미학의 유기적 관계로 연결되어야 한다.

02 정답 ⑤

주어진 단락 다음에는 청바지의 시초에 대한 내용이 나와야 하므로 (가)가 적절하다. 그 다음에는 '비록 시작은 그리하였지만'으로 시작하는 (다)가 위치해야 하며, 패션 아이템화의 각론으로서 한국에서의 청바지를 이야기하는 (나)가 와야 한다. (라)는 청바지의 역사, 패션 아이템으로서의 청바지라는 청바지의 기능에 관해 설명하는 부분에서 떨어져 나와 청바지가 가지고 있는 단점과 그 해결을 설명하는 것이므로 마지막에 오는 것이 타당하다.

03 정답 ③

앞부분 끝이 '그렇다고 남의 향락을 위하여 스스로는 고난의 길을 일부러 걷는 것이 학자는 아니다.'이므로, 이어질 내용으로 가장 적절한 것은 (나)이다. 그 다음으로 (가) 상아탑이 제 구실을 못함 - (다) 진리 탐구라는 학문의 목적 - (마) 학문 악용의 폐단 - (라) 학문에 대한 의문 제기로 연결되어야 마지막 단락과의 연결이 자연스럽다.

04 정답 ⑤

조사 '-로써'는 '~을 가지고', '~으로 인하여'라는 의미이고, '-로서'는 '지위', '신분' 등의 의미이다. 따라서 '도모함으로써'가 올바른 표현이다.

05 정답 ⑤

재산이 많은 사람은 약간의 세율 변동에도 큰 영향을 받는다. 그러므로 '영향이 크기 때문에'로 수정해야 한다.

06 정답 ④

주어진 개요는 우리나라의 민주주의가 아직 미흡한 점이 많음을 서론에서 지적한 후에, '본론 1'에서 그 미흡한 점을 구체적으로 제시하고, '본론 2'에서 민본주의를 바탕으로 해결책을 모색하고 있다. 따라서 결론에는 '본론 1'과 '본론 2'의 내용을 포괄하면서 서론에서 제기한 화제를 다뤄야 하고, 글의 제목 또한 중심 생각의 내용을 포괄하면서 결론의 내용을 압축적으로 보여주어야 하기에 ④가 가장 적절하다.

07 정답 ②

빈칸 앞뒤의 문장이 인과관계로 연결되어 있으므로 빈칸에는 앞 문장에 대한 부연 설명이 들어가야 한다. 두 번째 문단에서 새로운 것, 체험하지 않은 것, 낯선 것은 위험, 불안정, 걱정, 공포감을 유발한다고 하였고, 빈칸 앞 문장의 '특별한 유형의 원인만을 써서 설명을 만들어내는 것'은 이러한 느낌을 제거하기 위한 행동이다. 따라서 빈칸에 들어갈 문장으로는 ②가 가장 적절하다.

08 정답 ②

빈칸 다음의 내용을 요약하여 정리하면 다음과 같다.
- 얼굴을 맞대고 하는 접촉이 매체를 통한 접촉보다 결정적인 영향력을 미친다.

- 새 어형이 전파되는 것은 매체보다 사람과의 직접적인 접촉에 의해서라는 것이 더 일반적인 견해이다.
- 매체보다 자주 접촉하는 사람들을 통해 언어 변화가 진전된다는 사실은 언어 변화의 여러 면을 바로 이해하는 한 핵심적인 내용이라 해도 좋을 것이다.

위 내용을 종합해 보면 '접촉의 형식도 언어 변화에 영향을 미치는 요소이다.'가 되며, 이는 글을 이끄는 첫 문장으로 빈칸에 적절하다.

09 정답 ④

지문을 통해 언어는 시대를 넘어 문명을 전수하는 역할을 함을 알 수 있다. 언어를 통해 전해진 선진들의 훌륭한 문화유산이나 정신 자산은 당대의 문화나 정신을 살찌우는 밑거름이 되는 것이다. 이러한 언어가 없었다면 인류 사회는 앞선 시대와 단절되어 더 이상의 발전을 기대할 수 없었을 것이다. 이는 문명의 발달이 언어를 매개로 이루어져 왔음을 의미한다.

10 정답 ④

거래에 참여하는 사람들 간에는 목적이나 재산 등의 측면에서 큰 차이가 존재하는 것이 보통이다. 이런 경우에는 상품의 가격이 우리의 상식으로는 도저히 이해하기 힘든 수준까지 일시적으로 뛰어오르는 현상이 나타날 가능성이 있다.

오답분석
①·③은 네 번째 문단, ②는 마지막 문단, ⑤는 세 번째 문단에서 확인할 수 있다.

11 정답 ③

마지막 문단에서 '지금껏 연구는 주로 쥐를 중심으로 이루어졌지만'이라고 한 문장에서 인간 실험이 행해지지 않았다는 것을 확인할 수 있다.

12 정답 ③

산업 사회의 여러 가지 특징에 대해 설명함으로써 산업 사회가 가지고 있는 문제점들을 강조하고 있다.

13 정답 ②

몸을 중심으로 인간의 존재를 규명하여, 행위하는 몸의 사회적 의미를 분석하고자 했다는 점에서 푸코와 메를로퐁티는 공통점을 갖는다. 하지만 푸코는 인간의 몸이 정치·사회적 권력에서 요구하는 행동 양식을 따르고 있다고 본 반면, 메를로퐁티는 인간의 몸이 우리를 둘러싼 환경인 세계에 주체적으로 적응한다고 보았

다. 따라서 제시된 글은 몸을 중심으로 인간의 존재를 규명하고자 한 푸코와 메를로퐁티의 견해를 공통점과 차이점을 중심으로 소개하고 있다.

14 정답 ②

필자가 우려하고 있는 것은 외환 위기라는 표면적인 이유 때문에 무조건 외제 상품을 배척하는 행위이다. 즉, 문제의 본질을 잘못 이해하여 임기응변식의 대응을 하는 것에 문제를 제기하는 것이다. 이럴 때 쓸 수 있는 관용적 표현은 '언 발에 오줌 누기'이다.

오답분석
① 다른 사람의 본이 되지 않는 사소한 언행도 자신의 지식과 인격을 수양하는 데에 도움이 됨
③ 성미가 몹시 급함
④ 일이 이미 잘못된 뒤에는 손을 써도 소용이 없음
⑤ 위급한 상황에 처해도 정신만 바로 차리면 위기를 벗어날 수 있음

15 정답 ④

(가)는 한(恨)이 긍정적인 측면을 내포하고 있음을 설명하고 있으나, 부정적인 측면을 지양할 것을 강조하고 있지는 않으며, (나) 역시 해학 전통을 계승하자는 내용은 아니다.

16 정답 ②

『일리아스』는 객관적 서술 태도와는 거리가 멀다고 할 수 있다.

17 정답 ③

주어진 지문은 유추에 의한 단어 형성에 대해서만 설명한 글이다.

오답분석
① 첫 번째 문단
② 세 번째 문단
④ 마지막 문단
⑤ 두 번째 문단

18 정답 ②

수요 탄력성이 완전 비탄력적인 상품은 가격이 내리면 지출액이 감소하며, 수요 탄력성이 완전 탄력적인 상품은 가격이 내리면 지출액이 많이 늘어난다고 설명하고 있다. 그러므로 소비자의 지출액을 줄이려면 수요 탄력성이 낮은 생필품의 가격은 낮추고, 수요 탄력성이 높은 사치품은 가격을 높여야 한다고 추론할 수 있다.

19 정답 ③

'예술가가 무엇인가를 선택하는 정신적인 행위와 작업이 예술의 본질'이라는 내용과 잭슨 폴록 작품에 대한 설명을 통해 퐁피두 미술관이 전통적인 예술작품을 선호할 것이라고 추론하기는 어렵다.

오답분석

① · ④ · ⑤ 마르셀 뒤샹과 잭슨 폴록의 작품 성격을 통해 추론할 수 있다.

② 마르셀 뒤샹과 잭슨 폴록의 작품 표현 방식이 서로 다르듯이 그 밖에 표현 방식이 다양한 다른 작가들의 작품도 있을 것으로 추론할 수 있다. 그리고 이를 통해 퐁피두 미술관을 찾는 사람들의 목적 역시 다양할 것이라는 결론을 도출할 수 있다.

20 정답 ④

노모포비아는 '휴대전화가 없을 때 느끼는 불안과 공포증'이라는 의미의 줄임말이다. 따라서 휴대전화를 사용하지 않는 사람에게서는 노모포비아 증상이 나타나지·않을 것을 추론할 수 있다.

02 논리판단

01	02	03	04	05	06	07	08	09	10
⑤	①	③	④	④	④	①	②	③	④
11	12	13	14	15					
②	④	⑤	①	④					

01 정답 ⑤

두 번째, 세 번째 명제를 통해 '어떤 남학생은 채팅과 컴퓨터 게임을 모두 좋아한다.'를 추론할 수 있다.

02 정답 ①

현명한 사람은 거짓말을 하지 않고, 거짓말을 하지 않으면 다른 사람의 신뢰를 얻는다. 즉, 현명한 사람은 다른 사람의 신뢰를 얻는다.

03 정답 ③

비가 오면 큰아들의 장사가 잘 돼서 좋고, 비가 오지 않으면 작은아들의 장사가 잘 돼서 좋다. 비가 오거나 오지 않거나 반드시 둘 중의 하나이므로, '항상 좋다.'라는 내용이 빈칸에 들어가야 한다.

04 정답 ④

조건에 따르면 중국에는 총 2명이 출장을 갈 수 있고, 각각 여름 혹은 겨울에 간다. 또한 조건에 의해 중국에 갈 수 있는 직원은 C대리와 E사원인데, 한 사람이 여름에 가면 한 사람이 겨울에 가게 된다. 따라서 항상 옳은 결과는 '영업팀 C대리가 여름에 중국으로 출장을 가면, 디자인팀 E사원은 겨울에 출장을 간다.'이다.

05 정답 ④

오답분석
① 주어진 조건으로 을은 4, 5, 7번에 앉을 수 있으나 을이 4번에 앉을지 5, 7번에 앉을지는 정확히 알 수 없다.
② 갑과 병은 이웃해 앉지 않으므로 1번에 앉을 수 없다.
③ 주어진 조건으로 을과 정이 나란히 앉게 될지 정확히 알 수 없다.
⑤ 정이 7번에 앉으면 을은 5번에 앉는다. 그러므로 을과 정 사이에는 2명이 앉을 수 없다.

06 정답 ④

- 나, 바 조건에 따라 지원은 화요일과 목요일에는 근무할 수 없고, 기태는 월요일에 근무할 수 없다. 따라서 기태는 목요일에 근무하게 된다.
- 다, 라, 사 조건에 따라 다래, 고은은 월요일에는 근무할 수 없고, 리화는 월요일과 화요일에 근무할 수 없다. 따라서 월요일에는 여자 사원 중 나영이 반드시 근무해야 한다.
- 마 조건에 따라 남호는 월요일에 근무할 수 없다. 따라서 월요일에 근무할 수 있는 사원은 동수와 지원이다.
- 고은이 화요일에 근무하게 될 경우 다래는 수요일 혹은 목요일에 근무할 수 있다. 다래가 수요일에 근무할 경우, 목요일에는 리화가 근무하게 된다.
  따라서 다 조건에 의해 동수가 화요일에 근무하게 되므로 남호는 수요일에, 지원은 월요일에 근무하게 된다.

오답분석
① 고은이 수요일에 근무한다면, 사 조건에 의해 리화는 목요일에 근무하게 된다. 따라서 기태와 리화는 함께 근무하게 된다.
③ 리화가 수요일에 근무하게 되면 고은은 화요일에 근무하게 되고 다래는 목요일에 근무하게 된다. 따라서 동수는 수요일에 근무하게 되는데, 이때 바 조건에 의해 지원은 월요일에 근무하게 되므로 남호는 화요일에 근무하게 된다.
⑤ 지원이 수요일에 근무하게 되면 마 조건에 의해 남호는 화요일, 동수는 월요일에 근무하게 된다. 그러면 다 조건에 의해 다래는 화요일, 사 조건에 의해 고은이는 수요일, 리화는 목요일에 근무하게 된다.

07 정답 ①

각각의 조건을 정리하여 비교해 보면 다음과 같다.
A>B, D>C, F>E>A, E>B>D
∴ F>E>A>B>D>C

08 정답 ②

㉠~㉃을 이용하여 표를 그리면 다음과 같다.

구분	월	화	수	목	금
서울	일본		미국		중국
수원	미국	미국			
인천	중국			미국	
대전	한국				미국

㉁에 따라 한국은 화, 수요일에는 인천에서 연습을 한다. 그러면 목요일에는 서울, 금요일에는 수원에서 연습을 한다. ㉠, ㉢, ㉣를 이용하여 표를 완성하면 다음과 같다.

구분	월	화	수	목	금
서울	일본	일본	미국	한국	중국
수원	미국	미국	일본	중국	한국
인천	중국	한국	한국	미국	일본
대전	한국	중국	중국	일본	미국

09 정답 ③

i) ㉠, ㉡, ㉢, ㉤, ㉥, ㉦에 의해 E, F, G가 3층, C, D, I는 2층, A, B, H는 1층임을 알 수 있다.

ii) ㉣에 의해 2층이 '빈방 − C − D − I' 또는 'I − 빈방 − C − D'임을 알 수 있다.

iii) ㉡, ㉦에 의해 1층이 'B − A − 빈방 − H' 또는 'H − B − A − 빈방'임을 알 수 있다.

iv) ㉥, ㉧에 의해 3층이 'G − 빈방 − E − F' 또는 'G − 빈방 − F − E'임을 알 수 있다.

10 정답 ④

E가 수요일에 봉사를 간다면 C는 월요일에 가고, A는 화요일에 가게 되며, B와 D는 평일에만 봉사를 가므로 토요일에 봉사를 가는 사람은 없다.

오답분석

① B가 화요일에 봉사를 간다면 A는 월요일에 봉사를 가고, C는 수요일 또는 금요일에 봉사를 가므로 토요일에 봉사를 가는 사람은 없다.

② D가 금요일에 봉사를 간다면 C는 수요일과 목요일에 봉사를 갈 수 없으므로 월요일이나 화요일에 봉사를 가게 된다. 따라서 다섯 명은 모두 평일에 봉사를 가게 된다.

③ D가 A보다 빨리 봉사를 가면 D는 월요일, A는 화요일에 봉사를 가므로 C는 수요일이나 금요일에 봉사를 가게 된다. C가 수요일에 봉사를 가면 E는 금요일에 봉사를 가게 되므로 B는 금요일에 봉사를 가지 않는다.

⑤ C가 A보다 빨리 봉사를 간다면 D는 목요일이나 금요일에 봉사를 간다.

11 정답 ②

무는 혼자만 주문한 메뉴가 1개 포함되어 있으므로 치킨버거를 주문하거나 주스를 주문하였다.

• 무가 치킨버거를 주문한 경우

4번째 조건에 따라 갑과 병은 새우버거를 주문하거나 치즈버거를 주문해야 한다.

그런데 만약 갑과 병이 새우버거를 주문하면, 병과 정은 주스를 주문할 수 없고, 정은 치즈버거를 먹기 때문에 콜라도 주문할 수 없으므로 사이다를 시켜야 한다. 또한, 을은 콜라를 주문하지 않고 정이 시킨 음료인 사이다도 주문할 수 없으므로 주스를 시켜야 하는데, 이는 2번째 조건에 어긋난다.

따라서 갑과 병은 새우버거를 주문할 수 없고 치즈버거를 주문한다. 이 경우, 을과 정이 새우버거를 주문하고, 병은 치즈버거를 시켰기 때문에 3번째와 7번째 조건에 따라 사이다를 시킨다. 나머지 4명 중 2명은 콜라를 시켜야 하는데, 갑과 을이 콜라를 주문할 수 없으므로 정과 무가 콜라를 주문하고, 을이 시킨 메뉴는 항상 다른 사람과 겹치므로 사이다를, 갑이 주스를 주문한다.

구분	갑	을	병	정	무
버거	치즈버거	새우버거	치즈버거	새우버거	치킨버거
음료	주스	사이다	사이다	콜라	콜라

• 무가 주스를 주문한 경우

1번째, 2번째, 4번째 조건에 따라 갑 · 을 · 병 · 무는 치킨버거를 주문할 수 없으므로 정이 치킨버거를 시킨다. 갑 · 병이 치즈버거를 주문하는 경우 5번째, 6번째 조건상 갑 · 을 · 병이 모두 콜라를 시킬 수 없어서 콜라를 시킬 사람이 정밖에 남지 않으므로, 갑 · 병은 새우버거를 주문해야 한다. 을과 무는 치즈버거를 시키고, 을은 콜라를 주문할 수 없으므로 사이다를 시킨다. 을과 정은 같은 음료를 주문할 수 없으므로 정은 콜라를, 갑과 병이 각각 사이다 또는 콜라를 주문한다.

구분	갑	을	병	정	무
버거	새우버거	치즈버거	새우버거	치킨버거	치즈버거
음료	사이다 (or 콜라)	사이다	콜라 (or 사이다)	콜라	주스

갑 · 을, 을 · 병은 사이다를, 병 · 정은 콜라를, 을 · 무는 치즈버거를 동시에 주문할 수 있다.

12 정답 ④

11 해설 참조

13 　정답　⑤

우선 A의 아이가 아들이라고 하면 그의 발언은 성립하게 되는데, B, C의 아이도 아들이라 하였으므로 이것은 사내아이가 2명밖에 없다는 조건에 모순된다. 그러므로 A의 아이는 딸이다. 다음에 C의 아이가 아들이라고 하면 C의 발언에서 D의 아이는 딸이 되므로 B의 아이는 아들이어야 한다. 그런데 이것은 B의 발언과 모순된다(사내아이의 아버지인 B가 거짓말을 한 것이 되므로). 따라서 C의 아이도 딸이다. 그러므로 사내아이의 아버지는 B와 D이다.

14 　정답　①

두 사람은 나쁜 사람이므로 서로 진술이 엇갈리는 A와 E를 먼저 살펴보아야 한다. A를 착한 사람이라고 가정하면 'A(T) − B(F) − D(F) − C(F) − E(F)'으로 나쁜 사람이 4명이 되므로 모순이다. 즉, A는 나쁜 사람이고, B와 C는 서로 대우이므로 두 사람은 착한 사람이다(두 사람이 나쁜 사람이라면 나쁜 사람은 'A, B, C' 3명이 된다). 따라서 'B, C, E'가 착한 사람이고, 'A, D'가 나쁜 사람이다.

15 　정답　④

A의 진술 중 'D가 두 번째이다.'를 참이라고 가정하면 D, E의 진술 중 'E가 네 번째이다.'가 거짓이 되어 A가 가장 많이 나오고, D가 두 번째가 된다. 그러면 B의 진술이 모두 거짓이되므로 모순이다. 따라서 A의 진술 중 '내가 세 번째이다.'가 참이다. A가 세 번째이므로, C의 진술 중 'B가 제일 적게 나왔다.'가 참이고, D의 진술 중 'E가 네 번째이다.'가 참이다. 또한 B의 진술 중 'C가 두 번째로 많이 나왔다.'가 참이다. 따라서 요금이 많이 나온 순으로 나열하면 D − C − A − E − B이다.

01	02	03	04	05	06	07	08	09	10
②	③	⑤	③	⑤	②	④	②	④	④
11	12	13	14	15	16	17	18	19	20
②	④	⑤	①	①	④	①	④	②	①

01 　정답　②

뉴질랜드의 수출부문수지는 8월 이후 증가하나, 11월에는 10월 대비 감소하였다.

오답분석

① 한국의 수출부문수지 중 전월 대비 수출수지가 증가한 달은 9월, 10월, 11월이며, 증가량이 가장 많았던 달은 $45,309-41,983=3,326$백만 USD인 11월이다.

③ 그리스의 12월 수출수지는 2,426백만 USD이며, 11월 수출수지는 2,409백만 USD이다.

전월 대비 12월의 수출수지 증가율은 $\dfrac{2,426-2,409}{2,409}\times100≒0.7\%$이다.

④ 10월부터 12월 사이 한국의 수출부문수지는 증가-감소의 추이이다. 한국과 같은 추이의 양상을 보이는 나라는 독일과 미국으로 2개국이다.

⑤ 자료를 통해 쉽게 알 수 있다.

02 　정답　③

존속성 기술을 개발하는 업체의 총수는 24개, 와해성 기술을 개발하는 업체의 총수는 23개로 올바른 판단이다.

오답분석

① 시장견인과 기술추동을 합하여 비율을 계산하면 벤처기업이 $\dfrac{12}{20}$, 대기업이 $\dfrac{11}{27}$이므로 올바르지 않은 판단이다.

② 존속성 기술은 12개, 와해성 기술은 8개로 틀린 판단이다.

④ 10 : 10의 동일한 비율이므로 올바르지 않은 판단이다.

⑤ 17 : 10으로 시장견인전략을 취하는 비율이 월등히 높다.

03 　정답　⑤

ㄴ. 서울을 제외한 4개 도시의 취업자 수의 합 $1,670+1,226+1,523+735=5,154$천 명으로 서울의 취업자 수인 5,080천 명보다 많다.

ㄹ. 5개 시의 상위 5위 안에 해당하는 산업의 종류 : 소매업(자동차 제외), 음식점 및 주점업, 교육 서비스업, 도매 및 상품중개업, 사업지원 서비스업, 보건업, 육상운송 및 파이프라인 운송업, 전문직별 공사업

따라서 5개 시의 상위 5위 안에 해당하는 산업의 종류는 총 8개이다.

오답분석

ㄱ. 5개 시의 산업중분류 중 인천시의 상위 3개의 분야는 소매업(자동차 제외), 음식업 및 주점업, 사업지원 서비스업으로 교육 서비스업은 해당하지 않는다.

ㄷ. (서울의 1위 산업과 5위 산업의 비율의 차)=(소매업 9.8%)-(사업지원 서비스업 4.8%)=5%p

(부산의 1위 산업과 5위 산업의 비율의 차)=(음식점 및 주점업 9.8%)-(보건업 5.1%)=4.7%p

(대구의 1위 산업과 5위 산업의 비율의 차)=(소매업 10.2%)-(육상운송 및 파이프 라인 운송업 4.4%)=5.8%p

(인천의 1위 산업과 5위 산업의 비율의 차)=(소매업 9.1%)-(육상운송 및 파이프 라인 운송업 5.5%)=3.6%p

(광주의 1위 산업과 5위 산업의 비율의 차)=(소매업 10%)-(육상운송 및 파이프 라인 운송업 4.9%)=5.1%p

따라서 각 시의 1위 산업과 5위 산업 비율의 차가 4.5%p 이상인 지역은 서울, 부산, 대구, 광주뿐이다.

04 　정답 ③

사업지원 서비스업이 상위 5대 산업에 해당하는 도시는 서울과 인천이다.

서울의 취업자 수는 5,080,000명이며, 사업지원 서비스업은 그 중 4.8%를 차지하므로 사업지원 서비스업 취업자 수는 $5,080,000 \times 0.048 = 243,840$명이다.

인천의 취업자 수는 1,523,000명이며, 사업지원 서비스업은 그 중 6.2%를 차지하므로 사업지원 서비스업 취업자 수는 $1,523,000 \times 0.062 = 94,426$명이다.

따라서 서울과 인천의 사업지원 서비스업 종사자는 $243,840 + 94,426 = 338,266$명이다.

05 　정답 ⑤

2018년 1분기만의 지표를 가지고 남은 3분기 동안 일어날 일을 예측할 수 없다.

오답분석

① 〈표 1〉을 보면 쉽게 확인할 수 있다.

② 〈표 1〉·〈표 2〉를 보면 쉽게 확인할 수 있다.

③ 손해율이 낮다는 것은 보험 상품이 그만큼 안정적이라는 반증이므로 손해율이 가장 낮은 H해상의 안정성이 제일 높다고 볼 수 있다.

④ 업체들 모두 각각의 강점을 가지고 있기 때문에 향후 순위는 예측하기 힘든 상황이다.

06 　정답 ②

- 소희 : 전체 경쟁력 점수는 E국이 D국보다 1점 높다. 이때 E국과 D국의 총합을 각각 계산하는 것보다 D국을 기준으로 E국의 편차를 부문별로 계산하여 판단하는 것이 좋다. 변속감 −1, 내구성 −2, 소음 −4, 경량화 +10, 연비 −2. 따라서 총합은 E국이 +1이다.
- 지훈 : C국을 제외하고 국가 간 차이가 가장 큰 부문은 경량화 21점, 가장 작은 부문은 연비 9점이다.
- 재상 : 내구성이 가장 높은 국가는 B, 경량화가 가장 낮은 국가는 D이다.

07 　정답 ④

트럭·버스의 비율은 미국·캐나다·호주가 약 20%이며, 유럽 국가들은 모두 10% 전후이다. 따라서 승용차가 차지하는 비율이 높다.

오답분석

① 자동차 보유 대수에서 승용차가 차지하는 비율이 가장 높은 것은 트럭·버스의 비율이 가장 낮다는 것이다. 프랑스의 총수는 독일과 거의 같지만, 트럭·버스의 보유 대수는 독일의 거의 2배가 되고 있다. 따라서 프랑스의 트럭·버스의 비율은 독일보다 높으므로 승용차의 비율은 낮다.

② 호주의 트럭·버스의 비율이 10% 미만인지를 판단하면 된다. 총수는 5,577천 대로 그 10%는 557.7천 대이다. 따라서 트럭·버스의 수 1,071천 대는 10% 이상이기 때문에 승용차의 비율은 90% 미만이 된다.

③ 프랑스의 승용차와 트럭·버스의 비율은 15,100 : 2,334로 약 6 : 1이 아니다.

⑤ 자동차의 수만으로는 매연가스 배출량을 판단할 수 없다.

08 　정답 ②

부산지역의 이용률이 가장 높은 시설은 가정 어린이집이고, 이는 서울이나 대구지역보다 높다.

09 　정답 ④

⊙ 2016~2018년의 일본. 대만 및 기타 국적 임직원 수의 합을 구하면 다음과 같다.
- 2016년 : $1,615+1,333+97=3,045$명
- 2017년 : $2,353+1,585+115=4,053$명
- 2018년 : $2,749+2,032+153=4,934$명

따라서 2016~2018년의 일본. 대만 및 기타 국적 임직원 수의 합은 중국 국적 임직원 수보다 많다.

ⓒ 국적별 2017년과 2018년의 전년 대비 임직원 수의 증감폭을 구하면 다음과 같다.
- 2016년 대비 2017년의 임직원 수의 증감폭
  - 한국 : $10,197-9,566=631$명
  - 중국 : $3,748-2,636=1,112$명
  - 일본 : $2,353-1,615=738$명
  - 대만 : $1,585-1,333=252$명
  - 기타 : $115-97=18$명
- 2017년 대비 2018년의 임직원 수의 증감폭
  - 한국 : $9,070-10,197=-1,127$명
  - 중국 : $4,853-3,748=1,105$명
  - 일본 : $2,749-2,353=396$명
  - 대만 : $2,032-1,585=447$명
  - 기타 : $153-115=38$명

따라서 2017년과 2018년에 전년 대비 임직원 수가 가장 많이 증가한 국적은 중국이다.

ⓔ 각 연령대별 2017년 대비 2018년의 증감률을 구하면 다음과 같다.
- 20대 이하 : $\frac{10,947-8,933}{8,933}\times100≒22.54\%$
- 30대 : $\frac{6,210-7,113}{7,113}\times100≒-12.69\%$
- 40대 이상 : $\frac{1,700-1,952}{1,952}\times100≒-12.90\%$

따라서 2017년 대비 2018년 임직원 수의 감소율이 가장 큰 연령대는 40대 이상이다.

오답분석

ⓛ 각 연도별 전체 임직원 수를 구하면 다음과 같다.
- 2016년 : $8,914+5,181+1,152=15,247$명
- 2017년 : $8,933+7,113+1,952=17,998$명
- 2018년 : $10,947+6,210+1,700=18,857$명

각 연도별 전체 임직원 중 20대 이하 임직원이 차지하는 비중을 구하면 다음과 같다.
- 2016년 : $\frac{8,914}{15,247}\times100≒58.5\%$
- 2017년 : $\frac{8,933}{17,998}\times100≒49.6\%$
- 2018년 : $\frac{10,947}{18,857}\times100≒58.1\%$

2017년의 경우 전체 임직원 중 20대 이하 임직원이 차지하는 비중은 50% 미만이다.

10 　정답 ④

ⓒ 주당 순이익은 乙 - 丁 - 甲 - 丙 순서로 높다. 이는 주식가격이 높은 순서와 일치한다.

ⓔ (자기자본)＝(발행 주식 수)×(액면가) → (발행 주식 수)＝$\frac{(자기자본)}{(액면가)}$

　甲 : 20,000. 乙 : 100,000. 丙 : 500,000. 丁 : 80,000

11 정답 ②

기원이가 $x$kg 체중이 증가하였을 경우 체중은 $(71+x)$kg이다. 이때 기원이의 비만도는 $\dfrac{71+x}{73.8}\times100$이고, 과체중이 되려면

$\dfrac{71+x}{73.8}\times100>110$이어야 하므로 $x>10.18$이다.

오답분석

① • 혜지의 표준체중 : $(158-100)\times0.9=52.2$kg

　• 기원이의 표준체중 : $(182-100)\times0.9=73.8$kg

③ • 혜지의 비만도 : $\dfrac{58}{52.2}\times100≒111\%$

　• 기원이의 비만도 : $\dfrac{71}{73.8}\times100≒96\%$

　• 용준이의 표준체중 : $(175-100)\times0.9=67.5$kg

　• 용준이의 비만도 : $\dfrac{96}{67.5}\times100≒142\%$

표준체중(100%) 기준에서 비만도가 $-10\%\sim+10\%$ 차이가 나면 정상체중이므로 3명의 학생 중 정상체중인 학생은 기원이뿐이다.

④ (혜지의 비만도$-100)\times4=(111-100)\times4=44\%$p이고, (용준이의 비만도$-100)=142-100=42\%$p이다.

⑤ 용준이가 22kg 이상 체중 감량을 했을 시 $96-22=74$kg이고, 용준이의 비만도는 $\dfrac{74}{67.5}\times100≒109\%$이다. 따라서 90% 이상 110% 이하에 해당하므로 정상체중 범주에 포함된다.

12 정답 ④

ⓒ 내륜결함과 외륜결함의 인식률을 구하면 다음과 같다.

　• 내륜결함의 인식률 : $\dfrac{90}{116}$

　• 외륜결함의 인식률 : $\dfrac{92}{133}$

이를 통해 내륜결함과 외륜결함의 오류율을 구하면 다음과 같다.

　• 내륜결함의 오류율 : $1-\dfrac{90}{116}=\dfrac{26}{116}≒0.22$

　• 외륜결함의 오류율 : $1-\dfrac{92}{133}=\dfrac{41}{133}≒0.31$

따라서 내륜결함의 오류율은 외륜결함의 오류율보다 낮다.

ⓔ 실제 결함원인이 정렬불량결함인 베어링 중에서, 추정 결함원인이 불균형결함인 베어링은 5개이고, 추정 결함원인이 불결함인 베어링은 16개이므로 옳은 설명이다.

오답분석

⊙ • 결함이 있는 베어링의 개수 : 610개

　• 추정 결함원인과 실제 결함원인이 동일한 베어링의 개수 : $87+90+92+75+78=422$

따라서 전체인식률은 $\dfrac{422}{610}≒0.69$로 0.8 미만이다.

ⓒ • 불균형결함의 인식률 : $\dfrac{87}{115}≒0.76$

　• 외륜결함의 인식률 : $\dfrac{92}{133}≒0.69$

따라서 불균형결함 인식률은 외륜결함의 인식률보다 높다.

13 　정답 ⑤

$$\frac{3,466.0-3,355.8}{3,355.8}\times100\fallingdotseq3.28\%$$

14 　정답 ①

2020년의 김치 수출액이 3번째로 많은 국가는 홍콩이고, 홍콩의 2019년 대비 2020년 수출액의 증감률을 구하면

$$\frac{4,285-4,543}{4,543}\times100\fallingdotseq-5.68\%\text{이다.}$$

15 　정답 ①

반월시화공단은 $195,635\div12,548\fallingdotseq15.6$명, 울산공단은 $101,677\div1,116\fallingdotseq91.1$명이므로 그 차이는 75.5명이다.

16 　정답 ④

1970년 전체 재배면적을 A라 하면, 2010년 전체 재배면적은 $1.25A$이다.
- 1970년 과실류 재배면적 : $0.018A$
- 2010년 과실류 재배면적 : $0.086\times1.25A=0.1075A$

따라서 재배면적은 $\dfrac{0.1075A-0.018A}{0.018A}\times100\fallingdotseq500\%$ 증가했다.

17 　정답 ①

〈가로〉

1. 취사구호세트의 비축기준이 두 번째로 높은 지역은 경상남도이고, 경상남도의 전체 비축량 대비 응급구호세트의 비축량이 차지하는 비율을 구하면 $\dfrac{6,091}{9,956}\times100\fallingdotseq61\%$이다.

   또한, 전체 비축량이 가장 낮은 지역은 제주도이고, 제주도의 전체 비축 기준량 대비 취사구호세트의 비축 기준량이 차지하는 비율은 $\dfrac{93}{312}\times100\fallingdotseq30\%$이다.

   $\therefore 61\times30=1,830$

			2
1	8	3	0
5		8	7
5		4	
6		5	

〈세로〉

2. • 경상북도와 경상남도의 취사구호세트 비축량의 평균 : $\dfrac{1,997+3,865}{2}=2,931$세트

   • 충청북도와 충청남도의 취사구호세트 비축량의 평균 : $\dfrac{1,499+1,250}{2}\fallingdotseq1,375$세트

   $\therefore 2,931-1,375=1,556$

3. 응급구호세트의 비축량이 네 번째로 높은 지역은 전라남도이고, 전라남도의 전체 구호물자 비축량과 전체 구호물자 비축기준량의 차를 구하면 $7,014-3,169=3,845$세트이다.

4. 전라북도의 전체 비축기준 대비 전체 비축량의 비율 : $\dfrac{3,444}{1,666}\times100\fallingdotseq207\%$

따라서 빈칸의 수를 모두 더하면 $2+1+8+3+0+5+8+7+5+4+6+5=54$이다.

18 정답 ④

〈가로〉

1. 남성 결핵 신고 신환자 수가 가장 작은 해는 2016년이고, 2016년 전체 결핵 신고 신환자 수에서 40~49세 결핵 신고 신환자 수가 차지하는 비중은 $\frac{4,028}{30,892} \times 100 ≒ 13\%$이다. 또한, 2016년 전체 결핵 신고 신환자 수에서 70~79세 결핵 신고 신환자 수가 차지하는 비중은 $\frac{5,459}{30,892} \times 100 ≒ 18\%$이다.

   ∴ $13 \times 18 = 234$

2. • 19세 이하의 2015년 대비 2016년 결핵 신고 신환자 수의 감소율 : $\frac{882-1,181}{1,181} \times 100 ≒ -25\%$

   • 80세 이상의 2015년 대비 2016년 결핵 신고 신환자 수의 증가율 : $\frac{4,693-4,133}{4,133} \times 100 ≒ 14\%$

   ∴ $25 \times 14 = 350$

3. • 2014년 대비 2015년 여성 결핵 신고 신환자의 감소폭 : $14,895-13,486=1,409$명

   • 2015년 대비 2016년 남성 결핵 신고 신환자의 감소폭 : $18,695-17,865=830$명

   ∴ $1,409+830=2,239$명

〈세로〉

4. 2015년 결핵 신고 신환자 중 4번째로 많은 연령대는 60~69세이고, 60~69세의 2016년 결핵 신고 신환자 수는 4,403명이다.
따라서 빈칸의 수를 모두 더하면 $4+2+3+4+3+5+0+2+2+3+9=37$이다.

19 정답 ②

〈가로〉

1. • 전기적 요인으로 인한 화재 건수의 11월 대비 12월의 증가율 : $\frac{688-604}{604} \times 100 ≒ 14\%$

   • 교통사고로 인한 화재 건수의 11월 대비 12월의 증가율 : $\frac{59-41}{41} \times 100 ≒ 44\%$

   ∴ $14 \times 44 = 616$

2. 전기적 요인으로 인한 화재가 가장 적게 발생한 달은 10월이고, 10월의 가스누출사고로 인한 화재 건수는 11건이다. 또한, 부주의로 인한 화재가 가장 많이 발생한 달은 3월이고, 3월의 기계적 요인으로 인한 화재 건수는 431건이다.

   ∴ $11 \times 431 = 4,741$

〈세로〉

3. $\frac{1,102+1,656+1,398+1,238+1,581+1,781}{6} ≒ 1,459$

4. • 2020년 기계적 요인으로 인한 월별 화재 건수의 최댓값과 최솟값의 차 : $598-328=270$

   • 2020년 화학적 요인으로 인한 월별 화재 건수의 최댓값과 최솟값의 차 : $61-38=23$

   ∴ $270 \times 23 = 6,210$

따라서 빈칸을 모두 더하면 $6+1+6+1+2+4+7+4+1+5+0+9=46$이다.

〈가로〉

1. 1월~12월 중 적혈구 농축액의 최대량은 38,645유니트(7월)이고, 최소량은 16,543유니트(12월)이므로
38,645－16,543＝22,102

1			6	7
3			7	0
2	2	1	0	2
8			9	0

〈세로〉

2. • 1월 신선동결혈장의 양 : 78,777유니트
   • 12월 신선동결혈장의 양 : 65,497유니트
   ∴ $(78,777 － 65,497) ÷ 10 ＝ 13,280 ÷ 10 ＝ 1,328$

3. $\dfrac{6,785 + 6,813 + 6,530}{3} ≒ 6,709$

4. • 혈소판 성분제제의 1월 대비 2월의 감소량 : $1,011 － 921 ＝ 90$
   • 혈소판 성분제제의 11월 대비 12월의 증가량 : $975 － 897 ＝ 78$
   ∴ $90 × 78 ＝ 7,020$

따라서 $(ⓐ+ⓑ) × (㉠+㉡) ＝ (8+2) × (9+7) ＝ 10 × 16 ＝ 160$

01	02	03	04	05	06	07	08	09	10
⑤	④	⑤	③	①	⑤	③	③	②	⑤
11	12	13	14	15	16	17	18	19	20
①	①	③	①	②	③	③	①	②	③

01 정답 ⑤

• 2018년 7월 서울특별시의 소비심리지수 : 128.8

• 2018년 12월 서울특별시의 소비심리지수 : 102.8

• 2018년 7월 대비 2016년 12월의 소비심리지수 감소율 : $\frac{128.8-102.8}{128.8} \times 100 ≒ 20.19\%$

따라서 2018년 12월 소비심리지수 감소율은 19% 이상이다.

02 정답 ④

초·중·고등학교 전체 학생 수는 점점 감소하고, 전체 다문화 학생 수는 점점 증가하고 있으므로 초·중·고등학교 전체 학생 수 대비 전체 다문화 학생 수의 비율은 계속 증가하고 있다.

오답분석

①·② 〈초·중·고등학교 전체 학생 수〉 자료를 통해 알 수 있다.

③ 82,536-9,389=73,147

⑤ 8,388÷340≒24.7

03 정답 ⑤

2016년 전체 수익은 420,000+496,000+388,000+291,000=1,595,000원이다.

오답분석

①·③ 제시된 자료에서 확인할 수 있다.

② 2015년 4분기 제품가격은 627,000원이고 2016년 4분기 제품가격은 559,000원이다. 따라서 2016년 4분기 제품가격은 전년 동분기보다 627,000-559,000=68,000원 감소했다.

④ 2016년에 소요한 재료비용은 177,000+191,000+190,000+268,000=826,000원이다.

04 정답 ③

각 연도별로 시행기업당 참여직원 수를 구하면 다음과 같다.

• 2012년 : 3,197÷2,079≒1.54

• 2013년 : 5,517÷2,802≒1.97

• 2014년 : 10,869÷5,764≒1.89

• 2015년 : 21,530÷7,686≒2.80

따라서 시행기업당 참여직원 수가 가장 많은 해는 2015년이다.

05 정답 ①

⊙ 그래프를 살펴보면 전체 구매액 중 50대 이상 연령대의 구매액 비중은 할인점이 가장 큰 것을 쉽게 알 수 있다.

ⓒ 전체 구매액 중 여성의 구매액 비중이 남성보다 큰 유통업태는 오픈마켓과 할인점이다.

그래프를 살펴보면 오픈마켓의 40세 이상 구매액 비중은 약 67%, 할인점의 40세 이상 구매액 비중은 약 70%로 두 유통업태의 40세 이상 구매액 비중은 모두 60% 이상이다.

오답분석

ⓒ 각 유통업태의 연령별 구매액 비중 그래프에서 20대 이하와 50대 이상이 차지하는 면적을 살펴보면 소셜커머스, 오픈마켓, 할인점에서는 50대 이상이 20대 이하보다 큰 비중을 차지함을 알 수 있다. 그러나 일반유통의 경우 50대 이상이 20대 이하보다 작은 비중을 차지한다.

ⓔ 40세 미만의 구매액 비중이 50% 미만인 유통업태는 소셜커머스, 오픈마켓, 할인점이다.

오픈마켓과 할인점은 여성의 구매액 비중이 남성보다 크지만, 소셜커머스의 경우 여성의 구매액 비중이 남성보다 작다.

06 정답 ⑤

2011~2015년의 국가공무원 중 여성의 비율과 지방자치단체공무원 중 여성의 비율의 차를 구하면 다음과 같다.

- 2011년 : 47-30=17%p
- 2012년 : 48.1-30.7=17.4%p
- 2013년 : 48.1-31.3=16.8%p
- 2014년 : 49-32.6=16.4%p
- 2015년 : 49.4-33.7=15.7%p

즉, 비율의 차는 2012년에 증가했다가 2013년 이후에 계속 감소함을 알 수 있다.

07 정답 ③

⊙ 추석연휴 전날과 평소 주말의 하루 평균 사고 건수ㆍ부상자 수의 차이를 구하면 다음과 같다.

- 사고 건수 차이 : 822.0-581.7=240.3
- 부상자 수 차이 : 1,178.0-957.3=220.7

평소 주말의 하루 평균 사망자 수에서 30% 증가한 값은 12.9×1.3=16.77이므로, 추석연휴 전날 사망자 수인 17.3명은 그보다 많다.

ⓒ 추석연휴 하루 평균 졸음운전사고의 수는 7.8건으로 평소 주말 하루 평균 졸음운전사고 수인 8.2건보다 적다. 추석연휴 하루 평균 졸음운전사고의 부상자와 사망자의 수는 각각 21.1명, 0.6명으로 평소 주말 하루 평균 졸음운전사고의 부상자와 사망자 수인 17.1명, 0.3명보다 많다.

ⓜ 어린이사고의 추석연휴와 평소 주말의 하루 평균 사고 건수ㆍ부상자 수ㆍ사망자 수의 차이를 구하면 다음과 같다.

- 사고 건수 : 45.4-39.4=6.0건
- 부상자 수 : 59.4-51.3=8.1명
- 사망자 수 : 0.4-0.3=0.1명

오답분석

ⓒ 추석 당일과 추석 전날의 교통사고 건당 부상자 수와 교통사고 건당 사망자 수를 구하면 다음과 같다.

- 교통사고 건당 부상자 수
  - 추석 당일 : 1,013.3÷448.0≒2.26명
  - 추석 전날 : 865.0÷505.3≒1.71명
- 교통사고 건당 사망자 수
  - 추석 당일 : 10.0÷448.0≒0.02명
  - 추석 전날 : 15.3÷505.3≒0.03명

즉, 교통사고 건당 부상자 수는 추석 당일이 추석 전날보다 많지만 교통사고 건당 사망자 수는 추석 당일이 추석 전날보다 적다.

㉣ 사망자 증가율 : $\dfrac{0.6-0.3}{0.3}\times100=100\%$

부상자 증가율 : $\dfrac{21.1-17.1}{17.1}\times100=23.4\%$

따라서 사망자의 증가율은 부상자의 증가율의 10배 미만이다.

08 정답 ③

가장 적게 보냈던 2010년의 1인당 우편 이용 물량은 96통 정도이므로 365÷96=3.8이다. 즉, 3.8일에 1통은 보냈다는 뜻이므로, 4일에 한 통 이상 보냈다.

오답분석
① 증가와 감소를 반복하므로 증가 추세에 있다고 말하기 어렵다.
② 2002년에 1인당 우편 이용 물량이 가장 많았던 것은 맞으나, 가장 적었던 해는 2010년이다.
④ 접수 우편 물량은 2009년과 2010년 사이에 증가하였다.
⑤ 접수 우편 물량이 가장 많은 해는 2002년으로 약 5,500백만 통이고, 가장 적은 해는 2005년으로 약 4,750백만 통이다. 따라서 그 차이는 약 750백만 통 정도이다.

09 정답 ②

오답분석
니호 : 교원 1인당 원아 수는 $\dfrac{(원아\ 수)}{(교원\ 수)}$으로, 원아 수 대비 교원 수가 늘어나기 때문이다.

미송 : 표를 통해서는 알 수 없다.

10 정답 ⑤

2016년을 기점으로 볼 때, 노동생산성 지수는 일본이 96.52, 독일이 96.39로 일본이 약간 앞서 있다.

오답분석
① 지수를 보면 우리나라는 2014년부터 2018년까지 소폭이라도 계속 상승세를 타고 있으며, 중국은 2014년에 비해 2018년의 지수를 보면 다른 나라에 비해 급상승세를 보이고 있음을 알 수 있다.
② 독일과 일본은 2016년에 지수를 기준으로 계속 감소하고 있음을 알 수 있다.
③ 우리나라는 44,103에서 48,627로 4,524포인트가 증가했다.
④ 가장 크게 변한 나라는 중국으로 9.24포인트가 상승했고, 가장 적게 변한 나라는 미국으로 0.78포인트가 상승했다. 따라서 그 차이는 8.46포인트이다.

11 정답 ①

'(충원 수)=(내부임용 수)+(외부임용 수)'이므로 166=(가)+72이다. 따라서 (가)=94이다.

'(외부임용률)=$\dfrac{(외부임용\ 수)}{(충원\ 수)}\times100$'이므로 $\dfrac{67}{149}\times100=(나)$이다. 따라서 (나)=45.0이다.

12 정답 ①

600자 이상 750자 미만의 교사의 비율이 6.3%인데 도표는 10% 이상으로 표현되어 있으므로 잘못되었다.

오답분석
② · ③ · ④ · ⑤ 주어진 표의 내용과 모두 일치한다.

13 정답 ③

① 미국 국적 외국인의 소유면적이 외국인의 국내토지 소유면적의 50%인 11.357.5천m² 이상이므로 잘못되었다.

②·⑤ 기타지역을 제외하고 토지 소유면적이 넓은 것부터 미국, 유럽, 일본, 중국 순서이므로 부합하지 않는다.

④ ①과 마찬가지로 미국 국적 외국인의 소유면적이 옳지 않으며, 유럽보다 일본의 수치가 높으므로 〈보고서〉의 내용과 부합하지 않는다.

14 정답 ①

② 2009년 연구 인력의 평균 연령 수치는 41.2세이다.

③ 2010년 지원 인력의 평균 연령 수치는 47.1세이다.

④ 범주가 바뀌었다.

⑤ 범주가 바뀌었으며, 일부 수치도 옳지 않다.

15 정답 ②

표와 보기의 그래프를 비교해보면 ②가 자료의 수치를 정확히 반영하였다.

16 정답 ③

· 2019년 남성의 흡연율 : 2015년 대비 2016년 남성 흡연율의 감소 폭을 구하면 $43.7-42.1=1.6\%$p이므로, 2019년 남성의 흡연율은 $39.3-1.6=37.7\%$

· 2019년 30~39세의 흡연율 : 2019년 30~39세의 흡연율을 $x\%$라 하면

$$\frac{x-27.7}{27.7}\times100=8\% \rightarrow x=\frac{8}{100}\times27.7+27.7 = 29.9\%$$

· 2019년 40~49세의 흡연율 : $\frac{26.9+29.2}{2} = 28.1\%$

17 정답 ③

2030년 전국 노년부양비 : $\frac{24.1}{64.7} = 0.37$

18 정답 ①

2010년에 전남의 노인인구비는 21.3%로 초고령사회에 처음 진입했다.

19 정답 ②

KBS의 2018년 사업수익은 1,382억 원이고, 이를 점유율인 6.5%로 나누면 1,382÷6.5≒213이므로 1%당 수익률은 213억 원이다. 따라서 0.1%당 수익률은 21.3억 원이다.

20 정답 ③

- 두 번째 조건
  장애인 고용률이 가장 낮은 기관은 A이다.
  따라서 A는 서부청이다.
- 첫 번째 · 세 번째 조건
  제시된 조건에 따라 고용의무인원의 순서를 정리하면
  (서부청)<(동부청)<(남부청)
  (북부청)<(남부청)
  즉, 고용의무인원이 가장 많은 기관은 남부청이다.
  따라서 C는 남부청이다.
- 네 번째 조건
  B와 D 중 남동청보다 장애인 고용인원이 많으면서, 장애인 고용률은 낮은 기관은 B이다.
  따라서 B는 동부청이고, D는 북부청이다.

01	02	03	04	05	06	07	08	09	10
①	④	④	③	①	①	④	⑤	②	①
11	12	13	14	15	16	17	18	19	20
④	⑤	②	③	⑤	⑤	⑤	④	①	④

01 정답 ①

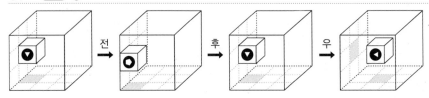

02 정답 ④

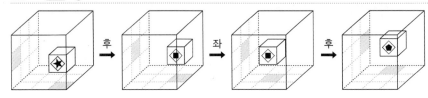

03 정답 ④

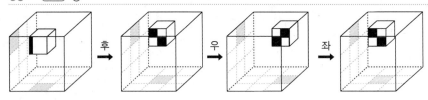

04 정답 ③

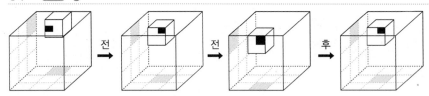

05 정답 ①

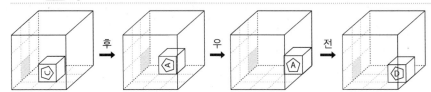

06 정답 ①

Ⓐ

앞 1칸

Ⓑ

뒤 1칸, 오른쪽 1칸

Ⓒ

왼쪽 1칸

07 정답 ④

Ⓐ

왼쪽 2칸

Ⓑ

뒤 1칸, 오른쪽 1칸

Ⓒ

뒤 2칸

08 정답 ⑤

Ⓐ

앞 1칸

Ⓑ

오른쪽 2칸

Ⓒ

왼쪽 1칸

09 정답 ②

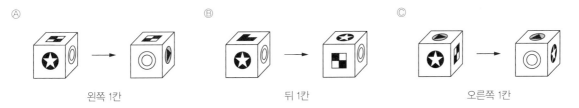

Ⓐ

왼쪽 1칸

Ⓑ

뒤 1칸

Ⓒ

오른쪽 1칸

10 정답 ①

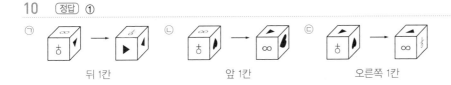

㉠

뒤 1칸

㉡

앞 1칸

㉢

오른쪽 1칸

11 정답 ④

⊙ 뒤 2칸   ⓛ 오른쪽 3칸   ⓔ 오른쪽 1칸

12 정답 ⑤

⊙ 뒤 2칸   ⓛ 앞 1칸   ⓔ 앞 3칸

13 정답 ②

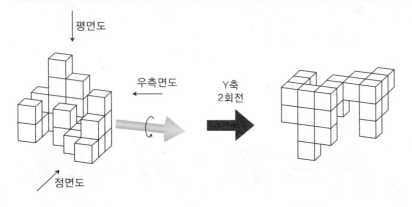

14 정답 ③

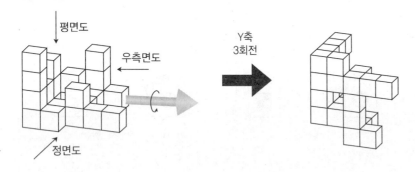

15 정답 ⑤

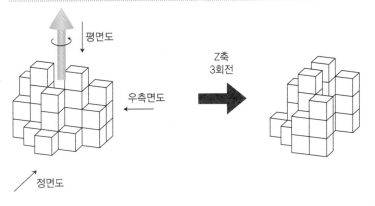

16 정답 ⑤

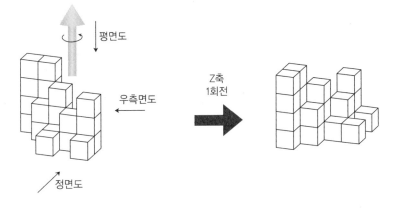

17 정답 ⑤

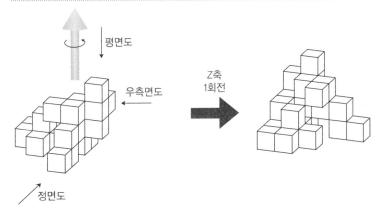

18 정답 ④

오답분석

① 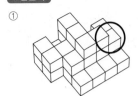 ② 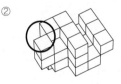 ③ 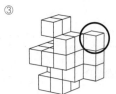 ⑤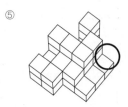

19 정답 ①

오답분석

② 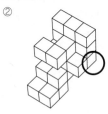 ③ 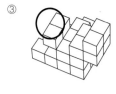 ④ 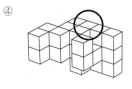 ⑤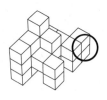

20 정답 ④

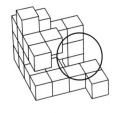

01	02	03	04	05	06	07	08	09	10
④	①	①	⑤	③	①	③	④	⑤	⑤
11	12	13	14	15					
②	⑤	③	③	①					

01   정답 ④

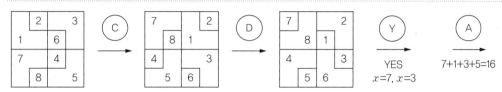

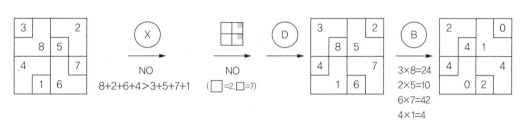

02   정답 ①

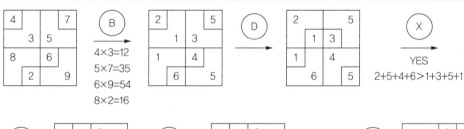

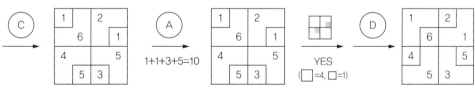

03 ①

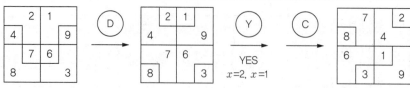

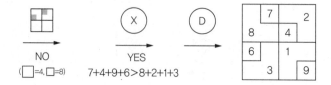

04 정답 ⑤

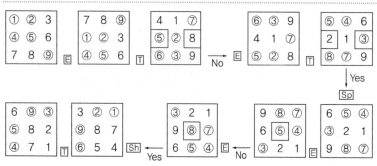

05 정답 ③

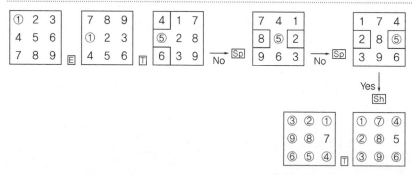

1	2	③
④	⑤	6
⑦	⑧	9

[T]

7	4	①
⑧	⑤	2
⑨	⑥	3

[Sp]

①	7	4
2	⑧	⑤
3	⑨	⑥

→ No → [E]

3	⑨	⑥
①	7	4
2	⑧	⑤

→ No → [E]

2	⑧	⑤
3	⑨	⑥
①	7	4

Yes ↓ [Sh]

①	3	2
⑦	9	8
4	⑥	⑤

[T]

②	8	5
③	9	6
1	⑦	④

---

07 정답 ③

R	I	ㅈ
ㅈ	ㅁ	ㅌ
ㅂ	F	ㅅ
G	ㅇ	Z
Y	I	ㅋ
ㅍ	ㄷ	Z

→

G	F	ㅈ
ㅈ	ㅁ	Z
ㅂ	I	ㅅ
Y	ㅇ	Z
R	I	ㅋ
ㅍ	ㄷ	E

→

G	ㅁ	Z
ㅈ	F	ㅈ
Y	I	ㅅ
ㅂ	ㅇ	Z
ㅍ	I	ㅋ
R	ㄷ	E

→

ㅋ	I	ㅍ
E	ㄷ	P
ㅅ	I	Y
Z	ㅇ	ㅂ
Z	ㅁ	G
ㅊ	F	ㅈ

→ NO →

ㅍ	I	ㄷ
E	ㅋ	R
ㅂ	I	Y
Z	ㅅ	ㅇ
Z	ㅈ	G
ㅊ	F	ㅁ

→ NO →

ㄷ	I	ㅋ
E	ㅍ	R
ㅇ	I	Y
Z	ㅂ	ㅅ
Z	ㅈ	G
ㅁ	F	ㅊ

→

ㄷ	I	R
E	ㅍ	ㅋ
Z	ㅂ	Y
ㅇ	I	ㅅ
Z	ㅈ	ㅊ
ㅁ	F	G

→

ㅈ	ㅈ	Z
G	F	ㅁ
Y	ㅂ	Z
ㅅ	I	ㅇ
R	I	ㄷ
ㅋ	ㅍ	E

---

08 정답 ④

ㅊ	ㅅ	P
T	U	ㅅ
Q	ㅊ	K
ㄹ	H	ㅂ
Q	M	P
ㅌ	ㄹ	ㄴ

→

ㅊ	U	P
T	ㅅ	ㅅ
ㄹ	ㅊ	ㅂ
Q	H	K
Q	ㄹ	P
ㅌ	M	ㄴ

→

ㅊ	H	K
Q	ㅅ	ㅅ
ㄹ	ㅊ	ㅂ
Q	M	P
T	ㄹ	P
ㅌ	U	ㄴ

→ YES →

ㅅ	H	K
Q	ㅊ	ㅅ
ㅂ	ㄹ	ㅊ
Q	M	P
T	E	P
ㄴ	U	ㄹ

→

Q	H	K
ㅅ	ㅊ	ㅅ
ㅂ	M	P
Q	ㄹ	ㅊ
ㄴ	E	P
T	U	ㄹ

→

ㅌ	ㄴ	ㅂ
U	T	Q
P	M	Q
ㄹ	ㄹ	ㅅ
P	K	H
ㅊ	ㅅ	ㅊ

→ YES →

ㅌ	ㄴ	ㅂ
P	M	Q
P	K	H
ㄹ	ㄹ	ㅅ
U	T	Q
ㅊ	ㅅ	ㅊ

→

ㅂ	ㅌ	ㄴ
P	M	Q
P	K	H
ㅅ	ㄹ	ㄹ
U	T	Q
ㅊ	ㅊ	ㅅ

안심Touch

09 (정답) ⑤

N / ㅂ	X / ㅍ	ㄴ / M
ㄹ / Y	ㄷ / S	ㅜ / ㄹ
ㄱ / V	W / ㄱ	S / ㅎ

→

S / ㅎ	W / ㄱ	ㄴ / V
ㅜ / ㄹ	ㄷ / S	ㄹ / Y
ㄴ / M	X / ㅍ	N / ㅂ

→

S / ㅎ	W / ㄱ	ㄱ / V
ㅜ / ㄹ	ㄹ / S	ㄷ / Y
ㅂ / M	X / ㄴ	N / ㅍ

→

N / ㅂ	X / ㅍ	ㅂ / M
ㄷ / Y	ㄹ / S	T / ㄹ
ㄱ / V	W / ㅎ	S / ㄱ

→ YES

N / ㅂ	X / ㅍ	ㄴ / M
ㄹ / Y	ㄷ / S	ㅜ / ㄹ
ㄱ / V	W / ㄱ	S / ㅎ

YES →

Y / ㅂ	S / ㅍ	ㄴ / ㅜ
ㄹ / V	ㄷ / W	S / ㄹ
ㄱ / N	X / ㄱ	M / ㅎ

10 (정답) ⑤

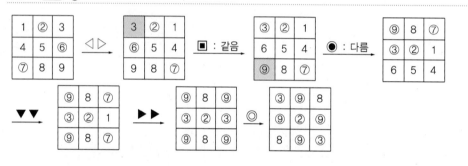

11 (정답) ②

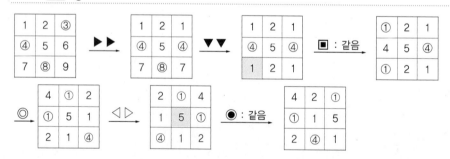

12 정답 ⑤

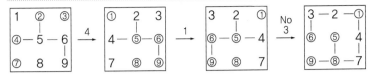

13 정답 ③

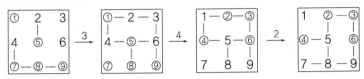

14 정답 ③

15 정답 ①

※ 절취선을 따라 분리하여 실제 시험과 같이 사용하면 더욱 효과적입니다.

HMAT 현대자동차그룹 인적성검사 답안지

컴퓨터용 사인펜만 사용

	※ 시험관리관 기재란 (응시자는 기재하지 말것)
시험일련번호	
문제책형	형
시험관리관성명	

시험관리관
印

	응시직렬	응시번호	주 민 등 록 번 호
	① ① ①	① ① ① ① ①	① ① ① ① ① ① ① ① ① ① ①
	② ② ②	② ② ② ② ②	② ② ② ② ② ② ② ② ②
	③ ③ ③	③ ③ ③ ③ ③	③ ③ ③ ③ ③ ③ ③
	④ ④	④ ④ ④ ④ ④	④ ④ ④ ④ ④ ④
	⑤ ⑤	⑤ ⑤ ⑤ ⑤ ⑤	⑤ ⑤ ⑤ ⑤ ⑤
	⑥ ⑥ ⑥	⑥ ⑥ ⑥ ⑥ ⑥ ⑥ ⑥	⑥ ⑥ ⑥ ⑥ ⑥ ⑥
	⑦ ⑦ ⑦	⑦ ⑦ ⑦ ⑦ ⑦ ⑦ ⑦	⑦ ⑦ ⑦ ⑦ ⑦ ⑦
	⑧ ⑧ ⑧	⑧ ⑧ ⑧ ⑧ ⑧ ⑧ ⑧	⑧ ⑧ ⑧ ⑧ ⑧
	⑨ ⑨	⑨ ⑨ ⑨ ⑨ ⑨ ⑨ ⑨	⑨ ⑨ ⑨ ⑨ ⑨
	⓪ ⓪	⓪ ⓪ ⓪ ⓪ ⓪ ⓪ ⓪	⓪ ⓪ ⓪ ⓪ ⓪ ⓪ ⓪

성 명	(한글)
	(한자)

계열	
인문계 ②	
이공계 ①	

【필적 감정용 기재란】 (예시)본인은 위 응시자와 동일인임을 확인함	

책형	형 A B

[이 답안지는 마킹연습용 모의 답안지이므로 실제 답안지와 차이가 있습니다]

HMAT 현대자동차그룹 인적성검사 답안지

언어이해

문번	정답
1	① ② ③ ④ ⑤
2	① ② ③ ④ ⑤
3	① ② ③ ④ ⑤
4	① ② ③ ④ ⑤
5	① ② ③ ④ ⑤
6	① ② ③ ④ ⑤
7	① ② ③ ④ ⑤
8	① ② ③ ④ ⑤
9	① ② ③ ④ ⑤
10	① ② ③ ④ ⑤
11	① ② ③ ④ ⑤
12	① ② ③ ④ ⑤
13	① ② ③ ④ ⑤
14	① ② ③ ④ ⑤
15	① ② ③ ④ ⑤
16	① ② ③ ④ ⑤
17	① ② ③ ④ ⑤
18	① ② ③ ④ ⑤
19	① ② ③ ④ ⑤
20	① ② ③ ④ ⑤

논리판단

문번	정답
1	① ② ③ ④ ⑤
2	① ② ③ ④ ⑤
3	① ② ③ ④ ⑤
4	① ② ③ ④ ⑤
5	① ② ③ ④ ⑤
6	① ② ③ ④ ⑤
7	① ② ③ ④ ⑤
8	① ② ③ ④ ⑤
9	① ② ③ ④ ⑤
10	① ② ③ ④ ⑤
11	① ② ③ ④ ⑤
12	① ② ③ ④ ⑤
13	① ② ③ ④ ⑤
14	① ② ③ ④ ⑤
15	① ② ③ ④ ⑤

자료해석

문번	정답
1	① ② ③ ④ ⑤
2	① ② ③ ④ ⑤
3	① ② ③ ④ ⑤
4	① ② ③ ④ ⑤
5	① ② ③ ④ ⑤
6	① ② ③ ④ ⑤
7	① ② ③ ④ ⑤
8	① ② ③ ④ ⑤
9	① ② ③ ④ ⑤
10	① ② ③ ④ ⑤
11	① ② ③ ④ ⑤
12	① ② ③ ④ ⑤
13	① ② ③ ④ ⑤
14	① ② ③ ④ ⑤
15	① ② ③ ④ ⑤
16	① ② ③ ④ ⑤
17	① ② ③ ④ ⑤
18	① ② ③ ④ ⑤
19	① ② ③ ④ ⑤
20	① ② ③ ④ ⑤

정보추론

문번	정답
1	① ② ③ ④ ⑤
2	① ② ③ ④ ⑤
3	① ② ③ ④ ⑤
4	① ② ③ ④ ⑤
5	① ② ③ ④ ⑤
6	① ② ③ ④ ⑤
7	① ② ③ ④ ⑤
8	① ② ③ ④ ⑤
9	① ② ③ ④ ⑤
10	① ② ③ ④ ⑤
11	① ② ③ ④ ⑤
12	① ② ③ ④ ⑤
13	① ② ③ ④ ⑤
14	① ② ③ ④ ⑤
15	① ② ③ ④ ⑤
16	① ② ③ ④ ⑤
17	① ② ③ ④ ⑤
18	① ② ③ ④ ⑤
19	① ② ③ ④ ⑤
20	① ② ③ ④ ⑤

공간지각

문번	정답
1	① ② ③ ④ ⑤
2	① ② ③ ④ ⑤
3	① ② ③ ④ ⑤
4	① ② ③ ④ ⑤
5	① ② ③ ④ ⑤
6	① ② ③ ④ ⑤
7	① ② ③ ④ ⑤
8	① ② ③ ④ ⑤
9	① ② ③ ④ ⑤
10	① ② ③ ④ ⑤
11	① ② ③ ④ ⑤
12	① ② ③ ④ ⑤
13	① ② ③ ④ ⑤
14	① ② ③ ④ ⑤
15	① ② ③ ④ ⑤
16	① ② ③ ④ ⑤
17	① ② ③ ④ ⑤
18	① ② ③ ④ ⑤
19	① ② ③ ④ ⑤
20	① ② ③ ④ ⑤

도식이해

문번	정답
1	① ② ③ ④ ⑤
2	① ② ③ ④ ⑤
3	① ② ③ ④ ⑤
4	① ② ③ ④ ⑤
5	① ② ③ ④ ⑤
6	① ② ③ ④ ⑤
7	① ② ③ ④ ⑤
8	① ② ③ ④ ⑤
9	① ② ③ ④ ⑤
10	① ② ③ ④ ⑤
11	① ② ③ ④ ⑤
12	① ② ③ ④ ⑤
13	① ② ③ ④ ⑤
14	① ② ③ ④ ⑤
15	① ② ③ ④ ⑤

HMAT 현대자동차그룹 인적성검사 답안지

컴퓨터용 사인펜만 사용

시험관리관

印

※ 시험관리관 기재란 (응시자는 기재하지 말것)	
시험 실번호	
좌석 번호	명
시험 관리관 성명	

주민등록번호

응시번호

응시직렬

계열	
인문계 ②	
이공계 ①	
【필적 감정용 기재란】 (예시)본인은 위 응시자와 동일인임을 확인함	

성 명	(한글)
	(한자)

책형	형	Ⓐ	Ⓑ

HMAT 현대자동차그룹 인적성검사 답안지

언어이해

문번	정답
1	① ② ③ ④ ⑤
2	① ② ③ ④ ⑤
3	① ② ③ ④ ⑤
4	① ② ③ ④ ⑤
5	① ② ③ ④ ⑤
6	① ② ③ ④ ⑤
7	① ② ③ ④ ⑤
8	① ② ③ ④ ⑤
9	① ② ③ ④ ⑤
10	① ② ③ ④ ⑤
11	① ② ③ ④ ⑤
12	① ② ③ ④ ⑤
13	① ② ③ ④ ⑤
14	① ② ③ ④ ⑤
15	① ② ③ ④ ⑤
16	① ② ③ ④ ⑤
17	① ② ③ ④ ⑤
18	① ② ③ ④ ⑤
19	① ② ③ ④ ⑤
20	① ② ③ ④ ⑤

논리판단

문번	정답
1	① ② ③ ④ ⑤
2	① ② ③ ④ ⑤
3	① ② ③ ④ ⑤
4	① ② ③ ④ ⑤
5	① ② ③ ④ ⑤
6	① ② ③ ④ ⑤
7	① ② ③ ④ ⑤
8	① ② ③ ④ ⑤
9	① ② ③ ④ ⑤
10	① ② ③ ④ ⑤
11	① ② ③ ④ ⑤
12	① ② ③ ④ ⑤
13	① ② ③ ④ ⑤
14	① ② ③ ④ ⑤
15	① ② ③ ④ ⑤

자료해석

문번	정답
1	① ② ③ ④ ⑤
2	① ② ③ ④ ⑤
3	① ② ③ ④ ⑤
4	① ② ③ ④ ⑤
5	① ② ③ ④ ⑤
6	① ② ③ ④ ⑤
7	① ② ③ ④ ⑤
8	① ② ③ ④ ⑤
9	① ② ③ ④ ⑤
10	① ② ③ ④ ⑤
11	① ② ③ ④ ⑤
12	① ② ③ ④ ⑤
13	① ② ③ ④ ⑤
14	① ② ③ ④ ⑤
15	① ② ③ ④ ⑤
16	① ② ③ ④ ⑤
17	① ② ③ ④ ⑤
18	① ② ③ ④ ⑤
19	① ② ③ ④ ⑤
20	① ② ③ ④ ⑤

정보추론

문번	정답
1	① ② ③ ④ ⑤
2	① ② ③ ④ ⑤
3	① ② ③ ④ ⑤
4	① ② ③ ④ ⑤
5	① ② ③ ④ ⑤
6	① ② ③ ④ ⑤
7	① ② ③ ④ ⑤
8	① ② ③ ④ ⑤
9	① ② ③ ④ ⑤
10	① ② ③ ④ ⑤
11	① ② ③ ④ ⑤
12	① ② ③ ④ ⑤
13	① ② ③ ④ ⑤
14	① ② ③ ④ ⑤
15	① ② ③ ④ ⑤
16	① ② ③ ④ ⑤
17	① ② ③ ④ ⑤
18	① ② ③ ④ ⑤
19	① ② ③ ④ ⑤
20	① ② ③ ④ ⑤

공간지각

문번	정답
1	① ② ③ ④ ⑤
2	① ② ③ ④ ⑤
3	① ② ③ ④ ⑤
4	① ② ③ ④ ⑤
5	① ② ③ ④ ⑤
6	① ② ③ ④ ⑤
7	① ② ③ ④ ⑤
8	① ② ③ ④ ⑤
9	① ② ③ ④ ⑤
10	① ② ③ ④ ⑤
11	① ② ③ ④ ⑤
12	① ② ③ ④ ⑤
13	① ② ③ ④ ⑤
14	① ② ③ ④ ⑤
15	① ② ③ ④ ⑤
16	① ② ③ ④ ⑤
17	① ② ③ ④ ⑤
18	① ② ③ ④ ⑤
19	① ② ③ ④ ⑤
20	① ② ③ ④ ⑤

도식이해

문번	정답
1	① ② ③ ④ ⑤
2	① ② ③ ④ ⑤
3	① ② ③ ④ ⑤
4	① ② ③ ④ ⑤
5	① ② ③ ④ ⑤
6	① ② ③ ④ ⑤
7	① ② ③ ④ ⑤
8	① ② ③ ④ ⑤
9	① ② ③ ④ ⑤
10	① ② ③ ④ ⑤
11	① ② ③ ④ ⑤
12	① ② ③ ④ ⑤
13	① ② ③ ④ ⑤
14	① ② ③ ④ ⑤
15	① ② ③ ④ ⑤

HMAT 현대자동차그룹 인적성검사 답안지

※ 컴퓨터용 사인펜만 사용

※ 시험관리관 기재란
(응시자는 기재하지 말것)

시 험 일	문 제 유 형	시 험 관 리 관 성 명
	형	

시험관리관 印

응시직렬	응시번호	주 민 등 록 번 호

※ 정확성을 따라 분리하여 실제 시험과 같이 사용하면 더욱 효과적입니다.

성	(한글)	
명	(한자)	

【필적 감정용 기재란】
(예시)본인은 위 응시자와
동일인임을 확인함

계열		
인문계 ②		
이공계 ①		

책형	형	Ⓐ	Ⓑ

[이 답안지는 마킹연습용 모의 답안지이므로 실제 답안지와 차이가 있습니다.]

HMAT 현대자동차그룹 인적성검사 답안지

언어이해

문번	정답
1	① ② ③ ④ ⑤
2	① ② ③ ④ ⑤
3	① ② ③ ④ ⑤
4	① ② ③ ④ ⑤
5	① ② ③ ④ ⑤
6	① ② ③ ④ ⑤
7	① ② ③ ④ ⑤
8	① ② ③ ④ ⑤
9	① ② ③ ④ ⑤
10	① ② ③ ④ ⑤
11	① ② ③ ④ ⑤
12	① ② ③ ④ ⑤
13	① ② ③ ④ ⑤
14	① ② ③ ④ ⑤
15	① ② ③ ④ ⑤
16	① ② ③ ④ ⑤
17	① ② ③ ④ ⑤
18	① ② ③ ④ ⑤
19	① ② ③ ④ ⑤
20	① ② ③ ④ ⑤

논리판단

문번	정답
1	① ② ③ ④ ⑤
2	① ② ③ ④ ⑤
3	① ② ③ ④ ⑤
4	① ② ③ ④ ⑤
5	① ② ③ ④ ⑤
6	① ② ③ ④ ⑤
7	① ② ③ ④ ⑤
8	① ② ③ ④ ⑤
9	① ② ③ ④ ⑤
10	① ② ③ ④ ⑤
11	① ② ③ ④ ⑤
12	① ② ③ ④ ⑤
13	① ② ③ ④ ⑤
14	① ② ③ ④ ⑤
15	① ② ③ ④ ⑤

자료해석

문번	정답
1	① ② ③ ④ ⑤
2	① ② ③ ④ ⑤
3	① ② ③ ④ ⑤
4	① ② ③ ④ ⑤
5	① ② ③ ④ ⑤
6	① ② ③ ④ ⑤
7	① ② ③ ④ ⑤
8	① ② ③ ④ ⑤
9	① ② ③ ④ ⑤
10	① ② ③ ④ ⑤
11	① ② ③ ④ ⑤
12	① ② ③ ④ ⑤
13	① ② ③ ④ ⑤
14	① ② ③ ④ ⑤
15	① ② ③ ④ ⑤
16	① ② ③ ④ ⑤
17	① ② ③ ④ ⑤
18	① ② ③ ④ ⑤
19	① ② ③ ④ ⑤
20	① ② ③ ④ ⑤

정보추론

문번	정답
1	① ② ③ ④ ⑤
2	① ② ③ ④ ⑤
3	① ② ③ ④ ⑤
4	① ② ③ ④ ⑤
5	① ② ③ ④ ⑤
6	① ② ③ ④ ⑤
7	① ② ③ ④ ⑤
8	① ② ③ ④ ⑤
9	① ② ③ ④ ⑤
10	① ② ③ ④ ⑤
11	① ② ③ ④ ⑤
12	① ② ③ ④ ⑤
13	① ② ③ ④ ⑤
14	① ② ③ ④ ⑤
15	① ② ③ ④ ⑤
16	① ② ③ ④ ⑤
17	① ② ③ ④ ⑤
18	① ② ③ ④ ⑤
19	① ② ③ ④ ⑤
20	① ② ③ ④ ⑤

공간지각

문번	정답
1	① ② ③ ④ ⑤
2	① ② ③ ④ ⑤
3	① ② ③ ④ ⑤
4	① ② ③ ④ ⑤
5	① ② ③ ④ ⑤
6	① ② ③ ④ ⑤
7	① ② ③ ④ ⑤
8	① ② ③ ④ ⑤
9	① ② ③ ④ ⑤
10	① ② ③ ④ ⑤
11	① ② ③ ④ ⑤
12	① ② ③ ④ ⑤
13	① ② ③ ④ ⑤
14	① ② ③ ④ ⑤
15	① ② ③ ④ ⑤
16	① ② ③ ④ ⑤
17	① ② ③ ④ ⑤
18	① ② ③ ④ ⑤
19	① ② ③ ④ ⑤
20	① ② ③ ④ ⑤

도식이해

문번	정답
1	① ② ③ ④ ⑤
2	① ② ③ ④ ⑤
3	① ② ③ ④ ⑤
4	① ② ③ ④ ⑤
5	① ② ③ ④ ⑤
6	① ② ③ ④ ⑤
7	① ② ③ ④ ⑤
8	① ② ③ ④ ⑤
9	① ② ③ ④ ⑤
10	① ② ③ ④ ⑤
11	① ② ③ ④ ⑤
12	① ② ③ ④ ⑤
13	① ② ③ ④ ⑤
14	① ② ③ ④ ⑤
15	① ② ③ ④ ⑤

좋은 책을 만드는 길
독자님과 함께하겠습니다.

도서에 궁금한 점, 아쉬운 점, 만족스러운 점이
있으시다면 어떤 의견이라도 말씀해 주세요.
SD에듀는 독자님의 의견을 모아 더 좋은 책으로 보답하겠습니다.

www.sdedu.co.kr

2022 상반기 HMAT 현대자동차그룹
최신기출유형+모의고사 4회+무료HMAT특강

개정4판2쇄 발행	2022년 05월 30일 (인쇄 2022년 05월 13일)
초 판 발 행	2019년 10월 10일 (인쇄 2019년 09월 17일)
발 행 인	박영일
책 임 편 집	이해욱
저 자	SD적성검사연구소
편 집 진 행	여연주
표지디자인	박수영
편집디자인	양혜련 · 배선화 · 안아현
발 행 처	(주)시대고시기획
출 판 등 록	제 10-1521호
주 소	서울시 마포구 큰우물로 75 [도화동 538 성지 B/D] 9F
전 화	1600-3600
팩 스	02-701-8823
홈 페 이 지	www.sdedu.co.kr
I S B N	979-11-383-1970-6 (13320)
정 가	26,000원

합격의 공식 S success 2022

25년 합격의 노하우!
NO.1
합격의 공식

2022 상반기
HMAT
현대자동차그룹 인적성검사
최신기출유형 + 모의고사 4회
무료HMAT특강

판매량
1위

🌟 시대교육그룹

(주)시대고시기획 시대교육(주)	고득점 합격 노하우를 집약한 최고의 전략 수험서
	www.sidaegosi.com
시대에듀	자격증 · 공무원 · 취업까지 분야별 BEST 온라인 강의
	www.sdedu.co.kr
이슈&시사상식	한 달간의 주요 시사이슈 논술 · 면접 등 취업 필독서
	매달 25일 발간
시대	외국어 · IT · 취미 · 요리 생활 밀착형 교육 연구
	실용서 전문 브랜드

꿈을 지원하는 행복…

여러분이 구입해 주신 도서 판매수익금의 일부가
국군장병 1인 1자격 취득 및 학점취득 지원사업과
낙도 도서관 지원사업에 쓰이고 있습니다.

대기업&공기업 취업 온라인 스터디 카페
취업을 준비하거나 이직을 준비하는 분들을 위한 취업 정보 종합커뮤니티 카페

NAVER 카페 | **취달프**(취업 달성 프로젝트) | 🔍

대기업 인적성 "기출이 답이다" 시리즈

역대 기출문제와 주요기업 기출문제를 한 권에! 합격을 위한
Only Way!

대기업 인적성 "봉투모의고사" 시리즈

실제 시험과 동일하게 마무리! 합격으로 가는
Last Spurt!

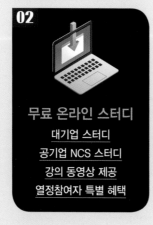